U0918016

两京与两京之间历史地理研究

李久昌　著

科学出版社
北　京

内 容 简 介

本书立足于相关文献和考古及实地考察资料，以中国古代洛阳、长安两京及两京之间历史交通为研究对象，综合运用古都学与历史地理学、考古学、建筑史学等学科的理论方法，对两京选址建都的实践与理论、都城制度与建置、两京制的形成和发展、两京空间结构的演变、都城文化建设、中国古代都城的“洛阳模式”等一系列内容做了较为深入的探讨。对连接两京的枢纽路段崤函古道交通的形成、演变及其历史作用进行了较为系统的考察，揭示了崤函古道与两京的关系及两京兴衰的交通地理因素。

本书可供中国古代史、历史地理学领域的专家学者及相关专业本科生、研究生阅读和参考。

图书在版编目(CIP)数据

两京与两京之间历史地理研究/李久昌著. —北京：科学出版社，2020.3
ISBN 978-7-03-060069-1

Ⅰ.①两… Ⅱ.①李… Ⅲ.①历史地理-研究-洛阳-古代 ②历史地理-研究-西安-古代 Ⅳ. ①K926.13 ②K924.11

中国版本图书馆 CIP 数据核字（2018）第 292096 号

责任编辑：万瑞达 / 责任校对：陶丽荣
责任印制：吕春珉 / 封面设计：东方人华平面设计部

科学出版社出版
北京东黄城根北街 16 号
邮政编码：100717
http://www.sciencep.com
北京中科印刷有限公司印刷
科学出版社发行 各地新华书店经销
*
2020 年 3 月第 一 版 开本：787×1092 1/16
2020 年 3 月第一次印刷 印张：25 3/4
字数：608 000

定价：178.00 元

（如有印装质量问题，我社负责调换〈中科〉）
销售部电话 010-62136230 编辑部电话 010-62130874

作者简介

李久昌，山东菏泽人，先后毕业于河南大学历史系、西北大学西北历史研究室、陕西师范大学西北历史环境与经济社会发展研究中心，获历史学学士、硕士、博士学位。现任三门峡职业技术学院教授、豫晋陕黄河金三角区域研究中心主任、省级人文基地河南省非物质文化遗产研究基地主任、河南省高等学校优秀教学团队（旅游管理专业）带头人，兼任中国古都学会常务理事兼副秘书长、西北大学兼职教授、西安建筑科技大学客座教授等，曾作为学术顾问参加崤函古道石壕段申遗工作。

主要从事中国历史地理、古都学和文化遗产教学与研究，主持完成省级课题 4 项，在《中国历史地理论丛》《中州学刊》《考古与文物》《中原文物》《中国古都研究》等刊物发表学术论文 70 余篇，著有《二千年前的神秘古国——虢国的历史与文化》（1995 年）、《中原名人墓祠文化》（2004 年）、《国家、空间与社会：古代洛阳都城空间演变研究》（2007 年）、《中国蜀道·交通线路》（2015 年）、《陕州文化》（2017 年）等，主编《崤函古道研究》（2009 年）、《三门峡地区考古集成》（2011 年）、《三门峡仰韶文化研究》（2011 年）、《虢史与虢文化研究》（2012 年）、《多维视角下的古都名城研究》（2015 年）等文集。其中，《国家、空间与社会：古代洛阳都城空间演变研究》获河南省社会科学优秀成果二等奖、河南省教育厅人文社会科学优秀成果一等奖，《中国蜀道·交通线路》获第四届中国出版政府奖图书奖。

序　一

2018年春天，李久昌教授与我谈及，他计划将自己近年来所撰写的有关汉唐两京长安与洛阳的相关历史地理研究论文结集出版，我当即表示希望能够早日拜读他的大作。由于长期从事古代都城考古，古都长安与洛阳研究一直是我十分关注的学术内容。久昌教授是目前国内学术界研究汉唐两京历史地理的著名学者，我十分期盼能够尽快了解他在这方面学术研究的新进展、新成果。不久前，久昌教授将《两京与两京之间历史地理研究》书稿给我，并嘱我作序。

《两京与两京之间历史地理研究》实际上是一部学者的“专题文集”。作者集中研究的是古都长安与洛阳，其中涉及的研究内容很多、很重要，如作为古代都城的“选址”理论的研究、长安与洛阳“两京制”的形成与发展历史、夏代都城“偃师二里头遗址”的空间结构特征、早期商代都城“偃师商城”遗址的“个案”布局形制及西周洛邑成周的都城地位，以及西汉定都长安与此后汉唐“两京制”的全面开启、东汉洛阳城的礼制建筑群与“文化区”的形成与特色、唐代长安驿站与道路的研究等。

上述研究的许多学术问题，应该就是美国学者罗伯特·芮德菲尔德所说的人类历史中的“大传统”[①]，也就是我认为的“社会主导文化”或称“国家文化”。例如，久昌教授的《周公“天下之中”建都理论研究》《“天下之中”与列朝都洛》，看起来是作者就都城选址的研究，其实都城选址在中国古代历史上从来都被视为国家“大事”，是国家的重大“政治工程”。因为“择中建都”在中华历史文化上与国家的管理理念直接相关，都城对于国家而言必须“择中”而建，以体现国家统治者对“全国各地”“东西南北”的“公正”“公平”“公允”，这种“空间”位置折射出的是国家的“中和”哲学理念，即中华优秀历史文化的“基因”。

地理学实际上是研究“空间”的科学，历史地理学应该是研究“空间”历史变化的科学。《偃师二里头遗址的都城空间结构及其特征》一文，突出反映了作者在研究其空间内涵中，把“大传统”作为统领都城、宫城研究的基本学术定位，能够从历史发展变化的“本质”上进行深层次的探索、研究。

古代都城文化中的“形而上”文化是其“核心文化”，古代都城作为古代国家的“文化礼仪活动中心”，集中体现了其“社会主导文化”与“国家文化”性质。久昌教授在《南郊、太学与文化区：东汉洛阳城南文化区的形成》一文中，通过对东汉洛阳城的研究，让人们认识到古代都城研究的“取向”，古代都城文化实际上是古代都城政治的有机组成部分，古代都城文化的“主导”与“本质”是“政治文化”，这是当初的政治功能所决定的。

---

① [美]罗伯特·芮德菲尔德著：《农民社会与文化：人类学对文明的一种诠释》，王莹译，北京：中国社会科学出版社，2013年。

《两京与两京之间历史地理研究》的另一个内容集中在崤函古道研究方面，崤函古道方面的学术研究，是作者最见功力的部分。崤函古道与洛阳、长安密不可分，汉唐时期正是崤函古道将两座古代都城连接在“一起”；也正是崤函古道，使洛阳与长安两京在中国古代历史上发挥着极为重要的作用，也使中原历史文化（或称大中原文化）成为中国历史上的“国家根文化”“社会主导文化”。追根溯源，孕育“中华文明之源”的庙底沟文化正是通过崤函古道走向中华大地的东西南北，使之成为在多民族统一的中央集权秦王朝之前，中华古文化范围最广、影响最深的考古学文化。《崤函古道的时空演变与历史文化价值》《崤函古道的起源与早期形态研究》等文章，突出反映了作者的上述学术思想。久昌教授以历史地理学作为切入点，紧密结合考古学、历史学等相关学科，以“跨学科”“多学科结合”方法，进行了深入而有理、有据的科学研究，得出了令人信服的科学论断，这是当前此类研究中十分难能可贵的！

久昌教授关于崤函古道的“微观”研究，也是非常突出的。他的《西周两京制度与崤函古道交通》，通过崤函古道探讨了西周早期开创的关中与洛邑之间的“政治关系”与“国家理念”；在《崤函古道形成的历史地理基础》一文中，作者从史前的“彩陶之路”到汉唐盛世开启的“丝绸之路”，突出了崤函古道的关键性作用。2014 年，作为世界文化遗产的“丝绸之路”申报成功以后，我们发现作为“文化遗产点”的“丝绸之路”的“真正”之“丝路”只有崤函古道上的三门峡地区的“崤函石道”一处可以确认为“原汁原味”的“丝绸之路”。

《两京与两京之间历史地理研究》即将面世，我认为应该感谢久昌教授为社会与学术界奉献了这样一份“精神大餐”。他的严谨治学态度、多学科结合研究方法在本书中给我们提供了很好的范例，对学界与社会将大有裨益！

刘庆柱

2018 年 7 月 1 日

序　二

久昌教授从事历史地理学研究，一直守的是一个区域（豫西山地）、一座城市（洛阳），这座城市（洛阳）处于这个区域（豫西山地）之中，两者间的相互关系最宜进入地理学的“区域—城市理论”探讨之中。久昌凭借属于这一区域的文献考古资料与对这一区域展开的实地考察认识，对这一主题做出的逻辑思考和富有想象力的研究，从20世纪80年代一直坚持到现在。

久昌教授的求学之路，是从负笈老牌名校——河南大学历史文化学院开始的。他于1982年毕业来到豫西山地的三门峡市工作，1992年考入西北大学西北历史研究室学习历史地理学，师从李健超先生，并以《关于虢国历史地理的初步研究》一文获得历史学硕士学位，毕业后进入三门峡职业技术学院（全日制高等专科院校）任教。2002年他又考入陕西师范大学西北历史环境与经济社会发展研究中心，师从朱士光先生攻读历史地理学博士学位。3年后他以《古代洛阳都城空间演变研究》论文获得历史学博士学位，之后第三次回到了三门峡。每次毕业他都会回到三门峡，不离豫西山地，从这里可以了解到他科研工作的起点及周边环境。

据我所知，2005年8月这一次，久昌是有备而回的。他在担任三门峡职业技术学院副院长后，对于主抓的学报工作很是下了一番气力。其中一个重要举措是于2006年在学报上推出“古都名城研究”栏目，连续十余年不间断地发表了不少这方面的好文章，在学术界产生了一定的影响。为了面谈这个栏目的约稿事宜，2016年的农历三月十四（公历4月20日），我们有了一次难忘的“华山之约”。那天他要从三门峡西至西安，而我要从西安东去华山山麓的玉泉院考察庙会（即历史上所称的“朝山会”）。按约定，到了中午时分，久昌和《三门峡职业技术学院学报》编辑部主任倪玲玲女士一行，以及我们华山考察小组数人，就在陈抟老祖这尊睡仙所在的广场下的玉泉路北端相见了。2017年3月，我约好的西北师范大学侯丕勋、复旦大学安介生、北京市社会科学院孙冬虎、中国人民大学丁超、四川大学罗凯诸位的大作就在新年第1期“古都名城研究”栏目里，以“国都位置与全局眼光笔谈”专题名称刊出。当然，久昌和我也各自贡献了一篇。

三门峡职业技术学院是由三门峡工学院、三门峡广播电视大学、豫西师范学校、三门峡市卫生学校合并组建而成的，在这所学校里进行历史地理学研究，势必要结合本地区的历史文化内容来展开，还必须依靠自己打基础。久昌对此很有前瞻性，通过努力，他全力编辑的《崤函古道研究》（三秦出版社，2009年版）、《三门峡地区考古集成》（上下册，大象出版社，2011年版）、《三门峡仰韶文化研究》（河南科学技术出版社，2011年版）、《虢史与虢文化研究》（河南科学技术出版社，2012年版）数百万字的研究著作陆续出版，引起了学界许多人士的关注，受到了学人们的欢迎，也成为不少文史考古单位的研究藏书。

这部《两京与两京之间历史地理研究》，为久昌教授的第一部个人论文汇集，包含了他的心血和学术追求的印记。上篇为以“洛阳长安两京历史地理”为主题的论文，下篇为以“两京之间历史交通地理”为主题的论文，上下篇合为一册，体现的正是作者的治学内容及其特点。

前面我们说洛阳市地处豫西山地，这是以自然地理学者的表述为依据的。时至今日，我国自然地理学界对于豫西山地的认识，仍以当年河南师范大学地理系的马程远、周华山、张光业诸位老师的考察研究论著为代表①。这一认识固然是按河南省的地理范围做出的归纳，区域的命名方法一如辽东丘陵、辽西丘陵、苏北平原、皖中平原、湘西丘陵、湘中丘陵、滇东高原等自然区域的命名方法，具有相当的普遍性，至今尚未闻有过疑义。

据周华山和张光业的研究，豫西山地北部地貌复杂，地势起伏较大，海拔绝大部分在 1500 米以下，相对高度在 500～1000 米。本区山地是秦岭山脉向东的延续部分，整个山势呈扇状向东展开，主要分支有东北走向的小秦岭、崤山、熊耳山和向东南延伸的伏牛山脉（东段主要分支外方山向东北延伸），一般海拔在 1500 米左右，部分在 2000 米以上。

我很赞同豫西山地的山势“呈扇状向东展开”的表述。顺着崤山、熊耳山、伏牛山、外方山东去的山势，流出的涧河、洛河、伊河、汝河、沙河等大小河流，成为滋润黄河南岸中部平原的可靠水源。熊耳山、外方山延至东北方向的中岳嵩山（所属太室山主峰峻极峰 1491.7 米，少室山连天峰 1512 米），应视为秦岭山脉向东延展遗留的一处杰作，再顺着地势进入海拔不足百米的地方，就是黄河中游平原地区。而古代洛阳城就坐落在洛河下游北岸、伊洛河交汇口之上，处于洛河北岸低山丘陵（邙山）及伊河南岸的中低山（如嵩山）的怀抱之中。

进入 21 世纪，在更为细致的自然区域划分中，上述豫西山地又被自然地理专家划分为豫西黄土丘陵区、豫西山地丘陵区两个亚区，这样划分的意义：①尊重地质年代自然物质堆积的事实，突出了沿黄河地带天然黄土的分布，有利于对崤函古道沿线大小居民点建立的自然基础进行认识；②将平均海拔明显高出黄土丘陵区的山体划入豫西山地丘陵区，有助于对本区诸多河流发源地、800 毫米等降水量线、落叶阔叶林分布特点、基岩山地旅游资源等地理内容的考察和认识。

在地理学的研究中，将城市和区域连接在一起，对交通路线的考察最为重要，对此，久昌一直念念不忘。他充分利用地利之便，抓住机会展开实地考察，甚至自愿充当向导和组织者，立足豫西山地研究洛阳城，拓展研究层次观察洛阳城，多次考察崤函古道全程及其多条支线，在古代交通路线的细节上进行深入的挖掘，得出了若干比较重要的研究结论。

1）西周初年，围绕营建洛邑，周公提出并阐发的“天下之中”是我国古代第一个

① 参见马程远：《豫西山地地貌的发育和分区》，《河南师大学报》（自然科学版）1982 年第 1 期，第 34-40 页；周华山、张光业：《豫西山地北部地貌制图初步研究》，《河南师大学报》（自然科学版）1982 年第 1 期，第 41-48 页；周华山：《豫西山地 1∶100 万地貌制图初探》，《河南师大学报》（自然科学版）1983 年第 3 期，第 65-71 页。在河南大学校史上，曾先后使用过开封师范学院、河南师范大学校名，1984 年恢复河南大学校名后，至今不变。今河南师范大学位于河南省新乡市，是缘当地的新乡师范学院而来，1985 年改称河南师范大学。

建都理论，具有丰富的地理、政治、经济和文化内涵，对中国古代都城选址乃至空间规划布局都产生了深远的影响。“天下之中”建都理论引导了古代众多王朝都城选址的洛阳取向，构成了列朝建都洛阳的独特理路的基础和神圣性、合理性的依据。

2）古代洛阳都城的发展是中国古代都城空间前期发展的缩影，所创造和呈现的“洛阳模式”是中国古代重要的都城发展和都城空间模式，具有开创性、整体性、集大成性、包容性、辐射性的特点。

3）周唐时期洛阳与长安形成的紧密的两京互动关系，有着具体的、物质的、观念的传统文化与地理基础，直接影响和牵引着两座都城的发展及其在中国古代史中的作用。

4）崤函古道是由陆路交通和水路黄河三门峡漕运共同构成的水陆“双轨”交通体系。作为中国最古老的文明之路、两京襟带之路、经济互通商贸往来之路、文化交流融合之路、战略控御与军事角逐的战争之路，它曾在支撑周、汉、隋、唐等重要王朝对内对外之政治控驭、军事攻防、商贸交易、文化交流等诸多方面发挥过关键性的作用。

5）崤函古道起源于先人拓荒的新石器时代，形成和兴盛在古代最为称羡的周、汉、隋、唐诸盛世王朝，北宋以后逐步走向低潮。

6）崤函古道与洛阳长安东西两京体制的形成和发展密切相关，两京制度的建立，促进了崤函古道的形成和建设，影响着崤函古道交通的发展演变。崤函古道交通也为汉唐两京的形成和繁荣提供了交通基础。

7）崤函古道直接带动和促进了沿线地区社会经济的发展，既是沿线区域的成长之路，也是迄今保存较好、遗产丰富的一条“文化线路”。

以洛阳城等城镇为“点”，以崤函古道及其支线为“线”，以豫西山地为“面”，就可以构成一个最基本的点-线-面研究实体，这是诠释古代关东（或山东）、关西（或山西）地区地域结构的逻辑起点，其重要性不言自明。因之，上述久昌教授的学术见解，每一条都来之不易，因为其背后都以诸多历史事实、地理依据作为支撑，甚至还是学界同道进一步展开研究的基础、契机和推动力，值得予以推介。

对于交通史及历史交通地理的研究，笔者越来越倾向于加入“运输物品及其方式”的内容，形成学术界的交通运输史及历史交通运输地理的研究取向，以便与现代地理学中人文地理学领域的“交通运输地理学”相对应[①]。开辟“交通”的一个主要目的是运输“货物”，运至需要的地方，实现不同地区的货物调拨和交易，而“货物”的大量起运和交易，促进经济的交流和发展，又会促进交通线网的扩大，加强各个区域之间各个方面的联系，其实际作用和理论意义均不可限量。

除了上述“区域—城市关系”的研究视角外，单纯从区域史分析展开研究又该怎么做？我认为首先应该多了解研究区域的地理位置和空间关系，其次全面掌握这一区域的自然地理状况和特点，形成从事这一区域历史发展过程的研究基础，将往日曾经出现的诸多历史事项进行系统整理、提出问题，结合其地理环境展开条分缕析的工作，最终做

① 国内最为出色的同类著作是杨吾杨、张国伍、王富年等著《交通运输地理学》一书，孙敬之主编“经济地理学理论丛书”之一种，北京：商务印书馆，1986年。

出符合这一区域自然地理约束和历史演变一般性规律认识的判断。

由于长期工作和生活于豫西山地，久昌教授对这一片土地已经感情深厚，从这部文集中，我们也看到了久昌教授自觉或不自觉的情感流露，譬如，他对现今崤函古道所寄寓的情怀：

……研究崤函古道绝不仅仅是为了重拾一段曾经繁荣一时的历史与文化，更重要的是与沿线地区经济社会发展结合起来，为此提供重要的资源、灵感与思路。崤函古道不只是一笔文化遗产，更重要的是应成为一条沿线区域发展、乡村振兴之道，未来需要持续加大活化利用力度，把研究、保护工作与乡村脱贫振兴、美丽乡村建设、文化旅游、体育休闲、农业发展等结合起来，整合沿线自然、人文等特色资源，以道兴乡、以路兴村，带动经济发展，助推乡村振兴，让它“活”起来。在此基础上，进一步提升崤函古道的知名度和影响力，将其打造成中原乃至全国的特色品牌，让古道在大众心间“火”起来。这才是崤函古道研究的价值所在，也才是崤函古道的真正价值所在①。

从古代延续至今日，今人实际上已经承接了许多历史的嘱托和使命。今人头顶上的每一片天空都可能飘过祥云异彩，脚下的每一块土地都可能出现过珍禽瑞兽，甚或走过千军万马。连接历史与今天的媒介有历史文献、各类文物、各种遗迹，以及历史学人、正在学习历史的青年学子。抚今忆昔，古今相连，人心相通，触景生情，寄希望于今天和未来，这正是历史学人的情怀。

侯甬坚

2018年10月29日

---

① 李久昌：《崤函古道研究的回顾与展望》，《三门峡职业技术学院学报》2008年第4期，第62页。

目　录

上篇　洛阳长安两京历史地理

下篇　两京之间历史交通地理

上篇

洛阳长安两京历史地理

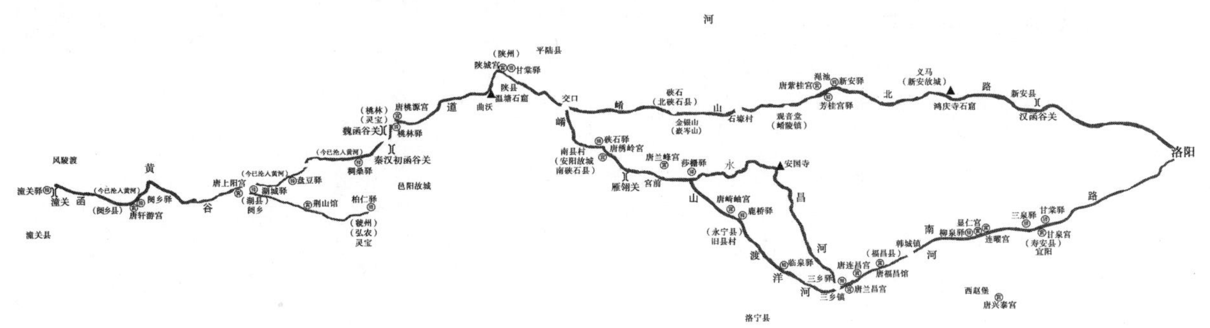

周公“天下之中”建都理论研究

中国是历史上营建都城最多的国家之一。在长达数千年的建都实践中，古代中国积累了丰富的经验，也产生了众多的建都学说和理论。西周初年，围绕营建洛邑，周公提出并阐发了“天下之中”的概念，建构了中国古代第一个成熟的建都理论。“天下之中”建都理论，影响了当时及以后中国古代王朝都城的选址和建设，并成为历代都城乃至一般城市空间布局规划的理论基础。“天下之中”建都理论所表现的空间意识和文化观念，甚至影响了中国数千年间的政治伦理观念。关于“天下之中”的内容及其意义，不少学者曾从不同角度进行过研究①。然而，从建都理论的角度，对这一重要而影响深远的中国古代建都学说做出科学说明的成果，还比较缺乏。本文拟依据古代文献，结合已有的研究成果，对“天下之中”建都理论的形成和内涵进行梳理，并在此基础上对“天下之中”的人文政治含义及在古代的影响做出评估。

一 天下之中：周公对都城选址在地理空间上的构想

周人长期活动于西部渭水流域。牧野之战，周武王一举克商，建立周朝，其统治疆域大大超过了夏、商两代，首次开始据有东、西两大区域。但是商人对殷地的实际统治并没有彻底消除，特别是整个殷都以东地区仍然没有受到周人的控制，周人只是取得了对天下名义上的控制权。而作为政治、军事统治中心的周都镐京则偏于西隅，囿于当时统治力量、交通、地理等多种条件，周人很难实现对一个空前广阔而复杂的“大国”的有效控制，总有鞭长莫及之虞。因此，早在西周建立之初，周统治者还来不及分享胜利的喜悦，就已经在一种惴惴不安的心情下考虑建立一种适用的都城地理结构，以维护对天下疆域的长久统治。以至于武王昼夜难眠，最终做出了在今洛阳一带营建新都洛邑的重要决策。但是，“武王克殷二年，天下未宁而崩”②，接着是三监叛乱。三监叛乱实质

① 陈登原：《国名疏故》，上海：商务印书馆，1936年；胡厚宣：《论殷代五方观念及中国称谓之起源》，《甲骨学商史论丛初集》，石家庄：河北教育出版社，2002年；顾颉刚、王树民：《“夏”和“中国”——祖国古代的称号》，史念海主编：《中国历史地理论丛》第1辑，西安：陕西人民出版社，1981年；于省吾：《释中国》，中华书局编辑部编：《中华学术论文集》，北京：中华书局，1981年；胡阿祥：《伟哉斯名——“中国”古今称谓研究》，武汉：湖北教育出版社，2001年；邢义田：《天下一家——传统中国天下观的形成》，邢义田著：《秦汉史论稿》，台北：东大图书股份有限公司，1987年；李学勤：《〈洛阳——丝绸之路的起点〉序》，洛阳市地方史志编纂委员会办公室编：《洛阳——丝绸之路的起点》，郑州：中州古籍出版社，1992年；罗志田：《先秦的五服制与古代的天下中国观》，《学人》第10辑，南京：江苏文艺出版社，1996年；龚胜生：《试论我国“天下之中”的历史源流》，《华中师范大学学报》（哲学社会科学版）1994年第1期，第91-97页。王克陵：《西周时期“天下之中”的择定与“王土”勘测》，《湖北大学学报》（哲学社会科学版）1990年第2期，第46-53页。胡克森：《论西周“分封建藩”与“中国”先秦含义之演变》，《邵阳学院学报》（社会科学版）2000年第1期，第33-36页。

②（汉）司马迁：《史记》卷28《封禅书》，北京：中华书局，1959年，第1364页。

上反映的是中央与地方诸侯国的矛盾。周公率兵东征，经三年浴血奋战，平息叛乱，占据了全部东土，又通过建立宗法分封制奠定了以中央权力控制四方诸侯的政治地理结构，进而取得了对天下四方的实际控制。经历了如此的沧桑巨变，周公更加坚定了信念，继承武王遗志，终于完成了洛邑的营建。据《尚书·召诰》和《逸周书·作雒解》等记载，营建工程是由周公主持的，筑城前周公做了大量的准备工作，相土、占卜、选定最佳城址、制订建筑规划，然后调集殷商遗民为工匠，进行了长达数年的建设。建成后的洛邑“城方千七百二十丈，郛方七百里。南系于洛水，地因于郏山”，[①]成为西周王朝控驭天下的政治、经济和文化中心，以及经营四方的军事枢纽。围绕洛邑的营建，周公总结了夏、商二代建都经验和文化传统，结合新的形势，提出并阐发了“天下之中”的建都理论。

“天下之中”建都理论是由“天下”“中”等一系列空间概念构成的。

综观周初文献可以看出，“天下”至少有两层意思：一是指受命于天，二是指天之下的土地。周人首先创造了“天”这一观念，取代了殷商“帝”的至上神的地位。“周人所创造的至上神‘天’，与殷人的至上神‘帝’具有同样的权威，是自然与人间的主宰，同样具有天命予夺的权力。”[②]在周人看来，是“天”将天命由殷易迁于周。《尚书·召诰》：“皇天上帝，改厥元子，兹大国殷之命。惟王受命”。《尚书梓材》：“皇天既付中国民越厥疆土于先王”，“欲至于万年，惟王子子孙孙永保民”。上天将天下的人民和疆土授予文王和武王，由他们去统治。这里“中国”一词不是指洛邑成周，而是指文王受命、武王征服得来的整个西周王朝的政治疆域。周人创造了“天”，为“小邦周”取代“大邦殷”找到了合理的解释，也产生了属于自己的“天下”观念，即以周王为代表的中央来行使对“天下”的统治权。从这个意义上说，周之“天下”与商之“四方”是同等概念，都是一个完整统一的政治统治区域。不同的是，商是以自己的都城来划分四至；而周公则以“天下”为空间视域来确定都城，即重点从中央王朝对所辖政治疆域的空间地理控制角度来选择适中的地理位置，从而确定统治中心。周王以都城为中心区域，形成对天下四方统治的政治疆域，构成了周人对天下构想的空间维度。

“天下”一词在周初文献中不断地被使用，但这一概念仅为“天下之中”理论奠定了一个空间视域，表现了强烈的完整统一的政治疆域意识。天下只有与“中”的概念联系在一起，“天下之中”理论才被完整地表达出来。由此也可以看出，“中”是这一理论最核心的概念。

“中”是对“天下”这一空间中心的划分。从空间意义上说，“中”是指“天下的中央、中心”，即“方位在中央”。“中”概念起源于古代先人的“尚中”和“择中”观念。古代先人通过对天体运行的观察，认识到作为空间之宇宙是规范而有序的，天与地相对，而天与地又都是由对称和谐的中央与四方构成的，中央高于四方，乃宇宙秩序的轴心。天体运行为先民在观念上提供了一个神圣的中央的具体模式，通过对天体运行的神秘的发现和体认，进而在先民中产生了“尚中”观念和“择中”意识。相传黄帝即居天下之中。《淮南子·天文训》中有“中央土也，其帝黄帝，其佐后土，执绳而制四方”，这种

① 黄怀信、张懋镕、田旭东：《逸周书汇校集注》卷5《作雒解》，上海：上海古籍出版社，1995年，第561-564页。

② 巴新生：《西周伦理形态研究》，天津：天津古籍出版社，1997年，第25页。

以“土”居中央、以黄帝为统领四方之帝的理路，在思想上所遵循的即“尚中”原则。由于缺乏夏代的实物材料，因此难以确证是否出现了关于中心和四方等方位的概念，但夏人在国土划分和都城建设上，已表现出相当的“尚中”“择中”意识。有学者推测，“天下、中国、四方、四海、九州、四夷似乎在夏代以前就已存在了”[①]。司马迁根据《禹贡》等的记载，说夏禹平水土，更制九州，中州之外有八方；又列天下分五服，甸、侯、绥、要、荒，一圈一圈地向外推衍，以中央为中心，四方环绕中央。这当然是想象中的国土规划或天下安排，但它真实地反映了当时人们思想中的理想空间秩序和对“中”的孜孜追求，故《说文解字》称“夏者，中国之人也”。大量文献证明，商朝时，关于中心和四方等概念已确切地形成。商人以五方观念将全国政治疆域划为五方，商王的直接统治区居中，号称“中商”。余者按方位，将属地属国分别称为东土、西土、南土、北土。“四方、四土”按距“中商”地理位置的远近受商王不同程度的制约。甲骨卜辞中常有东方、西方、南方、北方或东土、西土、南土、北土的字眼，有一则卜辞更将东西南北并举，曰：“癸卯卜，今日雨。其自西来雨？其自东来雨？其自北来雨？其自南来雨？”[②]另外，对于商代王室墓葬出现的“亚”字形状，学者也认为象征着“四方”的概念[①]。“四方、四土”认识出现的前提便在于“中”观念的形成。从夏、商时期都城选址的状况来看，司马迁指出：“昔唐人都河东，殷人都河内，周人都河南。夫三河在天下之中，若鼎足，王者所更居也，建国各数百千岁。”[③]也就是说，把国都建在“天下之中”，是唐尧以来的传统思想。《史记·五帝本纪》载：尧崩，舜“夫而后之中国践天子位焉”。宋朝裴骃《史记集解》引刘熙曰：“帝王所都为中，故曰中国。”当时，“中国”一词，是指位于天下之中的都城，都城也就是天子之国，夏商时期的都城建设，明显继承了这一传统。对此，李零分析说：“古代的国都规划体现的是‘四方之极’（《诗·商颂·殷武》），‘四方之极’的‘极’也就是东、西、南、北、中的‘中’。古人认为国都（古代叫‘国’）同时也是国土（古代叫‘邦’）之‘中’，外面不仅有四郊、四野，还有四土、四方，本身就是一个‘大十字’的中点。”[④]方位上的中央观念是一种典型的理性预设，它标志着在文化层面上一种自我体认的确立和成熟。夏商都城的选址及其建设经验，构成了后来“天下之中”的重要内容。

不过，就系统性而言，夏商时期的“尚中”“四方之极”等思想观念还未上升到理论的高度，按照“天下之中”理论的发展成熟度，其显然处于“天下之中”发展演变的早期阶段。对此应加以认真总结，使之成为一种明确的意识，并上升到理论、伦理范畴及方法论的高度，“天下之中”的观念是在周灭商后，营建洛邑时由周公提出并阐发的。《尚书》《周礼》《史记》《逸周书》等文献记载了这一理论。

《史记·周本纪》云：“成王在丰，使召公复营洛邑，如武王之意。周公复卜申视，卒营筑，居九鼎焉。曰：‘此天下之中，四方入贡道里均。’”从周公的话中可以看出，

① 邢义田：《从古代天下观看秦汉长城的象征意义》，《燕京学报》2002年新13期，第16页。

② 郭沫若：《卜辞通纂》第375片，《郭沫若全集·考古编》第2卷，北京：科学出版社，2003年，第369页。

③（汉）司马迁：《史记》卷129《货殖列传》，北京：中华书局，1959年，第3262-3263页。

④ 李零：《中国古代地理的大视野》，《中国方术续考》，北京：东方出版社，2000年，第265页。

周公是以“天下”为空间视域来确定都城位置的，重点是从中央王朝对所辖政治疆域的空间地理控制角度，选择适中的地理位置以确定统治中心，包含天下中心观和国都中心观，这就出现了最初的区域中心地思想。《逸周书·作雒解》云：“周公敬念于后，曰：‘予畏周室不延，俾中天下。’及将致政，乃作大邑成周于土中……以为天下之大凑。”“土中”，孔晁注：“王城也，于天下为土中。”显然，这里的“土中”也是就整个疆域中都城与天下四方的距离而言的，与《尚书》之《召诰》《洛诰》，与何尊铭文及《周本纪》所讲的“土中”“中国”“天下之中”的意思相同。都城是控制天下的枢纽，处在发号施令的中心地位，在古代交通落后等条件下，与四方形成均等的空间位置关系，易于形成“四方辐凑”式的统治中心。西周疆域范围，《左传》昭公九年：“王使詹桓伯辞于晋曰：‘我自夏以后稷，魏、骀、芮、岐、毕，吾西土也。及武王克商，蒲姑、商奄，吾东土也。巴、濮、楚、邓，吾南土也。肃慎、燕、亳，吾北土也。’”考古发现的古城址地理分布也证明其说不虚。按文献研究和西周考古遗址的分布，西周控制的疆域西起今甘肃东部，东达海滨，北至今辽宁，南达长江。从谭其骧主编的《中国历史地图集》所绘的西周时期中心区域图上量测，洛阳恰为这一地理区域的中心。

但是，并不是任何地理中心都能成为“天下之中”，据说夏代有以阳城为地中的传统。周公在营建洛邑前亦曾在此测地中，并沿用了夏人“尺有五寸”的测量标准，但他最终并没有以阳城为地中。有人发现与阳翟相比，洛邑在地理位置上还不是天下之“地中”，武王曾选址并营建阳翟为东都。但到成王周公时放弃了，改在洛邑营建东都，其原因与当时的政治、军事及经济形势的变化有关[①]。可见，“天下之中”并非由单一的地理位置因素来决定。在周公的宇宙观念中，“天下之中”是天下一个十分特殊的空间点。《周礼·大司徒》说：“日至之景尺有五寸，谓之地中：天地之所合也，四时之所交也，风雨之所会也，阴阳之所和也。然则百物阜安，乃建王国焉，制其畿方千里而封树之。”[②]按照这一要求，成为“天下之中”的地方要具备天时、地利、人和三个方面的最优越条件，在地理上具有三个连锁的递进特征，即阴阳和中、百物阜安、适建王都。如此，一个都城不仅要具有“天下之中”的地理区位，还要具备良好的自然地理条件和社会人文基础，即“实行区域中心地原则需要良好的社会内外部条件和有利的自然条件”[③]。如此，“天下之中”就突破了单纯的地理中心意义。这种先以所统辖的整个疆域——“天下”为空间视域，再在适中地理位置选择具备良好自然地理条件和社会人文基础的地方来确定都城的做法，既体现了实行中心地原则的思想，也体现了在择中建都过程中将宏观地理形势与微观地理条件予以综合考量的高超的空间权衡谋略。

二　天下之中：周公对都城的人文与政治构想

周公在营建洛邑过程中提出的“天下之中”理论，是中国古代早期政治家对都城与

① 王晖：《周武王东都选址考辨》，《中国史研究》1998年第1期，第14-24页。

②（汉）郑玄注，（唐）贾公彦疏：《周礼注疏》卷10《大司徒》，《十三经注疏》，北京：北京大学出版社，2000年，第298页。

③ 侯甬坚：《中国古都选址的基本原则》，《历史地理学探索》，北京：中国社会科学出版社，2004年，第68页。

四方、中央与地方秩序的一个构想，包含了丰富的人文思想内容。作为一种人文构想，“天下之中”绝不仅是对自然地理的论述。正如我们所指出的，择天下之中而建都是基于政治、经济、文化的需要而综合提出的基本原则。在周公提出“天下之中”建都理论后的数千年间，也有一些人单纯从地理几何中心的角度认识这一理论并对它进行“非理性”的苛责，但这并不能从根本上动摇它作为一种建都理论本身所具有的理论普适性、巨大的文化扩张力及涵盖力。“天下之中”理论中所包含的“天下”和“中”等空间概念，尽管其含义有西周及洛邑的特殊历史背景成分，但它同时更是古人对都城性质和功能认识上的巨大进步，反映的是一种观念的建构，体现了由“空间观念”延伸出来的表征意义，这种意义突出地表现在以下几个方面。

1）“居天下之中以均统四方”的政治中心思想，突出了都城作为政治统治中心的性质和功能，是谓“天下之中”理论的政治意义。

“王者必即土中”，并不是目的，而是一种象征、一种符号、一种暗示，更是一种处理中央与地方关系的机制。从词源学看，甲骨文中，“中”字本义为有“斿”（飘带）的族旗。这已成为古文字学家的共识。唐兰说：“余谓‘中’者最初为氏族社会中之徽帜……此其徽帜，古时用以集众……盖古者有大事，聚众于旷地，先建中焉，群众望见中而趋附，群众来自四方，则建中之地为中央矣。”[①]《说文解字·方人部》中有“旗有众铃，以令众也”。“中”是建中集众之旗，本身既含周边向中心聚集、中心号召周边的意思，引申而表，有居中的中心、中央之义。古人很早就相信，占据了“中心”就可以控制“四方”，就像北极星在天之中，日月星辰都环绕它运行，仿佛被“璇玑玉衡”[②]指挥一样。在当时人们的宇宙概念中，天下之中是天下一个十分特殊的空间点，选择这个特殊的空间点来建造都城，是取得优势地位的重要手段。何尊铭文追述了武王克商后，在廷庙祭告于天时说：“宅兹中国，自兹乂民。”意思是，我将居住于此中国，自此治理民政。此“中国”即指都城洛邑。《尚书·召诰》云：“王来绍上帝，自服于土中。”这里的“王”指的是“周成王”。其意思是说，周成王卜问上帝，在洛邑（土中）亲自治理天下。《尚书·多士》中，王曰：“今朕作大邑于兹洛，予惟四方；罔攸宾，亦惟尔多士攸服，奔走臣我，多逊。”可见周人营建洛邑以土中治天下的思想为指导。从中我们可以明了，“中”不是孤立的，而是与天下四方相对而存在的，有天下必有四方，有四方必有中央，中央统御四方。因此，在“天下之中”建立都城又意味着一种社会政治秩序。从政治学角度看，“尚中”既意味着以“中”为贵，又表征以“中”制四方的行政管辖。前引《逸周书·作雒解》说“乃作大邑成周于土中……以为天下之大凑”，凑，意味着交汇。这个解释既体现了“土中”的特殊地位，又说明了作为“土中”的京师不是与世隔绝的，而是与“四方”有往来的，京师是四方交汇的中心。有学者指出，周公营建洛邑，大致是与分封诸侯同时进行的。从姬姓与姜姓封国迁移的路线看，都是由洛邑周围移往更东方或南方的新领土，为周朝建立新的藩屏。《汉书·地理志下》谓：“昔周公营洛邑，以为在于土中，诸侯蕃屏四方。”这种政治关系反映在地理结构上，便形成了以都城为政治

---

① 唐兰：《殷虚文字记》，北京：中华书局，1981 年，第 53、54 页。

②（汉）孔安国传，（唐）孔颖达疏：《尚书正义》卷 3《舜典》，《十三经注疏》，北京：北京大学出版社，2000 年，第 64 页。

统治中心统治地方四土的国土结构。这集中说明了在“天下之中”建都的目的，即它是在政治上总揽全局进行统治的理想中心。在周公等看来，“居天下之中”可得宅中图治之功、配天治民之效。《尚书·康诰》：“惟三月哉生魄，周公初基作新大邑于东国洛，四方民大和会。侯甸男邦，采卫百工，播民和见，士于周。周公咸勤，乃洪大诰治。”士于周，说明受封诸侯与周王间存在君臣关系。周公建立洛邑，基本达到了目的，因而荀子说：“故王者必居天下之中，礼也。”[①]这表明在天下之中建立都城，易于建立起中央与地方、王者与臣民间合于尊尊的礼制秩序。《盐铁论·地广》云：“古者，天子之立于天下之中……夫治国之道，由中及外，自近者始。近者亲附，然后来远；百姓内足，然后恤外。”《谯周法训》亦云：“王者居中国，何也？顺天之和而同四方之统也。”即天子居于天下之中，可以由内及外、自近而远地进行层次合理的统治。这里强调都城建在天下之中，表明“中”对于王权和国家具有特殊意义。都城的空间位置代表了社会的空间秩序，并凝结为一种都城的象征形式，构成了王朝体系的核心观念。都城居于国土中心，天下如车辐条一样向轴心收敛式汇聚，再向四周渗透，既有利于发挥都城的聚集与扩散作用，也易于周边对中央王朝的依附和归顺。可见都城是位处天下之中便于推行王权统治和实行“王化”措施的国家根本之地。“天下之中”理论具有的这种“居天下之中以均统四方”的思想，蕴藏了建立和强化中央集权的旨趣。

2）“为天下之大凑”的经济中心思想，突出了都城作为经济中心的性质和功能，是谓“天下之中”理论的经济意义。

“天下之中”建构下的以都城为政治统治中心、统治天下的国土结构，不仅是一种政治秩序，还是一种经济秩序，这种经济秩序，体现为地方围绕中心形成贡赋中央的经济关系。《史记·周本纪》记载：“成王在丰，使召公复营洛邑，如武王之意。周公复卜申视，卒营筑，居九鼎焉。曰：‘此天下之中，四方入贡道里均。’”中国早期都城的主要功能是政治、军事和礼仪性的。但随着社会经济的发展，尤其是周灭商后，东西两大经济区开始连接在一起，客观上要求都城承担更大的经济中心的功能，发挥经济辐射作用。从周公的这段话中可以看出，周统治者已经开始考虑建立一种适用的中央与四方的经济关系机制，以强化都城聚集和辐射的经济中心功能。都城是统治集团成员的聚集之地，由于城市的消费性质，它的存在和活跃，主要来源于农村以单向地租和税收向都城的不断财政输入。如果中断了这种输入，或输入不正常，都城的经济循环系统将受到损害，甚至不复存在。因此，为了满足巨大的物质消费，保证经济循环系统的正常运行，都城选址须要将路途远近的因素考虑在内。把都城选择在国土的中心，可以使四方进贡纳赋的路程大致相等，“称远近而等贡献”[②]，不偏不倚，既有利于均衡各地的运输成本，也有利于使都城获得各方强有力的经济支撑。正如荀子所言：“理道之远近而致贡，通流财物粟米，无有滞留，使相归移也。四海之内若一家，故近者不隐其能，远者不疾其劳，无幽闲隐僻之国，莫不趋使而安乐之。”[③]此外，这种秩序还体现为都城的经济中心地位。前引《逸周书·作雒解》云：“周公敬念于后曰：‘予畏周室不延，俾中天下。’

---

①（清）王先谦：《荀子集解》卷19《大略篇》，北京：中华书局，1988年，第485页。

②（清）王先谦：《荀子集解》卷12《正论篇》，北京：中华书局，1988年，第329页。

③（清）王先谦：《荀子集解》卷5《王制篇》，北京：中华书局，1988年，第161页。

及将致政，乃作大邑成周于土中……以为天下之大凑。”所谓“为天下之大凑”，便是说作为都城，它还应是经济贸易往来之中心和枢纽。在营建洛邑的过程中，武王屡屡强调洛阳“居易毋固”的地理形势。周公强调洛阳“天下之中”的地理位置，其用意也是凸显洛阳的地理优势，即利于天下经济贸易往来，在国家经济中占有优势地位。从这个意义上说，“天下之中”实际上也是一种城市—区域理论，反映了都城与四方区域间的相互关系。这也说明“天下之中”建都理论注意到了都城与周边及全国的经济联系，而不是孤立地考虑地望问题。

3）“定天保，依天室”，均教化的文化中心思想，突出了都城作为文化中心的性质及功能，是谓“天下之中”理论的文化意义。

王国维在《殷周制度论》中说：“都邑者，政治与文化之标征也。”建都不仅是地理位置的选择，也反映了政治理念的选择和文化制度的取向。都城本身也往往是文化的中心，具有文化聚集和辐射的强大功能。在“天下之中”建都理论中，周公通过对都城地理位置的构想，由“空间观念”表达和延伸出了都城作为文化中心的丰富的文化意义，丰富了人们对都城文化中心性质及功能的认识。这种意义主要体现在以下几个方面。

第一，傍依天室求得佑助的宗教意义。李学勤说：“便于敬配皇天，对上下神灵进行祭祀，这是宗教上的意义。”这个意见是对的。在古人那里，建都在很大程度上首先便是建立一个宗教场所。《左传·庄公二十八年》云：“凡邑，有宗庙先君之主曰都，无曰邑。邑曰筑，都曰城。”因此，都城自然应选建在最有利于与天地交通的地方。《史记·周本纪》载，周克殷后，周武王为“未定天保”而夜不成寐，曰：“我未定天保，何暇寐……”“定天保，依天室……自洛汭延于伊汭，居易毋固，其有夏之居。我南望三涂，北望岳鄙，顾詹有河，粤詹雒、伊，毋远天室。”营周居于雒邑而后去。根据许多学者的考证，武王所言“天室”，即河南嵩山，亦称“太室山”，既是夏人兴起之地，也是传统的通天圣山，被认为是“天下之中”的标识。武王设想在洛邑建都，目的就是便于就近取得天命之眷顾。《尚书·召诰》也说：“王来绍上帝，自服于土中，旦曰：‘其作大邑，其自时配皇天，毖祀于上下，其自时中乂。’王厥有成命治民，今休。”《伪孔传》也称周公言其为大邑于土中，其用是大邑配上天而为治。周公“时配皇天”的想法与武王一脉相承。有学者研究，周代天神崇拜实是山岳崇拜，天神也是周族的部族神。他们认为祖先神死后都要升到天上，即天室山上。从先周古公到文王时代，周人山岳崇拜的对象是岐山。武王克商取得天下共主身份后，周人认为高耸于天下之中的嵩岳是天神之室，便改祭嵩山以答谢天神[①]。因此，在天室山脚下建都洛邑，一方面使之居天地之中，获取地理上的优势；另一方面可就近沟通“天神”，居中即帝配天以获天保（天命），以此作为帝权神圣性、合法性和永恒性之根据。此后，无论是秦皇、汉武还是唐宗、宋祖，尽管祭祀地点有所变化，但都没有中断过这类祭祖、通天政治宗教的施行，可见由夏商王朝开创、周代继承强化的这一传统观念的作用是多么的强大而有力。

第二，获得王朝正统性地理认同的法统意义。《逸周书·作雒解》载，武王告诉周公，他决定建都洛邑的依据之一，是这里曾是夏王朝统治的中心区域：“自洛汭延于伊

① 王晖：《论周代天神性质与山岳崇拜》，《北京师范大学学报》（社会科学版）1999年第1期，第43-51页。

汭，居易毋固，其有夏之居。”谢维扬在谈到中国早期国家与特定地域的关系时，指出：“在夏朝国家建立后，由它控制的地域已逐渐成为标志国家主体的不可分割的内容。这在中国历史上造成了一个重要的政治传统，即建立一个真正的、被承认的国家，就必须占据特定的地域，并有相应的中央权力。”①这个特定区域不仅是自己的族源地，而且是对前朝整个政治疆域的继承和发展。谢维扬称之为“国家意识形态”。从历史地理学角度看，这种“国家意识形态”在地域上的表现便是“国家法统地域”。法统地域含有地域和政绩的双重意义，具有神圣性、正统性。法统地域观念的认定是一个长期的认同过程。一般来说，其思想依据，一是“禹迹”的概念，即“有夏之居”，后发展为“王土天授”；二是出现具有普遍意义的象征性景观，如天室山等②。“禹迹”是最早的国家法统在地域观念上的表述，其产生正是出于夏王朝的建设成就，确立了夏王朝的中心地位。而夏王朝的根基地就是所谓的“伊、洛之间”，即以洛阳为中心的豫西地区。此后，任何想要夺取天下的政治势力，都必须在夺取这一法统地域后，才算承继了夏商的天下，才算正式接受了全部天下之天命，真正拥有了统治天下的合法地位。《诗经·殷武》说商“天命多辟，设都于禹之绩”。《叔夷钟》铭文说，成汤“翦伐夏祀……咸有九州，处禹之堵”。《诗经·文王有声》说周“丰水东注，维禹之绩”。商、周都说自己是处在“禹之迹”。在“有夏之居”建都，占据具有国家法统意义的地域，构成了周王继承前朝而统治天下法理性地位的依据。周王就与前朝名君一样，拥有了不言而喻的合法性、正统性和权威性。后继王朝也毫无例外地把“夏”理解为“天下”和“王土”，将其当作“中国文明”的代名词，并宣称自己是夏文化的继承者，是大禹所划定“九州”的主人。故而，曾长期作为夏之都城的洛阳也就很自然地成为华夏国家的法统地域及公认的华夏文明中心地区，拥有不言而喻的正统性和权威性。

第三，具有文化整合与均教化的意识形态意义。偏居西域的小邦周灭掉中原大邦殷，本身就存在一个如何对待前朝文化的问题。而周所营之洛邑，既是西周之东都，也是殷遗民移居之地，既存在周殷间的政治矛盾，也有二者文化上的矛盾与冲突。周初管蔡、武庚叛乱，史称管蔡以殷叛，这未必不是殷人挟管蔡以叛周。在此形势下，周公通过将都城设于“天下之中”，通过在距离上对四周的不偏不倚，宣示了他的政治、伦理的主张。在洛邑，周公大行分封，建立“以蕃屏周”的宗周政治体制；制礼作乐，推行礼乐教化，实行德政；将殷王要求民以“中”对待统治者转化为要统治者以“中”治民，“尔克永观省，作稽中德；尔尚克羞馈祀，尔乃自介用逸”③。“中”被正式以“中德”名之，并升华为一种施政道德。复兴光大了尧舜之道，在不同文化的整合中创造出“郁郁乎文哉”的周文化，于是“兴正礼乐，度制于是改，而民和睦，颂声兴”④。可见，“天下之中”不仅是一种建都理论，而且是一种施政理念和治国方略。《左传》昭公三十二年云：

① 谢维扬：《中国早期国家》，杭州：浙江人民出版社，1995 年，第 393 页。

② 唐晓峰：《中国古代王朝正统性的地理认同》，《人文地理随笔》，北京：生活·读书·新知三联书店，2005 年，第 20-22 页。

③（汉）孔安国传，（唐）孔颖达疏：《尚书正义》卷 14《酒诰》，《十三经注疏》，北京：北京大学出版社，2000 年，第 444 页。

④（汉）司马迁：《史记》卷 4《周本纪》，北京：中华书局，1959 年，第 133 页。

“昔成王合诸侯，城成周，以为东都，崇文德焉。”后世也多将洛阳看作“有德则易以王，无德则易以亡”的“德政”之都[①]，具有德政、王道等文化象征意义。洛邑作为西周都城、首善之地，确实发挥了其人文荟萃之所、德政王畿象征和文化辐射之都的作用。周公在此以“中”对商周文化的整合及其提出的中德思想，对西周统治的稳定和发展起到了重要作用，直接催生了“成康盛世”的出现，为周王朝“八百年，最长久”的基业奠定了基础。

总之，在营建洛邑过程中，周公在总结前人“尚中”“择中”经验的基础上，提出并阐发了“天下之中”概念，其对该内容的解释也是后世“天下之中”思想最基本、最主要的诠释。他首创的“天下之中”，已从一般的空间概念上升至理论、伦理范畴及方法论的高度。“天下之中”建都理论经周公之手始得以形成，形成之主要标志可归为两点：一是首创了“天下之中”概念，并赋予其明确的地理和政治上的含义，遂使“天下之中”成为一种建都选址的标准；二是提出了基于政治、经济及环境需要选择“天下之中”的基本原则，并成功地运用于营建洛邑的建都实践，遂使“天下之中”成为一种方法论原则。如此，“天下之中”便涵盖了政治理论和实践方法两个方面的内容，表现为二者的统一，亦即获得了一种比较普遍的意义，成为中国古代最早、最成熟的建都理论。

三　天下之中：一种实践的都城理论

“尚中”“择中”是中国古代长久存在的一个根深蒂固的观念。从仰韶文化的建筑遗迹中，我们已经可以看出当时人们对中心的重视，尧舜时期可能已经初步形成了“尚中”“择中”的观念，这种观念在夏商时期已十分盛行，只是还不系统。周公在营建洛邑的过程中，第一次对此作了理论总结，把“尚中”“择中”观念提升为“天下之中”建都理论。虽然“天下之中”建都理论的提出主要是围绕营建洛邑的政治实践活动而阐发的，但是在周公的阐发和实践中，不仅提及了“天下之中”“四方入贡道里均”“时配皇天”等，同时也涉及阴阳和谐、“百物阜安”，这种理论涵摄着政治、经济、文化和地理等多重内容。他不仅以此作为营建洛邑的方法论，同时又把它作为指导建都实践的最高原则，这就使“天下之中”成为一个内容丰富、具有普遍指导意义的建都理论学说。周公之后，许多思想家、政治家沿着先哲思维路径，分别从不同层面表示了对“天下之中”的执着追求，丰富和发展了“天下之中”的建都理论。成书于战国人之手的《尚书·禹贡》总结了“天下之中”观念，具体列出了五服制度——甸服、侯服、绥服、要服、荒服，提出了以王都为中心向四方推衍的“回”字形天下疆域结构。荀子则将居中所体现的尊尊含义上升到礼制的高度：“君人者，隆礼尊贤而王，重法爱民而霸，好利多诈而危。欲近四旁，莫如中央，故王者必居天下之中，礼也。”[②]《管子·度地》亦十分崇尚“天下之中”：“天子有万诸侯也，其中有公侯伯子男焉。天子中而处，此谓因天之固，归地之

①（汉）司马迁：《史记》卷99《刘敬叔孙通列传》，北京：中华书局，1959年，第2716页。

②（清）王先谦：《荀子集解》卷19《大略策》，北京：中华书局，1988年，第485页。

利。”又说：“地之东西二万八千里，南北二万六千里，天子中而立。”[①]《吕氏春秋》说“古之王者，择天下之中而立国，择国之中而立宫，择宫之中而立庙”[②]，明确地把“择天下之中而立国，择国之中而立宫”作为选择都城地址和处理郭城与宫城关系的基本原则。西汉贾谊进一步提出了择中建都可在次级区域内实现的构想，即“贾氏圆形布局体系”[③]：“古者天子地方千里，中之而为都，输将徭使，其远者不在五百里而至；公侯地百里，中之而为都，输将徭使，远者不在五十里而至。输将者不苦其劳，徭使者不伤其费。故远方人安其居，士民皆有欢乐其上，此天下之所以长久也。”[④]此外，董仲舒、班固分别在《春秋繁露》《白虎通》中对“天下之中”的论述，又进一步强化了这一理论，扩大了其影响。可见，周公之后，经过春秋战国，“天下之中”建都理论已经获得了广泛的认同，并日益深入结合到古代政治思想体系里，深深扎根于社会意识中。

“天下之中”建都理论构成了中国古代最初的都城观，从这种都城观中，发展出中国古代一整套关于都城建设的思想体系，以及一系列已经被体制化的建都实践。在古代，把都城置于天下四方中央，既便于为天下所贡奉、四方所拱卫，“譬如北辰，居其所而众星共之”[⑤]，也是控制天下的原点。既可以显示帝居的庄严，形成对天下的政治、军事控制，又便于各地输入贡赋、诸侯朝觐，从管理角度来说，确实具有相当的合理性。同时，中国古代历来有“王业不偏安”[⑥]之说，“居天下之中，即是居天地之中，符合中国社会以和谐为主旨的天人合一思想，对四周不偏不倚，对一方由服及鄙，易于形成向心忠中的社会文化心态”[⑦]。从历史上看，尽管古代提出的建都理论林林总总，一些学者也曾对“天下之中”建都理论提出异议，但“天下之中”建都理论都没有从根本上动摇。周公之后，虽然“天下”的版图时有盈缩，“天下”的概念有所变化，都城形式也不断变化，但“天下之中”作为一种实践的建都理论，两千多年间一直影响着古代都城选址和建设，从思想和制度两个方面延续了下来。中国统一时如此，分裂时期的地方割据政权也是如此。

不仅如此，“天下之中”说本身具有的巨大涵盖力和扩张力，还影响到古代都城空间及宫室布局，引申和发展出贯穿中国古代两千多年的城市规划意识和制度：择天下之中而立国，择国之中而立都，择都之中而立宫，择宫之中而立庙。既居中，则需四方拱卫，于是“苍龙、白虎、朱雀、玄武，天之四灵，以正四方，王者制宫阙殿阁皆取法焉”[⑧]。考古资料证明，从河南二里头夏都遗址到明清时期的北京城，城市布局几乎都是以宫殿为中心，以宫城南北中轴线为全城主轴线。这种布局模式正是“天下之中”建都理论在宫室布局上的具体体现。“天下之中”还影响了春秋以来商业城市的建立原则。春秋越

---

① 黎翔凤撰，梁运华整理：《管子校注》，北京：中华书局，2004 年，第 1051、1443 页。

②（战国）吕不韦著，陈奇猷校释：《吕氏春秋新校释》卷 17《审分览・慎势》，上海：上海古籍出版社，2009 年，第 1119 页。

③ 侯甬坚：《中国古都选址的基本原则》，《历史地理学探索》，北京：中国社会科学出版社，2004 年，第 68 页。

④（汉）贾谊：《贾谊集》，上海：上海人民出版社，1976 年，第 59 页。

⑤（魏）何晏集解，（宋）邢昺疏：《论语注疏》卷 2《为政》，《十三经注疏》，北京：北京大学出版社，2004 年，第 15 页。

⑥（三国）诸葛亮：《诸葛亮集》，北京：中华书局，1975 年，第 34 页。

⑦ 侯甬坚：《中国古都选址的基本原则》，《历史地理学探索》，北京：中国社会科学出版社，2004 年，第 67 页。

⑧ 何清谷校注：《三辅黄图校注》卷 3《未央宫》，西安：三秦出版社，1995 年，第 150 页。

国政治家范蠡更把“天下之中”原则推广到商业城市的选址方面。他在辅佐越王勾践消灭吴国后，乃乘扁舟，浮于江湖，辗转到了陶（今山东定陶），“朱公以为陶天下之中，诸侯四通，货物所交易也”[①]。范蠡在陶“十九年之中三致千金”，成为当时有名的富商。范蠡所说的“天下之中”不是指政治中心而是指地理位置与经济中心，陶是诸侯国之间往来的交通枢纽，也是一个富庶区域的中心，所以他在这里获利甚丰，为当时和后世所称道。

“天下之中”建都理论所表现出的空间意识和文化观念，还顽强地深入中华民族的灵魂之中。以被后世儒者尊为五经之首的《周易》为例，通行本中的“中”字出现多达119次（不包括作为卦名的“中孚”），六十四卦中过半数的“传”之内容，都涉及“中”。继而，关于“中”的思想还发展为儒家一种中和、中庸的哲学与伦理学思想，对中国文化和社会生活产生了广泛而深刻的影响，成为中华民族的一种凝固的民族意识、历史意识与空间意识，在一定意义上成为中华民族之伟大凝聚力与向心力的表现，成为中华民族中和主体文化意识的体现。这种关于“中”的意识，当然还同时融渗在政治伦理道德规范之中，成为处于漫长封建社会形态之下的帝国故步自封、不思向外、以天朝为世界之中心的盲目自大的传统意识。这自然是需要我们摒弃的。

① （汉）司马迁：《史记》卷129《货殖列传》，北京：中华书局，1959年，第3257页。

“天下之中”与列朝都洛

西周初期周公提出的“天下之中”理论，是我国古代第一个有关都城选址规划的理论。以往在分析列朝建都洛阳原因时，对与洛阳建都关系密切的“天下之中”理论缺乏足够的重视和分析。实际上，“天下之中”理论是内容丰富、涵盖都城选址中自然和社会等综合因素的古代建都理论。对洛阳都城进行客观的考察，可以发现，“天下之中”理论既形成于洛阳，又指导着列朝在洛阳的建都实践。“天下之中”所反映的地理、政治、经济和文化观念引导了众多王朝都城选址的洛阳取向，构成了列朝建都洛阳独特理路的基础和神圣性、合理性的依据。

一　夏商都洛与“天下之中”建都理论的萌芽

“天下之中”是西周初年周公围绕营建洛邑而提出并阐发的中国古代第一个有关都城选址规划的理论。周公明确指出了“天下之中”的意义，认为把都城建在天下的中央，容易形成“四方辐凑”式的政治、经济、文化中心，既便于四方诸侯贡赋，又利于镇抚全国。这一理论对后世影响极大。

追溯源头，“天下之中”建都理论的产生与夏商两代在以洛阳为中心的河洛地区建都活动有密切关系。夏是黄帝部族中颛顼的一支后裔。黄帝族发祥于今河南西部嵩山周围地区。相传炎黄之战，炎帝一族败退四散，于是，黄帝一族据胜之地就被尊崇为天下之“中”，并经颛顼、尧、舜等发展成为新石器时代中原文化的核心区域。夏部族因袭黄帝族的故地，仍然生活于嵩山周围地区，至夏禹时，夏部族凭借其居于四方之中的特殊地理位置，兼容并蓄四方文化，借助治理洪水之契机，建立了我国第一个国家政权——夏王朝。夏王朝统治的中心区域在今河南洛阳一带。《逸周书·度邑解》中有“自洛汭延于伊汭，居易毋固，其有夏之居”。有夏四百多年，曾几次迁都，但“总体上看，夏代各王的迁都，基本是在一个以偃师为中心的周围地区内摆移”[①]。偃师二里头遗址是目前唯一可以确认的夏王朝都城遗址，学者认为它应是夏中晚期的都城斟鄩，位于今偃师西南约 9 千米的二里头村一带，临近洛河、伊河，正处于夏王朝统治中心区之内。“由近年的新发现可知，二里头遗址的中心区有纵横交错的道路网，宫殿区围以方正规矩的城垣，宫城、大型建筑以及道路都有明确的方向性，宫城内至少分布着两组有明确中轴线的大型建筑基址群。”[②]可见，夏王朝的国都规划已经体现出择中建都的思想。夏王朝就是以夏都为中心，将其统治势力伸向黄河中下游南北两岸乃至长江流域部分地区，形

① 宋镇豪：《夏商社会生活史》，北京：中国社会科学出版社，1994 年，第 18 页。

② 中国社会科学院考古研究所二里头工作队：《河南偃师市二里头遗址中心区的考古新发现》，《考古》2005 年第 7 期，第 15-20 页。

成了以都城为中央、统治四方的政治地理结构。夏王朝建都实践中体现的“尚中”“择中”思想，象征着“天下之中”思想在夏的孕育。

夏亡商兴。商王朝统治中心区域，前期是在河洛地区及郑州一带。商汤灭夏后建立的偃师商城和郑州商城，都位于这个区域之内。商代后期统治中心区域移至今河南北部，其都城也迁至安阳殷城，居于商后期统治中心区的中心地带。商朝时，有关中心和四方等方位的概念已确切形成。商人以自己的都城“商”“大邑商”为中心，即以安阳殷城为政治地理中心来确定“中”和四方的位置，“大邑商”是确定四方方位的坐标，四方以商为中心，因此又称为“中商”[①]。余者按方位，将属地属国分别称之为东土、西土、南土、北土。“四方、四土”按距“中商”地理位置的远近受商王不同程度的制约。《诗经·殷武》云：“商邑翼翼，四方之极。”《毛传》：“商邑，京师也。”郑氏笺：“极，中也。”商王居“四方之极”，统治四方。《诗经·玄鸟》：“天命玄鸟，降而生商，宅殷土茫茫。古帝命武汤，正域彼四方。方命厥后，奄有九有。”“九有”即“九州”。《尚书·立政》曰：“其在商邑，用协于厥邑；其在四方，用丕式见德。”显然，商代以都城来划分四至，其国都规划体现的是“四方之极”。无疑，商关于中心和四方概念的形成及其建都实践，对“天下之中”理论的孕育也做出了贡献。

通行本《周易》中，“中”的出现频率高达 119 次（不包括作为卦名的“中孚”），六十四卦中过半数的“传”之内容都涉及了这个“中”。中国古代宇宙观中的一系列基本概念，如天地、阴阳，四方、四时，五行、八卦及天人感应、天人合一等，在该部书中有所记载，并越来越得到考古发现实物资料的印证。《周易》尚中正的阴阳和谐思维，充分彰显了中国哲学与文化中和思维的特色，并逐渐积淀成尚中求和的思维模式，对其后中国哲学与文化发展产生了广泛深刻的影响。被后世儒者尊为五经之首的《周易》，就起源于八卦，八卦则起源于河图、洛书。河图、洛书是中华文化、阴阳五行术数之源。其所表达的阴阳和谐、尚中求和的思维模式，成了后来中国古代城市建设及其建筑设计构思的理论依据。河图、洛书同样是“天下之中”的重要源头之一。

二　周公营洛与“天下之中”建都理论的形成

牧野一战，周武王一举克商，建立了周朝。灭商后，如何控制远离国都丰镐且殷商势力颇盛的东方地区，是周初统治者面临的一大难题。经过深思熟虑，武王最终做出了在洛阳一带营建新都洛邑的重要决策。何尊追述武王灭商后，在廷庙祭告于天说：“宅兹中国，自兹乂民。”意思是，我将居住此中国，自此治理民政。此“中国”即指洛邑。成王即位后，继承武王遗志，完成了洛邑的营建。建成后的洛邑称为“成周”，也称东都。其“城方千七百二十丈，郛方七百里。南系于洛水，地因于郏山”，规模宏大。成王又亲至洛邑，举行隆重的“定鼎”仪式，举行殷见诸侯之礼。自此，洛邑成为西周王朝驾驭天下的政治、经济和文化中心及经营四方的军事枢纽。《左传·昭公三十二年》

① 连劭名：《殷墟卜辞所见商代的王畿》，《考古与文物》1995 年第 5 期，第 38-43 页。

云："昔成王合诸侯，城成周以为东都，从文德焉。"周公在这里大行分封，制礼作乐，建构出一个完备的制度和"郁郁乎文哉"的文化体系，奠定了周王朝"八百年，最长久"的基业。

围绕洛邑的营建，周公总结了夏商二代建都经验和文化传统，结合新的形势，提出并阐发了"天下之中"概念，促使"天下之中"由萌芽走向理论成熟。

周公首创了"天下之中"概念。《史记·周本纪》云："成王在丰，使召公复营洛邑，如武王之意。周公复卜申视，卒营筑，居九鼎焉。曰：'此天下之中，四方入贡道里均。'"《尚书·召诰》："王来绍上帝，自服于土中。"《孔传》："于地势正中。"《逸周书·作雒解》："俾中天下……乃作大邑成周于土中。"注："王城也，于天下土为中。"《汉书·地理志下》谓："昔周公营洛邑，以为在于土中，诸侯蕃屏四方。""土中"即"天下之中"。在周公等看来，"居天下之中"便于贡赋运输、四方拱卫，便于朝觐巡察，可得宅中图治之功，配天治民之效，易于形成"四方辐凑"式的统治中心。将都城置于天下之中心，还表示上配皇天，以求获得"天保"（天命）。武王设想在洛邑建都，目的就是便于就近取得天命之眷顾。《尚书·召诰》也说："王来绍上帝，自服于土中，旦曰：'其作大邑，其自时配皇天，毖祀于上下，其自时中乂，王厥有成命治民，'今休。"《伪孔传》也称周公言其为大邑于土中，其用是大邑配上天而为治。周公"时配皇天"的想法与武王一脉相承。在天室山脚下建都洛邑，一方面居天地之中，获地理上的优势；另一方面可就近沟通"天神"，居中即帝配天以获天保（天命），以此作为帝权神圣性、合法性和永恒性之根据。"禹迹""九州"是传说中夏王朝的政治疆域。《逸周书·度邑解》说："自洛汭延于伊汭，居易毋固，其有夏之居。"居天下之中的"有夏之居"乃为"禹迹""九州"的中心统治区和政治权威的轴心。《说文》称："夏者，中国人也。"夏所居之地为"中国"彰显其文化之优越与尊严和国家法统地域之意义，故在"有夏之居"建都，乃是垄断支持王朝统治秩序的背景资源，取得天下法理性地位的依据。

但是，并不是任何地理中心都能成为"天下之中"。在周公的宇宙观念中，"中"是天下一个十分特殊的空间点。《周礼·大司徒》说："日至之景尺有五寸，谓之地中。天地之所合也，四时之所交也，风雨之所会也，阴阳之所和也。然则百物阜安，乃建王国焉，制其畿方千里，而封树之。"按照这一要求，成为"天下之中"的地方要具备天时、地利、人和三个方面的最优厚的条件，在地理上具有三个连锁的递进特征：阴阳和中，百物阜安，适建王都。都城不仅要具有"天下之中"的地理区位，还要具备良好的自然地理条件和社会人文基础。也就是说，"实行区域中心地原则需要良好的社会内外部条件和有利的自然条件"[①]，这是成为"天下之中"的应然条件。这种先以所统辖的整个疆域——"天下"为空间视域，再在适中地理位置选择具备良好自然地理条件和社会人文基础的地方，确定为都城的做法，既体现了实行中心地原则的思想，也体现了择中建都过程中将宏观地理形势与微观地理条件予以综合考量的高超的空间权衡谋略。

总之，周公在总结前人"择中"经验的基础上，从理论到实践对"天下之中"作了全面阐发，并将其发展到理论与伦理范畴和方法论的高度。"天下之中"建都理论经周

---

① 侯甬坚：《中国古都选址的基本原则》，《历史地理学探索》，北京：中国社会科学出版社，2004年，第68页。

公之手始得以形成，形成之主要标志可归为两点：其一，首创了“天下之中”概念，并赋予其明确的地理和政治、经济、文化上的含义，遂使“天下之中”成为一种建都选址的标准；其二，提出了基于政治、经济及环境需要选择“天下之中”的基本原则，并成功地运用于营建洛邑的建都实践，遂使“天下之中”成为一种方法论原则。如此，“天下之中”便涵盖了政治理论和方法两个方面的内容，表现为二者的统一，亦即获得了一种比较普遍的意义，作为一种建都理论开始出现。在古代，把都城置于天下四方中央，既是控制天下的原点，又可以显示帝居的威严，形成对天下的政治、军事控制；既便于为天下所贡奉、四方所拱卫，又便于各地输入贡赋、诸侯朝觐，从管理角度来说，确实具有相当的合理性。同时，中国古代“王业不偏安”[①]，“居天下之中，即是居天地之中，符合中国社会以和谐为主旨的天人合一思想，对四周不偏不倚，对一方由服及鄙，易于形成向心忠中的社会文化心态”[②]。

“天下之中”建都理论构成了中国古代最初的都城观。周公之后，虽然“天下”的版图时有盈缩，“天下”的概念也有所变化，都城形式也不断变化，但“天下之中”作为一种建都理论，两千余年间一直是指导古代建都的基本理论，指导和影响着古代都城选址建设。中国统一时如此，分裂时期的地方割据政权也是如此。从这种都城观中，还发展出中国古代一整套关于都城建设的思想体系，以及一系列已经被体制化的建都实践。不仅如此，“天下之中”理论本身具有的巨大涵盖力和扩张力，还影响到古代都城空间及宫室布局，引申和发展出贯穿中国古代数千年的规划意识和制度：择天下之中而立国，择国之中而立都，择都之中而立宫，择宫之中而立庙。既居中，则需四方拱卫，于是“苍龙、白虎、朱雀、玄武，天之四灵，以正四方，王者制宫阙殿阁皆取法焉”[③]。

“天下之中”建都理论所表现出的空间意识和文化观念，还顽强地深入了中华民族的灵魂之中。据学者研究，“河洛文化的最大特点是，它不仅具有地域性，而且具有王都文化的风范，历代王都文化都包含在河洛文化之中，这是其他地区所望尘莫及的”[④]。因此，有学者直称河洛文化是中央文化、国家文化、国都文化。毫无疑问，周公所创建的“天下之中”建都理论，是河洛文化的重要组成部分，并且，也正因为有了“天下之中”建都理论，河洛文化作为“中央文化、国家文化、国都文化”才显得丰富、完整、鲜明，才显得比其他地方的文化更加神秘和神圣。

三　汉唐间列朝都洛的“天下之中”取向

周公创建的“天下之中”理论是中国古代第一个系统的建都理论。周公历来被儒家奉为政治上的楷模，周公营洛无疑为“天下之中”建都理论罩上了一层神圣的光环，使它更易于被后人接受。因此，西周以后，“天下之中”所反映的地理、政治、经济和文

① （三国）诸葛亮：《诸葛亮集》，北京：中华书局，1975年，第34页。

② 侯甬坚：《中国古都选址的基本原则》，《历史地理学探索》，北京：中国社会科学出版社，2004年，第39页。

③ 何清谷校注：《三辅黄图校注》卷3《未央宫》，西安：三秦出版社，1995年，第150页。

④ 许顺湛：《河洛文化与台湾》，《河洛春秋》2002年第4期，第5-9页。

化观念引导了古代众多王朝都城选址的洛阳取向，构成列朝建都洛阳的独特理路的基础和神圣性、合理性的依据。

西汉开国，刘邦即位后，最初以洛阳为都。这是因为洛阳居天下之中，文化积累丰富，具有象征德政、王道的文化蕴涵。刘邦的大臣认为，“雒阳东有成皋，西有殽黾，倍河，向伊雒，其固亦足恃”①，看重的是洛阳居“天下之中”控扼东西南北的枢纽地位。而在刘邦的思想深处，还有在此建都“欲比隆于成康之时”，标榜自己承继周文化的考虑，这显然是看中了洛阳德政、王道的文化蕴涵，受到周公“天下之中”理论的影响。后来虽然迁都长安，但洛阳本身具有的“天下之中”地位及其文化蕴涵，在刘敬、张良等西迁派心中，也是公认的。他们力主迁都长安，一是从军事攻守的角度，认为洛阳“形势弱”，不如长安险要；二是强调洛阳、长安所代表的不同文化蕴涵。比较二城，进而确定都城的位置。刘敬认为，洛阳“为天下之中”，“诸侯四方纳贡职，道里均矣。有德则易以王，无德则易以亡”，只有像周朝那样“以德致人”，施行德政，“积德累善”，才能定都于此。而刘邦以布衣提三尺剑取天下，恩德尚不及庶民，还不具备施行德政之条件，只有借鉴秦据关中而取天下的经验，凭借险阻以资攻守，才能控制关东，统治天下。刘邦接受了他们的意见，迁都长安。

西汉末年，王莽代汉，建立新朝，在进行“分州定域”的新政治地理规划时，提出了“以洛阳为新室东都，长安为新室西都”的构想，定洛阳为陪都，继而又决定迁都洛阳。其理由是“玄龙石文曰‘定帝德，国雒阳’。符命著明，敢不钦奉！”于是，“即于土中居雒阳之都”②。王莽建都洛阳的计划，虽然由于新莽政权的迅速崩溃而未能实现，但其对洛阳政治与文化地理的认识，显然也受到了“天下之中”建都理论的影响。联系西汉后期，汉元帝改制，博士冀奉倡言迁都洛阳，可见，自西汉中后期开始，对洛阳地理和文化优势的认识，已成为一种社会思潮，周公的“天下之中”理论获得了广泛的认同。

关于东汉建都洛阳的决策过程，史书缺载，但透过东汉繁荣的京都赋等相关记载可以发现，东汉定都洛阳的主要原因是洛阳居天下之中。傅毅《反都赋》云：“背崤函之固，即周洛之中。”班固《东都赋》中有“迁都改邑，有殷宗中兴之则焉；即土之中，有周成隆平之制焉。”又云：“处乎土中，平夷洞达，万方辐凑。”张衡《东京赋》也说：“区宇乂宁，思和求中。睿哲玄览，都兹洛宫。”“土圭测景，不缩不盈。总风雨之所交，然后以建王城。……惠风广被，泽洎幽荒。北燮丁令，南谐越裳。西包大秦，东过乐浪。重舌之人九译，佥稽首而来王。”傅毅、班固、张衡等一致认为东汉定都洛阳的重要原因是洛阳居于天下之中，是理想的都城位置。

究其深层原因，光武帝定都洛阳，不仅是看中了洛阳“天下之中”的地理位置，还看中了洛阳“天下之中”的政治文化优势。秦和西汉以长安为都，实行“以关中治关东”的政策，加剧了关东和关中的矛盾。这种对立虽因自汉武帝开始进行的政策调整有所改

---

①（汉）司马迁：《史记》卷55《留侯世家》，北京：中华书局，1959年，第2043页。

②（汉）班固：《汉书》卷99中《王莽传中》，北京：中华书局，1962年，第4132、4133页。

观，但并未获得根本性解决。刘秀在关东地主集团的支持下上台，奉行以儒术治国的方略，选择洛阳为都，既有继承“周制”、修文偃武、崇尚节俭、实行“德政”的意味，也便于利用洛阳本身的政治文化积累，推行国策。换言之，都城选址的不同，实际上体现了制度层面的差异。这是对“天下之中”理论更深刻的理解。班固《东都赋》说：“不阶尺土一人之柄，同符乎高祖。克己复礼，以奉终始，允恭乎孝文。宪章稽古，封岱勒成，仪炳乎世宗。案六经而校德，眇古昔而论功。仁圣之事既该，而帝王之道备矣。”张衡《东京赋》曰：“是以论其迁邑易京，则同规乎殷盘。改奢即俭，则合美乎斯干。登封降禅，则齐德乎黄轩。为无为，事无事，永有民以孔安。遵节俭，尚素朴，思仲尼之克己，履老氏之常足。将使心不乱其所在，目不见其可欲。”班固等认为，东汉建立是“汉德”的复兴，建都洛阳，是选择了一种新的政治文化，东汉终于走上了“汉德”“王道”的正轨。其说法固然有吹捧溢美之嫌，但其基本观点是深刻的。从东汉历史看，相对于西汉，其行政制度和文化风尚，确实发生了很大的改变。例如，西汉重视武功霸业，东汉重视文治教化；西汉政风豪奢，建筑务求壮丽，东汉相对俭约，重视礼制规范等。可见，刘秀选都洛阳，其中蕴涵着深刻的历史必然性和东汉统治者的人文构想。故无论是刘秀在位时，还是刘秀之后，东汉朝野曾出现多次迁都之议论，但鉴于洛阳“天下之中”的地理和文化优势及东汉国策，其都城始终没有迁徙。其后，曹魏、西晋皆定都于此，进一步巩固了洛阳政治文化中心地位。

隋炀帝定都洛阳，也与其对“天下之中”理论的认同有关。隋本都长安，隋炀帝即位后，决定在洛阳营建新都东京，其诏曰：“然洛邑自古之都，王畿之内，天地之所合，阴阳之所和。控以三河，固以四塞，水陆通，贡赋等。”①可以看出，隋炀帝迁都洛阳的主要原因，仍是洛阳居天下之中。

唐初以洛阳为东都。公元657年，唐高宗首幸洛阳，就看中了“此都中兹宇宙，通赋贡于四方；交乎风雨，均朝宗于万国”②的“天下之中”地位，径将洛阳宫改称东都，加强建设。高宗死后，武则天改唐为周，以此为神都。从《全唐文·置鸿宜鼎稷等州制》和《以郑汴等州为王畿制》中可以看出武则天都洛的原因：一是这里曾是周成王定鼎之地，历来被视为理想的为治之地；二是山川险固，具制内御外之形势；三是“物产孔殷”，经济发达；四是居天下之中，水陆交会，交通发达，利于朝贡，便于制驭四方。这与周公“天下之中”理论的基本内容大致相同。可见，武则天都洛除了政治上的原因外，同样也是受到“天下之中”理论的影响。

洛阳“天下之中”的地位和意义，不仅得到了汉族统治者和士大夫的认可，也得到少数民族统治者的认同，其建都洛阳的行为，实际上也成为其汉化过程的一个重要内容。北魏迁都洛阳，便是一个很好的例证。

关于孝文帝迁都的原因，学者历来众说纷纭。从当时情况看，孝文帝迁都，洛阳和邺都有可能成为选择的地点。自“永嘉之乱”以来，洛阳屡经战乱破坏，“自晋、宋以

①（唐）魏徵等：《隋书》卷3《炀帝纪》，北京：中华书局，1975年，第61页。

②（清）董诰等编：《全唐文》卷12《建东都诏》，北京：中华书局，1983年，第147页。

来，号洛阳为荒土”[①]，地理形势上“洛不如邺”[②]。但孝文帝最终弃邺而都洛，显然，促使孝文帝做出这一决策的应是洛阳具有邺所不具备的文化优势。陈寅恪曾经指出，其目的在于与南朝争取文化的正统地位。他认为洛阳为东汉、魏晋故都，北方汉人有认庙不认神的观念，谁能定鼎嵩洛，谁便是文化正统的所在[③]。陈说极有道理。笔者认为，这实际上也反映了孝文帝对“天下之中”理论的认同。在相关文献中北魏君臣对选址洛阳的理由有过不少的阐述。

1）洛阳居天下之中。《资治通鉴》记任城王的话，云：“陛下欲卜宅中土以经略四海，此周、汉之所以兴隆也。”[④]迁都后，孝文帝又对成淹说：“朕以恒、代无运漕之路，故京邑民贫。今移都伊、洛，欲通运四方。”[⑤]上述这段对话说明，迁都的政治目的是汉化和统一中国，而洛阳居天下之中，自古以来为帝王之都，移都于此，有助于孝文帝实现“光宅中原”“制御华夏，辑平九服”的政治抱负。这种认识也是当时其他大臣的看法，如汉臣李韶云：“洛阳九鼎旧所，七百攸基，地则土中，实均朝贡，惟王建国，莫尚于此。”[⑥]前南安王拓跋桢亦云：“廓神都以延王业，度土中以制帝京，周公启之于前，陛下行之于后，故其宜也。”[⑦]

2）洛阳为人文荟萃之所。在孝文帝看来，洛阳有着深厚的文化积累，移都洛阳，可以置身于汉族文明之中，便于使拓跋族子孙革除陋俗，缩小和消除与汉族文化的差异，实现在文化心理上的趋归和认同。

3）洛阳地处国家法统地域。如前所述，法统地域含有地域和政绩的双重意义，具有神圣性、正统性。在古代，“禹迹”“九州”“岳域”都是具有法统意义的地理概念。古代追求正统性的朝代，在地理上十分看重都城与“禹迹”“岳域”的关系。洛阳居天下之中，地处“禹迹”之中心，又地近中岳嵩山，位于五岳所标出的地理大框架——“岳域”的中央，自古被视为神州正朔的中心、华夏文化的根本。而北魏迁都前，都于平城，地属“代”地。孝文帝云：“今代在恒山之北，为九州之外，以是之故，迁于中原。”[⑧]在孝文帝看来，“代”地处于“岳域”之外，不合于传统法统地域的正统性，因此就要调整都城位置，把原来处在“岳域”之外的都城迁移到里边，即中原洛阳，以此争取在华夏历史顺序和现实格局中的位置，确立北魏政权在华夏的正统性、合法性地位。

从上述可知，北魏孝文帝迁都洛阳的根本原因是使其更具文化优势。做出这一决定的背景，在于孝文帝对周公“天下之中”理论的认同和深刻理解。孝文帝的这一决定直接为下一步的改制，即推行汉化政策，铺平了道路，也为周公“天下之中”理论的一系列建都实践添上了颇为典型的浓浓一笔。

---

① （北魏）杨衒之撰，范祥雍校注：《洛阳伽蓝记校注》卷2《城东》，上海：上海古籍出版社，1978年，第119页。

② （清）顾祖禹：《读史方舆纪要》卷46《河南方舆纪要序》，北京：中华书局，2005年，第2085页。

③ 万绳楠整理：《陈寅恪魏晋南北朝史讲演录》，合肥：黄山书社，1987年，第234页。

④ （宋）司马光：《资治通鉴》卷138《齐纪四》“武帝永明十一年”条，北京：中华书局，1956年，第4330页。

⑤ （北齐）魏收：《魏书》卷79《成淹传》，北京：中华书局，1974年，第1754页。

⑥ （北齐）魏收：《魏书》卷39《李韶传》，北京：中华书局，1974年，第886页。

⑦ （北齐）魏收：《魏书》卷53《李冲传》，北京：中华书局，1974年，第1183页。

⑧ （北齐）魏收：《魏书》卷14《神元平文诸帝子孙传》，北京：中华书局，1974年，第359页。

总之，“天下之中”理论作为我国古代第一个都城选址规划理论，形成于洛阳。由于它是对古代建都实践的科学总结，其本身又具有丰富的地理、政治、经济和文化意义，因此，它对中国古代都城选址具有重要的指导作用。无论是汉族统治者还是少数民族统治者，不管是统一王朝时期还是割据时代，历代王朝在洛阳的建都实践都曾受到“天下之中”理论的指导与影响，它构成了列朝都洛独特理路的基础和神圣性、合理性的依据。

古代洛阳所置陪都及其时间考

关于古代洛阳的陪都建制，历来有“八朝陪都”的说法，八朝分别为西周、西汉、北周、唐、后汉、后周、北宋、金。近来亦有学者认为有新莽、北周、后汉、后周、宋、金等六个朝代在此设置了陪都①。古代洛阳的陪都建制是否如上所言呢？

根据文献的相关记载并结合考古发现，笔者统计考证，古代在洛阳所建的陪都计有商、新莽、后赵、北周、隋、唐、后梁、后晋、后汉、后周、宋、金十二个朝代。现将各朝在洛阳所置陪都及时间情况分述如下。

一 商之西亳

陪都是我国古代都城制度的一个重要组成部分和特点。历史上陪都建制起源甚早。传统的看法将西周初年洛邑视为陪都制之滥觞。近来亦有学者指出，陪都远在夏代即已出现②。有关夏代的陪都，考古学上还未能得到确认。从考古资料来看，我国最早的陪都应从商都西亳开始，准确地说，应从偃师商城商文化第二期算起。

自发现郑州商城和偃师商城后，学术界即围绕两城的年代、性质及相互关系展开讨论，遂有了“郑亳说”和“西亳说”之争。随着讨论的不断深入，学术界已公认偃、郑二城是商前期具有王都气象的都城，二者具有一定的并存关系。在此背景下，一些学者相继提出了偃、郑二城同为亳都的两京说③。从文献记载和偃、郑二城考古的现实看，两城无论在建造年代、城址性质还是布局、功能诸方面都有很多相近之处，因而两京说的提出有很大的合理性，值得重视，它也使“郑亳说”与“西亳说”争论的焦点，由“两城何者为都邑之争”深入到“何者为国都、何者为陪都之争”。然两京说的提出，是以偃、郑二城在年代上大致同时为前提的，有学者进而认为在两京并存时期，郑州商城一直是主都，或首都，而偃师商城则一直是陪都④。另有学者主张偃师商城是主都，或首都，而郑州商城则是陪都⑤。这些说法均有值得商榷之处。下面分别辩论之。

1）笔者赞同偃师商城和郑州商城同为早商都城的观点，但二者始建年代又有先后，

---

① 李振刚、郑贞富：《洛阳通史》，郑州：中州古籍出版社，2001 年，第 2、3 页。

② 张国硕：《夏商都城制度研究》，郑州：河南人民出版社，2001 年，第 73 页。

③ 许顺湛：《中国最早的“两京制”——郑亳与西亳》，《中原文物》1996 年第 2 期，第 1-3 页；张国硕：《郑州商城与偃师商城并为亳都说》，《考古与文物》1996 年第 1 期，第 32-38 页；李绍连：《郑州商城与偃师商城双为“亳”》，《中州学刊》1994 年第 2 期，第 113-116 页。

④ 张国硕：《夏商都城制度研究》，郑州：河南人民出版社，2001 年，第 75-77 页。

⑤ 王健：《郑州商城的发现与探索对古史研究的启示》，郑州市人民政府、中国古都学会、中国殷商文化学会编：《郑州商都 3600 年学术论文集》，郑州：中州古籍出版社，2004 年，第 165-175 页；王晖：《汤都偃师新考——兼说“景亳”、“邦薄”（郑亳）及“西亳”之别》，《中国历史地理论丛》2003 年第 18 卷第 2 辑，第 121-161 页。

偃师商城应略早于郑州商城。理由如下：第一，夏商断代工程将偃、郑二城基本认定是在商灭夏后建立的，由此确定为商汤灭夏的共同界标，本身在理论和方法论上便是不妥当的。“从理论上讲，不可能同时有两座都城作为王朝兴建或灭亡时间的统一界标”，偃、郑二城也不能同为“商王朝建立的界标”①。第二，从偃、郑二城的规模和当时的形势看，也不可能在同一时间兴建两座都城。我们知道，夏商之际，经过连年战争，社会经济遭到很大破坏。商灭夏后，又连遭旱灾。在此情形下，商汤不太有能力役使数十万、上百万的民工，同时营建两座都城。何况，在史书中，商汤向来被认为是“仁政”之君，在营建宫室和都城时，必然要考虑经济因素和民众的承受能力，特别是偃师商城周围的夏遗民的民心向背问题。而在灭夏后，尽快在原夏王朝统治的中心地区确立商王朝的政治、军事优势，及时建立一个控御天下、统治四方的中心则是必要的和可能的。根据考古发现，偃师商城的建造是由小到大、由简单到复杂的逐步建设，其面积也小于夏二里头遗址。这种情形恰恰符合商汤建国初期的政治形势、社会现实和财力状况。“夏王朝的灭亡与偃师二里头宫殿区大型夯土建筑的废毁是同步的。”①因此，在商王朝建国伊始只能有一个都城，即偃师商城。第三，从规划的角度看，郑州商城的年代也要比偃师商城为迟。郑州商城当是总结了偃师商城的扩建经验而力图“一步到位”。

偃师商城由宫城、内城和大城组成。根据考古学者的发掘和研究，其文化遗存可以分为三期，分别相当于二里头四期、二里岗下层、二里岗上层。城址的发展和布局的变化大致与此相同，可以分作连续发展的三个阶段②。发掘者还把上述三期细分为七小段，其中把宫城建设推定在其商文化的第一期第一段（相当于二里头文化第四期晚段），即“最初的宫殿和宫城应属商城的第一批建筑物”③。其中第4号宫殿“始建于一期之初，是偃师商城最早的一座宫殿”④。小城的始建推定在第一期“第二、二段之际”，“至迟在第二段的偏早阶段”，其大城建于第三段⑤。根据对偃、郑二城最新 ^{14}C 年代测定，郑州商城是在二里岗文化时期建造的，其建成年代约为公元前1500年，而偃师商城宫城和小城的年代相当于偃师商城一期⑤，约为公元前1600年，早于郑州商城100年左右⑥。考古发现与史实符合，偃师商城是商汤灭夏后建立的第一个都城，是商汤之“西亳”，时间上早于郑州商城100年左右。

2）从时空变迁的角度看，笔者认为，在商前期，两城的性质及其相互关系存在着明显的动态变化过程，偃师商城经历了由国都到陪都的变化，而郑州商城则经历了一个由陪都发展为国都的过程，并非如有的学者所言的无变化状态，而偃师商城地位的变化又与郑州商城的兴建及发展有直接的关联。

---

① 刘庆柱：《中国古代都城考古学研究的几个问题》，《古代都城与帝陵考古学研究》，北京：科学出版社，2000年，第36页。

② 王学荣：《偃师商城布局的探索与思考》，《考古》1999年第2期，第24-34页。

③ 高炜、杨锡璋、王巍等：《偃师商城与夏商文化分界》，《考古》1998年第10期，第66-79页。

④ 赵芝荃：《偃师商城建筑概论——1983年～1999年建筑遗迹》，《华夏考古》2001年第2期，第34-47，52页。

⑤ 张雪莲、仇士华、蔡莲珍：《郑州商城和偃师商城的碳十四年代分析》，《中原文物》2005年第1期，第34-41页。

⑥ 杨育彬：《再论郑州商城的年代、性质及相关问题》，《华夏考古》2004年第3期，第52-70页；杨育彬：《^{14}C 年代框架与三代考古学文化分期——夏商周断代工程课题研究札记》，《中原文物》2001年第1期，第16-21页。

初建时期（即第一期，二里头四期）的偃师商城规模不是很大。城址中首先建造了宫城，形制呈正方形，四周有宽 2 米的宫墙环绕，面积达 4 万平方米。此后，宫城又为更大的夯土城墙所包围，面积扩大至 80 万平方米，这就是所谓的小城。初建时的宫城，从小城规划看，“宫城”恰恰位于小城的中轴线上，坐落在小城中央偏南高地上。武库（府库）和铸铜作坊分别位于城的西南和城外东北靠近河流的地方，说明其有严格的规划设计，与军事城堡或离宫别馆不同。虽然在初建时，城邑规模不大，但其小城的规模与夏都二里头遗址的规模比较接近，也符合商刚灭夏时的实际情况。遗址中最早的陶器包括二里头文化和商文化的混合特征，显示出商族人强行侵入该地后逐渐与当地文化的融合与发展，也显示出夏王朝向商王朝的过渡。偃师商城已经具备了都城所必须具备的宫殿宗庙、府库和铸铜作坊等场所，具备了都城的核心功能。而在此时，郑州商城除了拥有先商时期为数不多、规模不大的宫室等夯土建筑，以及相当于二里头四期晚段和二里岗下层一期的、为数不多、规模也不大的夯土建筑外，尚未进行大规模的城市建设。这表明，那些先商时期和相当于二里头四期晚段及二里岗下层一期的夯土建筑，在灭夏后依然继续作为军事重镇而被使用。这或许昭示着两城性质上的差异。这一时期可称为偃师商城一都独尊时期。

进入偃师商城文化第二期（二里岗下层），偃师商城步入兴盛期。小城发展为有另一重夯土城墙环绕的大城，面积约 200 万平方米，城址规模急剧扩大，呈不规则的长方形，有五座城门，城墙外有护壕。城内宫殿和府库也经过多次重建和扩建，宫城内的布局也发生了变化，在小城外东部则又出现另一处府库。宫殿和府库的重修和扩建，显示了商王朝经过长期稳固的发展，力量已相当强大。同期遗址中出土的器物，其商文化特征鲜明且系统性极强，也证明了商文化面貌的成熟。也正是从此时开始，郑州商城逐步开始了城市建设。不过，“虽然筑起了雄伟的城墙建筑，但作为都城存在的必要条件的政治活动场所——宫殿，且仅有 C8C10 周围的附属建筑 C8C9 和 C18C15 周围的 T62 内的夯土台基，两者均为小型夯土建筑台基，并不具备构成都城必要的大型宫殿建筑条件”①。此亦可表明，此时的郑州仍是作为军事重镇而被继续使用的。又据郑州商城北大街商代宫殿遗址发掘资料，该遗址存在从洛达庙晚期到二里岗下层和二里岗上层等连续地层和遗迹单位，表明对它的使用具有一定的连续性，但洛达庙期和二里岗下层偏早的遗物较少，二里岗下层二期到二里岗上层一期、二期的遗物较为丰富②。考古发现证明了我们认为偃师商城是这一时期的国都，郑州则是拱卫都城、抵御夷族西进的军事重镇的观点。有学者推测，除了成汤，大约太甲之后直到中丁的各王，均往返于偃师和郑州之间③。因此，称这一时期的郑州实际具有陪都的地位也不为过。郑州商城会在这一时期开始改扩建，显然与当时的政治军事形势有关。据有关文献记载，夏王朝从开国到桀灭亡的五六百年中，东夷族始终是一股强大的政治力量。汤灭夏建商后，东夷族也是

---

① 张文军、张玉石、方燕明：《关于郑州商城的考古学年代及其若干问题》，河南省文物研究所编：《郑州商城考古新发现与研究（1985—1992）》，郑州：中州古籍出版社，1993 年，第 30-46 页。

② 曾晓敏、宋国定：《郑州商城北大街商代宫殿遗址的发掘与研究》，《文物》2002 年第 3 期，第 32-50 页。

③ 江林昌：《〈商颂〉与商汤之“亳”》，《历史研究》2000 年第 5 期，第 38-48 页。

商王朝在东方的一支劲敌，直到殷末还曾是“纣克东夷，而陨其身”[①]。成汤灭夏定都偃师商城，则贴近了原夏朝的政治中心区域，便于新王朝的统治。这一时期可称为偃师商城与郑州商城主陪都时期，其中，偃师商城为主都，郑州商城为陪都。

进入第三期（二里岗上层），偃师商城进入了又一个发展期，旧的宫殿扩大，新的宫殿出现，府库也被更新。但是此后不久，到第三期中段，宫殿区和城内主要建筑物被废弃，商城开始衰落为一个普通的聚落，至第三期晚段（二里岗上层晚期）偃师被完全废弃。商王朝在此的统治由极盛迅速转为衰落，这种变化应与商王朝政治中心的转移有直接关系。经过多年经营，郑州商城此时已步入繁荣期。这一时期郑州商城遗留下来的遗迹、遗物也最为丰富，四面城墙经过使用和维修，外城投入使用；宫殿区内有大批夯土台基及多处大型水井、蓄水池、输水管道；铸铜、制陶、制骨作坊继续使用并新建了紫荆山北铸铜作坊；发现用于祭祀的窖藏坑，出土有成双成对大型铜方鼎和其他青铜礼品等。凡此种种，表明郑州商城已经具备了作为王都的条件。一般认为，二里岗上层一期约相当于商王仲丁时期。此时商的国力还处在太戊中兴的继续期，商人的势力向西、南、北三个方向发展得较为顺利，而在东方受阻，与东夷的一支蓝夷在今河南杞县一带形成长期对峙局面，据《竹书纪年》记载：“仲丁即位，元年自亳迁于嚣。”“仲丁即位，征于蓝夷”。《后汉书·东夷传》也有“至于仲丁，蓝夷作寇，自是或畔或服”的记载。此时位居河南东部平原西端的郑州商城经过多年的发展，不仅有高大的城墙作依托，而且后有偃师商城西亳之支撑，在对东方的战争中，自然拥有地利之优势，于是，商王朝的政治中心就由偃师商城移至郑州商城。这一时期的偃师商城虽然没有失去商都之位，其城市建设在经过一个短暂的沉落后，又经历了一个不长的中兴阶段，但很快就衰落下去。到其商文化的第七段已沦落为一般的聚落。而郑州商城的繁荣及使用年代则又继续了一段时期。这一时期可称为郑州商城主都、偃师商城陪都时期。

综上所述，偃师商城是商王朝灭夏后建立的第一个都城，史称西亳。在偃师商城商文化第三段以前，是偃师商城一都独尊时期；偃师商城商文化第三段则是其为主都、郑州商城为陪都时期；从第四段开始，二者的地位发生换位，郑州商城是主都而偃师商城则沦为陪都。据 ^{14}C 测年和遗存情况，偃师商文化各期的年代第一期为公元前 1600～前 1560 年；第二期为公元前 1560～前 1500 年；第三期为公元前 1500～前 1460 年。偃师商文化的每一段，若平均以 15～20 年来计算，偃师商城为陪都的时间大约为 70 年（第二期第四段为 30 年左右，平均数，则第三期为 40 年）。

二　新莽之东都

自商朝后经周、秦、西汉，各代均未在洛阳设置陪都。然顾炎武在《历代宅京记·雒阳上》条谓：“《大事记》注《舆地志》云，秦时已有南、北宫，更始自洛阳而西，马奔触北宫铁柱门。光武幸南宫却非殿，则自高帝迄于王莽，洛阳南、北宫、武库皆未尝废。

① 杨伯峻编注：《春秋左传注》昭公十一年，北京：中华书局，1990 年，第 1323 页。

盖秦虽都关中，犹仿周东都之制，建宫阙于洛阳。”[①]如此，似乎秦和西汉时，曾设陪都于洛阳。顾炎武的说法，影响了许多人，以致今天还有学者以此为据认为秦曾以洛阳为陪都[②]。事实上，无论秦还是西汉，均无陪都之制，自然也就没有秦或西汉以洛阳为陪都的建置。秦灭东周据有洛阳后，置三川郡，秦王政十一年（公元前236年）削吕不韦封地，置河南、洛阳二县，归三川郡领辖。西汉时改名河南郡。可见洛阳亦无陪都之名。周秦汉后明确洛阳都城地位和称号的，实是在王莽的新朝时期，即新莽的东都洛阳。

王莽是西汉元帝皇后王政君之侄，他以外戚身份逐步取得政权。公元8年，王莽废孺子刘婴，自立为帝，改国号为新。王莽上台伊始，便开始策划迁都事宜。首先在经济上承认了洛阳在全国的中心地位。始建国二年（公元10年），下诏“于长安及五都立五均官”，五都即洛阳、邯郸、临淄、宛、成都，均在关中以外地区。接着，始建国四年（公元12年）又“以洛阳为新室东都，常安为新室西都。邦畿连体，各有采任”[③]。由此洛阳取得了“东都”的名号及与长安并列的地位。次年，王莽又采取措施，欲使洛阳取代长安，成为其唯一的国都。“是时，长安民闻莽欲都雒阳，不肯缮治室宅，或颇彻之”[④]。于是，他以符命为根据，正式宣布“定帝德，国雒阳”，并预定在3年后正式迁都洛阳。不久，王莽又将这一时间提前。天凤元年（公元14年）正月，王莽宣示天下，“予以二月建寅之节行巡狩之礼”，在北巡狩礼完毕后，“即于土中居雒阳之都焉”。但在群臣的反对下，王莽又推迟了这一计划，“更以天凤七年，岁在大梁，仓龙庚辰，行巡狩之礼。厥明年，岁在实沈，仓龙辛巳，即土之中雒阳之都”。迁都计划定在公元20年实施。与此同时，他积极着手迁都之准备，“遣太傅平晏、大司空王邑之雒阳，营相宅兆，图起宗庙、社稷、郊兆云”[⑤]，在洛阳进行礼制建筑的规划和施工。又立太子为“新迁王”，使洛阳实际具有了代表王权正统的地位。但王莽的迁都计划还未来得及真正付诸实施，由于内外矛盾，农民起义爆发，地皇四年（公元23年）王莽被杀，新莽政权灭亡。自王莽始建国四年定洛阳为东都到地皇四年，洛阳作为新莽的“东都”，历时14年。

“每有所兴造，必欲依古得经文”[⑥]，史称王莽“法古”。元始五年（公元5年）太皇太后下诏，也说王莽“天下和会，大众方辑。《诗》之灵台，《书》之作雒，镐京之制，商邑之度，于今复兴”[⑦]。西周实行的是一国三都制，与王莽的“东都”规划无多大关系，然说“商邑之度”确与之有一定联系。但王莽的“东都”规划绝不是一种单纯的复古，它反映了自西汉末年以来，随着关东地区经济地位的上升，最高统治者希求在当地寻找一个能够领导全国经济运行的都市为国都的政治意图。王莽的“东都”计划虽未完全落实，但它为此后东汉定都洛阳，全国政治经济中心东移奠定了基础。

---

① 顾炎武：《历代宅京记》卷7《雒阳上》，北京：中华书局，1984年，第116页。

② 管维良：《我国古代陪都建置纪略》，《重庆师范大学学报》（哲学社会科学版）1991年第3期，第84-91页。

③（汉）班固：《汉书》卷99中《王莽传》，北京：中华书局，1962年，第4128页。

④（汉）班固：《汉书》卷99中《王莽传》，北京：中华书局，1962年，第4132页。

⑤（汉）班固：《汉书》卷99中《王莽传》，北京：中华书局，1962年，第4133、4134页。

⑥（汉）班固：《汉书》卷24下《食货志四下》，北京：中华书局，1962年，第1179页。

⑦（汉）班固：《汉书》卷99上《王莽传》，北京：中华书局，1962年，第4073页。

三　后赵之南都

后赵的建立者是羯族人石勒。他于公元319年自称赵王，建都襄国（今河北邢台）。公元328年，石勒与刘曜在洛阳决战，灭前赵，占领洛阳，遂于公元331年称帝，都邺（今河北临漳）。又“以成周土中，汉晋旧京，复欲有移都之意，乃命洛阳为南都，置行台治书侍御史于洛阳”①。石勒的继任者石季龙虽是一介武夫，但对南都洛阳的建设颇为重视，在位期间，曾三次役使数十万人修葺洛阳城，又“徙辽西、北平、渔阳万户于兖、豫、雍、洛四州之地”②。自后赵建平二年（公元331年），石勒建洛阳南都，到青龙元年（公元350年）石鉴被杀后赵灭亡，后赵以洛阳为陪都南都的时间计20年。

四　北周之东京

公元557年，宇文觉建立北周后，仍以长安为都。北周统一北方后，大象元年（公元579年）初，周宣帝“行幸洛阳”，下诏曰“河洛之地，世称朝市。上则于天，阴阳所会；下纪于地，职贡路均。圣人以万物阜安，乃建王国。”“我大周感苍昊之精，受河洛之锡”，“备尝游览，百王制度，基趾尚存。今若因修，为功易立。宜命邦事，修复旧都”，于是，开始了大规模营建洛阳的举动。“发山东诸州兵，增一月功为四十五日役，起洛阳宫。常役四万人，……并移相州六府于洛阳，称东京六府”。“河阳、幽、相、豫、亳、青、徐七总管，受东京六府处分”③。次年五月周宣帝死，周宣帝皇后之父杨坚“入总朝政”④，辅佐幼主，据《周书·静帝纪》，杨坚当天即“大赦天下，停洛阳宫作”⑤。周宣帝营建的洛阳宫，“虽未成毕，其规模壮丽，逾于汉魏远矣”⑥。这样，从宣帝大象元年到大定元年（公元581年），北周以洛阳为陪都东京计四年的时间。

五　隋之东都（东京）

开皇元年（公元581）二月，隋文帝代周建隋，继续以长安为都、以洛阳为陪都。开皇元年“八月壬午，废东京官”⑦，废除了北周时在洛阳设置的六府官署，改“置东京尚书省”，不久又废了东京尚书省。次年废北周时设置的洛州总管一职，“置河南道行台省。三年废行台，以洛州刺史领总监”⑧。这样，在隋文帝时期，洛阳的东京名号也

①（唐）房玄龄、褚遂良、许敬宗等：《晋书》卷105《石勒载记下》，北京：中华书局，1974年，第2748、2749页。
②（唐）房玄龄、褚遂良、许敬宗等：《晋书》卷106《石季龙载记上》，北京：中华书局，1974年，第2770页。
③（唐）令狐德棻等：《周书》卷7《宣帝纪》，北京：中华书局，1971年，第117-119页。
④（唐）魏徵等：《隋书》卷1《高祖帝纪》，北京：中华书局，1973年，第3页。
⑤（唐）令狐德棻等：《周书》卷8《静帝纪》，北京：中华书局，1971年，第131页。
⑥（唐）令狐德棻等：《周书》卷7《宣帝纪》，北京：中华书局，1971年，第125页。
⑦（唐）魏徵等：《隋书》卷1《高祖帝纪》，北京：中华书局，1973年，第15页。
⑧（唐）魏徵等：《隋书》卷30《地理志中》，北京：中华书局，1973年，第834页。

被停止了。究其缘由，似与隋文帝当时实行的“关中本位”国策和厉行节俭、与民休息政策有关。然正如其子隋炀帝后来所说，对洛阳“自古皇王，何尝不留意，所不都者盖有由焉。或以九州未一，或以困其府库，作洛之制所以未暇也”①。于是，隋炀帝即位后，便下令营建洛阳，以为东京，后改称东都。《隋书·宇文恺传》云：“炀帝即位，迁都洛阳，以恺为营东都副监，寻迁将作大匠。”《隋书·地理志》曰：“河南郡旧置洛州。大业元年移都，改曰豫州。”《两京记》说：“炀帝登北邙观伊阙曰：‘此龙门邪，自古何为不建都于此。’苏威曰：‘以俟陛下。’大业元年，自故都移于今所。其地周之王城，初谓之东京，改为东都。”②故《隋书·礼仪志》说，炀帝“既营建洛邑，帝无心京师”。据《隋书·炀帝纪》，隋炀帝在位15年，留在东都洛阳的时间合计有5年之多，而留在长安的时间仅有1年2个月，不及留在东都洛阳时间的1/4。隋炀帝的东都洛阳已经成为隋王朝的政治中枢。这样，洛阳为隋朝陪都时间仅仅只有半年多。

六 唐之东都

唐朝洛阳的都城建制是十分复杂的，反映在洛阳陪都建制上，就是增设废省，因时而异，其以洛阳为陪都，约有两次：一是在唐初武德年间。公元618年，李渊建唐，都长安，又沿袭隋制，以洛阳为东都。但很快在唐“关中本位”主义政策下，于武德四年（公元621年），平定王世充后，废东都。其年十一月，旋又改为东都。到武德六年（公元623年）再降东都为洛州，唐初短暂的东都之制结束。唐太宗即位后，似有恢复东都建置的想法：“洛阳土中，朝贡道均，朕故修营，意在便于百姓。”③他先于贞观五年（公元631年）下诏在隋东都紫薇宫旧址建洛阳宫。后又在贞观六年改洛州为洛阳宫④，并设置了洛阳宫留守一职。他本人也曾多次巡幸洛阳，然因唐初国力正待恢复，担任“将作大匠”的窦琎“于宫中凿池起山，崇饰雕丽，虚费功力，太宗怒，遽令毁之”⑤。太宗终未能建东都于洛阳。这样，在唐初，洛阳仅作了5年的陪都。二是开元以后到唐末昭宗迁都洛阳。自唐中宗复辟，尽管洛阳与长安又恢复了两都并行体制，但其都级地位的下降已成不可逆转之势。天宝元年（公元742年）二月，玄宗诏改“东都为东京”⑥。在此之前，自开元二十四年（公元736年）之后，李唐皇帝再无巡幸东都之举。肃宗上元二年（公元761年）又短时“罢京”，洛阳被停用“东京”名号，旋又恢复。洛阳东都名号的改称及其旋罢旋复事件的发生，表明此时洛阳的都城地位已大不同前，长安洛阳两都之制亦多次被不时实行的三都、五都制打破。原来拥有较充足实权，既是洛阳百官之长，又有干预山东地区军政事务权力的东都留守，也变成了以地方性事务为主的位

① （唐）魏徵等：《隋书》卷3《炀帝纪》，北京：中华书局，1973年，第61页。
② （清）顾炎武：《历代宅京记》卷9《洛阳下》，北京：中华书局，1984年，第149页。
③ （后晋）刘昫等撰：《旧唐书》卷75《张玄素列传》，北京：中华书局，1975年，第2641页。
④ （宋）欧阳修等：《新唐书》卷38《地理志》，北京：中华书局，1975年，第981页。
⑤ （后晋）刘昫等撰：《旧唐书》卷61《窦琎列传》，北京：中华书局，1975年，第2371页。
⑥ （宋）欧阳修、宋祁撰：《新唐书》卷5《玄宗本纪》，北京：中华书局，1975年，第143页。

尊职闲之官。天祐元年（公元 904 年），唐昭宗被朱温挟持由长安迁都洛阳，长安西京之制结束，洛阳再次成为唐之国都。自天宝元年至天祐元年（公元 904 年），唐以洛阳为陪都有 162 年。这样，有唐一代，以洛阳为陪都的时间应有 167 年。

七　后梁之西都（西京）

后梁以洛阳为陪都，分为两个阶段：其一，在梁太祖朱温时。天祐四年（公元 907 年）四月，朱温篡唐在开封称帝，建立后梁，定都开封，其即位诏书说："古者兴王之地，受命之邦，集大勋有异庶方，沾庆泽所宜加等。……用壮鸿基，且旌故里，爰遵令典，先示殊恩。宜升汴州为开封府，建名东都。其东都改为西都。"[①]朱温以宣武军节度使起家，为了摆脱唐朝旧势力的控制，即以其根据地汴州为开封府，升为首都，又称大梁，而将唐末首都洛阳降为陪都，因洛阳在开封之西，改称"西都"，又称"西京"。两年后，因指挥作战的需要，后梁又迁都于洛阳。开平三年（公元 909 年）正月，朱温下令，迁太庙神主于洛阳，命朱友文留守东都，他则离开开封，到了洛阳。到洛阳后，享太庙，祀圜丘，大赦，定都洛阳。这一次后梁以洛阳为陪都计有二年。其二，在梁末帝时。乾化二年（公元 912 年）六月，朱友珪杀死其父朱温，即皇帝位于洛阳。七月，以均王朱友贞为开封尹东都留守。乾化三年（公元 913 年）二月，左龙虎统军、侍卫亲军都指挥使袁象先率禁兵数千人突入宫中，逼杀朱友珪；然后，派人赍传国宝诣开封迎接朱友贞。朱友贞说："大梁，国家创业之地，何必洛阳！"[②]于是，即帝位于开封，史称梁末帝。这样，后梁复以东都开封为首都、西都洛阳为陪都，直至龙德三年（公元 923 年），后唐攻占开封，后梁亡。洛阳在后梁一代为陪都 13 年。

八　后晋之西京

后晋的建立者石敬瑭是唐明宗的女婿，后唐末帝清泰三年（公元 936 年），他引契丹兵攻入洛阳，灭后唐，自立为帝，改元天福，仍以洛阳为都城。天福二年（公元 937 年）三月，魏州天雄军节度使范延光"反形已露"[③]，石敬瑭准备迁都大梁，又怕引起范延光的怀疑，于是，诏托以洛阳漕运有阙，而"汴州水陆要冲，山河形胜，乃万庾千箱之地，是四通八达之郊"[④]。于是，从洛阳出发，东巡汴州，留前朔方节度使张从宾为东都巡检使，守卫洛阳。四月，石敬瑭到汴州。五月，敕权署汴州牙城曰大宁宫。六月，范延光据魏州，张从宾据洛阳与河阳，相继反叛。七月，平定张从宾之乱后，诏东都留守司百官悉赴汴州行在，造成迁都的实际局面。天福三年（公元 938 年）七月，平定范延光之乱，十一月，石敬瑭建东京于汴州，复以汴州为开封府，以东都洛阳为西京。

①（宋）薛居正等撰：《旧五代史》卷 3《梁书·太祖纪》，北京：中华书局，1976 年，第 48 页。
②（宋）司马光：《资治通鉴》卷 268《后梁纪三》"均王乾化三年"条，北京：中华书局，1956 年，第 8767 页。
③（宋）司马光：《资治通鉴》卷 281《晋纪二》"高祖天福二年"条，北京：中华书局，1956 年，第 9172 页。
④（宋）薛居正等撰：《旧五代史》卷 77《晋书·高祖纪》，北京：中华书局，1976 年，第 1020 页。

至此，又恢复到后梁初建时的情形。后晋既迁开封，在洛阳则设西京留守，作为国家大典的郊祀也依旧在洛阳举行。从天福三年至出帝开运三年（公元 946 年）契丹灭晋，洛阳为后晋陪都 11 年。

九　后汉之西京

开运三年（公元 946 年）十二月，契丹攻陷开封，俘后晋出帝石重贵，后晋亡。次年（公元 947 年）二月，刘知远即帝位于太原，六月，至新安，西京洛阳留司官前来迎接，遂至洛阳，入居宫中。汴州百官奉表来迎，刘知远遂至大梁，下诏，改国号为汉，并因袭后晋旧制，“复以汴州为东京”[①]，以洛阳为陪都，称西京，其郊祀活动也在西京洛阳。自后汉高祖天福十二年（公元 947 年）五月，定都开封，到隐帝乾祐三年（公元 950 年）后周代汉，后汉一代以洛阳为陪都四年。

十　后周之西京

后周承后晋、后汉制，继续以开封为都，称东京，以洛阳为陪都，号西京，郊祀活动仍在西京洛阳。广顺三年（公元 953 年）九月，后周太祖郭威准备祀南郊，因为自后梁以来，郊祀常在洛阳，有些疑惑。执政说：“天子所都则可以祀百神，何必洛阳！”[②]于是始筑圜丘社稷坛，作太庙于大梁，遣宰相冯道迎太庙社稷神主于洛阳。十一月，太常请求按洛阳的样式，筑四郊诸坛，从之。十二月，神主至大梁，郭威以下到西郊迎接，祔享于太庙。至此，开封完全取代了洛阳的政治地位。《新五代史·职方考三》云：“洛阳，梁、唐、晋、汉、周常以为都。唐故为东都。梁为西都。后唐为洛京。晋为西京，汉、周因之。”自后周太祖郭威广顺元年（公元 951 年）至恭帝显德七年（公元 960 年），洛阳为后周陪都 10 年。

十一　宋 之 西 京

北宋建立后，因袭前朝都制，以开封为京师，称东京，以洛阳为陪都，称西京。宋初太祖赵匡胤又欲定都洛阳，并为此做了不少准备，修缮洛阳城，建太庙，后虽未果，却奠定了洛阳在北宋一代的特殊地位。此后，北宋又相继设置了南京应天府、北京大名府，但都有名无实。北宋一代洛阳西京留守府机构庞大，配置精干，且致仕官员多居于此，故东京、西京仍并称东西二京，洛阳实际成为北宋文化之都。从太祖建隆元年（公元 960 年）北宋建国至靖康二年（1127 年）北宋灭亡，洛阳作为北宋的陪都共有 168 年。

---

①（宋）司马光：《资治通鉴》卷 287《后汉纪二》“高祖天福十二年”条，北京：中华书局，1956 年，第 9366 页。

②（宋）司马光：《资治通鉴》卷 291《后周纪二》“太祖广顺三年”条，北京：中华书局，1956 年，第 9497 页。

十二　金 之 中 京

金朝后期，金宣宗迫于蒙古压力，于贞祐二年（1214 年）将都城由中都（今北京）迁至汴京（开封）。为加强抵御蒙古军队自西北进入中原的防线，金朝开始提升洛阳的政治地位。兴定元年（1217 年）八月，升洛阳为陪都，称中京，置留守[①]。金天兴元年（1232 年）蒙古攻洛阳，惨烈的金中京保卫战历时一年多才宣告结束，蒙古军队进占洛阳。自金宣宗兴定元年（1217）至金哀宗天兴二年（1233 年）六月，蒙古军占领洛阳，洛阳为金之陪都计 16 年。

上述十二个朝代以洛阳为陪都的时间共计约 498 年。

① （元）脱脱等：《金史》卷 25《地理志中》，北京：中华书局，1974 年，第 593 页。

再论中国古代都城的“洛阳模式”

——兼及洛阳学研究的基本问题

在中国古代都城研究中，学者们曾总结出了多种都城发展模式，如曹魏的邺城模式、隋唐的长安模式、元明清的北京模式，以及中世纪都城模式、中古规整封闭式城市模式等。在中国数以百计的古都中，洛阳的地位无疑是极其重要的。那么，在中国古代都城发展史上，是否存在一个“洛阳模式”？其内涵和特征又是什么？几年前，笔者曾撰《国家、空间与社会——古代洛阳都城空间演变研究》一书①，对洛阳古都空间发展特点及其与中国古代都城空间的关系进行梳理，总结和提出了中国古代都城发展的“洛阳模式”新见解。拙作出版后，学术界给予了较大的关注和评论②，促使笔者进一步思考。本文在此基础上，对中国古代都城发展的“洛阳模式”的核心内涵及特点再做进一步的探讨论述，为方兴未艾的洛阳学研究提供一种视角，以求教于方家指正。

一　何谓“洛阳模式”

“洛阳模式”是中国古代都城发展史上一段重要的历史时期。洛阳号称“天下之中”，“河山拱戴，形胜甲于天下”，古代长期被视为理想的建都之所在，在中国古代建都时间最早、立都时间最长。历史上先后有夏、商、西周、东周、西汉、东汉、曹魏、西晋、北魏、隋、唐、后梁、后唐、后晋 14 个朝代在此建都，合计时间长达 1667 年 4 个月。加上历代在洛阳设置陪都，洛阳在古代的建都史有夏、商、西周、东周、西汉、东汉、新莽、曹魏、西晋、北魏、后赵、北周、隋、唐、后梁、后唐、后晋、后汉、后周、宋、金 21 个朝代（去掉 5 个重叠朝代），合计 2207 年③。其间虽也有一些朝代和时间上的缺环，但在夏唐间的各个重要历史时期，洛阳几乎都能成为相应王朝的都城。时间持续，都城建设脉络紧密相承。都城建置上则包括三代都城、统一的中央王朝之都、分裂时期的区域性都城、少数民族建立的都城和陪都等中国古代都城的主要类别。沿洛水之北自东向西 30 千米内，夏都斟鄩二里头遗址、商都西亳偃师商城遗址、周王城遗址、汉魏洛阳城遗址及隋唐洛阳城遗址，一字排开，形成“五都荟洛”的恢宏气势。都城遗址分布之密集，联系之密切，时间跨度之大，均为世上所罕见。从一定意义上说，宋以前的

---

① 李久昌：《国家、空间与社会——古代洛阳都城空间演变研究》，西安：三秦出版社，2007 年。

② 朱士光：《近年来中国古都学研究的新探索》，《社会科学报》2009 年 12 月 24 日，第 005 版；肖爱玲：《〈国家、空间与社会——古代洛阳都城空间演变研究〉评析》，《西北大学学报》（自然科学版）2008 年第 38 卷第 5 期，第 859、860 页；毛曦：《洛阳都城历史地理研究的视野与创获：〈国家、空间与社会——古代洛阳都城空间演变研究〉简评》，《文博》2010 年第 1 期，第 84、85 页；王杰瑜：《古都研究的一部力作——读李久昌〈国家、空间与社会——古代洛阳都城空间演变研究〉》，《文物世界》2008 年第 4 期，第 55、56 页。

③ 李久昌：《国家、空间与社会——古代洛阳都城空间演变研究》，西安：三秦出版社，2007 年，第 105-108 页。

许多中国历史的关键事件、重大场面，与洛阳这座古都有直接联系。

中国古代都城的演进首先表现为都城空间的嬗变。若以都城空间形制布局来划分，中国古代都城发展历史大致包括两个时期，即封闭式都城时期和开放式都城时期。前者历夏、商、周、秦、汉、隋、唐，后者含宋、辽、金、元、明、清。在空间组织形式上，中国古代都城则大致经历了夏时期单一宫城制都城，商周至春秋战国时期城郭形态的"双城制"都城，魏晋至明清时期宫城、皇城和郭城的"三城制"都城等历史阶段。其空间布局经历了夏商周三代时期城市功能区相对分散存在—东周至秦汉时期密封式结构—曹魏至隋唐时期棋盘格形封闭式结构—宋至明清时期开放式街道布局等的嬗变。洛阳作为古代一个持续为都的城市，其发展进程几乎贯穿了整个中国古代都城前期发展史。从都城空间发展角度看，它是一个较为完整的都城空间整体演化的历史过程。在中国古代都城的发展中，包括宫城、里坊和市场等，构成了中国古代都城空间的基本构成要素与空间主体，它们在都城中各自的结构形态和相互位置关系的变化，决定了都城空间变化的基本态势。洛阳古代都城的演进史，正体现了上述几个部分的演变轨迹，其中一些重大变化首先在洛阳都城形成或成熟，许多中国古代都城空间模式可以在洛阳都城中找到相应的"原型"，其持续的演进和不断的创新，奠定了中国古代都城空间模式的基础。因而，古都洛阳在中国古代都城发展史上有重要的开创和发展之功，其发展链条构成了中国古代都城发展史的一条鲜明的主线，反映了中国古代都城前期发展史的基本特征，并深刻地影响了后世乃至外域都城的发展，具有奠基性的地位。

可见，在夏商至隋唐的中国古代都城前期发展史上，洛阳占有突出而重要的地位，其都城形制和格局的变化轨迹清晰，都城呈现不断沿承和逐渐完善的创新格局。所谓"洛阳模式"，便是指这一时期洛阳都城发展的历程、内容和经验，是古都洛阳在这一时期逐渐发展起来的一套适应历史与社会变化的都城发展战略和都城空间模式。

二　"洛阳模式"的内涵与特点

"洛阳模式"的内涵十分丰富。作为一个完整的概念，"洛阳模式"包括"环境—文化"的都城选址模式、宫城与都城布局形制的耦合发展模式、都城社会空间的建构与控制模式、都城经济空间的布局与调控模式、都城礼制建筑空间和宗教建筑、帝陵的布局与建设模式和"天下之中"为核心的建都理论建构、发展和指导等基本内容。

（一）"环境—文化"的都城选址模式

关于都城选址，中国古代早已有"择中论""便利论""形胜论"等思想观念[①]。史念海分析总结出古都形成的自然环境、经济因素、军事因素和社会因素等的特征[②]。洛阳屡屡被选作都城，优越的地理环境显然是一个重要因素，这里所说的地理环境优越，

① 李久昌：《国家、空间与社会——古代洛阳都城空间演变研究》，西安：三秦出版社，2007年，第113、114页。

② 史念海：《我国古代都城建立的地理因素》，中国古都学会编：《中国古都研究》第2辑，杭州：浙江人民出版社，1986年，第1-30页。

既包括从宏观上看洛阳所在的伊洛河平原在全国的地理形势，也包括从微观上看洛阳地区在伊洛河平原所独具的地理特征①。适宜的地理环境为洛阳古都的兴起创造了优越条件。但仅有优越地理环境，并不能一定被选作都城。从历史的角度看，丰厚的传统文化积淀是洛阳成为千年帝都的文化基础和保障。由于洛阳地理环境的区位特点，自古代文明形成伊始，洛阳便已成为华夏文化的核心地区。新石器时代晚期即已存在的“尚中”“择中”礼仪规制思想，经周公在西周初年营建洛邑成周中，总结发展为我国古代第一个系统的建都学说——“天下之中”理论。洛邑成周的营建，反映了“天下之中”理论的实践。这一理论本身所具有的丰富内涵及随后周代礼制文化的奠基和繁荣，确立了洛阳“天下之中”都城地位，这在此后 3000 多年的中国都城发展上具有极为重要的政治意义与文化意义。洛阳作为“天下之中”的政治文化符号，也因此被打上了“榜样”或“模范”的烙印，为天下所羡求。众多王朝在洛阳选址建都，体现出对洛阳所具有的“天下之中”和“国家文化”内涵的认知和确定，体现了对三代以来洛阳都城文化的强烈政治认同感和文化归属感。如果古代一些地方被选为都城主要得益于自身的优越地理环境，那么，洛阳屡屡为都，则是“环境—文化”共同作用的结果，而其中政治文化理念上的“天下之中”和“国家认同”诉求是洛阳屡作都城的关键文化因素。

（二）宫城与都城布局形制的耦合发展模式

宫城是中国古代都城的核心空间和政治中枢，也是都城空间建设与展开的原点。在中国古代都城发展史上，宫城大体经历了“多宫城”制—“双宫城”制—“单一宫城”制的变化，而每一次变化实际上都是都城核心空间发展和重构的过程。二里头遗址总面积近 11 万平方米的宫城是迄今所知最早的宫城遗存，宫城内有大小宫殿、宗庙基址数十座，呈成群成组状分布，每一个建筑群组的主体建筑各为一座大殿，各自围以围墙，形成独立的封闭式院落建筑。二里头遗址宫城便由这种多座院落构成，且排列较紧密的“多宫城”制宫城②。二里头遗址宫城及其宫庙建筑遗址形制，对中国古代宫城文化影响深远。其中，二里头宫城 1 号宫殿庭院南门之“一门三道”作为中国古代社会王权、皇权级标识物与中国古代历史相始终③。受当时祭政合一的国家结构和早期“朝会”形态的影响，“多宫城”制流行于商周及秦和西汉时期。偃师商城宫城仍属“多宫城”制，但较二里头宫城出现了多座宫殿院落围筑于同一“城”内的变化，每座宫殿院落也发展为营建前后排列有序的两座宫殿，形成了宗庙建筑与朝寝建筑左右并列、基本对称，朝寝单独建筑、前朝后寝的布局④。而宫城北部人工池苑的设置，开启了中国古代都城宫城修建池苑传统，其影响所及相当深远⑤。东汉洛阳城则实行以南北二宫为主的宫城布

① 李久昌：《国家、空间与社会——古代洛阳都城空间演变研究》，西安：三秦出版社，2007 年，第 138-163 页。

② 李久昌：《偃师二里头遗址的都城空间结构及其特征》，《中国历史地理论丛》2007 年第 22 卷第 4 辑，第 49-59 页。

③ 刘庆柱、韩国河：《中原历史文化演进的考古学观察》，《考古学报》2016 年第 3 期，第 293-318 页。

④ 李久昌：《论偃师商城的都城性质及其变化》，《河南师范大学学报》（哲学社会科学版）2007 年第 3 期，第 117-121 页。

⑤ 刘庆柱：《中国古代都城考古反映的河洛文化历史地位》，陈义初主编：《河洛文化与汉民族散论》，郑州：河南人民出版社，2006 年，第 5 页。

局形制，是古代唯一的“双宫城”制都城，但南宫与北宫并非同时作为都城政治中枢，而是东汉前期以南宫为主，中后期以北宫为主，因此，“双宫城”制可视为过渡性形态。“单一宫城”制是我国古代宫城制度的定型形态。近年来，曹魏至北魏洛阳宫城的考古发现，证实古代都城的“单一宫城”制始于曹魏洛阳城，而非传统认为的始于曹魏邺北城[①]。魏文帝在东汉北宫的基础上新筑宫城——洛阳宫，废弃了南宫，整座都城的布局完全转变为单一个体的宫城。北魏洛阳城在此基础上，重新加以营建，进一步确立和完善了“单一宫城”制，成为此后古代宫城的基本制度和都城核心空间的范式。宫城从分散的“多宫城”制到相对集中的“双宫城”制，再到集中的“单一宫城”制，使宫城在都城整体空间结构中的核心地位更加突出，反映了宫城封闭程度逐渐增强、皇权地位至高无上的发展过程。

随着宫城“多宫城”—“双宫城”—“单一宫城”的变化，古代都城布局形制也经历了“单城制”—“双城制”—“三城制”的嬗变。文献和考古资料表明，中国古代都城最早是以宫城形态出现的。作为中国古代都城出发点的二里头遗址是由多座宫庙建筑围以墙垣的宫城，其外的居民区和作坊区则未围筑墙垣，此时的宫城实质上就是都城，都城形制呈“非城郭形态”的城宫一体化“单城制”格局。偃师商城始建时，只有“宫城”和小城两座城址，这里的小城也是宫城。此时的偃师商城与二里头一样，属“单一宫城”制都城。偃师商城晚期大城（即郭城）的建成，始出现宫城、郭城同时并存的格局[②]。古代文献有“筑城以卫君，造郭以守民”，“内之为城，城外之为郭”[③]的说法，偃师商城是目前所知古代都城中最早的“双城制”都城。伴随着“单一宫城”制的巩固与完善，北魏洛阳城最早开创了涵盖宫城、内城（皇城）、外郭城环套的“三城制”都城形制，它将汉晋时期的洛阳大城改造成为内城，用以集中安置皇族和重要的中央官署与宗庙、社稷等建筑，外侧新建外郭城，用于安置平民里坊和市场等，内城北部中心部位设置宫城，为大朝正殿所在，皇权的权威与至高无上得到更清晰的表达。北魏洛阳城开创的“三城制”都城形制，为以后历代王朝都城所遵循，与中国古代封建社会相始终。

宫城从“多宫城”到“双宫城”再到“单一宫城”，也使都城空间规划进入了一个新阶段，即具有明显以中轴线为核心的整体规划都城空间结构的阶段。中轴线是中国古代都城的重要特点。二里头宫城内建筑群的中轴对称已孕育着都城中轴线布局萌芽。二里头宫城遗址的2号宗庙遗址与1号宫殿遗址并列于宫城东西，形成古代宫城最早的宫庙“二元轴线”，即两条东西并列的南北双轴线，这也是迄今考古发现时代最早的都城轴线。偃师商城在早期都城中出现了目前已知最早的都城中轴线布局，从南城门向北经宫城南宫门、北宫门至北城门（小城北门）。但在晚期仍出现了类似二里头宫城“宫庙”并列的双轴线布局。东汉洛阳城实行南北二宫制，二宫城均基本位于都城东西居中位置，都城朝向由原来的坐西朝东变为坐北朝南。由于南宫与北宫并非同时作为都城政治中

① 李久昌：《国家、空间与社会——古代洛阳都城空间演变研究》，西安：三秦出版社，2007年，第250、251页；刘庆柱：《中国古代都城考古发现与研究》，北京：社会科学文献出版社，2016年，第883页。

② 李久昌：《国家、空间与社会——古代洛阳都城空间演变研究》，西安：三秦出版社，2007年，第206-210页。

③（唐）徐坚，等著：《初学记》卷24《城郭第二》，北京：中华书局，1962年，第565页。

枢，东汉洛阳城前期是大朝正殿与南宫的南宫门、外郭城南城门——平城门形成南北向的都城中轴线，晚期是大朝正殿与北宫的南门、外郭城南城门形成南北向的都城中轴线[①]，开创了最早以大朝正殿为基点，宫城轴线与都城轴线重合的新模式。魏晋洛阳城废除了东汉以来的南北两宫制度，在汉魏北宫的基础上，营建单一的宫城，宫城正殿太极殿、正门（南门）阊阖门与宫城前通向大城正门宣阳门的南北大街处在一条直线上，纵贯洛阳城的南半部，构成都城中轴线，并按左祖右社的礼制安排庙社。在此基础上，北魏洛阳城融合内城、外郭城的出现等新因素，以中轴线带动三城环套格局，在中国古代都城发展史上第一次实现了中轴线布局的都城规划。它以宫城太极殿为基点，从太极殿与宫城正门阊阖门向南伸展，经都城主干道铜驼街出宣阳门渡洛河而一直延伸至洛南的圜丘，宗庙、社稷和太尉府、司徒府等高级官署分布在铜驼街两侧，全城被纳入以宫城为核心、以宫城南北轴线为主导的布局之中，凸显了皇权至高无上的地位。我国古代都城规划中具有浓厚空间象征意义的中轴线设计内涵和基本手法至此定型，为以后都城的设计开创了新局面，极大地影响了后世隋唐直至明清北京城的都城规划。隋唐洛阳城将宫殿中轴线、城市主轴线与大自然形成的伊阙龙门整合为一条长近 30 里（1 里=500 米）规模宏大的城市空间轴线，既恰当地表达了隋唐洛阳城的东都地位，也凸显了它不同凡响的营造宏大、有序城市空间的气魄。

（三）都城社会空间的建构与控制模式

《吴越春秋》云：“筑城以卫君，造郭以守民。”城即宫城，君居其中；郭即郭城，包在宫城的外围，民处郭内。城与郭，组成中国古代都城空间的主要和基本单元。二里头遗址仅有“卫君”之宫城，虽有一般平民和居民区，但迄今未发现有郭城的遗迹。偃师商城的郭城是迄今发现的古代都城中最早的郭城。它的出现，是都城社会生活发展的需要，也是都城空间的一次重大变革与发展，并成为此后中国古代都城规划不可或缺的基本构成要素。当时对都城居民的管理是以族属血缘组织为基础分片、分等级进行的，居民区划是以血缘为纽带聚族而居的，居民区的分布较为分散，片区之间往往还有较大的空疏地带，这正是都城发展尚处初期的表现。作为都城内的聚居组织管理单位和百姓生活的基本空间形式，“里”出现在西周时期，但其布局形制尚不清楚。汉晋时期洛阳都城的里，作为一种都城内的基层行政组织的功用日益显现，里与市在功能上相互渗透，都城形制布局经过宫城形制的调整，呈现出向平正规整方向发展的趋势，这就为里制向里坊制度过渡铺敷了契机。虽然还有学者认为，整齐的里坊制都城规划始于曹魏邺北城，但比较明确的整齐的里坊制都城规划确实始于北魏洛阳城。北魏洛阳城在内城外四面修筑外郭城，并创造性地将西周以来的里制和汉代以来出现的坊结合起来，在外郭城之中建设了 220 个里坊（一说 320 或 323 个）[②]，里坊形制整齐统一，平面呈方形，长宽各 1 里，四周围以墙垣，四面辟门，里坊之中设置十字街。这是中国古代都城发展史上第一次有计划地对都城居民区进行统一规划并整齐建成。新的里坊制度不仅将都城划分出若

① 刘庆柱：《中国古代都城考古发现与研究》，北京：社会科学文献出版社，2016 年，第 961 页。

② 李久昌：《北魏洛阳里坊制度及其特点》，《学术交流》2007 年第 7 期，第 172-175 页。

干方形的空间，而且对每个空间都做了适当的安置与有效的管辖。在划分都城居民居住空间的同时，也划分了都城社会结构空间。不仅使洛阳城成为布局严整、中轴对称的封闭式里坊制城市，而且使其成为中国古代乃至当时世界上面积最大的城市，在中国古代都城史上具有里程碑意义。隋唐长安城、洛阳城沿袭了北魏洛阳城外郭城及其里坊制，而且更加整齐划一、布局严谨，在制度和形式上达到了至极的统一和完善，使统治者在空间和时间两个方面对城市严加控制达到了最高境界，代表着以社会政治功能为基础的都城聚居制度的成熟①。里坊格局下所产生的人类生活和社会文化，反映了当时社会的群体面貌，甚至长久地影响着中国文化传统。

（四）都城经济空间的布局与调控模式

自先秦以来，市场便是中国古代都城空间的基本要素之一，也是都城商业经济的舞台。从市场在都城分布位置来看，中国古代都城市场大致经历了“面朝后市”“前市后朝”“街市”三个阶段。先秦至秦汉时期，都城市场一般分布在宫城的北部，即《考工记》记载的“面朝后市”。考古发现，偃师商城的宫城在都城南部，都城中部和北部则是大面积的手工业作坊遗址，工商相连，都城市场的位置应当就在上述遗址区附近，宫城与市场南北排列，形成了“面朝后市”格局。东周洛阳王城宫殿区位于王城西南部瞿家屯一带，王城北部分布有大量手工业作坊遗址，市场可能在其附近②，仍属于“面朝后市”格局。东汉洛阳城主要有金市、马市和南市三大市场。最主要的金市即大市，位于城内南宫西北部，在东汉前期，其与主宫南宫的相对位置，基本仍是南北排列的形制，属于“面朝后市”格局。东汉中后期以北宫为主宫，金市对北宫，位在其南，东汉前期的“面朝后市”格局因大朝正殿置于北宫而彻底改变。马市和南市，一在城外东部，一在城外南部，不仅突破了“面朝后市”格局，而且“使洛阳的市场突破了城区的空间而向城郊发展，在古代城市规划史上不能不说是一种革新的尝试”③。北魏洛阳城创立宫城、内城、外郭城三重城垣的新都城形制，三大市场全部设在外郭城之中，构成了都城经济活动的中心。大市在西郭城中部，小市位于东郭城南部，首创市分列于都城中轴线两侧的布局模式，四通市居洛水以南的南郭城，它也是古代都城中最早设置的专门的国际贸易市场。三大市场均位于宫城以南，完全改变了先秦以来“前朝后市”的传统，形成“前市后朝”新格局。这一格局为以后隋唐长安城和洛阳城所继承，并且市制与坊制紧密结合，形成坊市制度，发展更趋于繁荣。直到安史之乱后，才逐渐松懈、瓦解，最终进入了市场的“街市”阶段④。

（五）都城礼制建筑空间与宗教建筑的布局和建设模式

“帝王之事莫大乎承天之序，承天之序莫重于郊祀。”⑤礼制建筑是中国古代都城建

① 李久昌：《隋唐洛阳里坊制度考述》，《郑州大学学报》（哲学社会科学版）2008年第41卷第1期，第94-98页。

② 刘庆柱：《中国古代都城考古发现与研究》，北京：社会科学文献出版社，2016年，第851页。

③ 宋镇豪：《中国古代“集中市制”及有关方面的考察》，《考古》1990年第1期，第39-46页。

④ 李久昌：《国家、空间与社会——古代洛阳都城空间演变研究》，西安：三秦出版社，2007年，第467-484页。

⑤（汉）班固：《汉书》卷25《郊祀志下》，北京：中华书局，1962年，第1253、1254页。

设的必要组成部分，也是礼制文化物化的重要形式，包括宗庙、社稷、明堂、辟雍、灵台、太学等。根据文献记载，夏商周三代时期，盛行宫殿与宗庙共存于宫城之中，平面形制也基本相同，体现了当时祭政合一的国家政治结构特点。考古发现，最早的都城宗庙建筑遗址是二里头遗址宫城的 2 号大型夯土建筑基址，它与宫城内的 1 号宫殿建筑基址整体规模、布局、结构近同，且比后者更规整、严密，封闭性更强，透露出宗庙地位似乎稍高一些。偃师商城宫城内的大型夯土建筑，以 2 号、3 号、7 号为东组，4 号、5 号为西组，前者为宗庙建筑，后者属宫殿建筑，其布局承继和保持了二里头遗址宫庙共存的传统。随着秦汉大一统王朝的建立，传统的祭政合一的国家政治结构被打破，象征着皇权的宫殿建筑地位上升、宗庙地位下降，秦和西汉开始将宗庙、社稷置于都城外。东汉继承西汉末元始年间的礼制改革，形成完备的国家大祀制度，改西汉“每帝异庙”制为“同堂异室”制，宗庙、社稷建筑被正式纳入都城的规划设计中，位于宫城之南，“左祖右社”正式被纳入都城的规划设计中，这是秦汉以来有可靠文献记载的最早实例①。最具象征意义的明堂、辟雍、灵台（即“三雍”）和太学等礼制建筑，被安排在洛阳城南郊平城门大街两侧，后世统称之为“南郊礼制性建筑群”。中国古代都城礼制建筑的规划原则至此基本确立。东汉洛阳城将庙社、“三雍”和太学等礼制建筑纳入都城中轴线建设的组成元素中，将皇权与礼制衔接起来，导致都城形制发生重大变化，使包括皇帝、士人和太学生在内的都城居民聚集城南，进行大量的、经常性的祭祀、教育和政治、文化活动，高峰时，仅太学生人数就达 3 万以上。于是形成了一个比较完整的城南文化区，创我国古代都城规划建设之首例。它既是一个礼制建筑和祭祀区，也是全国学术、教育中心和太学生社区，还是融礼制文化、经学文化、太学文化等多种类型文化于一体的共生体，在东汉曾经引领社风、学风，主导潮流，荟萃洛阳都城文化的精华。由于“三城制”的建立，北魏洛阳城的宗庙、社稷被安置在都城之中、内城之外、宫城之南，灵台、明堂、辟雍和太学等礼制性建筑仍在都城南部。这一位置变化为后世历代都城所继承。宗庙等祭祀礼制建筑失去与宫城、宫殿平起平坐的政治地位，人君听政居住的宫城与祭祀神鬼的礼制建筑，在空间上有了明确的划分，大朝正殿成为都城、宫城之中唯一至尊的建筑，礼制建筑日益沦为皇权政治的附庸。这是古代皇权不断发展、逐步强化且趋于至极过程的反映。

宗教建筑空间是中国古代都城空间的重要组成部分。都城的发展变迁影响着宗教建筑空间的分布。佛教传入我国之初，东汉洛阳城因其都城所在，以及汉明帝求佛而不信佛，建在西雍门外的白马寺成为佛教传入我国后肇建的第一座佛寺，寺院建筑布局仍采天竺和西域式样。佛寺建筑从此成为都城中新的文化因素。随着北魏洛阳城“三城制”都城形制的形成和佛教在中原地区第一个高峰发展的到来，佛寺、佛塔等建筑大量进入都城之中。北魏洛阳城的永宁寺，是目前考古发现年代最早的建在都城之中的佛寺，位于宫城之南的内城中，东临都城中轴线铜驼街。佛教最盛时，洛阳城有佛寺千余座，一般分布在外郭城中，少数在内城之中，呈环绕内城、聚集于外郭城之势。考古发现，永宁寺的平面布局是中国最为传统的中轴线布局，寺院坐北朝南，为当时国家的“官式建

① 姜波：《汉唐都城礼制建筑研究》，北京：文物出版社，2003 年，第 88 页。

筑”样式，仿照都城宫殿布局形制，彰显了佛教的“中国化”和对皇权依附的特征。而散布于各里寺院的高耸的佛塔与宫城等城内高大建筑遥相呼应，也使整个城市空间景象生动立体起来[①]。在都城生活中，佛寺不仅是宗教活动中心，也是重要的公共文化活动中心和交流中心，其文化意义远远超出了单纯的宗教范围，凸现出宗教建筑空间对于城市有机体不可或缺的价值。汉魏洛阳城开启的宗教建筑形制布局及其文化影响，对后世都城宗教建筑和都城文化产生了深远影响。

（六）帝陵的布局与建设模式

《吕氏春秋》中有“陵墓若都邑”。作为都城缩影和象征的帝陵建筑布局深受都城形制布局的影响。由于东汉洛阳城改变了汉长安城多宫城的“二元政治”布局，与此相应，帝陵合葬制度也由西汉帝陵的帝后同茔不同穴，变为帝后同穴合葬，此后历代王朝（北宋帝陵是个例外）帝陵承袭此制。帝陵方向则因东汉洛阳城布局形制出现的坐北朝南朝向的重大变化，由西汉时期的坐西朝东一变而成为坐北朝南。以后历代帝陵的陵园、主墓道基本上均为南向。古代帝陵的核心内容，如陵前石像生石刻、上陵之礼等可能也是在东汉时期开始并得以确立的[②]。

（七）“天下之中”为核心的建都理论建构、发展和指导

“洛阳模式”的内涵远不止在都城空间发展方面，“洛阳模式”是由一定的思想理论促成的，“天下之中”建都理论正是这一模式的理论支柱，“洛阳模式”则是“天下之中”建都理论指导下的实践结果。因此，我们还必须从思想理论角度分析探讨“洛阳模式”出现的原因。

“尚中”“择中”是中国古代长久存在着的一种根深蒂固的观念。从仰韶文化的建筑遗迹中，我们已经可以看出当时人们对中心的重视，尧舜时期可能已经初步形成了“尚中”“择中”的观念，这种观念在夏商时期已十分盛行，只是还不系统。西周初年，围绕营建洛邑，周公在继承“尚中”“择中”观念和夏商都城建设经验及文化传统基础上，加以发展和创新，提出并阐发了“天下之中”的概念，建构了我国古代第一个建都理论——“天下之中”建都理论，其主要内容包括：“择中建都”的区域中心地思想；“居天下之中以均统四方”的政治中心地思想；“为天下之大凑”的经济中心地思想；“定天保，依天室”，均教化的文化中心地思想等。周公不仅把它作为自己建都思想实践的理论指导，还以此作为营建洛邑的方法论，这就使“天下之中”成为一个内容丰富具有普遍指导意义的建都理论学说和方法论[③]。

周公历来被儒家奉为政治上的楷模，周公营洛及随后成康之世的繁盛，使“天下之中”建都理论的正确性得到不容质疑的认同，确立了洛阳“天下之中”都城地位，成就了洛阳都城文化发展与积淀的历史，成为影响千年帝都的最为重要的因素。《左传》桓

① 王铎：《北魏洛阳规划及其城史地位》，《华中建筑》1992 年第 2 期，第 47-56 页。

② 刘庆柱、韩国河：《中原历史文化演进的考古学观察》，《考古学报》2016 年第 3 期，第 293-318 页。

③ 李久昌：《周公“天下之中”建都理论研究》，《史学月刊》2007 年第 9 期，第 22-29 页。

公三十二年云："昔成王合诸侯，城成周以为东都，从文德焉。"就是说，建都洛阳，不仅是对"天下之中"建都理论的遵循，也意味着对"从文德"施政理念和治国方略的认同。于是，洛阳都城被塑造成了一个带有神性色彩的中土、仁德的都城形象，一个崇奉周礼、规遵周制的典范，被看作"即土之中，有周成隆平之制焉"[①]，"有德则易以王，无德则易以亡"的"德政"之都，"凡居此者，欲令周务以德致人"[②]，在形象和文化传统上体现为成熟的中土性都城，代表了德和政治性。象征着以"文德""德政"治理国家的洛阳都城，与象征着依靠"霸道"和武力治理天下的关中长安都城，形成了对比鲜明的不同都城形象，而为后来统治者所无比艳羡。两汉、曹魏、西晋、北魏、隋唐等列朝纷纷建都洛阳，无不是受到"天下之中"建都理论的指导与影响，也充分反映了都洛列朝对洛阳都城所具有的"天下之中"和"国家文化"的认同，它构成了列朝都洛独特理路的基础和神圣性、合理性的依据[③]。

"天下之中"建都理论构成了古代中国最初的都城观，对中国古代都城选址及其建设产生了深远的影响。周公之后，许多思想家、政治家沿着先哲的思维路径，分别从不同角度表示了对"天下之中"的执着追求，《尚书·禹贡》总结"天下之中"观念，创制了甸服、侯服、绥服、要服、荒服的"五服"制度，提出了以王都为中心向四方推衍的"回"字形天下疆域结构[④]；荀子则将居中所体现的尊尊含义上升到礼制的高度[⑤]；《吕氏春秋》明确地把"择天下之中而立国，择国之中而立宫"作为选择都城地址和处理宫城与郭城关系的基本原则[⑥]；西汉贾谊提出了择中建都可在次级区域内实现的构想，即"贾氏圆形布局体系"[⑦]等，进一步丰富和发展了周公"天下之中"建都理论。周公之后，虽然"天下"的版图时有盈缩，"天下"的概念有所变化，都城形式也不断变化，但"天下之中"作为一种建都理论，两千年间一直是指导古代选址建都的基本理论。从这种都城观中，还发展出中国古代一整套关于都城建设的思想体系，以及一系列已经被体制化的建都实践。不仅如此，"天下之中"建都理论本身所具有的巨大涵盖力和扩张力，还直接影响古代都城空间及宫室布局，引申和发展出"择中立宫"和"择宫之中轴线立朝"等制度，成为历代统治者选择宫城、宫殿等位置的规划准则。三"中"重叠，层层推进，从而把礼制秩序和王权、皇权至上的观念推向至极。

本文选择通过以上七个方面探讨和总结"洛阳模式"的内涵。其实，"洛阳模式"的内涵十分丰富。古代洛阳都城经过两千年的发展演进，蕴涵丰富，积淀甚厚，可深入研究总结撰述者甚多。北宋著名史学家司马光为此而感慨"古今天下兴废事，请君只看洛阳城"，实在是极精妙的概括。但仅就本文所论的这七个方面而言，在中国古代都城

---

① （汉）班固：《东都赋》，（清）严可均辑，许振生审订：《全后汉文》，北京：商务印书馆，1999年，第239页。

② （汉）司马迁：《史记》卷99《刘敬叔孙通列传》，北京：中华书局，1959年，第2716页。

③ 李久昌：《"天下之中"与列朝都洛》，《河南社会科学》2007年第4期，第114-117页。

④ （汉）孔安国传，（唐）孔颖达疏：《尚书正义》卷6《禹贡》，《十三经注疏》，北京：北京大学出版社，2000年，第199-204页。

⑤ （清）王先谦：《荀子集解》卷19《大略篇》，北京：中华书局，1988年，第485页。

⑥ （战国）吕不韦著，陈奇猷校释：《吕氏春秋新校释》卷17《审分览·慎势》，上海：上海古籍出版社，2002年，第1119页。

⑦ （汉）贾谊：《贾谊集》，上海：上海人民出版社，1976年，第59页。

发展史上，的确存在着一个令人瞩目的“洛阳模式”。它是中国古代都城发展史上一段重要的历史时期，反映了洛阳古都发展的历程、内容和经验，在道路上体现为洛阳古都发展的道路，在中国古代都城前期发展史的每一个重要阶段，古都洛阳都发挥着重要作用，是中国古代都城前期发展历程的缩影。在制度上体现为中国古代都城空间前期的基本模式和制度。古代洛阳都城空间是中国古代都城空间的“原型”，它奠定了中国古代都城空间模式的基础，成为古代都城空间政治性、神圣性、规划性与文化性的典型代表。在思想上体现为以“天下之中”为核心的建都理论的构想、发展和指导。在形象上体现为成熟的中土、仁德都城，代表了德和政治性，为后来统治者所无比艳羡。“洛阳模式”具有开创性、整体性、集大成性、包容性、辐射性的特点。

三　“洛阳模式”与洛阳学研究

长期以来，中外学界围绕历史时期洛阳的考古遗迹、城市规划、城市建筑、空间布局及民众的社会生活、宗教信仰等诸多问题，从考古学、历史学、地理学、宗教学、建筑学等不同领域进行了研究，取得了丰硕的成果。但正如有学者指出的，学界仍然较普遍地“对洛阳的地位及作用没有足够重视，仅视其有辅助功能”，而事实上，“倘若聚焦洛阳，重新评价中国历史，将可能呈现出与以往所建构的历史不同的情况”[①]。

洛阳学的提出，不仅为我们全面综合探讨洛阳的历史发展规律提供了新思路，为中国史研究提供了新方向，而且为我们探索中华民族传统文化的传承与创新提供了新的思路。那么，方兴未艾的洛阳学究竟是一门什么样的学问，在中国历史文化研究和地方学研究领域，洛阳学应处在一个什么位置，其存在价值是什么，如何认识洛阳学在中国历史学和地方学研究领域中的特殊存在和价值，涉及洛阳学的基本问题。

毫无疑问，洛阳学的核心是洛阳，以古都洛阳命名的洛阳学，虽然是涵盖面相当宽泛的学问，但洛阳古都无疑是其最基本、最重要的研究对象之一。“都城是国家的政治中心，在每一时代，均为全国士庶之所仰望，民心之所牵系，它又是经济中心和文化中心。因此都城的确定、建设与其指挥号令的通畅无阻，往往直接关系到一代之盛衰兴亡。都城对于历史研究和文化研究具有特殊的重要意义。”[②]“古都文化浓缩了中华文化之精髓，深入中华文化之核心，也渗透到中华文化的方方面面。通过研究古都文化，可以集中而又深入地认识与把握历史上一个王朝或一个政权的文化，以及由它们统治过的一个区域的文化之内容及其特质，同时还可以通过研究古都文化推进对中华文化多个层次多个侧面的深入研究。”[③]这些观点虽有各自的学科基础和视角，但具有重要的科学意义。

在3000多年的洛阳城市史中，2000多年的都城史，无疑是最重要、最关键的部分，其所创造的“洛阳模式”是洛阳历史文化中最具特色、最为闪光的亮点，也是洛阳历史

① [日] 气贺泽保规：《“洛阳学”在日本诞生》，陈涛译，《中国社会科学报》2011年2月22日，第013版。

② 陈其泰：《〈中国古都学的研究历程〉序》，朱士光著：《中国古都学的研究历程》，北京：中国社会科学出版社，2008年，第1页。

③ 朱士光：《中国古都学的研究历程》，北京：中国社会科学出版社，2008年，第7页。

文化在中国历史上最为突出的特征，是历史留给我们的宝贵财富。只有对洛阳都城的历史进行系统的研究，才能阐释清楚洛阳学的特殊存在和价值，也才具有建立洛阳学这门新学科的价值。这样并不是要把洛阳学研究对象局限在都城这个范围，也不是要放弃后都城时代洛阳的研究，更不是为发思古之幽情，而是说洛阳学研究离不开洛阳都城。洛阳学应当以洛阳都城为核心，以洛阳的历史文化和社会变迁为主要研究对象，探索古今洛阳城市发展的规律，促进现代城市发展的综合性学问。

偃师二里头遗址的都城空间结构及其特征

偃师二里头遗址的发现是夏代考古和历史都城研究的一个重要突破。经过几十年的探索与研究，学术界对二里头遗址性质的认识渐趋一致，普遍认为它是夏王朝中晚期都城之所在。然而由于文献缺载和考古发掘有限，对这座遗址所反映的都城空间及其特征的认识，除了20世纪60～80年代发掘的1号、2号宫殿基址、铸铜作坊遗址和贵族墓葬等重要遗存外，则一直乏善可陈，众多学术著述对此的解说也往往采取了从简的方式，难免有隔靴搔痒之感。这种局面终于因进入21世纪以来新的考古发掘所取得的一系列重要成果而“破局”。借助这些新的发现，人们对二里头遗址都城布局和总体结构的理解与认识才得以进展与深化[①]，但在一些方面还有待加强。为此，笔者拟在考古发掘成果与前贤时俊研究的基础上，尝试对二里头遗址的都城空间结构与空间过程及其特征作一综合性分析，以求教于方家。

一　空间位置与地理环境

二里头遗址位于偃师市西南约9千米的二里头村南的高地上，其范围包括二里头、圪垱头、四角楼、北许村四个自然村落（图1)。整个遗址沿古伊洛河北岸呈西北—东南走向分布，其北至洛河滩，东缘大致在圪垱头村东一线，南到四角楼村南，西抵北许村。东西最长约2.4千米，南北最宽约1.9千米，现存面积约3.75平方千米[①]。因历史时期遗址北部曾为改道后的洛河泛滥侵蚀、冲毁，而南部至西南部边缘也因古伊洛河河道的摆动而遭到破坏[②]，所以，二里头遗址原始范围很可能超出目前公布的面积，估计应在4平方千米左右[③]。据宋镇豪分析推测，二里头都城人口总数可能在3.1万以上[④]。而在此之前的龙山时代，在中原区域已发现的8座古城中，面积最大的陶寺城址为280万平方米，一般在3万～5万平方米，有的只有1万多平方米[⑤]，人口都不超过5000人，上百人的占绝大多数，其城址规模和人口数量远不及二里头都城所具有的水准，还不可能成为一个地区的政治、经济中心。二里头都城规模庞大、人口集中，其出现标志着中国早

---

① 许宏、陈国梁、赵海涛：《二里头遗址聚落形态的初步考察》，《考古》2004年第11期，第23-31页；郑杰祥：《二里头遗址新发现的一些重要遗迹的分析》，《平顶山学院学报》2006年第21卷第3期，第49-51页。

② 中国社会科学院考古研究所：《偃师二里头》，北京：中国大百科全书出版社，1999年，第15页。

③ 许宏：《从二里头遗址看华夏早期国家的特质》，《中原文物》2006年第3期，第41、42、53页。

④ 宋镇豪：《夏商社会生活史》，北京：中国社会科学出版社，1994年，第197页。

⑤ 马世之：《中国史前古城》，武汉：湖北教育出版社，2003年，第20-48页；新砦遗址面积为100万平方米左右。又据《中国文物报》2005年2月2日报道，在王城岗遗址发现一座河南龙山文化晚期的大城址。由此，王城岗遗址面积为50余万平方米。

期国家的形成和王权政治的确立。

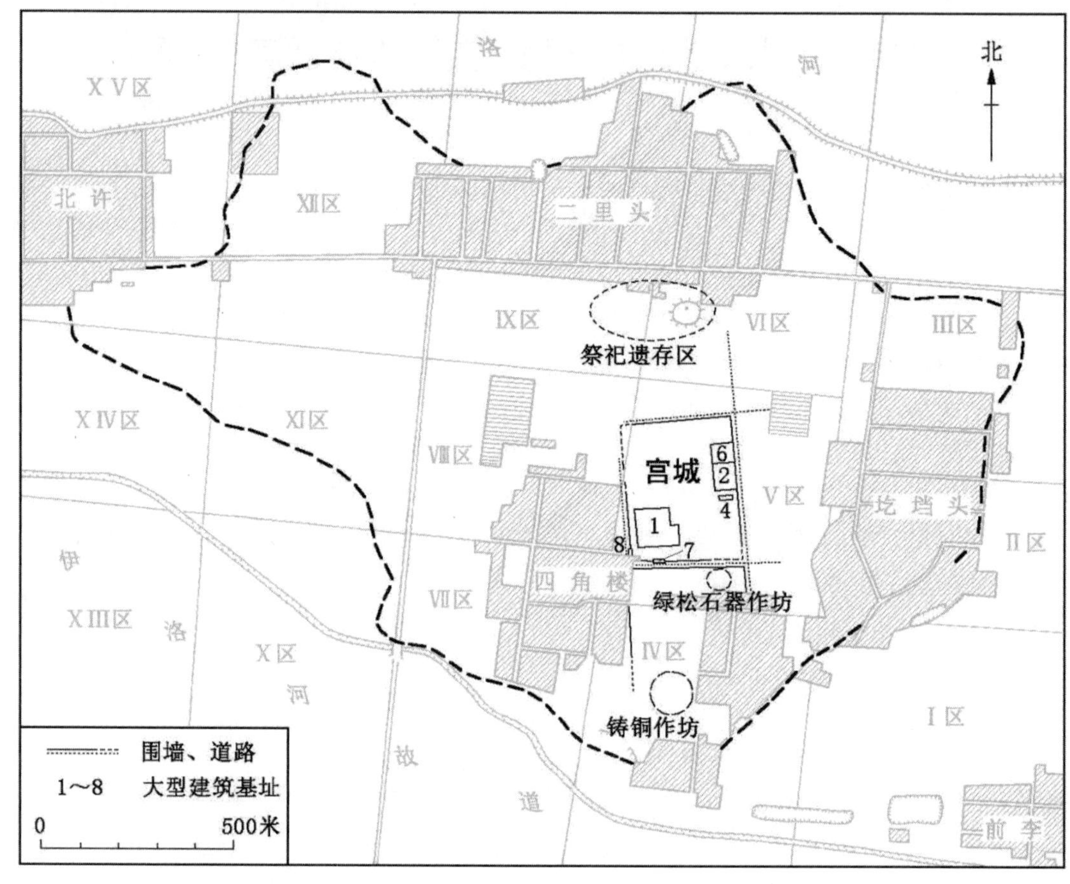

图 1　二里头遗址平面图

资料来源：许宏：《先秦城邑考古》，北京：学苑出版社，2017 年，第 142 页。

二里头遗址所在的洛阳盆地，正处于黄土高原的东南缘，中国地势的第二阶梯和第三阶梯的过渡地带。遗址北倚邙山，南望嵩岳，古伊洛河从它的南面流过。东面则是较低的平地，东去不到 5000 米便是伊洛河汇流之处，西面丘陵起伏。在遗址的南部和西南部边缘以外，堆积着“以红黏土及灰褐色淤泥为主”的自然泥土，“这一带系伊洛河故道河床内及近旁的低凹沼泽区，上述灰褐色淤泥应系长期静态积水浸泡所致”[①]。根据这片低凹沼泽的位置，有学者推测，它可能就是《水经注·洛水》中所记载的“计索诸”所在地[②]，为一较浅的湖沼。由此可见，二里头遗址地处肥沃的盆地之上，周围依山傍水，水足土厚，既有优越的生态环境，又拥有丰富的自然资源，能够保障都城众多人口生活的需要，是古代一处比较理想的生活之处和建都之地。

---

① 许宏、陈国梁、赵海涛：《二里头遗址聚落形态的初步考察》，《考古》2004 年第 11 期，第 23-31 页。

② 郑杰祥：《二里头遗址新发现的一些重要遗迹的分析》，《平顶山学院学报》2006 年第 21 卷第 3 期，第 49-51 页。

从地形上来看，二里头遗址高出周围平地 2～3 米。而在遗址范围内，又以东部和东南部地势比较高旷。具体来说，就是二里头村及周围（属于Ⅵ区、Ⅸ区）、四角楼村及周围（属于Ⅳ区），圪垱头村北（属于Ⅲ区）及Ⅴ区、Ⅳ区地势较高，等高线标识在 101～104.5 米，其余地势较低，等高线标识多为 100.5～101 米。目前所见二里头遗址发现最早的文化遗存属仰韶文化，主要分布在Ⅰ区、Ⅳ区交界地势较高的位置。到二里头文化时期，其文化遗存明显较先前分布范围扩大，凡地势较高的地点均被占据了。《管子·立政》云："凡立国都，非于大山之下，必于广川之上，高毋近旱而水用足，下毋近水而沟防省。"显然，二里头都城居民如此选址的目的，在于既最大限度地接近古伊洛河水源和易于渔猎的沼泽地带，又处于高隆平坦的高地上，不至于受到洪水的侵袭。可见，当时的选址是非常讲究的。

二　空间布局与功能分区

从图 1 可以看出，二里头遗址都城空间布局和总体结构可分为中心区和一般居住区两大区域，西部地势略低，则为一般居住活动区。中心区位于遗址东南部至中部的微高地上，又可分为宫殿区、祭祀活动区、作坊区和贵族聚居区四大区域。

宫殿区位于遗址的东南部，近河台地上，面积不小于 12 万平方米，它的外围有垂直相交的大道，晚期筑有宫城。宫城位于遗址的东南部，近河台地上，面积约 10.8 万平方米，平面略呈纵长方形，城墙沿着已探明的四条大路内侧修筑，形制规整方正，东西墙复原长度分别约为 378 米、359 米，南北墙的复原长度分别为 295 米、292 米。城墙横剖面呈梯形，墙体宽厚，宽约 2 米，墙体用纯净夯土筑成，夯筑质量逊于宫殿区同时期的大型夯土基址。除宫城东北角保存完好且呈 90° 外，其他三角已荡然无存。在东城墙上发现有两处门道，一处在 2 号基址的东南角，另一处在偏南的宫城城墙上①，沟通城内城外。从宫城内大型夯土基址的分布看，1 号基址附近也应有门道存在。鉴于 7 号、8 号基址分别建在 1 号基址附近的南墙和西南墙上，7 号基址又正对着 1 号基址的南大门，也许是利用 7 号、8 号的大门作为门道。经发掘探知，宫城城墙始建于二里头文化二、三期，即早晚期之交，一直延续使用至二里头文化四期或稍晚。

宫城内是排列有序的建筑基址群，共有数十处，包括宫殿建筑和宗庙建筑，面积 400～10 000 平方米。基址分布呈成群成组状，分布较为集中，大体居中。按时间早晚，可分为三组排列有序的宫庙建筑群。早期有 3 号和 5 号一组，是二里头遗址最早的建筑。晚期有 1 号和 7 号、2 号和 4 号两组，建设和使用年代与宫城城墙相同。其他基址则分别围绕上述各组，构成成组多重建筑组合。而每一种建筑都是一个建筑单元，每组主体建筑各为一座大殿，各具中轴线，各自围以围墙，形成独立的封闭式建筑。二里头宫城就是由这些宫庙基址构成且四周围以宫墙的"卫君"之城。

---

① 中国社会科学院考古研究所二里头工作队：《河南偃师市二里头遗址宫城及宫殿区外围道路的勘察与发掘》，《考古》2004 年第 11 期，第 3-13 页；许宏、陈国梁、赵海涛：《二里头遗址聚落形态的初步考察》，《考古》2004 年第 11 期，第 23-31 页。

宫城的外围是纵横交错、四通八达的道路网。已经发现的四条大路以宫城为中心垂直相交，其走向与 1 号、2 号基址的围墙的方向基本一致，大体呈“井”字形，显现出方正规矩的布局。大路一般宽 10 多米，最宽的地方达 20 米，其围起的空间恰好是遗址的大型夯土建筑基址的集中区，即我们前面说的宫城。在宫殿区南侧的大路上，还发现了两道大体平行的车辙的痕迹，两道车辙间的距离大约为 1 米。发掘探知，这一道路系统使用时间较长，由二里头文化一期一直延续使用到二里头文化四期或稍晚①。道路是城市的“骨架”和动脉，且具有区划的功能。二里头都城内宽广又“方正规矩”的道路及其网络是前所未见的，应为当时国中经、纬道路的一部分，展现了二里头遗址极强的规划性。

《管子 · 度地》云：“内为之城，城外为之郭。”《正韵》亦有“内曰城，外曰郭”的说法。城郭制度是我国古代都城的重要制度和特征。文献中有“鲧作城郭”的记载，似乎指城与郭同时产生。二里头宫城有严整的规划和自身的防御系统及排水设施，宫城之内主要为宫庙分布区，大型宫殿建筑基址仅见于这个区域，说明当时已经有了比较明确的城市功能分区。手工业作坊、贵族聚居区和一般居住活动遗址，都分布在宫城以外的区域。其中，祭祀活动区位于宫城的北部和西北部一带，目前已发现有东西连绵二三百米，主要包括圆形的地面建筑和长方形的半地穴建筑及附属的一些墓葬；贵族聚居区环绕宫城之周围，其中尤以东部和东北部最为集中，在这几个区域已发现了数十处中小型夯土基址和一批中型墓葬；官营手工业区位于宫城以南。在这一带发现的一处围垣设施，始建于二里头文化二期，一直沿用到二里头文化晚期，铸铜作坊和绿松石器制造作坊被这一夯土墙全部围起②。早年发现的铸铜作坊距宫城仅 200 余米，面积在 1 万平方米以上，规模庞大、结构复杂，遗迹主要包括浇铸工场、陶范烘烤工房和陶窑等。绿松石器作坊在宫城以南、铸铜作坊以北，主要产品是绿松石管、珠及嵌片之类装饰品，作坊至少从二里头文化第三期即已存在，一直使用到第四期末。铸铜作坊和绿松石器作坊相对集中，并围以墙垣，显然是为了便于管理，保证统治者对此类关涉国家命脉和礼乐文明的青铜、玉礼器的绝对占有，显现了早期国家权力中心的唯一性。此外，在宫城的西北部，发现有陶窑址，此地可能为制陶作坊区。北面及东侧发现大量以牛骨为主的骨料、骨质半成品、磨石及骨废料等，推测原建有制骨作坊。根据遗址内发现的大量石器、蚌器及若干玉器、漆器、酒器等，该区可能也有制作上述器物的其他手工业作坊存在。一般居住活动区主要分布在遗址的西部和北部区域，属遗址中心区以外，常见有小型地面式和半地穴式房基，墓葬形制较小，随葬品以陶器为主。

上述情况表明，宫城是专为夏王建造的，它是全城的中心，四周环以城墙，目的是保障夏王的安全，具有“筑城以卫君”的性质。而贵族聚居区和一般居住活动区、手工业作坊和墓地则在其周围，宫城以北是祭祀遗存区，它附近及宫城东北是贵族墓葬的集中分布区。铸铜作坊和绿松石器制造作坊等官营手工业则都集中分布于宫城以南的区

---

① 中国社会科学院考古研究所二里头工作队：《河南偃师二里头遗址宫城及宫殿区外围道路的勘察与发掘》，《考古》2004 年第 11 期，第 3-13 页。

② 赵海涛、陈国梁、许宏：《二里头遗址发现大型围垣作坊区》，《中国文物报》2006 年 7 月 21 日，第 2 版。

域，互不交错，表明这时已经是按职业、地域而非按血缘来组织居住，其布局颇有章法。

有学者认为这种布局已显露出后世内城外郭的雏形。但值得注意的是，二里头遗址迄今也未发现宫城之外的居民区，在宫城与其他各区之间也不见明显的界定分区的物质分界标志，说明当时可能还未出现“守民”之“城”。再往前说，从我国已发现的龙山时代的数十座城址，以及王城岗和新砦古城来看，除了在当时边远的江苏连云港藤花落遗址发现了一处双重城垣的城址外，其他地区在考古学上尚未见实例，而藤花落城址是否属于城郭布局，尚不能确认，而出现“宫城”的情况则不乏其实例。由此，不能不使人对城与郭同时形成的说法产生怀疑。二里头遗址迄今只发现明确的宫城，而无明确郭城的考古事实，或许昭示着最初的都城，并无明确的郭城之制，或只有松散、不整饬的郭区而无郭城。唯此，我国最早产生的都城，即是以宫城这一形态出现的。更为明确的一点是，我国古代最早的宫城是一种“非城郭形态”的宫城，最早的都城是单一城制，即单一宫城形态的都城。而二里头宫城城墙方方正正，内部有大型的宫殿建筑群，它的外边是宽阔的大道，则进一步显现出当时筑城工程从设计、规划到施工的周密性和极强的规划性，昭示了其作为夏王朝权力中心——都城的性质。

三　主要宫庙建筑基址的布局

二里头遗址内的大型夯土建筑基址集中分布在宫城内，有大小宫庙基址数十处，已发掘 10 余座。从形制和布局看，这些建筑基址可分为三组排列有序的宫庙建筑群。

第一组由 3 号和 5 号基址构成，位于宫城的中部偏东地带，东西并列，以 3 号为核心，是二里头遗址最早的建筑，建于二里头文化二期。其中 3 号基址部分被 2 号基址等叠压，已探明的长度达 150 米、宽约 50 米，南北窄长，方向与 2 号基址大致相同。主体部分至少由三重庭院组成，中院院内南北宽约 20 米，内设有主殿，现存夯土台基宽 6 余米，其上发现有连间房屋遗迹，开间较大。5 号基址位于 3 号基址的西面，其间以宽约 3 米的通道相隔，通道下发现了长逾百米的木结构排水暗渠[①]。从 3 号、5 号基址的始建年代和位置关系看，二者有较密切的关系，应为一组建筑群。值得注意的是，在 3 号基址院内还分布有富有生活气息的水井、窖井等遗迹，具有明显的居住迹象。在中院和南院院内还发现成排的贵族墓，其中，在一贵族墓中发现一件大型绿松石龙形器，全长 70 厘米，巨头蜷尾，龙身曲伏有致，形象生动，整个放在墓主人的身上，显示了墓主人的贵族身份。综合已有资料，推测 3 号基址很可能是二里头文化二期到二、三期之交，1 号、2 号基址建成之前夏都的主要宫室建筑遗存，有可能也包含宗庙之类的建筑。

第二组由 1 号和 7 号基址组成。1 号基址位于宫城的西南部，坐北朝南，为一形状略呈正方形的大型夯土台基，面积约 1.1 万平方米。台基高出周围地面大约 0.8 米。台基周围环绕着回廊和围墙，大门在南墙的中部。主体殿堂位于台基北部正中，主殿以南

① 中国社会科学院考古研究所二里头工作队：《二里头遗址宫殿区考古取得重要成果》，《中国社会科学院古代文明研究中心通讯》2003 年第 5 期，第 50-53 页；许宏、陈国梁、赵海涛：《二里头遗址聚落形态的初步考察》，《考古》2004 年第 11 期，第 23-31 页。

是一约 5000 平方米的庭院广场，可容万人。1 号基址发现较早，学者们认为它应是夏王的宫殿，而且应是处理统治事务和生活起居之所，即朝、寝两用的建筑，也就是所谓“夏后氏世室”[①]。7 号基址位于宫城南墙之上，距 1 号基址约 40 米，在 1 号基址南大门的正前方，长 31.5 米、宽 10.5～11 米[②]。从其建筑年代及位置看，它与 1 号基址均建于二里头文化二、三期之交，一直延续使用至二里头文化四期晚段，其位置正处在 1 号基址的中轴线上，说明二者拥有统一的建筑中轴线，表明它与前者关系较为密切，二者应为一组建筑。有的学者推测它极有可能是宫城的正门，也就是南门的遗迹[③]。

在 1 号基址的西南，还有分别被称为 8 号、9 号的两座基址。其中，8 号基址建于宫城西墙之上，已探明的长度近 20 米，宽 9.7～10 米。9 号基址则在 1 号基址西南角以南，规模较小。1 号基址西南角和 8 号基址之间，还有一道东西向的夯土隔墙，长约 17 米，宽约 2 米[②]。8 号、9 号基址始建和使用年代及建筑方法等均与 1 号、7 号基址相同，从相对位置看，它们虽不似 7 号基址，但也应与 1 号基址存在着某种内在关系，应视为同一组建筑群。

第三组由 2 号和 4 号建筑基址组成。2 号基址位于 1 号基址东北部约 150 米处，平面呈长方形，形制与 1 号宫殿相仿，占地面积约 4200 平方米。四周也有围墙和廊房建筑，其中，东墙利用了宫城东墙。主体殿堂平面也呈长方形，为一排面阔 3 间的房子，坐北朝南。前为庭院，后有一座与之同期的大墓。建筑时间在二里头文化二、三期之交，一直延续使用到二里头文化四期晚段[④]。大墓建造年代与 2 号基址同时，又置于中心殿堂之中，其中线向南延伸，正好通过南大门正道正中，大墓与南大门南北对应。由此，一些学者认为 2 号基址的性质似为祭祀之类的建筑，而非正规之宫殿，也有可能属宗庙之类的建筑；亦有学者认为它应是一种扩大了的“宗”建筑群和带有“庙”形制的纪念性、礼仪性的建筑组合[⑤]。4 号基址位于 2 号基址的正前方，前后相距只有 14 米左右，中间没有其他任何建筑，说明二者有着共同的建筑中轴线，其建造和使用年代与 2 号基址大体同时，属于同一组建筑群。4 号基址是一座由主殿、东西庑及庭院组成的建筑群，其主殿系一座大型单体夯土台基，面积 460 多平方米，坐北朝南，殿上北侧封闭，南向敞开，面对广庭，应是举行典礼的礼仪建筑。

在 2 号基址的北墙外还发现了一座 6 号基址，其始建年代为二里头文化四期，已发

① 北京大学历史系考古教研室商周组：《商周考古》，北京：文物出版社，1979 年，第 27 页；杨育彬、袁广阔：《20 世纪河南考古发现与研究》，郑州：中州古籍出版社，1997 年，第 304 页；杨鸿勋：《宫殿考古通论》，北京：紫禁城出版社，2001 年，第 33 页。

② 中国社会科学院考古研究所二里头工作队：《河南偃师市二里头遗址宫城及宫殿区外围道路的勘察与发掘》，《考古》2004 年第 11 期，第 3-13 页。

③ 郑杰祥：《二里头遗址新发现的一些重要遗迹的分析》，《平顶山学院学报》2006 年第 21 卷第 3 期，第 49-51 页。

④ 赵芝荃、郑光：《河南偃师二里头二号宫殿遗址》，《考古》1983 年第 3 期，第 206-216 页。

⑤ 刘叙杰：《中国古代建筑史》，北京：中国建筑工业出版社，2003 年，第 134 页；杨育彬、袁广阔：《20 世纪河南考古发现与研究》，郑州：中州古籍出版社，1997 年，第 306 页；杨鸿勋：《宫殿考古通论》，北京：紫禁城出版社，2001 年，第 35 页。

现的南北排列的柱础与 2 号基址西庑廊柱大体在同一直线上①，因此，6 号基址应为 2 号基址使用一段时期后增建的建筑，在功能和性质上与后者应属于同一组建筑。该组建筑的位置基本是在 3 号基址范围上，从地层叠压关系和出土遗物看，它是在 3 号基址被彻底废毁后，在对其废墟作了平毁、夯填处理的基础上又在原址上兴建起来的。二里头宫城遗址平面图，如图 2 所示。

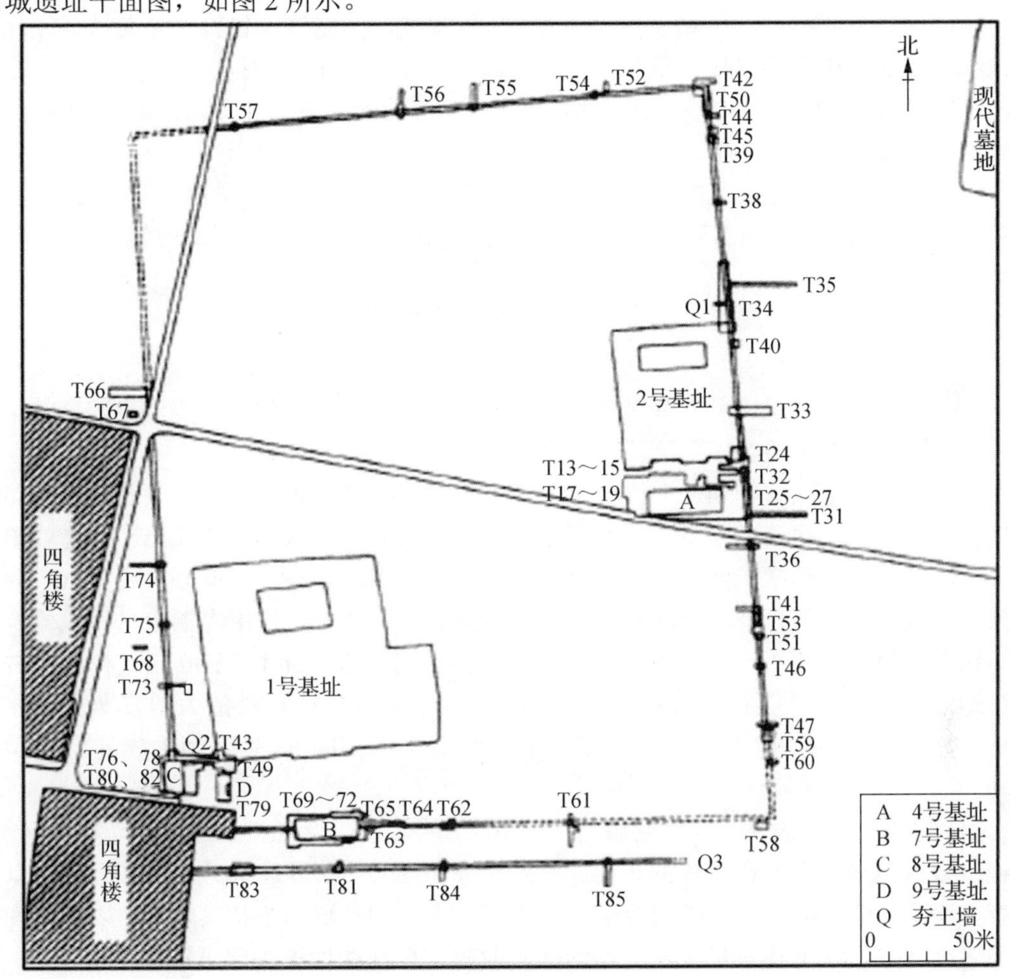

图 2　二里头宫城遗址平面图

资料来源：根据中国社会科学院考古研究所二里头工作队《河南偃师市二里头遗址宫城及宫殿区外围道路的勘察与发掘》图一，《考古》2004 年第 11 期，第 4 页。

二里头宫城内早、晚期可确认的三组大型宫殿基址群布局严整，它们分别以 3 号、1 号和 2 号基址为核心横向或纵向分布，基本上保持着统一的建筑方向，后两组更具有明确的中轴线。1 号、2 号、3 号基址结构相似，均由堂、庑、庭、墙、门等单体建筑组

① 中国社会科学院考古研究所二里头工作队：《二里头遗址宫殿区考古取得重要成果》，《中国社会科学院古代文明研究中心通讯》2003 年第 5 期，第 50-53 页。

合成类似于四合院的建筑单元并汇集于一座夯土台基之上，其形态特点是轴线分明、对称布局、主次分明、结构严谨，具备了高台建筑和坐北朝南的基本格局。而主体宫殿前的大型庭院广场，主要用于聚会，说明夏王朝的国家机器还较原始，带有较明显的氏族部落色彩，重大事件还需要通过群体集会的形式做出决策。

在宫殿布局方面，又可分为东、中、西三路建筑，东路主要有 3 号（早期）、2 号、4 号、6 号基址（晚期）；西路主要有 1 号、7 号基址，中路建筑目前仅见 5 号基址。三路宫殿布局的形成，不仅使二里头宫城内宫殿建筑集中，东西成排、南北成列，布局紧凑，也使在同列宫殿建筑中，形成前朝后寝、内朝外朝的功能与性质区分成为可能。1 号基址主体殿堂内部空间已经具有“前堂后室”，即“前朝后寝”的特征，不仅是祭祀祖先的场所，也是举行各种重大礼仪活动的场所，还是起居偃息之所；既有宫庙一体的性质，又有以庙为主的特点。而 2 号与 4 号则更明确地体现了当时夏王宫殿的内朝、外朝制度。

四　都城空间演变

从上述二里头遗址空间布局及主要建筑情况看，其都城空间是逐步建设起来的，大体可分为以下四个阶段。

第一阶段，城址草创期，大致相当于二里头文化一期。此阶段二里头遗址在自仰韶文化晚期至龙山文化若干小型聚落的基础上，发展成为该地区的中心城邑，在遗址的东部、东南部和南部形成了面积逾 100 万平方米的文化遗存，有了一些颇具“王气”的陶礼器，如大型三足皿、磨光黑陶圈足盘、高柄豆、薄胎鬶等，使用青铜工具和礼器，初步显现了该遗址不同于一般聚落的都邑文化内涵。据报道，20 世纪 90 年代初，考古学者在遗址北部的二里头村一带发现了两处被二期遗存叠压或打破的大型宫殿夯土建筑基址，发掘者推断其建造年代极可能属于二里头文化一期①，是否为太康的宫殿还未可知。

第二阶段，城址发展期，大致相当于二里头文化二期。此期文化遗存遍布整个区域，面积达数百万平方米。在遗址的东南部高地兴建了 3 号、5 号建筑，以及 5 号建筑以南的夯土建筑，作为都城最核心的内涵和决定性标志物的宫殿建筑初具规模，以宫殿为中心的道路网络系统也初步形成，又在这些宫殿建筑以南的地方兴建了铸铜作坊。

第三阶段，城址繁荣期，大致相当于二里头文化三期。此期在原 3 号、5 号基址上，新建了 2 号、4 号宫殿建筑，在其西南不远处，兴建了 1 号、7 号宫殿建筑，并在 1 号宫殿的西南建造了 8 号、9 号建筑。同时，在这些宫殿周围增筑了城墙，真正意义上的宫城至此形成。二里头遗址作为都城规模大备。

第四阶段，城址由盛转衰期，大致相当于二里头文化四期和二里岗文化下层早段。二里头文化四期时，宫城东部新建了 6 号宫殿，作为 2 号宫殿的补充，又在宫城东部增筑了庭院围墙，南部新建了一道夯土墙，在宫城南墙下新建了绿松石制造作坊。进入二

---

① 杜金鹏：《二里头早期大型建筑基址的发现及其意义》，《中国文物报》1993 年 2 月 28 日，第 3 版；杜金鹏：《夏商考古新的发现与思考》，《郑州大学学报》1994 年第 27 卷第 1 期，第 18-22 页。

里岗文化下层晚段，二里头遗址进入迅速衰败阶段，至二里岗文化上层早段，整个城址已沦为一般性聚落。

二里头遗址都城空间的演变过程及其阶段性特征，与夏王朝的历史发展密切相关，实质上正是其时社会发展在都城空间领域的集中反映。目前，考古学界多数学者赞成二里头文化是夏文化。二里头文化的绝对年代，依据 ^{14}C 测定并经树轮校正的年代数据，为公元前 2000～前 1600 年，这 400 年大致可分为四期，每期大致为 100 年①。四期文化内涵之间既一脉相承，又有所区别。二里头都城空间的发展演化是与此相适应的。据《帝王世纪》等文献记载和今人研究，二里头文化一期对应的大体上应是夏太康时期和后弈代夏的时代②，二里头二期至四期文化则是少康中兴以后的夏代中晚期文化。从夏朝社会发展看，少康以前属于奴隶制国家的草创阶段，自少康中兴以后，夏代奴隶制国家才真正建立起来。

考古发掘表明，二里头遗址一期的遗存面积并不大，文化堆积较薄，从而引起人们对此时都城地位的诸多质疑。实际上这种考古文化的表征，正是时代发展步调的必然反映。

众所周知，禹建立夏王朝，我国历史进入奴隶制国家文明时代。但此时的国家实际上仍处在草创阶段，其特点如《左传·哀公七年》云："禹会诸侯于涂山，执玉帛者万国。"可见这一国家的组织形态，其政体还受到前国家阶段部落联盟或酋邦政治的影响，国家组织形式及其相应的政治制度都在草创之中。就承担国家政治中心职责的都邑而言，也需要按照社会变革的形势，对原来作为部落联盟或酋邦管理中心的城堡式聚落加以改造，使之转化为奴隶制国家的政治中心——都城。也正因为如此，草创阶段的夏代都城不免仍带有旧聚落的残痕，城址规模不大，空间布局简单。从文献记载来看，夏初的都城建设经历了多次选择，其间，禹居阳城、阳翟，启居夏邑，太康才始居二里头，城址也从嵩山以南的颍河上游调整到嵩山以北的伊洛河下游，都城基本稳定下来，显示了草创时期都城建设的艰难与曲折。据许宏等的调查，位于洛阳盆地中东部的偃师地段，有龙山时代遗址 95 处，较大的遗址主要集中于伊河南岸和伊、洛河交汇处两河间的半岛状阶地。二里头遗址就是其中之一。从考古资料上看，早在仰韶文化晚期和龙山文化时期，二里头地区已经有若干聚落存在。它们分布在二里头遗址的南部，尤以沿古伊洛河北岸的近河台地一线最为丰富。太康及少康以前的夏统治者正是在此开始了夏都城的建设与改造。换言之，太康建都并非空地起城，而是对原有聚落的改造和发展，表明二里头夏都在本地的出现具有一定的继承性。这种情况与夏前期的都城大多是在原有聚落基础上发展而来的情况是一致的③。有关这段的情况，史籍无可查考，考古材料也较缺乏。但依据有限的相关文献和考古资料，仍可寻到一丝踪迹，这使我们相信，草创时期的二里头还是有所经营的。前述此期二里头遗存面积不大，文化堆积较薄，其实这只是与其后期文化遗存相比较而言的，若与同时代其他遗址相比，其规模和分布的程度已超

---

① 夏商周断代工程专家组编著：《夏商周断代工程 1996—2000 年阶段成果报告·简本》，北京：世界图书出版公司北京公司，2000 年，第 75-77 页。

② 程平山《夏代纪年考》认为，这一时期还包括启，合计时间为 119 年。据文献记载，启都并不在二里头一带，二里头始都于太康。去掉启，则这一时期的时间约为 110 年（载《中原文物》2004 年第 3 期，第 17-28 页）。

③ 马世之：《中国史前古城》，武汉：湖北教育出版社，2003 年，第 153 页。

过后者[①]。而前述近年在二里头村一带发现的可能为一期所建的两座大型宫殿基址，即其实例，只不过可能数量有限。这期间，又相继发生了“太康失国”“后弈代夏”“寒浞代夏”的政局变动。《左传》襄公四年，杜预注曰：“禹孙太康，淫放失国，夏人立其弟仲康。仲康亦微弱，仲康卒，子相立”，相迁居帝丘（今河南濮阳境内）。在多变的政治环境中，自然也会影响和打乱都城的正常建设。太康等因忙于对王权的争夺，而在原来聚落城址的基础上仅对城址稍加修筑，并没有来得及大兴土木，也是有可能的。而代夏政的后弈、寒浞荒淫无道，不修民事。史书说后弈“因夏民以代夏政”[②]，夏文化无所变革，可见二里头一期文化内部也不存在所谓的重大变迁。而后期城市建设打破或叠压前期的建筑基址，在二里头并不是个别现象，或许也是至今尚未发现更多的一期大型建筑基址的一个原因。二里头一期建筑虽然罕见，却不失为一代都城，其文化面貌和空间形式与前期相比已发生了质的变化，从而完成了由原来部落联盟或酋邦管理中心的城堡式聚落向奴隶制国家都城转化的历史使命，为日后二里头都城的全面兴盛奠定了基础。

按《帝王世纪》等的记载，太康在位 28 年，后弈、寒浞代夏（含仲康、帝相时期）的“无王”阶段为 82 年。此后，少康消灭寒浞，恢复夏朝，史称“少康中兴”。二里头文化二期年代大体对应的夏王朝便是从少康到帝泄的近百年。三期则大体包括帝不降到帝廑的百年。自“少康中兴”后，夏王朝的政权才得到巩固，奴隶制国家也方正式确立，二里头都城建设也从草创阶段走上逐步发展的正轨，都城规模日渐扩大，都城内涵日趋丰富，其空间格局呈现出了发展和繁荣状态。

据发掘者称，二里头二、三期都城建设格局既有连续性，也有不同，“既由一体化的多重院落布局演变为复数单体建筑纵向排列。同时二、三期的建筑基址又基本保持着统一的建筑方向和建筑规划轴线”。这“是否暗示着宫殿区内若干建筑基址的功能和性质，乃至宫殿区内的功能分区发生了变化”[①]。笔者认为，二里头文化是一个完整的具有阶段性的文化共同体，各期文化之间的连续性是居于主导地位的。上述变化，应是二里头文化本身阶段性的自然延续，只是由于时间的不同才产生一些新的特点。

3 号基址为一体化的多重院落布局，1 号、2 号、4 号、7 号、8 号等基址则是相对封闭的单体建筑，始建于三期的 2 号、4 号基址又叠压在 3 号基址之上，且 2 号、4 号、6 号基址呈纵向排列。从形制上看，其建筑格局显然在早晚之间发生了显著的变化。但是，三者的方向又是基本一致的。如 2 号基址东墙与西墙为 354°，以此为准，2 号基址的方向为 354°，即北偏西 6°。宫城东墙方向 174°，西墙方向 174.5°，以此为准，宫城的方向基本为 174°，亦即北偏西 6°，宫城的方向与 2 号基址的方向一致。城内四条大道及 3 号、4 号基址的方向也与 2 号基址大致相同。即使是在 2 号基址使用了一段时间后增建的 6 号基址，也与 2 号、4 号基址在方向上保持着一致，给人以一体化的感觉。因此，无论是以 3 号基址为主的早期建筑，还是 2 号、4 号、6 号基址等晚期建筑，它们在建筑方向上基本是一致的。另外，2 号基址与 4 号基址分开而言是单体的，若从整

① 许宏、陈国梁、赵海涛：《二里头遗址聚落形态的初步考察》，《考古》2004 年第 11 期，第 23-31 页。据该文介绍，二里头文化一期遗存的分布以嵩山为中心，集中见于其北的伊洛平原和其南的北汝河、颍河上游一带。迄今为止发现的遗址仅 20 处左右，除了二里头遗址外，规模均不大，无发现相对集中的遗址群。

② 杨伯峻编著：《春秋左传注》，北京：中华书局，1990 年，第 936 页。

体上看，二者同属一组，也是一体化的，只不过是一体化的多重单体建筑组合。可见，二里头宫城建筑群尽管在时间上由一体化多重院落格局布局演变为一体化多重单体建筑组合布局，但其一体化多重建筑体规划布局的内在建筑思想意识仍是一脉相承的。

要之，二、三期都城建设格局的变化，一方面是因为自“少康中兴”以后，夏王朝的社会经济不断发展，国家政治制度日趋完善，都城的作用也越来越大，此时不仅都城内涵日益充实，规模也很可观，在这种形势下，二期所建设的都城空间构造已不大适合新的形势，因此客观上需要对原来的都城空间结构作必要的调整，以充分体现都城政治中心的性质。回顾二里头三期的建设情况，不难看出三期建设不仅与二期有着明显的继承关系，而且有新的调整和建设。其中最明显的便是采取宫城结构形式，突出和强化大型宫殿的中心地位，形成以宫城为中心的全都城的集中功能聚结焦点，以及以大型中心宫殿为中心的全宫城的集中功能聚结焦点。另一方面，这也应与受到外来文化的强烈影响有关。就二里头文化诸期的变异情况看，二期所含的东方文化因素和三、四期中出现并逐渐增多的北方文化因素，即先商文化因素，都是颇为引人注目的。前者显然与夷夏之间长期的频繁冲突或交往有关。特别是太康至少康数十年颠沛流离并长期流亡于东方地区，而少康重整夏朝，从东方返回夏人故地二里头时，又必然会将其长期接受的东方文化习俗带到伊洛地区，并在二里头文化中有所反映。而后者与商文化对夏文化的长期渗透有关。据考古资料，商人早在龙山文化晚期就已聚居在豫北地区，其后随着其势力的逐渐强大而形成与夏的对峙局面，对夏文化产生影响。二里头三期中的“某些建筑基址内罕见或基本不见与日常生活相关的遗迹的现象，与偃师商城宫殿区的情况颇为相似”①，即应是这种影响的表现。

自夏第 14 位君王孔甲至夏桀，夏进入晚期，与此对应的是二里头文化四期。“二里头文化四期尤其是其偏晚阶段，正值一般认为的夏商王朝更替的关键时期”，考古发掘表明，“二里头遗址在这一时期尚在发挥着重要的作用”②。其宫城仍在使用中，其繁荣程度并不逊色于三期，在若干方面甚至较三期有所发展。由此，二里头都城真的衰败甚至废弃于二里头文化四期吗？它最终是毁于敌手吗？作为都城的二里头的下限究竟在何时？二里头作为重要都邑，是否与初建期的偃师商城并存过一段时间？这一系列的问题引起了人们的关注。笔者认为，就现有考古材料来看，还难以对此做出圆满的回答。但若结合相关文献的记载似又可为解答这些问题提供某些线索。

《尚书·汤誓》云：“汤既胜夏，欲迁其社，不可。作《夏社》。”《史记·殷本纪》中也有类似的记载。今本《竹书纪年》亦云：“汤十八年癸亥王即位居亳，始屋夏社。”“社”象征国土，也体现着君主对土地的所有权。“夏社”即夏人在国都所建的奉祀土地神灵的场所。该场所是设坛露天祭礼的，本无屋。上述文字是说成汤灭夏后保存夏社，使之不绝其祀；汤进驻夏都，原打算迁走夏社，另建商社，后因故未迁，而在夏社上建屋覆盖，以示国土易主。这种社即后世所说的“胜国之社”。

---

① 许宏、陈国梁、赵海涛：《二里头遗址聚落形态的初步考察》，《考古》2004 年第 11 期，第 23-31 页。

② 中国社会科学院考古研究所二里头工作队：《河南偃师市二里头遗址宫城及宫殿区外围道路的勘察与发掘》，《考古》2004 年第 11 期，第 3-13 页。

由此观之，似可见成汤在灭夏后确曾居夏桀之都，在此处理政务大事，并将此地称为“亳”。又《逸周书·殷祝》云，成汤胜桀后，桀曾三次禅让君主位于成汤，成汤也三让才受君位，得夏之国，建立商朝。成汤以武力胜桀，夏商间不存在禅让之事。言夏桀让国于成汤，自是粉饰。但既说禅让，当然成汤之都城应在夏桀故都才是。成汤居夏故都是短暂的，很可能是成汤在西亳建成前的临时举措。所以，在二里头文化四期晚段的文化面貌还是以夏文化为主。偃尸乡沟商都落成，即迁居新都。《吕氏春秋·慎大篇》是较早记载成汤建都夏都之地的文献。“汤立为天子，夏民大说，如得慈亲，朝不易位，农不去畴，商不变肆，亲郼如夏。此之谓至公，此之谓至安，此之谓至信。”这是说，由于成汤建都在夏都之地，并未更易夏朝的位置，农夫们因此不需要离开自己的田地，商贾们也因此不用改换市场交易的地点，“夏民大说，如得慈亲”。《吕氏春秋》成书于战国末年，并是焚书之前成书的，因此，其所说的情况应是可信的。这恰好与考古发掘所反映的二里头文化偏晚阶段的情况是相合的。由此可见，考古资料和文献记载都说明了二里头作为重要都邑，与初建期的偃师商城确曾并存过一段时间，它的衰落应是从二里岗文化下层晚段开始的，随着商都西亳逐步兴盛至二里岗文化上层早段而逐步衰落的。

五　都城空间特征

综上所述，可知二里头遗址作为夏都斟鄩，其空间结构具有如下特点。

1）二里头遗址坐落在伊河与洛河交汇的夹角地带，地处古洛河北岸的台地上，地势较周围略高。这里是夏民族活动与兴邦的中心地区，环境优越、交通方便，既有舟楫之利，又易于供水排水，而且周围形势险固。说明二里头的选址是经过周密考虑的。

2）二里头遗址建在原始聚落之上。在建都前，当地已经有人居住，并形成了一定规模的聚落，有较丰厚的文化遗存。新城是在此基础上经改造、调整发展而来的。

3）二里头遗址的都城布局经过统一规划，其规划采取了按功能分区的结构方法。大体上可划分为宫殿区（宫城）、祭祀活动区、作坊区、贵族聚居区和一般居住活动区几大区域。其中，宫城位于都城的东南部；祭祀活动区位于宫城的北部和西北部；作坊区按照种类不同布局；贵族聚居区环绕宫城周围；一般居住活动区则位于宫城的西部和北部区域。宫城内的大型宫殿建筑和中心区道路也都有统一的方向，方向为南北向略偏东，显现出极强的规划性。凡此皆说明，我国都城在二里头时期已基本形成。作为我国迄今发现的最早的都城，二里头都城属于“单一城”制即单一宫城形态的都城，宫城是一种“非城郭形态”的宫城。

4）三期兴建的宫城是迄今为止可以确认的我国最早的宫城建制，形制呈纵长方形。它将原来分散的、独门独院式的宫室建筑集中布置，并筑城环卫，以“城”的特殊形态构成整个都城的中心区。在这里，“宫”的概念，已不再是指狭义的局促的单体建筑，而是指广义的宫室建筑群。其中，包括朝、寝、宗庙乃至其他相关的附属建筑物。城墙的价值，也不仅仅是军事性的，它的存在强调了把“君”的专有空间与其他空间进行明确区分的要求，体现出王居之尊；同时又将宫城置于都城东部，地处全城的微高地上，从规划位置上体现宫城的主体地位，其余各区均围绕它布置，城市道路网络也依此展布，更加强化了宫城对整个都城空间构造的核心地位和控制作用，反映出王权至高无上的地位。

5）二里头宫城具有多宫城性质。二里头宫城内有大小宫殿基址数十处，其内部布局有如下特点：第一，基址分布呈成群成组状，分布较为集中，大体居中。早期有3号和5号一组，晚期有1号和7号、2号和4号两组，其他基址则分别围绕上述各组，构成成组多重建筑组合。而每一种建筑都是一个建筑单元，每组主体建筑各为一座大殿，各具中轴线，各自围以围墙，形成独立的封闭式建筑。二里头宫城就是由这些宫庙基址构成且四周围以宫墙的“卫君”之城。第二，这些基址从功能和作用上，可以分为两类，一类是宫廷建筑，另一类是宗庙建筑。从1号和2号基址看，前者被判定为宫殿建筑，位于宫城的西南部，后者被认为是宗庙建筑，位在宫城的东北部，从绝对位置来看，似已有了宫、庙分离。但二者相距仅150余米，说明此时的宫庙分离，与后世还有较大的差别。比较1号和2号基址可以发现，二者整体规模、布局、结构近同，但后者比前者更规整、严密，封闭性更强。可见此时宫庙差别不大，宫室建筑基本上是宫庙一体的。但二者的差别也透露出后者作为宗庙建筑，其地位似乎比1号更为重要。这表明，在宫庙不分的一体制下，庙的地位稍高。中国古代有“凡立宫室，宗庙为先”的说法。《墨子·明鬼篇》中有“昔者虞、夏、商、周三代之圣王，其始建国营都日，必择国之正坛，置以为宗庙”。《礼记·曲礼》中云：“君子将营宫室，宗庙为先，厩库次之，居室为后。”《荀子》亦说：“寝不逾庙。”从二里头宫城的情况来看，此制度很可能是从夏时即已初露端倪。这表明，夏王朝的国家政权，已经是一个族权和政权牢固结合的政体。第三，在宫殿布局中已经有了“前朝后寝”和“内朝外朝”制度。从考古发掘中可以看出，1号宫殿的基本格局是，帝王朝会在前，生活起居在后，“前朝后寝”体现在一座大堂内，即建筑形制上的“前堂后室”。而2号和4号宫殿之间则体现了当时夏王宫殿的内、外朝制度。延续了3000多年的中国古代宫殿建筑规划中的“前朝后寝”和“内朝外朝”规制，是发端于二里头遗址的。

6）纵横交错的道路网以宫城为中心，按照“井”字形，环绕这一中心来布置。二里头中心区道路网以宫城为交汇中心，它也应是全城道路网的轴线，并通往城外，与外界道路相连通。宫城城墙是依原来道路的内侧修建的，宫城建成后，原来的大路实际被分隔成了宫城内外两条道路，一条是以宫城为中心通向全城的主干道，另一条则是宫城内顺城的宫内环行道路。这样的道路形制尽管与后世所谓的“九经九纬，经涂九轨，环涂七轨”道路制度不同，但其“井”字形的道路网、以宫城为中心的结构、南北和东西主干道的确立及道路分级等做法，显然已显露出后世都城道路制度的雏形。以后的“九经九纬”和我国古代都城以内的棋盘式道路，都应是在这种“井”字形道路的基础上发展起来的。

总之，考古发掘显示，二里头遗址是我国古代最早的具有明确规划的都城，其规划缜密、布局严整，开中国古代都城规划制度的先河，后世都城营建制度的许多方面可以追溯至二里头。二里头宫城可以看作中国古代宫城的祖源，此后的中国古代宫城连续演进，在明清时期营建的北京紫禁城达到了顶点。

偃师二里头遗址市场蠡测

一　我国古代史籍有关市起源的记载

市是进行买卖交易的场所，这在史籍中有明确记载。《说文》中有“市，买卖所之也”。《太平御览》卷191引作：“市，买卖之所也。”《管子·问》中有“市者，天地之财具也，而万人之所和而利也”。尹知章注：“和，谓交易也，万人因市易而得利。”《孟子·公孙丑下》中有“古之为市也，以其所有，以其所无者，有司者治之耳”。《汉书·货殖列传》颜师古注：“市，交易之处。”《周礼·司市》郑玄注：“市，杂聚之处。”又说：“市者，人之所交利而行刑之处，君子无故不游观焉。”

市的起源甚早。在我国古代典籍中，有许多关于市起源的记载，或谓神农之世已经有市，或谓黄帝设市，或云祝融作市，总之，市在古代出现的时间很早，远在原始社会末期就已经存在。有关这一时期市的状况，古籍中也残留有弥足珍贵的记述。《周易·系辞下》说，神农之时，“日中为市，致天下之民，聚天下之货，交易而退，各得其所”，说明当时的交易已有了一定的时间和固定的场所，参加交易的人和进行交换的物品已很广泛，交换已经趋于比较经常化和固定化。黄帝之世，《淮南子·览冥训》说，此时社会，“道不拾遗，市不豫贾，城郭不关，邑无盗贼，鄙旅之人相让以财。”所谓“市不豫贾”，即没有讨价还价，反映了黄帝之时市场交易的自然状态。《文子·精诚》亦有内容相同的记载。《路史·仡疏记·黄帝》也说：“五置而有市，市有馆，以俟朝聘之需。”班固《东都赋》云：“分州土，立市朝，作舟舆，造器械，斯乃轩辕氏之所以开帝功也。”尧之世，《淮南子·齐俗训》追述说，尧治天下时，“其导万民也，水处者渔，山处者木，谷处者牧，陆处者农。地宜其事，事宜其械，械宜其用，用宜其人。泽皋织网，陵阪耕田，得以所有易其所无，以所工易所拙”。显然从中可以窥出部落之间交换的史影。而舜之世，据《史记·五帝本纪》载，舜“作什器于寿丘，就时于负夏”。“就时”意即根据市场行情的变化，乘时逐利，贩运贸易。《尸子》更明言舜“顿丘买贵，于是贩于顿丘；传虚卖贱，于是债与传虚”。反映出市中已出现媒介交易的商人。这也为其他一些文献记载所佐证。《古史考》说“黄帝作车，引重致远。少昊时略加牛，禹时奚仲加马”。《周易·系辞下》说，上古时“刳木为舟，剡木为楫，舟楫之利。以济不通，致远以利天下”。

至于古代最早市场起始的具体地点，古人也有一些推测。《管子·小匡》中有“处商必就市井。”《史记·平准书》正义：“古人未有市，（及井）若朝聚井汲水，便将货物于井边货卖，故言市井也。”《汉书·货殖列传》：“商相与语财利于市井。”[①]颜师古注：“凡言市井者，市交易之处，井共汲之所，故总而言之也。”在这里，“井”与“市”具有相

①（汉）班固：《汉书》卷91《货殖传》，北京：中华书局，1962年，第3679页。

同的含义。“市”与“井”组成一个专有词汇，用以指早期的集市场所。类似记载还见于《后汉书·循吏传》注引《春秋井田记》和《太平御览·风俗通》。而据阿波研究，早在商代，人们已经将“市井”视为“市场”的同义词[①]。

井的出现，在我国同样古老。《太平御览·周书》：“黄帝始穿井。”《说文解字》：“八家一井，古者伯益初作井。”新石器时代的锉李和邯郸涧沟文化遗址中，也均发现有井。古代民居聚落的形成往往以水井为前提，许多聚落是以水井为中心逐渐汇聚而成的，至今考古学家还依此推定聚落的形成与发展。因此，水井是聚落的重要标志，以井台所构成的节点空间，常常成为聚落构成的次中心，起着影响聚落形态的作用。据此推之，远古之时货物交易场所往往与井关涉也未必不可能。但由此推定的最早的市并未设在城内，而是置于村外道旁或井旁，是边境贸易，显然也未必确凿。尤其是，在中国古代典籍中，“市”的出现几乎与“城”同步。

史乘记载，神农之世已经有城，或谓黄帝始筑城邑，或认为鲧或禹始作城郭。现今考古发现的史前城址，大体上就反映了从黄帝时期到鲧禹之世筑邑造城的史实。中国史前城址大多脱胎于远古村落，它是人们对自身生产和生活场所的自主选择，作为聚落形态分化的结果和高级形式，城内聚集了更多的人口，城市水源除了使用自然河流外，城内居民饮水、灌溉等仍然依赖于水井。已经有学者指出，龙山时代大量城址的出现与凿井技术的普及不无关系。至夏商时期，水井已是最常见的供水设施，不仅见于夏商城址，而且在一般遗址中有普遍发现，但尤以人口密集的城址内最为集中。二里头遗址发现的水井几乎全为方形或长方形，井壁设对称的两行脚窝，有的还有井台。郑州商城发现的水井，据研究，可分为两大类五个类型[②]。这种城内水井广布的状况，直到近代自来水技术引进后才得以改变。因此，如果我们承认远古时期货物交易场所往往与井关涉，那么，也就不能排除在史前城址中存在货物交易场所的可能性。

市场的发展是与社会生产力的发展同步而行的。从人类历史发展的进程来看，早期的产品交换活动是偶然的、零散的，人们的交换行为具有很大的随意性，还没有形成固定的集市贸易场所。当手工业从农业中分离出来以后，就出现了以交换为目的的社会生产，商品交换的规模和范围随之扩大。日益频繁的商品交换活动为集市贸易场所的产生奠定了基础，我国古代史籍中关于市起源的记载，便反映出社会对市场的需求及远古时期市的概貌。从这些记载，我们可以推知，我国在原始社会后期市就已经出现市，市场交易已有了一定的时间和固定的场所。其最早地点除了井旁交易外，还有，可能在部落间边境及在人们居住的早期“城”内。

市的发展，从一开始就不是一帆风顺的。《古史考》说“神农作市，高阳氏衰，市官不修，祝融修市”，这反映出远在神农、高阳氏、祝融之时，市就历经从有序到无序、又复有序的历史变迁。又据《尸子》载，尧时“宫中三市，而尧鹑居，珍羞百种，而尧粝饭菜粥”。有宫必有城，从“宫中三市”可以看出，此时城中已设有为氏族贵族服务的宫市，表明此时的市正处于向文明国家过渡的前夜。

---

① 阿波：《“市井”的起源兼释“市”》，《文史杂志》1994 年第 4 期，第 36-37 页。

② 张应桥：《试论夏商城市水利设施及其功能》，《华夏考古》2006 年第 1 期，第 41-47 页。

二　偃师二里头遗址市场管窥

尽管我国古代有许多关于市的起源的记载，但始终缺乏当时“市”的实证。夏、商的市由于时代久远，史料阙如，详情已不可考。因此，有关我国古代最早在都城（城市）中设立的市场，即行政设市，学界一般推定为始于西周的丰镐[①]。宋镇豪根据《周易·系辞》所云：“列尘于国，日中为市，致天下之民，聚天下之货，交易而退，各得其所”等资料，推测夏商之际，城区内的市场大概已经有了比较固定的集中地点，市开始成为统治者生活服务的附属场所[②]。

考古学上发现的最早的市场遗迹，显然比上述推断要早许多。根据近些年来的考古发现，早在 5500 年前，位于长江中游巢湖流域的安徽含山凌家滩遗址已经出现了“集市”等许多有价值的城市元素。“这里既有大型宫殿、神庙等标志性建筑遗迹布局整齐的房屋、墓地，又有护城壕沟、手工业作坊、集市和大批礼器，所以当之无愧是一座城市。”[③]凌家滩遗址“集市”的具体形态还有待于进一步地考古揭示，严格来讲，它还算不上真正意义上的“市”。但它的发现，告诉我们，我国古代市场的出现很有可能比我们现有的认识要早一些。

我国古代最早在都城（城市）中设立的市场，究竟始于何时？偃师二里头遗址近来的考古发现，又为我们提供了新的线索，有迹象表明，二里头都城内或许已经出现了比较固定的市场。

据考古报告[④]，在 1 号基址的东北部有一向内凹进的角，东西宽 20.8 米，南北长 47.8 米，面积约 1000 平方米。这一向内凹进的角严重影响了一号基址的形态，导致 1 号基址东南隅稍凸出，东北隅则稍凹进，其平面不是一个规整的方形。这在二里头遗址发现的众多大型夯土基址中显得颇为特别，引起人们的关注。这个面积达 1000 平方米的“角”究竟是怎样形成的？又究竟有什么特别用途？近来有学者对其勘察后，认为这一区域应是一个广场[⑤]。1 号基址殿堂前的中庭是一个平坦广阔的庭院广场，它占地 5000 平方米，可聚集万人以上，适合颁政布令。在基址之外另设一个相当规模的广场，似乎不大合乎情理。因此，要回答这一问题，还是应联系 1 号基址本身的布局状况。

1 号基址位于宫城的西南部，坐北朝南，以太阳定向，南面为尊，平面基本呈方形而东南隅稍凸出，东西长约 108 米，南北长约 100 米，占地面积约 1.1 万平方米，包括主体殿堂、四周围墙和廊庑、门屋、庭院、大门及排水设施和祭祀坑等。正殿面开八间，进深三间，宜于王者居住、治事、宴飨或举行祀典。南大门之东、西两塾，可供武装卫士守卫之用，起着门卫房的作用。1 号基址被学者普遍认定为夏后氏宫廷建筑之一组，

---

① 赖琼：《唐代以前都城市场的布局与管理探究》，《江西社会科学》2002 年第 5 期，第 66-69 页。

② 宋镇豪：《中国古代“集中市制”及有关方面的考察》，《考古》1990 年第 1 期，第 39-46 页。

③ 周剑虹、孙晓胜：《凌家滩：聚焦中国最早的城市》，《记者观察》2002 年第 10 期，第 19-21 页。

④ 中国社会科学院考古研究所编著：《偃师二里头（1959—1978 年考古发掘报告）》，北京：中国大百科全书出版社，1999 年，第 138 页。

⑤ 许宏、陈国梁、赵海涛：《二里头遗址聚落形态的初步考察》，《考古》2004 年第 11 期，第 23-31 页。

即宫室之类的建筑，是夏王朝最高统治者生活的禁内和行政中心[①]。1号基址外围的廊庑建筑，西侧是朝向院落开放的单廊，其余面则为内外两面的复廊，在东廊北段连接有庖厨建筑，即后世所说的“东厨”。东北角，朝东、朝北各有一个后门，即后世所称的“闱门”[②]。设置“闱门”的目的，主要是供王室妇人出入使用之便。据考古发掘，1号基址的东北部，1000平方米的“广场”下面有较厚的二里头时期的垫土，垫土特征大体一致，质地纯净，厚0.3～0.5米，其下为生土。个别探孔还见有残存的路土。说明该“广场”曾是一个人员较为聚集的场所。此地紧靠宫殿“闱门”，邻近宫城外围垂直相交的道路网。说明开“闱门”的目的指向在 “广场”。夏王室妇人由“闱门”出入，进入“广场”，显然不应是出于游玩，或通过此地而前往其他宫殿建筑设施，因为那样，既失去了开“闱门”的意义，也没必要不惜改变1号宫殿基址形制，而特留出东北角空旷场地。这表明开“闱门”、置“广场”应另有其他用途。联系古代有关王后立市的说法，或可认为1号基址东北部，那个1000平方米的“广场”，即是夏都市场宫市所在。其东北角开设的两个“闱门”，或许正是为了供夏王室妇人由宫殿出入市场方便。夏人建筑朝向以东南为尊位，在1号基址的东北隅设置市场（图1），亦符合夏人有关建筑朝向的习惯。

古代很早就有王主管政务，而王后主管市场建设的说法。据《周礼·天官》，西周宫廷事务官系统设有“内宰”之职，其职责是“凡建国，佐后立市，设其次，置其叙，正其肆，陈其货贿，出其度、量、淳、制，祭之以阴礼。”注云：“市朝者，君所以建国也。建国者必面朝后市，王立朝而后立市，阴阳相成之意。”[③]“后”指王后，就是说在兴建国都的时候，“内宰”要辅佐王后主持国都内市场的建设。当然，王后只是名义上的市场建造者和最高负责人。但这也说明，市场的建设和管理得到了最高统治阶层的关注。内宰在西周金文中作“宰”。“宰”在甲骨文中已出现，在西周金文中出现有13次之多。从蔡簋铭文看到，“宰”的职责是“司王家”，“出入姜氏（后）命”。西周晚期的颂鼎铭文曰：隹（唯）三年五月既死霸甲戌，王才（在）周康卲（昭）宫……王乎（呼）史虢生册令（命）颂。王曰：‘颂，令（命）女（汝）官司成周贮廿家，监司新寤（造），贮用宫御。’”[④]共王册命史颂管理成周洛邑的贾人20家，并监督管理新造产品。“宫御”即宫中治事之官。《诗·大雅·嵩高》云“王命傅御”，《毛传》中有“御，治事之官也”。“贮用宫御”，即买来供宫中治事之官使用。由此鼎铭，可知西周都城内的贾人要在周王朝的官员管理之下从事商业活动，周王宫中有些日常用品也要到市场上去买。而在宫中设置市场，对于采购宫中用品，显然更方便些。这里说的虽然是西周的情况，但“殷因于夏礼，所损益，可知也；周因于殷礼，所损益，可知也”[⑤]。由此观之，古代都城内

① 杨鸿勋：《宫殿考古通论》，北京：紫禁城出版社，2001年，第33页；北京大学历史系考古教研室商周组：《商周考古》，北京：文物出版社，1979年，第27页；杨育彬、袁广阔：《20世纪河南考古发现与研究》，郑州：中州古籍出版社，1997年，第304页。

② 杨鸿勋：《宫殿考古通论》，北京：紫禁城出版社，2001年，第35页。

③（汉）郑玄注，（唐）贾公彦疏：《周礼注疏》卷7《内宰》，《十三经注疏》，北京：北京大学出版社，2000年，第216页。

④ 陈佩芬：《夏商周青铜器研究·西周篇》（下），上海：上海古籍出版社，2004年，第411页。

⑤（魏）何晏集解，（宋）邢昺疏：《论语注疏》卷2《为政》，《十三经注疏》，北京：北京大学出版社，2000年，第25、26页。

早期的“市”当是秉承后命建立的，其性质是为统治者生活服务的附属场所，具有宫市性质。

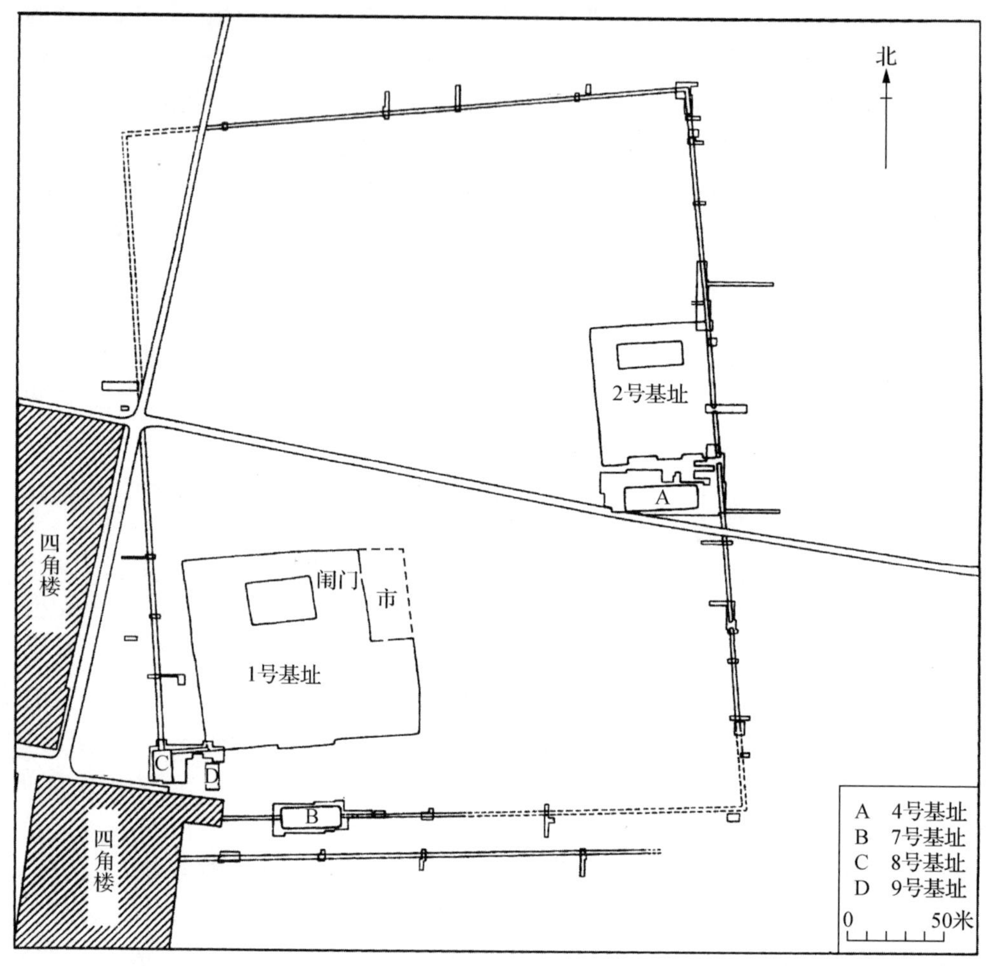

图1　二里头都城“市”位置示意图

资料来源：根据中国社会科学院考古研究所二里头工作队《河南偃师市二里头遗址宫城及宫殿区外围道路的勘察与发掘》，《考古》2004年第11期，第4页图一改绘。

历史上在宫中设置市场，并非二里头都城孤例。据前揭《尸子》文，早在尧时已有“宫中三市”的说法。其后，文献中最有名的便是汉灵帝和西晋太子司马遹时设立的宫市。《后汉书·孝灵帝纪》云：“帝作列肆于后宫，使诸采女贩卖，更相盗窃争斗。帝着商贾服，饮宴为乐。”《晋书·愍怀太子传》记太子司马遹“于宫中为市，使人屠酤，手揣斤两，轻重不差”。汉灵帝所设“宫市”，属于游乐性质，无经济意义。司马遹所开“宫市”，交易对象面向社会，以营利为目的，具有经济交易性质。由于市场的公众性，宫中开设市场，自然会引起宫城安全方面的考虑。但文献中缺乏司马遹“宫市”的更详细记载，我们无从对此进行考察。但“宫市”期间相应的安全防范，应该是会有的。

二里头夏都是我国最早的都城，以宫城为中心，周围分别分布着作坊区、贵族聚居区、一般居住活动区和祭祀活动区等。除宫城外，罕见其他大型建筑物，经济还十分不活跃，市场自然也不会有太多的交易内容和交易对象。作为夏王朝的政治军事统治中心，将市场布置在宫城内，一方面，说明这种市场主要为统治者生活服务，受统治者的直接控制，目的是便于敛财、聚财。另一方面，这样的市场设置说明其本身交易内容和交易对象是有限的，出于宫城安全的考虑，统治者也会采取某些措施，不使其发展太大，入市人员过多。而当时市场的位置也许还具有一定的临时性。

二里头遗址出土文物和相关文献也间接证明了二里头都城确有市场存在。二里头遗址地下普遍堆积有2～3米厚的二里头文化层，自下而上分为四期。遗址中部为宫殿区，南部有冶铸青铜器遗址，发现坩锅碎片、陶范、铜渣、木炭灰和浇铸青铜的操作面，文化层堆积很厚，分布范围较大，非经较长时期历史沉积实无可能如此。西北部发现有陶窑，这里可能是制陶作坊区。北部和东部有废骨料坑、骨制半成品、骨料和磨石等，有可能是制骨作坊区。本遗址还发现大量石器、蚌器和一部分玉器、漆器、酒器等，当时至少包括冶铸、制玉、制石、制骨、制蚌、制陶、漆木、酿酒和建筑等手工业。有了农业和手工业的大分工，必然要产生交换与贸易。二里头遗址发现海贝和仿此制作的石贝、蚌贝和骨蚌，当是交换和贸易的媒介物。二里头遗址发现的玉器、绿松石等物，也均非本地所产，应该是通过交换和贸易得来的。《说文》释贝："古者货贝而宝龟，周而有泉。"甲骨文中不少与财富有关的字也都从贝。《周易·益六》中有"或益之十朋之龟"，表示贝充当了价值尺度。有学者推测，夏代已将贝作为货币使用，当时称为"玄贝"①。《世本》《山海经》《左传》《荀子》《吕氏春秋》等都有"奚仲造车"的传说。二里头宫城外围道路网路土上也发现时代属于二里头二期的双轮车车辙。在这种交通运输条件下，商品流通便利，贩运贸易地域扩大，都城中设市应是自然而然的事。《考工记》中载"夏后氏上匠""百工居市"，似乎反映了上述的史实。

提及夏桀的残暴，论者多引《管子·轻重甲》中的一段话：夏桀"弛牝虎于市，以观其惊骇"。夏桀把虎放在市中，以观赏人们惊骇的情景。但透过这段文字，也说明夏桀都城中确有市场，市场的发展已经受到统治者的行政干预。古本《竹书纪年》云："太康居斟鄩，羿亦居之，桀又居之。"夏桀之都斟鄩即二里头遗址。1号基址建于二里头文化二、三期之交，一直延续使用至二里头文化四期晚段，可见，市场设置在二里头都城直至夏末依然存在。类似的记载还可举出几条。据《逸周书·殷祝》记载，成汤在灭夏时，"士名闻汤在野，皆委货扶老携幼奔，国中虚"。"国"为都城，"委货"意为扔掉商品。这说明，在夏末都城中已有了做买卖的商人。《吕氏春秋·慎大》亦云："汤立为天子，夏民大说，如得慈亲，朝不易位，农不去畴，商不变肆，亲如夏。此之谓至公，此之谓至安，此之谓至信。"这是说，成汤建都在夏都之地，未更易其位置，农夫因此不需要离开自己的田地，商贾也因此不用改换市场交易的地点，夏遗民因此而拥戴成汤。《吕氏春秋》成书于战国末年，并且是焚书之前成书的，因此，其所说的情况应是可信的。这段史料同样证明了二里头都城内确有市场。当然，鉴于发掘资料所限，上述所论还仅仅是一种猜测，正确与否，还有待今后考古研究的验证。

---

① 吴慧：《中国商业通史》第1卷，北京：中国财政经济出版社，2004年，第41、42页。

三　余　论

中国城市肇始于何时，学术界的认识颇不一致。我国虽然在史前时期已经形成了“早期城市”，但“城市”的称呼直到战国时期才出现。《韩非子·爱臣》云：“大臣之禄虽大，不得藉威城市；党与虽众，不得臣士卒。”《战国策·赵策》中，韩国上党党守冯亭使使者对赵王说：“今有城市之邑七十，愿拜内之于王，唯王才之。”在此之前，“城”和“市”是彼此分开、互相独立的两个不同的概念，并没有将二者联系在一起的“城市”的概念。一些学者从“城市”是“城”与“市”的复合体出发，主张我国城市直到春秋后期，甚至秦汉时期才出现。二里头夏都市场的推定，表明我国古代都城自形成开始，便有城有市，而非有城无市。尽管这一时期都城市场的规模还较小，市场交易的数量和种类也不会太大、太多，市场还属于宫市性质，经济功能还远不是都城的主要功能，但它的存在，毕竟说明古代都城自形成开始，就已摆脱了史前古城那样仅仅是军事堡垒的格局，既具有政治军事中心的性质，也具有商业经济性质，表明都城与“市”的结合已萌芽。

西周的都城制度与洛邑成周的都城地位

西周初期营建洛邑成周，先秦古籍每每有记载，尤其是《尚书》中的《康诰》《召诰》《洛诰》《多士》等篇，以及《逸周书》等，记载得十分简明、清楚，学者一般都没有异议。然而，尽管学界普遍同意洛邑成周具有都城性质，却对洛邑成周都城性质的具体内涵没有达成一致的分析和认识。特别是1965年在陕西省宝鸡县（今宝鸡市陈仓区）出土的何尊铭文中的“惟王初迁宅于成周”一语如同击水之石，再次引出了成王是否迁都洛邑的争讼。比较有影响的是“迁都”和“营洛”两说[①]。主张“迁都”说的学者认为，成王时就把都城从丰镐迁到了洛邑成周，并非至平王时始行东迁。由此成王时成周已成为正式的国都或京师。主张“营洛”说的学者，则认为没有迁都洛邑成周事，洛邑成周在西周二百多年间只处于陪都的地位。诸说之外，日本学者伊藤道治认为，周都过洛邑，后还都宗周[②]，这一说法，大致与司马迁观点相同[③]，似可归纳为“迁都还都”说。

笔者在研读有关文献并分析诸家观点的过程中逐渐认识到，各家观点固然有其分析的依据和言之成理的逻辑，但是，上述大多数观点没有将西周初期营建洛邑成周及成王“迁宅”这一现象上升为制度的认识逻辑，而拘泥于现象本身，难免片面。如果系统地分析相关的文献材料和考古发现并加以综合考察，西周初期营建洛邑成周及成王“迁宅”，并不是一个孤立的现象，只有从西周王朝实行的都城制度认识这一现象，才能得出比较令人信服的结论。

笔者认为，西周实行的是一国三都并存并重制度，周王有时在洛邑成周，有时在宗周丰镐或岐周。三都并存、并重，三者只有功能结构上的差异，不存在地位上的主次差别。这种多都并存、并重都城制度的建立，主要是从战略发展因素、地理环境作用和“天命”思想诸方面考量的结果。兹申论之。

---

① 唐兰释迁为迁都，认为成王时“确实已经把成周定为正式的国都了”（《何尊铭文解释》，《文物》1976年第1期，第61-63页）。陈昌远也持同一观点，认为“唯五祀”迁都之后，洛邑成周成为京师（《有关何尊的几个问题》，《中原文物》1982年第2期，第54-59页）。马承源则认为“迁”是营造，垫土造成周，就是营造洛邑，而不是东迁洛邑（《何尊铭文初释》，《文物》1976年第1期，第64-66页）。张政烺释“迁”为“相宅”，相量、勘探地址（《何尊铭文解释补遗》，《文物》1976年第1期，第66-67页）。杨宽则读此句为“惟王初迁，宅于成周”，迁是践祚、初登王位，没有迁都成周或还都宗周的事（《释何尊铭文兼论周开国年代》，《文物》1983年第6期，第53-57页）。他还说，西周“在原来的洛邑建设成周，这是对商代别都制度的重要发展”（《中国古代都城制度史研究》，上海：上海人民出版社，2003年，第44页）。金景芳说：“周公营成周为东都，但后来并未迁都成周，直至幽王时”，“周的国都仍然是镐”（《中国奴隶社会史》，上海：上海人民出版社，1983年，第125页）。李学勤的见解与此相同，他说，成周“在西周二百多年间只处于陪都的地位，历代周王从未长居于此”，“成王时成周仅为周朝的东都，也就是东方的陪都”（《何尊新释》，《中原文物》1981年第1期，第35-39，45页）。

② 伊藤道治：《周原出土金文和西周王朝的历史意义》，考古学研究编委会：《考古学研究——纪念陕西省考古研究所成立三十周年》，西安：三秦出版杜，1993年，第34页。

③《史记》卷4《周本纪》：“太史公曰：学者皆称周伐纣，居洛邑，综其实不然。武王营之，成王使召公卜居，居九鼎焉，而周复都丰、镐。”

一　西周都城实行的是一国三都并存制度

学者们在研究夏商都城制度时已经注意到了夏商国家实行的是数都并存制度[①]。有关西周都城制度，也有学者认为其实行的是数都并存的多都制度[②]。唯对西周一代究竟有几个都城，实行的是几都并存制度，说法不同。

晋人皇甫谧《帝王世纪》谓："太王避狄……徙邑于岐山之阳……南有周原，故始改号曰周。王季徙程……暨文王受命，徙都于丰。……及武王伐纣，营洛邑而定鼎焉。……周公相成王，以丰镐偏处西方之贡不均，乃使邵公卜居洛水之阳，以即土中。……于是遂筑新邑，营定九鼎，以为王之东都之洛邑……成王既卜营洛邑，建明堂，朝诸侯，复还丰镐，故《书序》曰'成王既黜殷命，还归在丰'。至懿王徙大丘，秦谓之废丘……平王即位，徙居洛。"[③]是说自太王至平王，周人王都有六：岐周、程邑、丰邑、镐京、洛邑、犬丘。今人常征则在六都之中，去洛邑，另加穆王迁郑，仍为六都[④]。曲英杰去程、郑、犬（大）丘，凡四都[⑤]。卢连成则认为西周都城有七：岐邑、丰、镐、郑、莽京、庠、成周[⑥]。上述都邑中，程邑属先周时期，不在本文讨论范围，故而不论。都城性质上比较明确的西周都城有岐周、丰、镐，成周、莽京、郑、犬丘、庠则较多歧见。

岐周是太王迁居周原后建立的一处早期都邑，西周铜器铭文把它称作"周"。《史记·周本纪》云：文王"伐崇侯虎。而作丰邑，自岐下而徙都丰。明年，西伯崩。"可见，文王迁丰以前仍以岐周为都。先周自太王迁居岐周到文王迁丰前，实行的是一都制。

文王迁丰、武王都镐以后，岐周并没有衰落，依然保持着西周京都的显荣地位。近年来，周原考古的发现进一步证明，该遗址自武王灭纣以前一直延续到西周晚期，且规模也在不断扩大，宫室宗庙始终未废，一直是西周王室诸侯贵族顶礼膜拜、祭祀祖先的聚集圣地。汉儒郑玄等有关岐邑在西周时期只是周公、召公的采地，已失去作为京都的地位的说法与西周金文资料和周原地区发现的考古资料相悖。"终西周之世岐邑一直是周王室政治宗教上的核心所在。"[⑦]对此，学者基本是没有歧义的。岐周的湮没大约在平王东迁前后，因戎人入侵，而毁于战火。

文王灭崇，迁都丰邑。武王灭商，都镐京。据《竹书纪年》载，文王迁于丰邑的次年，"使世子发营镐"。营建镐京是由文王始议。《诗·文王有声》云："考卜维王，宅是镐京。维龟正之，武王成之。"是说镐京的占卜规划当属之文王，建设并完成则当属之

---

① 李民：《南亳、北亳与西亳的纠葛》，载《全国商史学术讨论会论文集》，《殷都学刊》增刊，1985 年 2 月；张国硕：《夏商时代都城制度研究》，郑州：河南人民出版社，2001 年；张光直：《夏商周三代都城制度与三代文化之异同》，《中国青铜时代》，北京：生活·读书·新知三联书店，1999 年。

② 李学勤：《中国古代文明与国家的形成》下篇第 3 篇，昆明：云南人民出版社，1997 年；卢连成：《论商代、西周都城形态（续篇）》，《中国历史地理论丛》1991 年第 3 期，第 143-160 页。

③（宋）李昉：《太平御览》卷 155《州郡部一》，北京：中华书局，1960 年，第 754、755 页。

④ 常征：《周都南郑与郑桓封国辨》，《中国历史文物》1981 年第 3 期，第 15-24 页。

⑤ 曲英杰：《先秦都城复原研究》，哈尔滨：黑龙江人民出版社，1991 年，第 95-126 页。

⑥ 卢连成：《论商代、西周都城形态（续篇）》，《中国历史地理论丛》1991 年第 1 期，第 143-160 页。

⑦ 许宏：《先秦城市考古学研究》，北京：北京燕山出版社，2000 年，第 62 页。

武王。武王继位后迁都于镐。镐在沣水东岸，与丰京一水之隔，相距不过 10 里，历史上一向丰镐并称，或谓二者是周都之双城。由此可见，文王晚年，出于东进中原的需要，已经建立了两都制度，旧都岐周为周先公先王宗庙所在，是周人精神及宗教的中心，新都丰邑为东进中原的指挥中心兼行政中心。

文献和考古资料都表明，历代周王经常在丰京朝见诸侯，举行礼仪大典，处理国政，西周时期的丰邑仍享有京都的地位，在西周史上占据相当重要的位置。所以，《雍录》说："武王继文，虽改邑于镐，而丰宫元不移徙。每遇大事，如伐商、作洛之类，皆步自宗周而往，以其事告于丰庙，不敢专也。"[①]整个西周时期，丰京和镐京同为西周王朝的政治、经济、文化中心，实际上是一座都城的两个分区，相互配合发挥着都城的作用，被周人尊称为"宗周"。丰镐为西周都城，自武王至幽王，历时 300 余年。平王东迁后，丰镐遭到破坏，逐渐被废弃。

洛邑成周是武王克商后逐步建立起的一座都城。何尊铭文为我们提供了研究成周地位的第一手资料。何尊铭文已为学者所熟习，兹不赘引。从文字学上看，将"迁"释为"迁宅"是大多数学者的意见，关键是此处迁字的语义。从何尊铭文的内容来看，是说成王在天（太）室山举行福祭后，又在成周的京室诰训宗小子，并赐贝于何等事，通篇全无初始营洛的气象。由此而论，"迁"字即使有营造之义，也不能以此求解何尊之铭。与本文讨论较有关系的两点尤应引起重视：一是成王对武王遗志的继承，二是周初的受命思想。从何尊铭文可知，武王克商之后，确有迁都成周，居"中国"治天下之意，这一计划在克商之时，即已廷告于天。《左传》桓公二年："武王克商，迁九鼎于洛邑。"杜预注："九鼎，殷所受夏九鼎也。"孔颖达疏："鼎者，帝王所重，相传以为宝器。戎衣大定之日，自可迁置西周，乃徙九鼎于洛邑，故知本意欲以为都。"武王将象征王权的九鼎迁至洛邑，显然也是要把都城建在这里。《史记》等亦有类似记载。金文与文献互证，武王确有迁都洛邑之意。而《史记·周本纪》又有，武王"营周居于洛邑而后去"，似言武王已开始建设洛邑，并为之起名曰"周"。曲英杰据令彝铭文中之京宫，推测宗庙及附属建筑物和王宫等乃至宫城，在武王时当建成。又据《史记·卫世家》所记，管蔡、武庚欲攻成周，推测成周的营建在武王时已粗具规模。如果确如《史记·周本纪》所云，何尊铭文通篇全无初始营洛的气象是合乎情理的。而成王居于成周正是要"如武王之意"[②]，"述武王之志，建都伊洛"[③]，继承武王"余其宅兹中国，自兹乂民"的遗志。《尚书·召诰》也说："王来绍上帝，自服于土中，旦曰：'其作大邑，其自时配皇天，毖祀于上下，其自时中乂，王厥有成命，治民今休。'"孔颖达疏引《周易正义》，王肃云："旦，周公名也。礼，君前臣名，故称周公之言为旦曰。王者为天所字，代天治民。天有其意，天子继天使成，谓之绍上帝也。天子设法其礼合于天道，是为配皇天也。天子将欲配天，必宜治居土中。故称周公之言其为大邑于土之中。"这是说成王要居住成周以受天命，治理天下，与《何尊》所记相符。其类似之处，都以居中国（成周）与受天命相提并论。

---

①（宋）程大昌撰，黄永年点校：《雍录》卷 1《丰》，北京：中华书局，2002 年，第 12 页。

②（汉）司马迁：《史记》卷 4《周本纪》，北京：中华书局，1959 年，第 133 页。

③ 黄怀信、张懋镕、田旭东：《逸周书汇校集注》卷 10《周书序》，上海：上海古籍出版社，1995 年，第 1210 页。

天命只能降于居住"中国"的王者，这是周初的受命思想，也是后来中国古代数千年政治上争正统观念的思想渊源。《逸周书·度邑解》记载武王对周公说："予克致天之明命，定天保，依天室，……四方赤宜未定我于西土。""赤宜未"当是"亦肯来"之误。"天室"就是河南嵩山，亦称"太室山"，既是夏人兴起之地，也是传统的通天圣山，被认为是"天下之中"的标识。此话是说，得天命后还必须依"天室"，求得天的保护，才能获得真正的天命，获得对天下统治的法理性正统地位。这样四方诸侯才愿意到西土来接近我们。而成周就是这样一个近天室的地方。成王要继承武王遗志，要居天位治斯民，居中国治天下，却又不以成周为都，而且来了又马上要走，显然于理不通，与何尊代表的周初的受命思想也相悖。

结合《尚书·洛诰》的研究，成王对周公说："予小子其退，即辟于周，命公后。"周公答曰："其自时中乂，万邦咸休，唯王有成绩。"彭裕商认为此文中的"周"即指成周①，成王在成周就天子之位，周公才能说"其自时中乂"，成王在成周治天下。《史记·鲁世家》记载："成王七年二月乙未，王朝步自周，至丰，使太保召公先之雒相土。其三月，周公往营成周雒邑，卜居焉，曰吉，遂国之。"这里的"国"显然意指国都。同书又载，周公在丰，病将没，曰："必葬我成周，以明吾不敢离成王。"可知周公病殁时，成王是在成周治理国事。史为乐引《吕氏春秋·长利》等文献指出，成王主要居住在成周②。这就说明成周确是当时的国都，成王也确实把都城迁至成周。

据何尊铭文，成王五年"初迁宅于成周"。成王以殷礼在此举行元祀大典，并将九鼎正式安置在新都，史称"成王定鼎于郏鄏"③。郏鄏，是洛邑的另一名称，因洛阳北邙山古称郏山，故有此名。成王迁居成周前，洛邑不叫成周，而称新邑，为了与原先二都区别，成王命名镐京为宗周，新邑为成周，"言周之王业始曾于是，以记开国之盛也"④。成王定鼎，标志着洛邑成为西周的又一国都。由此，周王朝实际上已从早先的两都制变为岐周、宗周丰镐和成周洛邑的三都制⑤。

据《逸周书·作雒解》，成周洛邑的主要建筑有王宫、太庙、宗宫、考宫、路寝、明堂及大社等。王宫，为周王行政之所及其附属建筑；太庙为后稷庙；宗宫为祖考庙，即周文王庙；考宫，为考庙，即周武王庙；路寝，为周王居处；明堂，为周王会诸侯之所，位于城南，武王时所迁入之九鼎应置于明堂之中；大社，为祭祀社稷之坛。见于铭文者还有京宫、康宫、司徒宫、成周大庙等。古代都城，尤其是上古都城，除建有宫室以外，必建有宗庙。《左传·庄公二十八年》云："凡邑，有宗庙先君之主曰都，无曰邑。"周王室还在成周驻有精锐的成周八师，设置了一套庞大完整的中央政权贵族官吏机构。据昭王时期的作册令彝铭文记载，这套官吏机构的设置内容是三事、卿事僚、诸尹、里君、百工。史为乐引《吕氏春秋·长利》《史记·鲁世家》指出，成王主要住在成周②。成王之后，历代周王也常居成周，活动频繁。虽然我们还缺乏历代周王居洛的具体时间，

---

① 彭裕商：《西周青铜器年代综合研究》，成都：巴蜀书社，2003 年，第 77 页。
② 史为乐：《西周营建成周考辨》，《中国史研究》1984 年第 1 期，第 145-153 页。
③ 杨伯峻：《春秋左传注》，北京：中华书局，1990 年，第 671 页。
④ 孙海波：《周金地名小记》，《禹贡》半月刊第 7 卷第六、七期合期，1937 年，第 109-124 页。
⑤ 李学勤：《中国古代文明与国家的形成》，昆明：云南人民出版社，1997 年，第 533 页。

但从已发现的西周载有“王在成周”“王在周”等铭文的青铜器已有50余件，证明周成王、昭王、穆王、恭王、懿王、孝王、夷王、厉王、宣王、幽王10位周王都曾往来东西都之间，并在洛邑进行祭祀、朝会、赏赐、册命、册赐及征伐等重大政治、军事、外交活动[①]。终西周一世，洛邑成周作为西周都城的地位不曾稍降。童书业评论说：“成周乃发号施令之所，又为王宫太庙所在，八师驻焉。周王及大臣屡次前往，又有冢司徒之官，其即东都无疑也。”[②]其评论简洁切要。杨宽也指出，成周的营建在西周乃至此后我国的历史上都有着深刻的影响，在具体政治作用上，东都比西都还重要得多[③]。

历史文献中没有周王都𦵓京的记载，但从已发现的西周金文中统计有20余次关于𦵓京的记录，且时间跨度为整个西周，说明𦵓京是周王活动的一个十分重要的场所。𦵓京内筑有大室、𦵓宫、学宫、湿宫、上宫等重要宫室，设有历代周王的祖庙，也是西周王室及公卿贵族习礼学射的重要场所。𦵓京所在，有丰京说、镐京说、蒲坂说、豳地说、范宫说、镐京附近说、秦阿房宫附近说、旁于岐周说八种观点。𦵓京的性质，王玉哲认为是丰镐的扩大[④]，刘雨、卢连成考证为西周的一个别都[⑤]。西周时期，康王、穆王、昭王等周王常常在举行祭祀先祖、册命诸侯大臣等大礼之后，在𦵓京以酒宴飨诸侯王臣，有时接着在辟雍举行渔礼，或举行习射之礼。由于灵台辟雍在太庙之中，而太庙和灵台辟雍都在丰邑，因此𦵓京也在丰邑，在丰邑的宗庙附近，是宗周的王宫、宗庙区。因此，𦵓京实应为丰镐的一部分，不应视为西周丰镐附近的一处别都。

文献和金文中有关周王都郑、奠的说法最为纷杂，其地望在考古学遗址方面也没有得到确认。《穆天子传》注引《竹书纪年》：“穆元年，筑祗宫于南郑。”又《太平御览·纪年》：“穆王所居郑宫、春宫。”《事类赋·纪年》云：“懿王元年，天再旦于郑。”《汉书·地理志》臣瓒注引《纪年》云：“周自穆王以下都于西郑。”若干西周中期青铜器，如三年𤼈壶、大簋、免尊等，铭文亦有“王在奠（郑）”的记载。通常认为郑、西郑、南郑是同一地方，有人认为所视方向不同而称南、西；也有人认为《纪年》上“西”字误读为“南”。郑之地望，古代地理学家多举《汉书·地理志》的记载，将其与汉代的郑县相联系，认为就在今陕西华县一带。唐兰根据对金文的研究，首先指出可能在今陕西扶风县至凤翔县一带[⑥]，尹盛平、卢连成则直指在今凤翔县境内，以至秦都雍城故地附近[⑦]，其说可从。但是问题之一，郑地的性质和地位究竟怎样？问题之二，穆王以下是否皆都于郑？

先说第一个问题，笔者认为，郑地在穆王甚至在宣王以前都是属于周王直辖的“奠”地，而非都城。长期以来，一些学者在研究大簋、何尊铭文中的“王在奠”时，常常将

① 梁晓景：《西周建都洛邑浅论》，《中国古都研究》第4辑，杭州：浙江人民出版社，1989年，第198页。

② 童书业：《春秋王都辨疑》，《童书业历史地理论集》，北京：中华书局，2004年，第178页。

③ 杨宽：《西周初期东都成周的建设及其政治作用》，《历史教学问题》1983年第4期，第2-10页。

④ 王玉哲：《西周𦵓京地望的再探讨)，《历史研究》1994年第1期，第46-57页。

⑤ 刘雨：《金文𦵓京考》，《考古与文物》1982年第3期，第69-75页；卢连成：《西周金文所见𦵓京及其相关都邑讨论》，《中国历史地理论丛》1995年第3辑，第97-127页。

⑥ 唐兰：《伯冬三器铭文的译文和考释》，《文物》1976年第6期，第6-39页。

⑦ 尹盛平：《试论金文中的“周”》，《考古与文物丛刊》1983年第3号期，第33-38页；卢连成：《周都棫郑考》，《考古与文物丛刊》1983年第2号，第9-11页。

“奠”与“郑”合二为一，认为这里的“奠”就是“郑”地，致使一些问题说不清楚。李学勤在对郑作了专门研究后，将“奠”与“郑”分开，认为郑是一地之名，“奠”是“甸”的通称，郑不等于奠，是若干奠之一。裘锡圭也认为“畿甸之‘甸’，其本字可能就是‘奠’，是由于被奠者一般都奠置在这一地区内而得名的”①。这是很贴切的意见。“奠”在早期是周王直接控制管辖的地带，有的在都城之内或附近，也有的可能较远。奠的历史很长，在殷商时期，它是商王用来奠置被征服或臣服国族的方式。延续到西周，它进一步发展为西周王朝控制地方的一种地方组织形式，是用来奠置特定人群的专区（奠地）。

位于关中平原西端的“郑”地，应就是这样性质的一个“奠”。根据宜侯夨簋等西周铜器铭文，郑地早就存在，并有宗族以之为氏，其早期居民就是郑姜伯鼎等铜器多次提到的姜姓郑氏宗族。从三年壶、大簋、免尊及免簋铭文看，“郑”地的治安与宗教等行政职能是由周王直接任命官员、统一管理的，这些官员包括管理土木建筑之事的嗣工（免簋），管理郑田的穿（穿鼎），管理善夫、官守友一类的师晨（师晨鼎），以及郑嗣徒函父（永盂）、郑牧马受（牧马受簋）等，从而成为西周地方行政的一个特殊层阶。从金文来看，郑地的城市结构以王室财产为中心，包括王宫、宗庙、各种园林，如文献中提到的“祇宫”“郑宫”“春宫”等。与之并存的还有贵族宗族的宅院，以及一些行政管理的政府设施和大量的手工作坊及工匠的住所。在郑地被称为“寰”的地带，即城邑外围，还居住着属于王室或者宗族的一些农耕人口。这说明，经过早期的发展，到西周中期，郑地可能已经发展为一座关中西部由周王直接任命官员进行管理的重要城邑，成为西周地方行政管理的重要一环。在此背景下，也许与穆王对西北的兴趣有关，穆王常常莅临，并在此建设了祇宫等。而祇宫按照《左传·昭公十二年》中马融注的说法，其性质就是一座游观之宫。郭沫若在考释作懿王时的《免卣》铭文“王在奠”时指出：“盖自穆王以来，于西郑设有离宫别苑，王则时往就居也。”这种推断是有根据的。

总之，奠是周王直接管辖的地带，郑地是周王在关中西部的重要城邑，因此，金文中“王在郑”是很正常的事情，穆王在这样一座重要城邑上盖宫殿而住之，也是很正常的事情，而不能视为迁都之举。更何况，有证据显示，穆王虽有在郑之举，但常往来于宗周、成周。《两周金文辞大系图录考释》共著录穆王时及其近是者二十器，其中王在宗周者二器，在葊京者四器，在大室及康宫者各一器。穆王在郑，只是暂时举动。

弄清了第一个问题，就可以解答第二个问题了，答案是否定的。主张穆王以下均都西郑的古代学者，曾认为郑地既然是周王室活动地，就不可能再封予郑桓公。其错在于不了解西周地方组织形式“奠”地的复杂性。如前所述，西周“奠”地最初和殷商的奠一样，是王的控制之地，被用来安置被征服者或臣服者。随着西周中后期国力的衰落，周王直接控制的区域越来越少，都城附近甚至都城范围内的奠地也就成了分封的对象。记录周王室在郑地活动或政府行政活动的铭文中，除了大鼎可能作于厉王十二年外，其他均不晚于西周中期。这说明西周中期以后，郑地对于王室的重要性明显下降。与此同

① 裘锡圭：《说殷墟卜辞中的“奠”——试论商人处置附属者的一种方法》，《“中央研究院”历史语言研究所集刊》第64本第3分册，台北：“中央研究院”历史语言研究所，1993年。

时，在郑地有财产的井氏宗族也似乎衰落，其土地、人民均处于被其他宗族并吞的状态，在此背景下，宣王将郑地分封给郑桓公，是完全可能发生的。而文献又有懿王由丰镐迁都犬丘的说法，我们先不论懿王迁都是否属实，仅说懿王由丰镐迁都犬丘，就已说明懿王并未都郑。如此，穆王以下均都郑地的主张自然是不能成立的。

所谓懿王都犬丘，迄今未见有金文记载，文献记载则相对简单。《世本》中有“懿王徙于犬丘”。《汉书·地理志》中有“右扶风槐里，周曰犬丘，懿王都之”。《史记·周本纪》索隐引宋忠曰：“懿王自镐徙都犬丘，一曰废丘，今槐里是也。”犬丘在今陕西兴平东南。皇甫谧对此有异议，他说：“镐在长安南二十里。然则犬丘与镐相近，有离宫在焉，懿王暂居之，非迁都也。”他将懿王的举动与当地的离宫联系起来，可为一说。昭、穆之世大举征伐乃西周由盛转衰之始。共王以后，自懿王之世，西周丰镐屡受戎狄所侵。懿王七年西戎侵镐，十三年翟人侵岐，懿王因“戎狄交侵”，被逼出镐，暂时避居犬丘，也是可能的。但既是避居，自是临时驻跸，为时不会太久，一俟形势好转，仍回镐京。文献与铜器铭文都显示，以后懿王常往来于宗周及成周。公元前841年，镐京发生“国人暴动”，逐厉王，可知厉王仍都镐。显然，所谓懿王都犬丘不能被视为迁都之举。

有关昭王居庈的记载，主要见于趩尊、趩卣、麦方尊、睘尊、睘卣、旂尊、旂觥、旂方彝诸器。庈地所在，诸家考证甚多，郭沫若认为在山东潍县境内；陈梦家认为其是镐京京观的一部分；唐兰初说在湖北孝感，后说在镐京附近，最后确定在陕西凤翔；卢连成考订在古汧渭之间，在汧水、渭水相会的地方，即今宝鸡、凤翔、眉县交界地[①]。诸说中以唐兰晚年和卢说近是。从铭文看，庈地设有行宫，昭王及其后妃多次在此册命、赏赐臣僚，并举行衵月的祭祀活动等。又据《史记·秦本纪》记载，秦非子曾为周孝王“主马于汧渭之间”，知它还是周王室牧马之地。综合分析，庈地的性质似属周王的游观之地，并且只此一代，周都丰镐并未因此废弃。

至此，我们可以明确西周实行的多都制度是一国三都制，丰镐、岐周和成周三都并存。何尊铭文中的“迁宅”，其意应是迁移，而不是迁都。所谓“迁宅”，无非是把洛邑成周作为与丰镐和岐周并立的政治中心，周天子可以根据形势需要选择居处以备事急，而丰镐和岐周仍然保持作为旧都的地位。三都在建设顺序上或前后相继建立，或同时代建立，但在西周时期，在时间上基本是并存的，三都的使用期贯穿于西周时期。我们知道，夏商都城也是实行数都并存制度的。西周三都并存制度无疑是夏商都城制度的延续，但西周三都并存的时间更长，其间也没有发生像夏商时期那样频繁的徙都现象，在都城设置上显示出由夏商不稳定的数都并存走向长期稳定的三都并存发展趋势，这应是西周都城制度走向成熟的一个标志。

---

① 卢连成：《庈地与昭王十九年南征》，《考古与文物》1984年第6期，第75-80页。

二　三都并重是西周三都并存制度的基本特点

在西周丰镐、岐周和成周三都，学者对前两都的地位基本无异议，普遍认为岐周一直是周王室政治宗教的核心所在，丰镐自始至终居全国政治中心地位，而成周洛邑则以控制东方和军事征伐性质为主，在三都中居于呼应、补充、配合等辅助性作用的陪都地位。这一观点很值得商榷。

首先，西周营建成周的着眼点是便于统治天下，是从天下疆域的角度谋划的，并非仅仅着眼于东方。武王、周公营建成周的用意，文献和学者们都有一些论述。《逸周书•度邑解》载，武王语曰："予克致天之明命，定天保，依天室，志我共恶。"又云："我图夷兹殷，其唯依天，其有宪令，求兹无远，虑天有求绎，相我不难。自洛汭延于伊汭，居阳毋固，其有夏之居。"从这段话看，武王度邑选定洛邑是为了牧平殷乱，定周室，宁天下，洛邑的方便之处在于可以更好地禀受天命、求天相助，而且此地为夏人故居，基础很好。洛邑被武王、周公等选中，主要是因为这里有利于依天室、禀受天命、四方入贡、朝会、役王事，周室施政布命也较方便。何尊铭文记武王所谓"宅兹中国，自兹乂民。"《史记•周本纪》记周公所说"此天下之中，四方入贡道里均"。《尚书•洛诰》云"和恒四方民……勤施于四方"。《康诰》所谓"四方民大和会，侯甸、男、邦、采卫、百工、播民和见士于周"，都能说明此点。这里，我们尤其应该注意"四方"这一概念①。在周人的观念中，"四方"与"天下"具有内在的联系和相通之处。"天下"即西周王朝的政治统治疆域。"四方"即"天下"的四个方向。与"四方"相关的地理概念是"四土"，即四方的土地。根据学者的研究，西周政治疆域有一个形成发展演变的过程：灭商前先有西土，武王灭商后得到东土，成王、周公时形成天下之中的"中土"。以此为基础形成包括南土、北土在内的四土（四方）概念。因此，周人所谓的天下、四方、四土，其含义指的是整个西周政治统治疆域。在营建成周洛邑上，周人屡屡强调"天下""四方"，显然说明了周人的着眼点是全局性的，着眼于整个西周政治疆域的统治，想以此为东方的统治据点来加强对四方的控制，而非仅仅为了控制天下四方之一的东土。

其次，营建成周洛邑，适应了周室上升为中央政权后强化天下四方统治的需要。杨朝明说："周人本僻处西方，在克殷之后，为了便于统治东方地区，客观上需要周人的政治中心东移。"从近期目标看，营建东都是为致政成王做准备和镇抚殷顽民。从长远来看是"为了确立周王朝统一的统治四方的中央政权"。②曲英杰指出："以此为天下之中，想以此为东方的统治据点来加强对四方的控制。"③诸说意思差不多。西周营建成周洛邑最重要的原因是，统治者强烈意识到了洛邑独特地理与文化优势对于周王朝政权巩固的特殊意义。司马迁《史记•货殖列传》尝云："昔唐人都河东，殷人都河内，周人都河南，夫三河在天下之中，若鼎足，王者所更居也。"洛邑地处伊洛盆地，近处东邻

① 王健：《西周政治地理结构研究》，郑州：中州古籍出版社，2004 年，第 422 页。

② 杨宽：《西周初期东都成周的建设及其政治作用》，《历史教学问题》1983 年第 4 期，第 2-10 页。

③ 曲英杰：《先秦都城复原研究》，哈尔滨：黑龙江人民出版社，1981 年，第 126 页。

虎牢，南对伊河，北靠邙山，西接函谷。远处东连江淮，南抵江汉，西达关中，北通幽燕，伊、洛、瀍、涧四水流贯其间，为中原水陆交通枢纽，向被视为天下之中。如此则东西都城遥相呼应，泾渭河洛连接渭河平原与伊洛盆地，王畿千里，东西并立，表里山河，可以将周统治中心由关中延向中原，执一中而控全局，又可对殷商遗民实施有效的监督，达到了武王、周公的预期目的。对营建成周洛邑的远大政治目的及实际的影响，杨宽总结为如下四点：其一，集中迁移殷贵族到成周东郊加强监管，以巩固新建的周政权；其二，两都并立，京畿连成一片形成统治四方的政治中心，加强了全国的统一；其三，成周成为征收四方贡赋的中心、粮食财物和积储的中心，从而形成了全国的经济中心；其四，成周是举行四方诸侯及贵族"殷礼"的地方，殷礼是集合内外群臣会见和对上帝祖先献祭的礼仪，具有对群臣奖励、督促和考核的作用①。成周洛邑在西周政治经济生活中能够起到如此重要的、具有全局性影响的作用，显然就不能被视为居于呼应、补充、配合等辅助性作用的陪都。

由此可见，无论是从周王朝规划建设的本意，还是从建成后的实际作用来看，成周洛邑都发挥了全国政治中心的作用，它与丰镐、岐周的地位是并重的，它们都是西周王朝统治全国的政治中心。这种三都并存、并重的关系，构成了西周都城制度的基本特点。事实上，周人及稍后的古人在观念上也没有把洛邑视为下一等的都城。《左传·昭公三十二年》载："昔成王合诸侯城成周，以为东都。"《史记·周本纪》："平王立，东迁于洛邑。"正义曰："即王城也。平王以前号东都。"周人以成周洛邑为东都，以丰镐为西都，仅仅就两座都城在地域方位而言，并没有高低上的区别。《诗·王城谱》云："周公摄政五年，成王在丰，欲宅洛邑，使召公先相宅，既成，谓之王城，是为东都，今河南是也。"孔颖达疏："周以镐京为西都，故谓王城为东都。"共王时的克钟铭曰："王在周康剌宫，王呼士曶召克，王亲令克遹泾东…，至于京师。"此"京师"当指洛邑。《汉书·地理志》："昔周公营雒邑，以为在于土中，诸侯蕃屏四方，故立京师。"这就是说，早在西周初年，成周就称为京师。此"京师"与镐京之"京"意思相同。《公羊传·桓公九年》说："京师者何？天子之居也。"

我们论证统治中心，应看当时建都目的和其实际发挥的作用，不应仅仅根据其在建都时间上的先后，更不能因为现代国家一般只有一个都城，就一定要将古代都城也分出首都陪都或主都辅都。尤其是"中国早期国家的特点之一就是作为政治、军事统治中心和工具的都城往往不只是一个，也不是仅仅只有一个中心，……其中最重要的原因是中国很早就形成了一个范围广大的政治疆域，中国古代都城以政治军事统治功能为主，囿于当时统治力量分布、交通、地理环境等多种原因的限制，为了有效地实现对全境的控制，设置分散的若干个地位相当、功能不一的都城是十分必要和必需的"②。

① 杨宽：《西周初期东都成周的建设及其政治作用》，《历史教学问题》1983年第4期，第2-10页。

② 王健：《西周政治地理结构研究》，郑州：中州古籍出版社，2004年，第55页。

三　三都地位相当，但功能不一，实际上存在着某种职能分工

西周初年的“宅于成周”，绝非一般意义上的迁都，所谓“迁”并非遗弃旧都，只是将旧都一些功能分散到新都，是都城功能的部分转移，原都邑仍然存在，继续发挥着都城作用。西土的宗周（丰镐）、岐周，中土的成周（洛邑），三足鼎立并存、并重，地位相当，唯功能不一，呈首都功能分散叠加特征。具体来说，三都皆具有全国政治统治中心的功能，但与丰镐和岐周相比，成周洛邑还具有全国经济中心的功能，在整个西周社会经济生活中占据着十分特殊的地位。

第一，岐周、宗周位于西土，距东部广大地区路途遥远，且有崤函之险与东方相隔，四方贡物中转十分不便。洛邑居天下之中，是四方贡物汇聚的理想之地。《史记·周本纪》指出：“此天下之中，四方入贡道里均。”洛邑作为东方财赋的集中地，不仅是对周围“郊甸”征发人力、物力的中心，而且是对四方诸侯及被征服夷戎部落征收贡赋的中心，其在西周社会经济生活中的中枢作用，是岐周和宗周所不能比拟的。

第二，成周洛邑还具有全国文化中心的功能。洛阳居天下之中，且具有悠久深厚的文化积淀。古人对于“天下之中”的信仰与崇尚源远流长。这里所说的“天下之中”既是地理上的，又是文化上的。自武王以靠近周人所崇拜的天室（嵩山）的洛阳为天下之中，并由周公建成周，便使地理上与文化上的“天下之中”合二为一。《周易·系辞上》：“河出图，洛出书，圣人则之。”河图、洛书是中华原始文化的主要标志，具有文化本原的地位与价值，也为周人所熟识与认知。史传《周易》就是由周文王演绎而成。在建设洛邑的过程中，周人建设了宗庙、明堂等一系列具有文化意义的建筑物。焦循曾说：“《周书·作雒篇》言周公作明堂之制，是明堂在东都，而镐京之明堂，无有明文。概明堂之设，所以朝诸侯，颁政令，祀天帝，非诸侯所有。未制礼乐，仍依侯制，无明堂。既卜天下之中，营王城，建明堂于此。而西京不朝诸侯，无明堂也。”《诗经》中有《清庙》《维清》《维天之命》《天作》《时迈》《般》诸篇，据考证，皆为洛邑告成祭祀典礼所作乐歌[①]。其他如《瞻彼洛矣》《裳裳者华》《桑扈》《鸳鸯》《彤弓》《吉日》等作于洛邑或在洛邑宗教祭祀场所中演唱。洛邑文化在西周最重要的文学范本《诗经》中，已得到了明显的昭示。洛邑建成后，周公在这里长期居住施政，制礼作乐，建构起一套完备的政治制度和“郁郁乎文哉”的文化体系，奠定了周王朝“八百年，最长久”的基业。洛邑作为西周都城，“首善之地”，确实发挥了其人文荟萃之所，德政王畿象征、文化辐射之都的作用。《左传·桓公三十二年》云：“昔成王合诸侯，城成周以为东都，从文德焉。”洛邑居中而王的都城选址，注重法度的都城布局，象征教化的礼制建筑，代表了德政、王道等文化象征意义，使人们具有强烈的精神认同感和文化归属感。后世也多将洛阳看作“有德则易以王，无德则易以亡”的“德政”之都[②]。其原因盖在于此。

---

① 贾海生：《洛邑告成祭祀典礼所奏乐歌考》，《文学遗产》2001 年第 3 期，第 4-13 页。

②（汉）司马迁：《史记》卷 99《刘敬叔孙通列传》，北京：中华书局，1959 年，第 2716 页。

第三，成周洛邑所具有的军事中心功能也较其他二都显著，就其对东方的控制力度而言，也远远超过岐周、宗周。在西周两大集团军中，成周八师就是以成周为大本营的，他们分守在以成周为中心的许多战略要地，构成南北两条防线，并与宗周防线相衔接，成周八师与西六师布防结合成一个整体，形成周王朝完整的军事防御体系[①]。武庚和三监叛乱，周公在此“作师旅，临卫政殷”，又东征“熊盈族十有七国，俘维九邑”[②]。自西周初年至恭夷以后，周王朝凡用兵于经略东方和开拓南土皆以洛邑为基地。西周建都是以都城设置的调整来完成地域结构形势调整为原则的，在此原则指导下，洛邑作为近制殷遗、远治四方的政治中心，成为西周东南军事防线的中心和东征南讨的根据地，军事功能显著是理所当然的。

许倬云曾分析西周三都的功能说：“丰镐最初也许是经营东方的指挥中心，渐渐变为行政中心，而岐山的京，则始终保持其宗庙辟雍，为周人精神上及宗教上的中心。后世因为在克商之后召公营作洛邑，号为成周，渭水流域的旧地遂号宗周。”[③]古代都城迁徙，新都往往沿袭旧都名号不变。西周第一个都城岐周在西周铜器铭文和甲骨刻辞中往往被称为“周”。镐京在西周铜器铭文中被称作“宗周”则始于成王时期，与洛邑“成周”称谓的正名大致同时。在此之前，武王所都镐，在早期西周铜器铭文和甲骨刻辞中一直都被称作“蒿”[④]。这种称谓的变化，反映了成王和周公在平定殷武庚和三监之乱、翦灭东夷集团的反叛，以及新建洛邑后，为了更牢固地直接控制关中平原和洛阳盆地千里肥饶的王畿之地，而决心让原有的旧都和新建的新都均要发挥统率人民、统率地域的核心作用。原有的旧都“蒿”改称“宗周”，仍将其作为政治中心，乃有不忘祖先、宗依故土之意，天下“诸侯宗之，是为宗周”，其作为具有宗教神圣作用的圣都地位继续保留。新建的洛邑，改称“成周”，表示王业已经成就，“周道始成，王所都也”[⑤]，在其理念中，直至定都洛邑，兴周大业始完成。一国三都，王威所及范围大大拓宽了。

西周都城设置会产生三都并存、并重的现象，主要有以下两个原因。

第一，政治、军事、经济形势和地理环境的作用。西周在继承夏商统治疆域的基础上，成为拥有“天下”广阔政治疆域的统一王朝。由于早期国家的统治力量还很有限，还没有能力在全国建立起中央集权的政治统治，实现中央权力对“天下”政治疆域的直接统治。同时，在早期国家中，由于地理环境在政治军事中的重要作用，一个都城是不能控制广阔疆域的，因此，需要建立几个都城，以强化对四方疆域的有效统治。从历史地理角度看，在西周国家地域的形成过程中，都城的统率作用是其核心力量[⑥]。由于当时国家的主要力量集中于都城，尚未分解出其他形式的力量，因此，对国家地域中关键部位的控制和守卫，要依赖都城的设立，而国家地域在进行结构调整、方向性扩张时，也需要进行都城设置的调整。在这种以都城设置的调整来完成地域结构形势调整的建都

① 张永山：《金文所见成周的战略地位》，《洛阳考古四十年》，北京：科学出版社，1996年，第215-222页。

② 黄怀信、张懋镕、田旭东：《逸周书汇校集注》卷5《作雒解》，上海：上海古籍出版社，1995年，第552页。

③ 许倬云：《西周史》（修订本），北京：生活·读书·新知三联书店，1994年，第90页。

④ 卢连成：《西周金文所见䔲京及相关都邑讨论》，《中国历史地理论丛》1995年第3辑，第97-127页。

⑤（北魏）郦道元著，陈桥驿校证：《水经注校证》卷16《谷水》，北京：中华书局，2007年，第391页。

⑥ 唐晓峰：《中国早期国家地域的形成问题——读史札记》，《九州》第2辑，北京：商务印书馆，1999年，第5、6页。

原则指导下，作为以政治功能和军事功能为主的都城，自然就充当起获取政治权力的工具和实施政治、军事统治的堡垒作用。这样，都城城址的选择自然要本着政治军事形势的变化与需要而确定，空间上表现为都城位置的移动，功能上表现为原有都城功能的部分转移。西周的丰镐就是在周东进灭商准备和实施阶段建立的。

许多学者曾指出，西周（包括夏商）政治疆域的扩张形式是以“点”带“面”，通过军事进攻与占领，在紧要地点设置带有政治军事性质的“点”，通过这些“点”实现对周围及更大范围的“面”——区域的控制[①]。这是正确的。在早期国家地域体制中，都城地域最为重要，组织最为严谨。因此，都城作为最重要的点，其建制和分布与在地域空间的扩张相辅相成。西周都城建置与分布作为一种战略性的空间经营，因而也就表现为一个动态的过程。当一个都城不能有效地对日益广阔的政治疆域实行控制时，就要依赖地理环境在最重要的地点，尤其是所谓的“天下之中”，建立都城，以取得地理上的优势，周王轮换巡视居住在这些都城中，依靠都城自身的强大力量辐射四方，实现对天下的有效控制，三都并存制度就是在这样的政治大背景下横空出世的。

周人本僻居西方，灭商之前，国土囿于今关中一隅，都城丰镐位于此时的国土中心关键的位置，尚可发挥“均统四方”的作用；但灭商之后，国土向东大为扩展，拥有天下四土，丰镐就不再是国土中心，因而必须寻找一个新的“天下之中”建都施政，以适应扩张了的天下疆域，客观上需要周人的政治中心东移。对此，周初的政治家是很清楚的。武王甚至为此夜不成寐：“呜呼！于忧兹难，近饱于恤，辰是不室。我所未定天保，何寝能欲？”[②]他选择居天下之中的洛邑作为新的都城，希望以此来控制四方诸侯，以达到有效控制天下政治疆域的目的，何尊铭文记录的“宅兹中国，自兹乂民”，再明白不过了。

钱穆曾将周初封建喻为棋盘布子。其实西周的都城设置，又何尝不是如此。西周营建洛邑后，旧都不废，就是因为丰镐是其整个政治疆域棋盘上的关键棋子之一。这里处于关中四通八达的交通枢纽位置，号称“天下辐辏，并会而至”，尤其是横贯关中东西的交通干线在此横跨渭河，使其控制着东进逐鹿中原的重要交通线，不仅可以作为夺取中原的据点，而且足以担负起控制关中的重任。而洛邑则是其统治中原、控制四方的中心。这里地处西周政治疆域的中心，便于对四方的治理，如诸侯方国纳贡职、道里均等。如此，先是岐周、丰镐，而后是成周，由西向东，随着政治主攻方向的需要和疆域的扩张而陆续布都，连成一线。西周王室利用这几处都邑，从宗教、宗族、政治、经济、军事、教育等方面，牢固地统治着王畿地区，并由此而驾驭四方的诸侯，有效地统治着全国，也推动了西周二百余年社会经济文化的不断发展。西周末年，镐京被犬戎攻陷之时，洛邑成为周平王迁都首选之地，这个棋子再次发挥了关键作用。

---

① 林沄：《关于中国早期国家形式的几个问题》，《吉林大学社会科学学报》1986 年第 26 卷第 6 期，第 1-12 页；王玉哲：《殷商疆域史中的一个重要问题——“点”和“面”的概念》，《郑州大学学报》（哲学社会科学版）1982 年第 15 卷第 2 期，第 40-43，77 页；唐晓峰：《中国早期国家地域的形成问题——读史札记》，《九州》第 2 辑，北京：商务印书馆，1999 年，第 5、6 页。

② 黄怀信、张懋镕、田旭东：《逸周书汇校集注》卷 5《度邑解》，上海：上海古籍出版社，1995 年，第 502 页。

第二，政治宗教和政治法统的需要。以往人们一般认为，武王决定建都洛邑，一是谋朝贡、道里均，二是谋庶殷控制之便。其实这种认识是不全面的。《逸周书·度邑解》记载有武王灭商并选定了洛邑城址后对周公说的一段话："予克致天之明命，定天保，依天室。……我图夷兹殷，其唯依天，其有宪今，求兹无远。虑天有求绎，相我不难。自洛汭延于伊汭，居阳无固，其有夏之居。我南望过于三涂，我北望过于有岳，丕愿瞻过于河，宛瞻于伊洛，无远天室。"[①]清道光年间出土的天亡簋也有"王祀于天室"的记载。有学者指出，该天亡簋铭记载的是武王东土度邑后的定宅典礼[②]。林沄的研究进一步指出武王多次强调的"依天室"的目的就是"依天"，便于就近取得天命之眷顾，才能"定天保"。而这里的"天室"，如前所说，它就是位距洛邑东南 70 千米的河南嵩山[③]。在周人的观念中，上帝百神都住在天室山上。《国语·周语上》载有"昔夏之兴也，融降于崇山"之语，"融"是指火神祝融，而"崇山"即指嵩山。由此，嵩山还具有作为沟通天地之通道的功能。上帝鬼神在天室山之上，而周王之都在天室山之下，有利于傧迎上帝鬼神、下临王都宗庙佑助周王，更有利于周王利用上帝神权去统治天下，巩固统治地位。因而，武王主张建都洛邑，是有非常浓厚的宗教色彩的政治计划。也正是出于这种政治宗教的需要，周人在兴建新的都城丰镐和洛邑后，仍然继续保留岐周的都城地位，因为那里是周人的龙兴之地，也是周人宗庙和祖先茔葬之地。在天命神学宗教占统治地位的西周，对周人而言，这些地方具有特殊的意义，是尤为重要的[④]。

总之，西周实行的三都并存、并重制是西周政治、军事、经济等方面的实际需要和地理环境在当时的政治军事中的重要作用及政治宗教文化有机结合的产物。

这里有必要谈一下多都并存、并重制与多都制的关系。

一般来说，一国以一个首都城市为原则，但由于各种各样的原因，首都的功能被分散而形成两个或两个以上首都城市的现象并不罕见。众所周知，现今仍有少数国家按照经济性和政治性或三权分立原则建立一个以上的都城。例如，荷兰的法定首都是阿姆斯特丹，但实际上这里仅是荷兰的经济与文化中心，国会、中央政府、最高法院、各国使馆等机构均在海牙，海牙为事实上的政治首都。城市规划学家阿诺德在《城市规划百科全书》(*Encyclopedia of Urban Planning*)中曾经指出："一个国家的主要城市或城镇，一般说来是政治中心。但有时，一个国家被认为有两个首都，一个是政治中心，一个是经

---

① 黄怀信、张懋镕、田旭东：《逸周书汇校集注》卷 5《度邑解》，上海：上海古籍出版社，1995 年，第 502-513 页。

② 刘晓东：《天亡簋与武王东土度邑》，《考古与文物》1978 年第 1 期，第 92-96 页。

③ 林沄：《天亡簋"王祀于天室"新解》，《史学集刊》1993 年第 3 期，第 24-29 页；蔡运章：《周初金文与武王定都洛邑——兼论武王伐纣的往返日程问题》，《中原文物》1987 年第 3 期，第 90-99 页。

④ 张光直认为，"三代虽都在立国前后屡次迁都，其最早的都城却一直保持着祭仪上的崇高地位。如果把最早的都城比喻作恒星太阳，则后来迁徙往来的都城便好像是行星或卫星那样围绕着恒星运行。再换个说法，三代各有一个永恒不变的'圣都'，也各有若干迁徙行走的'俗都'。圣都是先祖宗庙的永恒基地，而俗都虽也是举行日常祭仪之所在，却主要是王的政治、经济、军队的领导中心。圣都不变，缘故容易推断，而俗都屡变，则以追寻青铜矿源为主要的因素"。张先生推定"大夏"(晋南)"商"(河南商丘)、周原为三代之"圣都"(《考古学专题六讲》，北京：文物出版社，1986 年，第 110-126 页)。张先生有关周原为西周圣都及其"圣都""俗都"功能有别的见解确有其合理性，亦与我们所讲的西周三都并存并重制度的论证相近。

济中心。”其他如玻利维亚的苏克雷与拉巴斯、瑞士的伯尔尼与苏黎世、巴西的巴西利亚与圣保罗、厄瓜多尔的基多与瓜亚基尔、摩洛哥的拉巴特与卡萨布兰卡等，均属这种模式。有的国家甚至存在三个首都。例如，南非行政首都为比勒陀利亚，是南非中央政府所在地，位于南非北部；立法首都为开普敦，是南非国会所在地，位于南非西南端，议会开会期间，政府各部移至这里办公；司法首都为布隆方丹，位于南非中部，是全国司法机构的所在地。这种双头制或多头制首都制度，是政治与经济功能分散叠加的首都模式，被称为“功能分散叠加的‘双头首都’模式”，它与现代民族制度及联邦制度相适应①。

多都制度是我国古代都城制度的重要特色。一般认为，多都制度必然有主辅之分，或一国不可能同时有两个首都，只能有一个首都，另一个应该称为陪都或别都、辅都之类。西周岐周、丰镐和成周三座都城的建立与存在，说明这种认识显然是不全面的。

事实表明，所谓多都制，在历史上，不仅有首都和陪都之类型，还有多都并存、并重的类型。作为古代都城制度中的一种特殊形态，这种多都并存、并重的关系，在后来的一些学者看来，应该属于首都与陪都或主都与辅都的关系，而在当时人看来，它们并无显著的区分。王莽建立东西两都时，其诏曰：“昔周二后受命，故有东都、西都之居。予之受命，盖亦如之。其以洛阳为新室东都，常安为新室西都。邦畿连体，各有采任。”②唐代以长安、洛阳为东西两都，在唐高宗看来，“两都，我东西宅”③。宰相李林甫对唐玄宗说：“长安、洛阳，陛下东西宫耳。”④苏颋《幸东都制》亦云：“设为两京，况称于帝宅，东幸西顾，乃其常也。”⑤这种多都并存、并重，在形态上与我们通常所认识的陪都制度有某些相似之处，但它是很难完全用首都与陪都或主都与辅都的关系来涵盖和解释的，因为它是客观存在的一种都城制度，是我国古代前期国家政治、经济、军事诸方面的实际需要与政治宗教文化有机结合在地理空间上的反映，与“点”“面”结合的区域控制制度相适应。在这里，我们把它称为“多头制首都制度”或“多都并存、并重制”，以区别于多都制度的另一种形式——首都陪都制。因为古代多都制度的复杂性往往超出一般的观念框架，使习惯上的学术概念范畴确实难以包容古代多都制度的具体内容，而暂时又无法确立更为合理的科学术语，故用“多头制首都制度”（多都并存、并重制）的概念表述方式，留待以后进一步完善。

多头制首都制度（多都并存、并重制）情形下，各个都城的功能往往有一定的分工，其功能和作用不可能是完全一样的。就其核心功能而言，可能存在政治中心和军事中心的不同侧重；从都城的经济和文化等叠加功能看，也可能出现与核心功能分离的现象，即作为政治中心的都城，不一定必然都是经济、文化中心。都城功能的分离和分工，政治中心与经济中心、文化中心的不一致，空间上的政治中心分布与经济、文化中心分布

① 彭兴业：《首都城市功能研究》，北京：北京大学出版社，2000年，第82-85页。
②（汉）班固：《汉书》卷99中《王莽传》，北京：中华书局，1962年，第4128页。
③（宋）欧阳修、宋祁撰：《新唐书》卷100《韦弘机传》，北京：中华书局，1975年，第3944页。
④（宋）司马光：《资治通鉴》卷214《唐纪三〇》“玄宗开元二十四年”条，北京：中华书局，1956年，第6822页。
⑤（宋）李昉：《文苑英华》卷462《诏勅四》，北京：中华书局，1966年，第2350、2351页。

的不对称，在历史上是客观存在的。至于多都制下都城地位职能发生互换，并存、并重的国都或首都降为陪都，陪都升为并存、并重的国都或首都，在历史时期也曾发生过，例如，唐前期东都洛阳都级的变化。因此，判断一座都城的性质，还要根据其在不同时期发挥的作用和具有的不同地位而定。

南郊、太学与文化区：东汉洛阳城南文化区的研究

对中国古代都城空间结构的研究，学界已获得颇丰的研究成果。学者或从宫城、皇城、郭城、里坊、市场、城墙等古代都城的基本构成要素入手，或着力于都城政治空间、经济空间、军事空间、礼仪空间、社会空间、意象空间等都城基本空间功能分析为主线索的研究。相对而言，对都城文化空间和文化区的内容涉及较少，研究也多以都城空间建构的文化精义或象征意义为主。中国古代都城作为一座集国家政治统治、经济管理、文化礼仪活动、军事指挥于一体的历史活动平台①，统治者在宏观尺度上规划安排政治空间、经济空间、居住空间等各种活动空间，形成大的功能分区的空间建构行为，导致在分区空间尺度上，某些特定类型的人、活动、场所表现出一定程度的集聚，其主导的、共性的文化空间要素的积聚形成分区文化特色②，也是统治者标识正统或合法性、梳理社会秩序的一种极其重要的空间建构行为。

东汉自光武帝开始，在洛阳城南营建“三雍”和太学等礼制建筑，形成趋同或高度关联的“南郊礼制建筑群”，吸引皇帝、硕儒和太学生人群及其活动在时间和空间上的集聚，使这一区域聚集了许多都城文化功能，且其独有的人文环境和特色日渐成形并趋于突出，形成了更强烈的集聚，最终发展成为一个特色鲜明的知名文化功能区，姑称之为“城南文化区”。这不仅在都城空间结构上创我国古代都城规划建设之首例，而且在东汉曾经引领社风、学风，主导潮流，荟萃洛阳都城文化的精华。本文将讨论东汉洛阳城南文化区的形成，探究其形成的具体过程原因，分析这一文化区的基本特征，并由此理解东汉洛阳城空间结构所发生的变化，以及这一变化对东汉社会文化、中国古代都城及其空间发展的意义，以推动这一领域研究的深入。

一　东汉洛阳城南文化区的形成

东汉洛阳城是在承继前代西周、东周、秦及西汉城址的基础上修建发展起来的③，其平面略呈长方形，南北长约 4.5 公里、东西宽约 3 公里，故有“九六城”之称。城内主要作为宫殿、禁苑、仓库、官署及达官贵人宅第等使用，以南、北宫为主的宫殿区占据了城内 1/3 以上的面积。城的四面开设有 12 座城门，出了城门即是郊区。所谓“东汉洛阳城南”，就是指东汉时期洛阳城平阳门以南到古洛河北岸的郊区。光武帝修建洛阳

① 刘庆柱：《中国古代都城考古发现与研究》，北京：社会科学文献出版社，2016 年，第 37 页。

② 王承旭：《城市文化的空间解读》，《规划师》2006 年第 22 卷第 4 期，第 73-76 页。

③ 钱国祥：《汉魏洛阳故城沿革与形制演变初探》，杜金鹏、钱国祥主编：《汉魏洛阳城遗址研究》，北京：科学出版社，2007 年，第 396-411 页。

城以来，这里就已有了“南郊”之名，并且有居民在此居住、耕田。东汉洛阳城南文化区的形成便是在这片区域逐渐形成的。

首先，东汉洛阳南郊礼制建筑群的建立为城南文化区的形成提供了客观成长环境。

东汉南郊礼制建筑群主要包括南郊坛、明堂、辟雍、灵台和太学等（图 1），建于汉光武帝和明帝时期，前后历时 30 余年。南郊祭天，是东汉最早建立的祭祀建筑。建武二年（公元 26 年）正月壬子，光武帝“起高庙，建社稷于洛阳，立郊兆于城南”[①]。建武五年（公元 29 年），“乃修起太学”[②]。“起太学博士舍，内外讲堂，诸生横巷。”[③]建武二十七年（公元 51 年），建太学讲堂。建武中元元年（公元 56 年），“初建三雍”[②]，明帝永平二年（公元 59 年），三雍建成。三雍者，明堂、辟雍、灵台也。它们皆位于东汉洛阳城的南郊，古洛河北岸。其中，南郊坛在距洛阳城南墙正门平城门（魏晋、北魏时期称平昌门）外 7 里处。明堂位于今偃师市佃庄镇朱圪垱岗上村，在平城门外大道东侧，距平城门约 1000 米，与灵台夹道相对，东距辟雍约 150 米。辟雍位于今朱圪垱岗上村东，在开阳门外大道东侧，隔道与明堂东西相对，距灵台约 750 米。灵台位于今朱圪垱岗上村和大郊寨之间，在平城门外大道的西侧，距明堂约 80 米。太学位于洛阳城南郊开阳门外大道东侧，辟雍遗址东北方，今朱圪垱岗上村东北的太学村一带[④]。在功能上，南郊坛用于汉帝祭祀皇天上帝典礼。明堂乃祭祀五帝和布政之宫。辟雍是帝王行射礼、养老礼，宣德化、拜经学博士的地方。灵台是观天象、望云气、察祥瑞、兴祭祀和执掌四时节气的场所。太学是当时都城中最重要的皇家学府，“夫太学者，礼仪之宫，教化所由兴也”[⑤]。经过汉初光武帝、明帝 30 余年的倾力建设，东汉洛阳城南郊礼制建筑初具规模，此后汉帝的南郊礼制建设主要是在此基础上的修缮和扩充。

东汉洛阳南郊礼制群的建设，是受西汉后期南郊制度的影响。西汉后期，经过多次改革，至王莽时不仅形成了在首都南郊举行的国家最高祭祀制度，即“南郊”[⑥]，也将国家祭祀建筑的重点定位在长安城南。不过，东汉的郊祀虽以“元始仪”为蓝本，却有所创新，在使南郊祭天更加系统化和正规化，国家祭祀真正走向南郊郊祀的同时，又增加了一些旨在希望天人秩序和谐、人伦教化和洽的礼仪[⑦]，重视规范、教化士人行为的仪礼建设，是东汉礼制建设的一个特点。因此，东汉不仅在洛阳城南郊建成了以三雍和太学为中心的礼制建筑群，而且礼制建筑壮观、齐备，各建筑之间既关系密切又各自分

---

① （南朝宋）范晔：《后汉书》卷 1 上《光武帝纪上》，北京：中华书局，1965 年，第 27 页。

② （南朝宋）范晔：《后汉书》卷 79 上《儒林列传上》，北京：中华书局，1965 年，第 2545 页。

③ （南朝宋）范晔：《后汉书》卷 48《翟酺传》，北京：中华书局，1965 年，第 1606 页。

④ 中国社会科学院考古研究所：《汉魏洛阳故城南郊礼制建筑遗址：1962—1992 年考古发掘报告》，北京：文物出版社，2010 年，第 348-366 页。

⑤ （南朝宋）范晔：《后汉书》卷 33《朱浮传》，北京：中华书局，1965 年，第 1144 页。

⑥ 田天：《西汉末年的国家祭祀改革》，《历史研究》2014 年第 2 期，第 24-39 页。

⑦ 杨英：《祈望和谐：周秦两汉王朝祭礼的演进及其规律》，北京：商务印书馆，2009 年，第 586 页。

离、功能明确，祭祀礼仪规范、严格。统治者常在这里进行重要的礼仪活动，不仅有大量官员随行，而且引来全国各地众多的儒生、士人等云集。三雍建成后，“明帝即位，亲行其礼。……坐明堂而朝群后，登灵台以望云物，袒割辟雍之上，尊养三老五更”。《后汉书·儒林列传上》记载当时情形：“飨射礼毕，帝正坐自讲，诸儒执经问难于前，冠带

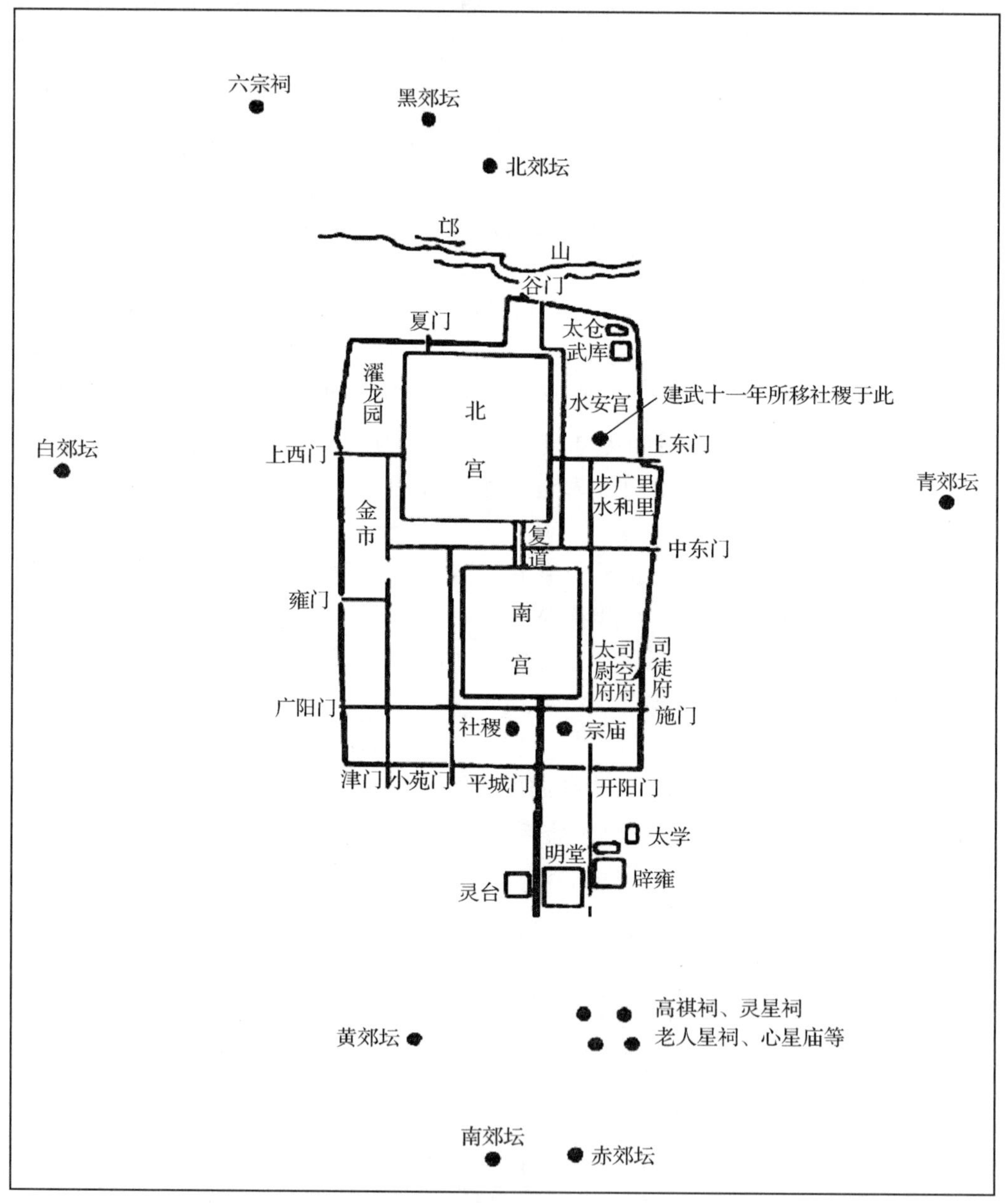

图 1　东汉洛阳城礼制建筑分布示意图

资料来源：姜波：《汉唐都城礼制建筑研究》，北京：文物出版社，2003 年，第 73 页。

缙绅之人，圜桥门而观听者盖亿万计。”“亿万”即10万[①]。旁听围观的群众多至以10万计，可见当时云集一时的盛况。三雍和太学得到东汉人的高度重视和极力推崇，不仅汉帝将它作为标志性政绩，屡加强调[②]，而且东汉赋家也把以三雍和太学为代表的礼制建筑看作洛阳城内标志性建筑，津津乐道，认为它最能体现洛阳城的建筑特点和文化品格[③]。正是由于南郊形成了一个比较完整的礼制建筑区，在文化氛围和居民人口结构上，构成了全新以礼制、教化为特色的发展空间和文化氛围，为城南文化区的形成营造了良好的社会环境和成长空间。

其次，洛阳城南文化区形成的初始因素固然与南郊礼制建筑区有关，但此后能形成一个相对稳定的、独立的文化区，则与太学的发展直接相关。

在东汉南郊礼制建筑群中，太学受到特殊重视，营建时间最早，“被誉为东汉立国的盛事之首”[④]，三雍营建则在政平人和之后，二者建设时间相隔26年。《后汉书·朱浮传》载其建武七年（公元31年）请广选博士书云：光武帝“宫室未饰，干戈未休，而先建太学，进立横舍，比日车驾亲临观飨，将以弘时雍之化，显勉进之功也”。《后汉书·儒林传序》亦云：“及光武中兴，爱好经术，未及下车，而先访儒雅，采求阙文，补缀漏逸。先是，四方学士多怀协图书，遁逃林薮。自是莫不抱负坟策，云会京师，范升、陈元、郑兴、杜林、卫宏、刘昆、桓荣之徒，继踵而集。于是立五经博士，各以家法教授。”建武五年（公元29年），光武帝平定齐地返回洛阳后，立即亲幸刚刚落成的太学，“幸太学，赐博士弟子各有差”[⑤]。建武十九年（公元43年），巡视太学，“会诸博士论难于前，（桓）荣被服儒衣，温恭有蕴藉，辩明经义，每以礼让相，不以辞长胜人，儒者莫之及，特加赏赐。又诏诸生雅吹击磬，尽日乃罢”[⑥]。这一尊师重教的做法，亦为以后多数汉帝继承和效仿。

光武帝重视太学，学者多将原因归结为其早年在长安太学游学、研习儒家经典的经历。如此解释固然不错，但关键还是刘秀看到了太学所具有的育贤士、明教化作用，也就是朱浮所说的“夫太学者，礼仪之宫，教化所由兴也”。它源于建议汉武帝“兴太学”的董仲舒的认识：“太学者，贤士之所关也，教化之本原也”[⑦]，即养天下正义明道之士以化民成俗。在汉代，太学和三雍都是具有一种礼仪与教化意义的文化设施，至王莽时，其建筑始分离，但在功能上仍有重叠之处。尤其是太学与三雍中的辟雍和明堂。如

---

① 王子今：《西汉长安的公共空间》，《中国历史地理论丛》2012年第27卷第1期，第72-83页。

②（南朝宋）范晔：《后汉书》志第7《祭祀上》、卷2《明帝纪》，北京：中华书局，1965年，第100、3166页。

③ 傅毅《洛都赋》：“近则明堂辟雍灵台之列，宗祀扬化，云物是察。”崔骃《反都赋》：“兴四郊，建三雍，禅梁父，封岱宗。”班固《东都赋》：“至乎永平之际，重熙而累洽。盛三雍之上仪，修衮龙之法服。铺鸿藻，信景铄。”又云：“于是荐三牺，郊五牲，礼神祇，怀百灵。觐明堂，临辟雍，扬缉熙，宣皇风，登灵台，考休征。”并于篇末附《明堂》《辟雍》《灵台》等诗，进行了专门的歌咏。张衡《东京赋》云：“造舟清池，惟水泱泱。左制辟雍，右立灵台。因进距衰，表贤简能。冯相观祲，祈褫禳灾。”

④ 于迎春：《秦汉士史》，北京：北京大学出版社，2000年，第287页。

⑤（南朝宋）范晔：《后汉书》卷1上《光武帝纪上》，北京：中华书局，1965年，第40页。

⑥（南朝宋）范晔：《后汉书》卷37《桓荣传》，北京：中华书局，1965年，第1250页。

⑦（汉）班固：《汉书》卷56《董仲舒传》，北京：中华书局，1962年，第2512页。

班彪说："太学、明堂、辟雍者，礼乐之府，诗书之林。"[①]郑玄云："明堂者，明政教之堂。"[②]《白虎通义》也有"辟雍所以行礼乐，宣德化也"[③]的说法。从功能上讲，太学与辟雍、明堂都是行礼乐的地方，又是宣德化，即通过祭祀礼仪教化臣民的场所。相较而言，太学的教化作用通过育贤士来实现，表现得更为专业、系统，更有利于建构洛阳为天子所居中心的共识，稳定已被破坏的社会秩序。因此，具有深厚儒学素养的光武帝，才急于在"宫室未饰，干戈未休"的状态下，以君权持续推动"太学空间重构"，招揽儒士，在离皇宫8里处兴建太学，扩大规模，建立起独立的太学机构和校舍。

根据陆机等的记载，光武帝新建太学的规模已超过西汉太学[④]。顺帝永建六年（公元131年），重修太学，"更开拓房室"[⑤]，历时8年，用工徒11万2千人，"凡所造构二百四十房，千八百五十室"[⑥]，且"多所构饰"[⑦]。可见当时太学规模之壮观。《后汉书·儒林列传》载，熹平四年（公元175年），"灵帝乃诏诸儒正定《五经》，刊于石碑，为古文、篆、隶三体书法以相参检，树之学门，使天下咸取则焉"[⑥]。所谓"学门"，即太学大门。李贤注："《谢承书》曰：'碑立太学门外，瓦屋覆之，四面栏障，开门于南，河南郡设吏卒视之。'"[⑧]《后汉书·蔡邕传》说："及碑始立，其观视及摹写者，车乘日千余两，填塞街陌。"[⑨]单是"学门"，便有可容"车乘日千余两"的规模，其太学空间的宏大由此可知。经考古发现的太学遗址达5万平方米[⑩]。太学内各种设施比较齐全，兼顾治学与生活。有专门的讲堂，陆机描述"讲堂长十丈，广三丈"，还有内外之分，称"内外讲堂"，可容数百人听讲；有专门的教师宿舍，即博士舍，有太学生宿舍，称"诸生横巷"。既可一人单住，也可几人同住一室，甚至可以偕家室同居。鲁恭"（年）十五，与母及丕俱居太学"[⑪]。室内较宽大，白天可开灶做饭，接待宾客，晚上可留客住宿。又如仇览"览入太学。时诸生同郡符融有高名，与览比宇，宾客盈室……后融以告郭林宗，林宗因与融赍刺就房谒之，遂请留宿"[⑫]。一座座长方形宿舍排列整齐，宇舍相连。十几个宿舍组合成一个院落，整个宿舍区环以围墙，四面各设一门，内部用廊道相连，形成一个独立的知识社区。

---

①（汉）班彪：《全后汉文》卷23，北京：商务印书馆，1999年，第230页。

②（汉）郑玄注，（唐）贾公彦疏：《周礼注疏》卷41《考工记》，《十三经注疏》，北京：北京大学出版社，2000年，第1349页。

③（清）陈立撰，吴则虞点校：《白虎通疏证》，北京：中华书局，1994年，第259页。

④《后汉书·光武帝纪》注引陆机《洛阳记》曰："太学在洛阳城故开阳门外，去宫八里，讲堂长十丈，广三丈。"又云："建武五年，初起太学，诸生子弟及民以义助作。"

⑤（南朝宋）范晔：《后汉书》卷48《翟酺传》，北京：中华书局，1965年，第1606页。

⑥（南朝宋）范晔：《后汉书》卷79上《儒林列传上》，北京：中华书局，1965年，第2547页。

⑦（南朝宋）范晔：《后汉书》卷30《郎顗传》，北京：中华书局，1965年，第1054、1055页。

⑧（南朝宋）范晔：《后汉书》卷79上《儒林列传上》，北京：中华书局，1965年，第2548页。

⑨（南朝宋）范晔：《后汉书》卷60《蔡邕传》，北京：中华书局，1965年，第1990页。

⑩ 中国社会科学院考古研究所：《汉魏洛阳故城南郊礼制建筑遗址：1962—1992年考古发掘报告》，北京：文物出版社，2010年，第348-366页。

⑪（南朝宋）范晔：《后汉书》卷25《鲁恭传》，北京：中华书局，1965年，第873页。

⑫（南朝宋）范晔：《后汉书》卷76《循吏列传》，北京：中华书局，1965年，第2481页。

太学的建立，造成了以博士、太学生为代表的士人在城南的聚集。东汉初，光武帝设博士五经14家为太学专任教师，是官方学术的代表。终东汉一朝，博士人数虽不多，但选用标准高，多是学有专长的名流学者、经师硕儒，因执掌学术，秩卑而位尊，可以参政议政，还可奉使出巡等，极易升迁，社会影响力很大。他们通常住在校区内各个博士舍中。此外，太学中还有大量的都讲、讲郎、主事、高第等教职人员。人数最多的是太学生，构成城南人口聚集的主体。东汉初太学生生员额及人数，史无明确记录。但从光武帝初兴太学，各地学子纷纷前来就学，“诸生横巷，为海内所集”[①]，以及明帝时亲临太学承讲，“冠带缙绅之人，圜桥门而观听者盖亿万计”的盛况，可窥其中太学生人数之多。至质帝本初元年（公元146年），达到顶峰，太学生增至3万余人。这在当时绝对是一个规模相当庞大的群体。有学者测算，太学生在全国总人口中所占比例，明帝时，每万人中有2人，顺帝时达到6人[②]。东汉后期洛阳城的总人口有20多万，加上附近人口，为40余万。若按40万计算，每万人中即有太学生750人。比例如此之高，世上罕见。这还未计太学生的家属。故北宋苏轼曾感慨：“学莫盛于东汉，士数万人，嘘枯吹生。自三公九卿，皆折节下之，三府辟召，常出其口。”[③]太学生中，除在京师有宅第的京官子弟无须住太学外，太学生一般均住在校内，有些也在校外另行赁屋居住，由于太学生不可能到很远的地方租赁房屋，故只能就近选择地方，当与太学房舍在同一区域。

东汉游学之风盛行。天子所居辇毂之下的太学，作为全国最大的学术、教育中心和养士储才的最高学府，是儒生士子为求知和谋职而游学的首选目的地。有学者统计，东汉可考游学者凡51人，来自全国30多个郡国，其中37人曾游学洛阳，且主要是游太学[④]。甚至有两次入游太学者，如范式“少游太学，为诸生”。“告归乡里”后，“式仕为郡功曹”，数年后，再“到京师，受业太学”[⑤]。清人赵翼说：“汉时，凡受学者皆赴京师。”[⑥]虽有夸张，但由于太学的开放式办学，东汉时“全国各地的知识士人都可以通过名人推荐、介绍到太学来游学拜师，或者纯粹来太学发表争论见解。《后汉书》各传中存在大量‘自诣太学’者，而史书上大量的‘游太学’者更占到东汉太学生的主要部分”[⑦]，形成浩浩荡荡的游学大军。游学者当然不会像太学生那样常居城南，但游学者中会有相当部分人在一段时间居住和活动于洛阳城南。而且由于洛阳城内主要是宫城、官署、官邸等设施，他们也很难住在城内。太学无疑为四方游士提供了绝佳的社交机会，以及聚会议事、“游谈其中”[⑧]的最佳场所。

与太学及太学生相关的一些重要场所也是太学生的重要活动范围，在太学发展过程

---

①（南朝宋）范晔：《后汉书》卷48《翟酺传》，北京：中华书局，1965年，第1606页。
② 马大英：《汉代财政史》，北京：中国财政经济出版社，1983年，第250页。
③（宋）苏轼：《南安军学记》，李之亮笺注：《苏轼文集编年笺注》（诗词附2），成都：巴蜀书社，2011年，第164页。
④ 刘太祥：《汉代游学之风》，《中国史研究》1998年第4期，第43-55页。
⑤（南朝宋）范晔：《后汉书》卷81《独行列传》，北京：中华书局，1965年，第2676-2678页。
⑥（清）赵翼撰，栾保群、吕宗力校点：《陔余丛考》，石家庄：河北人民出版社，1990年，第281页。
⑦ 胡克森：《汉代太学入学方式演变考察》，《邵阳学院学报》2004年第3卷第5期，第104-107页。
⑧（南朝宋）范晔：《后汉书》卷76《循吏列传》，北京：中华书局，1965年，第2481页。

中，发挥着独特的作用。有学者在讨论太学与辟雍关系时，指出："东汉的太学生数量不断增加，而辟雍大部分时间处于空闲中，可能慢慢也变为太学生学习的场所。""在明帝以后，辟雍已包括太学生的活动范围之内。"[①]与太学相邻的明堂、灵台中有太学生也会是一个习见现象。附近出售各种经籍、传记及杂书的书肆也是太学生经常光顾的地方。《后汉书·王充传》记载："（王充）家贫无书，常游洛阳市肆，阅所卖书。一见辄能诵忆，遂博通众流百家之言。"东汉洛阳城主要有金市、马市和南市三大市场。王充等常去的"洛阳市肆"，史书未确指属何市场。但南市距离太学最近，《河南志·东汉京城图》标注其在明堂以南。南市很可能是为迎合居住在城南一带人们的需要而形成的[②]。城南太学生和读书人多，南市中出现书肆是很自然的事。由此可见，太学生居住和活动范围已远超出太学本身，大体涵盖了包括太学和三雍在内的数平方千米的区域。

太学生大量聚集洛阳城南，城南成为东汉乃至全国知识最为密集的区域，使这一区域形成了与洛阳其他城区大为迥异的社会风貌。从太学生种类上说，主要有博士弟子和受业弟子两类。前者系正式生，后者为非正式学生，后者可经过考试等一定程序，转为正式生。正式生享有官俸和免除赋役的特权，非正式生则需费用自理；从年龄上说，既有年满 18 岁的风华少年，也有六七十岁以上的老者，还有十二三岁天资聪颖的少年太学生；从地域上说，太学生来自全国各地，有来自京师的，也有许多是来自京师以外的，甚至"匈奴遣伊秩訾王大车且渠来入就学"[③]。有统计显示，东汉时期太学生籍贯可考者凡 71 人，涉及 28 个地区，其中来自齐鲁周宋、河北西部、三辅、蜀地与淮南吴越五个学术先进地区 42 人，占总数的 59.2%，其他地区 29 人，占总数的 40.8%[④]，可见生源范围之广；从社会地位上说，太学生中有政府官吏，也有一般士人；有官宦子弟，也有平民子弟。有生活优渥、衣食无忧的太学生，也有家境贫寒、生活窘困，靠勤工俭学或他人资助来维持生计和学业的太学生。来自各地、不同阶层的太学生在城南大致自成一个整体，有共同的特征。他们大多经过太常选拔、地方举送、名人推荐，或是察举明经科未被录取的学者，怀揣着对拜师求学和谋求名利的强烈追求。在太学期间，他们大多勤奋好学，丰富了文化知识，提高了学术造诣，精通儒家经典，为以后的发展奠定了坚实的文化基础。同时又注重广交师友，加强社会联系，拜师求学，与当朝官员和社会名流形成师承关系，提高了社会声誉，积累了踏入社会、步入仕途的人脉资源。太学生与仕途之间基本不存在无法逾越的鸿沟，即使出身贫寒的太学生，学业有成，通过考试或察举之路，也有机会入仕为官，或成为精通儒经的当世名儒。由于他们大多来自全国各地，受学业时间的限制，具有流动性、游移性的特征，长期处于流动之中，始终是一个流动着的群体，其中很大一部分人学成毕业后会返回乡里教书或担任郡县长吏，也有一部分人通过征辟等途径留在洛阳。正是这支数量庞大、长流不息的太学生群体及其独特的求学、谋职的流动生活方式，大大增加了学子、士人从全国各地交会在城南的机会，

① 张继海：《汉代城市社会》，北京：社会科学文献出版社，2006 年，第 271、272 页。

② 李久昌：《国家、空间与社会——古代洛阳都城空间演变研究》，西安：三秦出版社，2007 年，第 445 页。

③（南朝宋）范晔：《后汉书》卷 32《樊准传》，北京：中华书局，1965 年，第 1126 页。

④ 鲁伟：《汉代太学生探讨》，吉林大学硕士学位论文，2008 年，第 37 页。

逐渐构筑以太学为中心的社交圈与社会关系网络，即所谓的“京城社会”[①]，促成他们之间的认同与共同遵循的礼仪，在学术、政治、思想、文化等各方面形成一个较为统一的整体，使城南地区形成了独具一格的社会生活风貌，也必然会形成其独特的文化环境和区域文化，并对东汉王朝的发展产生深刻的影响。

二　东汉洛阳城南文化区在都城史和文化史上的意义

东汉洛阳城南文化区以南郊礼制建筑发端，因庞大的太学生聚集而逐渐形成和兴盛。作为东汉统治者的一项都城空间体制和文化建设的重要措施，洛阳城南文化区荟萃洛阳都城文化之精华，影响及于当时和后世。这里仅就它在中国都城史和都城文化史上的地位略述一二。

首先，从中国都城史来看，洛阳城南文化区的形成和兴盛进一步完善了古代都城制度及其功能，提升了都城的文化意义。

通常来说，古代都城是古代王朝政治、经济、文化的中心，但在中国早期历史中，政治都城的发展往往表现出先有宫室体制，后来才逐步完善城市体制的过程[①]。早期王（皇）权追求的是实用性宫殿的规模、数量及大力扩展宫殿的分布范围。数量有限的礼仪、文化设施，如宗庙、明堂等，在空间上包含在宫殿或其周围，谈不上形成趋同或高度关联的都城文化区。直到西汉末王莽“建郊宫、定祧庙、立社稷”[②]，国家祭祀专属于都城和天子，完成了汉成帝以来对汉长安城都城空间体系的文化架构，“京师地区具有了权力行为、礼仪行为（当然还有民生活动）的完整性”[③]。不过由于王莽在位时间短暂，南郊礼制建筑制度初步确立不久，新莽政权就被推翻，“天下散乱，礼乐分崩，典文残落”，“四方学士多怀协图书，遁逃林薮”[④]，所立明堂、辟雍、太学等礼制建筑也在战火中被焚毁。因此，汉长安城并未形成独立的礼制建筑区或文化区。

东汉洛阳城南文化区虽也由南郊礼制建筑发端，但随着太学的兴盛，学者、太学生如过江之鲫，纷至沓来，造成这一区域人口的增殖及人才的聚集，原来以礼仪文化为主的南郊礼制建筑区，逐步发展为一个融礼制文化、经学文化和太学文化等多种类型文化为一体的新兴文化区。其间，虽在汉和帝、汉安帝时期因太学的短暂衰败而出现波折，但很快恢复并走向发展高峰，具有旺盛的文化活力和丰富的城市社会生活，并且在政治、经济、文化上与洛阳城融为一体。而聚集城南的学者、太学生又以经师的练达和儒生壮志提升了城南的文化内涵和知名度，滋养了洛阳城南绚丽的区域文化，对东汉王朝产生重大影响。这在中国古代都城发展史上还是第一次。

洛阳城南文化区的形成和兴盛，是东汉统治者都城空间体制和文化建设的一项重要

---

① 甘怀真：《汉唐间的京城社会与士大夫文化》，邱仲麟主编：《中国史新论》（生活与文化分册），台北：联经出版事业股份有限公司，2013 年，第 169 页。

②（汉）班固：《汉书》卷 99 中《王莽传》，北京：中华书局，1962 年，第 4106 页。

③ 唐晓峰：《君权演替与汉长安城文化景观》，《城市与区域规划研究》2011 年第 3 期，第 17-29 页。

④（南朝宋）范晔：《后汉书》卷 79 上《儒林列传》，北京：中华书局，1965 年，第 2545 页。

措施。光武帝在规划与建设洛阳城时，将南郊礼制建筑纳入其中，以轴线推进都城整体空间结构和都城功能的完善。建武二年（公元 26 年），“起高庙，建社稷于洛阳，立郊兆于城南”。高庙与社稷按照“左祖右社”的周礼原则被置于皇宫左右。随后，又相继修建太学和三雍等礼制建筑，分布在洛阳城南郊平城门大街的左右两侧。平城门是光武帝建武十四年（公元 38 年）在接近南宫的南城墙上新开的一道门，北对南宫。南宫规模最大的前殿崇德殿和洛阳城墙也完成于这个时间。显然这是精心规划设计的结果。《后汉书·灵帝纪》李贤注云：“平城门，洛阳城南门也。蔡邕曰：‘平城门，正阳之门，与宫连，郊祀法驾所从出，门之最尊者。’”[①]平城门是汉帝南郊时出发的城门，在洛阳四面十二门中最为尊贵，是唯一享有与宫门同等待遇的城门。平城门与南郊坛相距 7 里，为方便祭祀，又专为汉帝修建了“南北郊路”，路面常年保持整洁[②]。它与南宫大朝正殿、南宫门和平城门间的南北大道相连，构成了洛阳城的南北向中轴线。这样，原来缺乏都城重要内容的洛阳城南，因南郊礼制建筑的建设而显现出异乎寻常的意义，又因中轴线的贯通，而成为整个都城空间体系的一部分。原来主要通过建筑景观的象征意义来体现文化意义的都城，出现了独立的文化空间，文化中心的地位有了现实的显性表达，都城制度及其功能更加完善。

东汉洛阳城南文化区的形成和兴盛也在一定程度上促进了城南地区的发展。据班固《西都赋》记载，光武帝修建洛阳城时，城外还是“外则因原野以作苑，填流泉而为沼，发苹草以潜鱼，丰圃草以毓兽”的荒野。《后汉书·杨震传》也说，此时有许多居民聚居于城南，并且耕种有土地。文化区的形成逐渐改变了这一状态。以往人烟稀少的洛阳城南，因太学的建立和学子、士人的聚集及相互结交走动而变得熙熙攘攘，改变了当地长久以来的景观和文化面貌，形成洛阳都城的主要文化聚散地，对洛阳都城的发展具有深刻的影响。同时，人数众多、远道而来的弟子集中在城南，必然会形成一个庞大的消费群体。虽然太学博士有俸禄，太学生可免除摇役，但师生的日常教学和生活消费，如笔墨纸砚、衣食住行等都需要自理，这些消费要在当地进行，因此太学周围的商品市场较为繁荣。这里既有南市这样的综合性大市场，也有书肆这样的图书专业市场，还有房屋租赁和雇工佣作现象。师生既可以在市中购买所需之物，还可以出售从家乡带来的物品。到书肆看书、买书、卖书和交换图书更是太学生的经常性活动。针对家境贫寒的太学生勤工俭学需求，甚至出现了佣书这样的职业。东汉名臣桓荣、李郃、公孙瓒等读太学时都曾以佣书为生。“洛阳的区域文化特色，最突出者，有经商的传统。”[③]“东京学者猥众。”[④]庞大的太学师生消费群体和消费行为，在很大程度上促进了洛阳市场的繁荣和经济的发展，影响和丰富着洛阳都城文化特色。

其次，从都城文化史上看，洛阳城南文化区的形成和兴盛加速了洛阳成为全国文化中心的进程。

---

①（南朝宋）范晔：《后汉书》卷 8《灵帝纪》，北京：中华书局，1965 年，第 339 页。

②（南朝宋）范晔：《后汉书》卷 78《宦者列传》，北京：中华书局，1965 年，第 2537 页。

③ 王子今：《西汉长安的公共空间》，《中国历史地理论丛》2012 年第 27 卷第 1 期，第 72-83 页。

④（南朝宋）范晔：《后汉书》卷 79 上《儒林列传上》，北京：中华书局，1965 年，第 2548 页。

一般来说，作为全国政治中心的都城，也是文化中心。但秦及西汉的政治中心在关中，文化中心则在东方的齐鲁，政治中心与文化中心分离。东汉时，随着都城的东迁和洛阳及其周围文化的发展，才改变了这一分离局面，文化与政治中心合二为一[①]。在这一改变中，洛阳城南文化区的形成和兴盛，推动了洛阳学术、教育的兴盛，使城南成为学术、教育和知识阶层的重要活动区域和聚集地，成为全国的学术、教育中心，影响着都城文化的发展，加速了洛阳成为全国文化中心的进程，也影响着全国文化的发展。这主要表现在以下几点。

一是培育了大量文化人才，促进了都城文化人才的繁盛。南郊三雍和太学的建设以及城南文化区的兴立，使洛阳作为文化之都有了坚实的根基和鲜明的旗帜，它以优越的文化环境、优秀的师资和良好的教学条件，形成了济济洋洋、"诸生横巷"的文化盛况，培养造就了大批文化人才。《后汉书·儒林列传》所载东汉名儒中，受业于太学而成为一代名儒者有杨政、任安、杨伦、魏应、杨仁、李育、张驯、郑玄等。东汉名家学者多数有求学太学的经历，如崔骃、崔瑗、崔琦、贾逵、班固、傅毅、梁鸿、申屠蟠、杨终、刘陶、张衡、高彪、王充等。他们不但有丰厚的著述和高深的学术造诣，还是一专多能、全面发展的博学人才。著名的班固是史学家，又是文学家，还是经学家。王充是思想家、教育学家，又是文艺理论家。张衡既是科学家，又是文学家、书画家和经学家。崔瑗是著名的书法家，又是深通天文学和易学的学者。《后汉书·儒林列传》说"东京学者猥众，难以详载"，反映出洛阳文化人才之丰盛。繁若群星的文化人才汇集洛阳，不仅为洛阳构筑了文化大厦，而且营造了浓郁的文化氛围，使之成为全国思想文化的荟萃之地和交流中心，洛阳的文化地位日渐提高，并得到社会广泛的认可。这在永平年间的都邑赋中有比较集中的体现。崔骃在《反都赋》中以国士心态褒美洛阳文化，赞其独一无二的人文优势[②]。又作《河南尹箴》礼赞洛阳"风化攸兴"令"万国承流"，以洛阳为中心的华夏"劲强""是从是横"于天地之间[③]。这距光武帝时关中耆老仰视长安、睥睨洛阳而挑起迁都风波，不过几十年，无疑反映了随着洛阳都城的文化建设，士人阶层对洛阳政治与文化中心地位的接受、认同和弘扬。

二是促进了经学教育的空前繁荣，推动了儒学的发展。太学作为东汉儒学教育的最高学府，汇集了全国最优秀的经学师资，"然经义之专门名家，惟太学为盛"[④]。朝廷又以儒学取士用人，皇帝本身也多有长期的儒学修养，好经学、能讲论，这种状况，自然会引起"士之向学者，必以京师为归"[④]。到太学求学读经风气的日益浓重，经学之风盛行都内，许多学者、太学生只把经学研究看作正途。太学逐渐呈现出全国经学文化教学和研究中心的气象，代表着当时全国文化发展的主流。许多学者、太学生的学术水准在太学和都城的环境中得以升华提高，成长为著名的经师，甚至一代儒宗。马融自幼生长在洛阳，精于训诂，注释《周易》《尚书》《毛诗》《三礼》《论语》《孝经》等，使古

① 卢云：《汉晋文化地理》，西安：陕西人民教育出版社，1991年，第64页。

②（汉）崔骃：《反都赋》，（清）严可均辑，许振生审订：《全后汉文》，北京：商务印书馆，1999年，第441页。

③（汉）崔骃：《河南尹箴》，（清）严可均辑，许振生审订：《全后汉文》，北京：商务印书馆，1999年，第449页。

④（清）赵翼撰，栾保群、吕宗力校点：《陔余丛考》，石家庄：河北人民出版社，1990年，第282页。

文经学达到成熟阶段，他成为东汉古文经学集大成者。贾逵入京师、游太学，著《春秋左传解诂》《国语解诂》，成为古文经学派的代表性人物。郑玄少游洛阳太学，融汇今古经文诸说，遍注群经，《十三经注疏》中《毛诗》《三礼》注即采用郑注，也是东汉经学的集大成者。太学的学术中心地位由此可见一斑。经师硕儒还广收门徒，大批学子聚集在其周围，结成一种以师承关系为纽带的文化团体，成为学术文化发展的主导力量，如经学大师卢植、郑玄等即出自马融门下。在东汉诸帝和经学大师推动下，上至皇宫，下至郊野，"全民习经"成为一大文化景观，以致护卫禁军"期门羽林介胄之士"都能通《孝经》章句。经学由此进入"极盛时代"[①]。诚如《后汉书·儒林列传》所论："自光武中年以后，干戈稍戢，专事经学，自是其风世笃焉。其服儒衣，称先王，游庠序，聚横塾者，盖布之于邦域矣。"洛阳政治文化中心的地位也因儒学在洛阳的发扬光大和儒学社会化而更加鲜明，同时得以巩固。永平年间，班固等所作赋论对洛阳形象的尊崇是很好的例证。在班固的《东都赋》中，洛阳是一个"盛礼兴乐"，"天子受四海之图籍"，"同履法度，翼翼济济"的光辉形象，而长安则是"游侠逾侈，犯义侵礼"，"游士拟于公侯，列肆侈于姬姜"。[②]这其中虽有褒洛阳抑长安之意，却基本符合事实。因此得到傅毅、王景等的支持。他们的赋论文章可以理解为士人阶层对洛阳"盛礼兴乐"形象认同与赞美在文学上的表现。

三是推动了各地文化的发展，促成了区域文化的交流融合。聚集于洛阳城南的士人、太学生来自全国各地，他们在太学接受经学的教育和文化熏陶的同时，也把各地各具特色的文化成就带入都城，促进了洛阳文化的丰富和发展，对全国，尤其是区域间的文化交流融合也有积极的影响。许多人学成返回乡里，或任职州县，推行教化；或开门授徒，传播文化；或著书立说，钻研科学。他们的足迹几乎遍布各地。清代学者赵翼《陔余丛考》指出，东汉中期以降，由京师太学学成而归者，"各教授门徒，每一宿儒门下著录者至千百人，由是学遍天下矣"。地方官学也十分兴盛，出现"四海之内，学校如林，庠序盈门"[③]的盛况，在把洛阳都城文化传播到各地的同时，也促进了当地学术及文化的发展，起到了改变社会风气、提高社会文明的作用，促成了区域间的文化交流融合和跨地域共同文化的形成。有学者在分析东汉文化发达地区所出书籍与所占比重后，指出西汉时一些地区的文化特色，到东汉时基本不复存在，各地文化构成渐趋一致[④]。这与东汉一代经学鼎盛，文化传播广被各地有直接关系。其中洛阳无疑是最重要的文化传播源地。

---

① （清）皮锡瑞撰，周予同注释：《经学历史》，北京：中华书局，1959 年，第 101 页。

② （汉）班固：《东都赋》《西都赋》，（清）严可均辑，许振生审订：《全后汉文》，北京：商务印书馆，1999 年，第 236、239-241 页。

③ （汉）班固：《东都赋》，（清）严可均辑，许振生审订：《全后汉文》，北京：商务印书馆，1999 年，第 241 页。

④ 卢云：《汉晋文化地理》，西安：陕西人民教育出版社，1991 年，第 80-82 页。

北魏洛阳里坊制度及其特点

一　北魏洛阳里坊数目的确定

论及北魏洛阳城里坊制度的发展，首先不能回避北魏后期洛阳城到底有多少里坊这一基本问题。北魏时期，“里”“坊”混用。北魏洛阳城里坊数目，文献记载有三种说法。

《洛阳伽蓝记·城北》云：“京师东西二十里，南北十五里……庙社宫室府曹以外……合有二百二十里。”《魏书·世宗纪》曰：景明二年（公元 501 年）“九月丁酉，发畿内夫五万人，筑京师三百二十三坊，四旬而罢”。同书卷 18《太武五王·广阳王嘉传》载：“嘉表请于京四面，筑坊三百二十，各周一千二百步，乞发三正复丁，以充兹役，虽有暂劳，奸盗永止。诏从之。”

王仲殊根据当时的考古发现并结合《洛阳伽蓝记》的记载，绘出北魏洛阳外郭城平面图，认为“二百二十应系三百二十之误”[①]。但正如许多学者所指出的，根据王仲殊的复原图，包括洛阳内城全部里坊在内仅得 320 坊之数，而且图中还有一些里坊在北邙山及伊、洛河等无法建筑里坊的地区，因此，王仲殊的复原图与北魏洛阳城里坊的实际建制还有一定的差距。宿白经过对遗迹的勘探并与文献对比，指出：“北魏洛阳里坊数字，《洛阳伽蓝记》的记录可能是接近实际的。”[②]宿白的见解，所提证据比较充分，似可成为定论。宿白的见解最早发表于 1978 年。

近些年来，北魏洛阳城的考古发掘又取得了一些新进展，确定了东西北三面的郭城城墙遗址。郭城东墙遗址在今白村与前张村一带，现存长 1800 米、宽 8～13 米。其西距内城东墙 3500 米。郭城西墙遗址在今潘村东侧沿线，现存长 4400 米、宽 7～12 米。其东距内城西墙 3500～4250 米。郭城西墙外侧现存一壕沟，发掘者判断它当为文献中提及的“长分沟”（或张方沟）。郭城北墙遗址在今寨后村之北海拔 175 米处的邙山山麓上。北墙西段保存较好，20 世纪 60 年代尚高出地面约 2 米，残长 12.5 米、宽 13 米。与墙并行的壕沟宽 12.5 米、深 3.3 米，当为护城壕。郭城北墙南距北城北墙最近处仅 850 米。郭城南城墙的勘探工作尚未结束，但其南界可由考古勘查的古洛河位置决定。古洛河在今酒务村北向东延伸，经西郊与倪家庄之间，又东行经董圪垱村、杨庄村，然后经罗凹村南，再过四脚楼村南向东延伸[③]。《洛阳伽蓝记·城南》记载：“宣阳门外四里至洛水上作浮桥，所谓永桥也。”根据考古确定的古洛河位置，正对宣阳门的古洛河北岸

---

① 王仲殊：《中国古代都城概说》，《考古》1982 年第 5 期，第 505-515 页。

② 宿白：《北魏洛阳城和北邙陵墓——鲜卑遗迹辑录之三》，洛阳市文物局、洛阳白马寺汉魏故城文物保管所编：《汉魏洛阳故城研究》，北京：科学出版社，2000 年，第 462 页。

③ 中国社会科学院考古研究所洛阳汉魏故城工作队：《北魏洛阳外廓城和水道的勘察》，《考古》1993 年第 7 期，第 602-608 页。

在今大郊寨村西侧，与内城宣阳门的距离约为4里。根据考古勘察确定的外郭城范围，可见其东西距离在20里以上，南北距离因古洛河的曲折而有变化。若以洛河浮桥或浮桥以东的南界计算尚不足15里，而浮桥以西地区则可能超过15里。由于郭城南边没有发现城墙痕迹，估计当时可能以古洛河为天然屏障，不建城墙。据《洛阳伽蓝记·城南》记载，樊元宝受子渊之托前往灵台南，却发现“了无人家可问”，“但见高岸对水，绿波东倾”。这似也表明郭城南边确以古洛河北岸为屏障，并且临近河岸地区很少有居民里坊。此外，北魏洛阳城郭城范围还包括古洛河南岸宣阳门外大街延伸的两侧四夷里、四夷馆等里坊区。从郭城范围来看，若以一个里坊方1里计，郭城、内城总面积也只能容纳约300个里坊，何况还要除去大量的宫殿、庙社、官署、寺院等，故以220个里坊较为切合实际。新的考古勘察确定的郭城范围，进一步证明了杨衒之《洛阳伽蓝记》所载基本是正确的。

那么如何理解史籍记载中的矛盾呢？孟凡人在《北魏洛阳外郭城形制初探》一文中指出“《洛阳伽蓝记》所述二百二十里，是指洛河以北实有里坊数”，所谓“三百二十坊是指北魏洛阳城可容纳的里坊数”[①]。从上文的分析看，此说显然不通。张金龙亦著文，认为320坊是未筑前的方案，而220坊则是筑成之后的实际数字[②]。这种解释不无道理，可备一说。

二　北魏洛阳里坊的特点

北魏洛阳城继承了前代都城居民聚居区按里划分的制度，并有所发展、完善，从而使此时期的里坊布局更加规整化，管理更加严格化，对隋唐长安、洛阳里坊制度也产生了直接影响，具有承前启后的意义。北魏洛阳城里坊制度在各个方面多有发展、完善，主要表现在以下方面。

第一，里坊布局环绕宫城，益发呈棋盘格状化。

北魏洛阳城，废弃东汉南北二宫的结构，只保留北宫，把原来北宫南门外的正南大街（铜驼街）延长，穿过原来南宫基址，直到南城墙的宣阳门。改建后的宫城位于内城中北部适中略偏西的位置，宫城正殿、正门和宫城通向内城正门的南北大街在同一条直线上，形成全城的中轴线。中央官署和庙社等的布置发展了曹魏邺城置于司马门外的做法而集中布置在中轴线铜驼街两侧，宫城北部则改变了曹魏邺城苑囿区设在宫城西侧的做法，而集中于宫城北部，这就使北区的布局更趋规整。宫城东西两侧布局趋向整齐，形成了里坊从东、西、南三面环绕宫城的布局特点。考虑到城内地狭等问题，便沿袭平城的办法建外郭，以安排里坊和市场。外郭是在平地上兴建的，由于宫城集中在北区中部，城内形成东西大街和南北大街各三条纵横交错的棋盘格状布局。郭城的道路目前已探得南城开阳门、平昌门外二条，是城内大街的直线延伸。又在西郭上探得三个缺口，

① 孟凡人：《北魏洛阳外郭城形制初探》，洛阳市文物局、洛阳白马寺汉魏故城文物保管所编：《汉魏洛阳故城研究》，北京：科学出版社，2000年，第417页。

② 张金龙：《北魏洛阳里坊制度探微》，《北魏政治与制度论稿》，兰州：甘肃教育出版社，2003年，第303页。

正对内城西城上的三个门[①]。可见，各城门外道路也是直线延伸到郭城并通到郭门的。利用城内纵横各三条御道向郭中延伸，作为主干道，然后安排长宽各1里的里坊，形成外郭方正的轮廓和方格网街道系统。《洛阳伽蓝记》关于郭城内的里坊、佛寺、市场、桥等位置的描述，每每按出内城各城门御道的里数和方位来确指，这证明了洛阳城内里坊布局整齐划一的特点。北魏洛阳城内将外郭城大规模地辟为里坊区，大面积整齐统一地进行里坊布局，在外郭的规模和轮廓的方正上大大向前了一步。

第二，里坊分区益发等级化。

北魏洛阳城内城由于宫城、庙社、官署、苑囿、佛寺等占据了相当大的地域空间，因此里坊设置很少。而北城以北至郭城北垣的地区则因地处邙山南坡，地域褊狭，且“地形高显，下临城阙”[②]，大夏门外有阅武场、风光园等，故而里坊也仅见于广莫门外御道东的永平里和上商里。因此，里坊主要分布在郭城的西、东、南三面。据文献记载和考古材料的发现，西郭街道宽广，郭门雄伟，主要是皇室贵族、鲜卑系大官僚的居住区。其里坊和住宅大多分布在靠近主要大道的两侧，内迁的皇室贵族集中在靠近郭城西城垣的狭长地带，大约占去了30个里。居民里坊则主要分布在阊阖门外大街与西明门外大街之间，靠近邙山和洛河的地域里坊较少。西阳门外大街与西明门外大街之间形成了相当规整的里坊布局，近于棋盘化。东郭是汉族官僚和士庶的居住区，自建春门外大街北侧至清阳门外大街南侧，距内城东垣4～5里的地域，里坊分布较为集中，这一带纵横大街与里坊间的道路相互交错，表明可能已形成了棋盘格状的布局。在东郭的北端和南端则未见有里坊的记载，可能这些边缘地带是一般居民的居住区，里坊布局也不会很整齐。据考古发现，东郭的东西大街宽度普遍不如西郭，郭门门址也较狭窄，佛寺除个别较大外，其余均较小，表明东郭的地位逊于西郭。南郭分为洛河北岸和南岸两个部分。城南宣阳门外御道以西洛河以北占地面积较大，但里坊很少。洛河北岸东侧主要为“三雍”、寺院等所占据，至灵台以南，就“了无人家”了，这表明城南至洛河北岸地区主要为礼制建筑区。洛河南岸主要是相对独立的四夷里区，里坊以由内城宣阳门延伸至伊水北边的圜丘全城中轴线为轴，作东西对称分布。这一带主要安置四方归顺的居民，其地位低于东西郭。《洛阳伽蓝记·城南》“中甘里”云：“颍川荀子文年十三，幼而聪辨，神情卓异，虽黄琬文举，无以加之。正光初，广宗潘崇和讲《服氏春秋》于城东昭义里，子文摄齐北面，就和受道。时赵郡李才问子文曰：‘荀生住在何处？’子文对曰：‘仆住在中甘里。’才曰：‘何往？’曰：‘往城南。’城南有四夷馆，才以此讥之。”[③]可知，城南尤其是四夷里地区地位较低，是当时人的一般看法。故而，从齐归顺的齐王萧宝夤、车骑将军张景仁原居四夷里之一的归正里，后都以住此为耻，分别徙居永安里和孝义里。

据《洛阳伽蓝记》云，北魏末年洛阳城里的里坊编户数为“十万九千余”，若以一

① 段鹏琦、杜玉生、萧淮雁等：《洛阳汉魏故城勘察工作的收获》，《中国考古学会第五次年会论文集 1985》，北京：文物出版社，1988年，第94页。

②（北魏）杨衒之撰，范祥雍校注：《洛阳伽蓝记校注》卷5《城北》，上海：上海古籍出版社，1978年，第248、249页。

③（北魏）杨衒之撰，范祥雍校注：《洛阳伽蓝记校注》卷3《城南》，上海：上海古籍出版社，1978年，第178页。

户五口计算，总人口即达 54.5 万人。这些里坊编户居民，来源十分复杂。《隋书 · 经籍志》云："后魏迁洛，有八氏十姓，咸出帝族。又有三十六族，则诸国之从魏者；九十二姓，世为部落大人者，并为河南洛阳人。"此外，还有大量随迁的军队、佛教僧侣及洛阳的原住居民，相当数量从事商业和手工业的流动人口及从南方和四夷汇集的人口。从文献记载来看，这些人口在里坊的配置安排，总的原则是"四民异居"，具体而言，大致遵从以下三条原则。

其一，官位相从。《洛阳伽蓝记 · 城西》云："自退酤以西，张方沟以东，南临洛水，北达芒山，其间东西二里，南北十五里，并名为寿丘里，皇宗所居也，民间号为王子坊。"城内的 9 个里则全部为贵族高官们的居住地。一般平民均不得居住在城内。其中，铜驼街东侧的永和里是大官员聚居的地方，有名的贵族区。太傅录尚书长孙稚、尚书右仆射郭祚、吏部尚书邢鸾、廷尉卿元洪超、卫尉卿许伯桃、凉州刺史尉成兴等均居住于此，"皆高门华屋，斋馆敞丽，楸槐荫途，桐杨夹植，当世名为贵里"[①]。城内的衣冠里、凌阴里、治粟里等，则是中级官员聚居区，此与其所任官署的位置有关。此外，位于宜寿里、义井里、延年里、永康里等城内里坊是当时高级贵族官员们较集中的居住区。城外也是贵族官员们的重要居住区。据《洛阳伽蓝记》所载，北魏亲王和重要大臣大多居住在外郭，如城东东安"里内有驸马都尉司马悦、济州刺史分宣、幽州刺史李真奴、豫州刺史公孙骧等四宅"。昭德"里内有尚书仆射游肇、御史尉李彪、七兵尚书崔休、幽州刺史常景、司农张伦等五宅"。晖文"里内有太保崔光、太傅李延寔、冀州刺史李韶、秘书监郑道昭等四宅。并丰堂崛起，高门洞开"[②]。晖文里原为西晋时的马道里，李延寔宅实为蜀后主刘禅宅基。东为修和宅，是原吴后主孙皓旧基。李韶宅为晋之司马张华故宅。它如崇义里、孝敬里一样，也是豪宅林立。前述从齐归顺的齐王萧宝夤、车骑将军张景仁原居四夷里之一的归正里，后认为住在该里不光彩而移居，这正反映了当时洛阳按官位阶层区分居住地的真实情况。

其二，族类相依。据《隋书 · 经籍志》云，"后魏迁洛，有八氏十姓，咸出帝族。又有三十六族，则诸国之从魏者；九十二姓，世为部落大人者，并为河南洛阳人"，可见北魏迁都洛阳，在组织上还有相当部分保留着旧日的部落性质的军事编制，反映在里坊分配上，便有了族类相依的原则，像西郭的寿丘里、南郭的归正里、归德里、慕化里、慕义里等便以族姓为主。

其三，行业相聚。太和十九年（公元 495 年）北魏营建洛阳之初，中书侍郎韩显宗即上书，提出了里坊按职业集中分区居住的建议："古者四民异居，欲其业专志定也。太祖道武皇帝创基拨乱，日不暇给，然犹分别士庶，不令杂居，工伎屠沽，各有攸处；但不设科禁，久而混殽。今闻洛邑居民之制，专以官位相从，不分族类。夫官位无常，朝荣夕悴，则是衣冠、皂隶不日同处矣。借使一里之内，或调习歌舞，或构肄诗书，纵群儿随其所之，则必不弃歌舞而从诗书矣。然则使工伎之家习士人风礼，百年难成；士

① （北魏）杨衒之撰，范祥雍校注：《洛阳伽蓝记校注》卷 1《城内》，上海：上海古籍出版社，1978 年，第 60 页。

② （北魏）杨衒之撰，范祥雍校注：《洛阳伽蓝记校注》卷 2《城东》，上海：上海古籍出版社，1978 年，第 93、94、100 页。

人之子效工伎容态，一朝而就。是以仲尼称里仁之美，孟母勤三徙之训。此乃风俗之原，不可不察。朝廷每选人士，校其一婚一宦以为升降，何其密也！至于度地居民，则清浊连甍，何其略也！今因迁徙之初，皆是空地，分别工伎，在于一言，有何可疑而阙盛美！……帝览奏，甚善之。”[①]韩显宗的主张得到了明帝的赞允。据《洛阳伽蓝记》所载，除外郭西端 30 个里为皇族居住区外，在洛阳大市的四周每面各划出 2 个里，分别居住不同行业的工商货殖之人，其里坊的名字也多以所事行业为名。《洛阳伽蓝记·菩提寺》：“洛阳大市北奉终里，里内之人多卖死人之具及诸棺椁。”《洛阳伽蓝记·法云寺》：大“市东有通商、达货二里。里内之人，尽皆工巧，屠贩为生，资财巨万。”“市南有调音、乐律二里。里内之人，丝竹讴歌，天下妙伎出焉”，“市西有退酤、治觞二里。里内之人多酿酒为业”，“市北慈孝、奉终二里，里内之人以卖棺椁为业，赁輀车为事”，“别有准财、金肆二里，富人在焉。凡此十里，多诸工商货殖之民，千金比屋，层楼对出，重门启扇，阁道交通，迭相临望”。而北郭因地靠邙山，里坊很少，邙山上多黄土，所以这里的居民多以制造瓦器为业，京城瓦器便是上商里居民制作出来的。

第三，里坊形制益发规整化。

北魏洛阳里坊制是从汉代的闾里制发展而来的，但里坊在规模大小、空间形态上比前者更有规则。《洛阳伽蓝记》中有“方三百步为一里，里开四门”[②]。北魏的 1 步相当于今天的 5 尺。《魏书·释老志》说：“不听毁坊开门，以妨里内通巷。”由此可知，北魏洛阳城里坊的基本形制为一里见方，设有坊墙，内设十字街，并有小巷，四面开门。“京师东西二十里，南北十五里，户十万九千余。庙社宫室府曹以外……合有二百二十里。”这是我国古代都城建设史上第一次有计划地把居民的“里”整个建成，做出整齐的布局，规定了统一的规格[③]。此外，汉代里内只有一条南北道路，专司出入，里门则分居其两端，没有四门的迹象[④]。曹魏邺城里坊内是否设有十字街目前也不清楚。北魏洛阳四面开门，内设十字街，说明其里坊内部区划已具有了“四区”的格局，这是具有划时代意义的。它为隋唐长安、洛阳城里坊内“四区”和“十六区”区划打下了基础。

第四，里坊管理益发严格化。

北魏洛阳里坊较之前代实行了更加严格的管理，坊按时启闭，实行宵禁，实际上就是一座城中之城。“里开四门，门置里正二人，吏四人，门士八人”[②]，即每里有里正 8 人，吏 16 人，门士 32 人，共 56 人。这是至北魏孝明帝末年 1 个里的最基本的管理人员。任用如此之多的官员门吏，其目的自然是加强对里坊居民的控制与管理。一是政府便于控制居民，使毋逃散；二是政府可按户籍收税，保证政府支付。据《魏书·太武五王·广阳王嘉传》曰：“嘉表请于京四面，筑坊三百二十，各周一千二百步，乞发三正复丁，以充兹役，虽有暂劳，奸盗永止。诏从之。”《南齐书·魏虏传》曰：“什翼圭始

---

① （宋）司马光：《资治通鉴》卷 139《齐纪五》“明帝建武元年”条，北京：中华书局，1974 年，第 4350、4351 页。

② （北魏）杨衒之撰，范祥雍校注：《洛阳伽蓝记校注》卷 5《城北》，上海：上海古籍出版社，1978 年，第 349 页。

③ 杨宽：《中国古代都城制度史研究》，上海：上海人民出版社，2003 年，第 246 页。

④ 周长山：《汉代城市研究》，北京：人民出版社，2001 年，第 147 页。

都平城，犹逐水草，无城郭，木末始土著居处。佛狸破梁州、黄龙，徙其居民，大筑郭邑。……其郭城绕宫城南，悉筑为坊，坊开巷。坊大者容四五百家，小者六七十家。每南坊搜检，以备奸巧。”可知，北魏筑坊之始便是与控制被虏迁的民族、防备“奸巧”密切相关的。宣武帝末年，在河南尹甄琛的建议下，宣武帝又将里正由流外四品晋升至勋品，统管京师社会治安的六部尉为正九品，“以羽林为游军，于诸坊巷司察盗贼”①，进一步加强和完善了北魏洛阳城里坊管理制度。《洛阳伽蓝记·城南》云：“景明初，伪齐建安王萧宝夤来降，封会稽公，为筑宅于归正里。后进爵为齐王，尚南阳长公主。宝夤耻与夷人同列，令公主启世宗，求入城内。世宗从之，赐宅于永安里。”驸马迁居尚且如此，一般平民百姓便无这样的待遇了。北郭上商里，原为殷顽民聚居地，孝文帝改其名为闻义里。迁都之初，许多王公卿大夫住在这里，但因这一段不大体面的历史，后来先后迁出，只有造砖瓦者仍留居此地。民谣曰：“洛城东北上商里，殷之顽民昔所止。今日百姓造瓮子，人皆弃去住者耻。”②可见都城内居民迁移自由受到严格限制，变动居住地必须经过国家批准。

第五，里坊与市场结合益发紧密化。

东汉至魏晋时的洛阳设有三市，两市在郭内，城内一市在宫城西侧，其居住区里与市场规划安排已显露出二者结合的趋向。北魏洛阳废止城内之市，移市到城外郭中，其三大市场全部有计划地安排在主要居民区西、东、南三郭中人口稠密的里坊内，其中，洛阳大市置于西郭，在大市周围按工商业性质分设里坊。东郭设洛阳小市，市东有孝义里，市北有殖货里。市场规模不如西郭之大市，但也与东郭地位相符。南郭是礼制建筑区和相对独立的四夷里区，故而设于此的四通市性质也有别于大市和小市，为国际性的市场。这种布局不仅彻底打破了“前朝后市”的传统，而且使里坊与市场的配置程度更加密切，居住区与商业区混合或交叉存在，逐渐连成一片。

综上所述，北魏洛阳城里坊制度在继承前代的基础上，又有了新的发展，呈现出许多新特点，尤其是内城、外郭城形制的创建，使外郭城得以大规模地辟为规整的里坊区。按里坊制度布局与管理，是北魏洛阳城的创举，这也是中国古代都城建设史上第一次有计划地把都城居民的里整齐地建成。里坊制度自周代形成以来，至此基本定形。隋唐长安城、洛阳东都城都直接继承了北魏洛阳的里坊制度。不过，需要指出的是，北魏洛阳城里坊的规整，只是相对的，受旧有都城和具体地理环境的制约，在整体布局和性质统一方面尚未达到隋唐长安、洛阳城那样统一规整的布局。城内还存在着大小里坊的差别，像寿丘里、归正里等里坊都超过了一里见方的规定面积，所以全城里坊布局只能是类似棋盘格状布局。

---

①（北齐）魏收：《魏书》卷68《甄琛传》，北京：中华书局，1974年，第1515页。

②（北魏）杨衒之撰，范祥雍校注：《洛阳伽蓝记校注》卷5《城北》，上海：上海古籍出版社，1978年，第249页。

隋唐洛阳里坊制度考述

里坊是中国古代城市空间规划的基本单位，也是一种聚居方式和生活方式。作为一种制度，它在隋唐时期的长安、洛阳城中发展得最为完备。然而，由于受资料与学科视野所限，有关隋唐洛阳里坊制度的研究确是一个薄弱环节，一些涉及隋唐洛阳里坊的基本问题，如里坊的规模与数量、形态结构及其特征等还没有进行深入研究，笔者不揣浅陋，拟就这一问题略作探讨，以求教于方家。

一 隋唐洛阳里坊的规模与数量

隋唐洛阳城一改北魏洛阳城里坊遍布郭城和内城的做法，将居民居住的里坊全部集中在郭城内。隋炀帝时，一度改称为里，唐代又改称坊。但在唐人生活中，往往或称里，或称坊，有时坊、里并用，坊更近于城市化。《唐六典·尚书户部》曰："两京及州县之郭内分为坊，郊外为村。"《旧唐书·食货志上》曰："在邑居者为坊。……在田野者为村。"唐人苏鹗在《苏氏演义》中则进一步指明："坊者，方也，言人所在里为方。方者，正也。"又说："方，类也。"《易》曰："方以类聚，居必求其类。夫以药术为方者，亦以同类之物成乎方也。"这里不仅说明了"坊"由"里"演变而来的事实，而且指出了"里"称作"坊"的原因，以及"坊"的空间形态，即一个方形的地域空间。

文献中，关于洛阳坊市数字的记载并不一致。《隋书·地理志中》载："里一百三，市三。"《唐六典》卷7注："凡一百三坊三市。"《旧唐书·地理志》："都内纵横各十街，街分一百三坊，二市。"《大业杂记》记隋创东都制度："洛南有九十六坊，洛北有三十坊。大街小陌，纵横相对。"①洛河南北诸坊总数为126坊。上述四书均未列举坊市名称。《元河南志》虽记述唐代东都坊里名称、位置，但未计总数。徐松据以作《唐两京城坊考》文图自相抵牾，竟有110坊、111坊与113坊之记。一些学者利用出土唐人墓志铭考察东都里坊数目，又有109坊②、超过113坊③及至少应在128坊以上④之说。

自隋炀帝大业元年（公元605年）始建东都，到公元907年朱温代唐建立后梁、以汴京为都，洛阳作为隋唐东都历时近300年。应该说，随着都城建设的发展，特别是都城市场的迁徙兴废，东都洛阳里坊数目之变化肯定是有的，上述诸说便在一定程度上反映了这种变化情况。

---

①（唐）韦述、杜宝撰，辛德勇辑校：《两京新记辑校·大业杂记辑校》，西安：三秦出版社，2006年，第4页。

② 陈久恒：《"隋唐东都城址的勘查和发掘"续记》，《考古》1978年第1期，第361-380页。

③ 赵超：《唐代洛阳城坊补考》，《考古》1987年第9期，第835-842页。

④ 张剑：《洛阳出土墓志与洛阳古代行政区划之关系》，洛阳古代艺术馆编，赵振华主编：《洛阳出土墓志研究文集》，北京：朝华出版社，2002年，第133-162页。

隋炀帝营建东都，将宫城、皇城置于郭城西北角，全城以洛河为界划为南北两部分，以洛河以南、宫城皇城以东的洛北区东部和洛南区的全部为坊市区。洛北区东部以宣仁门至上春门（上东门）间东西大街和北城上喜宁门（安喜门）、徽安门内各一南北大街十字相交形成干道网，其间布置东西6坊、南北5坊，共计30坊。最南一列南临洛河，以其中部二坊之地立市，称通远市。洛南部分也按其面积以南北向的建国门（定鼎门）街、长夏门街、白虎门（厚载门）街和东西向的建阳门（建春门）街和迎春门（永通门）街相互交叉形成的干道网加以分割，安排里坊，共6行11列，计66坊。这样，加上洛北的30坊，以及后增筑的洛河南岸2行14小坊，除去通远市占去的2坊、丰都市4坊、大同市1坊，恰为103坊。这样的安排在文献中也是有据可查的。前引《旧唐书·地理志》云："都内纵横各十街。"东都街道十分规整，里坊由纵横街道组成。若据"都内纵横各十街"，依隋唐人习惯，除去东郭顺城街、白虎门（厚载门）街及城西南隅数坊，东西有10条南北街。同理，不计南北郭顺城街及洛河南岸两列小坊，南北也有10条东西向的横街，这纵横十街平面布局恰为洛河南，共6行11列，为66坊（丰都市居4坊），洛河北岸共5行6列，居30坊（通远市居2坊），共计96坊。其中除去隋初之丰都市4坊、大同市1坊、通远市2坊，共7坊，余为89坊；再合计洛南后增之14小坊，恰为103坊，实为《隋书·地理志》所指。《唐六典》所载循隋初之制。《旧唐书·地理志》所记"一百三坊，二市"既是因循旧说，加上唐代西市设置时间较短，故有"一百三坊、二市"之说。由此可见，《隋书·地理志》《唐六典》《旧唐书·地理志》所反映的都是隋及初唐的情况[①]。

唐贞观之后，东都里坊变动较大。就文献记载而言，因市场兴废引起的变化就有三次：一是贞观九年（公元635年）于南市之地增设永泰、临德二坊，而南市较贞观九年前的4坊仅保留一坊半；二是唐初在洛北临德里设置北市，废隋通远市，置铜驼坊；三是显庆中在隋末战乱中已废弃的大同市旧地设为民坊。武则天天授二年（公元691年）又在固本坊之地设立西市。"开元十二年废西市，取厚载门之西一坊地及西市入苑。"[②]中晚唐以后，洛河泛滥北移，一些坊不断分合移名，西南角处4坊也或设或并。到五代宋初时，形成了120坊[③]。但据洛阳等地出土的唐代墓志，还有相当数量的洛阳里坊在文献记载中付阙，如乐城坊（里）、润安里、隆化里（坊）、敬业里、弘敬里、患坊或患宫坊、三市里、上东里或上东门里、长夏里、建春里（坊）、徽安里、安喜里、肃春里、风信坊、故钱坊等。这些里坊中除乐城坊考证在南市北、通利里南外[④]，其他位置不得其详，其设置时间及其与其他里坊的关系均有待于进一步考证落实。

---

① 辛德勇：《隋唐两京丛考》，西安：三秦出版社，1991年，第156-159页。

②（唐）李林甫等撰，陈仲夫点校：《唐六典》卷7《尚书工部》，北京：中华书局，1992年，第220页。

③（清）徐松辑，高敏点校：《河南志》，北京：中华书局，1994年，第3页。

④ 李健超：《〈千唐志斋藏志〉校补唐两京城坊》，《汉唐两京及丝绸之路历史地理论集》，西安：三秦出版社，2007年，第329-342页。

二 隋唐洛阳里坊的形态结构

隋唐洛阳的里坊建设是按照都城建设规划进行的。在建筑规划中，先建宫城、皇城，再建郭城、开辟街道，尔后逐步建筑里坊。宫城，位于郭城之西北隅、皇城之北。皇城，围绕在宫城的东、西、南三面。郭城总体布局呈方形，设在皇城和宫城的东部和南部。郭城的东北隅和洛河南岸为里坊。郭城“内纵横各十街”，形成棋盘式格局。在洛河以南已探出南北竖街 12 条、东西横街 6 条，洛河以北探出南北竖街 4 条、东西横街 3 条。其道路系统的特点是交通方便、整齐有序。一般通向城门的大街都很宽，最宽的南北干道定鼎门大街又被称为“天街”，宽 121 米，隋炀帝尝“盛陈百戏”、唐中宗观“泼塞胡戏”、唐玄宗大集散乐，都是在这条街上举行的。其余的街道一般宽 41 米，宽阔通畅。但这些街道是土路，雨雪时交通不便；为了排水，路面中间高，两侧有水沟，沟外是坊墙。

城内纵横交错的笔直街道划分出布局整齐的里坊，面积大小基本相同，“每坊东西南北各广三百步”[①]，形制基本为正方形，折合今尺每坊的长宽均为 441 米。宿白认为，这可能是沿袭北魏洛阳城坊的形制[②]。考古勘探表明，洛阳里坊东西向为 470～520 米，南北向为 480～530 米（定鼎门西第二坊东西 415 米，南北 480～520 米）。若再减去坊墙与街道间的距离，考古所得的这个尺度就更接近文献记载的“方一里”了。史籍记载的尺寸大约是规划设计时的尺寸，或举其整数而言，在具体施工建设时，受地形和街道宽度不一致的影响，出现变动也属正常情况。例如，洛河两岸的里坊多是半坊，即应是受到洛河南岸所余面积的限制所致，因此沿河两排里坊的形制很可能不是正方形，而多变为南北比较狭窄的长方形。

里坊四周围有坊墙。根据近年考古勘探得知，洛阳坊墙厚度约在 4 米，均为夯土版筑。从文献记载来看，其高度大约不会超出常人肩部。《全唐文》卷 267 载有卢偁《对筑墙判》文：“洛阳县申界内坊墙因雨颓倒，比令修筑。坊人诉称：皆合当面自筑。不伏率坊内众人共修。”卢偁判云：“坊人以东里北郭，则邑居各异；黔娄猗顿，乃家产不侔。奚事薄言，伫遵恒式；既资众力，须顺人心。垣高不可及肩，板筑何妨当面？”同书卷 980 载阙名《对筑墙判》，命题同前，判文亦云：“广术颓墉，见铜驼之咫尺，仲尼数仞，无复及肩。”卢偁在中宗朝为右补阙，后迁秘书少监，开元时为修图书副使。唐代的判文，有虚拟的命题，也有实际的命题，在一定程度上反映了当时的情况。“垣高不可及肩”，说明洛阳坊墙远远低于长安坊墙 9 米左右的高度，可以方便地从坊外窥见坊内的情况。坊墙虽不高，但当部分坊墙坍塌时，坊人仍希望“当面自筑”，而不是由全体坊人共修。对此，卢偁还是要求坊人共修。当然，这可能是一般情形。也有官家出钱维修坊墙的情况。唐德宗“贞元四年二月敕，京城内庄宅使界诸街坊墙，有破坏，宜

① （清）徐松撰，（清）张穆校补：《唐两京城坊考》，北京：中华书局，1985 年，第 146 页。

② 宿白：《隋唐长安城和洛阳城》，《考古》1988 年第 6 期，第 409-426 页。

令取两税钱和雇工匠修筑，不得科敛民户”①。

坊墙上辟有坊门，坊门为重楼。《大业杂记》云：洛河“堤南有民坊，坊各周四里，开四门临大街。门普为重楼，饰以丹粉”②。《资治通鉴·隋恭帝义宁元年》注引《考异》亦云：“《略记》：三月……乙亥，密部众入自上春门……丙寅，烧上春门及街南北里门楼。”坊内居民出入必须经由坊门，坊门由坊正负责，“以时启闭”③。除正月开门观灯等特殊原因外，平时统一以鼓声为准，“昏而闭，五更而启”④，与城门的开闭时间同步。

洛阳里坊究竟开有几个坊门？《旧唐书·地理志》云“开东西二门”，是说诸坊只有东西二门，与长安皇城南朱雀街东西两侧的36坊相类。此说与其他文献记载相悖。《元河南志·西京记》云：“每坊……开十字街，四出趋门。”也与考古发掘结果不符。

20世纪50年代以来，考古工作者对隋唐都城里坊遗址进行了四次较大规模的发掘，其中三次在洛阳明教坊、履道坊、恭安坊⑤，从中可进一步窥见洛阳里坊的自身结构和基本形态。

明教坊是定鼎门街东最南面的一个坊，南靠郭城南城墙，西临定鼎门大街，北为宜人坊，东为乐和坊，现存北坊墙的西段240米和西坊墙的北段114米。坊墙系夯筑土墙，残宽1.4～2米。该坊中部有十字相交的东西向和南北向街道各一条，东西街长500米、宽14米，南北街残长340米（原长530米）、宽14米。四面坊墙中部开有四个坊门，东接坊东大街，西接定鼎门大街，南接南郭顺城街，北接永通门大街。考古实测的数字是以坊街实际保存的宽度即周围道路内侧计算的，实际还应当减去坊墙与街道间的距离，所以坊墙内的面积要比上述数字小。据文献及墓志记载，坊内有龙兴观，唐尚书右丞宋璟、国子司业崔融、河南府士曹参军崔同等曾在此居住⑥。

履道坊位于长夏门东第四街，因距朝、市都比较远，“居止稀少，惟园林滋茂耳”⑦，是一个名副其实的宁静幽美的居住区。当时这里居住了许多达官贵人。唐代大诗人白居易晚年就居住在履道坊，直至寿终。白居易在《池上篇·并序》中对履道坊环境及其宅院形制构造有记载详细：“都城风土水木之胜在东南偏，东南之胜在履道里，里之胜在西北隅。西闬北垣第一第即白氏叟乐天退老之地。地方十七亩，屋室三之一，水五之一，竹九之一，而岛树桥道间之。”⑧1992年，考古工作者对其宅院进行勘探发掘，发现履道坊的西侧自南而北有2条唐代水渠，且在西北隅汇合后转向东流，这与《唐两京城坊考》中所绘伊水渠的走向一致，而且能够与白居易诗句“徘徊伊涧上，睥睨嵩少傍”⑨相互印证。水渠间发现有一条坊间大道，宽8米余，坊内有十字路及小十字路。白居易宅

---

①（宋）王溥：《唐会要》卷86《街巷》，北京：中华书局，1955年，第1576页。

②（唐）韦述、杜宝撰，辛德勇辑校：《两京新记辑校·大业杂记辑校》，西安：三秦出版社，2006年，第4页。

③（宋）司马光：《资治通鉴》卷246《唐纪六二》“文宗开成三年”胡注，北京：中华书局，1956年，第7931页。

④（宋）王溥：《唐会要》卷25《杂录》，北京：中华书局，1955年，第474页。

⑤ 陈久恒：《“隋唐东都城址的勘查和发掘”续记》，《考古》1978年第1期，第361-380页。

⑥（清）徐松撰，李健超增订：《增订唐两京城坊考》（修订版），西安：三秦出版社，2006年。

⑦（清）徐松辑，高敏点校：《河南志》卷1《京城门坊街隅古迹》，北京：中华书局，1994年，第11页。

⑧（唐）白居易著，朱金城笺校：《白居易集笺校》卷69《池上篇》，上海：上海古籍出版社，1988年，第3705页。

⑨（唐）白居易著，朱金城笺校：《白居易集笺校》卷8《洛中偶作》，上海：上海古籍出版社，1988年，第452页。

第面积约合今 13.4 亩（1 亩≈666.67 平方米）。从白府墙基散水及残存建筑基址看，其布局南有厢房、北有上房，是一座有前后庭院的两进院落式庭院，后院是白居易及其家人的卧室、厨房，有一平面呈方形的中厅，东西两端有回廊与两面对称的东西厢房相连。在居住区之南，有引水渠与坊西侧的伊水渠相通，很可能就是南园中的池沼[①]。从考古发掘看，宅院的布局大体是宅门向西临坊里巷，西巷有伊水渠从南往北又东流去。园内水由西墙下引入，在园内周围绕流，于东北流出入于伊水渠。南面是园，有水池；宅第在东北，宅第西是西园。白府的这种布局可与白居易有关诗文相互印证，如《池上闲吟二首》《题新居，寄宣州崔相公》《北院》《闲坐》《池上作》等。白居易宅第在唐宋两代都是著名的园林。五代时，社会大动乱，履道坊年久失修。后唐庄宗同光二年（公元 924 年）改履道坊为普明禅院，北宋时称大字寺园。《唐两京城坊考》记述履道坊在隋代有乐平长公主宅、两京设计建造者宇文恺宅，唐代有源匡赞宅、高力牧宅、吏部尚书崔群宅。李健超《增订唐两京城坊考》又据出土墓志补充有中散大夫上柱国行成州长史张安宅、朝散大夫守汝州长史崔皑宅、泗州刺史赵本质宅、大夫行苏州司马上柱国张利宾宅、桂阳郡临武县令王训宅、邺郡成安县尉高故妻张氏宅、河南府洛阳县尉王师正官第、京兆府户县令李钧宅、吏部尚书崔群宅、太子太保分司东都赠太尉崔慎由宅。这些住宅目前尚不能确认其具体位置。但从中亦可说明，履道坊因环境幽雅，这里官宅密布，空间利用率十分高。

恭安坊位于定鼎门街东第三街，平面呈方形，总面积约 32 万平方米。坊内发现了两条分别呈东西走向和南北走向的街道，在中部呈十字交叉状，各长约 500 米、宽 8 米，应为当时坊内十字大街；坊的南部发现一段长 10 米的夯土坊墙和一处建筑遗址，可能是当时的一座坊门。在坊的东侧和西侧各发现一座居民院落，院落北围墙外发现一处蜿蜒曲折的水渠。

此外，在洛阳长夏门西第一坊归德坊、建春门南第三坊永通坊的考古勘探中，也发现了十字街的残迹。

据上述考古勘探，坊内十字街道的宽度诸坊并不一致，明教坊十字街宽约 14 米，而恭安坊十字街宽度仅约 8 米。

从洛阳里坊考古发掘情况看，隋唐洛阳里坊坊内辟有十字街，说明坊东、西、南、北四面皆有门，从而证实韦述所说为是。《太平御览·两京新记》云："宣风坊北街之西，中书令苏味道宅。"《唐两京城坊考》卷 5 亦有相同记载。《太平广记·崔元综》说：崔氏梦中相随一女子向"东京履信坊十字街西道北"。《太平广记·郑还古》云："郑还古，东都闲居，与柳当将军者甚熟。柳宅在履信东街，有楼台水木之盛。"宣风坊系洛阳定鼎门街西第一街由北至南第三坊。履信坊为洛阳长夏门之东第四街由北至南第六坊。文献中所言北街之西、街西、东街，可与考古发现洛阳里坊四门之制相互印证。

隋唐洛阳里坊的内部结构，以往多认为，其坊内是"四区"区划制，即一坊只有一个十字街，据此一坊分为四区，每面开一门，而不像长安里坊那样，在四区内再设十字街，形成"十六个区"的格局。考古钻探在履道坊内除发现了"大十字路"，即坊内十

① 赵孟林、冯承泽、王岩等：《洛阳唐东都履道坊白居易故居发掘简报》，《考古》1994 年第 8 期，第 692-701 页。

字街外，还发现坊内有“小十字路”，但因考古资料过于简单[①]，其具体内涵尚不清楚，但它说明洛阳里坊有可能在“四区”区划制外，还存在其他形式的区划，这应是无疑的。

明教坊、履道坊和恭安坊的考古发掘，对研究隋唐洛阳里坊布局、建筑形制及民居结构，以及当时人们的生活习惯等都有重要意义。然而也有些问题并未得到答案。历史文献记载洛阳里坊有十字街，有些住户住在坊的四隅。那么在四隅的住户如果没有环墙内侧的街道或里巷，他们是如何出入的？沿坊墙内侧究竟有无街巷？明教坊和履道坊白居易宅第的考古发掘并无对履道坊西北隅是否有街巷、小巷、曲做出解释。因此，要回答这一问题，还需要从文献中寻找线索。

据《太平广记・韦安道》记述：韦安道“唐大足年中，于洛阳早出，至慈惠里西门，晨鼓初发，见中衢有兵仗，如帝者之卫。……时，天后在洛，安道初谓天后之游幸。时，天尚未明，问同行者，皆云不见。又怪衢中金吾街吏，不为静路。久之渐明，见其后骑一宫监，驰马而至。安道因留问之……宫监但指慈惠里之西门曰：‘公但自此去，由里门，循墙而南，行百余步，有朱扉西向者，扣之，问其由，当自知矣’。安道如其言扣之。久之，有朱衣官者出应门曰：‘公非韦安道乎？’曰：‘然。’官者曰：‘后土夫人相候已久矣。’遂延入”。《唐两京城坊考》《慈惠里》条亦录有《异闻录》事。

《太平广记・李娃传》亦云：某举子“以乞食为事。……时雪方甚，人家外户多不发。至安邑东门，循里垣，北转第七八，有一门独启左扉，即娃之第也。生不知之，遂连声疾呼……娃自閤中闻之，……连步而出。……娃前抱其颈，以绣襦拥而归于西厢”。慈惠里在洛阳长夏门东第二街自北向南之第一坊，紧靠洛河北岸。从武则天大足年（公元 701 年）中韦安道在慈惠里的活动和《李娃传》所记之事，证明洛阳慈惠里和长安安邑里一样均有坊墙内侧之街巷。

《太平广记・李林甫》云：“平康坊南街废蛮院，即李林甫旧第也。”《长安志》《次南平康坊》条曰：“东南隅右相李林甫宅。”《唐两京城坊考》卷 3 注引《开天传信录》亦有相同记载。所谓东南隅，即东南角，按理自然不会靠近坊内十字纵街的南段，由此可证明坊内四隅的住户应是从环坊内侧的街巷出入的。

洛阳里坊是否和长安一样拥有坊内巷、曲？巷、曲是坊内仅次于街的坊内通道，居民住宅就分布在诸巷、曲之内。它的出现，应是在坊内多于“四区”区划制的基础上形成的。因为四门之坊的十字街把坊分为 4 个部分，有 4 个十字巷，又把坊分为 16 部，形成诸多的曲。前面我们已经说明了洛阳里坊皆为四门之坊，考古发现也证明履道坊内有大小十字街。这就意味着隋唐洛阳里坊存在巷、曲。下面看一下文献记载的实例。

《唐会要・街巷》载：“开元十九年六月敕：京洛两都，是惟帝宅，街衢坊市……其有公私修造，不得于街巷穿坑取土。”

《旧唐书・哀帝纪》天祐二年（公元 905 年）敕云：“洛城坊曲内，旧有朝臣诸司宅舍，经乱荒榛。……其都内坊曲及畿内已耕植田土，诸色人并不得论认。”

《太平广记・韦丹》记韦丹受胡芦先生之邀往访元长史事，说二人“相与策杖至通

---

① 履道坊发现“小‘十字路’”一事，仅见王岩《洛阳唐城履道坊开展大规模考古发掘》（《中国文物报》，1993 年 8 月 1 日，第 1 版）中的一句话，正式发表的履道坊考古报告中未提及此事。

利坊，静曲幽巷，见一小门，胡芦先生即扣之。食顷，而有应门者开门延入，数十步，复入一板门，又十余步，乃见大门，制度宏丽，拟于公侯之家”。

《太平广记•李及》云：“李及者……所居在京积善里。……及寻途自还，久之至舍。见家人当门，不得入，因往南曲妇家将息。”

《全唐文•歌者叶记》说：“至唐贞元元年，洛阳金谷里有女子叶，学歌于柳巷之下。”通利坊为洛阳长夏门之东第二街由北至南第二坊；积善里是洛阳定鼎门街西第一街由北至南第一坊。

从上述记述中，我们可以看出，隋唐洛阳里坊的街巷布局应是有东西南北大街，有环坊墙内侧的街巷，还应有其他一些小的巷、曲。十字街加上小的巷、曲相隔，构成了洛阳里坊的内部结构。居民住宅就分布在诸巷、曲之内。据曹尔琴、马得志研究[①]，长安里坊巷的宽度 2 米有余，曲则更狭窄一些。洛阳里坊面积普遍小于长安，以此推测，其坊内的巷、曲也理应窄于长安。自然，这还有待于考古发现的证实。

三　隋唐洛阳里坊的特色及其形成原因

隋唐洛阳里坊是在北魏里坊制度健全和隋唐长安里坊制度的基础上发展起来的，但由于受到主客观条件的影响与约束，与长安相比，也有一些区别，并形成了自己的特色。

第一，里坊空间分布方面。隋唐长安城的里坊设在宫城、皇城东西南三面的郭城内，以朱雀大街为轴线左右对称。隋唐洛阳城里坊则分布在宫城和皇城的东面及南部，南北两部分里坊分布不全对称，全城里坊整体未能形成像长安那样沿都城中轴线定鼎门大街两侧左右对称、规整的布局。

第二，里坊形制面积方面。隋唐洛阳里坊大小基本相同，面积稍小。隋唐长安城里坊平面形制均呈长方形，各坊面积较大且大小也不完全一致，按面积大小可分为五类：最大的皇城东西两侧 12 坊，南北长 808.5 米，东西宽约 955.5 米，面积有 0.77 平方千米；最小的朱雀大街东西两侧的 18 坊，南北长 514 米，东西宽 477 米，面积约 0.25 平方千米[②]。而洛阳里坊平面形制基本呈方形或近方形，面积大小基本一致，每边各 300 步，面积稍小。这明显是受到北魏洛阳城里坊形制和规模的影响。宿白说，这是洛阳故都（北魏洛阳城）旧制的恢复[③]。

第三，里坊基本形态和自身结构方面。隋唐长安里坊之门有东西二门制和东西南北四门制两种，其坊内区划因此也有南北“二区制”和东西南北“十六区制”。洛阳里坊只有东西南北四坊门，没有东西二门制。虽然考古勘探在履道坊内发现了大小双重十字街，透露出洛阳里坊可能存在“四区”以上分区方式的信息。但目前考古发掘也显示，洛阳里坊基本上还是“开十字街，四出趋门”，其坊内区划分为四个区域，每面各开

① 曹尔琴：《唐代长安的里坊》，《人文杂志》1981 年第 2 期，第 83-88 页；马得志：《唐代长安与洛阳》，《考古》1982 年第 6 期，第 640-647 页。

② 朱士光：《古都西安——西安的历史变迁与发展》，西安：西安出版社，2003 年，第 294 页。

③ 宿白：《隋唐长安城和洛阳城》，《考古》1978 年第 6 期，第 409-426 页。

一门。

形成隋唐洛阳里坊特色的原因是错综复杂的。归纳起来，大致有以下几个方面。

第一，宫城、皇城位置变化的影响。隋唐时期都城空间最大的变化，便是皇城的出现，这一变化使古代都城“封闭式”空间结构更加深化，不仅宫城与皇城分开，而且与居民所在的郭城隔离，所有官吏私邸和百姓住宅一律都建在郭城的里坊之中。宫城在皇城中的位置影响到皇城的整体空间结构，而皇城在都城中的位置又影响到郭城中里坊的分布特征。长安城宫城的位置被固定在全城北部中央，全城以宫城、皇城南朱雀大街为中轴线，将郭城分为东西两大部分，所有的里坊分列在朱雀大街的左右两侧，通称为“左街”或“右街”，由此形成了里坊东西完全对称的棋盘式格局。而洛阳宫城和皇城位于都城西北隅的高地上，南接全城主街定鼎门大街，形成全城主轴线。由于主轴线偏西，都城向南、向东发展，洛河横贯全城，将整个都城分为南北两部分，里坊和市场只能在东部和南部布局。宫城和皇城位置的变化决定着里坊空间分布的基本构架。

虽然洛阳里坊布局在对称、规整方面逊于长安，但就洛阳里坊局部规划所追求和表达的对称、规整布局而言，二者仍有异曲同工之妙。洛南西部，在宫城南方布置 4 行东西向并列、每行 6 列，共有 24 坊，与宫城、皇城同宽，形成以定鼎门大街为中轴线的东西对称，这和长安在宫城前布置 4 行坊东西并列以象征四季的意图是相通的。“都内纵横各十街”，如果除去洛河南岸 2 行小坊和城西南隅数坊，余下的洛阳里坊，其平面布局是和长安城一样规整的。

第二，都城规划思想因素。隋唐两代选择洛阳为东都，是出于军事上便于控制关东和江南、经济上仰赖东南地区的供给的考虑，因而洛阳都城规划具有较浓厚的控御色彩。洛阳里坊面积以一里为规格的划法使其较长安城里坊小了许多，这样的里坊面积，更便于对里坊居民进行控制和管理，同时也表明其对洛阳里坊居民的控制更加强化；而里坊各开四门的做法，在一定程度上也有利于活跃和繁荣工商业。

第三，地理环境因素。洛阳城北依邙山，西有涧水，南有伊水，瀍水从城北部中央稍偏东的地方流入。洛河由城的西南流入城内，穿城而过，流向东北，将全城分为南北两部，形成洛河北部西宽东窄、南部东宽西窄的地理格局。这样，洛阳城的宫城难以设在皇城中央偏北处，而不得不把宫城、皇城安排在洛河北岸西侧地域宽敞、高爽处。而宫城的位置又决定了轴线的位置偏西。里坊只能偏离轴线，在东部、南部发展。如果不是地理条件的限制，那么洛阳城应该和长安城里坊的布局一样。洛阳城的东部、南部，地势较为平坦，在平地上建设规划里坊，又以长安模式为参照加以改进，避害趋利。洛河南岸两排小坊的安排，是受洛河南岸所余土地面积所限而为，而这种小坊的形式应是受到长安小坊设计的影响。

隋唐洛阳城里坊住宅时空变化与环境的关系

隋唐洛阳城是我国古代封建社会进入鼎盛时期的隋唐两代的东都，大量人口聚居于此。据《唐六典》等文献记载和考古勘探，洛阳城里坊总数有 109 坊 3 市，即洛河南 81 坊 2 市（西市、南市），洛河北 28 坊 1 市（北市）。住宅占据了里坊内部空间的最大部分。在人地关系中，里坊住宅的发展和变化往往蕴含着该时期特定的自然与人文环境变迁的信息[①]，前人于此虽曾有所涉及，惜未能充分展开。本文拟利用作者新统计的资料，探讨隋唐洛阳里坊住宅时空变化的特点，以期反映这一时期人类住宅发展、变化与环境的关系。

隋唐洛阳城里坊住宅，清人徐松《唐两京城坊考》中，记有洛阳贵族官吏名人住宅 273 处（其中隋代 36 处、唐代 237 处），开专题住宅录之先河。遵循徐松的做法，一些学者发掘古籍文献记载、考古调查成果及新出碑志资料，对洛阳里坊住宅进行了大量的增补和考订[②]。但是，因存在错漏和统计标准及资料来源等方面的差异，尤其是近些年来，洛阳等地又出土了不少墓志，提供了大量的新的住宅材料，对里坊居民的记载更接近全貌，故本文重新进行统计，增补大量新出墓志中住宅资料，统计整理出隋唐洛阳里坊各种住宅 1672 处。虽然，今后随着新出文献和墓志，这一统计数字还会有所变化，但就已统计的隋唐洛阳里坊住宅，选取的有效资料全是文献和墓志资料中有明确记载的。其中，又以墓志资料为主，因此，我们的统计应该能够反映隋唐洛阳里坊住宅的大致情况。

一　隋唐洛阳城里坊住宅的时空变化

（一）隋东都洛阳时期

大业元年（公元 605 年）三月，隋炀帝命宇文恺营建东京洛阳，历时 1 年有余，至大业二年（公元 606 年）正月营建完成。同时，又迁徙洛州郭内人及天下诸州富商大贾数万家，以实洛阳，又在江南诸州调发上户富裕人家分房迁入东都，凡 6000 余家，名为“部京户”。建成后的东都，成为全国政治经济中心，聚集了大量人口，其总数不下 50 万人，洛阳里坊住宅也有了大的发展。从文献中辑出可考证出年代和地点的隋洛阳里坊住宅共 79 处（图 1）。在宅主有确切逝世年代的 56 处住宅中，除 2 处为隋文帝时期的外，其余 54 处宅主逝世时间均在隋炀帝大业年间。这与洛阳住宅大量建设于大业年间的史实相吻合。其居住空间分布的特点如下：①疏密不均，呈现局部簇群状的分布特点。从图 1 可以看出，洛南永通门东西两侧一列里坊、洛河南岸两列和北岸一列里坊住宅分布很少，大多

---

① 任云英、朱士光：《近代西安城乡居住空间结构及其形态特征初探》，《西北大学学报》（自然科学版）2005 年第 2 期，第 216-219 页。

② 徐松撰，李健超增订：《增订唐两京城坊考》（修订版），西安：三秦出版社，2006 年；辛德勇：《隋唐两京丛考》，西安：三秦出版社，1991 年；阎文儒、阎万钧：《两京城坊考补》，郑州：河南人民出版社，1992 年；杨鸿年：《隋唐两京坊里谱》，上海：上海古籍出版社，1999 年。

数住宅集中在洛北东城东门宣仁门至上东门间东西大道两侧里坊、洛南宫城皇城以南的定鼎门两侧里坊和长夏门南北纵街中部里坊，形成住宅簇群状分布景象。洛南永通门东西两侧一列里坊住宅稀疏，大概与隋建东都时边远之坊建设仅制定了界标而未最终完成有关。②在上述呈簇群状分布的里坊形成高官、皇族集中居住区，由于此区主要是皇族、高官聚居区，有显著的社会空间隔离特征，也有全坊为贵族、高官住宅所占的，如隋权臣杨素占洛北上东门内路南游艺坊（唐时改积德坊）全坊之地。③在上述皇族、高官聚居区的外围，形成一些依职业聚居的里坊住宅区。例如，洛水以南十二坊，大业三年（公元 607 年）“冬，十月，敕河南诸郡送一艺户陪东都三千余家，置十二坊于洛水南以处之”。胡三省注云：“艺户，谓其家以技艺名者。陪，助也。”[①]这批被迁至洛阳的居民主要是手工业者。④隋丰都市附近出现簇群状里坊住宅，住宅密疏与市场关系初露端倪。

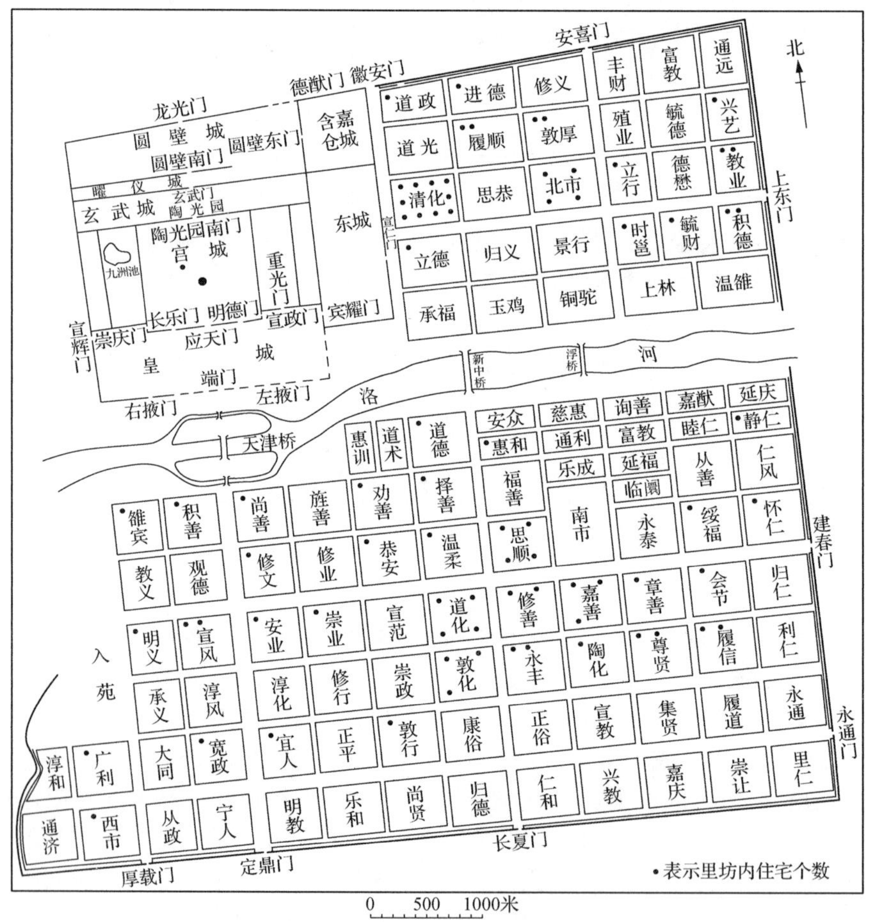

图 1 隋东都洛阳里坊住宅分布示意图

里坊名系唐代名称

资料来源：根据中国社会科学院考古研究所洛阳工作队《“隋唐东都城址的勘查和发掘”续记》图十（《考古》1978 年第 6 期，第 373 页）改绘。

---

① （宋）司马光：《资治通鉴》卷 180《隋纪四》“炀帝大业三年”条，北京：中华书局，1956 年，第 5634 页。

（二）唐初至高宗前期

唐初至高宗前期是指从唐朝建立（公元618年）至唐高宗显庆二年（公元657年）39年的时间。如此划分，主要是从洛阳都城建置方面考虑。唐初沿袭隋制，洛阳曾有短暂时间被称为东都，名义上处于陪都地位。不久，在武德六年（公元623年）废东都之制，以为洛州，对洛阳城进行了人为的破坏，仅存宫城和仓城。唐太宗时，开始对洛阳的地位与功能进行调整，贞观五年（公元631年）下令在隋东都紫微城旧址建洛阳宫。洛阳地位开始上升。唐高宗显庆二年（公元657年），诏改“以洛阳宫为东都，洛州官吏员品并如雍州”①，洛阳复为唐之东都。从文献中辑出的这一时期，洛阳里坊住宅共有164处（图2），较之隋代增加了1倍多。据统计资料和图2显示，这一时期住宅分布的特点如下：①隋代形成的住宅疏密不均，局部呈簇群状的分布特点更加突出；②受洛阳政治地位下降的影响，原有的宫城皇城以南的定鼎门两侧里坊和长夏门南北纵街中部里坊的皇族、高官聚居区此时已不存在；③里坊住宅呈簇群状依附南市（隋丰都市）的现象继续存在；④高官、贵族住宅数量急剧减少，一般官员及居民数量大幅增加。

（三）高宗后期至玄宗前期

高宗后期至玄宗前期指唐高宗显庆二年（公元657年）十二月诏改洛州为东都至唐玄宗天宝元年（公元742年）二月诏改“东都为东京”②，约有85年的时间。自显庆二年，洛阳再次升为东都，与长安合称“东西二宅”，政治地位与长安并列。其间，高宗7次幸洛，居东都14年。自显庆五年（公元660年）至中宗神龙元年（公元705年），武则天先是辅佐高宗处理国政，继而独揽朝纲，改唐为周。都城地位提高，城市建设相应提上日程。除拓建官署、增筑上阳宫、翻新神都苑外，其余对于城门的修建、改建与完善及洛水中桥的新修等，史不绝书。与里坊住宅关系最大的便是增筑了隋炀帝时期仅有短垣的外郭城，并改称外郭城为金城，“其崇丈有八尺”③，大大加强了防御功能，更显壮丽景观。神龙元年（公元705年）正月中宗复辟，复以洛阳为东都。唐玄宗时，因关中饥馑乏粮常率百官就食洛阳，频繁来往于东西二京，居洛10余年，洛阳地位等同长安。故东都仍保持兴旺。直到天宝元年（公元742年）二月，唐玄宗诏改东都为东京。高宗后期至玄宗前期是洛阳历史上发展最好的时期，尤其是武周时期洛阳城进入了它的黄金时代，城市和住宅建设都有了突飞猛进的发展。从文献中辑出这一时期的洛阳里坊住宅数量有985处（图3），几占全部已知住宅数量的60%，是隋唐洛阳城可考里坊住宅最多的。据统计资料和图3显示，这一时期住宅分布的特点主要如下：①住宅数量激增，呈现出整体满天星斗与局部簇群状的景象。一方面，由于城市发展，住宅数量激增，洛阳城内里坊除城西南突出的四个里坊及洛河北岸一列个别里坊外，住宅向全城扩张，分布犹如满天星斗，散落在全城各处；另一方面，自隋代以来形成的住宅簇群状分布特

① （宋）司马光：《资治通鉴》卷200《唐纪一六》“高宗显庆二年”条，北京：中华书局，1956年，第6308页。

② （宋）欧阳修、宋祁撰：《新唐书》卷5《玄宗本纪》，北京：中华书局，1975年，第143页。

③ （宋）欧阳修、宋祁撰：《新唐书》卷38《地理二》，北京：中华书局，1975年，第982页。

点更加明显，在洛北，东城东门宣仁门至上东门间东西大道两侧里坊、洛南建春门东西向横街两侧、长夏门南北向纵街两侧住宅分布尤其密集。②在南市和北市周边诸坊形成住宅密集分布现象。③在洛南，宫城皇城以南的定鼎门两侧各二排里坊，在洛北，东城东门宣仁门至上东门间东西大道两侧各坊，再次形成高官、贵族聚居区，而北市多为贫民聚集之地。④胡人多数居住在北市和南市周边的一些里坊，其中又以南市诸坊为多。

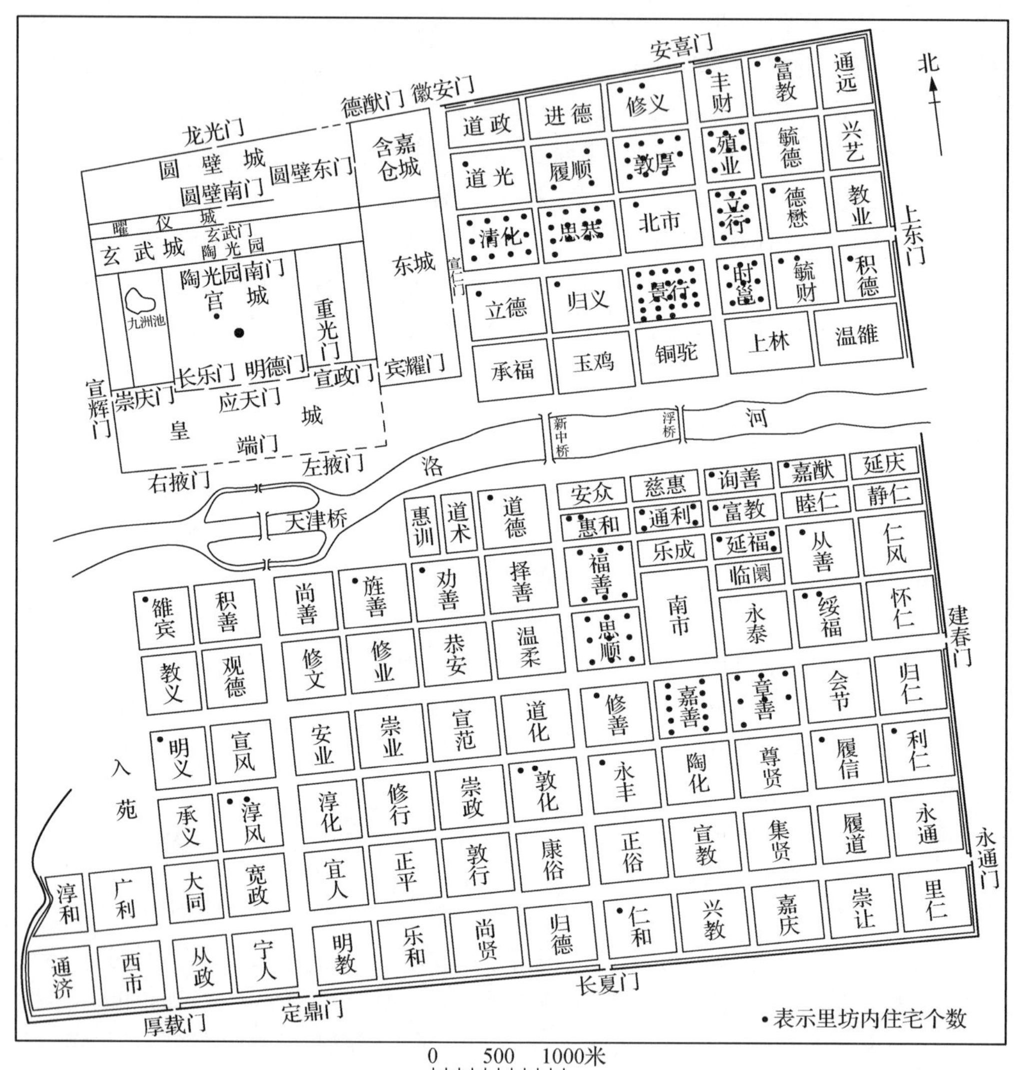

图2　唐初至高宗前期洛阳里坊住宅分布示意图

资料来源：根据中国社会科学院考古研究所洛阳工作队《“隋唐东都城址的勘查和发掘”续记》图十（《考古》1978年第6期，第373页）改绘。

（四）唐后期

唐后期特指唐玄宗天宝元年至唐灭亡的时期（公元742～907年）。这样划分的理由，一方面是以唐玄宗天宝元年（公元742年）二月诏改东都为东京为标志，此后，洛阳虽保有陪都之名、都城之尊，却不再成为全国的政治中心，城市地位大幅下降。尤其是安史之乱后，肃宗以后的各朝皇帝再也没有像高宗、武后那样长驻东都，甚至连巡幸也很少。另一方面，安史之乱给洛阳带来的破坏极为严重，“东都凋破，百户无一存”，西起宜阳，东止成皋，包括洛阳在内的五百里中，“见户才千余，居无尺椽，爨无盛烟，兽游鬼哭”[①]。乱后的洛阳虽有所恢复，但“大底居人少”[②]，远没有达到乱前兴旺繁华的程度。唐昭宗天祐元年（公元904年）正月，宣武节度使朱全忠火烧长安宫殿，挟持唐昭宗迁往洛阳。洛阳成为唐代唯一国都，已是唐末乱世，不久唐亡。此一时期从文献中辑出的洛阳里坊住宅共444处（图4）。其分布特点如下：①住宅分布仍呈满天星斗状，但不仅数量上大大低于上一时期，而且许多里坊内的住宅数也普遍减少；②在城东南角，即长夏门以东的南面三列十五坊，以及郭城东边形成仕途失意者和文人学者聚居区。

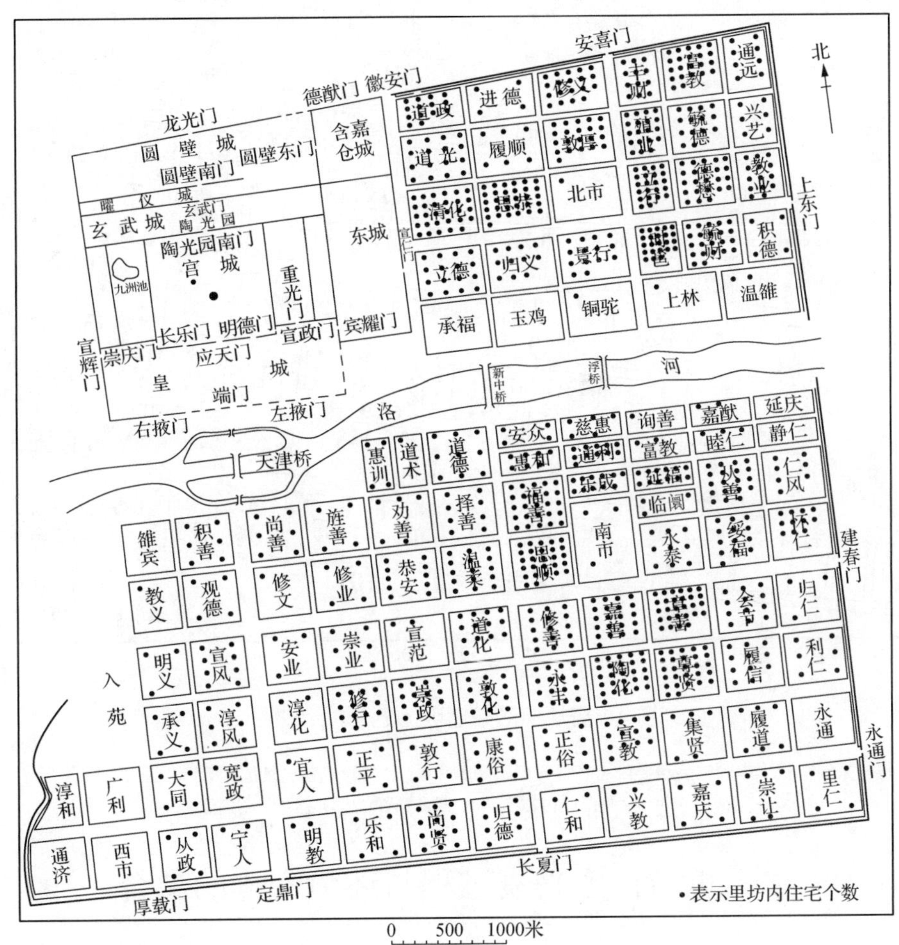

图3　唐高宗后期至玄宗前期洛阳里坊住宅分布示意图

资料来源：根据中国社会科学院考古研究所洛阳工作队《“隋唐东都城址的勘查和发掘”续记》图十（《考古》1978年第6期，第373页）改绘。

① （宋）欧阳修、宋祁撰：《新唐书》卷149《刘晏传》，北京：中华书局，1975年，第4794页。

② （唐）元稹：《全唐诗》（增订本）卷411《送刘太白》，北京：中华书局，1999年，第4573页。

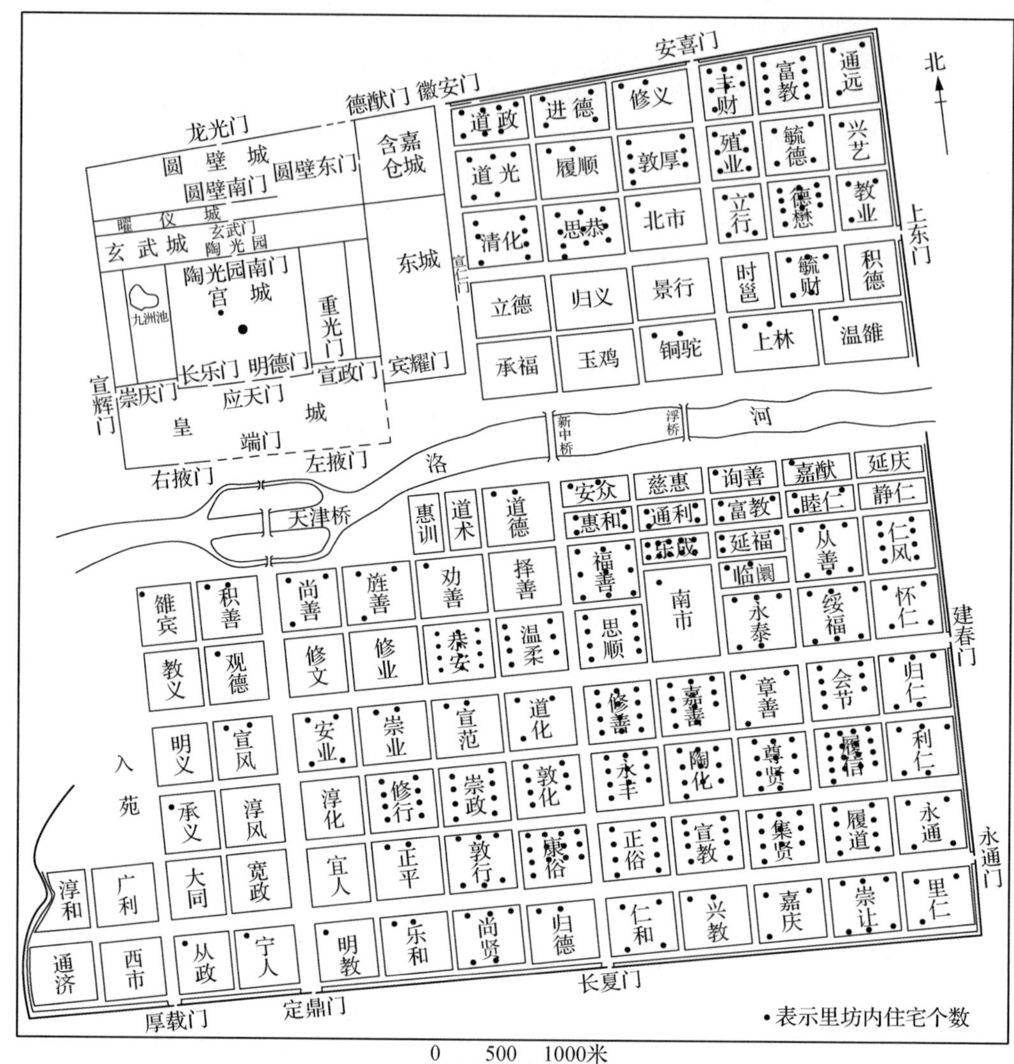

图 4　唐后期洛阳里坊住宅分布示意图

资料来源：根据中国社会科学院考古研究所洛阳工作队《“隋唐东都城址的勘查和发掘”续记》图十（《考古》1978 年第 6 期，第 373 页）改绘。

二　里坊住宅兴衰过程与环境变化的耦合

统计资料显示，隋唐洛阳城里坊住宅发展过程具有明显的升降趋势。公元 605 年，隋炀帝兴建东都洛阳，由此揭开了隋唐洛阳城住宅建设的第一幕。虽然我们仅统计到隋代洛阳里坊住宅 79 处，但根据隋代洛阳有人口 50 万左右的情况，“户口益多，府库盈溢”①，经济实力雄厚，其住宅数量绝不会是个小数。进入唐代，洛阳都级建制情形较

①（唐）魏徵等：《隋书》卷 24《食货志》，北京：中华书局，1973 年，第 686 页。

为复杂，变化较多。除武周神都外，其东都建制，经历了陪都—与长安并为唐都—首都—再次与长安并为唐都陪都—国都的过程[①]。城市地位的变化，直接影响了其里坊住宅建设的进程，使住宅建设出现曲折：唐初至高宗前期，受洛阳城市地位有所下降的影响，住宅建设发展缓慢；随着唐高宗后期洛阳地位的重新崛起，特别是武则天对洛阳地位的提升和大规模建设，史载"光宅中，遂改为神都，渐加营构，宫室、百司，市里、郛郭，于是备矣。"[②]洛阳成为全国政治中心，经济繁荣，为人们的生活提供了适宜的社会环境，自然促进和吸引大批各色人等来此定居。史料显示，高宗、武后时期，出现了官员、士大夫向洛阳迁徙的现象。参与编修《三教珠英》的张说"其先范阳人，代居河东，近又徙家河南之洛阳。"[③]甚至许多已经进入长安的官员、士大夫也重新迁往洛阳，或在洛阳营建宅第。崔沔"京兆长安人，周陇州刺史士约玄孙也。自博陵徙关中，世为著姓"，后又迁徙至东都。故本传又称"睿宗时，征拜中书舍人。时沔母老疾在东都，沔不忍舍之，固请闲官，以申侍养，由是改为虞部郎中"[④]，可知其家族已在洛阳定居。从目前统计资料看，可以复原的洛阳各坊住宅主人大多为这一时期之人。例如，尚贤坊的17处住宅有12处为这一时期，正平坊的6处住宅的宅主亦有4处为这一时期的人。同时，多项研究共同反映出唐代前、中期，洛阳的气候环境呈现出暖湿态势，受地理位置影响，洛阳的气候比长安更为温暖湿润。气候环境的湿润和适宜与都城地位的提高共同使这一时期洛阳里坊住宅发展进入快车道，数量达到高峰，几占全部已知住宅数量的60%。住宅的空间分布也大为扩展，形成满天星斗状的空间分布特征。这些变化显然反映出此时期洛阳崇高的都城地位和良好的自然环境特征。唐中期以后，持续的暖湿气候开始转冷，气候变干，并一直持续到五代时期。开元以后，洛阳政治地位大幅下降，尤其是安史之乱后，洛阳漕运枢纽的地位亦大大降低。因此，这一时期洛阳城内里坊住宅的数量有减无增，分布范围也有所缩小。隋唐时期洛阳里坊住宅发展兴衰过程与这一时期该城环境变化具有明显的耦合关系。

三　隋唐洛阳城里坊住宅分布变化分析

（一）里坊住宅分布的基本特征

由隋唐洛阳里坊住宅分布图（图3、图4）可见，其分布的基本特征是整体上呈满天星斗与局部簇群状。首先，住宅分布呈满天星斗状分布有一个发展过程，是从隋代开始逐步发展的，直到唐高宗后期才形成，其形成与这一时期洛阳政治地位提高成为全国政治中心，以及由此而来的经济发展有关。安史之乱后，住宅上的满天星斗状分布的特征基本没有变化，但各坊住宅的数量普遍减少，这时的满天星斗已有所稀疏。其次，住宅的局部簇群状分布现象较明显。试以隋唐洛阳城住宅最高峰时期的唐高宗后期至玄宗

① 李久昌：《国家、空间与社会——古代洛阳都城空间演变研究》，西安：三秦出版社，2007年，第80-82页。

②（唐）李林甫等撰，陈仲夫点校：《唐六典》卷7《尚书工部》，北京：中华书局，1992年，第220页。

③（后晋）刘昫等撰：《旧唐书》第97《张说传》，北京：中华书局，1975年，第3049页。

④（后晋）刘昫等撰：《旧唐书》卷188《崔沔传》，北京：中华书局，1975年，第4927、4928页。

前期为例（表 1）进行分析。

表 1　唐高宗后期至玄宗前期隋唐洛阳城里坊住宅数量分布　　单位：个

里坊住宅数量分布	洛北	洛南
无住宅的里坊	2	7
有 5 处及以下住宅的里坊	6	36
有 6 至 10 处住宅的里坊	3	17
有 11 至 15 处住宅的里坊	6	15
有 16 处及以上的里访	12	8
合计	29	83

由表 1 可见，没有住宅或住宅数量在 5 处以下的里坊主要集中在洛水两岸、城东南角及长夏门、定鼎门等郭城南边和郭城东边，而住宅较多的里坊则大多集中分布在南北两市周边，形成簇群状分布态势。此外，在 16 处及以上住宅的里坊中，洛北的密度明显要高于洛南，尤其是上东门至宣仁门东西横街北侧的三列里坊和横街南侧的一列里坊，住宅较密集。整个洛北住宅总数为 375 处，占这一时期有统计的洛阳住宅总数的 38%。

（二）影响住宅分布变化的环境因素

1. 自然环境与水灾

隋唐洛阳城自然环境的主要特点就是伊、洛、瀍、涧、谷等数水穿城而过，历史上洛阳城“南直伊阙之口，北倚邙山之塞，东出瀍水之东，西出涧水之西，洛水贯都，有河、汉之象焉”[①]。水环境是城市生态环境系统中最具活力的要素。隋唐洛阳城水脉周通，滋润了众多的风景工程，改善了城市环境。洛水贯都，城市跨水域而发展，以洛河为轴线分为洛南和洛北两城区，形成独特的城市格局。但从地形来看，洛阳地区北靠邙山，南对伊阙，是一个狭长的山间盆地，海拔很低，只有 145～165 米，山间洪水汇集而下时，洛阳就成了首当其冲的受害区。与长安相比，受经度地带性和地形水系间关系的影响，在气候本身已较为温暖湿润的唐代，洛阳降水量更多，导致洛阳水灾频繁，灾害程度大。史书记载，唐代洛阳洛水泛滥造成的水灾多达 13 次，伊、洛、瀍、涧、谷等水泛滥造成水灾的有 22 次，合计 35 次，平均不足 9 年即有 1 次，其中有几个时间段水灾还集中发生。贞观七年至十一年（公元 633～637 年），5 年发生 3 次，其中洛水 1 次；玄宗时期开元四年至十八年（公元 716～730 年）的 15 年中，有 8 年发生过水灾，其中洛水水灾 4 次，是唐代洛阳水灾发生最集中的时期。唐代城市居民住宅多是土木结构，洛水沿岸里坊地势又较低，频繁的水灾直接对洛水南北两岸里坊形成重大破坏，如永淳元年（公元 682 年）五月，洛水暴涨，直冲立德、弘教、景行三坊。天宝十三载（公元 754 年）九月，瀍洛暴涨，漂没洛水以北等的城坊 19 坊。这 19 坊可能以洛水以北的城坊为主。受洛水水患影响，洛水两岸的里坊一直住人较少，住宅分布稀疏。洛南洛水流经诸坊，亦因河水影响，在唐前、中期也居人较少，林木滋生繁茂，竟逐步发展为风

---

① （唐）李林甫等撰，陈仲夫点校：《唐六典》卷 7《尚书工部》，北京：中华书局，1992 年，第 220 页。

景园林区。唐中期后，气候变冷，相对干旱，水灾减少，部分官僚便选择在洛南东南角建宅筑房，这一带里坊住宅在唐后期有所增加。前后对比，恰反映出自然环境对当时人们住宅选址的影响。

2. 政治生态

古代都城是古代王朝政治的中心，出于政治的需要，居于洛阳的官员选宅往往以靠近政治中心为首选原则。从洛阳都城的政治中心位置，即宫城皇城的位置看，由于在建设之初，就被规划在城的西北隅，在宫城皇城之西又有占地巨大的皇家禁苑—西苑，里坊只能在宫城皇城的东面和南面发展，形成洛北、洛南两城区。沟通南北城区的主要是横跨洛河的天津桥和新中桥。相对而言，洛北里坊距宫城皇城较近，上东门与宣仁门之间东西横街以西即皇城宫城，官员上朝理事，往来宫署，无过河之劳，十分便捷。因此，在洛南，宫城皇城以南的定鼎门两侧各二排里坊；在洛北，东城东门宣仁门至上东门间东西大道两侧各坊，形成高官、贵族聚居区。因为洛北里坊数量少于洛南，所以从隋代开始就初步出现洛北住宅密度高于洛南的趋势，到高宗、武则天时期，这种分布态势已然成为定局。

一些学者将此现象与唐长安城因自高宗起政治中心从太极宫转移到城东北隅的大明宫后又一度移到兴庆宫，朝臣们纷纷想方设法迁居于东城的现象相比，认为在高宗、武则天时期（公元650～683年），都城政治中心因上阳宫的修建而明显西移，洛阳里坊住宅却没有出现西移的现象，是洛阳住宅分布受宫城皇城这一政治中心影响不大的缘故。笔者认为之所以洛阳没有出现像长安那样随政治中心的东移而东移的状况，主要是因为城市规划及地理环境限制。洛北里坊紧接宫城皇城，已无向西发展的空间，而洛阳城的西部是西苑，也没有里坊发展的空间。里坊如随政治中心移动而向西发展，只能发生在洛南，但定鼎门大街两侧已为高官贵族聚居区，由定鼎门达宫城皇城必须通过天津桥，交通限制条件较大。所有这些因素都会限制和阻碍住宅向西移动。

安史之乱后，洛阳政治地位低落，对里坊住宅分布亦影响颇大。一方面，洛阳还保有都城之尊，自宝应元年（公元762年）唐军从安史叛军手里收复洛阳，至光启元年（公元885年）李罕之与孙儒争夺洛阳的战争，洛阳未遭受战争的破坏，社会环境较其他地方为好。加之洛阳还是当时著名的风景区，山水优美，是琴棋自娱陶冶性情的好地方，对人们具有一定的吸引力。另一方面，安史之乱后，唐朝政日非，政治趋于腐败，朋党之争、南北衙之争中，有许多失意官员作为闲散人员被分司于洛阳。随着斗争风云变幻，一部分人被起用或受到更加严厉的贬黜而去，而新的失势者又以“分司东都”为名而来洛阳，来之去之，终唐之世不绝。在这样的政治氛围下，一些官僚便选择了与长安都城地位相近又远离政治斗争中心的洛阳，过着亦官亦隐、诗酒自娱的“中隐”生活。洛南的东南角，即长夏门以东南隅3列15坊因去朝、市较远，一般不被居民喜欢，居人较少而园林滋茂，成为全城风景最优美的地方。部分仕途失意者和文人学者便以此为理想居所，在此建宅筑房，形成仕途失意者和文人聚居区。在统计到的有住宅记载的29位分司官中，有25人住在洛南的东南部，占总数的86.2%。这也成为唐后期洛阳里坊住宅分布的重要特点。

3. 商业环境

从最能反映商业环境状况的市场布局看，自隋建东都洛阳以来，城内市场主要是南市（隋之丰都市）和北市（隋之通远市），西市（隋之大同市）偏于城西南角，在唐代又存在时间不长，其地位和影响远不及南北两市。南北两市是洛阳经济活动的中心，也是都城文化、娱乐中心，两市位置都偏于城东部，故洛阳住宅也多偏于城东部，围绕两市周边诸坊选建宅第，在上东门与宣仁门之间东西横街和建春门东西横街一带形成簇群状分布。这些住宅的主人，既有官僚贵族，也不乏一般平民。当时的西域胡商也主要居住在两市周边诸坊中，如修善坊、会节坊、南市西坊、立德坊等。此一分布状况也是在隋东都时期初步形成了在南市周边诸坊聚集，唐时又继续发展。唐初，北市多为贫民聚居之地，随着北市繁荣，很快各色人等又在其周边形成聚集，一些旅店、客舍、酒家集中在北市周边诸坊，终唐之世不变。

4. 对外交通

洛阳里坊住宅在南北两市形成簇群状密集分布的状况还与当时洛阳的对外交通线路有关。洛阳地处全国之中，其对外交通分为陆路和水路。其中，以陆路中的洛阳至长安东西大道和至襄州的南北大道及水路的大运河最为重要。据《唐两京城坊考》记载，陆路方面，唐代在洛阳城内设有都亭驿两处，一在洛水之北的清化坊，一在洛水之北的景行坊。从长安东达洛阳城下，由于宫城皇城，并不能直接进城而需要绕道经定鼎门或徽安门进入。由长安东来经由崤山南路或由襄州北上洛阳的大道虽可从定鼎门入，但因负责接待的都亭驿在洛北，其终点是洛北而非定鼎门。水路方面，隋炀帝开运河，以洛阳为中心，运河漕运经通济渠东北行经洛北的立德坊南，至新潭停留卸货于租场。新潭与含嘉仓有泄城渠相通。由通济桥南行可抵北市西北偏门。此桥以东即为天下舟船积聚之处。漕船的聚集致使漕渠沿岸诸坊的商业繁荣起来。由此可知，无论水路还是陆路，当时交通的端点主要是在洛北，加上南北两大市场，这一带商业繁荣，为全城最为繁华之地。因此，附近里坊住宅多于其他里坊是很自然的。

区域权衡：古都洛阳崛起中的长安、开封因素

都城的选择，不仅涉及候选城市所在地区地理形势的评估，而且必然会涉及候选城市所在地区的外部环境，即区域关系。这种关系实际上也反映着不同区位、经济实力、政治作用及其影响所组成的区域格局[①]。就古都洛阳而论，它与长安及后来的开封所处的地理位置存在某种关联性，是我国最早且存在时间最长的黄河流域都城轴线上的三个重要结点。在长期的历史发展进程中，它们已形成了相互补充、促进或制约的区域关系，并对古都洛阳都城建置的增设废省及地位升降变化产生直接影响。对古都洛阳崛起中的长安、开封因素进行分析，能在更大的区域范围内评价古都洛阳在区域空间中的特殊位置和区位优势。

在夏商至宋金的 3000 多年时间里，王朝都城大多集中分布在黄河中下游地区。从时间上看，洛阳、长安和开封为都的时间，又占这一时期的大多数。从空间分布看，长安、洛阳、开封由西向东以黄河为轴线一线摆开，洛阳居中，长安、开封分居轴线东西两端。从都城迁徙看，借助黄河的通道，在唐末以前，主要是在洛阳与长安间往复移动，唐末以后则在洛阳与开封间往复迁移，客观上形成了一个由洛阳与长安、洛阳与开封之间两个小钟摆式往复迁移构成的大钟摆式往复移动现象，这一现象得以形成和存在的轴点是洛阳。它们之间的都城建置是轮流的，都级层次是相互交错的。其中，洛阳与长安间钟摆式的往复移动现象，代表了周、秦、汉、唐政治中心的周期性往复移动关系。洛阳与开封间的钟摆式的往复现象，则反映了五代和北宋时期政治中心的周期性往复移动关系。自西周至唐末，只要国家不陷入分裂，历代建都基本上以洛阳、长安轮换作为全国政治中心之国都。更为神奇的是，在历史上首都交换的同时，又以长安与洛阳为东西都，即当一方作为国都时，另一方也往往成为与之并存并重的国都或陪都。在唐末以前，以洛阳为陪都的六个朝代中，仅有商、后赵分别建都在郑城和邺，其余四个朝代皆都长安，时间合计为 186 年，占这一时期洛阳陪都史的 67.3%。而“在以长安为陪都的六朝中，也仅有后赵、赫连夏国分别建都在邺和统万，其余各朝都于洛阳，共计 271 年，约占长安陪都史的 94.43%”[②]。自唐末迁都洛阳后，原来的洛阳、长安往复移动被洛阳与开封往复移动替代，但其表现与前一次惊人地相似。这样，在宋金以前，位于关中的长安、位于关东的洛阳和位于华北平原西端的开封，轮换作为都城，呈现出一个完整的中国古代前期政治中心钟摆式的往复移动现象，其内涵则反映了中国古代前期政治中心由西向东转移的基本过程，以及在这一过程中，洛阳都城作为钟摆式往复移动的轴心和过程连接点的作用。

从洛阳都城建置增设废省、地位升降变化看，这种钟摆式的往复移动关系，大致表

---

① 侯甬坚：《定都关中：国都的区域空间权衡》，《陕西历史博物馆馆刊》第 7 辑，西安：三秦出版社，2000 年。

② 吴宏岐：《历史上西安所建的陪都》，《中国历史地理论丛》1996 年第 1 辑，第 150-159 页。

现为以下几种情形（表 1）。

表 1　洛阳长安开封主要都城建置表

都城	夏	商	西周	东周	秦	西汉	新莽	东汉	曹魏	西晋	北魏	前赵	后赵	
洛阳	●	●	●	●		●	○	●	●	●	●		○	
长安			●		●	●	●	○●	○	○●		●	○	
开封														
都城	前秦	后秦	大夏	西魏	北周	隋	唐	后梁	后唐	后晋	后汉	后周	宋	金
洛阳					○	○●	○●	○●	●	●○	○	○	○	○
长安	●	●	○	●	●	●	●		○					
开封								○●		○●	●	●	●	●

注：（●国都 ○陪都）。

洛阳与长安：其一，都洛阳，又以长安为陪都，如曹魏。其二，都长安，同时又以洛阳为国都或陪都，如西周、隋、唐。其三，先都洛阳，后迁都长安，如西汉初年、东汉及西晋末年。其四，先都长安，后迁洛阳，如唐末。其五，因他朝建都长安，而放弃洛阳迁都他处，如北魏分裂后，东西魏对立，西魏以长安为都，处在长安威胁下的东魏遂弃洛阳迁都邺城。

洛阳与开封：其一，先都洛阳，后迁开封，洛阳保留陪都地位，如后梁、后晋。其二，都洛阳，又以开封为陪都，如后梁、后晋。其三，以开封为都，洛阳为陪都，如后汉、后周、北宋、金。

为什么会产生这种情形呢？除了由政治、经济条件决定以外，还应着重从三地自身的地理条件及外部环境来寻找原因。

先说洛阳与长安。从地理上讲，洛阳所处的关东和长安所处的关中居于黄河中游地区，但无论从宏观地理形势还是微观地理条件看，二者差异大于相似。从超出黄河流域的宏观地理形势看，长安所处的关中居于我国自然地理的东部季风区、蒙新高原和青藏高原三大地块的结合部位；就微观而言，它又处在相对洛阳居高临下的位置。由于地理形势不同，因此洛阳与长安在政治、经济、军事诸方面所起的作用有所不同。早在西汉初年，刘敬即已发现了这个问题。他在劝说刘邦从洛阳移都长安时说：西周“营成周洛邑，以此为天下之中也，诸侯四方纳贡职，道里均矣，有德则易以王，无德则易以亡。凡居此者，欲令周务以德致人，不欲依阻险，令后世骄奢以虐民也。及周之盛时，天下和洽，四夷乡风，慕义怀德，附离而并事天子，不屯一卒，不战一士，八夷大国之民莫不宾服，效其贡职。及周之衰也，分而为两，天下莫朝，周不能制也。非其德薄也，而形势弱也。……且夫秦地被山带河，四塞以为固，卒然有急，百万之众可具也。因秦之故，资甚美膏腴之地，此所谓天府者也。陛下入关而都之，山东虽乱，秦之故地可全而有也。夫与人斗，不搤其亢，拊其背，未能全其胜也。今陛下入关而都，案秦之故地，此亦搤天下之亢而拊其背也”①。从刘敬的分析可以看出，在古人眼里，洛阳居天下之

①（汉）司马迁：《史记》卷 99《刘敬孙叔通列传》，北京：中华书局，1959 年，第 2716 页。

中。在古代相对落后的交通条件下，洛阳便于各地输入贡赋，也利于国家政令推行，控御四方，堪称一个理想的为政施政之地。但从军事攻防看，洛阳不如长安。长安为四塞之地，内有八百里秦川，经济上有所恃而无所恐；外有四塞之险，居上游高屋，“有利则出攻，无利则入守”[①]。同时，长安还近于当时农业文明与游牧文明冲突的中心地带，便于经营西北。因此，对古人而言，洛阳是处在中原中央的中土性都城，长安则是靠近中原的边缘性都城。洛阳代表了德和政治性，长安则代表了险和安全性。《吕氏春秋·长利》记周成王定鼎洛邑时称：“有善易得而见也，有不善易得而诛也。”《左传·昭公三十二年》言：“昔成王合诸侯城成周，以为东都，崇文德焉。”《诗·小雅·大车》说“周道如砥，其直如矢”，讲的都是同一个问题。故西汉初年，刘邦在刘敬、张良的劝说下，由起初着眼于德和政治性转向着眼于险和安全性，便将都城由洛阳移至长安。唐统治者步刘邦后尘，先取关中，占有巴蜀，而后向东统一天下。但从宏观地理形势看，长安作为都城也有不利的一面。长安地理位置比较偏西，在全国统一的形势下，对东方的山东和南方江淮一带的控制便有鞭长莫及之憾。尤其是随着经济重心转移，长安对关东和江南经济的依赖愈益严重，即对处于“天下之中”的洛阳的依赖愈益严重，由此形成了洛阳与长安的复杂关系。

无长安，洛阳难保安全。长安的陪都史是从东汉开始的。东汉之所以定长安为陪都，固然有这里曾是西汉故都的原因，但据杜笃《论都赋》说，光武帝定都洛阳，又以长安为陪都，并频繁西巡，修建西京宫室，曾引起山东将士“翕然狐疑”，称故都长安的山川形胜为国家“利器”，担心“意圣朝之西都”，东都洛阳会失去崤函天险，易造成“关门之反拒”的被动局面[②]。可见出身行武的刘秀称帝伊始就明确宣布长安为陪都，也是因为其深知长安地理位置对洛阳之重要。关中对洛阳，在地势上呈高屋建瓴之势。这一态势就是西汉张良所表述的“阻三面而守，独以一面东制诸侯。诸侯安定，河渭漕挽天下，西给京师；诸侯有变，顺流而下，足以委输”[③]。“古之帝者必居上游”[④]，居上游可顺流而下，有高屋建瓴之势，居下游则处处防守，十分被动，关中处在上游，易守难攻，还可先发制人，掌握局势和战争的主动权。所以，西周已有丰镐二都又营洛为都，曹魏定都洛阳又以长安为西都，西晋建都洛阳而又特重关中，个中原因皆如光武帝知洛阳长安地理关系之密切。北魏孝武帝永熙三年（公元 534 年），掌握北魏实权的高欢逼迫孝武帝弃洛阳而都邺城，两人关系因此恶化，孝武帝与高欢决裂西奔长安，投靠盘踞关陇的宇文泰，高欢拥孝静帝即位，旋即强行迁都邺城。有人认为这是因为洛阳久经战乱遭到严重破坏，高欢本人也是这样说的。近来，黄永年钩稽文献，指出当时洛阳在高欢迁都前并不存在遭到严重破坏之事，高欢放弃洛阳都城的真正原因乃在于东西魏对立，宇文泰已据有关中，威胁洛阳，而洛阳从地理形势上讲，如不得关中则很难自守，在此情形下，为审慎起见，高欢决定迁都邺城[⑤]。这个意见是正确的。另外，孝静帝下

① （后晋）刘昫等撰：《旧唐书》卷 120《郭子仪传》，北京：中华书局，1975 年，第 3457 页。

② （南朝宋）范晔：《后汉书》卷 80 上《文苑列传》，北京：中华书局，1965 年，第 2598 页。

③ （汉）司马迁：《史记》卷 55《留侯世家》，北京：中华书局，1959 年，第 2044 页。

④ （清）顾炎武：《历代宅京记》徐元文序，北京：中华书局，1984 年，第 3 页。

⑤ 黄永年：《从文献记载看六世纪中期到七世纪初年的洛阳》，《文史存稿》，西安：三秦出版社，2004 年，第 52-59 页。

诏迁都后的第三天，天子车驾即出，40 万户匆忙上路的情景是大家熟知的。倘若不是威胁严重，自然不会如此急迫。而东汉和西晋末年两次由洛阳迁都长安，则更从极端的角度说明了长安对洛阳安全之重要。清代顾祖禹曾总结说：“陕西据天下之上游，制天下之命者也。是故以陕西而发难，虽微必大，虽弱必强，虽不能为天下雄，亦必浸淫横决，酿成天下之大祸。往者商以六百祀之祚而亡于百里之岐周，战国以八千里之赵、魏、齐、楚、韩、燕而受命于千里之秦，此犹曰非一朝一夕之故也。若夫沛公起自徒步，入关而王汉中，乃遂收巴、蜀，定三秦，五年而成帝业。李唐入长安，举秦、凉，遂执箠而笞郑、夏矣。盖陕西之在天下也，犹人之有头项然。”[①]“然则河南固不可守乎？曰：守关中，守河北，乃所以守河南也。自古及今，河南之祸中于关中者什之七，中于河北者什之九。秦人以关中并韩、魏，汉以关中定三河，苻秦以关中亡慕容燕，宇文周以关中亡高齐。隋之亡也，群雄角逐而唐独以先入长安，卒兼天下，……谓关中不足以制河南之命乎？”[②]其原因，即在“不得关中则患在嗉吭”[③]。顾氏的说法极富见地，且也符合历史事实。

无洛阳，长安亦难立足。从政治地理看，长安偏处西部，不利控制东方和江南。因此，立都长安往往要以洛阳为控制东方的前沿。秦和西汉都没有在洛阳实行陪都制，但秦在洛阳建有南北宫，在洛阳以东、成皋险关附近，修建了全国最大的粮仓——敖仓，成为经管东方的军粮支撑点。汉武帝时，王夫人重病垂危，向前来慰藉的武帝求情，封其子为王，立国于洛阳。但汉武帝回答说：“雒阳有武库敖仓，天下冲阸，汉国之大都也。先帝以来，无子王于雒阳者。去雒阳，余尽可。”[④]于是改封为齐王。天下咽喉，国之大都，道出了洛阳特殊的地位。西汉 200 年间，未曾在洛阳封立诸侯，可见这条禁令是深植于历代皇帝心中的。西汉以后区域经济形势开始发生变化，一是关中经济逐渐失去重心地位，而让位于关东地区；二是江南地区的开发，在东晋南朝时江南三吴地区经济已赶上关中，到隋唐时东南财富已为关中所倚重。“天下大计，仰于东南。”[⑤]这样，相对于长安而言，“取资东南，比关中八百里而近”[⑥]的洛阳，便成为长安需借重的力量，借洛阳沟通东西，以确保长安经济安全。大运河的开通为洛阳带来了更为优越的地理条件，洛阳实已成为北通涿郡、南通余杭、西达长安的交通枢纽和储藏与转输物资的中心，控制着王朝的经济命脉。开元年间，唐玄宗多次往返于两都之间，京兆尹裴耀卿奏曰：“臣以国家帝业本在京师，万国朝宗，百代不易之所。但为秦中地狭，收粟不多，傥遇水旱，便即匮乏。往者贞观、永徽之际，禄廪数少，每年转运，不过一二十万石，所用便足，以此车驾久得安居。今升平日久，国用渐广，每年陕洛漕运，数倍于前，支犹不给。陛下数幸东都，以就贮积，为国大计，不惮劬劳，皆为忧人而行，岂是故欲来往。”[⑦]

①（清）顾祖禹撰，贺次君、施和金点校：《读史方舆纪要》卷 52《陕西方舆纪要序》，北京：中华书局，2005 年，第 2449 页。

②（清）顾祖禹撰，贺次君、施和金点校：《读史方舆纪要》卷 46《河南方舆纪要序》，北京：中华书局，2005 年，第 2083、2084 页。

③（清）顾祖禹撰，贺次君、施和金点校：《读史方舆纪要》卷 46《河南方舆纪要序》，北京：中华书局，2005 年，第 2133 页。

④（汉）司马迁：《史记》卷 60《三王世家》，北京：中华书局，1959 年，第 2115 页。

⑤（宋）欧阳修、宋祁撰：《新唐书》卷 165《权德舆传》，北京：中华书局，1975 年，第 5076 页。

⑥ 岑仲勉：《隋唐史》上册，北京：中华书局，1982 年，第 148 页。

⑦（唐）杜佑：《通典》卷 10《食货十·漕运》，北京：中华书局，1988 年，第 222 页。

皇帝多次东幸就食，足见长安对洛阳的经济依赖。洛阳居“天下之中”、衔接东西的地理位置优势此时被发挥得淋漓尽致，为洛阳都城建置在次数上的增加和都级上的提高起了至关重要的作用。对于洛阳与长安在唐帝国创业与守业中的不同作用，唐玄宗曾有精辟的概括：“帝业初起，崤函乃金汤之地；天下大定，河雒为会同之府”①，“三秦九雒，咸曰帝京，五载一巡，时惟邦典”②。唐玄宗认为长安为霸业之所，洛阳为王者之都，各有所长，不可或缺。玄宗本人也曾先后五次巡幸东都洛阳。在笔者看来，以此来表述古都洛阳之崛起与长安的关系也是基本准确的。

再说洛阳与开封。与洛阳和长安的关系相比，洛阳与开封的关系相对要简单得多。自五代十国到宋金时期，除了后唐之时，以洛阳为首都，以长安为徒有其名的陪都，以及后梁、后晋时，洛阳曾作过时间不长的首都外，洛阳绝大多数时间是以开封的陪都形象存在的。从都城的空间移动看，后梁、后晋在前期以洛阳为重，后期则以开封为重，其间在洛阳与开封徘徊 30 年，从后晋天福三年（公元 938 年）以后，直至宋金，则是以开封为首都。这种局面的出现，与这一时期洛阳和开封地理环境的巨大变化有直接的关系。

经过唐末战乱，洛阳城饱经摧残，辉煌不再，长安也变为一片废墟。在安史之乱中，洛阳两次陷落，继之以回纥、朔方军的烧杀抢掠，残破不堪。唐广德元年（公元 763 年）吐蕃攻入长安，代宗仓皇至陕州，下诏且都洛阳以避吐蕃。郭子仪奏曰：“夫以东周之地，久陷贼中，宫室焚烧，十不存一。百曹荒废，曾无尺椽，中间畿内，不满千户。井邑榛棘，豺狼所嗥，既乏军储，又鲜人力……人烟断绝，千里萧条。将何以奉万乘之牲饩，供百官之次舍？”③虽唐代宗欲都洛阳，但因洛阳破坏严重，已不具备都城的条件。唐代宗自陕州回长安，元载等上书，请以河中府为中都，自秋行幸，及春而回，以避吐蕃。可知，此时的洛阳甚至连皇帝巡幸之所也不在考虑范围了。

与之相对应的是，开封则因有发达的汴河漕运而逐步崛起。开封虽位于平原，但地理上更接近东南经济重心。自隋炀帝开运河之后，连接黄河和淮河的汴河（即通济渠）就成了大运河的主要河段，由江淮地区供给的物资都要由汴河运送至黄河，再转入永济渠。汴河的漕运优势逐渐凸显，经济地位越来越重要。时人称：“大梁当天下之要，总舟车之繁，控河朔之咽喉，通淮湖之运漕，丞相治所，鹓鹭成列，地辟土沃，兵多甲坚。”④足见开封经济的发展繁荣和军事力量的强大。天宝以后，随着北方经济重心的南移，开封的地理优势更显重要，“天下大计，仰于东南”⑤。“今国家内王畿，外诸夏，水陆绵地，四面而远，而输明该之大贵，根本实在于江淮矣。”⑥此时的汴河关系着江淮租赋能否送达中央，亦关系到唐朝的经济来源是否有保障。在此背景下，处于关东、江南两大经济区之间的开封，在政治、经济、军事上都居于一种特殊的战略地位。控制了

①（唐）元宗皇帝：《幸东都制》，《全唐文》卷 20，北京：中华书局，1983 年，第 238 页。
②（唐）元宗皇帝：《幸东都制》，《全唐文》卷 23，北京：中华书局，1983 年，第 269 页。
③（后晋）刘昫等撰：《旧唐书》卷 120《郭子仪传》，北京：中华书局，1975 年，第 3457 页。
④（唐）刘宽夫：《汴州纠曹厅壁记》，《全唐文》卷 740，北京：中华书局，1985 年，第 7649 页。
⑤（宋）欧阳修、宋祁撰：《新唐书》卷 165《权德舆传》，北京：中华书局，1975 年，第 5076 页。
⑥（唐）罗让：《对才识兼茂明于体用策》，《全唐文》卷 525，北京：中华书局，1983 年，第 5335 页。

开封，就控制了咽喉要地，从而取得生存和发展权。唐朝末年，宣武军节度使朱温利用这里雄厚的物质基础和区位优势，成为强大的军阀，进而代唐建梁，升汴州为东都，使之越上京师的地位。以后，除了后唐及后晋前期外，后晋后期，后汉、后周均以开封为首都，洛阳则保留着陪都的地位。后晋石敬瑭先是以洛阳漕运不便为借口，以按巡为幌子来到开封，经过一年多的时间，便正式颁诏迁都开封："建都之法，务要利民。……当数朝战伐之余，是兆庶伤残之后，车徒既广，帑廩咸虚，经年之挽粟飞刍，继日而劳民动众，常烦漕运，不给供须。今汴州水陆要冲，山河形胜，乃万庾千箱之地，是四通八达之郊。爰自按巡，益观宜便，俾升都邑，以利兵民。汴州宜升为东京，置开封府，仍升开封、浚仪两县为赤县，其余升为畿县。"[①]他所强调的理由即开封的经济繁荣、交通发达。其后，北宋建都于开封，汴河及大运河的漕运交通之利同样是决定性的因素。当时有人分析说："今之京师，古所谓陈留，天下四冲八达之地者也，非如函秦天府，百二之固，洛宅九州之中，表里山河，形胜足恃。自唐末朱温受封于梁国而建都，至于石晋割幽蓟之地以入契丹，遂与强敌共平原之利。故五代争夺，其患由乎畿甸无藩篱之限，本根无所庇也。祖宗受命，规模必讲，不还周、汉之旧，而梁氏是因，岂乐而处之？势有所不获已者，大体利漕运而赡师旅，依重师而为国也。则是今日之势，国依兵而立，兵以食为命，食以漕运为本，漕运以河渠为主。"[②]

五代以来，黄河流域都城轴线上的开封、洛阳东西配置，是中国的经济重心南移、政治军事斗争重心向东北移动的反映，它打破了以往的洛阳长安传统的东西二都制度，而代之以新的由洛阳开封构成的东西二都制，使政治中心接近经济中心。据朱士光和叶骁军的研究，我国古代陪都设置的原因，一是主要出于政治、军事、经济和文化方面因素之迫切需要，二是主要出于宗教或传统家族根基意识等的需要[③]。笔者认为这一时期洛阳陪都设置原因主要属于第一种情况，也不排除北宋之时同时存在第二种情况。也就是说，此时作为陪都的洛阳，绝不是和历史上那些徒有其名的陪都一类，而是名实相符的、典型的陪都。对首都起着举足轻重作用的陪都，虽不是全国范围内的政治中心，但具有在一定历史背景下作为一个特定区域的政治中心地位，对国都起着不可替代的辅助作用。之所以如此，同样也与开封和洛阳的区域关系有关。

作为都城，开封在地理上有其不利的一面，即它虽傍依运河，有交通优势，但地处黄淮平原，形胜不如洛阳及关中险要，四面无山塞可守，属于四战之地。黄河虽可作屏障，但河行地上，一旦溃决，就有被淹没之虞。故宋人张方平评价开封的地理形势："天下四冲八达之地者也，非如函秦天府，百二之固，洛宅九州之中。"洛阳四周环山，洛阳盆地海拔虽仅为100～300米，对关中而言居于下游，但因它处在豫西山地和东部冲积平原交界，西南高东北低，高差悬殊，对东部冲积平原，仍显示出居高临下的气势。宋太祖也认识到开封的这些缺陷，公元976年，宋太祖准备从开封迁都洛阳，因李怀忠

① （宋）薛居正等撰：《旧五代史》卷77《晋书·高祖纪》，北京：中华书局，1976年，第1020页。

② （宋）李焘：《续资治通鉴长编》卷269"神宗熙宁八年"，北京：中华书局，1980年，第6592页。

③ 朱士光、叶骁军：《试论我国历史上陪都制的形成与作用》，《中国古都研究》（第3辑），杭州：浙江人民出版社，1987年，第67-76页。

等的劝谏而终止。李怀忠说："东京有汴渠之漕，岁致江、淮米数百万斛，都下兵数十万人，咸仰给焉。陛下居此，将安取之？且府库重兵，皆在大梁，根本安固已久，不可动摇。若遽迁都，臣实未见其便。"①可见，太祖采纳李怀中的意见，未行西迁，主要是因为西迁之后，洛阳的粮食供应无法满足几十万禁卫大军和大批政府官吏的需要，都城的建立基础不存在②。其后，宋真宗在位时，曾两次巡幸洛阳，每次都引起迁都议论。景德四年（1007年）二月第一次巡幸时，当地父老再三祈求宋真宗"驻跸"，宋真宗答曰："周公大圣人，建都据形胜，得天地正中，故数千载不可废。但今艰于馈运耳。"③大中祥符四年（1011年）三月，第二次巡幸时，他又对大臣说："洛阳宫阙壮丽，然城北地隘，谷、洛浅滞，辇运艰阻，谅非久居之所。"④他们对洛阳优越的形胜位置和古都深厚的历史文化积淀及交通缺陷的认识，代表了一般人的看法，自应是设置洛阳陪都理由之一。据《宋史·礼二》记载："梁及后唐郊坛皆在洛阳。"《资治通鉴·后晋纪二》亦云，后晋天福三年（公元938年）十月"太常奏：'今建东京，而宗庙、社稷在西京，请迁置大梁。'敕旨：'且仍旧'"。此外，后汉依然在洛阳设置太庙和郊坛。五代时期国家郊庙与政治中心不一致的状况，直到后周广顺三年（公元953年）九月才得到改变。洛阳在很长的一段时间里，实际成为国家祭祀中心，与作为行政中心的开封分享着王朝都城的功能。"国之大事，在祀在戎。"历史上国家祭祀中心和政治中心，作为一种传统一般是重合的，五代时期出现的不重合现象，说明当时都城功能由洛阳向开封的转移是逐步完成的。这本身即反映了古代都城向东转移过程的复杂性、艰难性，透露出当时统治者在择都上的矛盾心理，既要占据交通漕运枢纽为都，取得经济上的优势，又要靠近有悠久文化传统的洛阳，借重它的传统政治文化优势。这显然也应是他们设置洛阳陪都的理由之一。

顾祖禹《读史方舆纪要》曾从地理角度分析洛阳、长安、开封三者的关系，说："河南阃域中夏，道里辐辏。顿子曰：'韩天下之咽喉，魏天下之胸腹。'范睢亦云：'韩、魏中国之处，而天下之枢也。'秦氏观曰：'长安四塞之国利于守，开封四通五达之郊利于战，洛阳守不如雍，战不如梁，而不得洛阳则雍、梁无以为重，故自古号为天下之咽喉。'夫据洛阳之险固，资大梁之沃饶，表里河山，提封万井。"⑤从洛阳都城建置兴废及地位升降与长安、开封的关系而言，顾氏之论，是符合当时实际情况的。

---

①（宋）李焘：《续资治通鉴长编》卷17"太祖开宝元年"，北京：中华书局，1980年，第369页。

② 王永太：《宋初迁都洛阳的考辨及其意义》，《中国史研究》2005年第2期，第93-99页。

③（宋）李焘：《续资治通鉴长编》卷65"真宗景德四年"，北京：中华书局，1980年，第1446页。

④（宋）李焘：《续资治通鉴长编》卷75"真宗大中祥符四年"，北京：中华书局，1980年，第1715页。

⑤（清）顾祖禹撰，贺次君、施和金点校：《读史方舆纪要》卷46《河南一》，北京：中华书局，2005年，第2132、2133页。

古都建构中的空间权衡及其强化

——以西汉定都长安为中心

对中国古代都城选址因素的考察，是中国古都学研究的基础课题。史念海等均有精辟的论述[①]。大致说来，可分为三个方面：对区域自然地理环境（地形地貌、山川、土壤、气候）的认知、对区域人文地理环境（经济、交通、军事、地理位置）的综合考量和对社会环境（地方势力、民族关系及斗争焦点）的权衡。但这些考察更多的着眼于古代王朝最初的都城选址上。事实上，古代任一王朝建都的政治战略目标都是要实现其持续的统治和绝对的皇权，都城的精心选择与日后将要发挥的作用直接相关联。正如史念海所说，“作为一代的都城，有关的王朝或政权总是期望能够依据它作长久的统治，永不失坠”。因此，“都城既建立之后，又皆多方维护，使它能够保持其固有的地位，并使它能够巩固各自王朝或政权的统治基础”[②]。这里所谓的“多方维护”，既包括都城确立之后，古代王朝对都城区域自然环境的利用和改造，使它更臻于完善，也包括在社会方面，古代王朝根据时代形势的变化，对都城区位不足的弥补和完善及对都城区位优势的不断巩固、充实和强化。侯甬坚则将采取多种有效方式弥补都址之不足，列为国都区位论建构要领的三步之一[③]。它同样也应成为我们考察古代都城选址与建设的重要领域。史念海曾从自然环境方面详细论述了历史时期主要王朝对于都城所在地自然环境的利用、改造及其所起到的影响与作用，提出了一系列的创见[④]。受其引导与启发，本文不揣学浅，试就汉初定都长安中的空间权衡及对长安都城区位优势的巩固和强化，作一探讨，就教于各位方家。

一　汉初定都长安的空间权衡

公元前202年，刘邦在战胜项羽后称帝建国，史称西汉。在短暂立都洛阳后，很快就接受娄敬等的建议，迁到了关中，定都长安。许多学者在分析其原因时，普遍认为刘

---

① 史念海：《中国古都形成的因素》，《中国古都研究》（第4辑），杭州：浙江人民出版社，1989年；谭其骧：《中国历史上的七大首都》，《历史教学问题》1982年第1、3期；侯甬坚：《中国古都选址的基本原则》，《中国古都研究》（第4辑），杭州：浙江人民出版社，1989年；周振鹤：《东西徘徊与南北往复——中国历史上五大都城定位的政治地理因素》，《华东师范大学学报》（哲学社会科学版）2009年第1期，第32-39页；李久昌：《国家、空间与社会——古代洛阳都城空间演变研究》，西安：三秦出版社，2007年，第113-122页。

② 史念海：《中国古代都城建都期间对于自然环境的利用和改造及其影响》，《中国古都和文化》，北京：中华书局，1998年，第286、241页。

③ 侯甬坚：《国都区位论——以长安都城的政治地理实践为例证》，《长安学》第1辑，北京：中华书局，2016年，第53-65页。

④ 史念海：《中国古代都城建都期间对于自然环境的利用和改造及其影响》，《中国古都和文化》，北京：中华书局，1998年，第241-288页。

邦之所以最终舍洛阳而都长安，主要是因为关中优越的自然地理环境和良好的经济基础。这自然有史实作依据。在娄敬、张良等对刘邦定都关中的著名建言中，就赞誉关中是“被山带河，四塞以为固”的“天府”“天府之国”。《汉书·张良传》颜师古注：“财物所聚谓之府。言关中之地物产饶多，可备赡给，故称天府也。”就分析问题的途径与方法而言，这些观点无疑包含了许多精辟之见，却忽略了刘邦舍洛阳而都长安时的区域空间格局背景及其战略意图。

春秋战国以来，社会广泛流行着以崤山或函谷关为界，把中原地区分为“山东”和“山西”或“关东”和“关中”的区域观念。劳幹曾指出：“战国秦汉时代所谓‘关东’和‘关西’，在政治方面的意义，实在超过了文化上的意义及民族上的意义。这个名词应当始于秦和山东各国的对立。但是向前推溯，周朝初年的周召分陕，应当是更早的政治性的东西分划。而这种政治分划，其基础应当是陕（即崤函地区）以东是周室新开辟的势力范围，而陕以西是周室旧有的势力范围。”①由于这两个地区在地理、历史、文化等方面的不同，实际上两地长期处于对峙状态。这种东西地域的对峙关系在最激烈的阶段就演化为军事上的对立，战国中后期的“合纵”“连横”是基于这一区域基本格局而展开的。秦始皇总结周代失国之因，起于“处士横议，诸侯力争，四夷交侵”②，实行郡县制。但秦朝短暂的政治、军事统一，既不能消除人们心中的区域差异，也不能消弭各诸侯国之间文化的差异，反而进一步使东西间的对立更加激化，最终东部平原的叛乱导致了二世而亡的结局。因此，在楚汉战争中及其结束后，刘邦为形势所迫，曾先后封臧荼为燕王、韩王信为韩王、张耳为赵王、英布为淮南王、韩信为楚王、彭越为梁王、吴芮为长沙王。七个异姓诸王封地广阔，南北连为一体，领地 42 郡，面积占西汉疆土的一半以上，范围约相当于战国后期关东六国故地，且占据了辽阔而富庶的关东地区的绝大部分。而汉朝廷仅直辖以关中为主的 15 郡，范围约相当于战国后期的秦国，造成了所谓干弱枝强的汉与诸侯“共天下”的政治格局。由于自南向北的山河阻隔，汉朝的关东和关中或山东和山西两大地域实际上处于隔绝状态，加上两地不同的历史和文化，以及由此形成的畛域之分，汉王朝的这东西两大地域实际处于对峙局面，其态势与战国末年秦国与关东诸国之对立，几无差异。异姓诸王不仅在态势上对关中形成合围，而且在军事实力上亦构成对汉朝廷的直接威胁。这对于一个统一的国家来说，是一种严峻的挑战。在此背景下，为了新政权的巩固与王朝的长治久安，西汉的都城选址就势必要受到这两大地域的影响。刘邦自洛阳移都关中，目的就是凭借关中的形势东制诸侯。这在娄敬等的说辞中是十分明确的。

《史记·刘敬列传》载：“娄敬说曰：‘陛下都洛阳，岂欲与周室比隆哉？’上曰：‘然。’娄敬曰：‘陛下取天下与周室异。……今陛下起丰沛，收卒三千人，以之径往而卷蜀汉，定三秦，与项羽战荥阳，争成皋之口，大战七十，小战四十，使天下之民肝脑涂地，父子暴骨中野，不可胜数，哭泣之声未绝，伤痍者未起，而欲比隆于成康之时，臣窃以为不侔也。且夫秦地被山带河，四塞以为固，卒然有急，百万之众可具也。因秦之故，资

① 劳幹：《关于“关东”及“关西”的讨论》，《中国古代的历史与文化》（上册），北京：中华书局，2006 年，第 131 页。
② （汉）班固：《汉书》卷 13《异姓诸侯王表》，北京：中华书局，1962 年，第 364 页。

甚美膏腴之地，此所谓天府者也。陛下入关而都之，山东虽乱，秦之故地可全而有也。夫与人斗，不搤其亢，拊其背，未能全其胜也。今陛下入关而都，案秦之故地，此亦搤天下之亢而拊其背也。'"《史记·留侯世家》云："刘敬说高帝曰：'都关中。'上疑之。左右大臣皆山东人，多劝上都雒阳：'雒阳东有成皋，西有殽黾，倍河，向伊雒，其固亦足恃。'留侯曰：'雒阳虽有此固，其中小，不过数百里，田地薄，四面受敌，此非用武之国也。夫关中左殽函，右陇蜀，沃野千里，南有巴蜀之饶，北有胡苑之利，阻三面而守，独以一面东制诸侯。诸侯安定，河渭漕挽天下，西给京师；诸侯有变，顺流而下，足以委输。此所谓金城千里，天府之国也，刘敬说是也。'于是高帝即日驾，西都关中。"

娄敬、张良上述说辞的最大特点，是着眼于国都安全与中央朝廷对地方的控驭，而实际上根本问题则是如何控制关东。在他们看来，周以德得国，以德治国。汉则以兵得国，唯能依靠险要形势方能保持帝国根本稳定，因此不能仿效周王朝都于雒阳，而应该选择形势险要、物产丰富的关中。关中最大的优势就在于其是"金城千里，天府之国"。控制住关中，就可以控制全国，即娄敬他们所说的"搤天下之亢而拊其背"，"譬犹居高屋之上建瓴水"，"独以一面东制诸侯"。这完全是从军事战略方面设想。至于关中经济上的富饶和漕运之利，因经济和交通是实现政治目的的物质基础，也就不可能是刘邦舍洛阳而都长安的主要原因，而是实现"独以一面东制诸侯"战略的物质保障。刘邦以征战建国，深知其中的利害，故能一说即了然于心，于是果断地采纳了娄敬、张良意在"制内"的建都之策，"即日驾，西都关中"。西汉在关中建立国家根基，统治和防范山东地区的战略格局就这样确定下来。

《史记·高祖本纪》记载，刘邦定都关中后，又有田肯前来祝贺，说："陛下得韩信，又治秦中。秦，形胜之国，带河山之险，县隔千里，持戟百万，秦得百二焉。地势便利，其以下兵于诸侯，譬犹居高屋之上建瓴水也。"秦中即关中。田肯的祝词进一步肯定了娄敬、张良的建议，同时，也更进一步清楚而明确地道出了娄敬、张良建议的真实战略意图。由于这三人的身份，这实际也代表了当时有识之士的共同看法。刘邦最终舍洛阳而都长安，并不是一个简单的厚此薄彼的二选一过程，而是西汉王朝基于秦末汉初新的东西对立格局，对楚汉战争后的军事战略形势权衡的结果，也是其精心构建其政治核心空间，从而规划凭借关中形势东制诸侯、巩固其政治基础的过程。

二　汉初定都长安后的空间补苴和强化

汉初移都关中，定都长安的目的是凭借关中的形势东制诸侯，所以，在这种战略思想指导下，汉初从各方面增强和巩固关中的实力，以补苴罅漏长安都城区位之不足，优化关中政治地理空间，保障关中对关东的政治、军事优势，最终完成强化中央集权统治的历史任务。

汉初定都长安后所采取的一系列东制诸侯的政策措施，后人评价是"强本干，弱枝叶"。这实际上也是对该政策措施基本内容的高度概括，即它包括"强本"和"弱枝"

两个方面。从弱枝方面来看，汉初的措施主要采取军事、政治和经济手段，直接打击和压制诸侯势力。这先后经历了四个阶段：第一，高祖用军事手段，逐个翦灭异姓诸侯，改封同姓诸王，基本控制了关东地区，解除了异姓诸侯对中央的威胁；第二，文帝时期逐步控制、削弱同姓诸侯；第三，景帝削藩，平定七国之乱，诸侯势力衰退，不预政事，西汉中央集权得以基本成形；第四，武帝采取多种手段，继续打击压制诸侯，先后有11个诸侯王国因为各种原因被废除，诸侯国数目减少了将近一半，关东地区再也没有能独自对抗中央的地方势力。《史记·汉兴以来诸侯王年表》序记载此时的国内形势："是以燕、代无北边郡，吴、淮南、长沙无南边郡，齐、赵、梁、楚支郡名山陂海咸纳于汉。诸侯稍微，大国不过十余城，小侯不过数十里，上足以奉贡职，下足以供养祭祀，以蕃辅京师。而汉郡八九十，形错诸侯间，犬牙相临，秉其阸塞地利，强本干，弱枝叶之势，尊卑明而万事各得其所矣。"[①]延续已久的关东对关中的威胁，至此基本消失。

在"强本"方面，汉初则主要利用关中周围的地理形势，通过对长安都城区位不足的补苴罅漏，强化其空间优势，建构关中本位政治地理，其突出的特点是以地理手段来解决政治问题。

1）充分利用东西部之间的山河险阻，建立和完善关、津、塞。这是战国以来"关中"与"关东"或"山西"与"山东"两大地域观念形成和存在的原因，除了历史和文化等社会原因外，与东西部之间的具体地理密切相关。处在中国地势第二级阶梯和第三级阶梯之间的巨大的隆起带，包括大兴安岭、太行山与吕梁山及其间的山西高原、豫西山地、鄂西—黔东—湘西山地，它们与山西高原西侧的黄河天堑配合，形成了一道巨大的山河自然险阻，将中原地区分成东西两大部分。在这些自然险阻易于通行之处，则分布着控制东西往来的关、津、塞。为此，汉廷创建了以"五关"为核心的津关制度。张家山汉简《二年律令·津关令》记载了汉初扜关、郧关、武关、函谷关、临晋关五大关津。后三关在战国时期已经形成，前二关则是汉初有意加入的。这五大关津正位于从关中、巴蜀通向关东地区所必经的主要通道上。除了五关之外，还有由一系列利用山、河险阻"关垣、离（篱）格（落）、堑、封、刊"构成的"塞"。它们和五关一起，将汉初的疆域分成了有着明确界限的"关中"和"关外"[②]。五关等环绕在关中的东缘，各自把守着不同的方向。同时，汉廷又制定了一系列严格的法律，严禁人员及马匹、黄金、铜等重要的战略物资自关中流入关外，尤其是关外的诸侯国，违者处以刑罚。其目的，就是时人贾谊所说的："所为建武关、函谷、临晋关者，大抵为备山东诸侯也。"[③]晁错也有"通关去塞，不孽诸侯"[④]的说法。汉初通过营建五关等津关要塞，拱卫关中，防范关东，初步形成了张良所谓"阻三面而守，独以一面东制诸侯。诸侯安定，河渭漕輓天下，西给京师；诸侯有变，顺流而下，足以委输"的局面。

2）"徙民制度"和"陵县制度"。春秋战国时期的长期纷争，形成了较为牢固的区

---

① （汉）司马迁：《史记》卷17《汉兴以来诸侯王年表》，北京：中华书局，1959年，第803页。

② 梁万斌：《〈津关令〉与汉初之政治地理建构》，《复旦学报》（社会科学版）2016年第2期，第46-53页。

③ （汉）贾谊撰，阎振益、钟夏校注：《新书校注》卷3《壹通》，北京：中华书局，2000年，第113页。

④ （汉）班固：《汉书》卷49《晁错传》，北京：中华书局，1962年，第2296页。

域观念，尤其是对战国时期六国空间区域的认知，秦始皇在统一过程中采取了迁徙六国人口的政策，而这一政策被西汉继承，并有所创新，由此形成了大规模徙民关中制度和较为稳定而持续的“陵县制度”。二者彼此关联，相辅相成。徙民制度主要集中在对军功吏卒的优待和迁徙豪族强宗于关中上。前者如高祖五年（公元前 202 年）诏：“诸侯子在关中者，复之十二岁，其归者半之。军吏卒赐爵，非七大夫以下，皆复其身及户”；十一年（公元前 196 年）四月，“令丰人徙关中则皆复终身”；六月“令士卒从入蜀、汉、关中者皆复终身”；十二年，诏“吏二千石入蜀、汉定三秦者，皆世世复”[①]。优待政策的实质是为了增加关中，尤其是三秦地区的人口。后者，自汉高祖刘邦到汉朝结束，迁徙关东豪族强宗于关中有八次之多。其中高祖一次，武帝三次，昭帝一次，宣帝三次。迁徙活动以“充奉陵邑”[②]的名义进行，因此迁徙至关中的豪强被集中安置在帝陵，汉廷关照其生活，“赐钱、田、宅”。迁豪族强宗于关中，不仅可以在削弱关东人力、物力资源的同时，增强关中地区的人力和物力资源，“内实京师，外销奸猾”[③]，“无事，可以备胡。诸侯有变，亦足率以东伐。此强本弱末之术也”[④]。这实际上是用变更居住地的办法，使他们形成与关中地域的一致利益联合体，争取这些关东豪族强宗成为汉朝的支持者、拥护者。这项政策实施效果十分显著。被迁徙的关东豪族强宗中的许多人摇身一变成了这个社会坚实的基础。长安城周边帝陵和陵邑的设置，客观上也构成了都城城墙之外的又一道防线。“强本”和“弱枝”并举，可谓是一箭双雕。

3）“广关”，构建“大关中”。《汉书·武帝纪》记载：“三年冬，徙函谷关于新安，以故关为弘农县”，同时新设弘农郡，郡县同治。这就是所谓的武帝“广关”。“广关”并非仅仅东移函谷关。辛德勇系统考察武帝“广关”的种种史实后认为，这实际上是有组织地将以往关中的东界——临晋关、函谷关、武关、扜关——整体向东平移，新构建出一个更大范围的“大关中”区域：“大关中区域北部的东界，由以临晋关为标志的黄河一线，向东推进至太行山一线；中部区域的东界，由旧函谷关，向东推进至新函谷关；南部区域的东界，由四川盆地东南缘，向东南推进至柱蒲关、进桑关一线的滇桂、黔桂间山地；与此同时，大关中的西部区域，从北到南，也都有了大幅度扩展。通过增大关中区域的范围，特别是函谷关的东移和太行山以东地区划入关中，大大增强了朝廷依托关中以控制关东这一基本政治和军事地域控制方略的效力。”[⑤]结合武帝时期从政治、经济上不断打压关东诸侯的种种举措来看，辛先生的分析无疑是精辟、正确的。从制御关东、控制天下的角度看，这是关中中央朝廷势力的又一次大扩张，在地理上也有补苴罅漏的作用。汉初建都关中，虽有诸多优势但位置偏西，东西部之间的山河险阻既是屏障，有利于关中的安全，也给汉廷对遥远而辽阔的东部地区的统治带来了不便，所谓“关河县远，兵不赴急”。尤其是函谷关所在的豫西山地，横亘在关中与关东之间，使京师长

①（宋）徐天麟：《西汉会要》卷 47《民政二·复除》，上海：上海古籍出版社，2006 年，第 550、551 页。
②（南朝宋）范晔：《后汉书》卷 40《班彪列传》，北京：中华书局，1965 年，第 1338 页。
③（汉）司马迁：《史记》卷 112《主父偃传》，北京：中华书局，1959 年，第 2961 页。
④（汉）班固：《汉书》卷 43《娄敬传》，北京：中华书局，1962 年，第 2123 页。
⑤ 辛德勇：《汉武帝“广关”与西汉前期地域控制的变迁》，《中国历史地理论丛》2008 年第 2 辑，第 76-82 页。

安和东部的重镇洛阳之间的交通颇为艰难。以函谷关东移为核心的“广关”政策的实施，不仅增大了关中的范围，而且克服了横亘在关中与关东之间的豫西山地的地理障碍，使京师长安和镇抚关东的重镇洛阳进一步连为一体，由此构建了意在制御关东的大关中，大大增强了关中的实力。此后，关东地区再未出现大规模的叛乱。

在西汉定都关中原因的讨论中，一些学者常将防备和打击塞外匈奴列入其中，认为汉初刘邦君臣在议论定都关中时，就已经有了定都关中，以防备和打击匈奴的战略意图。这实在是一种误解。对于这一问题，侯甬坚曾敏锐地指出：“西汉初筹议定都关中，当时并未把对外发展问题提到议事日程上来，应该说是出于对内安全方面的考虑，对决策定都关中起了决定性的作用。”[①]从基本的历史事实看，定都长安在先，防备和打击匈奴在后。正是由于京师长安自身的地理局限，不仅位置偏西，而且地近强敌匈奴，其易受匈奴的攻击。自刘邦与匈奴白登一战后，汉初数十年对匈奴几乎全面采取守势，不断通过和亲、输出财物币帛、开放边市等方式来谋求与匈奴的和平，虽在一定程度上缓和了匈奴的入侵，但匈奴仍寇边不止，威胁不减。如此消极被动之状，哪里有丝毫积极打击的影子。这一局面，直到汉武帝继位后，施展雄才大略，才得以改变。因此，可以说，防备和打击匈奴并非汉初筹议定都关中时空间权衡的对象，而属于定都长安后的空间强化范畴。

汉武帝打击匈奴，是在不断打压关东诸侯，建构了意在东制关东的“大关中”，取得成效之后展开的。元狩二年（公元前 121 年），西汉相继取得了河南地和河西走廊，并分别在河南地置五原郡、朔方郡、西河郡、上郡郡和北地郡，在河西走廊设置了酒泉郡、张掖郡、敦煌郡和武威郡。前者使西汉关中北部防线由原来秦昭襄王长城一线向西向北推进至秦始皇时蒙恬所筑之塞防。这不仅在一定程度上弥补了关中作为都城所在地近强敌的地理缺陷，而且可以利用大河、贺兰山、桌子山和阴山为险固，解除匈奴对京师长安长期的直接威胁，大大确保了关中地区的安全。到这个时候，关中才真正成为“被山带河”的四塞之地。后者，大大增强了汉帝国的经济实力，扩大了关中的防御纵深，彻底扭转了汉初以来汉王朝长期处于劣势的北方边疆形势。著名的丝绸之路便是在此过程中开辟开通的。

① 侯甬坚：《定都关中：国都的区域空间权衡》，《陕西历史博物馆馆刊》第 7 辑，西安：三秦出版社，2000 年，第 148 页。

唐长安长乐驿与临皋驿

长乐驿与临皋驿，分别是唐长安城东出、西行必经之第一驿，也是长安城东西最繁忙之驿站。以往学界对这两座重要驿站的地望及功能曾作过探讨[①]，也留下了进一步讨论的余地。本文拟在此基础上，对其地望再作考证，以纠正讹误，并就两驿功能进行较深入的探讨，阐释其在唐长安城交通和政治生活中的作用，以补充之前的不足。

一　长乐驿与临皋驿的地望

史籍中有关长乐驿的记载，相对而言，稍多一些，其所在位置也较清楚。宋敏求《长安志·唐京城一》谓："东面三门，北曰通化门。门东七里长乐坡上有长乐驿，下临浐水。"《长安志·万年县》则说："长乐驿，在县东十五里长乐坡下。"[②]《长安志》在路程记载上的差异，当是因参照物不同。所谓"门东七里"，是指长乐驿在通化门之东 7 里。通化门是唐长安城东出三门中最北之门，肃宗至德宗年间一度改称达礼门，寻复旧。通化门位置，20 世纪 50 年代考古探测唐长安城时，曾根据龙首渠遗迹认为其在今西安市长乐西路北侧陕西省电力建设总公司（原火电公司东南角）[③]。近来李健超则论证其应在今长乐西路空军军医大学（原第四军医大学）医院门南约 100 米，东距金花北路 180 米处[④]。此说是。而"县东十五里"是指长乐驿在长安城宣阳坊万年县廨之东 15 里。万年县廨在长安城宣阳坊东南隅，即今城南和平门外刁家村、李家村一带。《唐两京城坊考》卷 2 记长乐驿位置同样作"在通化门东七里长乐坡上"。同时该书卷 1 复有记述谓长乐驿在光泰门东七里[⑤]，则是指长乐驿与苑城光泰门之间的距离。苑城即禁苑，"禁苑也者，隋大兴苑也，其西则汉之长安四城皆包并之内"[⑥]。光泰门是苑城东面二门中南

① 有关考证性的论文可见严耕望：《唐代交通图考》第 1 卷，上海：上海古籍出版社，2007 年；李健超：《唐长安临皋驿》，《汉唐两京及丝绸之路历史地理论集》，西安：三秦出版社，2007 年；辛德勇：《隋唐时期长安附近的陆路交通》，《古代交通与地理文献研究》，北京：中华书局，1996 年；王文楚：《唐代两京驿路考》，《古代交通地理丛考》，北京：中华书局，1996 年；李之勤：《柳宗元的〈馆驿使壁记〉与唐代长安城附近的驿道和驿馆》，《中国古都研究》第 1 辑，杭州：浙江人民出版社，1985 年；程义：《唐代宫人斜与临皋驿地望考证》，《唐史论丛》第 17 辑，西安：陕西师范大学出版社，2014 年）等。王静《城门与都市——以唐长安通化门为主》（《唐研究》第 15 卷，北京：北京大学出版社，2009 年）主要从社会流动的角度，论述了通化门及其东面的章敬寺和长乐驿的社会功能，指出它们体现了一定的秩序和权力；杨为刚（《唐代"长安——洛阳"文学地理与文学空间》第三章，复旦大学博士学位论文，2009 年）讨论京洛间馆驿文学空间，认为长乐驿是最能体现唐代馆驿特点的文学空间与文学区域。

② 宋敏求、李好文撰，辛德勇、郎洁点校：《长安志 长安志图》，西安：三秦出版社，2013 年，第 255、358 页。

③ 杭德州、雒忠如、田醒农：《唐长安城地基初步探测》，《考古学报》1958 年第 3 期，第 79-93 页。

④ 李健超：《隋唐长安城通化门遗址考》，《唐都学刊》2012 年第 2 期，第 31、32 页。

⑤（清）徐松撰，（清）张穆校补：《唐两京城坊考》，北京：中华书局，1985 年，第 30、33 页。

⑥（宋）程大昌撰，黄永年点校：《雍录》，北京：中华书局，2002 年，第 195 页。

端之门。《资治通鉴》胡注："光泰门，苑城东北门。程大昌曰：光泰门在通化门北，小城之东门，门东七里有长乐坡。"[①]由此可见，《长安志》和《唐两京城坊考》所记长乐驿的位置是一致的，在唐长安城东郊的长乐坡，侧临通化门。

长乐坡是唐长安城东北 12 里、浐水西岸的一个高地，南至通化门，北到光泰门，南北长约有 10 里许，东西宽约 2 里。浐水沿长乐坡东坡北上，与灞水汇合[②]。唐开龙首渠引浐水，在长乐坡分为两支，一支北流城内太极宫、大明宫，一支西入春明门内兴庆宫。长乐坡得名，《元和郡县图志·关内道一》"万年县"曰："长乐坡在县东北十二里，即浐川之西岸，旧名浐坂，隋文帝恶其名，改曰长乐坡。"《雍录》卷 7"通化门"条沿袭此说，云："长乐坡，下临浐水，本名浐阪，隋文帝恶其名音与反同，故改阪为坡。自其北可望汉长乐宫，故名长乐坡也。"又《类编长安志·坡坂坳附》："长乐坡，在咸宁县东北一十里，即浐水之西岸。《十道志》曰：'旧名浐坂。隋文帝恶之，改曰长乐坡，盖汉长乐宫在其西北。'"元咸宁县即唐万年县。《资治通鉴》中的胡三省注和《唐两京城坊考》也都说长乐坡因北对汉长乐宫而得名。其实，长乐坡之名当源于隋长乐宫。该宫始建于隋文帝开皇年间，初名望春宫，隋炀帝大业初年改名长乐宫，唐初复改回原名。因位于大兴城东、浐水西岸，背倚长乐坡，由长安东出，或自东而来，往往要经过长乐宫。唐时汉长乐宫虽仍存在，但已处于唐长安城西北，禁苑之内。自长乐坡西望，首当其冲的是隋长乐宫（望春宫），不可能再望见汉长乐宫雄姿。

今西安市长乐东路自西而东横贯长乐坡，直抵浐河桥头。路南侧有村名长乐坡，唐时属万年县长乐乡，今属灞桥区十里铺街道，西距唐通化门遗址约 3.9 千米。史载通化门到长乐驿七里。唐 1 里合今 529.2 米，7 里合今 3704.4 米，即 3.7 千米强。而此处正在长乐坡上，地势较低，地貌单元属浐水一级阶地。长乐东路路面稍呈弓形，两侧尚有残坡，高出地面十余米。按其方向、里距和地理形势，长乐驿故址应在今长乐坡村附近。

长乐驿建立时间和原因比较清楚。《长安志》卷 11"长乐驿"引《两京道里记》曰："圣历元年，敕：滋水驿去都亭驿路远，马多死损，中间置长乐驿，东去滋水驿一十三里，西去都亭驿一十三里。"可见长乐驿是因原来都亭驿至滋水驿距离较远，驿马多有死伤，为适应日益繁忙的交通需要而于武周圣历元年（公元 698 年）增设的。因建在长乐坡上，故名长乐驿，因下临浐水，东去灞水，故又称长乐水馆，它兼具陆驿与水驿的双重性质与功能。李商隐有《雨中长乐水馆送赵十五滂不及》诗云："碧云东去雨云西，苑路高高驿路低。"又因在城东，为长安东出第一驿，故又被称为城东驿[③]。

与长乐驿不同，临皋驿建立时间较早，北周武帝时曾"集诸军讲武于临皋泽"[④]于此，地当北周长安城（汉长安城）城西。隋开皇三年（公元 583 年）在汉长安城东南 2 里新建国都大兴城，长安周边交通路线随城址变动而改变，临皋驿移至城西偏北的开远门外，因临近外郭城门即皋门而得名。但对其具体位置，学界颇有争议。

---

① （宋）司马光：《资治通鉴》卷 231《唐纪四七》"德宗兴元元年"条胡注，北京：中华书局，1956 年，第 7434 页。

② 杨为刚：《唐代"长安—洛阳"文学地理与文学空间》，复旦大学博士学位论文，2009 年，第 144 页。

③ 辛德勇：《隋唐时期长安附近的陆路交通》，《古代交通与地理文献研究》，北京：中华书局，1996 年，第 144 页。

④ （唐）令狐德棻等：《周书》卷 5《武帝纪上》，北京：中华书局，1971 年，第 86 页。

从现有资料看，最早记载临皋驿位置的是《元和郡县图志·京兆府》"咸阳县"条，其云："临皋驿在县东南二十里。"其后，《长安志·咸阳县》也持同样说法。《长安志·长安县》又谓："临皋驿在县西北一十里开远门外。"严耕望据此最早将临皋驿地望考证在咸阳县东南20里，长安西北20里的渭河边上[①]。如此一来，从长安西出至咸阳的驿路，就成了出长安开远门18里，西北渡渭河，又2里至临皋驿，折返渭河南，西过三桥，从此渡渭河而到咸阳。如此多次迂回折返渭河，这在情理上是无法解释的。

李健超师指出，严耕望之误，在于将开远门距长安县廨10里的距离，误解为开远门至临皋驿距离。而他所依据的《元和郡县图志》所记临皋驿至咸阳距离同样也存在错误。长安县廨在长安城长寿坊西南隅，即今西安市西南蒋家寨村北。开远门为唐长安城西面北来第一门，建于隋初，唐改名安远门，遗址在今西安西郊大土门村一带，与长安县廨相距10里。唐咸阳县在今咸阳市东约5里的三姓庄附近，由此东南至开远门所在大土门村距离为30里，而非《元和郡县图志》所记的20里。临皋驿究竟在开远门外什么地方？已出唐代墓志为确定临皋驿具体位置提供了实证史料。出土于莲湖区枣园村东的《王定墓志》说墓主王定"葬于长安县小严村北平原"[②]；《史堵颖墓志》亦称墓主葬于长安县龙首乡小严里，并说"小严村即开远门外临皋驿西南"[③]。两方墓志所云小严村在今西安市玉祥门外枣园村东南。《王守节墓志》称墓主葬于"临皋之平原"[④]；唐内侍省宫闱局丞《杜玄礼墓志》更明确地提供了临皋驿地望的具体数据和周围景观特色，志文云：杜氏生前于"开元七年岁次庚申，于京城西开远门外七里临皋驿前，预修砖堂塔一所。北连秦甸，斜接上林。南望周原，旁临通漕，左瞻凤阙，右接鲸池。平陆坦然，实为信美。"[⑤]因此，李健超师确定唐临皋驿在今大土门村西北7里地方，即今玉祥门外、枣园村东南，侧临开远门下[⑥]。此亦与《长安志》所记"临皋驿在县西北一十里开远门外"相一致。

近来，程义又将临皋驿定位在今枣园北路左近的三民村附近，但"颇疑临皋驿即磁门驿，二驿为同一驿，磁门驿是临皋驿之别名。……若将磁门驿比定为临皋驿，与道里、功能、史实三者皆合"[⑦]。其实，临皋驿与磁门驿并非一驿。磁门驿是唐长安西去驿道上驿站，位于长安、咸阳之间，东有临皋驿，西有望贤驿，曾是唐肃宗送其女宁国公主出嫁回纥所至之地，玄奘法师由印度取经回国时，也曾在此居留。据辛德勇考证，磁门驿在隋唐时期的三桥附近，即今西安未央区三桥街，因邻近秦阿房宫北门阙磁石门而得名。今三桥街西北去咸阳恰为20里左右，而《元和郡县图志》谓临皋驿在咸阳县东南

① 严耕望：《唐代交通图考》第1卷，上海：上海古籍出版社，2007年，第5-6页。
② 鲁深：《唐初画家王定墓志铭》，《文物》1965年第8期，第7页。
③ 吴钢主编：《全唐文补遗》第7册，西安：三秦出版社，2000年，第123页。
④ 吴钢主编：《全唐文补遗》第2册，西安：三秦出版社，1995年，第25页。
⑤ 吴钢主编：《全唐文补遗》第5册，西安：三秦出版社，1998年，第347页。
⑥ 李健超：《唐长安临皋驿》，《汉唐两京及丝绸之路历史地理论集》，西安：三秦出版社，2007年，第106-108页。
⑦ 程义：《唐代宫人斜与临皋驿地望考证》，《唐史论丛》第17辑，西安：陕西师范大学出版社，2014年，第105页。

20 里，应是磁门驿之误[1]。由此观之，程义新说法还有可疑之处。就临皋驿地望而言，显然仍以李健超师说更为精当。

二　长安东出与西行第一驿

唐长安城既是大唐帝国的首都，也是当时国际性大都市，外郭城中 109 坊和东西两市常驻及流动人口达百万之众，每天往来进出长安的各色人等频繁，他们大多要经过长安城东西两边的长乐驿与临皋驿。《唐会要》卷 61“馆驿”条载“长庆元年（公元 821 年）四月敕……自今以后，中使乘递，宜将卷示驿吏：据卷供马，……不得勒供。下后，从长乐、临皋等驿，准此勘合”。不过，尽管长乐驿与临皋驿最为繁忙，设置也基本相同，但因所处地理方位不同，在长安与各地及域外往来和交流中出现了实际功能的差异，表现出不同的交通表征意义。

长乐驿是唐长安东出的第一驿。唐代驿路以长安为中心，呈蛛网状向外辐射，但重点在中东部，因此，通向中东部的驿路至为繁多。柳宗元《馆驿使壁记》所记唐代长安通向四面八方的七条主要驿路，其中有三条通向中东部：由长安城向东经华州出潼关去洛阳以至江淮、山东、河北的两京道；向东南经商州出武关去荆襄以至江南、岭南的武关道；向东北经同州出蒲津关去太原及漠北、河北的蒲关道。这三条驿道沟通了唐帝国东部半壁江山，其起点都是位于长安城内朱雀街通化坊内的都亭驿。两京道连接长安、洛阳东西两大政治中心，形成唐帝国第一大驿道，交通最为频繁。自都亭驿东出长安，多取通化门，或出春明门斜向东北至通化门外，“至合大路处”[2]，下长乐坡，至长乐驿，由此向东 15 里经灞桥至滋水驿（灞桥驿）。自通化门（春明门）至灞桥的大路，又称“青门道”“青门大道”。灞桥是青门大道的终点，过灞桥便是分赴不同方向的陆路和水路[3]。武关道是仅次于两京道的全国第二大驿道，自都亭驿东出长安，同样是经通化门，走同一条驿路，经长乐驿，至灞上滋水驿后始分出，沿灞河东岸趋向东南。由于唐长安城北为禁苑，通向北方的蒲关道也多取通化门，经长乐驿，与东至洛阳、东南至武关，循同一条驿路，至灞上滋水驿后分道，经东渭桥过渭水北上。终唐一代，出通化门或春明门东去，至滋水驿间，只有经长乐驿的一条干线驿路。过灞桥后，东去驿路始一分为三，分别趋向正东、东南、东北。而都亭驿与滋水驿之间，无其他驿站，唯有长乐驿。长乐驿因此成为两京、武关和蒲关三道汇聚的总道口和长安东出三道的西起点，也是长安东出必经的第一个驿站，在它身上更多地体现出由长安城通往帝国中东部，尤其是通往东都洛阳第一驿的表征意义。

长安城西边的临皋驿则更多地具有自长安城通往西域丝绸之路第一驿的表征意义。自长安城西行之驿路，主要有向正西经凤翔府出陇关去陇右、河西及西域和向西北经邠

① 辛德勇：《隋唐时期长安附近的陆路交通》，《古代交通与地理文献研究》，北京：中华书局，1996 年，第 155 页。

②《太平广记》卷 282 引《闻奇录》：郑昌图“登第后，居长安，夜后纳凉于庭，梦为人殴击，擒出春明门，至合大路处，石桥上，乃得解”。

③ 曹尔琴：《唐长安的青门》，《唐史研究会论文集》，西安：陕西人民出版社，1983 年，第 375、378 页。

州、庆州、泾州去朔方、河西及西域、漠北两条，也是通常意义上丝绸之路东段的基本路线，二者的起点同样是长安城内的都亭驿。因长安城北筑有东西 27 里的禁苑，西连长安故城，北枕渭水，中渭桥以南为苑地，除皇室外一般行旅禁行，由都亭驿不论西行经凤翔，去西域，还是向西北经邠州等去西域或漠北，最便捷的就是经开远门。故一般行旅多由开远门，经西渭桥而行，开远门因此成为离开或抵达长安城的标志性地点。皇帝出宫西行，均取此门出入，西来的商人和使者也由此进入长安城。当时凡言去西域里程，均从开远门起算。天宝年间，唐玄宗专门在开远门前竖立一座记载里程的石碑，即"立堠"，上书"西极道九千九百里"[①]。《南部新书》己卷载："平时开元门外立堠，云西去安西九千九百里，以示戍人不为万里之行。"[②]安西在今新疆库车。这段话出自白居易《西凉伎歌》："平时安西万里疆，今日边防在凤翔"句下自注。唐代诗人元稹《西凉伎》诗亦有"开远门前万里堠"之句。《资治通鉴·玄宗天宝十二年》云："是时中国威强，自安远门西尽唐境万二千里。"此是从开远门起算至西域的大致里程。胡注："长安城西面北门第一门曰安远门，本隋之开远门也。西尽唐境万二千里，并西域内属诸国言之。"此外，天宝年间，又在开元门外兴建了振旅亭，作为迎接前述"戍人"的建筑。《长安志·振旅亭》注引《谭实录》曰："天宝八载，于开远门外作振旅亭，以待兵回。"[③]可见，元稹所言"万里堠"，既是对唐帝国以西疆域范围的确定，也是开远门作为丝绸之路起终点的标志物。它和振旅亭、开远门一起成为长安城与西域交通联系的纪念碑性建筑。临皋驿位于开远门外西北 7 里，出开远门西行必经该驿，临皋驿也因此成为唐长安城通往西部统治疆域的第一个驿站，也是长安西去西域及中亚、西亚、欧洲丝绸之路第一驿，在唐帝国与上述地区的往来与交流中扮演着重要的角色。

三　皇权礼仪的延伸空间

唐长安城作为大唐帝国的政治中心，也是皇权礼仪空间的中心，隆重的迎来送往仪式是其中的重要内容之一。这些礼仪活动大多在固定场所循制进行，长乐驿与临皋驿作为驿站，本不属于规定的礼仪承办之地，但因既在城外，又靠近京城的位置，礼仪性的迎送也常在这里举行，成为唐代著名的迎送场所。

唐代在长乐驿的迎送，大体可分为以下四类。

1）百官奉旨集体迎送。从史籍记载看，皆发生在唐后期。乾元元年（公元 758 年）七月，郭子仪"破贼河上，擒伪将安守忠以献，遂朝京师。敕百僚班迎于长乐驿，帝御望春楼待之"[④]。会昌三年（公元 843 年）太和公主自回纥还京，"诏左右神策各出军二百人，及太常仪杖卤簿，从长乐驿迎公主入城。……宰臣及文武百僚于章敬寺门立班候

---

①（宋）欧阳修、宋祁撰：《新唐书》卷 216 下《吐蕃传》，北京：中华书局，1975 年，第 6107 页。

②（宋）钱易撰，黄寿成点校：《南部新书》，北京：中华书局，2002 年，第 90 页。

③ 宋敏求、李好文撰，辛德勇、郎洁点校：《长安志 长安志图》，西安：三秦出版社，2013 年，第 346 页。

④（后晋）刘昫等撰：《旧唐书》卷 120《郭子仪传》，北京：中华书局，1975 年，第 3452 页。

参”[①]。天复元年（公元 901 年）昭宗被胁迫迁凤翔，朱全忠西讨，“至长安，宰相帅百官班迎于长乐坡”[②]。天复三年（公元 903 年）朱全忠东归时，百官又以同样的仪式“班辞于长乐驿”[③]。以上史料显示，能在这里获百官集体迎送之礼的是有特殊功勋的人物或在特殊时期临危受命的勋臣干将。唐制，皇帝迎送最远至通化门，百僚朝班出长安城于长乐驿迎送，有整套的仪仗，代表了最隆重的礼仪，对被迎送者更是一种殊遇。胡注“班迎、班辞，非藩臣所得当”，即说明了这层含义。

2）中使奉旨迎送。对官员出任地方大员，或到京师就职者，唐皇往往都要派宦官中使至长乐驿赐宴迎送，在官方迎送中这类情况最多。贞元十八年（公元 802 年）九月，杨凭外任潭州刺史、湖南观察使，德宗遣中使至长乐驿面宣圣旨，赐宴送别，“恩荣特殊，宴饮斯及”[④]。贞元十九年十月，太子宾客韦夏卿出任东都留守，德宗亦遣中使至长乐驿赐宴，“味兼海陆，品溢圆方，降自御厨，光临传舍”[⑤]。相同的例子，还见于刘禹锡《为杜相公自淮南追入长乐驿谢赐酒食状》及李商隐《为中丞荥阳公赴桂林长乐驿谢赐设馔状》等。也有不赐宴而赐借诸物的，也是一种“宠荣”。权德舆《谢借飞龙马状》云：“今月十日，中使张少禺至长乐驿，奉宣进止，借臣前件马送出府界者。臣以庸薄，谬叨恩私，宠荣沓至，感戴难处。”[⑥]而最著名的赐宴饯送是在天宝三年（公元 744 年），太子宾客贺知章告老还乡，玄宗“遣左右相已下祖别贺知章于长乐坡，上赋诗赠之”[⑦]，朝臣应制和诗者 36 人，冠盖之盛，极于一时。

3）迎接外国使节的郊劳仪式。唐朝外交非常活跃。按唐宾礼，诸国和诸民族使节到长安，首先要行迎劳仪式，长乐驿是行此仪式的经常性场所。有唐一代，日本多次派遣使者赴唐，在进入长安前，要先在长乐驿寄居，由五品舍人或中使专程前来迎接、宣敕劳问，然后接进长安，安置于客馆。长乐驿最为隆重的外事迎送是至德二年（公元 757 年）十一月，助唐平安史之乱的回纥太子“叶护自东京至。敕百官于长乐驿迎，上御宣政殿宴劳之”[⑧]。这种超规格的礼遇迎接，应是此时唐与回纥特殊关系的反映。

4）私人间的迎送，于长乐驿中与友人置酒饯别，此类情况更为频繁。《唐摭言·公荐》载，大和初，礼部侍郎崔郾受命于东都试举人，“三署公卿皆祖于长乐传舍，冠盖之盛，罕有加也”。白居易《及第后归觐留别诸同年》描写在该驿饯别场景是“时辈六七人，送我出帝城。轩车动行色，丝管举离声”。还有祖咏《长乐驿留别卢象裴总》、李商隐《雨中长乐水馆送赵十五滂不及》、《赠孙绮新及第》及白居易《长乐坡送人赋得愁》《长乐亭留别》等，所记皆是长乐驿送别的场景。白居易《长乐坡送人赋得愁》诗云：“行人南北分征路，流水东西接御沟。终日坡前恨离别，谩名长乐是长愁。”若不是这里曾

① （宋）王溥：《唐会要》卷 6《杂录》，北京：中华书局，1955 年，第 78 页。
② （宋）司马光：《资治通鉴》卷 262《唐纪七八》“昭宗天复元年”条，北京：中华书局，1956 年，第 8563 页。
③ （宋）司马光：《资治通鉴》卷 264《唐纪八〇》“昭宗天复三年”条，北京：中华书局，1956 年，第 8605 页。
④ （唐）柳宗元：《全唐文》卷 571《为杨湖南谢赐设表》，北京：中华书局，1983 年，第 5777 页。
⑤ （唐）刘禹锡：《全唐文》卷 603《为东都韦留守谢赐食状》，北京：中华书局，1983 年，第 6090 页。
⑥ （唐）权德舆：《全唐文》卷 485《谢借飞龙马状》，北京：中华书局，1983 年，第 4958 页。
⑦ （后晋）刘昫等撰：《旧唐书》卷 9《玄宗本纪》，北京：中华书局，1975 年，第 217 页。
⑧ （后晋）刘昫等撰：《旧唐书》卷 195《回纥传》，北京：中华书局，1975 年，第 5199 页。

发生过无数次戚然离别之事，是断不会形成文人墨客笔下的长乐驿迎送空间和字里行间渗透着的丝丝离愁别绪。

上述四类迎送活动，前三类均属官方所为，可见长乐驿几乎成为唐廷迎送东向进出官员的固定场所，京城之外官方最常用的饯迎赐赠场所。其原因在于它在空间上与长安城政治的密切关联。唐长安城的政治重心偏向东半城①。城东的通化门由于地处政治重心东内与南内之间，又迫近大明宫，在唐中后期越发凸显出在内外交通等方面的重要作用，长安城边界因此突破了外郭城城墙的实体限制向外延伸。通化门及其毗邻的章敬寺、望春楼，以及东郊的长乐驿、灞桥实际构成了一个连续而又独立的迎送礼仪空间，唐廷根据与被迎送者的政治关系，决定迎送的场所。通化门作为唐皇亲自参加迎送仪式的最远点，是唐皇对特殊人物展示隆重、尊宠和倚重的空间；章敬寺和望春楼，一个与通化门邻近，“寺抵国门”②，一个背倚长乐坡，自然是通化门的延伸空间。前者常作为迎送仪式中百官列班的场所，后者则是唐皇行劳遣之礼的地方。灞桥是秦汉以来的传统迎送之地，也是出通化门最远的送别点。“长安祖饯，情谊笃厚者，更至此驿”③，另有他图者更是如此。天复三年（公元903年）的百官只班辞于长乐驿，崔胤独送朱全忠至灞桥，自置饯席。与灞桥相比，长乐驿位于城外，却更靠近京城，在时人的观念和行为上是一个重要的城邑边界④，符合空间意义上迎送在进入或离开京城起点的惯例，而长乐驿所在的长乐坡与长安城的距离恰符合古人“十里长相送”的传统。长乐坡还是唐人经常提到的“灞浐”区域的中心。该区域是以长乐、灞桥两驿与浐灞交汇处构成的三角区域，也是长安郊区经济文化最为发达区域之一。长乐坡南坡之东的长乐驿驿舍宏敞，既可驻足休憩，又能宴饮雅集。因此，唐廷的官方迎送活动大多在长乐驿举行。这些活动往往受皇帝旨意，既代表着所谓的重视和殊遇，也展示着皇权的无限威严和尊崇。在这些活动中，长乐驿已不仅仅被当作交通往来的驿站，亦将其视为皇权礼仪空间的延伸与补充、皇权政治及其权术运作的舞台而最大限度地加以利用。

临皋驿作为长安西行第一驿，其地位与长乐驿相当。天复元年（公元901年），朱全忠西讨至长安，受到“宰相率百官迎于长乐驿”的殊遇，次日，离开长安继续西上，宰相率百官“复班辞于临皋驿”⑤。这是百官集体迎送。中使奉旨迎送，天宝中，剑南节度使鲜于仲通奉召赴京至临皋驿，玄宗“令中贵人劳问，赐甲第一区，又锡名马，兼供御馔”⑥。文宗时，李固言“为西川节度使，诏云韶雅乐即临皋馆送之”⑦。王谏《为郭令公出上都赴奉天行营敕赐锦战袍并口脂等谢表》：“臣今日巳时至临皋驿西，开府鱼朝恩奉宣进止，赐臣锦战袍等。”私人间的祖饯迎送也在此进行。岑参《送张献心充副

① 王仲殊：《试论唐长安城与日本平城京及平安京何故皆以东半城（左京）为更繁荣》，《考古》2002年第11期，第69-84页。

②（宋）李昉：《太平广记》卷213《画四》“周昉”条，北京：中华书局，1961年，第1631页。

③ 严耕望：《唐代交通图考》第1卷，上海：上海古籍出版社，2007年，第4页。

④ 王静：《城门与都市——以唐长安通化门为主》，《唐研究》第15卷，北京：北京大学出版社，2009年，第48页。

⑤（宋）司马光：《资治通鉴》卷262《唐纪七八》“昭宗天复元年”条，北京：中华书局，1956年，第8563页。

⑥（唐）颜真卿：《中散大夫京兆尹汉阳郡太守赠太子少保鲜于公神道碑铭》，《全唐文》卷343，北京：中华书局，1983年，第3484页。

⑦（宋）欧阳修、宋祁撰：《新唐书》卷182《李固言传》，北京：中华书局，1975年，第5358页。

使归河西杂句》："云中昨夜使星动，西门驿楼出相送。玉瓶素蚁腊酒香，金鞭白马紫游缰。"写的就是临皋驿。沈既济《任氏传》载，在长安，为郑子所眷，将适金城，其友韦君"出祖于临皋，挥袂别去，信宿至马嵬"。

临皋驿还是唐皇迎奉佛骨的场所。《旧唐书·韩愈传》载，元和十四年（公元 819 年），佛骨舍利从法门寺送至长安，宪宗"令中使杜英奇押宫人三十人，持香花，赴临皋驿迎"。据说，有唐一代先后举行了六次迎奉法门寺佛骨入长安仪式。法门寺位于凤翔，在长安城西北，佛骨从法门寺而来，都会经临皋驿入城。临皋驿成为整个规模宏大的宗教仪式的开端。这既是临皋驿在礼仪空间内涵上的个性表现，也表明它与长乐驿一样，是长安皇权礼仪空间的又一个延伸与补充。

总之，唐代驿路纵横交错，四通八达，驿传体系非常发达，驿站作为支撑这一体系的基础设施，其主要功能是为大唐帝国传送政令、迎送官员、运送贡物、传播信息等。长乐驿与临皋驿作为长安东出、西行的第一驿，除了具备上述共性功能外，还与长安城的社会政治、制度运作关系密切，而有着一些不同于其他驿站的特殊功用，为长安城市机制发挥和社会空间的延伸增添了更多不一样的内容。

现代城市中的古代城市遗痕
——记西安市区内唐代几条街道与池潭

考古学家徐苹芳曾指出："在古今城市重叠的现代城市中，一般地说都保留着古代城市的遗痕。所谓'遗痕'，是指古代城市的城垣、河湖、街道和大型建置所遗留的痕迹，它反映着城市本身的历史变化。在古今重叠的城市内，对古代城市遗迹不可能进行大面积的考古发掘，因此，要研究古今重叠的城市，唯一的方法便是考察分析现代城市中所遗留的古代城市痕迹，并据以复原被埋在地下的古代城市的平面规划和布局。"①徐苹芳的精辟论述对研究西安市区重叠的汉唐长安城与明清西安城的平面规划和布局及对出土文物的确认具有非常重要的意义。

2004～2005年，笔者对西安市区内几条街道和池潭进行了实地考察，将考古发现资料与史籍记载进行排比，并参照民国二十一年（1932年）西京筹备委员会一万分之一西安地形测绘图，对隋唐长安城的部分街道和水利遗址进行了地面上的定位。

文献记载隋唐长安城的平面布局由宫城、皇城和外郭城组成。外郭城有东西14条横街和南北11条纵街将全城整齐有序地划分为109个坊和2个市（市据两坊之地）。唐长安城被毁弃之后，安静的农村又布满除皇城以外的宫殿和坊市区，坊市制下的坊里空间，被新型的城市结构替代。但当年存留下来的道路大多数仍被继续使用，当然也有一些移动和阻塞。如今朱雀路和含光路都比隋唐时期向西移动数十至百余米。今东西大街就唐代长安皇城顺义门和景风门大街。有些原来仅是坊中的街道，后来发展成为大街。例如，小寨东西路就是由唐长安昭国坊、安善坊、兰陵坊、永达坊等中的东西街串联而成的。正是由于隋唐长安城大街小巷基本直交的特征，因此，城内遗存至今的某些大型建筑遗迹就可以作为确定这些街道的直接证据，而许多街道也往往成为验证某些出土文物的定性标记和准确的地理坐标。

安化门大街，南从南山门（应为三门）口村东的唐安化门遗址向北抵明清西安城的西南城角外，沿城壕之上向北直达隋唐时代的芳林门，原宽超过百米，至20世纪50年代这条街道仍被使用，今仅余与太白北路平行东侧约60米的一段，即西何家村西一条北通水文巷，南至南二环不足原路面1/10宽的狭窄路，夹在密集的高大建筑群之中。这条不显眼的小路为1970年何家村千余件唐代金银器的出土地点验证为唐代兴化坊，也为1994年陕西水文总站（今名陕西省水文水资源勘察局）出土的唐代夹纻大铁佛像定位于延康坊东南隅的静法寺提供了重要佐证②。今西安太白北路以西约500米，有一条与之平行的小路，由今白庙西村东、白庙东村西北通友谊西路，南越南二环至丁白村（近

① 徐苹芳：《现代城市中的古代城市遗痕》，《远望集——陕西省考古研究所华诞四十周年纪念文集》，西安：陕西人民美术出版社，1998年，第695-699页。

② 李恭：《关于唐代夹纻大铁佛出土时间与地点的商榷》，《考古与文物》2003年第6期，第56-60页。

年只南近南二环），是一条宽度不足 10 米的小路。这是隋唐长安城朱雀门街西第三街、皇城西第一街，从北向南第五延寿坊、第六光德坊、第七延康坊的坊中十字街南北大街串联的坊中路。这条路在民国二十一年（1932 年）西京筹备委员会测绘的一万分之一地形图上，可以看出从东西白庙村之间向北经解家村、龙渠（通济渠）。由于设立西北工业大学，此路白庙村以北被西北工业大学校园截断。1997 年，西北工业大学校园操场以西、附属小学教学楼下发现隋慈门寺舍利塔铭等文物。慈门寺在唐中宗时改称懿德寺，据唐韦述《两京新记》记载，懿德寺在延寿坊南门之西。该教学楼也正在民国二十一年地图上显示的这条小路之西。因此可以认定这条小路就是延康坊、光德坊之中的南北街。《唐两京城坊考》记载，光德坊南之延康坊西南隅有唐代著名佛寺——西明寺。近年在白庙变电站发现并发掘了西明寺遗址，显示在寺东墙以东的延康坊南大街，正叠压在这条白庙村向南通丁白村的道路之下。

今太白北路还有一条东西向小巷，位于太白商厦以南，向西直达航天航空工业总公司家属区，从家属区 9 号与 10 号楼之间达西北工业大学东校墙。1996 年，该公司家属区修建 10 号楼，在地基中挖出大量唐代莲花纹瓦当、素面铺地方砖（40×40 厘米）及四叶纹方砖（残），这些不同样式的瓦当与四叶纹方砖和唐大明宫遗址、唐太液池遗址、唐兴庆宫遗址出土的瓦当方砖大多相同。据韦述《两京新记》记载，光德坊“十字街东之北慈悲寺”。虽然 10 号楼地基中尚未发现文字证明这是慈悲寺遗址，但从文献记载懿德寺与慈悲寺相对的方位及历史文献记载坊里之尺度，可以确定 10 号楼正是唐慈悲寺遗址。因此，从西北大学校园内今已不存在的小路过东校墙向东于 9 号楼、10 号楼之间的这条小路，正是光德坊的东大街。光德坊东大街再向东延伸，穿过太白北路，今太白路天天商业街再东过边西街又东达边东街的小巷也正是唐通义坊的坊中东西街遗址。

隋唐长安城是完全按规划平地建造的。为解决宫廷和城市居民的生活用水和城市园林绿化、池潭用水，充分利用“八水绕长安”的自然河流，开渠引水入城，萦回曲行宫苑、坊市间。其中著名的有龙首渠、清明渠、永安渠和漕渠。唐末这些渠道大多湮塞，历史文献记载得也不具体，渠道所经路线不详。以开凿于隋初的清明渠为例，它从安化门西入城，北流经大安、太平等九坊之西，又北流入皇城、宫城。20 世纪 50 年代以来，清明渠遗址于不同地点多处发现，其中比较重要的考古发现的时间和地点如下：1971～1972 年，陕西省文物管理委员会对长安兴化坊（今西何家村东）的钻探；1993 年，在西北大学教学七楼基下发现太平坊西坊墙及清明渠；2001 年 12 月，西北大学校园医院北侧基建工地清明渠遗址的发现与研究[①]，确认清明渠由唐安化门西入城，由南而北经大安、太平九坊坊之西墙东，又北入皇城。因而 1996 年出版的《西安历史地图集》所绘清明渠沿安化门大街东侧、大安太平九坊坊墙外（西）北流的流路是不符合实际的。然而，西北大学校园内清明渠遗址近年来绝大部分被破坏，仅有的几处极为清晰的横剖面现已采取了相关保护措施。

隋唐长安禁苑位于城北，东距浐河，北枕渭水，西包汉长安城，东西二十七里，南

① 李健超：《隋唐长安城清明渠》，《中国历史地理论丛》2004 年第 2 辑，第 59-65 页。

北二十三里，周一二十里[①]，苑中宫殿、亭台楼榭、池潭、毬场，奇花异木，供皇室游弋。其中以湖面水色供划船游弋的鱼藻池，开凿年代不详。池原深一丈，唐德宗贞元十三年（公元797年）、宪宗元和十五年（公元820年）多次修浚。元和十五年（公元820年）八月“壬辰，（帝）幸鱼藻池，发神策军二千人浚鱼藻池。……九月……辛丑，大合乐于鱼藻宫，观竞渡”[②]。鱼藻宫建在鱼藻池中的山上，故名。唐德宗、唐穆宗，尤其是唐敬宗与臣僚常于此宫进行欢宴，或在鱼藻池中观赏竞渡为戏。《旧唐书·敬宗纪》：“己未，诏王播造竞渡船二十只供进。”因此，鱼藻池当有相当的水面，以便竞舟齐发以比胜负。鱼藻宫、鱼藻池在何地？《玉海·鱼藻宫》：“禁苑池中有山，上建鱼藻宫，在大明宫。”又徐松《唐两京城坊考·唐会要》云：“（鱼藻）宫去宫城十三里，在禁苑神策军后。”[③]鱼藻宫去宫城十三里，这里所说的宫城是指长安宫城，即太极宫。神策军是唐京师禁军。至于神策军的驻地位置，据宋敏求《长安志》卷5记载，右神策军在九仙门外之北。“从东第一曰右羽林军，第二曰右龙武军，第三曰右神策军。”[④]大明宫九仙门遗址在今坑底寨村南。按唐代除高祖、太宗外，以后诸帝多居大明宫，因此鱼藻宫与鱼藻池应在大明宫遗址北。今大明宫含元殿直北约3.5千米、坑底寨村东北3000米、杨家村、井上村西北、白花村东南有一凹地，池岸与池底相差约5米，池形虽因20世纪60年代平整土地有所改变，但从民国二十一年（1932年）西京筹备委员会测绘的一万分之一地形图上仍能辨识为西南东北方向长约1200米，宽200～300米。这一带可能是唐代的鱼藻池遗址。但当时水面面积、水源及排水渠道均有待考古勘察。

广运潭是人工开凿的停泊漕船的大水域，遗址在隋唐长安禁苑北望春楼东。唐玄宗天宝元年（公元742年），陕郡太守水陆转运使韦坚于咸阳西一十八里（今咸阳市秦都区钓鱼台附近）渭河筑兴成堰，堰渭水开通由咸阳沿渭河南岸至潼关的300里漕渠。天宝九年（公元750年）韦坚又奏请于苑中凿潭，潜渠横贯其间，以为漕舟止泊之所。天宝十一年（公元752年）广运潭竣工，东京（洛阳）、汴、宋山东小斛底船二三百只泊于潭侧。“每舟署某郡，以所产暴陈其上。”[⑤]若广陵郡（扬州）船，其他还有丹阳郡、晋陵郡、会稽郡、南海郡、豫章郡、宣城郡、始安郡等数十郡船均装上本地区的手工业品和土特产品，驾船的人皆大笠子、宽袖衫，芒屦，如吴楚之制。船队至望春楼下。“船皆尾相衔进，数十里不绝。关中不识连樯挟橹，观者骇异。”[⑤]如此多的长江中下游各地手工业及土特产品汇积长安，展示于潭中，唐玄宗因之命名为“广运潭”。此后每年漕运关东的租米由原来的一二十万石增至四百万石。究竟广运潭使用了多少年？可能时间不长。安史之乱，漕渠梗阻，江南漕运难以到达。尔后广运潭虽有疏浚，但还是逐渐干涸。

广运潭在隋唐长安城北禁苑的什么地方？今有无遗址可寻？《新唐书·地理志》京兆万年县“有南望春宫，临浐水，西岸有北望春宫，宫东有广运潭”。《旧唐书·韦坚传》：“于长安东九里长乐坡下、浐水之上架苑墙，东面有望春楼，楼下穿广运潭以通

① （清）徐松撰，李健超增订：《增订唐两京城坊考》（修订版），西安：三秦出版社，2006年，第35页。

② （后晋）刘昫等撰：《旧唐书》卷16《穆宗本纪》，北京：中华书局，1975年，第480页。

③ （清）徐松撰，（清）张穆校补：《唐两京城坊考》，北京：中华书局，1985年，第31页。

④ 宋敏求、李好文撰，辛德勇、郎洁点校：《长安志 长安志图》，西安：三秦出版社，2013年，第243页。

⑤ （宋）欧阳修、宋祁撰：《新唐书》卷134《韦坚传》，北京：中华书局，1975年，第4560页。

舟楫。”[①]《新唐书·韦坚传》：“初，浐水衔苑左，有望春楼，坚于下凿为潭以通漕……坚始凿潭，多坏民冢墓……。”从这些史书记载看，广运潭应在禁苑内东距浐河不远地方。民国二十一年（1932 年）西京筹备委员会测绘的一万分之一西安城及附近的地形图上，基本上反映自唐以后的地貌形态。该图在光大庙（唐禁苑光泰门）西北，雩沱寨北，帽珥冢东南，南赵村西有一片凹地，若以该图等高线 378 米以下为原潭水面，则东西长约 1600 米，南北约 1200 米，面积约 2 平方千米。广运潭水源是韦坚开凿的漕渠，广运潭东约在今赵村入浐河与之贯通。望春宫或望春楼遗址待考。

一个城市的文化遗存，首先是这个城市不可缺失的历史见证，一个实实在在的历史存在。同时，它又是这个城市独有的精神化身乃至于象征，因而它常常在人的精神中转化为乡情的载体。除此之外，它还有建筑学、城市学、地方史及美学上的多种意义，它们与唐诗宋词、金石书画一样，承载着我们这个文明古国的灿烂与辉煌。我们这一代人有责任使古城西安永久地反映中国历史的财富和文化的成就，并传递给我们的子子孙孙。

① 注：东面望春楼应为西。

20 世纪 50 年代以来的洛阳古都研究

洛阳古都研究在学界向来受到重视。自先秦时期就有不少学者进行研究，及至现代，从事这方面研究的人更多，成果丰富。苏莘最早采用现代科学理论与方法对洛阳古都进行开拓性的考察[①]。其后傅斯年[②]、丁山[③]、白眉初[④]、谷霁光[⑤]、劳榦[⑥]等也对古代洛阳都城展开研讨。劳榦《北魏洛阳城的复原》一文以加拿大牧师怀履光《中国古墓砖图考》所附的洛阳古城图为底稿，参照《水经注》《洛阳伽蓝记》等文献，对北魏洛阳城进行了复原研究，内容涉及宫城、官署、寺庙、园林等，并绘制了复原图[⑦]。该文曾引起较长时间的热烈讨论，至今仍具有相当的学术价值。1936 年出版的李健人《洛阳古今谈》[⑧]是第一部通史性的洛阳都城史研究著作，也是民国时期一部集大成的洛阳史学巨著。

进入 20 世纪 50 年代，特别是 80 年代中期以来，大陆学术界对洛阳古都的研究逐渐步入高潮，成果倍出。概括起来，这一时期的研究可分为三个阶段：第一阶段为 20 世纪 50～70 年代，主要结合考古发现对一些洛阳古都城址性质和形制进行研究。其中，阎文儒的《隋唐东都城的建筑及其形制》、宿白的《北魏洛阳城和北邙陵墓——鲜卑遗迹辑录之三》和《隋唐长安城和洛阳城》进行了许多开创性的探索，初步建构了北魏和隋唐洛阳城研究的学术体系，其学术原创性十分突出。第二阶段为 20 世纪 80 年代，由于考古学者的不懈努力，大量相关的考古资料成为洛阳都城研究的重要基础，学界对洛阳古都研究的关注点逐渐增多。这一时期的研究特点，一是表现出对洛阳古都在中国古都发展史上地位的宏观把握；二是对都城形制和规划布局的分析，基础性的微观性复原研究及古都政治、经济、里坊研究取得进展；三是受国内文化史、环境史兴起的影响，洛阳古都文化和生态环境研究得到人们的重视，洛阳在中外文化交流中的地位也受到人们的注意。第三阶段为 20 世纪 90 年代，洛阳古都研究沿着两个方向发展，一是以往研究着力的都城形制和规划布局研究继续受到重视，并逐步深入；二是河洛文化概念的提出及其研究的进展，大大推动了洛阳古都研究的广度和深度。当然，从时段上，学界对洛阳古都的研究可以划分为三个阶段，但每个阶段的研究重点中，又不乏其他研究内容的介入，因此，本文拟对 20 世纪 50 年代以来洛阳古都研究成果的简要介绍，仍按内容分类概述。

---

① 苏莘：《洛阳都会变迁考》，《地学杂志》1924 年第 15 卷秋期，第 49 页。

② 傅斯年：《周东封与殷遗民》，《中央研究院历史语言研究所集刊》第四本第三分册，1934 年，第 285-290 页。

③ 丁山：《由三代都邑论其民族文化》，《中央研究院历史语言研究所集刊》第五本第一分册，1935 年，第 87-130 页。

④ 白眉初：《洛阳与长安》，《地学杂志》1933 年第 2 期，第 169-183 页。

⑤ 谷霁光：《北魏迁都洛阳之经济危机》，《中央日报・史学》第 12 期，1936 年 5 月 28 日。

⑥ 劳榦：《论魏孝文迁都与华化》，《中央研究院历史语言研究所集刊》第八本第四分，1939 年，第 483-494 页；《北魏洛阳城的复原》：《中央研究院历史语言研究所集刊》第二十本上册，1948 年，第 299-312 页。

⑦ 日本学者森鹿三曾先后发表了《评劳榦氏的北魏洛阳城图的复原》（《东方学报》，京都 20，1951 年，第 299-243 页）、《关于北魏洛阳城的规模》（《东洋史研究》第 1952 年第 11 卷第 4 期，第 22-35 页）。他也因此被认为是日本真正的洛阳研究的开拓者。

⑧ 李健人：《洛阳古今谈》，洛阳：洛阳史学研究社印刷所，1936 年。

一　洛阳都城建都朝代研究

对洛阳古都的研究，首先涉及对洛阳建都朝代的界定。据笔者所见，目前已形成了七种主要观点，并且在诸说中实际上还有多种见解。这七种观点如下：①九朝说。此说最早由武攀龙在清顺治《洛阳县志》中提出，本是一种宽泛的说法，陈桥驿最早确指为9个朝代，即东周、东汉、曹魏、西晋、北魏、隋（炀帝）、唐（武后）及五代的后梁、后唐等9个朝代在这里建都[①]。②十朝说。史念海认为，在洛阳建都的朝代有10个：东周、东汉、曹魏、西晋、北魏、隋（炀帝）、唐（武周）、后梁、后唐、后晋[②]。③十一朝说。有两种说法。李先登认为历史上有11个朝代在洛阳建都，但未指明具体朝代[③]。韩忠厚则认为在洛阳建都的11个朝代是夏、商、周、汉、曹魏、晋、北魏、隋、唐（含武周）、后梁、后唐[④]。④十二朝说。赵芝荃认为，历史上有12个朝代在洛阳建都：夏、商、东周、东汉、曹魏、西晋、北魏、隋（炀帝）、唐（武周）、后梁、后唐、后晋[⑤]。⑤十三朝说。苏健认为，历代王朝在洛阳建都的13个朝代是夏、商、西周、东周、东汉、曹魏、西晋、北魏、隋、唐（含武周）、后梁、后唐、后晋[⑥]。史为乐认为以洛阳为都城的朝代包括夏、商、周、汉、魏、晋、北魏、隋、唐、武周、后梁、后唐、后晋[⑦]。史念海认为，东周、河南王（秦末申阳）、东汉、曹魏、西晋、北魏、隋、魏（李密）、郑（王世充）、唐、后梁、后唐、后晋等是在洛阳建都的13个朝代[⑧]。⑥十五朝说。孟令俊认为，在洛阳建都的有夏、商、西周、东周、西汉、东汉、曹魏、西晋、北魏、隋、唐、武周、后梁、后唐、后晋15个朝代[⑨]。⑦十八朝说。李振刚和郑贞富《洛阳通史》认为，从黄帝开始，帝喾、夏、商、西周、东周、西汉、东汉、曹魏、西晋、北魏、隋、郑、唐、武周、后梁、后唐、后晋18个朝代在此建都[⑩]。由于这一问题主要涉及对古都概念的理解和对古都历史内涵的判断，争鸣还会继续下去。学术界认为在洛阳建都的不仅仅是9个朝代，比此数目要多得多。“九朝古都”中的“九”不是具体数字，而是言其多。

二　洛阳都城规划与布局研究

基本上是围绕二里头遗址、偃师商城、周都成周与王城、汉魏洛阳城、隋唐东都城

① 陈桥驿：《中国六大古都·序》，北京：中国青年出版社，1985年。
② 史念海：《中国古都研究·序言》，杭州：浙江人民出版社，1987年。
③ 李先登：《豫西地区与夏文化》，《河洛春秋》1989年第1期，第20-23页。
④ 韩忠厚：《洛阳建都朝代考略》，《河洛春秋》1995年第1期，第3-8页。
⑤ 赵芝荃：《洛阳建都千余年，六大古都数第一》，《洛阳日报》1984年1月10日，第3版。
⑥ 苏健：《洛阳为十三朝古都新论》，《河洛史志》1994年第3期，第123-126页。
⑦ 史为乐：《洛阳究竟为几朝古都》，《文史知识》1994年第3期，第6-11页。
⑧ 史念海：《中国古都与文化》，北京：中华书局，1998年，第137、138页。
⑨ 孟令俊：《十五朝都洛述略》，《河洛文化论丛》（第2辑），郑州：河南大学出版社，1991年，第25-34页。
⑩ 李振刚、郑贞富：《洛阳通史》，郑州：中州古籍出版社，2001年，第2页。

五大都城遗址展开的，由于开展比较早，成果也相对较多。

（一）二里头遗址

1959年，徐旭生在偃师二里头村调查“夏墟”，发现了二里头遗址[①]。早期的研究，主要集中在二里头遗址的性质及其夏文化内涵方面，经过近半个世纪的发掘、研究，二里头遗址为夏代都城遗址，已获得学术界的普遍认可。赵芝荃[②]、陈旭[③]、方新庆[④]等进一步提出二里头遗址即为斟鄩。随着二里头遗址性质的基本解决，20世纪末以来，其形制与布局研究，逐渐引起注意。杨鸿勋《宫殿考古通论》第三章，对二里头遗址第1号、2号宫殿进行了详细的复原[⑤]。张国硕《夏商时代都城制度研究》是“迄今研究夏商时代都城制度最全面、最系统、最为深入的学术专著”[⑥]，它用较大篇幅对二里头遗址进行了充分的论述，颇有新意。许宏等根据二里头遗址最近的考古发掘成果，对其聚落形态的研究提出了一些令人耳目一新的见解[⑦]。由杜金鹏和许宏主编的《偃师二里头遗址研究》一书，收集了二里头遗址发现以来所有的调查与发掘简报简讯，并精选有关二里头遗址与二里头文化的论文40余篇，集中体现了有关二里头遗址与二里头文化研究的最高、最新水平[⑧]。

（二）偃师商城

20世纪90年代中前期，受考古发掘的限制，对偃师商城的研究，主要集中在其年代、性质及其与郑州商城的关系诸问题上，对该商城的布局形制的研究较为薄弱。赵芝荃和徐殿魁《河南偃师商城西亳说》[⑨]，蔡运章和郭引强《汤都西亳略论》[⑩]，方酉生《论偃师商城为汤都西亳》[⑪]，安金槐和杨育彬《偃师商城若干问题的再探讨》[⑫]等，根据考古发掘的文化遗物、墓葬、地层关系，同时依据文献有关汤都西亳的记载，认为偃师商城的位置与西亳的地望相合，应为商汤所都的西亳城。对此，学术界在肯定偃师商城是早商都城的同时，也有一些不同意见，如桐宫说、陪都说。许顺湛提出偃师商城与郑州商城同为早商的两京[⑬]。对偃师商城形制布局研究比较早的是贺业矩的《中国古代城市规划史》，他根据当时考古发掘材料和历史文献，总结归纳了偃师商城规划布局的七个

---

① 徐旭生：《1959年夏豫西调查“夏墟”的初步报告》，《考古》1959年第11期，第592-600页。

② 赵芝荃：《论二里头遗址为夏代晚期都邑》，《华夏考古》1987年第2期，第196-204页。

③ 陈旭：《二里头遗址是商都还是要部》，《夏史论丛》，济南：齐鲁书社，1985年，第321-334页。

④ 方新庆：《夏王朝建都洛阳初探》，《中原文物》1987年第3期，第60-65页。

⑤ 杨鸿勋：《宫殿考古通论》，北京：紫禁城出版社，2001年，第26-42页。

⑥ 张国硕：《夏商时代都城制度研究》，郑州：河南人民出版社，2001年，第2、3页。

⑦ 许宏、陈国梁、赵海涛：《二里头遗址聚落形态的初步考察》，《考古》2004年第11期，第23-31页。

⑧ 杜金鹏、许宏：《偃师二里头遗址研究》，北京：科学出版社，2005年。

⑨ 赵芝荃、徐殿魁：《河南偃师商城西亳说》，《殷都学刊》增刊，1985年，第403-410页。

⑩ 蔡运章、郭引强：《汤都西亳略论》，《华夏考古》1988年第4期，第37、87-95页。

⑪ 方酉生：《论偃师商城为汤都西亳》，《江汉考古》1987年第1期，第41-47页。

⑫ 安金槐、杨育彬：《偃师商城若干问题的再探讨》，《考古》1998年第6期，第14-20页。

⑬ 许顺湛：《中国最早的“两京制”——郑亳与西亳》，《中原文物》1996年第2期，第1-3、8页。

要点[①]。王学荣根据新近考古发掘成果，对偃师商城的形制、规划布局、发展阶段及其影响等进行了较详细的论述，认为偃师商城布局建设的发展经历了建城阶段（小城阶段）、扩城阶段（繁盛阶段）及中兴时期三个大的阶段。其“择中立宫”即对称性布局的严格、规整程度，在商代前期还属特例[②]。杜金鹏等则论述了新发现小城的形制、布局、年代、性质及其在都城制度史上的意义[③]。这方面的论文还有王学荣《河南偃师商城第Ⅱ号建筑群遗址研究》[④]、赵芝荃《偃师商城建筑概论——1983年～1999年建筑遗迹考古》[⑤]、董琦《偃师商城发展阶段论》及《偃师商城布局剖析》[⑥]、张立东《偃师商城布局刍议》[⑦]、徐昭峰的《从偃师商城始建时的布局设计看其性质》[⑧]等。杜金鹏《偃师商城初探》一书对偃师商城始建年代与性质进行初步推测，阐述了其考古新发现与夏商年代学的研究等[⑨]。《偃师商城遗址研究》一书，收录了该遗址发掘20多年来全部发掘简报及40余篇有代表性的研究文章，较全面地反映了目前偃师商城遗址研究的现状[⑩]。

（三）周都洛邑

西周初年，武王灭商之后即着手在洛阳兴建东都洛邑。传统观点认为，周公营建的洛邑分为王城和成周两个城邑。史为乐通过对成周的营建及其名称变化的历史考察，认为西周初年所营建的王城和成周实质上是一城，王城是成周的一部分，周公所营洛邑即成周，西周的王城应在今洛阳王城遗址附近[⑪]。叶万松等则从考古学的角度，根据洛阳一带发现的西周遗存分布，论证了洛邑一城说，提出洛邑城址可能在瀍河两岸[⑫]。李民[⑬]、曲英杰[⑭]等也从不同的角度对传统的两城说提出了质疑，也认为周东都洛邑只有一座城，传统说洛邑有两座城是误传。1984年，考古学家在汉魏洛阳故城下发现的周代城墙，在今汉魏洛阳故城中部发现有始建年代不晚于西周中晚期的两周城址，且地望又与许多文献中记载周公所建的成周有关，因此推测它可能就是文献记载的西周初年营建的成周城。看来，西周时期的洛邑究竟是一城还是两城的争论还会继续下去。洛邑作为与宗周并列的国都，在西周时期，兼具有政治、经济和军事上的重要地位。杨宽《西周初期东

---

① 贺业矩：《中国古代城市规划史》，北京：中国建筑工业出版社，1996年，第157-186页。

② 王学荣：《偃师商城布局的探索和思考》，《考古》1999年第2期，第24-35页。

③ 杜金鹏、王学荣、张良仁：《试论偃师商城小城的几个问题》，《考古》1999年第2期，第35-41页。

④ 王学荣：《河南偃师商城第Ⅱ号建筑群遗址研究》，《华夏考古》2000年第1期，第41-60页。

⑤ 赵芝荃：《偃师商城建筑概论——1983年～1999年建筑遗迹考古》，《华夏考古》2000年第2期，第34-47、52页。

⑥ 董琦：《偃师商城发展阶段论》，《中国文物报》1999年3月18日，第3版；《偃师商城布局剖析》，《中国文物报》2000年4月26日，第3版。

⑦ 张立东：《偃师商城布局刍议》，《中国文物报》1999年7月7日，第3版。

⑧ 徐昭峰：《从偃师商城始建时的布局设计看其性质》，《考古与文物》先秦考古专号，2002年。

⑨ 杜金鹏：《偃师商城初探》，北京：中国社会科学出版社，2003年。

⑩ 杜金鹏、王学荣：《偃师商城遗址研究》，北京：科学出版社，2004年。

⑪ 史为乐：《西周营建成周考辨》，《中国史研究》1984年第1期，第145-152页。

⑫ 叶万松、张剑、李德方：《西周洛邑城址考》，《华夏考古》1991年第2期，第70-76页。

⑬ 李民：《说洛邑、成周与王城》，《郑州大学学报》（哲学社会科学版）1982年第1期，第13-19页。

⑭ 曲英杰：《先秦都城复原研究》，哈尔滨：黑龙江人民出版社，1991年，第132页。

都成周的营建及其政治作用》①、陈公柔《西周金文中的新邑成周与王城》②、杜勇《周初东都成周的营建》③、王晖《周武王东都选址考辨》④等，分析了洛邑的营建原因、过程及其所起的重要作用。关于洛邑规划布局，先秦的古籍《考工记》记载了西周城邑制度，其中包含对王城布局等的描述，现在一般认为，《考工记》的记载虽带有一种理想模式，但不能排除其中有对洛邑某些实际情况的反映。贺业矩的《考工记营国制度研究》从城市规划的角度，对此进行了分析、评价⑤。他还根据《逸周书·作雒解》及《考工记·匠人》勾勒了西周王城的规划概貌，并探讨了它与王畿规划的结合问题⑥。杨宽从都城制度角度，分析了洛邑的规划布局，认为周公在洛阳建设东都成周，其布局开创了西面小城连接东面大郭的制度⑦。曲英杰从营建东都、东迁洛邑、王城城址和都城建制诸方面论述了周都洛邑的相关问题⑧。卢连成《论商代西周都城形态》探讨了包括洛邑在内的商至西周时期都城形态的特点及其演变，研究的结论也颇有新意⑨。石井宏明《东周王朝研究》，从春秋时代人们的思维方式角度探讨了东周王朝的王都问题，其视角独特、新颖⑩。

（四）汉魏洛阳城

历史上相继有东汉、曹魏、西晋、北魏定都于此，四代王朝相沿使用同一城址，时间长达 330 年，其间迭经建设，城市布局随之发生了不少的变化。自 1954 年以来，考古学家对该城址进行了多次调查与发掘。王仲殊利用考古资料，对东汉洛阳城形制布局及其影响进行了综合研究，并绘制了复原图，是东汉洛阳考古的奠基之作⑪。杨宽较早地研究了东汉洛阳城的性质，认为东汉洛阳城的布局虽然与西汉长安城有明显的不同，但城的性质没有改变，依然属于内城性质⑫。姜波依据东汉洛阳礼制建筑考古资料，指出它的一个重要特点是目前已知将左祖右社纳入都城规划设计的最早实例⑬。张鸣华对东汉南宫的位置及其与北魏都城布局的关系进行了探讨⑭。曹胜高认为东汉洛阳城参考了《考工记》的营国思想，东汉将明堂、辟雍、灵台作为洛阳的标志性建筑即意味着东

---

① 杨宽：《西周初期东都成周的营建及其政治作用》，《历史教学问题》1983 年第 4 期，第 2-10 页。

② 陈公柔：《西周金文中的新邑成周与王城》，《庆祝苏秉琦考古五十五年论文集》，北京：文物出版社，1989 年，第 386-397 页。

③ 杜勇：《周初东都成周的营建》，《中国历史地理论丛》1997 年第 4 辑，第 45-65 页。

④ 王晖：《周武王东都选址考辨》，《中国史研究》1998 年第 1 期，第 14-25 页。

⑤ 贺业矩：《考工记营国制度研究》，北京：中国建筑工业出版社，1985 年。

⑥ 贺业矩：《中国古代城市规划史》，北京：中国建筑工业出版社，1996 年，第 187 页

⑦ 杨宽：《中国古代都城制度史研究》，上海：上海人民出版社，2003 年，第 44-50 页。

⑧ 曲英杰：《先秦都城复原研究》，哈尔滨：黑龙江人民出版社，1991 年，第 126-158 页。

⑨ 卢连成：《论商代西周都城形态》，《中国历史地理论丛》1990 年第 1 辑，第 143-160 页。

⑩ [日]石井宏明：《东周王朝研究》，北京：中央民族大学出版社，1999 年，第 105-124 页。

⑪ 王仲殊：《汉代考古学概论》，北京：中华书局，1984 年，第 17-30 页。

⑫ 杨宽：《中国古代都城制度史研究》，上海：上海人民出版社，2003 年，第 133-138 页。

⑬ 姜波：《汉唐都城礼制建筑研究》，北京：文物出版社，2003 年，第 88-89 页。

⑭ 张鸣华：《东汉南宫考》，《中国史研究》2004 年第 2 期，第 25-35 页。

汉政治文化对礼乐教化的高度认同[①]。徐金星主编的《汉魏洛阳故城研究》一书，收录了有关学者近 50 年来关于汉魏洛阳故城的考古调查、发掘简报、报告及有代表性的研究文章近百篇，集中体现了目前该领域研究的最高、最新水平[②]。学者们普遍肯定了北魏迁洛后实行的汉化政策对城市规划建设产生的影响，并充分肯定北魏洛阳城市规划与建设的历史地位。宿白以考古资料与文献相对比，就北魏洛阳城的城墙位置、城内宫廷、太仓、衙署等建筑及里坊分配与管理、工商业区安排、佛寺设置等问题进行了详细探讨，认为从北魏洛阳城郭城的设计可以看出，北魏“汉化”并不是简单地恢复或模拟汉魏制度，而是加入了新因素后的一次发展[③]。俞伟超认为汉魏洛阳城所示中轴线的萌芽和形成，是都城规划的一次转折性变化，表现出了从先秦城市向隋唐城市的转变，并影响后代达千年之久[④]。赵启汉认为北魏时期的洛阳，上承东汉魏晋，下启隋唐盛世。它不仅是北魏王朝政治、经济、文化的中心，也发挥了继往开来的作用[⑤]。段鹏琦认为洛阳汉魏故城经历有三个重要的发展时期，最终在北魏实现了洛阳城市布局的一次历史性转变，就此，他还绘出了我国自己测绘的第一张比较可靠的实测图[⑥]。孟凡人认为北魏洛阳城市布局的重要特点是将外郭城居民区与内城宫苑、主要衙署隔开。外郭城作为北魏的新建筑，形制上具有承上启下的特点，而影响外郭城形制和布局的主要因素，是北魏迁洛后，利用改造魏晋故城规划新都市，主要从安置人口、控制居民、加强防御、活跃经济等方面加以考虑[⑦]。骆子昕认为北魏洛阳城外郭城并非兼括洛水南北两岸，其形制基本上是个东西宽、南北窄的长方形，其范围在邙山以南、洛水以北大约 30 平方千米的地域之内[⑧]。王铎[⑨]、刘曙光[⑩]也对洛阳外郭城及洛阳小城进行了研究。孟凡人从东西方文化交流的角度，探讨了公元 6 世纪前今巴基斯坦北部地区和苏联中亚地区古代城市与北魏洛阳城等的关系，认为其形制渊源不能排除外界的影响[⑪]。钱国祥根据北魏宫城正门阊阖门遗址的发掘，对洛阳城由汉代南北宫到曹魏单一宫城形制的演进提出了新的看法，复原了东汉洛阳南北宫平面及魏晋洛阳城平面布局[⑫]。金大珍以洛阳城市风貌的视角，分析了北魏洛阳城城市规模、特点及其对城市风貌的影响[⑬]。

---

① 曹胜高：《论东汉洛阳城的布局与营造思想——以班固等人的记述为中心》，《洛阳师范学院学报》2005 年第 6 期，第 25-29 页。

② 徐金星主编：《汉魏洛阳故城研究》，北京：科学出版社，2000 年。

③ 宿白：《北魏洛阳城和北邙陵墓——鲜卑遗迹辑录之三》，《文物》1978 年第 7 期，第 42-52 页。

④ 俞伟超：《中国古代都城规划的发展阶段性——为中国考古学会第五次年会而作》，《文物》1985 年第 2 期，第 52-60 页。

⑤ 赵启汉：《北魏时期洛阳城的建设》，《史学月刊》1988 年第 4 期，第 25-28 页。

⑥ 段鹏琦：《汉魏洛阳城的几个问题》，《中国考古学研究——夏鼐先生考古五十年纪念论文集》，北京：文物出版社，1986 年，第 244-253 页。

⑦ 孟凡人：《北魏洛阳外郭城形制初探》，《中国历史博物馆馆刊》1982 年第 4 期，第 41-48 页。

⑧ 骆子昕：《汉魏洛阳城址考辨》，《中原文物》1988 年第 2 期，第 65-70 页。

⑨ 王铎：《北魏洛阳规划及其城史地位》，《河洛文化论丛》第 1 辑，郑州：河南大学出版社，1990 年，第 249-268 页。

⑩ 刘曙光：《汉魏洛阳研究四札》，《中原文物》特刊，1996 年，第 379-390 页。

⑪ 孟凡人：《试论北魏洛阳城的形制与中亚古城形制的关系》，《汉唐与边疆考古研究》第 1 辑，北京：科学出版社，1994 年，第 97-110 页。

⑫ 钱国祥：《由阊阖门谈洛阳城宫城形制》，《考古》2003 年第 7 期，第 53-63 页。

⑬ [韩]金大珍：《试论北魏洛阳城建规模及特点》，《扬州大学学报》2004 年第 6 期，第 90-94 页。

（五）隋唐东都城

20世纪50年代以来，隋唐东都城作为重点遗址，考古学者对之进行了长期的、大规模的勘查和发掘，发掘面积达十余万平方米，遗址数十处，结合历代丰富的文献资料，我们对该城的平面布局、坊市形制、宫殿分布等均有了比较清楚的认识。阎文儒较早地探讨了东都洛阳的形状及城垣建筑和城门形状，认为东都城把宫城、皇城设置在城中西北隅，并非受到了外族的影响，而是出于自然地理北高南低的形势和政治上防守便利的需要，从而洛阳城不对称①。马得志②、俞伟超③也基本同意此说。宿白则认为这种布局是特意设计的，是为了下京城长安一等。洛阳城的设计规划“既影响了当时国内新建和改建的地方城市，也影响了一些地方政权甚至邻近国家的都城建设”④。董鉴泓认为，建成的洛阳城，对最初的规划者来说，只是个半成品，它本来应该和大兴城一样也是东西对称或基本对称，但因汉河南县城和洛河河床的存在，对称布局才未完成⑤。李永强进一步提出洛阳城对于最初规划者来说只是一个半成品，还要待机向西扩建⑥。程义则认为洛阳不是一座未完成的城市，而是如宿白所说是下京城一等的做法⑦。贺业矩详细探讨了隋唐洛阳城总体规划和分区规划，认为洛阳城的布局已经是东西对称了⑧。杨宽分析了洛阳城的“城”“郭”布局和重大变化过程、原因及其与礼制的关系⑨。苏健认为隋唐洛阳城中轴线上的一系列重要建筑的命名，反映出东都城规划的“崇天”观念⑩。王维坤和张小丽认为，隋唐洛阳城规划设计，受到了隋唐长安城的较大影响⑪。马得志《唐代长安与洛阳》、徐苹芳《唐代两京的政治、经济和文化》⑫综合了历年考古发掘的成果，结合文献资料，对古代长安、洛阳的城市形制、布局等作了全面的概括。曹尔琴也从历史地理的角度，对洛阳从汉魏到隋唐的历史城市变迁进行了综合研究⑬。辛德勇《隋唐两京丛考》在徐松《唐两京城坊考》的基础上，进一步结合考古发现及实地考察研究了长安、洛阳两京城坊、宫阙建置等问题，纠正了前人许多不确切甚至是错误的看

① 阎文儒：《隋唐东都城的建筑及其形制》，《北京大学学报》（人文科学版）1956年第4期，第86-105页。

② 马得志：《唐代长安与洛阳》，《考古》1982年第6期，第640-646页。

③ 俞伟超：《中国古代都城规划的发展阶段性——为中国考古学会第五次年会而作》，《文物》1985年第2期，第52-60页。

④ 宿白：《隋唐长安城和洛阳城》，《考古》1978年第6期，第409-425页。

⑤ 董鉴泓：《中国古代城市建筑》，北京：中国建筑工业出版社，1988年，第23-32页。

⑥ 李永强：《隋唐洛阳城布局再分析》，《耕耘论丛》（二），北京：科学出版社，2003年，第167-172页。

⑦ 程义：《隋唐洛阳城不是半成品——兼论东西二京布局差异》，《唐研究》第12卷，北京：北京大学出版社，2006年。

⑧ 贺业矩：《中国古代城市规划史》，北京：中国建筑工业出版社，1996年，第492-500页。

⑨ 杨宽：《中国古代都城制度史研究》，上海：上海人民出版社，2003年，第171-175页。

⑩ 苏健：《论隋唐东都城的规划特点和“天”的意识》，《河洛文明论文集》，郑州：中州古籍出版社，1993年，第402-414页。

⑪ 王维坤、张小丽：《论隋唐洛阳城的设计思想与影响》，《西北大学学报》（哲学社会科学版）2004年第4期，第127-131页。

⑫ 徐苹芳：《唐代两京的政治、经济和文化》，《考古》1982年第6期，第647-656页。

⑬ 曹尔琴：《洛阳从汉魏至隋唐的变迁》，《中国古都研究》（第3辑），浙江人民出版社，1987年，第212-233页。

法[①]。杨鸿年《隋唐两京考》从“城”“市”“街”“坊”“官府”五个方面38个问题，对长安、洛阳进行了较广泛深入的研究[②]。其《隋唐宫廷建筑考》则对隋唐宫廷建筑作了详尽的考察[③]。阎文儒和阎万科《唐两京城坊考补》也利用考古新资料和墓志对东都城内的宫殿、城门、楼、亭等作了考订[④]。姜波《汉唐都城礼制建筑研究》讨论了这一时期礼制建筑的建筑结构、分布状况、分布规律、祭祀对象等[⑤]。傅熹年从建筑学的角度探讨了隋唐洛阳城的规划手法，提出坊与宫城和皇城之间存在某种模数关系，是中国古代都城规划中的一个重要特征，而就洛阳城规划中模数运用而言，明显比大兴（长安）成熟[⑥]。王维坤分析归纳了隋唐洛阳城的设计思想五点主要体现[⑦]。杨焕新《试谈唐东都洛阳宫的几座主要殿址》[⑧]、王岩《关于唐东都武则天明堂遗址的几个问题》[⑨]、余扶危和李德方《唐东都武则天明堂遗址探索》[⑩]、杨鸿勋《自我作古用适于事——武则天标新立异的洛阳明堂》[⑪]、姜波《唐东都上阳宫考》[⑫]、严辉《隋唐东都西苑遗址的初步探索》[⑬]等探讨了唐洛阳城若干宫殿、明堂遗址等。霍宏伟《隋唐东都应天门建筑论略》[⑭]、杨旭辉《唐东都宫城正门考》[⑮]、陈良伟《隋唐两京城门基本类型及相关问题》[⑯]、申建伟等《隋唐东都洛阳城考古所见的门址综论》[⑰]等系统探讨了隋唐洛阳城门址。程存洁《唐代城市研究初篇》的上篇，就唐东都洛阳城市的历史变迁、人口变迁、城市建制、坊里问题等作了较系统的考察，提出了不少有新意的观点[⑱]。

宋代以洛阳为西京，金代又以洛阳为中京。近年来，在发掘隋唐洛阳城时，又发现宋代西京西城墙、宫城西墙、宫殿建筑及衙署庭园遗址，显示宋代洛阳城仍多有兴作，维持相当程度的繁荣。杨焕新分析了太极门、太极殿、天兴殿、殿阁、东西长廊等夯土基址，认为宋代宫城中轴线上殿宇的位置与隋唐时期各殿的旧址已不尽相同，其正殿的

① 辛德勇：《隋唐两京丛考》，西安：三秦出版社，1998年。

② 杨鸿年：《隋唐两京考》，武汉：武汉大学出版社，2000年。

③ 杨鸿年：《隋唐宫廷建筑考》，西安：陕西人民出版社，1992年。

④ 阎文儒、阎万科：《唐两京城坊考补》，郑州：河南人民出版社，1992年。

⑤ 姜波：《汉唐都城礼制建筑研究》，北京：文物出版社，2003年。

⑥ 傅熹年：《隋唐长安洛阳城规划手法的探讨》，《文物》1995年第3期，第48-63页。

⑦ 王维坤：《论隋唐洛阳城的设计思想与影响》，《西北大学学报》（哲学社会科学版）2004年第4期，第127-131页。

⑧ 杨焕新：《试谈唐东都洛阳宫的几座主要殿址》，《汉唐与边疆考古》第1辑，北京：科学出版社，1994年，第144-151页。

⑨ 王岩：《关于唐东都武则天明堂遗址的几个问题》，《考古》1993年第10期，第949-951页。

⑩ 余扶危、李德方：《唐东都武则天明堂遗址探索》，《中国古都研究》（第5、6合辑），北京：北京出版社，1993年，第86-94页。

⑪ 杨鸿勋：《自我作古用适于事——武则天标新立异的洛阳明堂》，《华夏考古》2001年第2期，第70-78页。

⑫ 姜波：《唐东都上阳宫考》，《考古》1998年第2期，第67-75页。

⑬ 严辉：《隋唐东都西苑遗址的初步探索》，《四川文物》2004年第6期，第41-46页。

⑭ 霍宏伟：《隋唐东都应天门建筑论略》，《河洛文化论丛》（第2辑），开封：河南大学出版社，1991年，第282-288页。

⑮ 杨旭辉：《唐东都宫城正门考》，《铁道师院学报》（社会科学版）1995年第3期，第29、30页。

⑯ 陈良伟：《隋唐两京城门基本类型及相关问题》，《21世纪中国考古学与世界考古学——纪念中国社会科学院考古研究所成立50周年暨21世纪中国考古学与世界考古学国际学术研讨会论文集》，北京：中国社会科学出版社，2002年，第481-505页。

⑰ 申建伟、李德方、叶万松：《隋唐东都洛阳城考古所见的门址综论》，《中国古都研究》（第14辑），西安：三秦出版社，2000年，第124-144页。

⑱ 程存洁：《唐代城市研究初篇》，北京：中华书局，2002年。

起始位置，已由原来隋唐时位于洛阳城南北线的前 1/3 处，改为 1/2 处，这种加大正殿狭长空间序列的做法，在后代的都城建设上，产生了一定的影响[①]。金代中京洛阳城研究成果很少。李永强《金中京城东垣及相关问题浅析》根据考古发现，结合文献记载，勾勒了该城的基本轮廓[②]。

三　洛阳都城经济与市场研究

关于洛阳都城经济与市场，20 世纪 50 年代，阎文儒《隋唐东都城的建筑及其形势》曾对东都洛阳城市经济状况及其特点作了很好的分析。但很长一段时间，这方面的研究还很薄弱，专题性研究缺乏。某些经济专史和通史体例论著涉及的洛阳都城经济与市场的状况，有代表性的著作有李剑农《先秦两汉经济史稿》、胡如雷《中国封建社会经济形态研究》、傅筑夫《中国经济史论丛》和《中国封建社会经济史》。自 20 世纪七八十年代开始，相关专题研究逐渐增多。张玉石通过对东周时期洛阳金属铸币的流通情况，分析了东周王朝危而不亡的原因，认为是洛阳优越的地理位置和东周王室特殊的社会地位，促进了洛阳以金属铸币广泛流通为标志的商业经济的繁荣，造就了古代洛阳自由贸易港的商业贸易中心地位，从而使之成为打破诸侯割据的封闭状态、各国商贸往来、互通有无的政治中立区，多次避免了覆灭的命运[③]。王珍《东汉首都洛阳工商业的畸形发展》认为，奢侈的生活方式和奢侈性产品的大规模生产，是东汉洛阳城衰亡的一个原因[④]。她在《略论北魏首都洛阳的工商业》中认为，北魏迁洛后，洛阳重新成为北方的商业和贸易中心，市场极为繁荣。但随着统治阶级对奢侈品的追求，其商业呈畸形发展之势[⑤]。张振玉则认为受地理条件、时代原因及其本身所负担特殊历史任务的影响，洛阳城市经济形成了自身的特点。工商业的发展始终摆脱不了封建制度的控制，资本主义因素的难产和难以成长[⑥]。马厚生分析了《洛阳伽蓝记 · 法云寺》中的一个片断《洛阳大市》，认为它是描写当时洛阳商业区之一洛阳大市全貌的一幅生动画卷，完整地再现了我国古代城市商业区的布局[⑦]。隋唐洛阳都城经济与市场的研究成果相对较多，阎文儒认为隋唐洛阳城市的商品货币关系很发达，表明东都洛阳处于商品货币城市的状态[⑧]。宿白认为唐东都是工商业繁荣的城市[⑨]。徐苹芳《唐代两京的政治、经济和文化生活》

---

① 杨焕新：《略论北宋西京洛阳宫的几座殿址》，《中原文物》1994 年第 4 期，第 94-97 页。

② 李永强：《金中京城东垣及相关问题浅析》，《洛阳博物馆建馆四十周年纪念文集》，北京：科学出版社，1999 年，第 225-227 页。

③ 张玉石：《东周王室危而不亡——从金属铸币的流通谈古代洛阳的商业贸易中心地位》，《中原文物》2002 年第 3 期，第 43-45 页。

④ 王珍：《东汉首都洛阳工商业的畸形发展》，《史学月刊》1985 年第 6 期，第 24-30 页。

⑤ 王珍：《略论北魏首都洛阳的工商业》，《史学月刊》1984 年第 6 期，第 35-39 页。

⑥ 张振玉：《北魏首都洛阳城市经济》，《华夏文化》1997 年第 4 期，第 18、19 页。

⑦ 马厚生：《六世纪中国城市商业区风貌的生动画卷——简析〈洛阳大市〉》，《商业研究》1985 年第 5 期，第 35-37 页。

⑧ 阎文儒：《隋唐东都城的建筑及其形制》，《北京大学学报》（哲学社会科学版）1956 年第 4 期，第 86-105 页。

⑨ 宿白：《隋唐长安城和洛阳城》，《考古》1978 年第 6 期，第 409-425 页。

也是一部研究唐东都经济的力作。陈有忠《隋唐时期的洛阳商业》按照商业贸易的情况，将隋唐时期的洛阳商业划分为两个时期，认为唐前期（公元606～755年）是洛阳商业繁荣期，后期（公元755～907年）是洛阳商业衰落期[①]。吴涛《盛唐时期的东都洛阳》[②]和《唐“安史之乱”至五代时期的洛阳》[③]两文，对这一时期洛阳都城经济与市场作了概略介绍，认为安史之乱时洛阳经济正走向衰落，但由于洛阳的都城地位，因此仍保持着大商业都市的地位。贾广兴《龙门石窟群中的商业石窟》一文认为，唐贞观初至武周时期洛阳商业经济有了很大的发展，市内出现了商业组织“行”[④]。宋金时期的论述相对较少，主要有吴涛的《北宋时期的洛阳》[⑤]、周宝珠的《北宋时期的西京洛阳》[⑥]等。20世纪70年代发现的含嘉仓是供应东都粮食的主要粮仓。余扶危和贺官保《隋唐东都含嘉仓》细致地介绍了隋唐时期含嘉仓的粮窖、粮源与漕运、兴建与废弃[⑦]。邹逸麟的《从含嘉仓的发掘谈隋唐时期的漕运和粮仓》认为唐代的洛阳是一个重要的粮食集中地，集中了河北、河南两道和整个长江、珠江流域的租米[⑧]。滄清《含嘉仓铭砖初探》根据出土铭砖内容揭示了含嘉仓的管理制度和漕运方式[⑨]。张弓《唐朝仓廪制度初探》则分析了含嘉仓的职能、管理体制和管理规格，并对含嘉仓的营造及仓窑结构作了分析[⑩]。段鹏琦通过对含嘉仓出土铭文砖的分期研究，指出含嘉仓的最盛期是唐高宗及武则天居洛时期[⑪]。近年来对古代洛阳市场的系统研究可以薛瑞泽所著的《汉唐间河洛地区经济研究》为代表。他在该书第五章对汉唐间以洛阳为中心的河洛地区的商业及商业市场作了较为系统的分析与考证，认为洛阳市场的变迁经历了五个历史发展阶段，即西周的发轫期、东周至西汉的发展期、东汉的兴盛期、魏晋南北朝的徘徊期、隋唐的鼎盛期。屡毁屡建成为洛阳市场变迁的明显特点，并认为洛阳市场的变化折射出中国商业发展的盛衰起伏[⑫]。

四　洛阳都城里坊研究

里坊制度是中国古代城市中最重要的基层行政组织制度，历来受到学者的关注。杨宽认为，北魏洛阳城是中国古代都城建设史上第一次有计划地把居民的“里”整个建成，

① 陈有忠：《隋唐时期的洛阳商业》，《郑州大学学报》1983年第5期，第90-98页。
② 吴涛：《盛唐时期的东都洛阳》，《郑州大学学报》1992年第6期，第54-60页。
③ 吴涛：《唐“安史之乱”至五代时期的洛阳》，《郑州大学学报》1988年第5期，第87-92页。
④ 贾广兴：《龙门石窟群中的商业石窟》，《中原文物》1989年第2期，第63-65页。
⑤ 吴涛：《北宋时期的洛阳》，《郑州大学学报》1985年增刊第2期，第100-106页。
⑥ 周宝珠：《北宋时期的西京洛阳》，《史学月刊》2001年第1期，第109-115页。
⑦ 余扶危、贺官保：《隋唐东都含嘉仓》，北京：文物出版社，1982年。
⑧ 邹逸麟：《从含嘉仓的发掘谈隋唐时期的漕运和粮仓》，《文物》1974年第2期，第57-66页。
⑨ 滄清：《含嘉仓铭砖初探》，《考古》1982年第3期，第304-309页。
⑩ 张弓：《唐朝仓廪制度初探》，北京：中华书局，1986年。
⑪ 段鹏琦：《隋唐洛阳含嘉仓出土铭文砖的考古学研究》，《考古》1997年第11期，第78-85页。
⑫ 薛瑞泽：《汉唐间河洛地区经济研究》，西安：陕西人民出版社，2001年。

做出了整齐的布局，规定了统一的规格[①]。徐金星认为汉魏洛阳故城开创了我国古代城市最大规模的先例，将内城南郊、外郭城大规模地辟为规整的里坊区，是北魏洛阳城的创举[②]。赵福如认为洛阳的里坊排列不甚规整，分布也不均衡。坊墙的出现，阻碍了商品经济的发展[③]。陈长安通过对北魏墓志的整理，列举出北魏 13 个乡和 50 个里，为研究北魏洛阳的行政区划提供了资料[④]。张剑着重探讨了北魏洛阳里坊的辖县及坊里与乡里、里坊居民等相关问题，并对北魏洛阳城里坊数目等问题进行考证[⑤]。张金龙《北魏洛阳里坊制度探微》分析了以选取反映儒家文化所倡导道德准则的褒义词作为里坊命名的基本原则。洛阳现存的乡、里名称，反映了其地方基层行政组织承袭晋制而向隋唐变迁的趋势[⑥]。其《北魏迁都后官贵之家在洛阳的居住里坊考》分析了北魏后期洛阳城的居住特点，认为官位相从、聚族而居、等级差别和四民异居是主要方面[⑦]。任重和陈仪则从城市管理的角度，分析了魏晋南北朝时期的里坊制度，其中洛阳也是其论述的重要内容[⑧]。陈长安《隋代洛阳政区改革与隋志中洛阳乡里初探》列出了隋代洛阳的部分里坊，并对隋朝河南县、洛阳县、河阴县的乡、里、村作了排列，划定出其相当于今的大致位置。陈久恒从 1415 立方米唐代墓志中择出东都坊名的 562 立方米来检验唐坊名称和数目，发现“建春”“遵教”“徽安”三坊应为东都里坊，并得出唐坊总数为 113 坊三市，与《唐两京城坊考》所记总数相同[⑨]。赵超亦根据洛阳出土墓志，列补不见于文献的八个坊名，指出“里顺”“万岁”“行修”应是东都里坊，并分析了唐代洛阳坊里的关系，还通过墓志找出了城内河南、洛阳两县的界线[⑩]。辛德勇《隋唐两京丛考》一书的下篇“东都”对洛阳某些里坊作了订正，对东都坊数、河南洛阳两县分界等问题作了考订。张忱石《唐两京坊宅补遗》、刘汉忠《〈唐两京坊宅补遗〉补辑、张剑《唐代东都里坊的几个问题》等，也分别依据有关出土墓志考察、补正了徐松《唐两京城坊考》一书的部分内容。李健超《增订唐两京城坊考》利用 100 多年里出土的数以千计的隋唐墓志和文献中遗漏的资料，据元《河南志》与《唐两京城坊考》的体例和顺序对东都里坊进行了广泛、系统的增补、考订[⑪]。其中，洛阳部分占了相当数量。这方面的论著还有阎文儒和阎万钧《唐两京城坊考》、杨鸿年《隋唐两京城坊谱》等。洛阳都城人口方面的专题论述尽管不多，但颇为引人注目。葛剑雄《宋以前的洛阳与移民》[⑫]和《人口

① 杨宽：《中国古代都城制度史研究》，上海：上海人民出版社，2003 年。

② 徐金星：《关于汉魏洛阳故城的几个问题》，《华夏考古》1997 年第 3 期，第 80-86 页。

③ 赵福如：《北魏洛阳里坊制度浅识》，《洛阳师专学报》1989 年第 3 期，第 67-73 页。

④ 陈长安：《邙山北魏墓志中的洛阳地名及相关问题》，《中原文物》（特刊）1987 年，第 74-89 页。

⑤ 张剑：《关于北魏洛阳城里坊的几个问题》，《洛阳考古四十年》，北京：科学出版社，1996 年，第 263-269 页。

⑥ 张金龙：《北魏洛阳里坊制度探微》，《历史研究》1999 年第 6 期，第 51-67 页。

⑦ 张金龙：《北魏迁都后官贵之家在洛阳的居住里坊考》，《河洛史志》2000 年第 1 期，第 25-30 页。

⑧ 任重、陈仪：《魏晋南北朝城市管理研究》，北京：中国社会科学出版社，2003 年。

⑨ 陈久恒：《唐东都洛阳城里坊之考证——从唐代墓志看东都坊里名称及数目》，《中国考古学会第五次年会论文集》，北京：文物出版社，1985 年，第 118-127 页。

⑩ 赵超：《唐代洛阳城坊补考》，《考古》1987 年第 9 期，第 835-841 页。

⑪ 李健超：《增订唐两京城坊考》，西安：三秦出版社，1996 年。

⑫ 葛剑雄：《宋以前的洛阳与移民》，《河洛史志》1992 年第 1 期，第 1-4 页。

视野中的秦汉洛阳》[①]分析了从西周至五代期间洛阳的兴衰与移民的关系，认为洛阳的建都史，就是一部移民史。张剑《从建国以来出土的青铜器看西周时期的洛阳居民》考察了西周时期的洛阳居民状况[②]。来学斋则对历史时期洛阳人口的发展变化作了宏观描述[③]。

五　洛阳都城与生态环境关系研究

洛阳都城的发展与生态环境之关系，是近年来学者研究的热门话题。李润田的《自然条件对洛阳城市历史发展的影响》[④]、黄一柱的《河洛地区历史经济地理简论》[⑤]、赵启汉的《得天独厚帝王州——略说古代洛阳作为国都的自然条件和地理位置》[⑥]、陈昌远的《先秦河洛历史地理及河洛文化历史地位》[⑦]、刘家和的《说洛阳为“天下之中”》[⑧]等，分析了洛阳地理环境特征，认为洛阳之所以长期为都，就其自然环境来说，主要是因为其地理位置适中、地理形势险要、河流纵横、土地肥沃、气候温和等优越条件。洛阳在宋代以后的衰落，除了政治、经济条件决定外，同样可以从自然条件中寻找到原因。许天申考察了古代洛阳伊洛河水系的变迁[⑨]。钮仲勋和李非探讨了这一地区水利开发的历史过程，认为伊洛河水利开发的历史趋势与这一地区社会经济发展的趋势基本是一致的。水利开发中以漕运最有影响，开发地区主要在伊洛河水中下游的河谷地带，尤其是洛阳附近，这样的情况，主要是受社会经济，尤其是洛阳城市发展的影响[⑩]。李建党通过对偃师商城等地的生态复原，考察了生态环境对商代都城的分布、形制和布局产生的影响[⑪]。段鹏琦的《汉魏洛阳与自然河流的开发和利用》认为汉魏洛阳对涧谷、洛等河流的开发、利用，不但提供了城市用水的水源和良好的消运航道，也加强了城市的防卫[⑫]。孔祥勇和骆子昕[⑬]、刘曙光[⑭]等考察了汉魏洛阳对城区水系的开发利用及对洛阳城市建设的影响。谢虎军的《隋唐时期东都洛阳自然环境之考察》通过对这一时期洛阳自然环境

① 葛剑雄：《人口视野中的秦汉洛阳》，《河洛史志》1994年第1期，第7-9、17页。

② 张剑：《从建国以来出土的青铜器看西周时期的洛阳居民》，《中国古都研究》（第1辑），杭州：浙江人民出版社，1983年，第169-194页。

③ 来学斋：《洛阳历代人口发展考索》，《河洛春秋》1991年第2期，第22-31页。

④ 李润田：《自然条件对洛阳城市历史发展的影响》，《中国古都研究》（第3辑），杭州：浙江人民出版社，1987年。

⑤ 黄一柱：《河洛地区历史经济地理简论》，《河南师范大学学报》1984年第1期，第85-94页。

⑥ 赵启汉：《得天独厚帝王州——略说古代洛阳作为国都的自然条件和地理位置》，《洛阳师专学报》1987年第2期，第152-156页。

⑦ 陈昌远：《先秦河洛历史地理与河洛文化历史地位考察》，《河洛春秋》1990年第1期，第1-10页。

⑧ 刘家和：《说洛阳为“天下之中”》，《文史知识》1994年第3期，第10、11页。

⑨ 许天申：《洛阳盆地古河道变迁初步研究》，《河南博物院落成暨河南省博物馆建馆七十周年纪念论文集》，郑州：中州古籍出版社，1998年，第138-141页。

⑩ 钮仲勋、李非：《伊洛河水利开发的历史研究》，《地域研究与开发》1985年第1期，第40-48页。

⑪ 李建党：《生态环境对商代都城的影响》，《殷都学刊》1999年第3期，第14-18页。

⑫ 段鹏琦：《汉魏洛阳与自然河流的开发和利用》，《庆祝苏秉琦考古五十五年论文集》，北京：文物出版社，1989年，第504-514页。

⑬ 孔祥勇、骆子昕：《北魏洛阳的城市水利》，《中原文物》1988年第4期，第83-86页。

⑭ 刘曙光：《汉魏洛阳研究四札》，《中原文物》特刊，1996年，第379-390页。

的复原，考察了自然环境变化对这一城市发展、兴衰的外在影响[①]。勾利军从气候因子的影响上分析了长安和洛阳分别成为首都和陪都的原因[②]。方孝廉的《隋开通济渠与洛河改道》具体考察和研究了唐代洛阳皇城前东流的洛河与隋代开凿的通济渠的关系[③]。繁荣昌盛千余年的洛阳古都，为何在唐宋之际竟逐渐衰落下去？王军和李捍先考察了洛阳古都生态环境的变化情况，认为人类对自然环境的破坏与古都的衰落之间存在着必然的联系[④]。古代洛阳都城曾四次迁移城址。史为乐《简论洛阳古代都城遗址的变迁》[⑤]、段鹏琦《洛阳古代都城城址迁移现象试析》[⑥]、赵天改《洛阳古都的城址转移及原因探索》[⑦]对城址的迁移趋势及其原因作了较周详的探讨，认为自然地理环境是古代洛阳都城城址逐渐向西迁移的重要原因。城址转移体现了城市建设方面对地理条件的利用能力。洛阳古都城址越转移，地理条件越优越。城市园林是人们利用和改造自然环境的重要组成部分，并对城市发展产生重要影响。王铎有多篇论文对古都时期洛阳园林进行考证并分析了其各自的建筑风格和特点，对园林分布在隋唐洛阳城平面图上做了标注[⑧]。其专著《洛阳古代城市与园林》中，对隋唐洛阳园林做了较大篇幅的介绍[⑨]。王岩从考古学角度探讨了隋唐洛阳园林[⑩]。这方面的论文还有张士恒《西晋石崇金谷园遗址考异》[⑪]、李献奇《西晋石崇金谷园地望考》[⑫]、康为民《北魏洛阳园林的特色与作用》[⑬]、薛瑞泽《读〈洛阳伽蓝记〉论北魏洛阳的寺院园林》[⑭]、王岩《有关白居易故居的几个问题》[⑮]等。俞凉亘《隋唐东都天津桥的初步探讨》探讨了天津桥建造的时代、特点及存在的问题[⑯]。郭绍林《洛阳天津桥、中桥与唐代社会生活》，从社会史的

① 谢虎军：《隋唐时期东都洛阳自然环境之考察》，《洛阳博物馆建馆四十周年纪念文集》，北京：科学出版社，1999年，第255-262页。

② 勾利军：《唐代长安、洛阳作为都城和陪都的气候原因》，《史学月刊》2002年第2期，第39-43页。

③ 方孝廉：《隋开通济渠与洛河改道》，《考古》1999年第1期，第74-80页。

④ 王军、李捍先：《面对古都与自然的失衡——论生态环境与长安、洛阳的衰落》，《城市规划汇刊》2002年第3期，第66-68页。

⑤ 史为乐：《简论洛阳古代都城遗址的变迁》，《历史地理》第9辑，上海：上海人民出版社，1990年。

⑥ 段鹏琦：《洛阳古代都城城址迁移现象试析》，《考古与文物》1999年第4期，第44-51页。

⑦ 赵天改：《洛阳古都的城址转移及原因探索》，《中国古都研究》（第15辑），西安：三秦出版社，2004年，第172-180页。

⑧ 王铎：《唐宋洛阳私家园林的位置图和图注》，《河洛春秋》1987年第3期，第62-69页；《唐东都的皇家园林》，《河洛春秋》1989年第1期，第44-51页；《白居易的造园活动及其造园思想》，《河洛春秋》1990年第4期，第39-45页；《东汉、魏晋和北魏的洛阳皇家园林》，《河洛文化论丛》第2辑，郑州：河南人民出版社，1991年，第297-310页；《唐宋洛阳私家园林的风格》（《河洛春秋》1994年第2期，第62-69页。

⑨ 王铎：《洛阳古代城市与园林》，呼和浩特：远方出版社，2005年。

⑩ 王岩：《隋唐宋时期洛阳园林考古学初探》，《汉唐与边疆考古研究》第1辑，北京：科学出版社，1995年，第230页。

⑪ 张士恒：《西晋石崇金谷园遗址考异》，《河洛春秋》1988年第3期，第10-12页。

⑫ 李献奇：《西晋石崇金谷园地望考》，《河洛史志》1991年第2期，第16、17页。

⑬ 康为民：《北魏洛阳园林的特色与作用》，《中国古都研究》（第13辑），太原：山西人民出版社，1998年，第133-141页。

⑭ 薛瑞泽：《读〈洛阳伽蓝记〉论北魏洛阳的寺院园林》，《中国历史地理论丛》2001年第2辑，第31-36页。

⑮ 王岩：《有关白居易故居的几个问题》，《考古》2004年第9期，第58-64页。

⑯ 俞凉亘：《隋唐东都天津桥的初步探讨》，《文明起源与城市发展研究——中国古都研究》第19辑，成都：四川大学出版社，2004年，第211-216页。

角度，分析了天津桥、中桥在当时社会生活中所起到的重要作用①。赵振华系统地记述隋唐至北宋时期天津桥500余年的历史沿革②。

六　洛阳都城交通及中外交流研究

洛阳在古代长期为都，交通发达，对外联系和交往十分密切。王子今《周秦时期河洛地区的交通形势》③和《汉代洛阳的交通建设》④考察了西周至秦代洛阳交通格局及其变化。胡德经《洛阳——长安两京古道考察》⑤和《两京古道考辨》⑥对古道进行了实地考察和文献考辨，对其形成、发展、变迁作了较详细研究。王文楚《古代交通地理丛考》收录了多篇有关洛阳交通的文章，《唐代两京驿站考》《西安洛阳间陆路交通的历史发展》《唐代洛阳至襄阳驿路考》《唐代洛阳至魏州幽州驿路考》等，对交通路线的复原非常明晰具体⑦。周得京《洛阳古代航运述略》考察了古代洛阳的水上交通状况⑧。此外，还有薛瑞泽《北魏洛阳的内河航运》⑨、《先秦至北朝河洛地区的漕运与仓储》⑩、陈有忠《唐五代洛阳开封间的交通路线》⑪、孙修身《五代时期甘州回纥和中原王朝的交通》⑫等。

洛阳与丝绸之路的关系是近年的热门学术话题。来学斋和薛瑞泽《丝绸之路东端起点洛阳研究综述》对有关研究情况进行了回顾⑬。洛阳地方志办公室《洛阳——丝绸之路的起点》收集了韩国磐、李学勤、朱绍侯等的30余篇论文，多角度、多侧面、全方位地探讨了古都洛阳在丝绸之路形成和发展中所起的重要作用，以及洛阳作为丝绸之路的起点之一和中心，在中外经济、文化交流中所处的重要地位⑭，引起了中外学者的强烈反响。宿白通过较为深入地分析，认为日本的藤原、难波等各都城的设计，参考了长安、洛阳两城的部署，一般认为单纯模仿长安城是不妥当的⑮。王仲殊对洛阳在中日文化交流史上的重要作用给予了充分肯定，同时指出日本都城受到了隋唐洛阳城的一些影

① 郭绍林：《洛阳天津桥、中桥与唐代社会生活》，《洛阳师专学报》1996年第6期，第66-71页。
② 赵振华：《唐东都天津桥研究》，《唐研究》第12卷，北京：北京大学出版社，2006年，第379-395页。
③ 王子今：《周秦时期河洛地区的交通形势》，《文史知识》1994年第3期，第32-34页。
④ 王子今：《汉代洛阳的交通建设》，《洛阳——丝绸之路的起点》，郑州：中州古籍出版社，1992年，第232-253页。
⑤ 胡德经：《洛阳——长安两京古道考察》，《中州今古》1986年第1期，第6-11页。
⑥ 胡德经：《两京古道考辨》，《史学月刊》1986年第1期，第3-9页。
⑦ 王文楚：《古代交通地理丛考》，北京：中华书局，1997年。
⑧ 周得京：《洛阳古代航运述略》，《中国古都研究》（第8辑），太原：山西人民出版社，1998年，第168-181页。
⑨ 薛瑞泽：《北魏洛阳的内河航运》，《山西师大学报》（社会科学版）2001年第3期，第28-32页。
⑩ 薛瑞泽：《先秦至北朝河洛地区的漕运与仓储》，《洛阳工学院学报》（社会科学版）2000年第3期，第26-33页。
⑪ 陈有忠：《唐五代洛阳开封间的交通路线》，《郑州大学学报》1985年第3期，第65-74页。
⑫ 孙修身：《五代时期甘州回纥和中原王朝的交通》，《敦煌研究》1989年第3期，第51-56页。
⑬ 来学斋、薛瑞泽：《丝绸之路东端起点洛阳研究综述》，《中国史研究动态》1993年第3期，第8-13页。
⑭ 洛阳地方志办公室：《洛阳——丝绸之路的起点》，郑州：中州古籍出版社，1992年。
⑮ 宿白：《隋唐长安城和洛阳城》，《考古》1978年第6期，第409-425页。

响[①]。此外，李健超《汉唐时期长安洛阳的西域人》[②]、朱和平《试论东汉时期洛阳与周边民族和国外的经济交往》[③]、王根泉和邹晓明《魏晋南北朝时期洛阳的对外交往》[④]、卢兆荫《唐代洛阳与西域昭武诸国》[⑤]、张乃翥《论洛阳与中外文化交流史的若干考古学资料》[⑥]等也对这一问题作了较深入的研究和论述。

七 洛阳都城文化研究

洛阳都城文化内容丰富，繁荣发达。20世纪90年代以前，在对洛阳都城的研究中已有学者涉及。20世纪90年代初，洛阳学者提出“河洛文化”的概念，国内外许多学者参与了讨论，研究逐渐升温，召开了若干次研讨会，也出版了若干文集和专著，如《河洛文化论丛》第1～3辑[⑦]、《河洛文明论文集》[⑧]和《河洛文化通论》[⑨]等。学者们从不同学科领域对河洛文化的空间与时间概念、定义、性质与地位等问题进行研究，取得了重要的学术成果。洛阳都城文化是河洛文化的重要组成部分。李学勤认为，河洛文化的性质，是和河洛地区在历史上的地位分不开的，河洛居天下之中的特殊地位，决定了河洛文化性质具有传统性、开放性、综合性、先导性四个特点[⑩]。许顺湛认为“河洛文化的最大特点是，它不仅具有地域性，而且具有王都文化的风范，历代王都文化都包含在河洛文化之中，这是其他地区所望尘莫及的”。“河洛文化除了民间风俗文化外，可以说是几千年来的‘帝都文化’，是一种带有统治性的文化，是中华文化的奠基石”[⑪]。徐金星认为，河洛文化“是中央文化、国家文化、国都文化、传统文化，长期占据着主导和统率地位，成为中国传统文化的源头和核心，它构成中国传统文化最重要的组成部分”[⑫]。韩忠厚认为洛阳“在全国六大古都中，是建都最早、建都时间最长、建都朝代最多的城市。河洛地区在中国古代社会的漫长时期里，一直是我国古代文明的核心，是黄河

① 王仲殊：《论洛阳在古代中日关系史上的重要地位》，《考古》2000年第7期，第70-80页，《关于中日两国古代都城、宫殿研究中的若干基本问题》，《21世纪中国考古学与世界考古学——纪念中国社会科学院考古研究所成立五十周年大会暨21世纪中国考古学与世界考古学国际学术研讨会论文集》，北京：中国社会科学出版社，2002年，第453-462页。

② 李健超：《汉唐时期长安、洛阳的西域人》，《西北历史研究》，西安：三秦出版社，1990年，第33-41页。

③ 朱和平：《试论东汉时期洛阳与周边民族和国外的经济交往》，《河洛史志》1991年第3期，第10-18页。

④ 王根泉、邹晓明：《魏晋南北朝时期洛阳的对外交往》，《河洛史志》1991年第3期，第19-25页。

⑤ 卢兆荫：《唐代洛阳与西域昭武诸国》，《河洛春秋》1993年第3期，第9-14页。

⑥ 张乃翥：《论洛阳与中外文化交流史的若干考古学资料》，《西北史地》1993年第2期，第89-96页。

⑦《河洛文化论丛》第1辑，开封：河南大学出版社，1990年；《河洛文化论丛》第2辑，开封：河南大学出版社，1991年；《河洛文化论丛》第3辑，郑州：中州古籍出版社，2006年。

⑧ 黄明兰：《河洛文明论文集》，郑州：中州古籍出版社，1993年。

⑨ 徐金星、吴少珉：《河洛文化通论》，北京：光明日报出版社，2006年。

⑩ 李学勤：《河洛的历史地位与河洛文化的性质》，《寻根》1994年第1期，第14-17页。

⑪ 许顺湛：《河洛文化与台湾》，《河洛文化与台湾研讨会交流论文》，转引自张新斌：《河洛文化若干问题的讨论与思考》，《中州学刊》2004年第5期，第146-150页。

⑫ 徐金星：《河洛文化和客家文化》，《客家与中原文化国际学术研讨会论文集》，郑州：中州古籍出版社，2003年，第63-73页。

摇篮的心脏，中原文化的象征”[①]。

分朝代探索洛阳古都文化的专论文章，相对不多。宿白、徐苹芳、程民生、周宝珠等对唐宋洛阳都城文化的论述前面已有介绍。史龙身《洛阳文化地理特征论纲》细究了洛阳地区文化发展诸特征[②]。此外，孙家洲考察了河洛文化在洛阳都城的总体反映及其对秦汉社会的影响[③]。吴少珉分析了北魏迁洛阳后，以京师洛阳为中心的河洛文化，认为其吸收、融合了鲜卑族和其他少数民族文化的优秀成分，吸收了宗教及其他外来文化的精华，形成以儒学为基础的多元文化[④]。金大珍也认为北魏的洛阳时代，是魏晋南北朝最为兴盛的时代，并认为北魏洛阳城市风貌的独特地位体现为多个交汇点，即民族融合的交汇点、南北文化的交汇点和中外交流的交汇点[⑤]。栾贵川从都城建制及儒学、佛学方面分析了公元 3～6 世纪邺城与洛阳的文化关系，认为二者的文化关系极为密切，这一特殊的现象只能在魏晋南北朝这一特殊时期产生[⑥]。郭绍林分析了洛阳和河洛文化对科举制的影响[⑦]。苏小华论述了洛阳职官制度的特殊性在洛阳地区形成了有利于文化发展的条件，认为这是唐代洛阳文化繁荣的部分原因[⑧]。吴建华和张明考察了唐代洛阳长安两京女性的流行服式及其演变的内外部条件[⑨]。马华民论述了北宋时期洛阳都城文化表现及其特点[⑩]。

分文化要素论述洛阳古都文化的文章较多，内容涉及洛阳都城教育、宗教、文学艺术、民风民俗等。如边家珍[⑪]、郭灿江[⑫]之于古都洛阳教育的研究，葛红[⑬]、董延寿[⑭]、黄新波[⑮]、许金星[⑯]、陈瑞[⑰]、赵振华[⑱]之于古都洛阳宗教的研究，赵建

---

① 韩忠厚：《试论河洛文化在中国文化史上的地位》，《河洛文化论丛》第 1 辑，开封：河南大学出版社，1990 年，第 22-35 页。

② 史龙身：《洛阳文化地理特征论纲》，《洛阳师范学院学报》1989 年第 4 期，第 106-112 页。

③ 孙家洲：《论河洛古俗对东周秦汉社会风貌的影响》，《中州学刊》1994 年第 3 期，第 102-107 页。

④ 吴少珉：《北魏京师洛阳与河洛文化》，《洛阳大学学报》1997 年第 3 期，第 8-14 页。

⑤ [韩]金大珍：《北魏都城洛阳在中国史文化上的地位——〈洛阳伽蓝记〉研究之一》，《大同职业技术学院学报》2003 年第 3 期，第 37-39 页。

⑥ 栾贵川：《3～6 世纪邺城与洛阳的文化关系初探》，《殷都学刊》1991 年第 3 期，第 31-35 页。

⑦ 郭绍林：《唐五代洛阳的科举活动与河洛文化的地位》，《洛阳大学学报》2001 年第 1 期，第 3-8 页。

⑧ 苏小华：《唐代洛阳的地域文化与职官制度》，《中国历史地理论丛》2004 年第 3 辑，第 43-46 页。

⑨ 吴建华、张明：《唐代洛阳女性的装束及其流行的外部条件》，《河南科技大学学报》（社会科学版）2002 年第 4 期，第 13-16 页。

⑩ 马华民：《北宋汴洛都城文化浅析》，《河南大学学报》（社会科学版）1994 年第 4 期，第 16-20 页。

⑪ 边家珍：《洛阳太学与东汉经学教育》，《河南科技大学学报》（社会科学版）2004 年第 4 期，第 22-25 页。

⑫ 郭灿江：《辟雍碑与西晋太学》，《河南博物院落成暨河南省博物馆建馆七十周年纪念论文集》，郑州：中州古籍出版社，1998 年，第 96-101 页。

⑬ 葛红：《魏晋南北朝时期洛阳地区的佛教》，《历史教学问题》1995 年第 1 期，第 7-12 页。

⑭ 董延寿：《洛阳与佛教的传播》，《洛阳师专学报》（综合版）1985 年第 4 期，第 67-71 页。

⑮ 黄新波：《东都佛教文化》，《河南博物院落成及河南省博物馆建馆七十周年纪念论文集》，郑州：中州古籍出版社，1998 年，第 186-191 页。

⑯ 许金星：《白马寺的兴建和佛教在我国的早期传播》，《史学月刊》1983 年第 2 期，第 31-35 页；《关于白马寺的几个问题》，《中原文物》1996 年第 4 期，第 89-95 页。

⑰ 陈瑞：《佛教文化与隋唐洛阳城市生活》，《中学历史教学参考》2001 年第 3 期，第 18、19 页。

⑱ 赵振华：《洛阳白马寺历史与寺名影响研究》，《河洛文化研究——第五届河洛文化国际研讨会》，洛阳：解放军外语音像出版社，2006 年，第 247-285 页。

梅[①]之于洛阳唐中期诗坛的研究等。

龙门石窟是中国三大石窟之一。温玉成从事龙门石窟考古调查与研究，考察唐代龙门十寺，对龙门石窟一系列重要学术问题做出诠释，并建立了石窟的北魏—唐代年代序列[②]。张乃翥《龙门石窟学术研究九十年》回顾了20世纪初至90年代的有关研究情况[③]。此后出版的龙门石窟研究著作主要有《龙门石窟研究论文选》[④]、《龙门石窟一千五百周年国际学术讨论会论文集》[⑤]、李文生《龙门石窟与洛阳历史文化》[⑥]、阎文儒和常青《龙门石窟研究》[⑦]、李振刚《2004年龙门石窟国际学术研讨会文集》[⑧]等。其中，《龙门石窟研究论文集》收录中华人民共和国成立以来国内学者研究龙门的学术论文24篇，从不同学科对龙门文物的文化价值进行了各有侧重的研究，代表了近半个世纪龙门石窟学术研究的水平。

八　洛阳都城的总体考察

有关洛阳都城的综合研究成果相对较少，主要体现在对我国古代都城总论性研究著作中，如前文提到的王仲殊、叶骁军、杨宽、贺业矩、张国硕、曹尔琴等的论著。20世纪80年代后期以来，出版的几部著作填补了洛阳古都整体研究的空白。其中，苏健的《洛阳古都史》把丰富的历史文献与大量的考古资料相结合，比较全面、系统地反映了洛阳古都的历史面貌[⑨]。李振刚和郑贞富的《洛阳通史》一书，时间跨度上限起于远古，下限到2000年12月，以简要的文字记述了5000年漫长的洛阳发展史，是第一部洛阳城市通史。这些研究洛阳古都史专著的相继问世，无疑是对洛阳古都研究的重要贡献，也从某个方面拓宽了洛阳古都研究的领域。

九　文献与考古研究

有关洛阳古都的著述，最早可以追溯到西周早期文献《尚书》和《逸周书》部分篇章的记载[⑩]。《周礼·考工记》中对王城布局的描述，虽体现的是一种理想模式，但不能

① 赵建梅：《唐大和初至大中初的洛阳诗坛》，中国社会科学院研究生院博士学位论文，2002年。

② 温玉成：《龙门石窟的创建年代》，《文博》1985年2期，第34-35页；《龙门古阳洞研究》，《中原文物》特刊，1985年；《龙门北朝小龛的类型、分期与洞窟排年》，《中国石窟·龙门石窟》（一），北京：文物出版社，1991年；《龙门唐窟排年》，《中国石窟·龙门石窟》（二），北京：文物出版社，1992年；《中国石窟与文化艺术》，上海：上海人民美术出版社，1993年。

③ 张乃翥：《龙门石窟学术研究九十年》，《河洛史志》1994年第1期，第25-29页。

④ 龙门石窟研究所：《龙门石窟研究论文选》，上海：上海美术出版社，1993年。

⑤ 龙门石窟研究所：《龙门石窟一千五百周年国际学术讨论会论文集》，北京：文物出版社，1996年。

⑥ 李文生：《龙门石窟与洛阳历史文化》，上海：上海美术出版社，1993年。

⑦ 阎文儒、常青：《龙门石窟研究》，北京：书目文献出版社，1995年。

⑧ 李振刚：《2004年龙门石窟国际学术研讨会文集》，郑州：河南人民出版社，2006年。

⑨ 苏健：《洛阳古都史》，北京：博闻出版社，1989年。

⑩《尚书》之《康诰》《召诰》《洛诰》《多士》等，《逸周书》之《度邑》《作雒》篇等，记述了周公营建东都洛邑的史实。

排除其中对洛邑某些实际情况的反映。此后，历代有关洛阳古都的著述大体可分为历史文献研究和实地遗迹调查两类。除历代正史与地方志、笔记、游记等史籍著述中包含大量关于洛阳古都的资料外，还出现了一批专事研究、著录洛阳古都的著作。著名的有西晋陆机《洛阳记》、杨佺期《洛阳图》、佚名《洛阳图经》、北魏杨衒之《洛阳伽蓝记》、唐杜宝《大业杂记》、韦述《两京新记》、刘仁轨《行在洛阳记》、宋欧阳修《洛阳牡丹记》、李格非《洛阳名园记》、邵雍《闻见录》、张齐贤《洛阳缙坤旧闻记》，以及宋敏求撰、清代徐松辑《河南志》、徐松《唐两京城坊考》及顾炎武《历代宅京记》等。虽然上述著作有的原书已散佚，仅有部分佚文散见于其他著作中，但仍为我们提供了丰富的史料。近些年来，许多学者对上述著述进行整理、研究和增订。范祥雍、周祖谟分别对《洛阳伽蓝记》的校注和校释[①]，高敏对《河南志》的校订和辑佚[②]，李健超、阎文儒和阎万科、杨鸿年对《唐两京城坊考》[③]的大量增补和考订，都取得了突出的成就。

考古发现及研究方面，自20世纪50年代初以来，考古学家对洛阳进行了长期的考古勘探、发掘和研究，取得了丰硕成果。虽然到目前为止这些成果还是有限的，这一工作仍然需要长期地进行下去，但已经使我们获得了有关洛阳古都的许多关键性数据和丰富多彩的实物资料[④]。二里头遗址、偃师商城遗址、周代成周与王城遗址、汉魏洛阳城遗址、隋唐洛阳城遗址及北宋西京遗址等的发现和发掘，加上城址内外的出土遗物，使了解古都洛阳城市空间及其社会的某些侧面成为可能，也为进一步分析和研究建立了科学的基础。武志远和郭建邦[⑤]、王壮弘和马成名[⑥]、赵万里[⑦]、周绍良和赵超[⑧]及洛阳市文物考古

① 范祥雍校注：《洛阳伽蓝记校注》，上海：上海古籍出版社，1978年；周祖谟校释：《洛阳伽蓝记校释》，北京：中华书局，1989年。

② 高敏点校：《河南志》，北京：中华书局，1994年。

③ 李健超：《增订唐两京城坊考》，西安：三秦出版社，1996年。2006年他又出版了增订本；阎文儒、阎万科：《唐两京城坊考补》，郑州：河南人民出版社，1992年；杨鸿年：《隋唐宫廷建筑考》，西安：陕西人民出版社，1992年；杨鸿年：《隋唐两京城坊谱》，上海：上海古籍出版社，1999年。

④ 有关古代洛阳都城考古勘探、发掘和研究介绍，可参看段鹏琦、杜玉生、萧淮雁等：《洛阳汉魏故城勘察工作的收获》，《中国考古学会第五次年会论文集（1985）》，北京：文物出版社，1988年；段鹏琦：《再现古都历史辉煌——洛阳地区重要考古发现》，《文史知识》1994年第3期，第94-99页；张剑：《洛阳两周考古概述》，朱亮：《新中国成立以来洛阳秦汉魏晋北朝考古的发现与研究》，方孝廉：《四十年来洛阳隋唐以降的考古发现与研究》，均载《洛阳考古四十年》，北京：科学出版社，1996年；许宏：《二里头遗址发掘和研究的回顾与思考》，《考古》2004年第11期，第32-38页）；王学荣：《河南偃师商城遗址的考古发掘与研究述评》，《考古求知集》，北京：中国社会科学出版社，1997年；杜金鹏、王学荣：《偃师商城近年考古工作要览——纪念偃师商城发现20周年》，《考古》2004年第12期，第3-12页；徐金星：《汉魏洛阳故城保护、考古研究的回顾与展望》，《河洛春秋》1996年第1、2期；钱国祥：《汉魏洛阳故城40年的考古勘察收获》，《汉代考古与汉文化国际学术研讨会论文集》，济南：齐鲁书社，2006；王岩：《隋唐洛阳城近年考古新收获》，《中国考古学论丛》，北京：科学出版社，1993年；程存洁：《唐代东都洛阳城市研究概况》，《中国史研究动态》1993年10期，第11-15页；叶万松、李德方、李国恩：《略论隋唐东都城遗址的考古收获与文物保护》，《考古与文物》1996年第3期，第71-79页；姜波：《隋唐洛阳城研究史论》，《21世纪中国考古学与世界考古学——纪念中国社会科学院考古研究所成立50周年暨21世纪中国考古学与世界考古学国际学术研讨会论文集》，北京：中国社会科学出版社，2002年；赵振华：《二十世纪洛阳的文物发现与研究》，《河洛春秋》2000年纪念专辑。此外，曲英杰《古代城市》（北京：文物出版社，2003年）亦对洛阳古都考古情况有所介绍。洛阳师范学院荟集洛阳地区的考古发掘资料，编辑出版《洛阳考古集成》（北京：北京图书馆出版社），分史前卷、夏商周卷、魏晋北朝卷、隋唐五代宋卷及补编。

⑤ 武志远、郭建邦：《千唐志斋藏志》，北京：文物出版社，1983年。

⑥ 王壮弘、马成名：《六朝墓志检要》，上海：上海书画出版社，1985年。

⑦ 赵万里：《汉魏南北朝墓志集释》，北京：科学出版社，1956年。

⑧ 周绍良、赵超：《唐代墓志汇编》，上海：上海古籍出版社，1992年。

一、二队等[①]一批学者和单位，根据洛阳等地出土墓志所整理的有关资料，同样也为我们的研究提供了生动而具体的史料。

十　总评与展望

对洛阳古都的研究，是众多学者长期致力的研究课题，限于篇幅，以上综述和回顾，很可能挂一漏万。但从中可以看出，洛阳古都研究已经取得了丰富的成果，为以后进一步广泛而深入的探讨创造了条件。但是，在过去的研究中也存在一些不足。根据古都研究的学术发展趋势，思考未来洛阳古都研究的前进方向，古代洛阳都城研究的水平才有可能在现有水平上有大的提高和发展。

1）加强对洛阳都城的综合性、贯通式研究。从目前研究现状来说，对洛阳古都及其某一时段、某一方面的研究都做了一定的工作，但综合性系统的宏观分析研究相对较弱。历史研究的真谛，在于揭示历史演进脉络与发展特征，探索出有关演变的各种规律，对于都城发展的历史来讲，综合系统的宏观研究是必不可少的。今后在增加洛阳古都微观的、局部的、单体的研究的同时，更要努力加强宏观的综合性的系统分析研究。

2）深化古代洛阳都城空间研究，加强都城空间过程与社会过程的研究。以往对洛阳都城空间研究得较少，既有的都城空间形态复原性研究较多，高层次综合性的分析研究相对较少。对物质空间结构形态研究较多，从位置分布与演化的角度，分析都城的空间结构特征，以及这种空间结构所蕴含的特定社会关系的较少。都城空间既是一种“地理空间”，也是一种“社会空间”，二者存在密不可分的相互依赖、相互制约的关系。今后还当加强古代洛阳都城空间的研究，并将都城空间过程与社会过程结合起来，深入探讨其辩证关系与互动规律。

3）拓宽洛阳都城发展与生态环境变迁的研究，推进都城空间与生态环境的互动研究。古都发展与地理环境变迁关系问题是探讨古都得以被选建及建成、发展的基础性问题。近年来，虽然开始关注都城生态环境的成分，但选题过于集中，有的空白则无人问津。今后还要大力加强对薄弱环节的研究和进一步开拓新的研究领域。

4）进一步加强洛阳古都文化研究。朱士光在总结20世纪以来的古都研究时，曾将其概括为微观复原、宏观综合及文化三个层面，并认为古都文化研究是在前两个层面基础上的深入，也是今后中国古都学与中国文化研究的重点[②]。“通过对古都与古城镇结构、形态的精细探析，深入开掘其历史文化内涵，才能使我们对古都、古城镇的研究得到升华，不致停留在就事论事的浅层次上。”[③]洛阳古都文化是河洛文化的核心或重要组成部分。对它的研究，有助于人们从一个特定的角度解读河洛文化与中国文化，进一步推进河洛文化研究的深入。同时，这也是学术研究为社会服务宗旨的具体体现。

---

① 洛阳市文物工作队：《洛阳出土历代墓志辑绳》，北京：中国社会科学出版社，1991年；洛阳第二文物工作队：《洛阳新获墓志》，北京：文物出版社，1996年；洛阳古代石刻艺术馆：《隋唐五代墓志汇编》（洛阳卷），天津：天津古籍出版社，1991年；余扶危、张剑：《洛阳出土墓志卒葬地资料汇编》，北京：北京图书馆出版社，2002年。

② 朱士光：《中国古都与中华文化关系研究》，《陕西师范大学学报》（哲学社会科学版）2004年第1期，第26-31页。

③ 朱士光：《论历史地理学对推进我国古代都城与城市研究的意义和作用》，《西北大学学报》（自然科学版）2002年第5期，第537-560页。

5）20世纪50年代以来的洛阳古都研究，已经取得了丰富的成果，但相对于洛阳古都的重要性来说，我们对于它的研究也是非常不够的，涉及的面也不够宽泛。比起同时期的长安，自正面来论述洛阳都城的研究也为数不太多。许多情况是在论及长安时才被附带提及。对洛阳在八大古都中的地位问题，学术界还存在一些模糊认识。凡此种种，都是与洛阳古都在我国历史上所起的作用很不相称的。这也表明，洛阳古都研究领域仍有很大的发掘空间。笔者相信，经过学界的共同努力，今后洛阳古都研究水平一定会有大的提高和发展。

下篇

两京之间历史交通地理

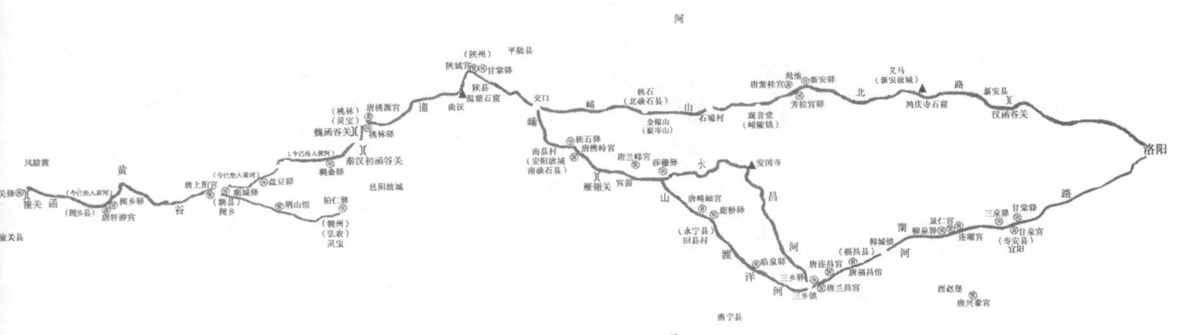

“崤函古道”释名

在夏商周至隋唐的三千多年间，黄河中下游两岸既是全国经济和文化最发达的地区，又是历代王朝版图的地理中心。在这个被称为中国古代历史枢纽和心脏的地带，崛起和形成了长安与洛阳两座最负盛名的古代都城。自公元前11世纪西周起直至公元10世纪初之唐末，这两座古互为辅翼，构成了我国古代历史上十分奇特的“双都轴心”，联袂主导了我国古代最为辉煌的文明发展阶段。

长安与洛阳东西相距约400千米，山河形势使沿秦岭北麓和黄河南岸通道成为两地交通最便捷的径直路线，一条路肩挑两京，东西“双都轴心”得以连为一体。其中，尤以从潼关经陕州到洛阳，穿行于黄河南岸崤山之中的崤函古道为关键，该线路占有两京间东西交通干线2/3的里程，路况最为崎岖，在古代战争史上极负盛名的函谷关与潼关并列于此路，使之有“襟带两京”锁钥之称，往来极为频繁。唐太宗李世民《入潼关》诗形象地称道：“崤函称地险，襟带壮两京。冠盖往来合，风尘朝夕惊。”[①]

尽管崤函古道形成时间早、作用重要，但这条古代道路一直没有概括性的名称。以崤函古道作为这条古道的泛称，是近些年一些学者在总结研究基础上提出的。但同时我们还应看到，一些文献和研究者还赋予这条道路“崤、黾驿道[②]”“函道[③]”“成皋之路[④]”“崤函、潼关道[⑤]”“崤山古道[⑥]”“函谷关路[⑦]”“函谷道[⑦]”“石壕古道[⑧]”等名称，或以“长安洛阳驿道[⑨]”“东方大道[⑩]”“两京古道两京驿路[⑪]”“豫西通道[⑫]”“陕洛道[⑤]”“长洛大道[⑬]”等统称之。前一种意见仅指这条古道沿线某段陆路交通路线，不能概括它的道路主体和本质特点；后一种意见指的是长安至洛阳的古代交通道路，而我们所说的崤函古

---

① 唐太宗：《入潼关》，《全唐诗》（增订本）卷1，北京：中华书局，1999年，第5页。

②（南朝宋）范晔：《后汉书》卷79《刘昆传》，北京：中华书局，1965年，第2550页。

③（北魏）郦道元著，陈桥驿校证：《水经注校证》卷4《河水四》，北京：中华书局，2007年，第109页。

④《战国策》卷5《秦策三》：“范雎曰：‘举兵而攻荥阳，则成皋之路不通。’”是指从成皋（今河南荥阳县西北）沿黄河到函谷关的交通道路。

⑤ 李孝聪：《中国区域历史地理》，北京：北京大学出版社，2004年，第176-179页。

⑥ 辛德勇：《崤山古道琐证》，《中国历史地理论丛》1989年第4辑，第37-67页。

⑦ 史念海：《历史时期黄土高原沟壑的演变》，《中国历史地理论丛》1987年第2辑，第3-54页。

⑧ 见于当地文化文物部门早期的有关介绍材料。

⑨ 严耕望：《唐代交通图考》第1卷《京都关内区》，上海：上海古籍出版社，2007年，第17-89页。

⑩ 王开：《陕西古代道路交通史》，北京：人民交通出版社，1989年，第41页。

⑪ 胡德经：《两京古道考辨》，《史学月刊》1986年第2期，第3-9页。

⑫ 宋杰：《秦对六国战争中的函谷关和豫西通道》，《首都师范大学学报》（社会科学版）1997年第3期，第40-47页；董平均：《出土秦律汉律所见封君食邑制度研究》，哈尔滨：黑龙江人民出版社，2007年，第232页。

⑬ 关治中：《函谷关考证——关中要塞研究之二》，《渭南师范学院学报》1998年第6期，第26-30页。

道仅是这条道路的一部分，尽管属于枢纽路段、咽喉要道。此种意见易混淆整体与部分的关系，同样显示不出崤函古道的独特性。

对这条道路交通历史地理概念的误识，提醒我们怎样确认“崤函古道”的准确含义，也许还有讨论的必要。

一　历史上的“崤函”概念

一条道路的形成和发展，与其所在地区的自然环境和人文历史有着千丝万缕的联系，交通道路的命名往往会以此为依据，以保证其命名的独特性和稳定性。崤函古道即是现代学者以历史时期久已存在的崤函地理概念为依据命名的。

历史文献言及“崤函”的较早例证，首先可以举例《战国策·秦策一》的记载。苏秦始将连横说秦惠王：“大王之国，西有巴、蜀、汉中之利，北有胡貉、代马之用，南有巫山、黔中之限，东有肴、函之固。”肴通崤或殽。自苏秦之后，“崤函”这一概念，屡见于后世史籍。例如，西汉贾谊《新书·过秦论》中有“秦孝公据殽函之固，拥雍州之地。”[①]《盐铁论·论勇》中有“秦兼并六师，据崤、函而寓宇内。”刘向《战国策书录》：“是故秦始皇因四塞之故，据崤、函之阻，跨陇、蜀之饶。”《史记·留侯世家》：“夫关中左崤函，右陇蜀。”《后汉书·班固传》之《两都赋》：“汉之西都……左据函谷、二崤之阻。”又如，《三国志·董卓传》：“董卓曰：‘……崤函之固，国之重防。”《三国志·贺劭传》：“昔秦建皇帝之号，据殽函之阻。”西晋左思《蜀都赋》：“崤函有帝皇之宅，河洛为王者之里。”《魏书·任城王云传附子澄传》：“崤函帝宅，河洛王里，因兹大举，光宅中原。”唐太宗李世民《入潼关》诗：“崤函称地险，襟带壮两京。”可见自战国开始，“崤函”已经成为一个有特定含义的通用名词，为后世习用。

仔细考察古人对“崤函”的运用，含义并非完全相同，有关塞交通地名和区域地理概念的区别。前者可称之为狭义之“崤函”，后者则为广义之“崤函”。

先说狭义之“崤函”。作为关塞交通地名，崤即崤山，函指函谷关，古今没有异说。前引《战国策》姚宏注“肴、函之固”云：“本肴，在渑池西。函关，旧在弘农城北门外，今在新安东。”鲍彪注：“殽，二殽；函，函关也。在弘农。”[②]这里所谓“崤函”，即为崤山与函谷关之合称或连称，二者系并列关系。对此，中华书局版《史记·点校后记》曾举例解释说：“凡并列关系较为明确，不致引起误会的就不用顿号。……习惯上往往连称的，地名如‘巴蜀’‘崤函’，……两名之间都不用顿号。”[③]崤山系秦岭山脉东段的支脉，位于河南西部，延伸于黄河、洛河间，主要分布在灵宝、陕县、渑池和洛宁县境内。函谷关位于今灵宝北 15 千米处的王垛村，崤山山间谷道上，战国时已建关，因关设在函谷之中而得名，扼守函谷天险，控制着穿行崤山北麓的东西向通道。然而实

① （汉）贾谊撰，阎振益、钟夏校注：《新书校注》，北京：中华书局，2000 年，第 1 页。

② （西汉）刘向集录，范祥雍笺证：《战国策笺证》卷 3《秦策一》，上海：上海古籍出版社，2006 年，第 141 页。

③《史记》第 10 册《点校后记》，北京：中华书局，1959 年，第 18 页。

际情况比今人想象的要复杂一些，因为在古人笔下，崤山所指并不是广义的崤山全域，而是指有南北二陵的崤山。《左传》僖公三十二年："蹇叔之子与师，哭而送之曰：'晋人御师必于崤，崤有二陵焉。'"杜预注："崤，在弘农渑池县西。"僖公三十三年：晋"败秦师于崤。"文公三年："晋人不出，遂自茅津济，封崤师而还。"西晋弘农渑池县在今洛宁西北。类似的认识也见于清代学者江永的《春秋地理考实》[①]。可见古称崤山之所在主要指南北二陵，亦称二崤。顾祖禹指出："在今河南府永宁县北六十里。其地或谓之崤渑，或谓之渑隘，或谓之崤塞。"[②]此外，函谷的范围，亦有狭义和广义两种解释，狭义说是这条道路东西15里，绝岸壁立，岸上柏林荫谷，殆不见天日；广义说这条道路东自崤山，西至潼关，通名函谷，号曰天险，所谓秦关百二也。如此函谷西伸并东延，崤山包含在内。两说均见于《元和郡县图志·陕州》[③]，都有其合理性。依史念海所说，两者还可合而为一，后说可以包括前说在内[④]。杨向奎对此稍有异议，认为最初的函谷，仅指函谷附近东西15里的险要地区。广义的函谷，是在秦汉一统后才形成的[⑤]。揆度情势，杨说似乎更为严谨，狭、广义"函谷"反映的当是不同阶段的情形。《吕氏春秋·有始览》和《淮南子·墬形训》等先秦文献，列当时天下九塞，只有崤、崤坂即崤山而无函谷。北魏郦道元《水经注》中"函谷""二陵"也被分别隶于华阴潼关和砥柱之下，两者相距尚远。其中"二陵"的叙述是"河之右侧，崤水注之。……历涧东北流，与石崤水合，水出石崤山。山有二陵：南陵，夏后皋之墓也；北陵，文王所蔽风雨矣"[⑥]。也是只指崤山而不包函谷。函谷以西至潼关以东之间的地区，《左传》称为桃林塞，文公十三年春："晋侯使詹嘉处瑕，以守桃林之塞。"《正义》曰：桃林之塞"远处晋之南竟，从秦适周，乃由此路，使詹嘉守此塞者，以秦与东方诸侯远结恩好，及西乞聘鲁，亦应更交余国，虑其要结外援，东西图己，故守此扼塞，欲断其往来也"。

崤山和函谷关都是古代著名的关塞，同以控御与阻遏为目的，但二者亦有区别。崤山既称山又称塞。《吕氏春秋·有始览》东汉高诱注"九塞"："险阻曰塞。"《礼记·月令》："孟冬备边境，完要塞。"郑玄注："要塞，边城要害处也。"强调的是国之阨险，大体是以范围而论。《汉书·艺文志》"诸子之营纷然殽乱"，扬雄《法言·吾子》："万

---

① 江永《春秋地理考实》卷1："崤，《传》晋人御师必于崤，崤有二陵焉，其南陵夏后皋之墓也，其北陵文王之所避风雨也。……此道在二崤之间，南谷、中谷深委曲，两山相嵚，故可以避风雨，古道由此，魏武帝西讨巴、汉恶其险而更开北山，高道疏此，遒见在崤。是山名俗呼为土崤、石崤。《汇纂》魏太和十一年（公元488年）置崤县，唐改硖石，废崤县为石壕镇，其北有崤山，今崤县故城在河南府永宁县北五十里。"清代河南府永宁县即今洛宁县，可证清代地理学家与西晋杜预所言相同。

②（清）顾祖禹撰，贺次君、施和金点校：《读史方舆纪要》卷46《河南一》，北京：中华书局，2005年，第2097页。

③《元和郡县志·河南道二》陕州灵宝条："函谷故城，在县南十里。秦函谷关城，汉弘农县也。《西征记》曰：'函谷关城，路在谷中，深险如函，故以为名。其中劣通，东西十五里，绝岸壁立，崖上柏林荫谷中，殆不见日。关去长安四百里。日入则闭，鸡鸣则开，秦法也。东自崤山，西至潼津，通名函谷，号曰天险。所谓'秦得百二'也'。隗嚣将王元说嚣曰：'请以一丸泥，东封函谷关'，即此也。"

④ 史念海：《函谷关和新函谷关》，《河山集》（四集），西安：陕西师范大学出版社，1991年，第385页。

⑤ 杨向奎：《读〈水经注〉》，《中国历史地理论丛》1993年第1辑，第201-210页。

⑥（北魏）郦道元著，陈桥驿校证：《水经注校证》卷4《河水》，北京：中华书局，2007年，第117页。

物纷错则悬诸天，众言淆乱则折诸圣。”①崤字本意为“乱”，因山势乱而无章得名崤山。崤山是崤函古道上最为崎岖的一段，其险厄素与函谷并称，通过它之艰难甚至超过函谷关。《广雅·释诂》云：“关，塞也。”关是定点设置，《周礼·地官·司关》郑玄注：“关，界上之门也。”《文心雕龙·书记》：“关者，闭也，出入有门，关闭当审。”强调的是门关或城关。文献记录战国时期秦与六国战事，对此分得也较清楚。《史记·楚世家》：“（楚怀王）十一年，苏秦约从山东六国共攻秦。楚怀王为从长。至函谷关。秦出兵击六国。六国兵皆引而归。”《史记·春申君传》：“春申君相二十二年，诸侯患秦攻伐无已时，乃相与合从西伐秦，而楚王为从长，春申君用事。至函谷关，秦出兵攻，诸侯兵皆败走。”《战国策·韩策二》：“楚围雍氏五月，韩令使者求救于秦，冠盖相望也。秦师不下崤。……韩王遣张翠……果下师于崤之救韩。”《史记·燕策一》苏代谓燕昭王曰：“以自忧为足，则秦不出崤塞，齐不出丘，楚不出疏章。”可见，至少在先秦秦汉人的笔下，崤函并非像一些学者所言一开始就合二为一。所以，东汉班固《两都赋》云：“汉之西都……左据函谷、二崤之阻。”张衡《西京赋》曰：“左有崤函重险、桃林之塞。”重险即双重的险阻，是指崤、函二险。班固、张衡等的说法，是取狭义“崤函”之义。

狭义“崤函”概念尽管是指崤山、函谷关塞交通地名，是二者的合称或连称，但关塞与交通道路密切相关。《尚书·秦誓序》注云：“筑城守道谓之塞。”《淮南子·兵略训》：“硖路津关，大山名塞，……一人守隘而千人弗敢过也。”唐人崔融明确指出：“四海之广，九州之杂，关必据险路。”②元人胡三省注云：“关、梁，设于水、陆要会之处。因山陕而设塞以讥陆行者为关，或立石，或架木，或维舟绝水以讥舟行者为梁。”③可见，有交通道路不一定有关，但有关则必有交通道路经过，关是交通道路发展到一定程度的产物，其建置着重利用山川险要，扼守交通路线，以实现政治控御与军事防卫的目的。古人选择崤、函这两个雄关要塞作为地名，已经说明关中平原和洛阳盆地之间有一条东西向的交通道路，设置、修建崤、函这两个雄关要塞与这条古道密切相关，更与古道两端在中国历史上有着非凡重要地位的长安、洛阳关系密切。崤函合称或连称较客观地道出了崤山至函谷之间为东西相接，关山相倚、关塞交错、相辅相成的交通地理特征，即“崤函重险”“崤函之险”。这一说法其实已经隐含“崤函”是在特定交通史阶段形成的且具有较明确指向的交通线路，即穿越崤山、函谷关的关中东出中原道路的寓意。

再看广义之“崤函”，它实是前一含义的引申和发展。由最初的东西相接的关塞交通地名发展为区域地理概念，既缘于崤函两地在地理上的密切关系，也是战国秦汉以来天下逐渐一统形势的必然。秦国崛起之时，最大的对手便是东方六国。战国时卫鞅为秦孝公规划的“东乡以制诸侯”的帝王之业，关键之一就是“据河山之固”。这里的河是指黄河，山即崤山。秦国出兵东向，其进军路线正好为崤山所阻挡，只有函谷关一条通道，成为穿越崤山的最佳捷径。秦惠文王更元元年（公元前 324 年），秦攻取位于崤山旁的陕（今河南陕县），陕以西，崤山和函谷关的险要从此落入秦人之手，秦以崤山、

①（汉）扬雄撰，韩敬注：《法言注》，北京：中华书局，1992 年，第 46 页。

②（后晋）刘昫等撰：《旧唐书》卷 94《崔融传》，北京：中华书局，1975 年，第 2997 页。

③（宋）司马光：《资治通鉴》卷 29《汉纪二一》“元帝竟宁元年”条，北京：中华书局，1956 年，第 943 页。

函谷关与东方六国对峙，崤山是秦国东方的屏障，函谷关无疑是崤山的大门。秦据崤函，进可攻，退可守，从此掌握了战争的主动权。中国古代历史上经常出现的人文地理概念“关东”“关西”“山东”“山西”“关中”也正是从这一时期开始出现、流行的①。其中，“山东”一词常与关东或关外互用，山西又可与关西、关内、关中、关右互用。研究者认为，这些概念“不仅指涉自然地理的范围，更有丰富的人文地理的意涵”②。它们的出现和流行，也透露出崤函地域概念形成的明确信息。因为这里的“山”“关”，指崤山和函谷关，即以崤、函分关、山之东西，在当时人眼里，关和山自应在同一区域内，否则山东、关东指涉的范围必不相同，也就不能互用了。

秦朝与西汉王朝中央朝廷面临的大威胁，还是来自崤函以东地区。因此，函谷、崤山一线成为拱卫关中地区的最重要防御重心。汉武帝于元鼎三年（公元前114年）冬徙函谷关于新安，即汉函谷关，以故关为弘农郡。东汉以后潼关的战略地位逐渐抬升，并最终取代函谷关成为关中的东大门。史念海论及崤山与这三关之间的关系时说：“新函谷关在崤山东端，潼关近于崤山的西端。可以说不论关址如何移徙，都离不开崤山，因而崤函往往并称。”③朱士光亦说：“崤山因先后有此三关而益增其险；而三关因建在崤山之中或其两端而倍添其雄。彼此间实互为表里，相得益彰。”④由此可知，不管关址如何移动，而崤函密切相连，且随着关址的移动，广义“函谷”（“大函谷”）概念形成，从新安到潼关之间的地域，北有黄河之险，南接崤山之阻，中为深山大谷，崎岖迤逦，均统称为函谷，号称天险，崤函二者合而为一，地域概念益形确定。郦道元《水经注》卷4：“河水自潼关东北流，水侧有长坂，谓之黄巷坂。坂傍绝涧，陟此坂以升潼关。……历北出东崤，通谓之函谷关也。”郦注《水经》，成书年代大体在汉魏时期，是其时已将原来的狭义函谷概念扩大西至潼关下达函关之险路，而由潼关趋东崤，通谓之函谷关。文献中亦有将此称为“崤潼”⑤“崤陕”⑥者，同样含有地域概念之意思。左思《蜀都赋》：“崤函有帝皇之宅，河洛为王者之里。”北魏孝文帝在计划迁都洛阳时讲：“崤函帝宅，河洛王里，因兹大举，光宅中原。”⑦隋王胄诗：“河、洛称朝市，崤、函实奥区。”⑧按照这几句话提供的顺序，“帝皇（宅）”被崤函限定，“王里”被河洛限定，中原则明显是以前两者为中心形成的地理区域的进一步展开。“河洛”一词是指以洛阳为中心的黄河、洛河共同流经的地区。“崤函”与“河洛”相对，显然是因在古人眼里其同样具有地理区域概念之意义。这一认识，也未因隋唐时代多指太行山以东之地为山东，山与关

① 邢义田：《试释汉代的关东、关西和山东、山西》，《秦汉史论稿》，台北：台湾东大图书公司，1987年，第85-114页；王子今：《秦汉区域地理学的“大关中”概念》，《人文杂志》2003年第1期，第86-91页。

② 邢义田：《试释汉代的关东、关西和山东、山西》，《秦汉史论稿》，台北：台湾东大图书公司，1987年，第85页。

③ 史念海：《论我国历史上东西对立的局面和南北对立的局面》，《中国历史地理论丛》1992年第1辑，第57-113页。

④ 朱士光：《序二》，李久昌主编《崤函古道研究》，西安：三秦出版社，2008年，第5页。

⑤ 指崤山和潼水。《文选》沈约《齐故安陆昭王碑文》：“北指崤潼，平途不过七百；西接峣武，关路曾不盈千。”李善注：“崤，二崤山也。《雍州图经》曰：‘潼水，华阴县界。’”又指崤山和潼关。陆游《感愤诗》：“形胜崤潼在，英豪赵魏多。”

⑥《全晋文》卷12《宋书自序》：“崤陕甫践，则潼塞开扃。”《晋书》卷130《赫连勃勃载纪》：“杜潼关，塞崤陕，绝其水陆之道。”《宋书》卷77《柳元景列传》：“诞以崤陕既定其地宜抚，以弘农刘宽虬行东弘农太守。”

⑦（北齐）魏收：《魏书》卷19中《任城王云传附子澄传》，北京：中华书局，1974年，第464页。

⑧（唐）魏徵等：《隋书》卷76《王胄传》，北京：中华书局，1973年，第1741页。

的位置东西分离而改变，地处崤山西端的潼关仍是关中的东大门，是东西分野的标志，并且在社会生活层面，“关东”一词似乎更确切清楚和流行[①]。唐都长安与陪都洛阳正是依靠崤函连接，所以唐太宗李世民在《入潼关》诗中才有“崤函称地险，襟带壮两京”的说法。

“崤函”区域的范围，古人亦有论及，并且主要是从崤函交通线路立论的。顾祖禹《读史方舆纪要·河南一》说：“自新安西至潼关，殆四百里，重冈叠阜，连绵不绝，终日走硖中，无方轨列骑处，其间硖石及灵宝、阌乡，尤为险要。古之崤函在此，真所谓百二重关也。”又云：“自新安以西，历渑池、硖石、陕州、灵宝、阌乡而至于潼关，凡四百八十里。其地皆河流翼岸，巍峰插天，绝谷深委，峻坂迂回，崤函之险，实甲于天下矣。”顾栋高的说法与此基本相同，其《春秋大事表·春秋列国地形险要表》“二崤”条称：“自新安以西历渑池、硖石、陕州、灵宝、阌乡而至于潼关，凡四百八十里，皆河流翼岸，巍岸插天，绝谷深委，险甲于天下。”可知，两位顾氏所言崤函地域均以崤函古道涉及的区域为范围。古人将此地域范围称之为“崤函”，正是对其山峰险陡、深谷如函、关山相倚、关塞结合的地理形势的形象表达。

这样一种表达也深谙崤函区域地理之特征。翻开地图，我们不难发现：崤函地区在地貌上其实就是一个走廊，它以崤函古道穿越的地理空间为范围，以豫西山地和黄河谷地大体呈西南—东北、西北—东南走向的山川，为其自然地理基础，故崤函地区亦呈西南—东北斜向，自然地形因黄河谷地呈东西敞口，南北以中条山、熊耳山为其屏障，东西长约 200 千米，南北宽约 100 千米，其平面形式呈东西长、南北窄的“带状”走廊形区域。

通过以上对古人“崤函”概念的解读，可以清晰地看到，从先秦以来，在黄河三门峡河段南岸崤山之中，有一条连接关中平原和洛阳盆地之间的东西向交通大道，古人虽然一直没有给这条古道概括性的名称，但以古道上东西两个控制性关塞的地名，即崤函连称之，从交通地理角度概括出崤山至函谷为东西相接、关山相倚、关塞交错、相辅相成的特征，并将这个概念的含义延伸到这条古道沿线所经地区，把它概括为崤函区域。这为我们明确地将这条古道命名为“崤函古道”提供了充分的历史依据。

二　崤函古道的新认识

随着崤函古道研究的深入，尤其是考古发现极大地开阔了人们的视野，进一步丰富了我们对崤函古道的认识，也为确定崤函古道概念的特定内涵和外延提供了新认识。就基本内涵而言，包含空间、时间和社会功用三个方面的内容。

1）在空间范围上，考古发现和文献记载相互印证，说明历史上的崤函古道是一个庞大的交通网络，是由陆路交通和水路黄河三门峡漕运共同构成的水陆“双轨”交通体系。

崤函古道陆路交通，其东端分别始于洛阳西出道口的新安、宜阳县，西至关中盆地

① 张荣芳：《试论隋唐的山东与关东》，《唐代研究论集》第 3 辑，台北：新文丰出版公司，1992 年，第 737-766 页。

东侧门户陕西潼关，全程约 400 千米，中间有合有分。以陕州（今三门峡）为中心主要分为“函谷道”和“崤山道”：西段函谷道自潼关至陕州故城，约 130 千米。因其主要路段行进于黄河长廊谷地，谷道深险狭窄如函，秦国设函谷关于此而得名。又因其道路主要沿黄河南侧而行，亦称“黄河南岸道”。东段崤山道从陕州到洛阳，因其主要线路穿行于崤山山脉之中而得名。有南北两道，北道称“崤山北路”或“北崤道”。北道由陕州故城沿青龙涧河东南至交口，再溯青龙涧河支流交口河（古称渎谷水）而上至崤山，沿崤山峰间隙狭道于崤山东沿源于马头山的谷水河谷，经渑池、新安穿越低山丘陵，直达洛阳，全程约 140 千米；南道称“崤山南路”或“南崤道”，由陕州故城沿青龙涧河东南行，过交口，溯雁翎关水（古称安阳溪水）穿过崤山垭口雁翎关，沿源于雁翎关的永昌河东而下至宜阳县三乡汇入洛河，再沿洛河平原，直达洛阳，全程约 130 千米。

以上只是崤函古道陆路交通的主要路线，也是长期以来人们对崤函古道的一种约定俗成的认识和理解。实际上，崤函古道除了上述陆路交通线路外，还包括水运部分，即著名的三门峡黄河漕运。

历史时期，由于人口与边防及经济供给等的需要，造成关中对关东、江淮物资的需要和依赖。但输往关中的物资，“水运有三门之险，陆运有崤陵之艰”，相对而言，水运要更便利一些。因为在古代骡驮马载及畜力车辆的陆路运输运量小、速度慢、成本高，而水上运输运量大、时间短、消耗少、成本低，而黄河和渭河又为水运提供了便利的条件。自秦汉至唐末，三门峡一直是古代东西漕运的枢纽。自黄河三门峡以下，至新安县的八里胡同峡，黄河穿行于中条山与崤山、太行山与熊耳山之间，长约 130 千米，河道狭窄，水流湍急，是黄河最后一段峡谷，也是黄河最为险峻的一段。沿途南岸涉及河南的三门峡湖滨区、陕县、渑池和新安等县区，北岸涉及山西的平陆、夏县、垣曲三县。西汉至隋唐历朝为克服三门峡险阻进行了艰苦卓绝的努力，整治三门天险，开凿漕运栈道。从三门峡存留至今的古代漕运遗迹中，可以看到这一时期修凿的栈道及题刻。黄河漕运的大规模兴起，使黄河漕运水路交通与崤函古道陆路交通连为一体，崤函古道成为具有特殊意义的水陆双轨交通结构，从而控制了堪称帝国主要生命线的陆路和漕路，在帝国政治经济运作方面的地位和作用越发重要。三门峡黄河漕运航道与陆上崤函古道南北平行并列紧密相邻。历代漕粮都以黄河水运为主，陆路车运为辅，运输东南各省的租赋供应都城长安。但为了避开三门峡天险，也从洛阳陆运至陕州，再以水运抵达长安。水路漕运与陆路相互配合，水陆联运，船车换行，使其所承担的运输功能大为增强，从而更好地满足了两京所需物资供应，保证了两京政治、军事、经济、文化功能的充分发挥。因此，历史时期的三门峡黄河漕运航道实是陆路崤函古道的另一种形式，在运输上有联运，功能和作用上有配合。三门峡黄河漕运航道应包括在崤函古道系统中。崤函古道不仅是一条沟通长安与洛阳两京之间人、物流动的陆上交通要道，而且是一条包括三门峡漕运航道的水陆“双轨”通道。理解这一点，对科学认识崤函古道乃至开发和利用崤函古道都是十分重要的。

崤函古道除了以上主干线路之外，还有一些重要的连接线，历史时期许多文明古道与崤函古道联结，在线路上交叉，继而又通向全国其他地区，如“虞坂古道”“晋楚古道”“秦楚古道”“秦郑古道”等。也正是这些连接线的存在，扩大和丰富了崤函古道的功能和作用，强化了崤函古道在全国交通网络中的地位和作用。

2）在时间上，崤函古道的兴起有两个时间概念。一是考古发现把崤函古道的开端追溯到新石器时代中晚期的仰韶文化时代甚至更早。彩陶是仰韶文化最重要的文化内涵和表征。庙底沟文化构筑起庞大的彩陶之路，是崤函古道的最初形态，也是炎黄部落的迁徙之路、华夏集团的融合之路，对崤函古道的最终形成产生了至关重要的影响。二是崤函古道大规模的开通和兴起是在西周初期。西周两京制度的建立和完善，导致了由西周中央政府直接介入、有计划地在两京间开辟修建宽阔平直道路的兴起，实现了驿道的全线贯通。秦汉时期，出于解决关中地区的粮食和物资运输问题，满足京师巨大的消费与西北边关的军粮供给的需要，又造成了大规模的黄河漕运和黄河古栈道的兴起与修建，成为崤函古道上的特殊道路工程。崤函古道衰落的时间是明确的，是在 20 世纪 10～20 年代。原因是陇海铁路在三门峡市辖区先后分段建成通车（1915～1927 年），后又西通至潼关、西安（1931～1934 年）。洛阳至潼关的公路（洛潼公路）也在 1923～1925 年贯通。陇海铁路和洛潼公路有相当部分是沿崤函古道选线的，此后崤函古道交通运输优势随着近代交通技术的运用不复存在，使这条古道不可逆转地走向衰落。

3）在社会功用上，历代使用崤函古道在交通运输方面呈现出政治性、军事性、经济性和文化性等综合性功用：崤函古道长期处于官道（驿道）的地位，是连接两京交通的中轴线，承担着沟通两京的政治经济联系，是最重要的“贡纳”之路和“驿传”之路。即使唐以后，由于政治中心东转北移，崤函古道交通功能发生了根本性变化，但依然是人们青睐的横贯东西的交通大动脉。崤函古道是商贸交流、物资传输之路，既是连接古代两大经济区的主要桥梁和纽带，也是维系崤函区域经济社会发展的助推器；崤函古道又是一条重要的军事战略交通线，战略地位十分突出；崤函古道还是一条文化传播交融之路，也是丝绸之路的干线路段，它加强了中原文化、关中文化及中外文化等诸多文化的互动与交融；此外，崤函古道还是崤函地区文化积淀厚重之路，迄今保存较好，丰富多彩的文化遗产廊道。

我们对崤函古道的认识固然比古代深入得多，虽然古人对崤函古道的认识和概括已远远不能涵盖目前所知的崤函古道的全部内容，但是，古人对崤函古道的基本认识和概括并未过时，他们以“崤函”作为认识这条古道及其区域特征的基点是不可动摇的。因此，基于历史依据和研究进展，我们把崤函古道定义如下：古代连接长安（西安）洛阳的东西交通大道在河南三门峡及毗邻地区的水、陆路通道的总称。古道南临崤山，北近黄河，东出新安汉函谷关，达洛阳；西经秦函谷关，过潼关通往长安（西安），是古代沟通长安与洛阳两大著名古都东西交通大道的枢纽路段，我国历史记载最早、最重要的连通中原关中的东西向交通主干道上的咽喉要道，也是闻名于世的丝绸之路重要的干线路段之一。崤函古道涉及今河南省三门峡市所辖的灵宝市、陕州区、湖滨区、义马市、渑池县，洛阳市西部的新安县、洛宁县、宜阳县，陕西省潼关县及山西省平陆县沿黄地带，计三省 11 个县（市、区），其平面轮廓大致呈东西长、南北窄的带状走廊，东西长 200 多千米，南北宽约 100 千米，我们把它概括为崤函区域。

长久以来，人们一直视崤函古道为单纯的沟通长安与洛阳的交通孔道，对其的认识停留在其交通和连接作用上，却很少有人指证其为一相对独立的地域单元，有其特定的社会、文化性质。而这里崤函区域概念的提出，具有两个方面的意义：其一，地理含义，是指崤函地区在地理上呈走廊的形态，是一个交通地理通道；其二，人文即“历史—社会、文化”的含义，反映本地区是一条“历史—社会、文化走廊”，作为历时数千年之久，在关中与中原广阔的区域一直发挥着支撑东西两京格局的血脉，沟通两大古都的锁钥、扩展文化交流的动脉作用的崤函古道。不仅是一个交通地理概念，还是一个人文地理概念，是历史时期一个独特的人文区域。这一区域的形成，是地理环境、历史发展及上述两者相结合而形成的历史区位体系三个方面因素影响的结果。

崤函古道形成的历史地理基础

交通线路的开通发展，最基本的两个要素是受自然地理和人文地理因素的影响与制约。自然地理因素在一定程度上决定了交通线路的走向、道里、路况及通行条件，而社会人文因素则决定了国家或地区对该交通线路所投入人力、物力的建设程度，从而影响交通线路的发展进程，规定其发展功能与趋向。二者互为表里，相互影响。崤函古道的形成和发展同样取决于这两种因素的共同作用。

一　自然地理基础

众所周知，黄河流域是中华民族的发祥地和摇篮。自新石器时代晚期直到北宋以前，我国的政治舞台和军事活动的主要场所在黄河下游和黄河中游的泾渭平原。在这个区域内形成了中心城市长安（包括丰镐和咸阳）和洛阳。

长安与洛阳是我国古代两大都城，两地相距仅 800 里，历史上的关系也最为密切。西周都镐，又作洛邑，借以控制全国。西汉都长安，实以洛阳为陪都。东汉都洛阳，长安为西京。隋唐时期长安与洛阳为东西二都。从西周到汉唐，长安与洛阳作为东西两京的时间有近千年，到了汉唐时期，东西两京的联系密切程度更是达到了巅峰。历史时期，从长安东出的大道主要有三条，即濒渭河南岸、黄河南侧而东趋向洛阳的两京道（两京驿路）、沿丹灞谷地趋于东南的武关道和自蒲津东渡黄河的蒲关道。这三条大道均可以抵达洛阳，进入广袤的东部平原，但只有濒渭河南岸、黄河南侧而东的两京道距离最短，路线几乎是笔直的。因此，两京道是长安洛阳间最为近捷的道路。可是，两京之间有豫西山地阻隔，形成天然障碍，交通极为困难。崤函古道交通线路的分布及其分合变迁，即与这一地理形势有密切关系。

由长安东出，沿渭河南岸，经临潼、渭南行至华阴孟源，进入豫西山地。从黄河、渭河交汇处西安东至郑州以西的这片山地被称作豫西山地。豫西山地是秦岭主干向东延续的余脉。秦岭经陕西南部延伸到河南西部后，明显地呈现出余脉的特点。一方面山势显著降低，另一方面山脉分支解体，完整的山脉分成数支，犹如扇形似地分成由西南向东北平行延伸的五座古生代山脉——北为小秦岭、崤山，中为熊耳山和外方山，南为伏牛山。各山脉丛集于豫西，构成海拔 2000 米的山岭，向东则地势逐渐降低，山体变得分散、破碎，构成低山丘陵地，最后没于河南东部的冲积平原。在山脉之间有独立的水系分布，山脉与水系相间排列，每条较大的河流又都与一些山间盆地相串通。其中较大的盆地有西北部的三门峡盆地，东北部的宜（阳）洛（宁）盆地。黄河是境内最大的一条河流，在潼关以下到三门峡之间，河床由于受到南部豫西山地和北面中条山、王屋山的限制，黄河河水流速加快，河床左右摆动的余地很大，尤其是对南岸侧蚀冲刷严重。

而发源于山地的众多河流在山脉两侧分流，向西北注入黄河，向东南流入洛河。河流中上游下切作用强烈，在山区形成许多深窄的 V 形谷、深切 U 形谷等。河流之间均为山间谷地，著名的有黄河谷地、弘农涧河谷地和洛河谷地等。在秦岭的五座余脉中，北支的崤山是规模较大的一支，它西南端与华山相连，西北面有弘农涧河谷地分割，东南面为洛河谷地所截，大致分布在弘农涧河与洛河之间，主峰高达 1500～1900 米，沿黄河南岸向东北蜿蜒伸展，余脉直逼洛阳之北黄河南岸，称为邙山，长 160 余千米，宽 40～50 千米，构成了洛河与弘农涧河的分水岭。民谚说“崤山无头，秦岭无尾”，崤山既西与秦岭绵延相接，又东连邙山，南合伏牛，北临黄河，巍峨横亘数百里，其对东西交通的影响最大，构成了崤函地区主要的地理障碍，也制约着古代交通线路的分布。明人张瀚《松窗梦语》：“由沔池至陕州之桃林，经硖石，皆从山径中行。至硖石，两山相夹，危石嵯峨，中一泥泞路耳。由灵宝、阌乡至潼关，亦皆山路。沿河至关，则河流山峙，自昔称雄，非复向所见之山冈关隘矣。”①

崤函古道交通路线起自潼关，大致可分为两段。自潼关进入豫西山地，沿黄河南岸，经桃林塞，过稠桑塬，出函谷关，渡弘农涧河，经灵宝老城抵陕州，此为西段，称“函谷道”，因其道路主要沿黄河南侧而行，亦称“黄河南岸道”。潼关在关中盆地的东端，南阻华山向东延伸的余脉，北濒渭水、黄河，当河山之咽喉，号称“山势雄三辅，关门扼九州”②，自然成为盆地东侧的门户，崤函古道西段的起点。潼关东去，西岳华山向东延伸的小秦岭直抵弘农涧河西岸，耸峙于黄河之南，形成黄河长廊谷地。构造上是一个地势低洼的地堑盆地，延展于小秦岭、崤山和中条山之间，其间的灵宝至陕县段为宽谷地段，处于三门峡盆地之中，普遍发育有三级堆积阶地，自西向东沿河分布，地势呈阶梯状级级上升至黄土台塬面。由潼关向东沿小秦岭和黄河南岸的黄土塬，古称“桃林塞”，主要由六个大原组成，自西向东依次是堡里塬、郭村塬、程村原、娄底原（阳平原）、焦村原（西塬）和铁岭塬（东塬），海拔 500～700 米。这些呈台地形态的黄土塬均向北微倾，一直延伸到黄河岸边，与河谷阶地相接，黄河擦着塬的边缘流过，侧蚀强烈，形成了高出阶地 30～50 米的黄土陡崖，这就使黄土塬下、河水之滨不能形成东西向交通路线所进行的地面，所以东西交通道路只能横穿黄土塬顶面，别无选择。可是，黄土塬亦非易行之地。灵宝境内发源于小秦岭的河流，自东向西有七大河流：双桥河、枣香河、阳平河、沙河、弘农涧河、灞底河、好阳河，均自南向北直接流入黄河，呈东西向带状排列的黄土塬受南北向河流长期侵蚀切割，形成无数壁立陡崖，成为东西交通的严重障阻。穿切黄土塬的最长的一条河流是弘农涧河，发源于小秦岭和崤山间，大致向北流，于灵宝老城入黄河。它穿切的塬就是著名的焦村塬，历史上曾称稠桑塬、西塬。受弘农涧河和沙河长期侵蚀切割作用，塬的东西两面形成隘口、冲沟，沟底与塬顶的相对高度有 300～500 米，两侧峻削，绝岸壁立，极难攀登，从而增加了险要的程度，形成军事上的易守难攻的有利地形。这条后来被称为“函谷”的冲沟，是汉以前焦村塬上唯一的一条天然沟壑，其他沟壑是后来形成的，也是东西向最长的一条沟壑，西边一直

①（明）张瀚：《松窗梦语》卷 2《北游记》，北京：中华书局，1985 年，第 34 页。

②（唐）崔颢：《题潼关楼》，《全唐诗》（增订本）卷 130，北京：中华书局，1999 年，第 1328 页。

通到潼关。当时焦村塬上森林密布，最高处离弘农涧河边有 325 米的高差，军马难以通行。附近的黄河岸边久经侧蚀，险陡无比，也不能通行。而弘农涧河两岸很陡峻，东来军马即便渡过，也难以从别处登上塬头。因此，古代道路通过焦村塬的交通孔道只能依赖"函谷"冲沟。著名的"桃林塞"，即指潼关以东逶迤而至于秦函谷关之间的穿越黄土塬的槽式道路，它以此间谷道两旁及其以南焦村塬的桃树成林而得名。战国时秦人将函谷关建在函谷与弘农河西岸的道口，作为进入函谷道的门户，可以起到阻挡东来的千军万马的作用。《元和郡县图志 • 河南道二》引晋人戴延之《西征记》："路在谷中，深险如函，故以为名。其中劣通，东西十五里，绝岸壁立，崖上柏林荫谷中，殆不见日。关去长安四百里。日入则闭，鸡鸣则开，秦法也。东自崤山，西至潼津，通名函谷，号曰天险。所谓'秦得百二也'。"①出函谷关，涉弘农涧河。灵宝老城即桃林县故址，建于黄河南岸，与函谷关隔弘农涧河东西相望。弘农涧河中上游贯穿朱阳盆地，有支路通往南部山区，中下游则切入黄土塬和河谷阶地之间，沿弘农涧河河谷可南通虢州（今灵宝市区城关镇，即虢略镇)，北达灵宝老城，为函谷道的一条支线。自灵宝老城以东至陕州故城，黄河南岸阶地地势平缓，古道便利用这一有利地形，沿阶地行进。陕州故城在一环水高地上，西扼函谷，东控崤坂，"据关、河之肘腋，扼四方之噤要"②，地当水陆要冲，正是掌握古代关东通往关中平原之咽喉，故以"陕"为名，陕者，山阜裹夹，行踪隐蔽之谓也③。

崤函古道自陕州故城向东基本穿行于崤山之中，为古道东段，称"崤山道"。崤山主峰地段在今卢氏县官道口东北至陕县硖石以东，两侧受断层影响，山势高峻雄伟，山脊呈锯齿状，海拔大多在 1300 米以上。硖石以东，属崤山的尾闾地段，山体不甚完整，地势较为低缓。崤山的形成是由于皱褶和断块的联合作用，因之其间河流谷地较为发育，主谷与山体平行相间，并穿过一系列的山间盆地。发源于山地的河流在山脉两侧分流，向西北注入黄河，向东南流入洛河。切穿崤山的河流是没有的，因此，古代为了地形上的便利，不得不选择比较长的河谷道和与河谷呈串珠状相连的山间盆地来建立交通。也正因此，由陕州故城东出至洛阳的道路便分成南北两途。

北路是由陕州故城向东，沿青龙涧河，过交口、硖石，再沿涧河河谷，经渑池、新安东行，出汉函谷关至洛阳。陕州故城南临青龙涧河，青龙涧河古称橐水，有一支流交口河，古称渎谷水，发源于陕县张茅，西至交口，入于青龙涧河，然后向西北流，绕陕州故城南城墙外到城西注入黄河。崤山受交口河的切割，沿河谷形成一条隘道，直通陕州故城。交口河以东，崤山自张茅东至观音堂豁开，成一狭路，古代交通便利用河谷道路艰难通行。崤山道最险在渑池陕县间。由于处于崤山主峰地段，群山挟古道而行，道路盘曲如羊肠，不时穿行于绝壁之间，故有"崤塞""渑崤阨狭间""渑隘之塞"之称④，

① （唐）李吉甫：《元和郡县图志》卷 6《河南道二》，北京：中华书局，1983 年，第 158、159 页。

② （清）顾祖禹撰，贺次君、施和金点校：《读史方舆纪要》卷 48《河南三》，北京：中华书局，2005 年，第 2271 页。

③ 李久昌：《说"陕"及陕州的建置沿革》，《三门峡职业技术学院学报》2017 年第 2 期，第 3-9 页。

④ （清）顾祖禹撰，贺次君、施和金点校：《读史方舆纪要》卷 46《河南一》，北京：中华书局，2005 年，第 2097、2098 页。

其险峻程度甚至超过函谷关。晋人戴延之《西征记》具状崤山道险峻："'崤上不得鸣鼓角，鸣则风雨总至。'自东崤至西崤三十五里。东崤长坂数里，峻阜绝涧，车不得方轨。西崤全是石坂十二里，险绝不异东崤。"[①]因道路崎岖、狭窄，极易塞路。唐李肇《唐国史补》云："渑池道中，有车载瓦瓮，塞于隘路。属天寒，冰雪峻滑，进退不得。日向暮，官私客旅群队，铃铎数千，罗拥在后，无可奈何。"因"车载瓦瓮"之故，就能把道路阻塞，可见道路通行条件很差。稍后元明清人表述得更为具体。元代连伟撰《剏修古崤陵便民路碑记》载：硖石驿"东彻永宁县界旧县者□九十里，山□崔巍，怪石横突，犹虎踞豹蹲之猛，细路萦纡，或蟠峻阪，或逗幽谷，若修虺长蛇之状，崎岖艰险未易以形。后有涧水，水乱流时，或湍悍湫底，如怒蛇之奔走，其孰敢凭往涉之，如是岩峭极多。"[②]王家宾《瑞王之国揭帖》："从观音堂入硖石一带，陡坡倾崎，石骨硗确，田车所过尚数人相挽而升，一遇摧折未有不破辕断辐者。逶遞而西为分水岭，为张茅镇，两壁山岸如削，居中仅一鸟道，仰视数十丈，傍岸又系深谷，俯瞰亦数十丈，人必肩摩，车难方轨，王者乘舆能飞渡乎？……况暴雨时作山岗水势溯湃而来，顷刻冲陷，不可以仞数侧也。……由七里入疆，偶有坦途，纵不得深长而迁就营度或堪棲止。自此而十里石壕二十里硖石，经二陵履巉崖披蒙茸涉巢，径历三十里卫店岭迂回曲折……自此二十里横渠坡狭路一线矣。二十里州治转城南面紫龙沟，跨鸡足山而涧河叠石千障矣。"[②]清陕州知州张天德在《硖石山修路记》中亦称："自硖石抵乾壕，往东来者称苦，不啻走孟门太行山间，盖其山尽石，险山巘巉岩，峣峭崎岖，居平风日晴明望之且魂摇而目悸，值阴雨则益甚。"[②]过了硖石东北，道路就沿着涧河河谷而行。涧河是洛河最大的一条支流，古称涧水、谷水，名称所指代有变化，现所称涧河发源于陕县观音堂，长104千米，于洛阳市瞿家屯入洛河。谷水，发源于渑池县崤山以东的马头山谷，长90千米，经渑池、新安，至洛阳的会孝河，东南注入洛河，现与涧河汇为一流，通称涧河。涧河一路向东过崤坂，都是高山深谷。一直到达新安县，再往东出崤山，地势开阔起来，于洛阳汇入洛河。受涧河切割，崤山至陕县、渑池交界处，形成涧河谷地，贯穿渑池、义马盆地和新安盆地，其位置正与西面崤山连成一线。崤山以涧河谷地为界，分为两支，界南谓西崤山，俗称南大岭，界北谓东崤山，所谓崤山道即指东西山间的谷道。崤山向东延伸，逐渐低落分散，至新安县城东而止，地势开阔起来，是山脉的浅山丘陵地，正当涧河谷道之要冲，地处东西孔道之道口，汉武帝元鼎中移函谷关于此，扼守这条通道。

崤山南路是从陕州城出发沿青龙涧河东南行，过交口后，溯雁翎关河，越崤山，穿雁翎关，沿连昌河东南行，再循洛河谷地达宜阳，东行至洛阳。其间跨渡连昌河、韩城河、汪洋河、水兑河、伊河、谷水、涧河、廛河等大小河流近20条，在进入连昌河谷地中上游后，道路沿崎岖的河道边开始爬山涉涧，两侧多为崇山峻岭，绝壁深涧，通行条件十分恶劣。崤山在陕县东南雁翎关附近低落分散，成为低山丘陵。雁翎关为古道最

---

① （唐）李吉甫：《元和郡县图志》卷5《河南道一》，北京：中华书局，1983年，第142页。

② 欧阳珍修，韩嘉会撰：民国《陕县志》卷24《掌故》，《中国地方志集成·河南府县志辑》（69），上海：上海书店，2013年，第738、739页。

险之处。明天启四年（1624 年）陕县人王以悟撰《雁翎关翟马二位修路碑记》云：“古雁翎关巉岩险阻，盖以先崤函而称重。”[①]雁翎关河古称安阳溪水，源于雁翎关，西北流至交口，入于青龙涧河。连昌河今名永昌河，古称昌涧水，亦名昌谷水，发源于陕县宫前乡雁翎关东坡，流经宫前、大延洼、西李三乡，东南流向洛宁、宜阳，于三乡镇入于洛河，全长 54 千米。其上游崇山峻岭，绝壁深涧，十分险峻。中游地势逐步狭窄，山势渐趋陡峭。下游地势开阔，地势平坦。连昌河的西北恰与青龙涧河的支流雁翎关河相对应，崤山丘陵受此二河的侵蚀，形成了一条隘路，沿雁翎关河、连昌河谷，进入洛河谷地，沿洛河北岸和南岸东至洛阳。洛河发源于陕西蓝田，自卢氏入河南，流经洛宁、宜阳二县，入洛阳，在巩义注入黄河。

崤山南路，也被称为福昌古道[②]。它比北路迂远，路程稍长，不如北路便捷。严耕望指出：“自陕而东，经硖石、崤坂，取北道经渑池、新安至东都共约三百里；经硖石、崤坂，取南道经永宁、福昌、寿安至东都，共约三百五十里。”[③]但南路的好处也比较明显：一是道路虽亦险隘，但远没有北路那么狭窄、陡急。南路地势总体上是由高向低伸展，在翻过一段相对难行的崤山山路之后，其他路段大多平坦易行。连昌河谷中游地势险峻，下游则相对平坦。宜阳三乡以下洛河河谷海拔高度 120～250 米，地势平坦，水流平缓，道路宽阔，比较适宜通行。二是沿途风光颇具特色。崤山南路大部在河谷地带穿行，沿途有山有水，宜阳境内的女几山（今花果山）、锦屏山，林木苍翠，风景优美。白居易《从陕至京》诗云：“从陕至东京，山低路渐平。风光四百里，车马十三程，花共垂鞭看，杯多并辔倾。笙歌与谈笑，随分自将行。”皇帝巡幸历来阵仗大，人数多。隋炀帝“从行宫掖，常十万人，所有供须，皆仰州县”[④]。唐玄宗巡幸队伍也是浩浩荡荡。白居易《骊宫高》诗中有“一人出兮不容易，六宫从兮百司备。八十一车千万骑，朝有宴饫暮有赐。中人之产数百家，未足充君一日费。”[⑤]如此庞大的巡幸队伍，自然要求选择较宽阔的道路。此外，隋唐时，崤山北路渑池新安到洛阳的道路，由于东都洛阳建有东都苑（隋会通苑，武则天改名神都苑）周 126 里，西至孝水，东抵宫城，谷洛二水会于苑内，除行军外不得通行。因此，隋唐诸帝东巡大多选择南道崤山南路，其他各色行旅随之跟进，于是南路交通日盛，取代北路成为主道。刘禹锡《题寿安甘棠馆二首》诗云：“门前洛阳道，门里桃花路，尘土与烟霞，其间十余步”。迄唐末，崤山南路一直是当时最重要的交通线路。

顾祖禹在《读史方舆纪要》中，对崤函地区地理形势的解说，突出显示了自然环境决定的崤函古道交通大势：“自新安西至潼关，殆四百里，重冈叠阜，连绵不绝，终日走硖中，无方轨列骑处，其间硖石及灵宝、阌乡，尤为险要。古之崤函在此，真所谓百二重关也。”“自新安以西，历渑池、硖石、陕州、灵宝、阌乡而至于潼关，凡四百八十

① 欧阳珍修，韩嘉会撰：民国《陕县志》卷 24《掌故》，《中国地方志集成 · 河南府县志辑》（69），上海：上海书店，2013 年，第 738 页。

② 乾隆《河南府志》卷 70《古迹志 · 道路》：“福昌古道即通永宁崤底之南道也。”永宁在今洛宁县城东北。

③ 严耕望：《唐代交通图考》第 1 卷《长安洛阳驿道》，上海：上海古籍出版社，2007 年，第 88 页。

④（唐）魏徵等：《隋书》卷 24《食货志》，北京：中华书局，1973 年，第 672 页。

⑤（唐）白居易：《全唐诗》（增订本）卷 427《骊宫高》，北京：中华书局，1999 年，第 4711 页。

里。其地皆河流翼岸，巍峰插天，绝谷深委，峻坂迂回，崤函之险，实甲于天下矣。”[①] 如此艰险，交通不便，但舍此别无选择。崤山南麓以洛河为界，洛河以南有熊耳山、外方山、伏牛山横亘，山峰尖耸，山坡陡峭，这三条山脉相互连接、交汇，其间没有明显的界线，故熊耳山、外方山亦被视为伏牛山之一部分。要翻越这样的高山难度较大。崤山北麓紧接黄河，隔河就是中条山。黄河自晋陕峡谷南流至潼关受秦岭山地阻挡，形成一个90°的大折转，冲向东方，在崤山和晋西中条山之间，冲开一道黄土峡谷——豫西峡谷。河道北岸狭窄，南岸地面广阔、自成坦途。因此，崤山以北或以南，河流纵横，重山叠嶂，行旅极为困难，由此绕道南北联系长安、洛阳两大古都，是比较困难的。历史时期，从长安东出的大道主要有三条，即濒渭河南岸、黄河南侧而东趋向洛阳的驿道（两京道）、沿丹灞谷地趋于东南的武关道和自蒲津东渡黄河的蒲关道。这三条大道均可以抵达洛阳，进入广袤的东部平原，但只有黄河南侧而东的崤函古道距离最短，路线几乎是笔直的，并且它在开辟时间上也是最早的，由此不但省去了大量的时间和精力，还省去了许多跨河渡水、架设舟桥的周折和繁苦。《史记·韩世家》记载，公元前273年，赵魏两国联合攻韩，秦派大将白起自关中出兵相救，仅用了8天时间便穿过崤函古道，兵至华阳（今河南新密）。所以苏秦说：“秦之攻韩、魏也，……无有名山大川之限。”[②] 其他两条道路距离则要远得多，路线曲折，行军费时费力。而进入了洛阳，则可以向四个方向进出：在孟津渡过黄河，可以沿太行山东麓北上；沿黄河南岸，经郑州、开封东去；穿过嵩山、沿颍水东去；经临汝，沿汝水而至淮河流域。所以，崤函地区特殊的地理环境决定了只有濒黄河南岸、穿越崤山的通道才是东西往来最为捷近易行的道路。

崤函古道蜿蜒于豫西山地，穿行于崤山和弘农涧河、洛河河谷之中。其间虽然有相对高度较大的险峻山峰阻隔，但也有孔道可行，因而从地形上讲，整个行程是可以畅通的。崤函古道经过的地区，地处黄土高原东部边缘，大部分为中山丘陵，逐步降低的地势和东西展布的地貌格局，为人类的迁移和流动提供了通道。全区气候的大陆性十分显著，属于暖温带大陆性季风气候，气候有明显垂直变化。河流纵横交错，河网密布。众多的黄河支流将黄土分割成数个巨大的黄土塬，土壤肥沃，形成旱作农业，山地和低湿地林木茂盛，成为多种植物区系交汇的场所，从而崤函古道上的艰难跋涉者可以获得充足的食物和饮水补给。这些是崤函古道形成和发展的自然地理基础。

二　人文地理基础

仅有独特的地理优势，并不能成为声息相通的交通脉络。崤函古道的形成和发展，还取决于我国古代政治经济地理形势和都城格局的演变。

自夏商至隋唐的三千多年间，黄河中下游两岸既是全国经济最发达的地区，又接近各王朝版图的地理中心，一个政权若能牢固控制这一片地区，也就足以控制全国。在这个经济文化最发达的地区形成了两大中心城市长安（包括丰镐和咸阳）和洛阳。自西周

---

① （清）顾祖禹撰，贺次君、施和金点校：《读史方舆纪要》卷46《河南二》，北京：中华书局，2006年，第2091页。

② （汉）刘向集录，范祥雍笺证：《战国策笺证》卷19《赵策二》，上海：上海古籍出版社，2006年，第1017页。

初年，周公开创丰镐和洛邑东西两京制度后，直至北宋，只要国家不陷入分裂，历代建都基本上是以洛阳、长安轮换作为全国政治中心。更为神奇的是，在历史上首都交换的同时，又以长安与洛阳为东西都，即当一方作为国都时，另一方也往往成为与之并存并重的国都或陪都。在唐末以前，以洛阳为陪都的六个朝代中，仅有商、后赵分别建都在郑州商城和邺，其余四朝皆都长安，时间合计 186 年，占这一时期洛阳陪都史的 67.3%[①]。而“在以长安为陪都的六朝中，也仅有后赵、赫连夏国分别建都在邺和统万，其余各朝都于洛阳，共计 271 年，约占长安陪都史的 94.43%”[②]。《汉书 · 地理志下》：“初洛邑与宗周通封畿，东西长而南北短，短长相覆为千里。”长安、洛邑东西两京制的建立，在千里王畿之间，形成了东西“双都轴心”。东西两京之间是中国古代政治地理版图上重要的“轴心地带”。尽管最初出于巩固周王朝政权的考虑，但一旦这一“双都轴心”的东西两京结构形成之后，便会对当时的经济、政治、军事、文化等诸方面产生广泛而深远的影响，因而也可能引起交通的联动效应，尤其是沟通和连接东西两大都城之间的王畿通道——两京道。对于王朝版图而言，“两都轴心”就如一个哑铃，东西两都分处哑铃两端，在周围分别构成了东西两大都城圈，双都之间的两京道即连接两铃的铃杆，由此将东西两大都城圈连为一体，彼此相互呼应、相互补充、相互配合，一同构成范围更大、力量更强的都城圈，并一同在全国版图中发挥轴心作用。而对交通版图来说，亦因此形成向天下四方伸展的交通格局：以连接长安、洛阳两京的古道为枢纽，自此轴心向四方辐射，构成一个巨大的交通网络。如果把这个巨大网络比喻为密布人体的血管，那么两京道好比连通心脏的那条最粗壮的管道，在整个交通体系中居于关键位置，成为沟通和连接东西两大都城之间声息相通的脉络，不可有一日阻塞，历来备受重视。

崤函古道的形成和发展、走向与布局，即取决于上述我国古代政治经济地理形势和都城格局的演变。前已说明，自先秦时期开始，从关中长安到河南洛阳一线的两京之间，就已被视为“天下之中”，是中国古代政治地理版图上最重要的“轴心地带”。而崤函地区地处两京之间，与长安和洛阳距离不远。为了真正把两京联系起来，有效发挥两京的政治、经济、文化中心的作用，西周建立后即将长安与洛阳间的道路规划成宽阔平坦的干道。杨升南认为史籍和西周青铜铭文恒见的“周行”“周道”之语，即是指王国中心地区成周通向各地的平直宽阔的道路，其中，从丰镐到成周之路，中经郑（今陕西华县），穿崤山谷地而进入伊洛平原。“周行”“周道”是由周王室修筑的通向王室各地（各诸侯国境内）的一种道路的专称，具有平直宽阔的特点，可容四匹马驾的大车通行[③]。《诗经》称：“周道如砥，其直如矢。”[④]“四牡騑騑，周道倭迟。”[⑤]“有栈之车，行彼周道。”[⑥]“人

① 李久昌：《区域权衡：古都洛阳崛起中的长安、开封因素》，《河南科技大学学报》（社会科学版）2008 年第 4 期，第 5-9 页。

② 吴宏岐：《历史上西安所建的陪都》，《中国历史地理论丛》1996 年第 1 辑，第 150-159 页。

③ 杨升南：《说“周行”、“周道”——西周时期的交通探索》，《西周史研究》（人文杂志丛刊第二辑），人文杂志编辑部，1984 年，第 51-66 页。

④《诗经 · 小雅 · 大东》，程俊英、蒋见元：《诗经注析》，北京：中华书局，1991 年，第 630 页。

⑤《诗经 · 小雅 · 四牡》，程俊英、蒋见元：《诗经注析》，北京：中华书局，1991 年，第 442 页。

⑥《诗经 · 小雅 · 何草不黄》，程俊英、蒋见元：《诗经注析》，北京：中华书局，1991 年，第 744 页。

之好我，示我周行。”[①]此外，在大道两旁还种植有树木以“表道”和蕃蔽。道路上还有亭舍、供食宿一类的设施等。

前面讲过，崤函古道的早期开发大致可以追溯到新石器时代晚期，但是，西周初期对崤函古道进行修筑整治，使之更加适宜东西两都之间的交通，也促使崤函古道的最终形成。“周行”“周道”既是西周王室的生命线，也是国家交通的中轴线。《诗经 · 大东》又说：“唯北有斗，西柄之揭。”这是说天空北面有北斗，周道如同一把朝着西方的勺柄，让周上握在手上，随时向东酌取财富。由于这条周道具有独特的历史地理和人文环境的优越性，西周而后的东周、秦、汉和隋唐等朝的政治文化中心，都特别刻意地置放在这条轴线上。两京之间大规模的经济文化交流、军事外交活动和人员物资聚散，极大地推进了这条道路的建设。秦始皇二十七年（公元前 220 年）大规模修建驰道，道宽 50 步（合今 69.3 米），路面一般都高出两侧的平地，还用金属的锥子夯筑坚实，每隔三丈栽种一棵松树。秦汉时期，除周道继续发挥其中轴线的重要作用外，还发展了黄河三门峡漕运，把崤函古道陆路交通和水运交通有效地连接起来。隋唐是我国封建社会经济、文化和政治发展的鼎盛时期，交通自然也不例外。隋唐以长安与洛阳为东西二都，是皇帝的东西二宅，全国的道路网以两京为中轴线向四面八方辐射，通途大道上广泛设置馆驿，构成了以长安与洛阳为中心的、遍布全国各地的驿站系统。唐贞元二年（公元 786 年）十二月，朝廷更明文规定了这条道路全国第一的法定地位：“从上都至汴州为大路驿，从上都至荆南为次路驿。”[②]所谓“大路驿”的西段，即我们所说的崤函古道。自洛阳、长安辐射出去的道路，可达两河、山东、江淮、荆湘、岭南，可通中亚、西亚诸国。两京之间帝王、官吏、军旅、商贾往来频繁。唐代诗文中留下不少记载，如“长安城东洛阳道，车轮不息尘浩浩”[③]。“如闻两京间驿家，缘使命极繁。”“来去腾腾两京路，闲行除我更无人。”其交通之繁忙，由此可见一斑。柳宗元《馆驿使壁记》“由四海之内，总而合之，以至于关；由关之内，束而会之，以至于王都”，恰到好处地指出它在交通上的巨大作用。因此，崤函古道绝非一条单纯的交通运输道路，而是连接东西两京之间的一个庞大的交通运输网，是一条政治纽带和文化纽带，也是连接东西两京之间的一个重要的经济纽带，一条通西域、达中原的中外交流的友谊纽带，一条重要的军事交通战略线。

北宋以后，随着政治中心移向东南并最终定位于北京，崤函古道受到了巨大的冲击和影响，其交通功能发生了根本性变化，但它仍然是当时人青睐的横贯东西的大动脉。北宋建隆三年（公元 962 年），“诏西京修古道险隘处，东自洛之巩，西抵陕之湖城，悉命治之，以为坦路”[④]。这次道路修整还涉及黄河三门之险的疏凿工程。元明清时期，崤函古道仍然是洛阳、长安之间的重要通道，通过崤函古道的东西大路仍是秦陇、新疆及川滇通往北京的必经之路。直至民国初期，随着陇海铁路、洛潼公路等的修建，崤函古道才最终退出了历史舞台。

---

①《诗经 · 小雅 · 鹿鸣》，程俊英、蒋见元：《诗经注析》，北京：中华书局，1991 年，第 438 页。

②（宋）王溥：《唐会要》卷 61《馆驿》，北京：中华书局，1955 年，第 1061 页。

③（唐）佚名：《东阳夜怪诗》，《全唐诗》（增订本）卷 867，北京：中华书局，1999 年，第 9881 页。

④（清）徐松辑，刘琳、刁忠民、舒大刚等校点：《宋会要辑稿》方舆 10 之 1，上海：上海古籍出版社，2014 年，第 9463 页。

崤函古道的畅通与运营，自古以来就与国家的盛衰息息相关。不仅经济文化繁荣的周秦汉唐等中央王朝十分重视这条古道的畅通与运营，即便是在古史上所言的分裂时期，各王朝政权与势力也同样不减。东西对峙是中国古代史上一个突出的地理现象。据史念海研究，在隋唐以前的中国历史上，东西对立或分峙的局面一再地发生，整个先秦时代如此，楚汉相争，西汉王朝和东方诸侯国的对立，东魏、北齐与西魏、北周的分峙，也表现为东西的相抗。而在这些延续不绝的东西对峙中，地理上的山（崤山、太行山等）、河（晋陕黄河等）、关（函谷关、潼关等）、塞（桃林塞等）之险，又往往起着重要的作用[①]。因为从地理上看，东西对立或分峙主要是在我国第二和第三阶梯之间进行的，其争夺的关键是两级阶梯之间的边缘地带，但是两大阶梯之间的边缘地带有豫西山地阻隔，周秦以来，又在山地险要地段设置函谷关、潼关等关隘，使之形势愈加险要，交通极为不便，故而崤函地区便成为双方争夺的中间轴线的交汇之处，战略地位十分重要。西周时期，周召二公以陕原为界分陕而治，陕原以东称陕东，陕原以西称陕西，但其自然分界线仍在崤山。战国秦汉时期，人们又以函谷关为界把西起关中泾渭流域、东经齐鲁以达海滨的黄河中下游地带，分为“关东”和“关中”，或以崤山或华山为界，分为“山东”和“山西”。由函谷关西行，崤山山脉尽头，秦岭以北，就是关中。函谷关遂成为东西分野的标志，直到东汉末年潼关取代了函谷关成为东西分野的分界线，潼关虽在函谷关以西，却离函谷关不远，也属崤函地区。崤函地区正处在“关东”和“关西”或“山东”“山西”之间，这两个地区的交通往来，不论是从陆路还是水运，都是必经之地。因此，尽管在东西方对立形势下，对立双方尤其是地处西部一方十分重视崤函古道的开发与建设，将此作为重要的军事交通战略线。秦设函谷关，以及函谷关侧翼武关、临晋关的设立，东汉后期潼关的设立，北周通洛防的建立，都是古道建设的重要部分。正是有函谷关、潼关这样一些关隘的凭借，历史上四次大的东西对立局面，其结果都以西方取得胜利而告终，其中对崤函地带的掌握和利用，自然是一个原因。

崤函古道的发展和繁荣还受到中外交流与往来的推动和促进。丝绸之路是贯通中西方的商贸和文化交流之路。早在新石器时代晚期的仰韶文化时代，庙底沟文化在吸收了渭河流域的老官台文化、半坡文化彩陶技术的基础上，很快将其推向高潮，逐渐向四周扩张，开始了西渐过程，甘肃、青海、四川、新疆甚至西藏此后绵长延续的彩陶文化，都以此作为根基。其传播之路，裴文中称其为史前时期“丝绸之路”[②]，近年来被学界称为史前彩陶之路[③]。“彩陶的西传实际就是早期中国文化的西传”，“彩陶之路”是“早期中国文化向西拓展之路”，“早期中西文化交流的首要通道”[④]。公元前 138 年，西汉

① 史念海：《论我国历史上东西对立的局面和南北对立的局面》，《中国历史地理论丛》1992 年第 1 辑，第 57-112 页。

② 裴文中：《中国西北甘肃走廊和青海地区的考古调查》，《裴文中史前考古学论文集》，北京：文物出版社，1987 年，第 256-273 页。

③ 王仁湘：《庙底沟文化彩陶向南方两湖地区的传播》，《江汉考古》2009 年第 2 期，第 67-74 页；韩建业：《“彩陶之路”与早期中西文化交流》，《考古与文物》2013 年第 1 期，第 28-37 页；刘学堂：《史前彩陶之路终结“中国文化西来说”》，《中国社会科学报》2012 年 11 月 21 日，第 2 版。

④ 韩建业：《“彩陶之路”与早期中西文化交流》，《考古与文物》2013 年第 1 期，第 28-37 页。

王朝派张骞出使西域，开通了横贯东西的丝绸之路。在漫长的岁月中，丝绸之路的起点和走向常随中国中原政权都城的迁徙而变化。西汉时，丝绸之路的起点在都城长安；东汉时，随着政治中心的转移而延伸至洛阳。魏晋南北朝时期，由于中国境内经常存在多个政权对峙的局面，随着政治中心的多元化和洛阳的盛衰变化，洛阳也常常失去中心的地位。但无论怎样，曹魏、西晋和北魏都洛之时，特别是隋唐时期，洛阳都曾发挥着丝绸之路起点的作用。2006 年 8 月 1 日至 5 日，联合国教科文组织世界遗产中心和国家文物局共同在新疆吐鲁番市召开了丝绸之路申报世界文化遗产国际协商会议，进一步明确了丝绸之路（中国段）源于汉代东、西两京——长安和洛阳。在洛阳作为丝绸之路东部起点的东汉、曹魏、西晋、北魏和隋唐时期，崤函古道不仅是以两京为轴的国内交通的枢纽，还是汉唐时期国际丝绸之路的重要路段。欧亚非等国家和地区前来长安、洛阳的使者相望于道，胡商蕃客广集而至，加上隋唐时期海上丝绸之路连接南北大运河直通洛阳，从而使这两条丝绸之路衔接，直接或间接地连接起更为广阔的文化交往空间。崤函古道亦由原来的境内通道，发展成为闻名于世的丝绸之路重要的干线路段，为商人、使节及其他旅客提供了道路交通和食宿的方便，确保了旅途所需的物资、食物及饮水的供应和补充，并且提供了进行商品交易的场所。中原地区的丝绸源源不断地通过这条古道运往长安及西域。东汉李尤《函谷关赋》就为我们描绘了汉函谷关前外国使节和商人汇集关前，车马喧嚣的繁荣景象："会万国之玉帛，徕百蛮之贡琛，冠盖纷其云合，车马动而雷奔。"①隋唐时期的河南道，包括 29 个州，其中丝绸方面的主要贡品有文绫、纱，绢，双丝绫、缯（丝织品的总称）、丝布、方纹绫、葛等。《隋书·食货志》云："时（文帝初）……户口岁增，诸州调物，每岁河南自潼关，河北自蒲坂，达于京师，相属于路，昼夜不绝者数月。"

崤函古道交通虽以东西向交流为主，但其在黄河南北向交流方面的重要性，对理解崤函古道的形成和发展，亦具有重要意义。崤函与河东仅黄河一水之隔，地域相连。从先秦到秦汉以后，两地一直同为我国政治中心与经济、文化最为发达的地区之一。"假虞灭虢""唇亡齿寒"的历史典故，真实地反映了两地关系之密切。秦汉以来两地在高层政区层面上又长期隶属于司隶校尉部，是中原王朝所依赖的最重要的政治中心区。陕州甚至拥有跨黄河之县，奄有今山西平陆、夏县、芮城等地。至金代，陕州辖境才复归黄河以南。这种建置可以大大便利黄河两岸的交通与治理。黄河三门峡漕运即是由两岸百姓共同开发和承担的，也成为两地联系的主要内容。黄河上更有风陵渡、洰津、太阳渡、茅津渡、济民渡等著名渡口，北渡黄河，循崤函古道西可入关中，东越崤山达洛阳，再东去华北或南方。著名的解盐和中条山铜矿南运，崤函古道是主要的中转通道。商代武丁时傅说整修虞坂道，奠定了解盐南运的主要盐道交通基础，并形成虞坂道、白陉道、阳壶道等，以及经崤函古道南运的盐道网络。军事争战中，则可以利用北岸诸渡口遣兵南渡，利用或横断崤函古道。春秋之时，晋献公假途灭虢，抢占崤函，秦穆公因此无法

① （东汉）李尤：《函谷关赋》，费振刚、胡双宝、宗明华辑校：《全汉赋》，北京：北京大学出版社，1993 年，第 376 页。

东进中原，与华夏诸侯争霸。东汉末，曹操西征马超、韩遂，一路沿崤函古道大修道路佯进，主力则由黄河以北向西迂回，渡临晋关，攻克潼关①。这样的史例同样见诸北朝后期西魏北周与东魏北齐长达数十年的对峙攻战中②。可见，崤函与河东的黄河南北交流亦对崤函古道的形成发展有着重要影响。

① 关治中：《函谷关考证——关中要塞研究之二》，《渭南师范学院学报》1998 年第 6 期，第 26-30 页。
② 宋杰：《两魏周齐战争中的河东》，北京：中国社会科学出版社，2006 年。

崤函古道的时空演变与历史文化价值

崤函古道是古代中原通往关中、西域的咽喉要道，也是襟带两京，沟通长安、洛阳两大都城的锁钥。在古代数千年历史进程中，崤函古道曾在支撑周、汉、隋、唐等重要王朝对内、对外之政治控驭、军事攻防、商贸交易、文化交流等诸多方面发挥过关键性的作用，具有重要的研究意义和价值。但是，目前学界的研究多集中在崤函古道线路的历史地理考证、文化遗产等方面。2004 年以来，笔者多次前往崤函古道沿线进行实地考察，并参加了崤函古道的申遗工作。2014 年，崤函古道石壕段和汉函谷关作为丝绸之路的一部分被列入世界文化遗产。结合已有的研究成果，本文拟从整体上考察崤函古道的历史发展脉络，总结其历史文化价值，以有益于对崤函古道的宏观把握，推动进一步的深化研究。

一　崤函古道时空演变的历史脉络

崤函古道是由陆路交通和水路黄河三门峡漕运共同构成的一个庞大的水陆“双轨”交通体系。其形成发展经历了长期艰苦的开拓，它起源于先人拓荒的新石器时代，形成和兴盛在古代最为称羡的周、汉、隋、唐诸盛世王朝，北宋以后逐步走向低潮。其形成和发展大致可以分为早期开发、古道形成、古道发展、古道繁荣和古道衰落五个阶段。

（一）早期开发

有学者根据《尚书》等的记载，认为黄河南岸道和崤山南路分别形成于大禹治水和启伐有扈氏时期，而崤山北路则迟至商代后期才开通①。事实上，这条道路开通利用的历史极为久远。

根据考古资料及部分文献记载，崤函古道早期开发大致可以追溯到新石器时代晚期或更早。因为从新石器时代晚期的仰韶文化时期开始，崤函地区便开始与西面关中东部华渭地区、东面崤山以东伊洛河流域的居民存在着某些直接和间接的往来和交流关系，并持续不断。崤函地区是著名的仰韶文化和庙底沟文化的发祥地和中心分布区。距今7000～5000 年的仰韶文化，以最早发现于崤山东端的渑池仰韶村而得名。距今 5500～4400 年的庙底沟文化，则以最早发现于青龙与苍龙两涧河交汇处的庙底沟而得名。崤函地区仰韶文化和庙底沟文化遗址分布十分密集，粗略统计，有 200 多处，许多重要遗址分布在崤函古道沿线。湖滨区、陕州区的庙底沟、三里桥、杨家沟、南交口、小交口、菜园、原店、七里铺等遗址等多傍青龙涧和苍龙涧两侧，呈明显的带状分布，并且与分

① 胡德经：《两京古道考辨》，《史学月刊》1986 年第 2 期，第 3-9 页。

布在弘农涧河、好阳河、川口河下游的灵宝地区仰韶文化遗址相邻，表明它们之间存在着一条沿河谷的联系通道。中国史前文化中，庙底沟文化最具张力，其大规模的文化扩张，集中体现在彩陶文化的传播上。考古学家在伊洛河流域、关中地区发现了大量同类文化遗存和文化交流的证据①。据许顺湛的研究，崤函古道沿线分布有八大仰韶文化聚落群，即陕州湖滨区、灵宝川口、铸鼎塬、豫灵镇、五亩朱阳、渑池仰韶村，以及新安涧河（含洛阳西工、涧西区）、洛宁宜阳洛河。洛阳东部分布着由涧西、西工区和新安组成的涧河流域聚落群，其在空间上已与渑池仰韶聚落群相交。洛河流域则有洛宁宜阳洛河流域聚落群。关中东部靠近灵宝的渭南分布着澄城、临渭、华阴、华县四个聚落群。华阴聚落群东边，已与灵宝豫灵聚落群相毗邻②。凡此表明，至迟在新石器时代晚期，由崤函东往伊洛、西去华渭的东西通道已具雏形。

根据古遗址的内涵和分布，最早开发并相互形成组合关系的东西通道当是函谷道，而崤山道则略晚些。崤函古道沿线仰韶文化遗址以陕州故城及其以西的黄河南岸走廊河谷附近分布最为密集，前述八大聚落中有四个（陕州湖滨区、灵宝川口、铸鼎塬、豫灵镇）分布在这一区域，且聚落群与聚落群相对距离较近，从大范围看已经联结为一个整体。现有考古材料表明，仰韶文化时代，崤函地区的文化传统和文化面貌与关中联系更为密切。陕西仰韶文化遗址中，半坡类型占 28%，庙底沟类型占 59%，其他类型占 13%。庙底沟类型遗址中，关中超过一半，达 208 处③。晚于半坡的庙底沟类型文化，早期曾与半坡文化史家类型东西对峙，中期已将势力范围向西扩展到渭河流域及更远。庙底沟与半坡在文化上既有区别又有共同因素，这种现象在经济生产、器物特征、房屋建筑及埋葬习俗等方面有明显的表现。说明距今 5000 年前后的崤函地区，与关中之间有着相当密切的文化和经济联系。与此相比，崤函地区的文化传统和文化面貌与伊洛地区区别较为明显。从崤函仰韶文化与关中仰韶文化的共性关系，以及它们对甘肃和河南地区新石器时代文化的影响情况，说明此一时期崤函居民与外界交流和往来的重心显然是向西。他们正是以黄河走廊及小支流河谷作为东西通道，进行着相互间的文化交流与技术传播。维系两地之间交往的组织正是它们共同的族属——黄帝部落集团。灵宝铸鼎塬是司马迁笔下的黄帝铸鼎铭功升天之处。近年考古发掘证明，灵宝铸鼎塬是庙底沟文化的中心区域，其北不远处即为后来的崤函古道大道。而关中地区，西安以东的仰韶文化遗址大多分布在渭水南岸，以西则在北岸，其分布与现今主要道路相符，表现了清晰的东西交通线特征。文献所记黄帝及黄帝部落集团的行走路线也大致是由西向东，与考古资料所证实的函谷道在时间上最早形成相吻合。因此，以黄河走廊为主体的函谷道是最早开发并相互形成组合关系的东西向通道，崤山道的开发并形成组合关系可能略晚于函谷道应是完全可信的。

---

① 国家文物局：《中国文物地图集·河南分册》，北京：中国地图出版社，1998 年；国家文物局：《中国文物地图集·陕西分册》，西安：西安地图出版社，1998 年；许顺湛：《豫晋陕史前聚落研究》，郑州：中州古籍出版社，2012 年；李友谋：《论郑洛地区的仰韶文化及其相互关系》，《中原文物》1992 年第 3 期，第 71-77 页；杨亚长：《试论“华渭文化区”》，《考古与文物》1998 年第 4 期，第 28-56 页；《略论“郑洛文化区”》，《华夏考古》2002 年第 1 期，第 43-55 页。

② 许顺湛：《河南仰韶文化聚落群研究》，《豫晋陕史前聚落研究》，郑州：中州古籍出版社，2012 年，第 73-88 页。

③ 许顺湛：《陕西仰韶文化聚落群的启示》，《豫晋陕史前聚落研究》，郑州：中州古籍出版社，2012 年，第 305-333 页。

夏商时期，崤函古道得到进一步开发。史载：大禹治水，“导河积石，至于龙门；南至于华阴，东至于砥柱；又东至于孟津，东过洛汭，至于大伾”①，又开“底柱、析城，至于王屋”②通道，形成最初的崤函沿黄水陆“双轨”交通网。夏初启征有扈氏，自洛阳，沿洛河西行，穿越崤山，滨黄河经桃林，沿华山北麓抵于甘③。此道前半段即后世所说的崤山南路。夏启晚年还利用这条道路平息了“武观之乱”。接连循崤山南路西征，说明当时南路交通已具备相当规模和质量。相传夏第十四世王皋死后葬于崤山，称“南陵”，今墓尚存，位于启征有扈氏行军走过的大道旁。

与南陵相对的北陵即周文王避风雨台，在今陕州区硖石村东北，地处商末周文王前往商都朝歌朝奉商王的大道上。而先周与商的联系，至迟在商王武丁时业已建立，并作为藩属国臣服于商。依据《殷墟卜辞综述》，崤函地区商代可考的方国部族主要有沚（今陕州区）、郭（今山西平陆）、亘方（今渑池、山西垣曲）、䰽（今陕州区西北至山西平陆西南）、卢方（今卢氏）、莞方（今河南、陕西、山西交界处）等④。这些方国部族与商朝存在着臣属或战争的复杂关系，似乎从未停止在经济、文化方面的相互交往。例如，卢方以盛产猪和犬闻名，商王祭祀先祖大量使用卢方进贡的此类物品，并多次到卢方田猎⑤。据彭邦炯的研究，商朝的西方大道是沿黄河、渭水，达于周人所在的丰镐一带⑥。郑若葵亦认为，商西方大道是经洛（今洛阳）、焦（今湖滨区）、湖（今灵宝），过桃林塞，至杜亳（今西安东南），最后达于甘（今西安市鄠邑区，原称户县）⑦。这条道路在陕州以东主要是沿着浅山梁和缓山坡上行进，较之南路河川和红土丘陵易行，因此成为殷商时期东西通道的主线。商末，周武王伐纣走的便是这条道路。胜利后，亦是沿着这条道路班师而归。

当然，史前及夏商时代的上述通道与后来的崤函古道走向和性质并非完全相同，但其长期使用并不断调整和更新沿线所经，使之更加适宜于崤函与邻近东西地区的交通，这对崤函古道的最终形成产生了至关重要的影响。

（二）古道形成

崤函古道的大规模建成开通在西周初期。为控制广大的东方，巩固西周政权，武王在灭商、天下初定之时，即决定另行兴建东都洛邑，以作为东方统治中心。周人把镐京称为“宗周”，将新建的洛邑称为“成周”，从而开创了东西两京制度。

东西两京政治体制必然要求东西两京之间及两京与各诸侯国之间保持密切而畅通

---

①（汉）孔安国传，（唐）孔颖达疏：《尚书正义》卷 6《禹贡》，《十三经注疏》，北京：北京大学出版社，2000 年，第 192、193 页。

②（汉）孔安国传，（唐）孔颖达疏：《尚书正义》卷 6《禹贡》，《十三经注疏》，北京：北京大学出版社，2000 年，第 189 页。

③ 郑若葵：《中国古代交通图典》，昆明：云南人民出版社，2007 年，第 95、96 页。

④ 陈梦家：《殷虚卜辞综述》，北京：中华书局，1988 年，第 269-300 页；李雪山：《商代分封制度研究》，北京：中国社会科学出版社，2004 年，第 199、219、235 页。

⑤ 李雪山：《商代分封制度研究》，北京：中国社会科学出版社，2004 年，第 199-201 页。

⑥ 彭邦炯：《商史探微》，重庆：重庆人民出版社，1988 年，第 269 页。

⑦ 郑若葵：《中国古代交通图典》，昆明：云南人民出版社，2007 年，第 126 页。

的联系。而周代盛行的车战，也要求两京间有平阔便捷的大道相通，以利高速运兵和运载辎重粮草。因此，西周开始有计划地在两京间修建了宽阔平直的“周道”，周道即国道，是当时最宽阔的国家级交通干道，西起丰镐（今陕西西安市长安区），经骊山（今陕西临潼），沿黄河南岸向东经郑（今陕西华阴），出桃林塞，经陕抵成周洛邑。《逸周书·大聚解》：“武王胜殷，抚国绥民，乃观于殷政”，周公告之以“相土地之宜，水土之便，营邑制，命之曰大聚，……劈开修道。”①所谓“观于殷政”，当包括效法殷商路政，而“劈开修道”，则主要是指成周地区道路的规度和修治，以与前朝业已建起的交通网络合成一体②。从周道的走向判断，西周对崤函古道的规度和修治，应是在夏商原有道路基础上改筑或整修而成的。在所有周道中，崤函古道是连接两京的交通关键，因而也是修筑时间最早、利用率最高、地位最高的一段，从而表现出较成熟的固定性道路特质。此后历代虽然屡获修建，但其基本线路已大致固定，基本不随时局变化而轻易改移。崤函古道对维护西周两京体制、行政管理和军事控制发挥了重要作用。西周春秋之际，虢国利用崤函古道对周王室及周边诸侯国展开了较为频繁的政治交往、婚姻外交、商贸联系和战争活动。20 世纪 50 年代以来，在三门峡虢国墓地发掘出的十余座车马坑，即反映了其发达的交通文化。

春秋战国时期，东西交通更为发达。春秋时期，秦晋两国为争夺桃林塞和崤函之地，爆发长达百年的河西之争。公元前 626 年，秦晋崤之战，秦军出桃林塞，沿崤函古道奔袭郑（今河南新郑），晋军埋伏袭击，全歼秦军。战国时期，秦魏河西之争更为炽烈，秦国不断东进，终占魏国崤山之地。自秦都咸阳东通中原的大道，分为两段：第一段，从咸阳经镐、戏（今陕西临潼）、阴晋（今陕西华县），过桃林塞至湖，到函谷关。函谷关扼崤函古道东西交通要冲，是秦为防御东方六国设置的重要关塞。东方六国合纵攻秦，首先进攻的目标就是函谷关，其得失对秦国至关重要。“六国之士，……尝以十倍之地，百万之师，仰关而攻秦。秦人开关延敌，九国之师逡巡而不敢进。”③第二段，从函谷关沿黄河到成皋（今河南荥阳），史称“成皋之路”④。成皋向东可达鲁、齐。公元前 279 年，秦昭襄王与赵惠文王会盟渑池（今渑池朱城村），渑池地处崤山北路东端。崤山南路是秦国和周、韩二国的重要通道。为防御秦兵，韩国在其西境置宜阳城（今宜阳韩城镇），控扼崤山南路要冲。秦多次出兵攻打宜阳，终于秦武王四年（公元前 307 年），甘茂攻下宜阳，打通了南路。从此，秦国“车通三川”⑤，中原东大门洞开。在秦与六国近百年的战争中，崤函古道作为秦国用兵的主要路线和作战方向，对秦统一天下发挥了至关重要的作用。

（三）古道发展

秦汉时期，随着大一统局面的建立与巩固，崤函古道进入发展完善阶段。秦始皇统

---

① 黄怀信、张懋镕、田旭东：《逸周书汇校集注》卷 4《大聚解》，上海：上海古籍出版社，1992 年，第 413-417 页。

② 宋镇豪：《夏商社会生活史》，北京：中国社会科学出版社，1994 年，第 285 页。

③（汉）贾谊撰，阎振益、钟夏校注：《新书校注》，北京：中华书局，2000 年，第 1、2 页。

④（西汉）刘向集录，范祥雍笺证：《战国策笺证》卷 5《秦策三》，上海：上海古籍出版社，2006 年，第 314 页。

⑤（西汉）刘向集录，范祥雍笺证：《战国策笺证》卷 4《秦策二》，上海：上海古籍出版社，2006 年，第 251 页。

一六国后，即大修驰道，推行“车同轨”，统一全国交通规制。驰道以秦都咸阳为中心，“东穷燕齐，南极吴楚，江湖之上，濒海之观毕至”①。所经之地均为紧要之所。其中最主要的是三川东海道（东方大道），自咸阳东出，经华山北麓，过船司空（今潼关）、胡县（湖县），出函谷关，经陕、新安（今义马千秋镇）、黾池（今渑池西）至洛阳。从船司空至陕，走函谷道，陕洛间取崤山北路。到洛阳后，驰道分为北、中、南三个方向，通达原燕、赵、魏、齐、鲁和荆楚、吴越等地。崤函古道作为驰道东出关中进入关东的第一路段，是咸阳至洛阳驰道的必经之路，在三川东海道中具有控制性干线的地位，起着连接关东纽带和稳定秦王朝东西主要战略交通线的作用。秦驰道有很高的建筑规格。“道广五十步，三丈而树，厚筑其外，隐以金椎，树以青松。为驰道之丽至于此。”①“道广五十步”，合今69.3米。今灵宝至潼关，尚可见驰道遗迹，道宽窄不一，窄处仅5～8米，宽处在45米左右。秦始皇先后四次巡视东方，其中三次经由这条道路。

西汉都长安，实以洛阳为陪都；东汉都洛阳，长安为西京。因此，连接东西两京的崤函古道同样为汉王朝所看重。西汉时，它是长安向东的三条干道中最重要的一条。汉初以秦驰道路基为准，普遍进行铺筑，通行条件得到进一步提高。2007年，灵宝函谷关西寨村揭露出一段古道遗迹，下层为汉代至春秋战国，中层为汉代，上层为唐宋时期。路土由数十层厚薄不等的车轮碾轧层和踩踏面叠压而成，厚1.6米，上层留有较显著的两条车辙痕迹，东西走向，轨距1.6～1.8米②。汉武帝推行“广关”政策，元鼎三年（公元前114年），东迁函谷关至新安县，称“新函谷关”，以故关为弘农县。汉函谷关距秦函谷关300里，是一道北起黄河，南逾洛水的防塞。东汉中平元年（公元184年）置“八关”，汉函谷关为其首，是拱卫京师洛阳的第一要塞。

这一时期，黄河漕运的大规模兴起和丝绸之路起点移至洛阳，对崤函古道有直接的重大影响。前者使黄河三门峡漕运水路交通与崤函古道陆路交通连为一体，崤函古道成为具有特殊意义的水陆双轨交通结构，从此控制了堪称帝国主要生命线的陆路和漕路，在帝国政治、经济运作方面的地位和作用越发重要。为保证漕运畅通，两汉时期多次派遣兵丁、民工在三门峡架设栈道。至今三门峡黄河岸边还可以看到两汉时期修凿的栈道及题刻。后者使崤函古道成为洛阳通向西域交通的首端干道，崤函古道由原来的国内要道发展成为沟通东西方文化交流的丝绸之路重要路段，联结起更为广阔的国际国内空间。

三国魏晋南北朝时期，战乱频发，长安、洛阳成为军事争夺的焦点，政治统一和军事战争的需要促使交通运输继续发展。秦汉以来，基本以崤山北路为主道。建安十六年（公元211年），曹操西征盘踞关中的马超、韩遂，因北路险峻，在崤山北路之北“更开北山高道”。西晋泰康三年（公元282年），宏农太守梁柳修复崤山北路“旧路”，交通较前便利，行旅往返复取北路。函谷道交通也有重要变化。东汉末，在潼关置关塞，取代了秦函谷关的作用。建安十六年，曹操西征时，于秦函谷关北10里的黄河岸边，命

① （汉）班固：《汉书》卷51《贾山传》，北京：中华书局，1962年，第2328页。

② 胡小平、郭九行：《灵宝函谷关发现古道遗迹》，《三门峡职业技术学院学报》2009年第3期，第43-44页；河南省文物考古研究所、三门峡市文物考古研究所、灵宝市文物管理委员会等：《灵宝市函谷关古道遗迹剖析记录》（内部资料），2007年12月30日。

大将许褚另开新道，“滨大河以转运”。新道从衡岭北端迤逦西上，直至西塬顶上，西行至今西寨新村，与秦函谷关道西北口相投后，经西寨西北，下狼皮沟沿黄河南岸西行，至潼关。三国魏正始元年（公元 240 年），弘农太守孟康移汉函谷关至曹操“别开新道”入口处，更号大崤关，又为金关，即后世所称魏函谷关。

魏晋以来，战事频繁，用兵尤多，崤山南路因平坦、便于运兵而显重要。北魏太和十一年（公元 487 年）在南路要口治卢（今三门峡市湖滨区野鹿村）设置崤县，取崤山为名，作为控制南路的交通枢纽。永熙三年（公元 534 年），北魏孝武帝由洛阳西奔长安，亦经由崤山南路。东、西魏和北齐、北周时期，双方的争夺战，也多在南路进行。

这一时期，对黄河三门峡漕运的整治，也一直没有停止，工程包括“平河阻”，凿去河中阻碍航行的巨石；“修治河滩”[①]，挖深河槽，修建栈道等，并且工程规模有越来越大之势。魏晋时，每次施工所用“石师”竟达 5000 人之巨。三门峡人门栈道崖壁及神门岛、狮子头、开元新河两岸、下游砥柱石等处，都留有这一时期的摩崖题刻。经过一系列的整治，黄河漕运航道有所改善，漕船可以直接通航三门峡。

（四）古道繁荣

隋唐时代，崤函古道交通进入繁荣时期。隋唐以长安与洛阳为东西二都，被称为帝王的东西二宅，两京驿路在全国驿路中居于首要地位，是全国最重要的交通线。因此，唐德宗贞元二年（公元 786 年）诏定为“大路驿”，即主干驿路。

隋唐两京驿路是在秦汉驰道基础上修建的。隋大业元年（公元 605 年）隋炀帝即位后即调动几十万役丁营建东都洛阳，整治洛阳通达四方的车马道路，崤函古道得到整修，铺垫厚度平均 1 米左右，与秦汉驰道规模相似。为便利交通，部分路段则有所改移。

开皇九年（公元 589 年），晋王杨广灭南陈后自扬州返回长安，途中经灵宝稠桑塬，因原秦汉函谷关路滨河段年久失修坍塌受阻，遂组织重新加以整修，自稠桑西，至湖城，长约 60 里，史称“晋王斜路”。唐天宝八年（公元 749 年），因滨河段道路“不井汲，马多渴死”[②]，馆驿使、御史中丞宋浑新开道路，自稠桑向西，和晋王斜路相通，全长约 30 里，至今大字营一带尚有 20 里左右道路遗迹尚可辨识。道槽平均高 5～7 米，上口宽 20 余米，底宽为 55～15 米。此后直到陇海铁路通车前，一直以此路为主道。崤山南路也有新拓展。隋大业元年（公元 605 年）因营建东都，废二崤道（即崤山北路），新辟葼册道（莎栅道）。新道不再绕行连昌河谷，改行渡洋河线，由莎栅城、宫前、旧县、照册、大宋一线下三乡，全长约 35 千米，较原崤山南路东段减少约 10 千米，交通线路得到进一步优化。此后，崤山主道在南北两路仍有更替，至贞观十四年（公元 640 年），以崤山南路为主道始固定下来，直至唐末。

隋唐崤函古道交通十分繁盛，是当时全国交通网络中最为繁忙的交通线。唐诗文多有描述：“如闻两京间驿家，缘使命极繁。”[③]“来去腾腾两京路，闲行除我更无人。”[④]“长

① （北魏）郦道元著，陈桥驿校证：《水经注校证》卷 4《河水》，北京：中华书局，2007 年，第 118 页。

② （宋）欧阳修、宋祁撰：《新唐书》卷 38《地理二》，北京：中华书局，1975 年，第 986 页。

③ （唐）元宗皇帝：《全唐文》卷 27《简察驿路妄索供给诏》，北京：中华书局，1983 年，第 309 页。

④ （唐）白居易：《全唐诗》（增订本）卷 448《京路》，北京：中华书局，1999 年，第 5074 页。

安城东洛阳道，车轮不息尘浩浩。争利贪前竞著鞭，相逢尽是尘中老”[①]。皇帝、官吏经常往返于两京，使臣、商贾往来络绎不绝，运输车马忙碌于道，沿途馆驿设置周全。中唐时崤函古道沿线驿站可考者有22个，行宫16个，长安洛阳相距800余里，急事二日余可达。在这条道路上，还挤满了熙来攘往的西域商人，崤函古道沿线留下了他们众多的身影和遗迹。丝绸之路进入全盛时代。

漕运已然成为保障隋唐帝国的政治和经济的生命线。源源不断的江南财赋通过新修的大运河运至洛阳，再经崤函古道陆运和水运至陕州，转运长安。天宝十年（公元751年）正月，“大风，陕州运船失火，烧二百一十五只，损米一百万石，舟人死者六百人……”[②]陕州漕运之盛，可窥一斑。对三门峡漕运航道的整治，也达到顶峰，不仅整治的规模大，参与的人数多，且疏治方式也一改前朝单一修栈道或凿三门模式，进入修栈道、疏河道、开新河、建仓储和水陆联运综合治理的时期，大大改进了漕运条件，漕运数额因此增多。最多时的天宝三年（公元744年），漕运山东粟400万石至京师，折合今为28.6万余吨。

“渔阳鼙鼓动地来，惊破霓裳羽衣曲。”安史之乱使崤函古道沿线行宫惨遭破坏，肃宗至德二年（公元757年）收复两京后，唐皇不再东幸洛阳，行宫荒废。至唐末五代，原来十分繁荣的崤山南路已很冷落，行旅多改行崤山北路。后唐清泰元年（公元934年），潞王起兵凤翔，经长安入洛阳即位，入河南后便是经阌乡、灵宝、陕州、干壕、渑池、新安道路，入洛阳。

（五）古道衰落

北宋定都开封，以洛阳为西京，长安是西北地区军事重镇和交通枢纽。崤函古道是三地联系的必经之路。因唐中后期以来，藩镇割据，崤函古道交通多有毁弃，故北宋建立后，对其多有整修、改建。建隆三年（公元962年），宋太祖“诏西京修古道险隘处”，从巩县至湖城，全程修缮，“以为坦途”[③]。这次道路修整还涉及黄河三门之险的疏凿工程。大中祥符三年（1010年），“复以稠桑旧路，缘崖西南有峭壁，或霖潦多摧圮，乃徙路自灵宝县南入虢州路，至函谷关，与汉武庙前旧路相合”[④]。即改从灵宝县（今灵宝老城）向南沿今弘农涧河经故函谷关至虢州（今灵宝）。但实际上，灵宝至湖城段北宋时仍以稠桑路为主路，较少取虢州，直至明清，亦是如此。天禧三年（1019年）八月，“遣使西京至陕府修葺道路，以霖雨坏道故也”[⑤]。北宋屡屡对崤山北路的整修、改建，表明唐代为坦途的崤山南路已经废弃，北宋改以崤山北道为主道，沿途驿站也只设在崤山北路。明道二年（1033年），富弼撰《燕堂记》云：“二京往来，南道近出县侧，人甚

①（唐）佚名：《全唐诗》（增订本）卷867《东阳夜怪诗》，北京：中华书局，1999年，第9881页。

②（后晋）刘昫等撰：《旧唐书》卷37《五行》，北京：中华书局，1975年，第1366页。

③（清）徐松辑，刘琳、刁忠民、舒大刚等校点：《宋会要辑稿》方舆10之1，上海：上海古籍出版社，2014年，第9463页。

④（宋）李焘：《续资治通鉴长编》卷74“大中祥符三年”，北京：中华书局，1980年，第1688页。

⑤（清）徐松辑，刘琳、刁忠民、舒大刚校点：《宋会要辑稿》方舆10《道路》，上海：上海古籍出版社，2014年，第9463页。

嚣坌，世以迥，故径取崤渑为东西道，由是此路遂僻。”①张耒《三乡道中遇雨》：“萧萧古道西风雨，惨惨黄昏匹马行。”南宋绍兴九年（1139 年）三月，宋、金议和，收复陕西，秘书少监郑刚中随使赴陕西宣谕，从洛阳至陕州也取崤山北路②。北宋与西夏的战争长达百余年，关东的军需物资，均由此道或黄河水道转运到沿边各地。至宋元之际，崤山道全走北路已趋固定，南路则沦为一般通道。

元明清时期，定都北京，崤函古道地位已远不及秦汉驰道和隋唐大路驿，但它仍是洛阳、长安之间的主要通道，也是西通陕西、甘肃、四川，东北通往京师北京的大道。崤函古道沿线元代置站赤（驿站）7 个，明清两代均为 8 个，但驿名和位置有所不同。此外，这条驿路上还设有铺递。据明代商书《士商类要》卷 2 载：“崤函道路线里程及经过城镇为自洛阳西出，二十里至谷水。十里至孝水铺。十里磁涧。二十五里有甘罗墓。五里渡涧水，过函谷关至新安县。十里过涧水，至嵷山铺。二十里铁门。二十里义昌。四十里渑池县。二十里鬼壕。二十里甘壕。二十里至硖石。二十里张茂所。三十里慈钟铺。二十里陕州。三十里至曲沃。二十里灵宝县。二十里稠桑。二十里至云底头。二十里阌乡县。二十里盘豆。二十里旧阌乡。二十里潼关。”③北京大学图书馆藏清道光《陕州属东至渑池西至潼关路图》标记崤函古道渑池县西至潼关走向为西起渑池县西界观音堂，向东经干壕镇、硖石驿、张茅镇、磁钟镇、陕州城、曲沃、灵宝县、函谷关、稠桑村、大字营、阌乡县、盘头镇、阌底镇，至潼关关门。题记云：“东自渑池界，西至潼关第一门，长二百八十里，实有三百三十余里。”④两相对比，走向及里程基本相同。

对崤函古道的整修仍在继续。民国《灵宝县志·古迹》载：“清康熙四十二年（1703 年）十一月二十七日，圣祖西巡回銮，至灵宝西三十里铺，忽白兔起田间，圣祖挽强跃马应弦而得，遂由东古驿过沙河桥，出函关。土人呼其为‘龙路’。”光绪二十七年（1901 年）八月，慈禧和光绪帝由西安回銮北京，恶函谷道槽深，壁下炎热，车马难行，于函谷关路和“晋王斜路”之间新开一道，从魏函谷关经稠桑、东古驿、小北地至雷家营双坟，入古道。路宽三丈六尺，长 20 余千米，用黄土铺地，每两丈左右道路支银 50 两，当地称皇差路，俗称老官路。

崤山段整修，多在历来被视为危途的雁翎关（崤陵关）和硖石、观音堂一带，且多为地方官员和民众所为。元泰定二年（1325 年），陕县主簿李与忠以崤陵北路山径峻坂，崎岖难行，整修今硖石至交口段。明天启四年（1624 年），翟光翼、马进库等募捐集资，历时三年复修翎关东西峻阻山路。清道光十一年（1831 年），开凿观音堂石路。光绪七年（1881 年），修观音堂西至张茅段。九年（1883 年），开凿硖石路，绕道三里。清道光《陕州属东至渑池西至潼关路图》有多处红条贴签注明“石路开凿”“新开平路”字

① （宋）富弼：《全宋文》（第 15 册）卷 608《燕堂记》，成都：巴蜀书社，1991 年，第 31 页。

② 郑刚中《西征道里记》记洛阳至潼关行程：六月十一日榆林铺、磁涧，宿新安；十二日，缺门镇、千秋店，宿渑池县；十三日，东西土壕、干壕，宿石壕镇；十四日，魏店、横渠，宿陕府；十六日，新店、曲屋，宿灵宝县；十七日，黑曲、稠桑、静远镇，宿湖城县；十八日，乾伯铺、盘豆、缵节店，宿阌乡县；十九日，关东店、潼关、关西店、西岳庙、华阴县云台观，还宿潼关。

③ （明）程春宇辑：《士商类要》，杨正泰：《明代驿站考》（增订本），上海：上海古籍出版社，2006 年，第 348 页。

④ 席会东：《中国古代地图文化史》，北京：中国地图出版社，2013 年，第 359、360 页。

样，标记“整修路段”者表明此路段全段有双车道，能够两车并行。题记描述说“观音堂至张茅东四十五里，山路崎岖，已将石矶凿打，搬移两旁。石土窄路、壕路，一律开宽，均容两车。其中有万不能开者，百之一二，已开交让路，便于避车也”[①]。但总体来说，这一段的交通条件，仍是全路最险恶难行的。明杨思盛《硖石》云：“凌晨过硖石，土立如深壁。昏旦亏阴睛，天光窥一隙。积雨泥淖滑，行人苦窄逼。牵扶强登陟，仆马颇极立，凭高眼初放，万壑明历历。合沓远近青，负势各争出。岭顶泻飞泉，崩奔若雷激。蒙茸草树丰，鸣高听不一。嵌空架数椽，束缚还相汲。”清代仍然如此。观音堂“沿途皆顽石横梗，极碍车道。清道光十四年、光绪九年两次兴工铲削，另辟新路。无如大车所载过重，砰訇磅礚，不久即成磊柯，十九皆震辐脱幅，须待修辑”[②]。

民国时，修建陇海铁路、洛潼公路。民国四年（1915 年）洛阳至观音堂铁路首先告竣。民国十四年（1925 年），又延伸至陕县。民国十六年（1926 年），西筑至灵宝。民国二十一年（1932 年），西筑至潼关，民国二十三年（1934 年），西筑至西安。在道路选线上，陕县—洛阳段，大抵即历史上的崤山北路，潼关—陕县段则为避免函谷道狭隘险陡，回避函谷关之险，而另改新线。民国十一年至十四年（1922～1925 年），又修筑开通了洛阳至潼关公路，即洛潼公路，东起洛阳，经新安县、渑池县、陕县、灵宝县、阌乡县至潼关，全长 253 千米，与崤函古道有时并行，有时相互交错。随着陇海铁路、洛潼公路等的修建，崤函古道逐步退出历史舞台，而逐渐荒芜、湮没。

二　崤函古道的历史文化价值

随着现代交通系统的兴起和经济发展，如今的崤函古道早已失去昔日的地位与功能，但是它作为中国历史时期最早，最重要的文明孔道之一，是中华文明形成与发展的一个历史见证，也是祖先留给我们的一份珍贵的历史文化遗产。在社会快速发展的今天，尤其是在崤函古道已被列入世界文化遗产的背景下，我们究竟应当如何看待和认识崤函古道的历史文化内涵、价值及其特点，又应当如何在崤函古道和三门峡区域经济社会发展之间寻找一个最佳的结合点，促进崤函古道的保护和利用，这是我们迫切需要思考和回答的问题。根据崤函古道在历史时期的发展变迁及其功能、我们至少可以得出以下几点认识。

（一）最古老的文明之路

崤函古道是适应西周东西两京“双都轴心”地域结构的需要而出现的，但它并非只在西周初期两京体制建立以后才被开通和利用的，其早期开发史，至少可追溯到距今4000～5000 年前的新石器时代中晚期或更早，先人在荆棘丛生之地筚路蓝缕、堪踏成途，开辟出一条最早的崤函与关中、伊洛及三晋之间先民们迁移流动的通道，同时也是这些地区古代文明传播和交流的重要孔道。从考古文化遗迹看，远在 4000～5000 年以前，

① 席会东：《中国古代地图文化史》，北京：中国地图出版社，2013 年，第 360 页。

② 吴永述，刘治襄记：《庚子西狩丛谈》，长沙：岳麓书社，1980 年，第 100 页。

崤函地区就出现了像渑池仰韶村、交口杨家村、陕县庙底沟文化、灵宝北阳平这样大型且时间延续长的古人类聚落遗址，说明至少在新石器时代中晚期，崤函地区以仰韶文化、庙底沟文化为代表的古文化已相当繁荣，成为这一考古学文化的中心区域，在中华文明发展史上具有至为重要的广泛而深远的影响力。崤函古文化之所以成熟较早、发展较快、影响巨大，是因为崤函位于今豫、晋、陕三地交界的古代文明交流与传播的一个重要孔道上。从目前材料分析，崤函地区新石器时代文化具有浓厚的复合文化特点，它并不是一个孤立发展的原始文化，而是与周邻地区诸原始文化之间存在广泛的联系和交流，其复合文化特点正反映了崤函地区作为各种原始文化因素传播和荟萃的重要枢纽地区的地位。再从陕州（今三门峡）地区古文化遗址的分布看，据统计，迄今已发现仰韶文化遗址 153 处，龙山文化遗址 141 处，这些遗址基本呈成片分布态势，大部分有规律地分布在黄河沿岸或附近的各小支流的岸边台地上。一般说来，古人选择道路主要是沿河道而行，崤函古道相当部分路段恰恰是河流所形成的天然通道。由此可见，以陕州为枢纽的崤函古道至少自新石器时代中晚期或更早以来就是一条沟通豫、晋、陕三地原始居民往来与交流的重要通道。

（二）两京襟带之路

崤函古道起源于先人拓荒的新石器时代，其形成和兴盛在古代最为称羡的周、汉、隋、唐诸盛世王朝。东西两京体制是周人对中国古代都城制度的杰出创造。自西周开创长安与洛阳东西两京制度，直至唐末的 2000 年间，长安与洛阳便形成了古都史上著名的“双都轴心”都城地域结构，联袂主导了我国古代最为辉煌的文明发展阶段。而连接和沟通两大都城，使“双都轴心”一同构成更大范围、力量更强的都城圈，并一同在全国发挥轴心作用的便是先秦以来盛称的崤函古道。为确保两京间联系的畅通，西周初年，在此前道路基础上，第一次有目的、有计划地组织规度修筑了宗周镐京与成周洛邑间的驿传之路——周道，周道所具有的独特历史地理和人文环境的优越性，致使西周而后的东周、秦、汉和隋唐等朝的政治文化重心，都特别刻意地置放在这条轴线上。秦汉驰道、隋唐大路驿在两京之间大多是在“周道”基础上的整修与完善。崤函古道介于两大古都之间的独特地理位置及与周围地理环境的特定关系，使其成为长安与洛阳东西两京之间沟通和交往不可或缺的中间地带和主要通道，同时又是东进中原、西出关中的门户和中原王朝锐意经营的黄河漕运上的重要中继站，在古代都城地域结构和运作空间中具有不可替代的作用。历史上两京之间，无论从皇帝百官到庶民百姓的往来，商贸物资的运输及使者和僧侣的旅行，都必须穿行崤函古道。崤函古道因此成为声息相通的脉络，站驿相连，使臣仆仆，商贾云集，外使辐辏的交通大道，“当万国朝天之路，为四方辐辏之邦，宾使川流，驲骑云至”①，极为繁荣。两京的政治、经济和文化互动借助和依赖崤函古道得以实现和活跃。唐太宗十分形象地概括说：“秦川雄帝宅，函谷壮皇居”②，“崤

① （唐）李胤之：《唐故陕州大都督府右司马李公（范）墓志铭并序》，杨作龙、赵水森等编著：《洛阳新出土墓志释录》，北京：北京图书馆出版社，2004 年，第 316 页。

② （唐）太宗皇帝：《全唐诗》（增订本）卷 1《帝京篇》，北京：中华书局，1999 年，第 2 页。

函称地险，襟带壮两京”[①]。在两千年之历史进程中，崤函古道曾在支撑周、汉、隋、唐等重要王朝对内对外之政治控驭、军事攻防、商贸交易、文化交流等方面发挥过关键性的作用。可以毫不夸张地说，崤函古道的通塞安危，维系着这些王朝的盛衰存亡。

（三）经济互通商贸往来之路

从新时器时代开始，黄河下游地区发展成为我国最早的经济区。周人兴于关中，又开辟了以渭河为中心的新经济区，形成了黄河中、下游两大经济区域，即秦汉时期人们常讲的“山东”、“山西”（以崤山或华山为界）或“关东”、“关西”（以函谷关为界）经济区。崤函古道沿线地区正处在两大经济区的中间，是古代连接两大经济区的纽带，架在它们之间的“金桥”，成为它们之间互通有无、物畅其流的经济互通之路和商贸之路。

历史时期，人口与边防及经济供给等的需要，造成关中对关东、江淮物资的需要和依赖。自秦汉直到唐末，三门峡一直是古代东西漕运的枢纽。但输往关中的物资“水运有三门之险，陆运有崤陵之艰”。为保证漕运的正常运行，历代都十分重视对黄河三门峡河道的疏治，其重要措施便是疏浚河道、开凿栈道，建立漕仓。栈道西起三门峡，东到渑池县与新安县交界处的“八里胡同”。至今在黄河两岸岩壁上依然保留着古代漕运纤索磨勒的沟槽、方形壁孔、底孔、牛鼻形壁孔和立式转筒等大量漕运遗迹。三门峡黄河漕运对保证我国东西部地区粮食和物资的交流，救灾备荒、巩固统治等，都起到了积极的作用。崤函古道也因此由单一的陆路发展成为水陆“双轨”交通体系，为连接我国东西部地区的重要经济命脉做出了重要的贡献。《隋书·食货志》云：“时（文帝初）……户口岁增，诸州调物，每岁河南自潼关，河北自蒲坂，达于京师，相属于路，昼夜不绝者数月。”

（四）文化交流融合之路

早在战国秦汉时期，人们便以崤山或华山为界，把中原分为“山东”和“山西”，或者以函谷关为界分为“关东”和“关中”。这种区分，不仅是地理分野，还是一种文化区域的划分。崤函古道连接长安洛阳两京，沟通豫、晋、陕。河洛文化、秦文化、晋文化及其他区域文化沿着崤函古道西传东播。东周时期老子西循，在函谷关下著《道德经》，奠定了道家、道教的理论基础。东汉以来佛教的发展，在河南境内也是沿着崤函古道由关中向中原东播。崤函古道还是战国诸子百家求功成名与学术传播之路，文人墨客穿梭往来、步入仕途、吟诗作词、抒发情感的诗书之路。唐代几乎所有重要的诗人都曾往返其中。“两京大道多游客，每遇词人战一场。”[②]崤函古道因此具有了“唐诗之路”的美名。历史上崤函古道上走过的才俊之众、留下的佳作之多、发生的逸事之繁、留存的文化之重，都是其他古道不可比拟的。东西文化在现实中获得了接触、理解、对话，由地域攻讦走向文化融合，不仅促进了诸区域多元、开放性的生成与发展，而且极大地促进中国古代文化的发展演变，丰富了古代文化宝库。

---

①（唐）太宗皇帝：《全唐诗》（增订本）卷1《入潼关》，北京：中华书局，1999年，第5页。

②（唐）刘禹锡：《全唐诗》（增订本）卷359《送王司马之陕州》，北京：中华书局，1999年，第4052页。

崤函古道还是一条重要的中外文化交流之路。汉唐时期，崤函古道作为以两京为轴的国内交通枢纽，是国际丝绸之路的重要路段，东西方交通的咽喉，承担着由丝绸之路西部起点长安延伸进入洛阳、中原，或由丝绸之路东部起点洛阳往西域、亚欧经贸文化交流的重任。随着隋唐海上丝绸之路连接大运河直通洛阳、长安，崤函古道的桥梁和纽带作用更加突出，成为他们之间互通有无、物畅其流的商贸之路和物种传播之路，成为他们之间互相学习、相互影响的文化艺术和科技交流之路，成为他们彼此不断增进了解的友谊之路。东西方许多国家和地区沿着这条古道，蕃使相望于道，胡商广集而至，进行着丝绸和其他多种商品的贸易，也进行着频繁的文化交流。崤函古道在促进东西方交流的同时自身也得以发展和繁荣。崤函古道沿线地区众多佛教寺院、石窟，便是这种东西方文化交流的结果。陕县刘家渠隋墓出土的波斯萨珊王朝库思老一世（公元551～579年）时期的银币[①]，灵宝及湖滨区出土的汉代胡人灯俑及陶狗[②]，体现着文化发展与交流的历程，成为两千年前中西交流的见证。

（五）战略控御与军事角逐的战争之路

由于崤函古道是中原通往关中最为近捷的通道，又极为险厄，向有“崤函之固”“两京锁钥”之说。占据这条路两端，各自就等于占据了极其重要的战略要地。据之者闭关以守，一夫当关，万夫莫开，号称“天险”。启关以进，直指中原腹地，关东必受其害。因而成为兵家必争之地，成为建都长安、洛阳诸王朝或政权间风云变幻的政治斗争之路，进行军事角逐、大动干戈的战争之路。

自先秦至隋唐，中国历史上一再发生（关）东、西之间的纷争或分峙。由于东、西之间的交通往来，不论是陆路还是水运，崤函地区都是必经之地。因此，对立双方尤其是地处西部一方都十分重视对崤函地理优势和古道的控制。像周秦汉唐这样的盛世王朝，甚至将它上升为“东制诸侯”之国策。战国时期、楚汉战争、西汉和东方诸侯国，以及东西魏和北周、北齐四次大的东西对立局面，最终都以西方胜利而告结束。西周据有崤函稳定近300年；秦据崤函得天下形胜，统一六国；汉唐据有崤函，成就了古代史上最强盛的帝国。关中自古帝王都，历史上13个王朝或政权建都于此，绝不是偶然的。崤函地理优势与古道交通对于政治、军事的支撑作用共同成就了周秦汉唐的盛世辉煌。

据不完全统计，在过去的3000年里，有超过200次浩浩荡荡的军队穿越崤函古道进击敌军的战争，其中发生在函谷关和潼关等的重要战争有30余次。古道、雄关被演绎成一个个千古战场。春秋秦晋崤之战，战国关东六国合纵伐秦之战，西汉末刘秀与赤眉军崤底之战，东汉末曹操西伐马超、韩遂、张鲁战争等，唐“安史之乱”、灵宝西塬大战等都发生在这条古道沿线。其中的一些战争还直接影响或改变了当时的政治、军事格局。一些古代学者因此以崤函之地的得失作为军事成败之决定性因素。顾祖禹《读史方舆纪要》云：“春秋时崤、函晋有也，故能以制秦；秦得崤、函，而六国之亡始此矣。”[③]

① 夏鼐：《中国最近发现的波斯萨珊朝银币》，《考古学报》1957年第2期，第49-60页。

② 胡国强：《河南三门峡地区胡人灯俑》，《中原文物》2008年第4期，第80-86页。

③（清）顾祖禹撰，贺次君、施和金点校：《读史方舆纪要》卷52《陕西一》，北京：中华书局，2005年，第2488页。

军事斗争的强势需要还促进了崤函古道交通的形成与改善。崤山南道的形成源于启讨伐陕西有扈氏之叛时的军事需要。桃林塞、秦函谷关、汉函谷关、雁翎关、潼关等关塞的设置同样基于当时军事斗争的迫切需要。这些雄关要塞在实现对广阔国土的政治控御与军事防卫上发挥了重要的作用。

（六）区域成长之路

交通条件是影响区域经济空间结构发展的重要因素。历代建设崤函古道是一项综合工程，不仅修筑道路，还建设了保证道路畅行的其他工程，如行政区划调整、政权建设、水利建设、城镇建设等，不仅保证了古道的畅通，而且直接带动和促进了沿线地区社会经济的发展，成为沿线区域成长之路，是沿线区域社会发展、经济进步、文化昌盛的发动机和推动器。

崤函古道交通的分布与发展决定了沿线地区城镇建设和区域中心的形成，影响着城市规模等级及分布体系。西周时期的虢国，之所以选择东迁三门峡黄河两岸，其重要原因是作为周王布设在这条交通线上的一个棋子。这个棋子在很长一段时间不显山、不露水，但到了西周春秋之际，便活跃于历史舞台，为周王朝的延续发挥了重要作用。其后弘农郡、陕州、虢州建置的设立，莫不肇端于此。沿线城镇与古道相伴而生。秦汉以来，崤函地区行政体系的确立，使行政治所成为区域内部最初的经济集聚点。随着行旅商贾的日渐增多，持续不断的东西经济与文化交流发展到一定程度，也对崤函古道交通提出了新要求，从而推动和促进了交通条件的改善和发展，不仅主干线路，而且交通网络中的补充形式，如关隘、津渡、驿站及通往区域外部的交通线路等，也逐步趋于完善，形成了以陕州为枢纽向四周辐射的水陆交通网，同时也直接促进和带动了沿线一批城镇的兴起与发展。唐代石壕还只是个小山村，至宋金，石壕及附近的乾壕和土壕已分别设镇。著名的盘豆、稠桑、三乡等更因交通便利繁荣，发展成为著名的城镇。城镇保障了古道的畅通，古道又带来了城镇的繁荣。沿线城镇数量由少到多，分布由点到面，规模由小到大，形态由简单到复杂，最终形成富有地方特色的城镇体系，奠定了今日这一区域城镇的基本格局。城镇又推动区域经济繁荣和社会的发展。在这些城镇中，最重要的当属位于古道枢纽的陕州，依靠古道交通的优势，很早便发展成为沿线区域政治、经济中心。作为网络结点的城市与作为网络连接的交通轴线，最终完成了经济区域的整合，将经济现象紧密联系的地区结合成一个经济区域，促进了区域的产业结构形成。同时，通过崤函古道交通事业的修筑和管理过程，也形成了基于交通目的而形成的区域社会空间结构，实现了区域社会的整合。从某种意义上讲，崤函古道孕育和促进了崤函地区的发展。一部崤函地区古代史，实际上就是崤函古道的发展史。

崤函古道的分布与发展还影响和促进了沿线区域多元、开放文化的生成与发展，形成了颇具地方特色的崤函文化。崤函古道连接长安洛阳两京，沟通豫、晋、陕，秦文化、晋文化及其他区域文化沿着崤函古道全面传播到沿线地域，在文化冲突、碰撞和交流中，吸取和兼采两京文化之所长，孕育出自己独特的文化形态与景观，进而促进了沿线区域文化的发展变化，形成了以河洛文化为主体，融汇关中、三晋等区域文化因素和特征，又颇具地方特色的崤函文化，其核心精神是沟通交流、开放包容，开放性的特点和过渡性特征明显，从而使黄河文化呈现多元的局面。

（七）迄今保存较好、丰富多彩的“文化线路”

文化线路又称遗产线路，是一种新型的集合型世界文化遗产类型，由若干与其直接或间接相关的物质遗产和非物质要素构成。按照世界遗产委员会及专家的解释，文化线路的本质是与一定历史时间相联系的人类交往和迁移的路线，强调线路带来的各文化社区间的交流和相互影响。形态上表现为呈线状或带状的文化遗产区域，具有与重大文化事件存在密切关系、遗产呈线性分布、持续时间长、涵盖范围大等特点[①]。

崤函古道便是这样一条迄今保存较好、遗产丰富多彩的文化线路。其基本特征有三：一是在时间上，崤函古道是我国古代开辟最早、过程完整、延续数千年的东西主干道交通体系。古道蜿蜒200多千米，犹如一条彩带，将长安洛阳两大古都联系在一起，将中原与西域、亚欧联系在一起，促进了中国古代文明的发展，促进了古道沿线物资流通，带动了沿线地区经济文化的发展。二是在空间上，这是保存完整、类型多样、内涵丰富的遗产走廊。崤函古道的文化主线影响和带动了整个区域的人文发展，如一根金丝线串起了古道沿线的历史文化珍珠，珠珠相连，熠熠生辉，形成了带状的文化遗产族群。古道西端有“关门扼九州”的潼关，函谷道上有秦函谷关，崤山南路上有雁翎关，北路有硖石关，古道东端有新安汉函谷关。三门峡地区目前有各级各类文物保护单位680处，历史遗址303处，其中有相当部分分布在崤函古道及其沿线。崤函古道石壕段和汉函谷关遗址已被批准为世界文化遗产。三是在文化上，这是多个文明对话、开放融合和跨越地区发展的纽带。崤函古道文化内涵是丰富多彩的，价值是多元的、多层次的。古道悠久历史体现出时间的传承关系及空间上的交流联系，古道上的文化元素与自然元素所滋生出的文化景观，通过分布其上的各类物质文化遗产，以及民俗民风、民间工艺等非物质文化遗产得到了体现，从而构成了内涵超过任何单一类型的文化遗产，不但对沿线地区文化精神塑造产生决定性影响，而且对沿线地区城市文化建设、文化生活、文化旅游和文化发展产生深刻影响。

---

① 李伟、俞孔坚：《世界文化遗产保护的新动向：文化线路》，《城市问题》2005年第4期，第7-12页；单霁翔：《关注新型文化遗产：文化线路遗产的保护》，《中国名城》2009年第5期，第4-12页。

崤函古道的起源与早期形态研究

崤函古道具有重大而深远的历史影响，因此受到人们的长期关注。但以往对其起源和早期形态的讨论不多，笔者利用考古和文献资料，对新石器时代晚期崤函古道的起源与形态进行一番探讨，希望得到同行师友的指正。

一　崤函地区仰韶文化遗址时空分布的特点

距今1万年左右，人类进入新石器时代，考古学者已在崤函地区发现了数百处新石器时代文化遗址，广泛分布在崤函各个地区。这些遗址的文化年代，前后衔接，一脉相承，形成了一个较完整的新石器时代文化发展序列：裴李岗文化—仰韶文化（包含半坡文化—庙底沟文化—西王村文化三个发展阶段）—龙山文化（包含庙底沟二期文化、三里桥文化两个发展阶段）。仰韶文化因1921年首次发现于三门峡渑池县仰韶村而得名，由此也揭开了中国现代考古学的第一页。仰韶文化繁盛期的庙底沟文化，因1956年在陕县（今陕州区）庙底沟发现而得名，它的发现，最终确立了仰韶文化与龙山文化早晚关系的问题，廓清了中华远古文化的发展脉络，分别从仰韶文化发展到龙山文化之间的庙底沟二期文化及龙山文化三里桥类型，也是首先在陕县庙底沟和三里桥被识别出来的。90多年的考古发现和研究，证明崤函地区新石器时代文化既存在着本土文化的长期传承与播化，又显示出对周边及更广大区域四方文化不断的涵化与接纳。崤函地区很早是古代文化交流的走廊、古代不同地区人们活动的舞台。

黄河中游地区已知最早的新石器时代文化是属于中期的关中老官台文化、豫中裴李岗文化和冀南磁山文化，它们分别分布在崤函地区的西、东、东北方向，这三种文化年代基本相当，文化谱系不同，源流有自，同时保持较多的交流和联系。崤函地区在总体上可归入裴李岗文化。渑池班村遗址考古发掘表明，其文化面貌存在与裴李岗和老官台文化相同的因素，而与磁山文化则明显不同，表明班村与裴李岗、老官台遗存曾发生过文化的交流。裴李岗文化西渐，有学者认为，其一支沿汉水经汉中到达渭河流域的宝鸡地区，与老官台文化一道创造了仰韶文化半坡类型①。老官台文化最早发现于华县西南的老官台遗址，在关中东部渭河流域的重要遗址有北刘遗址、白家遗址等，它们都与崤函地区相邻，空间距离较短。而崤函地区裴李岗文化遗存又分布在黄河南岸谷地，因此，裴李岗文化西渐的通道可能还经过崤函地区达到关中地区。而老官台文化对裴李岗、磁山文化影响通道应主要是通过崤函走廊进行的。作为证据的代表性遗址有灵宝官庄遗址，渑池班村遗址、仁村遗址、陵上遗址、鹿寺遗址、关家遗址、新安荒坡遗址等。但

① 袁广阔：《关于裴李岗文化一支西迁的几个问题》，《华夏考古》1994年第3期，第41-48页。

崤函地区裴李岗时期遗址数量不足 10 个，面积不大，仅数千平方米，范围极其有限，可能还是散点式的，彼此之间还存在着大片“空白”区域。而在黄河南岸的晋西南至今尚无发现明确的此类文化遗存。班村遗址发掘显示，其自身因素一直占据主导地位，具有独特的风格，故有学者视其为裴李岗文化的一支亲缘文化，称为“班村类型”①。因此，裴李岗时期，崤函地区与周围地区的文化交流还处于比较原始、松散的状态，文化的进步主要体现在自身发展上。

但自新石器时代晚期以来，崤函地区文化呈勃兴之势，文化分布地域大为扩展，发展水平显著提高，形成一个统一的文化区，并成为“中原文化区”的中心地带，这使崤函地区文化无论是在广度还是深度方面都达到前所未有的程度，由此开启了与周围地区越来越强的文化交流。

首先是关中的半坡文化东进崤函。一部分“半坡人”在脱离母体易地而居之后，受到当地土著文化东关类型和其他因素的一些影响，同时自身产生变异，形成了一个相对独立的文化群体。严文明指出，潼关以东的豫西和晋南地区这一时期的文化应是半坡类型伴随着大量的人口迁徙向东发展，与当地居民一道继承某些磁山文化的传统，甚至接受后岗类型的影响所形成的地方变体，可命名为东庄类型②。东庄遗址位于黄河北岸晋西南芮城，处于黄河流域两大文化谱系半坡文化与后岗文化之间。东庄类型通过不断地文化交流与融合，逐步壮大自己的力量，到半坡文化晚期阶段，这里的文化面貌发生了根本的转变，庙底沟文化脱胎而出，繁荣发达起来。

三门峡盆地迄今已发现仰韶文化遗址 220 余处，大多为庙底沟时期遗址，在分布上呈现出若干特点：一是在分布位置上，这些遗址多分布在大小河流的两岸和河谷阶地，尤其以三门峡的青龙涧河、苍龙涧河、灵宝阳平河、沙河、弘农涧河及渑池涧河两岸分布密度较大，属于河谷阶地型聚落，利于用水，又能免于水难。二是在空间布局上，同时共存的聚落往往以河流为基础形成聚合实体，即聚落群，大的河流还可以划出两个聚落群。许顺湛将崤函地区河南部分仰韶文化聚落归纳为 10 个聚落群，包括陕县聚落群（含三门峡市郊，共 34 处）、灵宝川口聚落群（27 处）、灵宝铸鼎塬聚落群（25 处）、灵宝豫灵镇聚落群（9 处）、灵宝五亩朱阳聚落群（10 处）、渑池仰韶村聚落群（27 处）、卢氏洛河聚落群（21 处）、新安涧河聚落群（含洛阳 3 处、渑池 2 处。共 21 处）、新安西沃聚落群（含孟津 2 处，共 11 处）、洛宁、宜阳洛河聚落群（29 处）等。这 10 个聚落群按河流分，主要密集地分布在三门峡青龙涧河流域及陕县境内直接注入黄河的苍龙涧河等小流域，灵宝境内沙河、阳平河流域和弘农涧河流域，渑池、义马及新安境内涧河流域，卢氏、洛宁和宜阳境内洛河流域等流域，沿河流两岸呈线状分布，可称之为“一”字形（线状）聚落。三是在分布范围上，聚落分布多在半径 20 千米的区域内。据研究，灵宝仰韶文化遗址虽然分为数个聚落群，但因聚落群之间距离太近，各聚落群之间很难明显地断开，“实际上可以合并为一个聚落群”整体，“这个整体的东边是大王乡，与陕

① 张居中：《试论班村遗址前仰韶文化时期文化遗存》，《俞伟超先生纪念文集》学术卷，北京：文物出版社，2009 年，第 157 页。

② 严文明：《论半坡类型和庙底沟类型》，《仰韶文化研究》增订本，北京：文物出版社，2009 年，第 114-125 页。

县的聚落群相邻，又形成一个大的聚落群体”[①]。刘莉统计了灵宝境内仰韶文化遗址（主要系庙底沟时期）6 个中心聚落之间的距离：杨家沟距五帝村 25 千米，五帝村距川口 17 千米，川口距南村 14 千米，南村距北阳平 19 千米，北阳平距东双桥 25 千米，“相邻中心之间的距离为 14～25 千米，平均 20 千米”[②]。一般来说，20 千米半径正好大约是一天步行一个来回的距离。

仰韶文化晚期以来，崤函地区文化的兴起，与区内交通的发展关系重大，如果没有古人对自然的认识，对交通的开发，想必很难实现聚落的整合和域内文化的统一。从上述遗址的分布状况和特点，我们可以清楚地看出，这些遗址多沿河流两岸和河谷阶地而建，其间遗址络绎不绝，陆续相望。史念海说：“当时的人选择居住地址，……是离不开水的。这除了生活饮用之外，便利的交通也应是其中不能不加以考虑的因素。一苇之航远较翻山越岭为容易。河流沿岸遗址较为繁多，就是具体的说明。”[③]随着先民聚落的发展，聚落整合亦呈增强趋势，聚落群整合不仅从整体上扩大了居住区，增强了聚落群的经济实力和地域势力，而且更扩大了当时人们日常活动的范围和距离，原来仅建立在单一氏族内部和有限的氏族外部的道路和交通网也因此得到更大幅度的拓展。“居住区既已扩大，交换的范围就相应广泛，交通道路也就难免随之延长，而且逐渐趋于形成较为主要的交通道路。”这条主要的交通道路并不仅以遗址所在的小河流域为限。从地图上看，由新安经渑池、义马、陕县、湖滨区，而至于灵宝，可以显示出曾经有过一条沿黄河谷地的主要的东西向交通道路。由卢氏经洛宁至于宜阳，同样也显示出有一条沿洛河河谷的交通道路。新的连接流域性聚落群道路的开辟和交通网络的扩张，无疑为更大范围的区外文化交流与持续传播提供了重要的交通保障。此时“彩陶之路”的出现便是很好的证明。

二　彩陶之路：崤函古道的起源与早期形态

彩陶是仰韶文化最重要的文化内涵和表征。据考古发现，彩陶最早起源于老官台文化，陕西华县元君庙、老官台、宝鸡北首岭和甘肃秦安大地湾遗址中的彩陶是迄今发现最早的彩陶。这时的彩陶艺术还比较原始，处在萌芽阶段。仰韶中期半坡文化向东扩展，彩陶技术也随着半坡人群的东迁传播到崤函地区。庙底沟文化继承和吸收了半坡文化彩陶的精华并加以发展，将彩陶推向了新石器时代彩陶发展的高峰。庙底沟文化首先兴起于豫西晋西南，这一区域的大部分属于我们所说的崤函地区范围。庙底沟文化之所以首先在豫西晋西南形成，戴向明认为，这里属半坡文化的边缘区，其文化传统较淡，而自然环境又较优越，容易孕育生长出一种新的考古学文化[④]。庙底沟文化形成后不久就壮

① 许顺湛：《五帝时代研究》，郑州：中州古籍出版社，2005 年，第 240 页。

② 刘莉：《中国新石器时代——迈向早期国家之路》，北京：文物出版社，2007 年，第 150 页。

③ 史念海：《春秋以前的交通道路》，《河山集》七集，西安：陕西师范大学出版社，1999 年，第 101 页。

④ 戴向明：《论庙底沟文化的起源》，《青果集——吉林大学考古系建系十周年纪念文集》，北京：知识出版社，1998 年，第 18-26 页。

大成熟起来，并旋即踏上了规模宏大浩浩荡荡的文化传播与扩张之路，整个黄河中游及邻近地带的文化面貌、文化格局的形势因此而发生了根本转变。在中国史前文化中，庙底沟文化是最具扩张力的，其大规模的文化扩张，集中体现在彩陶文化的传播上，它以崤函地区为起点和枢纽，以彩陶为特征编织起了大范围的分布网和复杂分布路线，同时，亦构筑起庞大的交通网络和复杂的行近走远的大道小路。这就是著名的“彩陶之路”，或者考古学家裴文中所说史前时期的“丝绸之路”[①]。

考古资料表明，庙底沟文化时期崤函地区彩陶的传播路线主要沿西、北、东三条路线进行。其中，最早开辟并相互形成组合关系的东西向原始通道应当是自今陕州区经灵宝至于潼关以西的道路，即后来的函谷道，而由今陕州经渑池、新安至于洛阳盆地的道路，即后来的崤山道。

向西即关中地区是庙底沟文化扩张的主要策略。与崤函地域相邻的渭河流域，本来就与豫西晋西南地区有着天然的血缘关系。这里已然衰老的半坡文化在来自东方生机勃勃的庙底沟新文化的冲击下，很快就发生了转变，在充分吸收双唇口尖底瓶、曲腹盆、钵、釜、灶，以及华丽繁缛的花卉型彩陶花纹等典型因素，同时又保留沿用从本地前期承袭下来的不同形态的夹砂罐、瓮和素面盆、钵等器物，从而形成了本地区内容丰富，既具典型性又有自身特点的庙底沟文化[②]。它与发源地的庙底沟文化有许多相似之处，以至苏秉琦主张“庙底沟类型的文化遗存的发达中心不出西安—陕县之间”[③]。但正如魏兴涛所说，这实际上还是仰韶文化中期开始的文化重心向西转移趋势的反映[④]。鉴于关中地区与发源地庙底沟文化之间的差别，可以把关中地区称为庙底沟文化泉护类型。庙底沟文化越关中向西扩展，远达黄河上游的兰州以西，成为马家窑文化的重要来源。由此可见，关中地区庙底沟文化在时间上晚于豫西晋西南，属于庙底沟文化的发展区或称次生区。戴向明指出，庙底沟文化向西的扩张以驱逐、替代为主要形式[②]。而其扩张的主要途径应是沿黄河谷地形成的东西主要原始道路。如前所述，崤函地区沿黄河谷地的东西原始道路，其东段已经和渭河流域的原始道路相连接。有研究表明，关中新石器时代遗址以渭河两岸最为稠密，以西安为界，西安以西大多分布在渭河以北（左岸），西安以东则大部分分布在渭河以南（右岸）地区，其中华阴仰韶中期聚落群和华县仰韶早中期聚落群已经与灵宝豫灵聚落群相邻，这正与现代主要东西交通道路的布局走线相吻合，表现了清晰的东西交通线的特征[⑤]。

向北即向晋中以北及内蒙古中南部地区，也是庙底沟文化形成后扩张的主要方向之一。向北拓展的通道和方式，戴向明指出，庙底沟文化在豫西晋西南形成后，“一部分人很快就沿汾河谷地、黄河谷地及其他通道北上，迁移到了晋北和内蒙古中南部，这部

---

① 裴文中：《中国西北甘肃走廊和青海地区的考古调查》，《裴文中史前考古学论文集》，北京：文物出版社，1987年，第256-273页。

② 戴向明：《庙底沟文化的时空结构》，文物研究编辑部：《文物研究》（第14辑），合肥：黄山出版社，2005年，第26-34页。

③ 苏秉琦：《关于仰韶文化研究的若干问题》，《苏秉琦考古学论述选集》，北京：文物出版社，1924年，第180页。

④ 魏兴涛：《豫西晋西南地区新石器时代文化与社会》，北京大学博士学位论文，2010年，第143页。

⑤ 史念海：《春秋以前的交通道路》，《河山集》七集，西安：陕西师范大学出版社，1999年，第100-105页。

分人所带来的庙底沟文化与当地土著文化相结合，同时自身产生变异，形成了本地富有特色的庙底沟文化。因此，庙底沟文化向北的传播应是一种类似‘殖民’的方式直接进入的”[①]。我们理解，戴先生所言的黄河谷地，不仅是指晋陕黄河谷地，还应包括三门峡黄河谷地。大量迹象表明，庙底沟文化的核心在灵宝西坡遗址一带，作为核心区其传播力和辐射力是不可低估的。沿黄河谷地，庙底沟文化既可从晋陕峡谷向北，也可跨黄河经平陆茅津渡——虞坂道、垣曲平陆清水峡古道进入运城地区，后继续北上。晋中及内蒙古中南部地区也应属于庙底沟文化的发展区或次生区。

庙底沟文化向东即郑洛地区的拓展在时间上应略晚于向西、向北方向，其扩张方式也有所不同，主要采取的是技术和文化输出方式[①]。有学者将郑洛地区同期遗存视为庙底沟文化或其地方变体。但也有学者持有不同看法。杨亚长认为，郑洛地区的遗存与庙底沟文化差别过大，应是大河村文化的一个发展阶段[②]。丁清贤认为二者相比存在许多质的差别，可另命名为“点军台类型”[③]。郑洛地区包含大量典型庙底沟文化因素，同时也保留有本地仰韶早期的一些传统，最富特征的就是各种形态的鼎。出现较大的差异，应与庙底沟文化向东扩张的方式有关，渗透、同化、融合的方式对原有个性较强的当地文化的影响，显然不如驱逐、替代方式猛烈、干脆。同时，庙底沟文化向东发展，在洛阳附近，“与豫中地区原有的文化相遇，在对这里产生强烈冲击的同时，本地原有的一些因素也顽强地流传下来，从而在豫中亦形成了几种很有特色的‘庙底沟文化’”[④]。受文化传播距离衰减规律的影响，洛阳王湾因靠近豫西，其内涵基本不出典型庙底沟文化的范畴，郑州附近则强调了庙底沟文化的某些因素而又生发出一点新特点，长葛石固遗址所代表的南部区则因其地理位置的缘故而地方色彩最强。因此，郑洛地区属庙底沟文化的分布区，但不属于庙底沟文化的发展区或次生区，是庙底沟文化向东扩张的外部播散区。从郑洛地区庙底沟文化遗址分布看，其传播的途径：一是沿涧河进入洛阳，再继续东进。其证据是，陕县以东、渑池及义马境内的涧河两岸有 27 处遗址，新安沿涧河流域发现遗址 21 处，因为距离较近，洛阳的 3 处遗址、渑池的 2 处遗址被划入新安涧河聚落群，即新安聚落群已深入到洛阳市郊，与洛阳境内的孟津聚落群、偃师伊洛河聚落群连接。二是沿洛河经洛宁、宜阳进入洛阳。这条线路的沿途都有庙底沟文化遗址可以作为证明。洛河上游有卢氏聚落群，中下游有洛宁、宜阳聚落群，它们正好接连在一起，属一条龙聚落群，沿洛河入伊洛河，洛阳市郊有仰韶遗址 15 处，与偃师为一体，组成偃师伊洛河聚落群[⑤]。这些聚落群的分布，很好地说明了沿涧河、洛河两条文化带的存在，而这两条带状分布的趋势便是文化传播的途径，实际上就是庙底沟人向东扩展在地理空间上的表现。

这样，彩陶就给我们提供了一把关键性的钥匙，作为史前时期交通及人群移动的实

① 戴向明：《庙底沟文化的时空结构》，文物研究编辑部：《文物研究》（第 14 辑），合肥：黄山出版社，2005 年，第 26-34 页。

② 杨亚长：《谈庙底沟类型》，《中原文物》2000 年第 5 期，第 10-14 页。

③ 丁清贤：《豫中地区仰韶文化的类型及特征》，《考古与文物》1985 年第 6 期，第 44-47 页。

④ 戴向明：《黄河流域新石器时代文化格局之演变》，《考古学报》1998 年第 4 期，第 389-419 页。

⑤ 许顺湛：《五帝时代研究》，郑州：中州古籍出版社，2005 年，第 233 页。

物例证，我们不仅可以分析和比较分布于各古代遗址中的彩陶，通过其文化内涵存在的早晚关系（即处于不同的分期），确定区域之间的早晚关系，从而找到文化扩散与传播的方向性，并结合地理环境找到考古学文化在一定方向上扩散与传播的通道，而且业已证明至迟从庙底沟文化时起，开始由崤函地区西至关中地区及其以远，接着东到郑洛地区及其以远，存在着实实在在地以彩陶为特征的文化交流及其交通线路。由崤函地区越中条山进入晋南及其以远的通道，也是在这一时期开辟的。这样的一条彩陶之路仍然主要是顺天然地面通行，但其已经勾画出了较明确的道路走向，连接了关中、河洛及其以远地区，为尔后崤函古道的建设奠定了基础，因此，可以认为它就是崤函古道的前身和萌芽形态。

对这条大规模的“彩陶之路”及更远的走向，王仁湘曾有专门的精彩论述，不妨摘抄于下：

汉代丝绸之路形成之前，连接西北与中原之间的文化通道早已经形成。在这条前丝绸之路南段发现的史前时期的彩陶，从器形、构图到色彩与黄河中游的发现非常相似。类似的彩陶在青海东部乃至腹心地带的黄河上游也有发现，表明由中原到西北的彩陶文化通道在公元前5000年以后便开始形成了。

在仰韶文化的庙底沟时期，曾出现过一次大规模的文化扩张。黄河中游地区的庙底沟文化，影响远及东部黄河下游的大汶口文化、北部辽河地区的红山文化、南部长江中游的大溪文化，还有西北部地区的前马家窑文化，这一广大的地区都发现过一些具有庙底沟文化风格的彩陶。其中对西北部地区的影响最为明显，那是一种明确的文化传播，彩陶的器形与纹饰基本上没有明显变化，在青海民和县藏族和循化县撒拉族聚居区等地发现的同期遗存，甚至可以直接划入庙底沟文化系统。

这些发现让我们有理由相信，在丝绸之路形成之前，连接中原与西北地区的彩陶之路已经比较通畅，这条路的长度以直线距离计算也不会短于1500千米。考古发现证实，彩陶在这个通道上的传播，远比向平坦的东部和南部要畅通得多。

……黄河中游的彩陶之路，在完成向西传播的历程的同时，又转向南传播，进入长江上游地区。由西北到西南的彩陶之路，在经由横断山继续南传的过程中发生了变化，彩陶工艺演变为衬花陶工艺，衬花陶成为西南地区史前陶器的主体装饰，将西南史前陶业提升到顶峰。

这是一条南下的彩陶之路，它甚至一直沿着横断山脉向南传播，在公元前2000年前后到达云南和越南北部，这条通道的长度已经超过了2000千米。所不同的是，那里的陶器没有了绚丽的色彩，它是采用刻划的方式作装饰，表现的图案却与彩陶非常接近。这样的一条通道到后来发挥了越来越明显的作用，它便是研究者认定的南方丝绸之路的前身。①

应当指出的是，彩陶之路传播的并不单是彩陶的制作技术，也不是单纯的物流之路，

① 王仁湘：《彩陶与玉石——前丝绸之路探索》，《中国玉文化玉学论丛》三编（下），北京：紫禁城出版社，2005年，第608-610页。

彩陶之路“不仅是一种艺术形式的传播，也是一种认知体系的传播”。“庙底沟人通过彩陶方式传导的，是他们的信仰与情怀。那是回荡在历史天空的幻影，那是生发自心灵深处的歌唱。”[①]“随着彩陶的播散，我们看到了一种大范围的文化扩展，这种扩展的意义与作用，大大超过了彩陶自身。”[②]花瓣纹、回旋勾连纹是庙底沟彩陶最具代表性的图案母题。关于花瓣纹，苏秉琦很早就做了“仰韶文化的庙底沟类型可能就是形成华族核心的人们的遗存；庙底沟类型的主要特征之一的花卉图案彩陶可能就是华族得名的由来，华山则可能由于华族最初所居之地而得名”[③]的著名论断。王仁湘赞同苏秉琦的观点，进而认为，“在仰韶文化庙底沟类型时期，也就是在公元前4000年前后，远古华夏族共同体的形成已经迈开了坚实的步伐，花瓣纹的流行便是鲜明的标志之一”。王仁湘还把回旋勾连纹按阴文解读为旋纹，认为它可能隐含着中国新石器文化一个共有的认知体系，可能表达太阳运行方式的原始宇宙观体系，所以，这种纹饰才能够在新石器时代流布无比广泛，不仅在黄河流域，而且在长江流域或更远的地区都可见到[④]。庙底沟文化以其绚丽多姿的彩绘“花”纹为旗帜，开启了“华”夏族群浩荡洪流的先河。由此，正如许多学者所指出的那样，庙底沟时代出现了中国历史上第一个文化“统一”的时代，形成了中华民族的第一次大融合。因而，彩陶之路也是实实在在的庙底沟文化“软实力”的传播之路。

此时与考古资料可以互为印证的文献史料是，古籍中有关黄帝时代炎帝和黄帝等不同部落族群迁徙的记载。一般认为，黄帝时代基本上与考古学上的仰韶文化中晚期相对应，公元前4000年～前3000年，大体上延续了1000多年[⑤]。

据文献记载，炎帝发祥于陕西中部的渭水流域姜水，与黄帝同出一源，皆为少典之子，共同构成早期华夏集团的主体。据说炎帝的兴盛早于黄帝。徐旭生说：炎帝及黄帝的氏族居住在陕西，也不知道历几何年月。此后也不知道什么缘故一部分逐渐东移。炎帝部落东移的路途大约顺渭水东下，再顺黄河南岸东去，散布在今河南的西南部，最后到达今山东地区[⑥]。在炎帝向东发展的过程中，也开始了对崤函古道的开拓，这个过程很漫长，他们沿途留下了孑遗，分衍出许多新的氏族，慢慢地散居在这条古老的通道上。传说共工部落、夸父部落等，均为炎帝的后裔。西周初年，建国于三门峡的姜姓焦国，据说也是“神农氏”炎帝之后。共工部落是炎帝部落中较大的一支，他们已有了发达的灌溉农业技术，故以治水闻名。其活动中心，初在渭河流域，后来沿渭河、黄河，自西向东发展到豫西、嵩山周围。《淮南子·本经训》云：“共工振滔洪水，以薄空桑。”《路史·共工传》也引此句，并注说：“空桑，莘陕之间（一说莘虢之间），于女娲之都为近，故共工决水灌之。”注里还说“共工氏有地在弘农之间是矣”。《国语·鲁语上》注说：共工“弘农之间有城”。莘陕与弘农实际是同一地域，在今三门峡市辖区。徐旭生在《中

① 王仁湘：《庙底沟文化彩陶向南方两湖地区的传播》，《江汉考古》2009年第2期，第67-74页。
② 王仁湘：《庙底沟文化彩陶向西南的传播》，《四川文物》2011年第1期，第31-35页。
③ 苏秉琦：《关于仰韶文化研究的若干问题》，《苏秉琦考古学论述选集》，北京：文物出版社，1924年，第180页。
④ 王仁湘：《关于中国史前一个认知体系的猜想》，《中国史前考古论集》，北京：科学出版社，2003年，第463-490页。
⑤ 许顺湛：《五帝时代研究》，郑州：中州古籍出版社，2005年，第497页。
⑥ 徐旭生：《中国古史的传说时代》，桂林：广西师范大学出版社，2003年，第52-55页。

国古史的传说时代》一书中，也认为空桑是共工建国在莘虢之间，即今陕县境内。可见，豫西和晋南之间的黄河两岸曾是共工部落活动的中心区域。尧舜时期，共工部落还与尧、舜、禹部落多次发生摩擦，并被强制迁徙到遥远的地方。“《山海经》所记，今新安县、山西芮城县的共水以及《汉书·地理志》所提河内郡共县，乃至于今山西五台山的共水，它们的得名，全有可能与共工部落由西向东的发展有关。”①新安在崤函古道西段。出新安，经洛阳，可到达河内郡共县即今辉县。若此，则共工部落也参加了对崤函古道的开拓。夸父部落是炎帝族的又一分支。中国最早记载行走神话故事的《山海经》一书中录有“夸父逐日”传说：“夸父与日逐走，入日，渴欲得饮，饮于河、渭。河、渭不足，北饮大泽，未至，道渴而死。弃其杖，化为邓林。”一般认为，这则神话故事反映了源自西北的夸父部族所进行的溯河、渭而上的迁徙活动。部族迁徙是原始时代最大规模的交通活动。从神话可见，夸父部落的迁徙既由于当时河渭流域的一次严重干旱，也与他们当时在争夺生存空间的战斗中失败有关。在干旱与战争的双重作用下，夸父部落举族沿渭河、黄河迁徙。其中所谓“弃其杖，化为邓林”的地方，据注《山海经》的郝懿行说，就在灵宝东南夸父山的北面，又名桃林，即古代有名的桃林塞。《山海经·中次六经》云：“夸父之山……其北有林焉，名曰桃林，是广员三百里，其中多马。”《水经注·河水》：“湖水出桃林塞之夸父山，广圆三百仞。武王伐纣，天下既定，王巡岳渎，放马华阳，散牛桃林，即此处也。”可见，夸父部落也对崤函古道的开拓有贡献。

文献记载，黄帝“以姬水成”。姬水或说可能是岐水，或说可能是渭水，前者在陕西，后者主要流经陕西。黄帝陵在陕西中部，黄帝族后裔周人发祥于陕西西部。徐旭生说：“看古代关于姬姓传说流传的地方，可以推断黄帝氏族的发祥大约在今陕西的北部。”②黄帝部落后来逐渐向东迁徙，其迁徙路线，徐先生认为，是沿北洛水南下至今陕西的大荔、朝邑，东渡黄河，顺中条山及太行山边逐渐向东北走，后发展到华北平原的北部③。也就是黄帝部落是沿黄河北岸东徙，与炎帝主要沿黄河南岸不同。也许事情没有那样明显的差异。《左传·襄公二十九年》载：“虞、虢、焦、滑、霍、杨、韩、魏，皆姬姓也。”其中的虢、焦二国就在黄河南岸今三门峡辖区。文献记载和当地传说都表明，这一地带与黄帝及黄帝部落有关。位于灵宝阳平的黄帝铸鼎塬是司马迁笔下黄帝铸鼎像物，最后升仙的地方，西临潼关，北隔黄河与山西平陆、芮城相望，东、西两侧为沙河、阳平河两河支流。《史记·封禅书》：“黄帝采首山铜，铸鼎于荆山下。鼎既成，有龙垂胡髯下迎黄帝。黄帝上骑，群臣后宫从上者七十余人。……百姓仰望黄帝既上天，乃抱其弓与胡髯号，故后世因名其处曰鼎湖，其弓曰‘乌号’。”《史记·孝武本纪·索隐》：“鼎湖，县名，属京兆，后属弘农。昔黄帝采首阳山铜铸鼎于湖，曰鼎湖，即今之湖城县也。”湖城县在今灵宝西。汉武帝曾在这里建鼎湖宫。《纲鉴易知录·五帝纪》也说：“（黄）帝采首山之铜，铸三鼎于荆山之阳，鼎成崩焉。其臣左彻取衣、冠、几、杖而庙祀之。”铸鼎塬上有黄帝陵（黄帝衣冠冢），原基址占地40余亩。唐贞元十七年（公元801年）虢州刺史泰原王颜在铸鼎塬立碑撰文，华州刺史兼御史中丞陈郡袁滋籀书丹，

① 王震中：《共工氏主要活动地区考辨》，《人文杂志》1985年第2期，第103-106页。
② 徐旭生：《中国古史的传说时代》，桂林：广西师范大学出版社，2003年，第49页。
③ 徐旭生：《中国古史的传说时代》，桂林：广西师范大学出版社，2003年，第50-52页。

原碑《轩辕黄帝铸鼎塬碑铭并序》至今尚立于铸鼎塬原址。碑铭并序计 137 字，内容主要是从道家思想角度歌颂黄帝，其中“铸鼎兹原，鼎成升天”“唐兴兹原，名常鼎新”两句，不仅把铸鼎塬的地望定位在灵宝，也反映了唐王朝对此地的重视。铸鼎塬上早期曾有各种纪念性建筑物。今天，铸鼎塬一带还保留着许多关于“黄帝”的地名，铸鼎塬南边传说是黄帝炼铜的炉底村，西边大湾沟是鼎湖，南边秦岭诸峰有荆山、蚩尤山等地名，与黄帝有关的传说丰富而集中，说明仰韶文化晚期黄帝曾在这一带频繁活动。近年考古发掘证明，灵宝铸鼎塬是一处庙底沟文化的中心区域。在 125 平方公里的范围里，分布有 48 处仰韶文化遗址，80%属于庙底沟文化。其中以北阳平、西坡、东常村三处遗址面积最大，沿铸鼎塬自西向南向东作弧形分布。北阳平遗址达 90 余万平方米，西坡遗址近 40 万平方米，可证当时黄帝氏族人丁之兴旺，聚落之繁盛。它们与周围中小聚落形成了不同的等级，其北面不远处即为后来的崤函古道。西坡遗址揭露出的两座特大房址和 3 座大型墓葬，以及玉钺礼器、发达的制陶技术和刻划符号，连同聚落群遗址一起，再次印证了古老的中国文明已经在此时此地滥觞，其文明已发展到苏秉琦所说的“古国”阶段。联系文献提到和传说中与黄帝时期有关的地名，地上地下相互呼应，进一步证明了庙底沟类型文化的中心在豫晋陕交界三角地区。铸鼎塬一带很可能是黄帝时期的政治、经济和文化中心，西坡遗址可能是一处具有政治性的核心遗址①。若此，包括崤函在内的豫西晋南地区便是黄帝部落活动的中心区域。

文献记载为我们描绘了一幅黄帝时代众多部落族群大规模沿崤函古道自西向东、由东而西的迁徙场景。炎帝、黄帝部落相继在这一地区活动，共同进行了崤函古道的开发。其中，炎帝兴盛在前黄帝居后。有学者认为，炎帝的中心地域早期在渭河（包括汉水）上游宝鸡一带，恰好是属仰韶文化一期的半坡类型的发源地，半坡文化应属于炎帝部落的遗存。庙底沟文化则属于黄帝部落的遗存。先是炎帝部落一部分人进入豫西晋南，带来了半坡早期文化。介于半坡和庙底沟文化之间的东庄类型，便是半坡类型东进与当地土著文化融合的结果。如此正可解释炎黄同源且兴盛早晚有别的说法。东庄类型一经形成，就显示出其旺盛的创新、进取和开拓精神，改变了原半坡文化的分布版图和发展方向②。炎帝部落沿着黄河南北岸向今华北大平原西部地带发展，与兴起于今冀、鲁、豫交界地区由东向西发展的蚩尤部落相遇，炎帝战败，东向后撤，企图重回原居地。而这时原居地已为黄帝部落占领，炎黄两部落间在豫晋陕交界发生了重大冲突，最后炎帝“乃说于黄帝”③，归附于黄帝，炎黄两大部落在崤函古道西端联合起来，组成强大的部落联盟，涿鹿之战大败蚩尤。涿鹿之战确立了庙底沟文化所代表的华夏集团的主导地位，使黄帝及其中原地区成为古代中国的认知核心。《史记·五帝本纪》云，涿鹿之战后，黄帝“东至于海，……西至于空桐，……南至于江，……北逐荤粥”。范围大概相当于今天的山东、甘肃、湖南、河北北部，但活动的主要区域仍集中在河南、陕西境内。黄帝建立的“有熊国”即在河南新郑。又云：“天下有不顺者，黄帝从而征之，平者去之，披山通道，未尝宁居。”黄帝从征披山通道，作舟车以济不通，旁行天下，从而奠定了

① 中国社会科学院考古研究所、河南省文物考古研究所：《灵宝西坡墓地》，北京：文物出版社，2010 年。

② 韩建业、杨新改：《五帝时代——以华夏为核心的古史体系的考古学观察》，北京：学苑出版社，2006 年，第 23-33、150-156 页。

③ 黄怀信、张懋镕、田旭东：《逸周书汇校集注》卷 6《尝麦解》，上海：上海古籍出版社，1995 年，第 783 页。

古老华夏民族的雏形。这与考古资料中发现的庙底沟文化阶段，以豫西、晋南、陕西关中盆地为中心向四周扩散，其势力北到内蒙古中南部、山西北部和河北西北部，南及汉水中游一带，西抵甘肃地区，东至豫东地区。受其影响的区域波及大半个中国，在红山文化、大汶口文化、大溪文化、崧泽文化之中都有其踪迹的现象是何其的一致。

综合以上分析，可以得出如下结论：至迟在仰韶文化晚期，崤函地区（包括豫晋陕三省毗邻地区）内部就形成了一个连接流域性聚落群的道路及交通网络，这使崤函地区文化无论是在广度还是深度方面都达到前所未有的程度，以此为中心，以彩陶为特征，庙底沟文化逐步向西、北、东方向扩张和传播，先后开辟了通往关中及以西地区、晋南及以北地区和郑洛及以东地区的通道，由近及远，编织起了大范围的彩陶分布网和复杂分布路线，同时，亦构筑起庞大的交通网络和复杂的行近走远的彩陶之路。这条道路也是炎黄部落的迁徙之路、华夏集团的融合之路。炎黄部落的兴盛和融合是在征服包括崤函在内的豫西晋南地区东西通道过程中完成的，而融合后的华夏集团更迅速地扩大到黄河流域，加速了对崤函古道的开发。先民们沿着渭河、黄河往复迁徙，逐渐“履窄为宽”，“披山开道”，形成了崤函古道的最初形态——原始谷道。所谓原始，是指此时的崤函古道未经大范围的人工开凿和修建，没有太多的关于路面和材质等方面的讲究，平原地带大多顺着天然路面直接利用通行，而山区坡地大多绕着山坡的边缘地带略作平整拓宽而成，总体上还是一条被人们选择的自然通道；所谓谷道，则是说先民已掌握了“依谷成道”的规律，顺着山间溪涧寻找出路。

继庙底沟文化之后，在豫西晋南地区发展而起的是西王村文化。由此这一地区开始进入变革时期，由庙底沟时期以豫西晋南影响其他周边地区为主变为以周边地区影响豫西晋南为主，尤其是大汶口和屈家岭文化由东向西大举挺进，外来文化因素直接输入，且通过崤函通道一直深入今陕西省境内。外来文化逐步改变了豫西晋南的文化面貌，促使西王村文化向庙底沟二期文化转变，这种影响还使庙底沟二期文化进一步发展繁荣。庙底沟二期文化主要分布在豫西晋南，崤函地区的三门峡盆地、晋南垣曲盆地和洛阳西部山区一带是其中心分布区，关中、晋中和伊洛平原等地则是其分布的边缘区。这种分布态势，一方面说明外来文化，尤其是大汶口和屈家岭文化影响的猛烈，同时西方和北方文化的一些影响；另一方面反映不同系统文化向这里的汇聚，使崤函地区成为文化荟萃、珠联璧合、信息网络的中心之地。仅就饮器而言，便是中原新石器时代以来器形种类最多的一个时期，渗透进来的外来文化已经成为庙底沟二期文化的有机组成部分。因此，庙底沟二期文化仍具有吸纳、融化乃至于反馈的地位，还能对周边地区产生一定影响。龙山时代郑洛地区的王湾三期文化、关中地区的客省庄文化及临汾盆地的陶寺文化都是在当地庙底沟二期文化基础上发展起来的。而在本地龙山时代则形成了三里桥文化，或称三里桥类型，主要分布在渑池以西、华山以东、汾水以南地区，形成一个范围不大的文化区。在多极并立的文化格局中，客省庄文化、陶寺文化显示出强势文化的姿态，主导演绎着龙山时代晚期黄河中游地区群雄争霸的主旋律。崤函地区（主要是三门峡盆地）成为这几大文化势力争夺和影响之地，因而也成为这几支文化的交汇之地，其与西面的客省庄文化、北面的陶寺文化，以及东面的王湾三期文化和豫北冀南的后岗二期文化彼此存在着密切的文化交流。最初曾被一些学者归入客省庄文化，近来又有学者将其划入王湾三期文化，或将其称为“陶寺・三里桥文化”[①]，这正说明它们之间确实存在很多共同因素。崤函地区汇集了周边几大文化的不同文化因素，正说明了崤函是这几大不同类型文化进行交流与融合的重要连接区。其连接通道，从发现的这一时期的遗址看，王湾三期文化和客省庄文化的输入通道仍分别从崤函古道东西两侧进入，陶寺文化则主要通过垣曲通道渡黄河，进入渑池盆地，再沿着崤函古道向东西两侧移动。随着这种交流的加强，这一地区逐渐以夏文化为核心，向着统一的历史文化区发展。这便是这一阶段末期东部地区的王湾三期文化逐渐演化为富含东方文化色彩的二里头文化，并迅速向西扩展，三里桥文化被迫向北退缩至晋西南一隅，在与二里头文化接触中转变为东下冯类型，而客省庄文化一部分向西退缩至渭水上游及邻近地区。二里头文化的膨胀和殖民式的扩展，直接导致黄河中上游地区文化格局的巨大变迁，从而促进了龙山时代的终结，标志中国进入青铜时代和王国时期。

考古学上的龙山时代大致与传说中的尧舜时代对应。尧、舜都是黄帝的后裔。尧舜时代在豫西晋南地区已经形成了以尧、舜为首的联盟，其成员包括夏先祖禹、商先祖契、周先祖弃（稷）等族群。他们曾在这一带活动，又从这里分别向南、东、西方向迁徙。《左传・哀公六年》孔疏云：“尧治平阳，舜治蒲坂，禹治安邑。”平阳即今山西临汾一带的陶寺，蒲坂在今山西永济，安邑在今山西夏县。以尧为代表的陶唐氏被认为是陶寺文化的创造者[②]。如前所述，庙底沟二期文化是陶寺文化的一个重要来源，与陶寺文化同时的三里桥文化也曾对陶寺文化产生重要影响。三里桥文化被认为是有虞氏舜族群的文化遗存，在空间上，虞氏舜部族活动地区北至侯马以南的峨嵋岭，东至闻喜以东，西达河西以远，南已逾豫西。在这个范围内，据多年来的考古试掘与调查，遗址众多，遗存丰富，数量约在百处以上[③]。陶寺文化中期的重大变异被认为与有虞氏舜的强势进入有直接关系，后者北迁至临汾盆地一带，最终取得了对陶寺地带原尧都的控制权。历史上尧、舜都被认为十分重视交通。古代文献中有“尧、舜通四裔”“协和万邦”的传说，路亦有了“康衢”[④]之称。《易经・系辞》中有“舟楫之利，以济不通，……服牛乘马，引重致远，以利天下”，反映的是尧舜时代的交通状况。尧舜时代陆路的开辟范围显然比黄帝时代又有了扩大，道路质量也有了进一步的改善。据研究，尧舜时代从都邑通往四裔的一条道路便是从晋南盆地出发，经平陆过虞坂，越中条山渡黄河进入崤函古道再前行。禹夏族群南下，进入豫西，在崤函古道的西端建立中国历史上第一个国家——夏，走的也应是这条道路。尧舜联盟在豫晋陕相邻地区的形成及其成员，特别是夏先祖的迁徙，是继炎黄部落东迁和华夏集团形成后崤函古道早期开发史上的又一次高潮，它对中国文明社会的形成和发展有着重大的意义。

---

① 杨亚长：《谈庙底沟类型》，《中原文物》2000年第5期，第10-14页。

② 王文清：《陶寺遗存可能是陶唐氏文化遗存》，《华夏文明》第1集，北京：北京大学出版社，1987年，第106-123页。

③ 王克林：《晋西南龙山文化与有虞氏——虞舜部族起源的探索》，《文物世界》2002年第1期，第20-23页。

④（晋）张湛注：《列子》卷4《仲尼第四》云：“尧乃微服游于康衢。”上海：上海古籍出版社，2014年，第125页。

夏王朝时期崤函古道交通的初创

夏王朝的建立，标志着中国古代社会开始进入文明社会发展阶段。随着早期国家制度的初兴与发展及生产力水平的提高，夏王朝开创了国家动员社会集体力量有意识经营交通的先河。史前初露雏形的崤函古道，在夏代得到了初步的开发，并为中华文明的形成和早期繁荣，做出了历史性的贡献。

一　夏禹治水传说与崤函早期交通的开辟

夏王朝的奠基者是禹，其治水功绩历来为人们所称道。夏禹治水不仅有效地平息了洪水之患，也是对当时全国道路与水路等交通网络的开发与完善，即文献所说的“经启九道”[①]“以开九州，通九道”[②]。一般认为，夏禹治水包括“导山”和“导水”，因此相应形成了九条陆道和九条水道。水路以黄河为中心轴线，联络各河川通往九州。陆路以各地有名山岳作地标，依山地循行，再将各地水系和陆路连通，构成“九州”互通的交通联络网。崤函地区交通道路在夏禹开创编织的这个网络中有自己的重要位置。

夏禹治水所开“九道”，与崤函地区有关的道路有一条，《禹贡》载：“底柱、析城，至于王屋。”这条通往山区的陆路，从三门峡砥柱山东向翻越析城山，至王屋山。析城山在今山西阳城县，王屋山在今济源境内。这是以底柱、析城、王屋三座典型山名为“地标”指代的一条通道或道路，“底柱、析城，至于王屋”就是经由底柱、析城，王屋三座山的通道或道路。夏禹还疏导了崤函地区的河流，其一为黄河。《禹贡》：“南至于华阴，东至于底柱，又东至于孟津。”这条水路的上游又与雍州“浮于积石，至于龙门西河，会于渭汭”的贡道相沟通，将黄河、渭河贯穿起来。下游则向北最终通于大海[③]。其二，“导洛自熊耳，东北会于涧、瀍，又东会于伊，又东北入于河”。熊耳即今卢氏熊耳山。因伊、洛、涧、瀍四条重要水道汇入黄河，它们可以被看作黄河河道疏浚的一部分。黄河河道的疏浚属于水利治理和水路交通建设，但因其工程浩大，施工人员分布黄河沿线，输运给养保证施工，必然要求沿线交通道路的畅通。黄河河道在疏浚时也必然促进了陆上交通事业的发展。

在夏禹治水过程中，三门峡砥柱一带是其重要的工程项目和交通节点。有关夏禹治水传说遍及三门峡黄河两岸。根据传说，三门峡的形成归功于夏禹，人门、鬼门、神门俱为夏禹凿开。《水经注·河水》：“砥柱，山名也。昔禹治洪水，山陵当水者凿之，故破山以通河。河水分流，包山而过，山见水中若柱然，故曰砥柱也。三穿既决，水流疏

---

① 《左传·襄公四年》：“茫茫禹迹，划为九州，经启九道。”杜注：“启开九州之道。”

② （汉）司马迁：《史记》卷 2《夏本纪》，北京：中华书局，1959 年，第 51 页。

③ 顾颉刚注释：《禹贡》，侯仁之主编：《中国古代地理名著选读》，北京：学苑出版社，2005 年，第 1-54 页。

分，指状表目，亦谓之三门矣。”原置三门峡西黄河北岸台地上（禹庙遗址）的明天顺三年（1459年）《重修三门大禹庙记》云：“当唐虞秋，洚水弥漫，九有一壑，民其鱼鳖，咸作怨咨。天闵厥下，俾神禹出，不辞胼胝之苦，舟车輴樏之是载，八年在外，荒度土功。……禹则凿之排之，决之沦之，分为三门。三门辟，则冀之水患息而民无氿氿，府事修治而世享其利矣。”据碑文所记，此大禹庙兴建于唐天宝二年（公元743年），历代多有重修，足见其历史影响之深远。

《史记·夏本纪》载，夏禹为平治洪水，奔走四方，“陆行乘车，水行乘舟，泥行乘橇，山行乘檋”，说明当时可能已经出现了适用于不同交通条件的多种交通形式。夏禹在崤函地区开辟水、陆交通，当亦实现了“陆行乘车，水行乘舟”的交通形式，这应是较早的崤函地区行车、行船的文字记录，证明夏禹治水时由崤函向东西，有了沿黄河岸边的一条通道，它既可水行，也可陆行，水陆兼备。

夏禹时代夏后氏部落迁徙和夏禹军事征伐的记载和传说，提供了夏禹利用这条通道的一些信息。

据《史记·五帝本纪》等记载，夏禹因治水之功，继舜之后成为“豫晋陕相邻地区联盟”首长，仍以山西一带的“冀州”为联盟的政治中心所在地。《左传·哀公六年》杜注：“唐、虞及夏同都冀州。”《史记·封禅书》正义引《世本》则具体指禹都在晋南“平阳”“安邑”。《尚书》孔疏则曰：“尧治平阳，舜治蒲阪，禹治安邑。”安邑地望，正义引《括地志》云：“安邑故城在绛州夏县东北十五里，本夏之都。”

夏禹任联盟首长，遭到舜之子商均的强烈反对，被迫离开晋南，避居阳城。《史记·封禅书》正义引《世本》云：“夏禹都阳城，避商均也。”《孟子·万章上》：“舜崩，三年之丧毕，禹避舜之子于阳城，天下之民从之。”登封告成镇发现的王城岗龙山文化城址，多数人判断与禹都之阳城有关。禹迁阳城是夏文化发展的一个转折点，夏后氏的势力从晋南发展到豫西。顾颉刚考证说：“夏后氏这一部落联盟的活动区域，首先当在较西的陕西、山西一带，是逐渐向东发展的。……可能在启以前，其活动区域基本上在平阳、安邑、晋阳等山西省境再东向就达到河南。”[①]王克林梳理有关夏族的传说与文献记载，结合考古资料，认为：“有关夏族和文化的起源，从迄今所见的考古文化判断，目前只能说在山西晋南。而河南地区只能说是夏族建国后辗转迁徙于中州大地伊、洛一带的后期活动中心。”既然是夏之政治中心的转移，必有一定的规模，说明是夏后氏部落一次迁徙的交通大行动。“夏族的迁徙发展，是从北向南，首先崛起于襄汾古之崇山，然后沿汾、涑水流域至夏县、平陆，随后越过黄河而达豫西伊、洛流域。”[②]由晋南越过黄河，南下入豫西，取道崤函，是最佳选择。李民认为，夏族迁徙，极有可能是从汾浍、安邑的中心地区沿芮城东北中条山巅路南下，至黄河边，再经大禹渡等渡口过河而到达河对岸的“南河”“禹甸”等地[③]。这里的“南河”“禹甸”具体地望，已难确指，但肯定在今灵宝黄河北岸，由此向东的道路只有一条，即沿黄河谷地向东，到达嵩山一带。这条道路的前段就是后人所称的崤函古道。

① 顾颉刚、刘起釪：《〈尚书·甘誓〉校释译论》，《中国史研究》1979年第1期，第51-63页。
② 王克林：《论夏族的起源》，《文物季刊》1997年第3期，第32-41页。
③ 李民：《试探夏族的起源与播迁》，《郑州大学学报》（哲学社会科学版）1985年第18卷第2期，第75-82页。

新出郭店楚墓竹简《唐虞之道》云："虞用威，夏用戈，正不服也。爱而正之，虞夏之治也。"[①]传说夏禹曾对主要活动于豫西和晋南黄河两岸的共工、有扈氏等进行过多次征伐。《荀子·议兵篇》中有"禹伐共工"。《山海经·大荒西经》中有"有禹攻共工国山"。《吕氏春秋·召类》："禹攻曹、魏、屈骜、有扈，以行其教。"孙治让《墨子间诂·明鬼下》注："或禹启皆有伐有扈之事。"孔子曾评价夏禹说："举皋陶与益以赞其身，举干戈以征不享不庭无道之民，四海之内，舟车所至，莫不宾服。"[②]夏禹通过征伐，逐渐树立自己的威信，最后成天下共主。这些征伐行动，大体发生禹任联盟首长前后。夏禹"舟车所至"的军事行动的顺利实施，显然借助了包括崤函通道在内的九道开辟所带来的便利。

二　崤函古道与二里头文化的西进和北上扩张

夏王朝是中国历史上第一个文明国家。1959年发现于偃师的二里头文化被多数人认可是夏代的夏民族文化遗存，二里头遗址是一处夏代晚期的都城遗址[③]。崤函地区介于豫西与晋南这两大夏人活动中心之间，在二里头文化扩张中发挥了独特的作用。

根据考古发现，在二里头文化一期，夏文化分布范围局限在今河南中西部，西至崤山，北以黄河为界，东未及郑州、新郑一线，南不过伏牛山。二里头二期以后，夏文化突破崤山的阻隔，向西大举扩张。崤函地区发现了多处典型二里头文化遗址，经正式发掘的重要遗址有新安太涧，盐东，渑池郑窑、鹿寺，陕县七里铺、西崖村，湖滨区南家庄、南交口，以及灵宝晓坞，洛宁坡头、宜阳庄家门等遗址，说明这里是夏文化最早的重要分布区和夏族控制区。从这些遗址分布看，二里头文化扩张在陕县以东主要是沿着洛河的支流—涧河、陕县以西则主要是沿着青龙涧河流域进行的，其扩张态势往往以抢占战略要地为主要目的，非常注意把握交通要道，从而把握经济文化交流和军事行动的重要途径，所以这一区域的二里头文化遗址呈分散式布局特点，以点为主、点线结合。

二里头文化继续向西，穿过崤函，进入关中。考古发现，约当二里头文化三、四期时，二里头文化与东下冯文化携手进入了渭河流域中下游地区，侵占了盘踞于渭河流域的客省庄文化领地，将其纳入夏王朝的势力范围[④]。典型遗址有西安老牛坡、华县元君庙、南沙村、华阴横阵村、蓝田泄湖、大荔白村、赵庄等。根据这些遗址所包含的文化内涵，有学者判断，二里头文化进入关中的方式，不仅受文化传播或文化的影响，还掀起了一场"排他性的殖民风暴"[⑤]，其中包括相当规模的军事征伐和人员迁徙类的交通活动。根据关中地区典型二里头文化遗址分布位置，可知这场持续的"排他性的殖民风

① 荆门市博物馆编：《郭店楚墓竹简》，北京：文物出版社，1998年，第157页。

②（清）王聘珍撰，王文锦点校：《大戴礼记解诂》卷7《五帝德》，北京：中华书局，1983年，第125页。

③ 邹衡：《试论夏文化》，《夏商周考古学论文集》，北京：文物出版社，2001年，第89-170页。

④ 段天璟：《二里头文化时期渭河流域的文化变迁——从"老牛坡类型远古文化"遗存谈起》，《中原文物》2006年第6期，第32-38页；张天恩：《论关中东部的夏代早期文化遗存》，《中国历史文物》2009年第1期，第17-24页。

⑤ 张忠培、杨晶：《客省庄与三里桥文化的单把鬲及其相关问题》，《宿白先生八秩华诞纪念文集》，北京：文物出版社，2002年，第1-50页；段天璟：《从文化变迁看二里头文化的排他式殖民扩张及影响——以中条山南北和江汉平原地区为例》；吉林大学边疆考古研究中心编：《新果集：庆祝林沄先生七十华诞论文集》，北京：科学出版社，2009年，第160-175页。

暴”，主要是经由崤函道路交通进行的。

二里头文化向北，进入晋南，是其扩张的主要方向。晋南二里头文化遗址主要有二里头和东下冯两大类型，大体以中条山为界，前者仅分布于中条山南麓的垣曲盆地及平陆芮城一带，在中条山以南的山前地带，沿黄河北岸成长条状分布。后者则分布于中条山以北的运城盆地和临汾盆地内。考古发现证明，晋南二里头文化遗址约在二里头二期阶段开始发展，并呈明显的繁盛和扩张趋势，已发现遗址 64 处，古城南关是整个垣曲盆地的中心聚落遗址，总面积约 10 万平方米，已具备了相当规模。文化面貌与豫西二里头文化非常接近，其中几乎每类器物都可找到相类者。说明这一带二里头文化遗址应是由豫西迁徙而来并与当地文化融合后形成的，豫西是二里头文化向晋南扩张与移动的必经之路。这里所说的豫西，自然包括崤函地区。晋南二里头文化遗址中条山以北的运城和临汾两个盆地，遍及分布东下冯类型遗址，数量多达 200 余处[①]。李伯谦认为：“东下冯类型开始形成的时间晚于二里头类型开始形成的时间，东下冯类型主要文化因素来源于二里头类型，它是在二里头类型发展到一定阶段向晋南地区传播并与当地原居文化逐渐融合而形成的。如果说二里头类型是二里头文化的原生类型，那么，东下冯类型则是二里头文化的派生类型。”[②]李维明亦认为，晋南地区二里头文化的产生是豫西二里头核心地区人民的殖民所致，即这一文化的扩张可能意味着夏人向晋南的迁徙[③]。有学者称之为“夏族的第二次大规模北迁”[④]。说明迁徙人数当有较大的数量和规模。

二里头文化自伊洛盆地由东向西深入关中及北上晋南的考古资料，可以证明夏代早期崤函道路交通已经得到初步开发的事实，通行能力已经可以服务于长距离远征关中、晋南这种较大规模的军事殖民活动。

三　启征有扈氏与崤山南路的开发

启征有扈氏是夏初西扩最重要的一次战役。据《史记 · 夏本纪》记载：夏禹子启即位，“有扈氏不服，启伐之，大战于甘。……遂灭有扈氏。天下咸朝”。有扈氏的地望，学界多认为在今陕西户县境内，甘之战发生在户县南郊附近，并以《汉书 · 地理志》等文献所载扶风鄠现有“扈谷”“甘亭”为证。还有学者据考古发现，推测客省庄二期文化有很大可能就是有扈氏文化[⑤]。客省庄在沣河西，再往西不远就进入今户县境内。客省庄二期文化的分布，东至约在华阴左近，东南至在商县、商南县等，北至尚不清楚，西至已达岐山双庵。客省庄二期文化的上述分布情况，与文献记载的古扈国地望大体相合。也有学者提出有扈氏故地在今郑州北黄河北岸的原武一带，甘地在今洛阳西南，或

① 佟伟华：《二里头文化向晋南的扩张》，载杜金鹏主编：《二里头遗址与二里头文化研究》，北京：科学出版社，2006 年，第 361-373 页。

② 李伯谦：《东下冯类型的初步分析》，《中原文物》1981 年第 1 期，第 27-31 页。

③ 李维明：《再议东下冯类型》，《中原文物》1997 年第 2 期，第 24-32 页。

④ 张国硕：《从夏族北上晋南看夏族的起源》，《郑州大学学报》（哲学社会科学版）1998 年第 31 卷第 6 期，第 101-106 页。

⑤ 李民：《尚书与古史研究》，郑州：河南人民出版社，1981 年，第 65-74 页；张天恩、刘军社：《关于客省庄二期文化几个问题的探讨》，《文物》1995 年第 2 期，第 46-55 页。

在今郑州以西的古荥一带[①]。这些看法基本是基于夏势力西不出潼关的认识得出的。

启征有扈氏的行军路线，古史无载。一般认为，从东到西约起自洛阳，沿洛河西行，穿越崤山后，滨黄河经桃林，沿华山北麓然后抵于甘[②]。这条“启征有扈氏路线”的前半段，从洛阳，经行洛河—黄河谷地，实际上就是我们所说的崤函古道崤山南路路线，中段滨黄河经桃林，至华山，则属崤函古道函谷段路线。启征有扈氏的“甘之战”在交通史上的一项积极成果，便是开辟了一条从洛阳经洛宁前往关中平原的交通道路，这无疑是崤函古道交通史上一次重要的开创。有学者认为，它是新辟的一条新通道。理由主要是当时渑池一带水网尚未消除，为避开黄河边走廊的复杂地形和众多的天堑、河口新辟此道[③]。然而，究其基础，当还与此前鲧治水有关。据《尚书·尧典》记载，尧曾命夏禹之父鲧治水，鲧用息壤堙塞洪水。《山海经·海内经》云：“洪水滔天，鲧窃帝之息壤以堙洪水。”郭璞注云：“息壤者，言土自长息无限，故可以塞洪水也。”又引《开筮》：“滔滔洪水，无所止极。伯鲧乃以息石息壤以填。”[④]有关息壤的地望，古籍记载不一。《战国策·秦策二》载：秦武王与甘茂“盟于息壤。果攻宜阳，五月而不能拔也”。王欲罢兵，“召甘茂而告之。甘茂对曰：‘息壤在彼。’王曰：‘有之。’因悉起兵，复使甘茂攻之，遂拔宜阳”。据此，有学者推断息壤在今宜阳县境[⑤]。若此一推断不误，则对于崤山南路的开辟就很好解释了，因为鲧既然能在宜阳取息壤堙塞洪水，则对这一带交通当有一定治理。

《左传·僖公三十二年》云：“崤有二陵焉，其南陵，夏后皋之墓也。”《史记·三代世表》索隐：“帝皋，宋衷云：墓在崤南陵。”《水经注·河水》：“石崤水，出石崤山。山有二陵，南陵夏后皋之墓。”帝皋墓位于今陕县宫前、菜园两乡交界处，雁翎关西北侧，今遗址尚存。此地正在启征有扈氏行军走过的大道旁。帝皋为孔甲之子，第十四世夏王，史称夏自孔甲时开始走向衰落。《史记·夏本纪》：“帝孔甲立，好方鬼神，事淫乱。夏后氏德衰，诸侯畔之。”《国语·周语下》：“昔孔甲乱夏，四世而陨。”在政治动荡长期不断“诸侯畔之”的形势下，帝皋很可能在平定叛乱、转战崤函途中死亡，下葬于此。古人陵墓与居处当相距不远，与交通道路亦不能过于悬远。夏后皋墓佐证了崤函古道崤山南路的开辟和存在。

有迹象表明，启晚年还利用这条新辟的道路平息了“武观之乱”。《今本竹书纪年》：“（启）十一年，放王季子武观于西河。十五年，武观以西河叛。彭伯寿帅师征西河，武观来归。”《逸周书·尝麦解》：“其在殷之五子，忘伯禹之命，假国无正，用胥兴作乱，遂凶厥国。皇天哀禹，赐以彭寿，俾正夏略。”朱右曾《逸周书集训校释》认为“殷”当“启”之误，“五子，五观也，亦曰武观，启子”。《国语·楚语下》韦昭注：“五观，启子，太康昆弟也。”可知，启晚年发生诸子争立动乱，季子武观被放逐西河，武观据

① 顾颉刚、刘起釪：《〈尚书·甘誓〉校释译论》，《中国史研究》1979年第1期，第51-63页；郑杰祥：《夏史初探》，郑州：中州古籍出版社，1988年，第110-115页。

② 郑若葵：《中国古代交通图典》，昆明：云南人民出版社，2007年，第95、96页。

③ 胡德经：《两京古道考辨》，《史学月刊》1986年第2期，第3-9，81页。

④（晋）郭璞注，（清）毕沅校：《山海经》，上海：上海古籍出版社，1989年，第120页。

⑤ 何光岳：《夏源流史》，南京：江苏教育出版社，1992年，第61页。

此发动叛乱，几乎瓦解夏统治。幸有彭伯寿帅师西征西河，才平定武观之乱。虞世南《北堂书钞·纪年》将此次平乱称为"启征西河"。《路史》亦谓："夏世侯伯国有西河国，后启征之。"但无论怎样，启放武观，武观可依此而叛，说明有一定的经济、军事实力。此次夏军出征西河平武观之乱，距启征有扈氏时间不长，《今本竹书纪年》将启征有扈氏系于启二年，启征西河应是沿用征有扈氏的老路。夏初接连沿崤函古道南线向西征伐，说明当时的交通条件已具相当的规模和质量。自启征西河之后至胤甲之前，文献中不再见有西河的记载，说明夏代前期西河地区归顺了夏王朝。

四　夏迁都西河及经略晋南与崤山北路的开发

夏代曾发生多次迁都的交通大行动。第十二世夏王胤甲即位后，把都城从老丘（今陈留北老丘故城）迁至西河。《古本竹书纪年》载："帝廑一名胤甲，即位，居西河。"继任夏王孔甲仍都西河。《今本竹书纪年》：孔甲"帝即位，居西河"。第十五、十六两世夏王皋和发（又名敬或发惠）的都城，文献无载，从夏后皋葬于崤山南陵，桀都斟寻来看，皋、发两王可能也从胤甲都西河。《竹书纪年》卷上记载："自禹至桀十七世，有王与无王，用岁四百七十一年。"自胤甲在西河建都，至发止，夏有胤甲、孔甲、皋、发四世国王、经历 82 年。夏十迁国都，西河就占了 1/3 的时间，足见西河在夏代历史地位的重要。

西河地望，有豫北东部说、龙门至华阴一带说、洛阳至陕西华阴说等多种说法。其中，范文澜首倡的河南洛阳至陕西华阴通称西河的观点①为更多人所赞同。张国硕进一步推定，西河在"今渑池县西至三门峡市东一带"。其理由是，作为夏王朝的都城，在没有大规模异族入侵的前提下，西河理应在夏族的势力范围之内，而不能远离夏王朝统治的中心区域。豫北地区在夏王朝后期已属先商文化的分布区，夏王朝已不能有效地控制这一地区。而山西西部至陕西东部地区多为山地、丘陵地貌，生态环境恶劣，且偏离夏王朝统治的中心区域。相比之下，豫西西部至陕西华阴以东历来皆为夏王朝的统治区域，故西河位于此间某地的可能性最大。但也不可能设在华阴以东至潼关一带。"因主都斟寻在今偃师一带，若把辅都设在今洛阳以西至新安一带，主、辅都相距较近，辅都的设立没有实际意义。但也不可能把辅都设在今华阴以东至潼关一带，因这里远离夏王朝中心统治区，现今这里发现的二里头文化遗存较少，说明夏王朝并未有效地控制这一地区。相比之下，今三门峡地区发现较丰富的二里头文化遗存，说明这里属于夏王朝控制区的西缘。……夏后皋墓在今河南渑池县西南方属陕县、洛宁交界处的雁翎关北。古人陵墓与居处当相距不远"②。因此，胤甲所居"西河"，最大的可能性应在"今渑池县西至三门峡市东一带"。夏商时期是否实行的是主、辅都制度还需讨论，但其有关西河地望的意见是可取的。

史籍又可见孔甲墓在今渑池县境崤山之中的记载。《大明一统志·河南府》陵墓条

---

① 范文澜：《中国通史》（第 1 册），北京：人民出版社，1978 年，第 32 页。

② 张国硕：《夏商时代都城制度研究》，郑州：河南人民出版社，2001 年，第 113、114 页。

载："孔甲陵在永宁县东北三崤山。孔甲，夏王也。"明永宁县即今洛宁县。顾祖禹考证："三崤山，亦曰二崤，一名嵚岑山，在今河南府永宁县北六十里。其地或谓之崤渑，或谓之崤塞。"三崤山，西接陕县，东接渑池，因崤山道上有石崤（西崤）、千崤（东崤）和土崤三山，合称"三崤山"或"三崤"①。孔甲和夏后皋两座陵墓皆在崤山，且两人死亡时间相继，埋葬地点相近。而渑池又称"西河外"。《史记·廉颇蔺相如列传》："秦王使使者告赵王，欲与王为好会于西河外渑池。"索隐："在西河之南，故云外。"因此，西河地望当在今渑池县以西至陕县以东的崤山一带，是可信的。这一带地形险要，"既可作为讨伐今陕西关中及豫西诸方国、部落叛乱的前沿基地，又可为控制晋南地区建立一个稳固的政治、军事中心"②。

夏自胤甲迁都西河，与夏中后期活动中心逐步西移，重新经营晋南有关。中国古代建都历来有与对外发展相联系的传统。史念海说："一国首都的选择，是应接近于当时最大的敌人的，而不应该迁就于当时的经济中心。"③尤其是在"当时的交通、运输等条件下，……要跋涉远征毕竟是比较困难的。因此，当时选择王都的地点，不能不考虑到作战的方便，就是说，不能不从军事的角度上考虑迁都的问题"④。由于"后羿代夏""太康失国"，夏王朝失去了对晋南地区的控制，未能继续向外发展。直到帝相时，夏人才开始向外发展，东征淮夷、畎夷，以后的夏代各王，大概亦主要居于伊、洛地区的阳城、斟灌、斟寻，只是为了东征的需要才迁居老丘。根据史籍所见，夏人的敌人似乎主要在东方，而老丘则是夏人控制东方的主要据点⑤。所以，胤甲、孔甲、皋、发诸王时夏迁都西河，将活动中心由东方移至西方，暗示出西河地区或周边地区可能又发生了某种动乱，在夏后期历史上，可能还存在一系列为史籍失载的战争。这与帝宁先都原再迁老丘一样，是基于领土扩张或保持领土完整的军事方面的考虑，反映了夏王朝安抚西境的意图，以便战争调度和就近指挥讨伐西河及周边的战争。同时，西河所在地区较为便利的交通条件可资利用，这也当是胤甲等迁都西河考虑的因素。

事实证明，夏都西河的目的基本达到了，夏王朝可能又取得了对西河及周边地区的控制权，将豫西、晋南连成了一片。有学者指出，胤甲以后的夏都西河，带来了晋南的重新复兴。从考古材料看，"晋南夏文化的复兴是在胤甲居西河之后。其特征表现于受二里头影响的东下冯中、晚期文化层中"。"在东下冯发掘的遗物中，据测定有的年代晚于二里头同期遗物并吸收其大量因素，这说明夏中、后期东方对西方有较大的影响。"⑥东下冯类型形成的时间约当二里头文化二期稍晚，帝宁为夏王朝的第六王和夏启之第五代孙，帝宁的北上扩张年代与东下冯类型形成的年代基本相当。从二里头文化三期开始，东下冯发展成为运城盆地的中心聚落和国家控制的手工业中心，这与胤甲开始至桀以前

① （清）顾祖禹撰，贺次君、施和金点校：《读史方舆纪要》卷46《河南一》，北京：中华书局，2005年，第2097页。

② 张国硕：《夏商时代都城制度研究》，郑州：河南人民出版社，2001年，第87页；张国硕：《先秦人口流动民族迁徙与民族认同研究》，郑州：大象出版社，2011年，第103、104页。

③ 史念海：《娄敬和汉朝的建都》，《河山集》四集，西安：陕西师范大学出版社，1991年，第368-380页。

④ 邹衡：《夏商周考古学论文集》，北京：文物出版社，1980年，第210页。

⑤ 孙华：《夏代都邑考》，《河南大学学报》（社会科学版）1985年第1期，第77-83页。

⑥ 史道祥：《关于夏文化源的探索——由古本〈竹书纪年〉夏代"西河"地望谈起》，《郑州大学学报》（哲学社会科学版）1989年第22卷第2期，第85-92页。

经略西河地区年代基本相当。夏迁都西河，的确起到了安抚西境，控制晋南的作用。

夏迁都西河并长期经营，虽然在主观上受到当时军事形势因素影响，但伴随都城变迁必然会出现较大规模的人口迁移，因此迁都本身在客观上就显示了夏人极强的交通能力，意味着道路开辟的发生或存在。虽然推论尚待考古学验证，但可以肯定的是，由于西河跃升为夏王朝政治和军事指挥中心，且时间较长，夏王朝以此为契机，运用公共权力和整个社会集体力量，有可能组织起较大规模的人力、物力。在军事斗争的同时，对西河及其通往周边的交通道路规度和建设，直接推动和促进西河地区交通道路及其交通网络的开辟或形成。

《国语·晋语八》载："昔者鲍违帝命，殛之于羽山，化为黄熊，以入于羽渊，实为夏郊，三代举之。"《山海经·中次三经》："又东十里，曰青要之山。实维帝之密都。北望河曲，是多驾鸟，南望蝉渚，禹父之所化。"[①]郝懿行谓青要之山在今新安县西北 20 里，即在崤山北路的东段。三门峡地区二里头文化遗址主要分布在涧河、青龙涧河流域，洛阳谷水也多有分布。说明自洛阳沿谷水河谷西进，沿涧河、青龙涧河，进入陕县的道路是客观存在的。史籍载夏后皋之父孔甲死后葬于三崤山。此地正在崤山北路大道附近，与我们所说的西河夏都位置大体在同一范围。迁都西河，直接导致了夏王朝统治集团成员的迁移。孔甲当是在都西河期间死亡，遂就近葬于此，这同其子帝皋死后葬于殽山南陵交通大道旁颇为类似。这条大道当与西河都城相通。说明崤山北路交通路线业已得到开发。这条道路很可能是沿用了鲧、禹父子治水的路段，在夏初已被利用，而不应如胡德经等所说的迟至商末才开发出来。

五　夏代开发崤函古道的经济动机及功用

夏代崤函古道的开发，不仅与频繁开展的军事活动密切相关，夏王朝对重要资源的攫取和管理的经济需求，也是促进崤函古道交通开发进步的重要动力。有学者指出，"二里头文化的扩张可能正是国家政治——经济战略的物化形式，而这个战略的目的就是获得国家所需要的铜、锡、铅、盐和其他自然资源"。"国家对资源丰富地区的殖民企图，显然是为了控制和运输各种各样的资源，以支持首都地区日益集中的手工业生产和大量人口。"[②]研究表明，崤函地区本身的丰富资源在二里头时期似还未被发现和重视，但与之相邻的晋南和关中，则存在已被发现和利用的丰富资源，尤其是青铜冶炼所必需的铜、锡、铅及人们生活不可或缺的食盐。

晋南的运城盐池是整个黄河中游最主要的盐产地。中条山有丰富的铜、铅、锡资源，尤其是铜矿，东南距夏都二里头只有约 150 千米，是距离二里头最近的铜矿资源。铜、锡、铅等矿产资源在中原地区十分稀有，储量有限，对这些资源的控制、开发和利用，

---

① （清）郝懿行：《山海经笺疏》，成都：巴蜀书社，1985 年，第 230 页。

② 刘莉、陈星灿：《中国早期国家的形成——从二里头和二里岗时期的中心和边缘之间的关系谈起》，《古代文明》（第 1 卷），北京：文物出版社，2002 年，第 71-134 页。

在早期国家的形成和发展时期尤为重要[①]。垣曲古城南关和夏县东下冯作为二里头文化在晋南的两个区域中心，均位于发源于中条山的河流边上，对当地的铜、盐等重要资源当负有开采与运输的重要职责。东下冯地处中条山铜矿和运城盐池之间的平原地带，距运城盐池仅 30 多千米。古城南关位于亳清河与黄河交汇处。铜矿就分布在中条山中，铜的冶炼也当在中条山区铜矿的附近进行，这样不仅利于矿石搬运，也易于得到作为燃料的木炭。从中条山发源的青龙河、亳清河等河流形成自然的通道，把铜、盐等从矿区或盐池运至东下冯和古城南关，然后通过黄河和其他支流，转运到夏都二里头。此外，垣曲盆地北部的中条山之巅历山盛产木材，是中原王朝构建殿堂廊庑的原料来源。产出的木材可沿沇河由南向北顺流而下，到达盆地最底端的古城南关后，再输往二里头。由晋南进入豫西的主要交通道路：一是南路，自运城盆地向南跨越中条山西段至平陆，在茅津渡过黄河，沿崤函古道西至夏都二里；二是东路，自运城盆地经夏县、闻喜和绛县，折向东南方向，穿越中条山东段的横岭关到达垣曲东滩，渡过黄河，经渑池、新安，东至二里头；三是北路，由运城盆地越过中条山东段经垣曲盆地翻越王屋山经济源北渡黄河，至二里头。这三条道路中的南、东两条线路，北渡黄河后，都与崤函古道相连接。有学者分析，分布于洛阳以东的二里头文化主要是由北路进入晋南，位于中条山南麓的垣曲盆地正处于这条交通要冲上。分布于洛阳以西的二里头文化则主要是取南路和东路进入，位于中条山南麓的平陆和芮城地区，也处于豫西向晋南运城盆地移动的最前沿。垣曲盆地以南、黄河以北的渑池郑窑发现有二里头三期的遗存，很可能是崤函与垣曲盆地之间相互往来的驿站。晋南和崤函地区交通的发展是为了向夏都二里头纳贡而形成的，主要输送的是铜、盐等重要资源。“这些资源不仅滋润着本地区古代文化的发展，而且用于支持中原夏王朝的建立与发展，成为早期国家建立的重要物质基础。”[②]

距关中平原西部最近的商洛东龙山遗址，位于丹江北岸，距北部红岩山铜、锡、铅矿很近，是近年发现的一座大型夏商遗址，有典型的二里头文化遗存，年代属于二里头文化三、四期[③]。据张天恩研究，东龙山遗址位于连接黄河与长江水系的交叉点上，南方的货物可以通过汉江和丹江从长江中游西北运抵秦岭山区，然后经过商州北部的分水岭到达洛河，最终运至伊洛盆地的二里头[④]。这条通道在崤函地区主要是利用了洛河。可见东龙山遗址也是夏王朝在矿产资源重地设立的一个据点，目的仍是控制和运输该地区的铜矿资源。联系启征有扈氏新辟崤山南路，我们有理由相信，启征有扈氏、征西河，开发新路崤山南路，很可能与洛河航运开通、沿岸陆路交通有一定发展有关。

此外，在陕县七里铺遗址二里头文化灰坑中出土了一件骨贝，渑池郑窑遗址出土有蚌贝。考古学家说：“贝在当时仅仅作为装饰品，抑或已具有一般等价物的社会功能，尚待研究。唯海贝在二里头等遗址的出土，意味着中原地区与遥远的沿海居民存在着某

① 刘莉、陈星灿：《中国早期国家的形成——从二里头和二里岗时期的中心和边缘之间的关系谈起》，《古代文明》（第1卷），北京：文物出版社，2002 年，第 71-134 页。

② 佟伟华：《二里头文化向晋南的扩张》，杜金鹏主编：《二里头遗址与二里头文化研究》，北京：科学出版社，2006 年，第 361-373 页。

③ 陕西省考古研究院、商洛市博物馆：《商洛东龙山》，北京：科学出版社，2011 年，第 147-186 页。

④ 张天恩：《陕西商周考古发现和研究概述》，《考古与文物》1998 年第 5 期，第 21-31 页；《关中西部夏代文化遗存的探索》，《考古与文物》2000 年第 3 期，第 44-50 页。

种交往和联系，这是肯定无疑的。”[①]在崤函地区，海贝有可能是通过商业贸易获得的。骨贝的发现，有研究者认为，这表明“流通中的海贝的数量已供不应求，而出现了用骨仿制的贝币，说明当时贝币的使用是比较普遍的”[②]。骨贝、蚌贝在崤函的出现是夏代商业经济发展和人口往复的一种反映。这为我们理解崤函古道交通的远程联系和贸易往来提供了很好的遐想空间。

综观夏代崤函地区交通开发情况，可以看出崤函古道自社会进入文明时代以后迅速开发和扩展起来。在夏王朝对外扩张中，无论是向西攫取整个陕西东部、南部的资源，还是向北获取晋南铜矿、池盐，崤函地区都是连接伊洛平原与上述地区的中间地带。出于对青铜原料和盐等重要资源的需求，二里头文化的人们往来于伊洛、崤函、晋南、关中诸地区之间，崤函古道交通线路和交通范围因此上升为国家具体的实政之一，得以有意识地开发和扩展。而崤函北路由于靠近黄河，从晋南运输过来的铜、池盐等可以方便地利用崤函北路，沿黄河谷地、涧河谷地运至首都二里头，而不必绕道更远的崤山南路。夏中、后期，又在今渑池以西陕县以东的崤山一带建立新都西河，强力经营晋南，进一步强化和巩固了崤山北路的交通地位。由此观之，夏中、后期以来，崤山北路的地位可能比南路更重要些。

郑若葵总结夏代交通发展的特点，认为“夏代的重要交通道路和设施建设，基本上是围绕治理洪水地域和军事征战路线来进行的。治理洪水发生的交通行为主要体现在夏禹任职和执政期间，而军事行为带来的交通行为则在夏启至夏桀的夏王朝统治时期表现得最为突出”[③]。夏王朝时期崤函古道的初步开发，为认识夏代交通发展特点提供了新的可能。通过相关研究，可以了解夏代治理洪水和军事征战等交通行为持续地刺激和促进了崤函古道的开辟，但晋南铜、池盐等的南运，同样也是这一时期推动和促进崤函古道开辟的重要因素和特点。而我们对夏代交通发展特点的认识和理解，也因此可以得到深化。

① 中国社会科学院考古研究所：《中国古代考古学》(夏商卷)，北京：中国社会科学出版社，2003年，第123页。
② 杨寿川：《贝币研究》，昆明：云南大学出版社，1997年，第10页。
③ 郑若葵：《中国古代交通图典》，昆明：云南人民出版社，2007年，第90页。

崤函古道与商文化的西渐和北上

一　崤函古道与商汤革夏

“商汤革夏”是中国古代史上的第一次改朝换代。商汤通过一系列的军事行动，率领商人推翻夏朝，建立了商王朝。有关商汤伐夏、夏桀逃亡路线，学界有决战豫东、南逃江淮，决战豫中、再战豫南、南逃安徽等多种说法。随着晋南夏商考古的进展和上海博物馆藏战国竹书《容成氏》的发现，“晋南说”为多数人认可。因此，在交通史上，这可以看作一个著名的有助于考察夏商之际崤函古道道路通行和线路走向的史例。

《容成氏》简文云：“汤闻之，于是乎慎戒登贤，悳惠而不[illegible]，秕三十[illegible]而能之。如是而不可，然后从而攻之，升自戎遂，入自北门，立于中[illegible]。桀乃逃之鬲山氏，汤又从而攻之，降自鸣条之遂，㠯伐高神之门。桀乃逃之南巢氏，汤又从而攻之，遂逃，去之苍梧之野。汤于是乎征九州之师，㠯[illegible]四海之内，于是乎天下之兵大起，于是乎亡宗戮族残群焉服。”[①]据简文可知，商汤伐夏桀凡三战，初战于戎遂，鬲山为夏桀首战败亡之地；再战于鸣条，南巢为夏桀二战败亡之地；夏桀三战败亡于苍梧之野。商汤伐夏、夏桀逃亡路线是戎遂—鬲山氏—鸣条之遂—南巢氏—苍梧之野，败亡之路是逐步南下。首战之地戎遂，就是戎山的通道，戎山即《尚书·汤誓序》所称之“陑”[②]，也即后世的雷首山和中条山。此山位于黄河由南向东的拐角以内，因此又称为“河曲之地”。可知，夏桀东渡黄河首先逃入了中条山区[③]。鬲山即历山，《史记·五帝本纪》：“舜耕历山。”正义引《括地志》云：“蒲州河东县雷首山，一名中条山，亦名历山。”历山和陑山、戎遂一样，都是中条山的一名或其一段。二战之地鸣条，《史记》正义引《括地志》云：“高涯原在蒲州安邑县北三十里南阪口，即古鸣条陌也。鸣条战地，在安邑西。”现代学者多赞同此说。例如，孙淼说：“综合各方面情况看来，鸣条在今山西境内，比较适当。”[④]古鸣条今称鸣条岗，在今夏县西南和安邑镇以北的中条山下。南巢所在，学者多指在鸣条附近。郑杰祥则从音韵通假角度，指出焦、巢古字相通，则南巢也就是南焦，又称作“焦门”，因此南巢可能就是古代的焦国。古焦国在今三门峡市南郊，北距古鸣条约 150 千米，它应当就是夏桀所逃的“南巢氏”，又称“焦门”一地[⑤]。夏桀三战败亡于苍梧之野，其事不见诸史籍。自《山海经·海内南经》置苍梧于南方，帝舜葬于苍梧之山之阳以来，

---

① 马承源：《上海博物馆藏战国楚竹书》（二），上海：上海古籍出版社，2002 年，第 280-282 页。

② 许全胜：《〈容成氏〉篇释地》，朱渊清、廖名春主编：《上博馆藏战国楚竹书研究续编》，上海：上海书店，2004 年，第 372、373 页。

③ 郑杰祥：《商汤伐桀路线新探》，《中原文物》2007 年第 2 期，第 37-41 页。

④ 孙淼：《夏商史稿》，北京：文物出版社，1987 年，第 316 页。

⑤ 郑杰祥：《商汤伐桀路线新探》，《中原文物》2007 年第 2 期，第 37-41 页；郑杰祥：《新石器文化与夏代文明》，南京：江苏教育出版社，2005 年，第 573 页。

一直认定苍梧即九疑山，在今湖南永州。实际上桀是绝不可能远逃到那里的。桀逃至南巢之后，又逃到苍梧之野，说明苍梧距离南巢不会很远。钱穆认为这个“苍梧”就是苍野，推测苍梧之野亦可称苍野，相其地望，当在今陕西商县东南，菟和山西境①，北距南巢即古焦国约 150 千米。

这样看来，商汤伐夏、夏桀逃亡路线当是，夏桀从斟寻而出，沿黄河南岸崤函古道西行，至陕县附近渡河，逃入晋南中条山区。商汤则西行迂回至潼关附近渡河而东，在永济西的黄河古渡口蒲坂（即后来的蒲津关）渡河，进入运城盆地。首战戎遂，夏桀战败“逃之鬲山氏”，商汤沿涑水及其支流青龙河上溯追击，直达今夏县东下冯，与陈兵鸣条的夏桀决战，夏军又败，桀乃北渡黄河逃亡南巢。商汤乘胜追击，夏桀战败后循崤函古道进入关中，逃至苍梧之野，夏桀三战皆败，最终而亡。《帝王世纪》说“（乃）与妹喜及诸嬖妾同舟浮海，奔于南巢之山而死”②，基本是可信的，唯桀最后确切死亡地可能为苍梧之野，“南巢之说”不够准确。跟随夏桀逃到晋南的部分夏族人则被迫散居于晋南之地。有学者将这部分夏族人的迁移称为“夏族的第三次大规模北迁”③，显见这部分人数量当不少。由此可见，直至夏末，连接东西的崤函古道都是畅通的，它也是夏王朝的灭亡之路，商汤伐桀的胜利之路。

二　崤函古道与崤函商文化遗存

商族起源于今豫晋陕相邻地区的晋南地区，陕西华县渭水岸边曾是商始祖契的居地。商王朝建立后，前期频繁迁都。《史记·殷本纪》载：“自契至汤八迁。”其中，契子昭明迁至砥石是第二次迁都。顾颉刚认为：“昭明所居之砥石（见《荀子·成相篇》），疑近砥柱，在今陕州。”④亦有学者考证，砥石即砥柱，在今三门峡以北至平陆之间⑤。不久又沿着黄河以北的山地河谷东徙至今豫北、冀南地区。由商族迁徙历史，可知其对崤函地理及其重要性当不陌生。因此，在翦夏的商族大军消灭残留夏族势力的过程中，商族人就已经在崤函地区生活。丁山考证殷墟卜辞及商代铜器铭文中商代重要的世家贵族㚇敢氏，认为㚇和崤为古今字，㚇即崤，㚇敢应读为“㚇函”，㚇族的地望应该在春秋、战国时期的崤函之间⑥。说明武丁时世家贵族㚇敢氏已居住于崤函，镇守商朝西土。三门地名亦见于商代卜辞。《甲骨文合集》34219：“甲申卜，于社牢。取岳于三门，肆。”又《甲骨文合集》34220：“岳于南单，岳于三门，岳于楚。”言商王于三门等地祭祀岳

① 钱穆：《古史地理论丛》，北京：生活·读书·新知三联书店，2004 年，第 280 页。

② 徐宗元辑：《帝王世纪辑存》，北京：中华书局，1965 年，第 58 页。

③ 张国硕：《从夏族北上晋南看夏族的起源》，《郑州大学学报》（哲学社会科学版）1998 年第 31 卷第 6 期，第 101-106 页。

④ 顾颉刚：《殷人自西徂东札记》，《甲骨文与殷商史——纪念胡厚宣先生八十寿辰专辑》3 辑，上海：上海古籍出版社，1991 年，第 249 页。

⑤ 卫斯：《商“先王”昭明之都“砥石”初探》，宋镇豪、宫长为：《中华傅圣文化研究文集》，北京：文物出版社，2010 年，第 215-221 页；卫斯：《前庄遗址的历史地望及相关问题》，《卫斯考古论文集》，太原：山西古籍出版社，1998 年，第 111-116 页；卫斯：《山西平陆前庄方鼎的历史归属与年代问题》，《中国历史文物》2007 年第 2 期，第 66-70 页。

⑥ 丁山：《甲骨文所见氏族及其制度》，北京：中华书局，1956 年，第 61-66 页。

神。郭沫若《考释》云此“三门当即砥柱”[①]。后代则解三门为南鬼门、中神门、次人门[②]。祭岳是商王的重要祭祀活动。20世纪90年代初，平陆前庄商代遗址出土一批珍贵商代铜器，有方鼎、圆鼎、罍、爵等，并出土了陶器，有鬲、大口尊、罐、瓮、豆等。尤其是出土的几件青铜鼎规格巨大，在早商时期实属罕见，足以说明此处特殊的政治地位。有学者推断，平陆前庄商代遗址出土的青铜器，可能就是商人在三门黄河拐弯处进行宗教活动的遗存[③]。这也在一定程度上反映了商王朝对崤函地区黄河水道及其黄河天险的重视。

崤函地区黄河北岸已发现商代文化遗址近50处，正式发掘的有新安南岗村、陕县七里铺、渑池鹿寺等遗址，均不见青铜器。商代青铜器目前仅见于灵宝川口赵家沟、尹庄涧口王家湾、豫灵镇东桥，有早期的二里岗型铜器，如东桥遗址的弦纹铜鬲、兽首（牛首）饕餮纹铜尊等；也有与晚期殷墟遗址同类者，如饕餮云雷纹爵，其形制可与殷墟一期的铜爵相类，目雷纹斝则与殷墟遗址所出的罐形斝较为相似。灵宝三个地点出土的青铜器都属于典型商文化铜器，其形制和纹饰与二里岗或殷墟遗址同类器几乎完全相同[④]。这三个地点都没有发现铸铜作坊的遗迹，因此，这些数量较大，器型众多，造制工艺高超，器型精美的商代青铜器，很可能来自外地。这些青铜器的出土，为商王朝控制和利用崤函古道增添了物证。

崤函地区也是商代方国部落分布较为集中的地区之一。殷商方国部落的史事多见于殷墟甲骨卜辞，其中以商王武丁时代的卜辞记载最为详赡。据陈梦家考证，在武丁卜辞中所见的多方与诸国，尤其是与商王国敌对的方国，如方方、土方、𢀛方、鬼方、亘方、羌方、印方、基方、井方，以及周、缶、犬、串、郭、荀、郇、旨、沚、雀等国[⑤]，多在黄河北岸晋南地区，还有一部分在黄河以南三门峡地区及豫陕交界地带。此外，有学者考证，还有夹方、祭方、湔方、苋方，以及髳、甫、戊、㠯、万、鸣、而、平、微伯、易伯、亚万、先侯、亚弜、亚戈等[⑥]。这些方国部落与商王朝关系变动频繁，有时臣服于商王朝、纳贡朝拜、受王命征调赴别处作战，有时则与商王朝处于敌对状态，干戈相向。从甲骨文看，武丁时期的主要威胁来自西部，主要战场之一就是晋南豫西。商王时常去一些封国方国巡视，派人助耕，进行祭祀、田猎等活动，说明他们与商王之间来往交通活动是比较活跃的，所利用的是业已形成的交通道路。

三　西渐关中与北上晋南

商代崤函古道交通发展的动因与夏相似，如刘莉所说，商王朝对外扩张的“政治经济的动力与二里头文化的扩张一样，即获得重要的自然资源特别是铜、铅、锡和盐”

① 郭沫若：《殷契粹编考释》，北京：科学出版社，1965年，第15页。

② 俞伟超：《三门峡漕运简史》，中国科学院考古研究所：《三门峡漕运遗迹》，北京：科学出版社，1959年，第62、63页。

③ 陶正刚、范宏：《山西平陆前庄村商代遗址及青铜方鼎铸造的研究》，《中华傅圣文化研究文集》，北京：文物出版社，2010年，第222、223页。

④ 杨育彬：《河南灵宝出土一批商代青铜器》，《考古》1979年第1期，第20页；杨育彬：《灵宝考古的新发现》，《河南文博通讯》1979年第1期，第25-27页。

⑤ 陈梦家：《殷虚卜辞综述》，北京：中华书局，1988年，第269-300页。

⑥ 郑杰祥：《商代地理概论》，郑州：中州古籍出版社，1994年，第283-323页。

[①]。商代青铜文化呈高速发展的态势，对铜、铅、锡和盐等重要资源需求远超于夏。这“意味着国家对铜、锡、铅矿开发和供应的控制能力在逐步加强”[②]。虽然有证据表明，商王朝中原王畿大量的青铜器是采用南方的金属铸造的，南方长江中下游地区和东方沿海地区分别是商代铜、铅、锡和盐的重要或主要的来源地，但这一格局大致是在商后期即殷墟时期才逐步形成的。而在商代前期即二里岗时期，中条山地区当是国家最早期青铜铸造所需合金的产地，晋南地区是商王朝进行青铜器制造并供养大量生产人口所必不可少的战略物资（如铜、铅、锡和盐）的主要来源之一。关中东部则是另一个铜矿资源来源地，并一直保持到晚商时期[③]。因此，在商代，崤函地区仍然发挥着国家核心区郑洛地区（后是安阳地区）和西部关中、北部晋南地区之间往来的中介地带作用。与二里头时期不同的是，随着商都迁往郑州、安阳一带，崤函地区已沦为边缘，不再属于王朝王畿的范围，这使它在商代地缘政治结构和运作空间的交通连接地位变得更为单纯和突出。考古资料与文献载述表明，商文化西渐关中、北进晋南的主要路线就是沿着崤函古道逐步推进的。

（一）西渐关中

见于西安老牛坡、蓝田怀珍坊及大荔县境内商代遗址等的二里岗下层早段的遗存，表明伴随着商汤灭夏的凯歌声，商文化就出现在关中东部，并很快发展到关中中部地区，这无疑与商开国之初的战略需要有关系。《后汉书·西羌传》：“后桀之乱，畎夷入居邠岐之间，成汤既兴，伐而攘之。”因此，商族人灭夏的军事路线即早期商文化的西进路线。有研究表明，“在东起华县，西至岐山，南起蓝田，北抵铜川这一范围内”，相当二里岗期商文化的遗存，主要分布在西安以东、西安以西的遗存多属于二里岗上层和殷墟前期。“这种分布状况或许反映了商文化由东西渐的历史过程。”[④]商代后期，商文化又继续扩展到关中西部和秦岭以南的汉中盆地。武乙以后，即殷墟文化晚段，商文化范围有所收缩。随着周族的兴起，最终退出了关中东部地区。但商王朝与关中的联系仍然存在。商王朝的一些方国，如奠、犬方、崇侯等，与商王朝关系最为密切，其中以崇国势力最大。商王武丁、祖甲时期甲骨卜辞中的“周以嫀”“令周”“寇周”“𢦏周”“戳周”“敦周”[⑤]等内容，还有周人和商的其他方国共同参加商王的祭典，以及商王在周地为祈雨而举行烄祭的记载，反映了商王国与周族往来或对抗的状况。《史记·殷本纪》载：“武乙猎于河渭之间，暴雷，武乙震死。”周原西周甲骨中，亦有“衣王田，至于帛，王获田”（H11：3）的内容[⑥]。“衣王”即殷王，古文“衣”“殷”同声。帛在今陕西华山附近，

① 刘莉、陈星灿：《中国早期国家的形成——从二里头和二里岗时期的中心和边缘之间的关系谈起》，《古代文明》（第1卷），北京：文物出版社，2002年，第124页。

② 刘莉、陈星灿：《中国早期国家的形成——从二里头和二里岗时期的中心和边缘之间的关系谈起》，《古代文明》（第1卷），北京：文物出版社，2002年，第83页。

③ 刘莉、陈星灿：《夏商时期对自然资源的控制问题》，《东南文化》2000年第3期，第45-60页。

④ 徐天进：《试论关中地区的商文化》，《纪念北京大学考古专业三十周年论文集1952-1982》，北京：文物出版社，1990年，第239页。

⑤ 中国社会科学院历史研究所：《甲骨文合集》1086、4882、6825、6812、6824，北京：中华书局，1983年。

⑥ 陕西周原考古队：《陕西岐山凤雏村发现周初甲骨文》，《文物》1979年第10期，第38-44页。

与武乙游猎于河渭之间被雷震死相吻合。丁山认为："武乙之死于河、渭，似乎不是田猎，可能是去征伐周王季，兵败被杀，殷商史官乃讳言'暴雷震死'而已。"①关中商文化主要分布在东部渭河下游，武乙田猎在河渭之间，说明商文化由商都核心区进入关中的途径，仍主要通过崤函古道路线。

这条线路沿途从东到西都有二里岗期商文化遗址可以作为证明，主要有新安（磁涧镇孝水、奎门，城关镇安乐村、暖泉沟，铁门镇土古洞、南岗村，南里乡十里、郭庄，五头镇五头遗址）—义马（千秋乡付村，常村乡常村、焦沟、南河遗址）—渑池（郑窑、笃忠乡鹿寺遗址）—陕州区（观音堂镇北张村、东凡乡北阳村遗址）—湖滨区（交口乡朱家沟，会兴乡上村、东坡、王官，崖底乡西斜桥遗址）—陕州区（张湾乡七里铺、南关，大营乡五原，原店镇郭家庄，张汴乡段家寨、曹村遗址）—灵宝（大王乡阎家坪、阳平乡磨上、川口乡赵家沟、尹庄镇涧口王家湾、豫灵镇东桥遗址）—华县（瓜坡镇南沙村遗址）—渭南（临渭区姜河、花园镇花园遗址）—西安（灞桥区老牛坡、长安区羊元坊遗址）—蓝田（怀珍坊遗址）等，基本上沿着崤函古道沿线由东向西发展，进入渭河谷地，继而翻越秦岭或豫西南进入汉中盆地，或通过渭河北部和山西西部直接影响陕北地区。

东龙山、老牛坡都是商王朝设置在通往重要矿产资源地区的主要交通线路上的枢纽②。位于陕南东部的东龙山遗址，在二里岗文化取代二里头文化之后，发展成为一个面积达30 万平方米的地区中心聚落，继续充当南北物资交流西线上的一个重要交通枢纽的角色。老牛坡位于关中东部渭河支流灞河和沙河的交汇处，大约经历了商代早期到晚期约五六百年的历史，是商王朝在关中东部最早建立的聚落之一。由于老牛坡所在的灞河北岸是古代连接渭河和秦岭山区的交通要道，由这里可以南通陕南，东运至渭河然后通过黄河抵达京畿地区。因此，最初可能是早商王朝为运送从秦岭山区获得的货物（包括怀珍坊冶炼的铜）而设立的老牛坡遗址，逐步发展成为面积达200万平方米的商王朝西部地区的中心聚落。随着老牛坡的发展，东龙山这个交通枢纽的作用下降了。尤其是二里岗期之后，东龙山被废弃，老牛坡的聚落中心和交通枢纽地位变得独一无二而越发重要和关键。这一变化对崤函古道北路的发展影响至深，后来我们可以看到，崤函古道北路在商末逐渐发展成为关中与商都核心区之间交流的主要通道。

（二）北上晋南

晋南既是商族的发源地，又是原夏族活动的主要区域。商朝初年，从政治、资源等方面考虑，商王朝将晋南作为首先扩张势力的地区，大批商族人迁往这个地区，在二里头文化聚落的基础上，建立了垣曲商城、东下冯商城两座军事重镇。

东下冯商城位于运城盆地西缘，涑水支流青龙河上游的河边开阔地上，是一座面积约 13 万平方米由夯土城墙和城壕环绕的城。从其所处的地理位置和城址内发现的横成

① 丁山：《商周史料考证》，北京：中华书局，1988 年，第 153 页。

② 刘莉、陈星灿：《中国早期国家的形成——从二里头和二里岗时期的中心和边缘之间的关系谈起》，《古代文明》（第1卷），北京：文物出版社，2002 年，第 114-116 页。

列、纵成行的可观的储盐盐仓建筑[①]等来看，东下冯当是商王朝控制的设在运城盆地自然资源的集散地，是商王朝把河东盐池之盐运至东部和北部地区的一条盐道上的重要据点。垣曲商城在其东南，紧濒黄河北岸，踞守岸边高台，与东下冯直线距离约60千米，为商王直接控制。垣曲商城的一个特点是存在双层城垣的夹墙，大大加强了防卫性能，军事色彩十分浓重，它既发挥着控制黄河北岸、保卫黄河以南商王朝中心区域的作用，也因其水路交通的缘故而成为把晋南地区的铜矿、盐等重要资源输往偃师、郑州一带的转运站。就后一点来讲，其作为地区中心的功能与二里头时期的南关遗址似乎没有区别，仍然是为转运铜和盐而存在的。稍有不同的是，盐的运输量增加。因为东下冯盐储设备的大量增加，从东下冯至垣曲一线运抵东部地区的盐当有很大规模，有学者认为，这也许意味着郑州地区不断增加的人口对盐的需求量日益扩大[②]，也暗示了渡过黄河输往郑洛地区的交通运输任务的繁忙。

与垣曲商城关系密切的还有属于二里岗上层晚段的平陆坡底乡崖底村前庄遗址，距茅津渡以东40多千米，距垣曲商城以西约50千米。前庄遗址出土的一批相当于商代二里岗时期的青铜器，为山西地区迄今为止发现的早商时期形体最大、数量最多的青铜器[③]。“如果将垣曲商城和平陆前庄统一起来观察，可以发现商王朝对黄河西北地带的重视程度，同时又说明早商王朝以控制黄河为政治、军事目的，通过黄河水道向外扩张”[④]。垣曲商城与前庄遗址都可以被视作驻守险要通道的商代遗址[⑤]。考古遗迹反映出在垣曲商城兴建之后，可能和周围地区经常发生争夺资源、领土，占领交通要地、控制贸易权的相互战争。卜辞记载，自商王武丁以迄帝乙帝辛，多次前往巡视盐池，并将盐池所产天然之卤奉为帝赐之资，称为“帝盐”，精心规划治理，或于产盐之时以兵戍守，或于冬至之时祈祓报功。甚至不惜通过战争讨伐打击掠夺盐池的敌对方伯势力。“卜辞反映商王田猎之地多选在豫西晋南，应该并非出于偶然，它似乎暗示了商王为保证盐道的畅通，于大邑商至盐池的中间地带苦心经营的真实情况。”[⑥]对于商人来说，这两个据点的存在，使从整个晋南输送到京畿地区的物资都有了可靠的保证。

垣曲商城、东下冯对于作为王都的偃师商城、郑州商城重要资源运输和供应是极为重要的，它的兴建和使用也与偃师商城、郑州商城的兴衰连在一起，所以后来随着商都从豫西与豫中移往他处，垣曲商城、东下冯也被废弃。与其有关的大规模盐业生产和运输、铜矿的开采和冶炼也随之沉寂。值得注意的是，有学者指出，二里岗上层时期晋南

---

① 赵春燕：《土壤元素化学分析在考古研究中的运用》，《中国社会科学院院报》2007年8月16日，第2版。

② 刘莉、陈星灿：《中国早期国家的形成——从二里头和二里岗时期的中心和边缘之间的关系谈起》，《古代文明》（第1卷），北京：文物出版社，2002年，第111页。

③ 卫斯：《平陆县前庄商代遗址出土文物》，《文物季刊》1992年第1期，第18-19页；李百勤：《山西平陆前庄商代遗址清理简报》，《文物季刊》1994年第4期，第3-9页。

④ 胡建、朗保利、赵曙光：《山西商代考古学文化的若干问题》，《山西大学历史文化学院学术论文集》历史卷（上），太原：北岳文艺出版社，2008年，第73页。

⑤ 张永山：《傅岩与商代兵要地理》，《中华傅圣文化研究文集》，北京：文物出版社，2010年，第159页。

⑥ 冯时：《古文字所见之商周盐政》，《南方文物》2009年第1期，第57-71页；杨升南：《从“卤小臣”说武丁对西北征伐的经济目的》，台湾师范大学国文学系、“中央研究院”历史语言研究所：《甲骨文发现一百周年学术研讨论文集》，台北：文史哲出版社，1999年，第221-230页。

商文化遗址的消失与商文化向东、南部地区的扩张同步，江南地区一些重要遗址的设立和古矿被开采的时间也恰好开始于晋南商文化遗址衰落之时，晋南盐业生产的衰落与商王朝成功地控制东方沿海地区新的盐产地同步①。这一兴一衰，说明二者之间很可能是互相关联的事件，即晚商时期垣曲商城、东下冯等晋南的手工业人口向南、向东迁徙至商王朝新控制的南方和东方铜、盐产地。湖北盘龙城在二里岗上层时聚落规模剧增，青铜器在遗址南部的作坊进行生产。长江流域两个大的铜矿遗址——江西瑞昌铜岭矿和湖北大冶铜绿山矿，也已被商人开发利用。凡此，皆表明大量的商人可能在很短的时期内涌入上述地区。而商代晚期盐业生产的考古学证据也已在沿海地区发现。上述商王朝具有战略意义的移民所行走的路线，在渡过黄河进入崤函地区应该使用了部分崤函古道线路。重要的是，这一事件更证明了商人经略晋南的目的，是把垣曲商城、东下冯商城作为水陆要冲的一个地区中心建立起来，以控制铜、盐的生产与交通运输。

上述情况表明，无论是商文化北上经略晋南，还是控制和转运铜、盐等重要矿产物资，崤函地区都是商王朝与晋南地区联系的中介地带和交通走廊。有研究表明，早商文化进入晋南的途径主要有两条：一条是茅津渡—虞坂道，自伊洛盆地向西，经新安、渑池至三门峡，于茅津渡北渡黄河，至平陆，循虞坂道越中条山，直达夏县东下冯商城，进而向运城盆地其他地方传播。另一条是垣曲通道，自伊洛盆地西北行，于孟津、新安县北部沿黄河南岸行至渑池县北部南村附近，北渡黄河，进入垣曲，再西北行，越中条山，到达运城盆地。这两条通道都得到了考古学的证明②。有学者认为，商文化北上山西西部是一个由东南向西北的渐进过程。第一，商人灭夏过程中，以占据黄河天险为军事目的，在垣曲商城构筑军事要塞，控制黄河沿岸，形成保护商王朝王畿范围的保护圈。第二，遏制晋西南东下冯夏人势力援助夏王朝，在西北一线建立殖民统治，以东下冯商城为基地，推行商文化渐进的侵略策略③。马保春认为，二里岗期早商文化在晋南地区的扩展与传播，以垣曲商城遗址和平陆县茅津渡一带为起点，自南而北、自东向西拓殖④。换言之，商文化（也就是商人的势力）是从晋南中条山山前的两个交通要道（平陆—三门峡之渡口和垣曲商城所在地之交通枢纽）进入该地区的。崤函地区二里岗期商文化遗址高度集中于交通要道、关隘渡口地区，在分布、走向方面呈现两个特征：一是集中分布在垣曲通道、茅津渡这类重要的黄河渡口地区；二是沿山前地带，也就是山地与盆地中心的过渡地区，主要是崤山北麓，涧河和青龙涧河的河流阶地。其中在垣曲通道黄河北岸的主要遗址有垣曲古城南关、西滩、寨里、关家、河堤白泉遗址等，黄河南岸有新安峪里镇太涧，渑池南村乡陵上、洋湖、白崖、杨家、关家，段村乡丁阳沟遗址等。在茅津渡黄河北岸有平陆前庄、常乐村、油房沟，黄河南岸有三门峡会兴上村、东坡、王官遗址等。这些遗址的分布态势，是商王朝对上述两条重要通道占领和控制的地理表现。

---

① 刘莉、陈星灿：《中国早期国家的形成——从二里头和二里岗时期的中心和边缘之间的关系谈起》，《古代文明》（第1卷），北京：文物出版社，2002 年，第 112 页。

② 孙亚冰、林欢：《商代地理与方国》，北京：中国社会科学出版社，2010 年，第 260-363 页。

③ 胡建、朗保利、赵曙光：《山西商代考古学文化的若干问题》，山西大学历史文化学院编：《山西大学历史文化学院学术论文集》历史卷（上），太原：北岳文艺出版社，2008 年，第 74 页。

④ 马保春：《由晋南二里岗期早商文化的分布论其进入、传播》，《中原文物》2004 年第 6 期，第 23-33 页。

史籍记载了商王朝对这条道路开凿修筑的一些情况。商代晚期今平陆一带的黄河之北、中条山以南，生活着一批把持中条山南北通道（巅軨坂道）的人，商代名相傅说即出自于此。《尚书•说命上》载："高宗梦得说，使百工营求诸野，得说傅岩，作《说命》三篇。"武丁因得傅说而实现了殷道复兴。《史记•殷本纪》："武丁夜梦得圣人，名曰说。以梦所见视群臣百吏，皆非也。于是乃使百工营求之野，得说于傅险中。是时说为胥靡，筑于傅险。见于武丁，武丁曰是也。得而与之语，果圣人，举以为相，殷国大治。故遂以傅险姓之，号曰傅说。"正义引《括地志》云："傅险即傅说版筑之处，所隐之处窟名圣人窟，在今陕州河北县北七里，即虞国、虢国之界。又有傅说祠。注水经云沙涧水北出虞山，东南迳傅岩，历傅说隐室前，俗名圣人窟。"又《集解》："孔安国曰：'傅氏之岩在虞虢之界，通道所经，有涧水坏道，常使胥靡刑人筑护此道。说贤而隐，代胥靡筑之，以供食也。'"可见，商人重视对交通的筑护，并将对这条道路的筑护上升为国家的具体实政，变为带有强制性的政治劳役，形成了一定制度。卫斯考察傅说在平陆的遗迹，说"傅险与傅岩为一地，其具体地望为今平陆县圣人涧的傅岩山……傅说版筑处在今平陆县县城所在地圣人涧村的傅岩山旁"[①]。傅岩是潞盐销往黄河以南地区的必经之道，也是商王朝核心地区与晋西南重要通道之所在，由于此处东西两山高耸，涧水中流，常常冲坏路面，行旅被阻。商王十分重视，役使奴隶（胥靡）常年在那里筑护道路。傅岩创造了"版筑"营造技术，解决了多年因洪水冲刷而毁坏道路的问题，维护了道路畅通，这就是后人称之的巅軨坂道。商王朝开凿修筑这条道路的目的，自然是更方便地连接黄河南岸的崤函古道。

① 卫斯：《傅说在平陆的遗迹及傅说的历史功绩》，《卫斯考古论文集》，太原：山西古籍出版社，1998年，第117页。

西周两京制度与崤函古道交通

一　西周两京制的形成

西周两京制是周人对中国古代都城制度的一项伟大创造，它的产生是西周国家重大战略需要与地理现实相协调的产物。

周人本土偏居西方，至武王克商，始得东方即原殷商地区，这种疆域地盘上的扩张，必然在政治及地理上带来如何进行控制的新问题。《逸周书·度邑解》载，武王克商后曾“具明不寝”，周公问何故，武王答：“我未定天保，何寝能欲。”他把在接近殷商故地的伊洛河谷地区建立新都看作巩固新王朝统治的大事，并为此制定了初步规划，选择了洛邑地址。何尊铭文记载说：“王诰宗小子于京室，曰……武王既克大邑商，则廷告于天，曰：‘余其宅兹中或（国），自之（此）乂民。’”“宅兹中国”，就是在天下四方的中心，即洛邑营建新都，并以此为中心治理天下民众。武王灭商后两年病逝，成王年幼，周公摄政，发生了“三监之乱”和“武庚叛乱”。周公花费三年时间，虽最终赢得东征胜利，但严酷的现实也使西周统治者更加明确：丰镐对已经拥有广大东方和天下四土的西周王朝来说，位置相对偏西。如果东部缺乏较大的行政管理中心，单凭渭河平原的力量来遥控东部平原，实属鞭长莫及。尤其是受崤函多山与险要的地形的影响，从丰镐二京到洛邑的道路相当费时[①]，因此西周国家的政治中心与东部平原实际上处于一种隔绝的状态。三监叛乱，部分也是驻扎在东部平原的管叔、蔡叔等军事将领与京畿内周公等新领导层之间缺乏交流而产生猜忌的结果[②]。为有效控制东方，客观上需要周人的政治中心东移，兴建一个新的政治、军事中心，即武王所说的“定天保，依天室”[③]。于是

---

① 关于从丰镐至洛邑的速度问题，李峰在《西周的灭亡：中国早期国家的地理和政治危机》一书中，曾举金文和文献中的三项记录作为代表：《晋侯苏编钟》载周厉王从镐京出发抵成周，历时44天；《令方彝》载明保走同样道路，费时56天；《尚书·召诰》载召公从二月乙未至三月戊申，完成两京之间的旅程，用时14天。他分析说，如果在第二个月与第三个月之间有一个闰月，则召公所费时间与前两人旅程时间也将符合，而那种情况是很可能的。因此，他认为西周时期横越豫西崎岖的山路，大约需要耗费40～60天的时间。而一旦叛乱爆发，将军队带出渭河谷地并且布置在东部平原之上，则需近两个月（上海：上海古籍出版社，2007年，第77页及脚注①）。这一判断可能并不准确。以武王伐纣为例，王国维于《生霸死霸考》一文中推断：1月26日癸巳，武王兴师伐纣；2月27日甲子，牧野之战，克商。凡历时32天。江晓原等谓：公元前1045年12月4日戊子，周师出发；公元前1044年1月3日戊午，师渡孟（盟）津；公元前1044年1月9日甲子，牧野之战，克商。凡历时37天（江晓原、钮卫星：《回天——武王伐纣与天文历史年代学》，上海：上海人民出版社，2000年，146页）。罗琨结合《世经》所载及近人研究成果，认为驻于宗周的部分军队于一月戊子（二十一日）先行，癸巳（二十六日）武王始发，第十四日丙午（二月九日）抵洛邑，与大军汇合（《从〈世俘〉探索武王伐商日谱》，《周秦文化研究》编委会编：《周秦文化研究》，西安：陕西人民出版社，1998年，第134-144页）。赵光贤所列武王伐商日程，是殷一月二十七日（癸巳）武王率师自宗周出发东征，二月二十三日（戊午）周师渡孟津（《说〈逸周书·世俘〉篇并拟武王伐纣日程表》，《历史研究》1986年第6期，第92-102页）。蔡运章考证，从武王十年殷十一月戊子到十一年周正月丙午，周师由镐京出发抵达孟津，历时19天（《周初金文与武王定都洛邑——兼论武王伐纣的往返日程问题》，《中原文物》1987年第3期，第90-99页）。诸家推断的时间虽有不同，但都明显低于李峰的估计，可见李氏说法虽有所据，但可能并不是通过这条道路的常态。但无论如何，在当时交通条件下，从丰镐二京到洛邑需要花费相当长的时间是肯定的。

② 李峰：《西周的灭亡：中国早期国家的地理和政治危机》，上海：上海古籍出版社，2007年，第71-73页。

③ 黄怀信、张懋镕、田旭东：《逸周书汇校集注》卷5《度邑解》，上海：上海古籍出版社，1995年，第503页。

成王和周公遵照武王遗愿，开始大规模营建新都洛邑。《史记·周本纪》：“成王在丰，使召公复营洛邑，如武王之意。周公复卜申视，卒营筑，居九鼎焉。曰：‘此天下之中，四方入贡道里均。’”洛邑因其位于“天下之中，四方入贡道里均”，便于对四方的统治，可以弥补丰镐远在西方、远离主要威胁源和可能的扩张方向的地理缺陷，而被营建为东都。《汉书·地理志下》：“昔周公营雒邑，以为在于土中，诸侯蕃屏四方，故立京师。”《通鉴地理通释·历代都邑考》亦云：“周公相成王，以丰、镐偏处西方，乃使召公卜居洛水之阳，以即土中，遂筑新邑，营定九鼎，以为王之东都洛邑。”①新建东都洛邑又称为“成周”，镐京称为“宗周”。可见，西周东西两京制的形成完全是西周国家的重大战略需要，而崤函险要崎岖的地势，也是促成这一重大战略实现的交通因素。

虽然在西周之前的夏商时期，两京制已经起源和存在②，但就对后世影响而言，当以西周的丰镐与洛邑两京为最。西周东西两京制的建立，保持和强化了都城的轴心地位和作用，使周人的统治可以有效地推行全国，最终决定了西周200余年发展方向和进程，如钱穆等所说“武王灭殷，把黄河东西两都更紧密地绾合起来，造成中国古史上更灿烂更伟大的王朝西周”③。“这对于加强西周时期全国的统一，乃至东周迁都以系江山暂为不坠，无疑发挥了重大的历史作用”④。汉唐的东西两京长安与洛阳格局完全是西周两京的重复。从西周至北宋2000余年，古代王朝虽然不停地更迭，但国家的发展始终是围绕东西轴线运转的。

二　西周两京格局中崤函古道的地位

西周东西两京制的建立，使东都洛邑与西都丰镐构成了西周王朝统治中心的两极，亦表明了整个国家的发展轴线。《逸周书·作雒解》说，洛邑建成后，“制郊甸方六百里，因西土为方千里”。《汉书·地理志下》曰：“初洛邑与宗周通封畿，东西长而南北短，短长相覆为千里。”韦昭注：“通在二封之地，共千里也。”西周王畿就是以西都宗周为中心和以东都成周为中心的两个相互连接的行政区域。按周里计算大约为方千里，即一百万平方里，故称王畿千里。它不仅是周王对全部疆域实行政治统治的核心地区，而且是王室最主要的财政基地⑤。在千里王畿之内，“天下之中”的洛阳与“表里山河”的关中，东西呼应，相互依存，功能互补，可以将周人统治中心由关中延向中原，执一中而控全局。如此既不失周人立国的根本，又便于加强对广大东方（包括南方和北方）地区的统治，从而使西周统治力量的分布达到一种较佳状态。东西两京是西周王朝的政治中心和行政中枢、军事指挥中心和军事基地，贡赋聚集之地，以及举办大型典礼的政治宗

① （宋）王应麟撰，傅林点校：《通鉴地理通释》，北京：中华书局，2013年，第84页。

② 杨宽：《中国古代都城制度史研究》，上海：上海人民出版社，2003年，第34页；张国硕：《夏商时代都城制度研究》，郑州：河南人民出版社，2001年，第66-88页；李久昌：《国家、空间与社会——古代洛阳都城空间演变研究》，西安：三秦出版社，2006年，第91-98页。

③ 钱穆：《国史大纲》（修订本），北京：商务印书馆，1994年，第36页。

④ 杜勇：《周初东都成周的营建》，《中国历史地理论丛》1997年第4辑，第45-65页。

⑤ 吕文郁：《周代的采邑制度》（增订版），北京：社会科学文献出版社，2006年，第2、3页。

教中心。周王往来其间，适时根据政治军事形势的变化而不断改变统治重心。清人顾栋高所说：“四面环峙。而王畿则东西长，南北短，短长相覆方千里。无事则都洛阳，宅土中以号令天下；有事则居关内，阻四塞以守，曷尝不据形胜以临制天下哉。”①

西周王朝又在东西两京同时设立中央政权最高官署“卿事寮”，由朝中重臣太师或太保主管，从而形成了周召二公“分陕而治”的政治体制。《公羊传·隐公五年》：“天子三公称公，……天子三公者何？天子之相也。天子之相则何以三？自陕而东者，周公主之，自陕而西者，召公主之，一相处乎内。”《史记·燕召公世家》：“成王时，召公为三公：自陕以西，召公主之；自陕以东，周公主之。”“陕”之具体地点又有数说，一曰陕县。《史记·燕召公世家》集解引何休注曰：“陕者，盖今弘农陕县是也。”二曰陕城。《水经注·河水》云：“河南即陕城也。昔周、召分伯，以此城为东西之别。”三曰陕陌。《后汉书·郡国一》弘农郡载，陕“有陕陌”，章怀太子注引“《博物记》：二伯所分。”②陕陌即今陕州故城一带。四曰陕原，即今陕州区张汴塬。《玉海》征引《史记正义》佚文：“《括地志》云：陕原陕州在陕县西南二十五里，分陕不因其城，乃从原为界。”③大体而言，都在今陕州故城附近。陕州故城原城墙上，曾镶嵌一石柱，高3.5米，上刻有“周召分陕石柱”字样。凌曙《公羊问答》：“《集古录》：陕州石柱，相传以为周召分陕所立，以别地里。”后因修三门峡水库，城墙被毁，“周召分陕石柱”被移至三门峡市虢国车马坑博物馆保存。

“分陕而治”是西周初期的一项重大政治决策，它把西周王朝政治统治区域划分为两大部分，即所谓“东土”和“西土”，陕以西为周之本土，由召公以太保之职主持政务；以东为周人新拓展的领土，由周公以太师之职主管东都和四方的政务。其后，他们的继任者，也都是以太师或太保之职主管“卿事寮”的。史籍与金文上常见的“西六师”“成周八师”也是根据上述划分而设立的。西六师驻扎丰镐，其任务是保卫宗周与王畿。成周八师常驻洛邑，担负征服东夷、淮夷和威慑残殷势力的重任。“分陕而治”使东西两京统治力量配置经常化，对发挥两京作用起到了重要作用。从分陕而治的史实，可知“陕”在西周两京制中的特殊地位。王夫之《诗经稗疏·周南》：“盖周公、召公分陕而治，各以其治登其国风。则周南者，周公所治之南国；召南者，召公所治之南国也。北界河、洛，南逾楚塞，以陕州为中线而两分之。”“陕”地“因正当东西都王畿的中心点”④而被选定为千里王畿的分界线，它不仅是一个地理概念，还反映了西周王朝统治之不同区划及其“陕”在这一区划中的连接作用。这也是历史上以关中为中心的陕以西地区第一次与中原平分秋色，在政治上取得一视同仁的地位。战国秦汉时期以崤函划分关东、关西或山东、山西的做法，实滥觞于此。

丰镐、洛邑两京制的建立，客观上要求周王和贵族大臣经常走动于两京之间，人员的频繁流动是必然的。换言之，西周东西两京制的建立，尽管最初是出于巩固周王朝统

① （清）顾栋高辑，吴树平、李解民点校：《春秋大事表》卷4《春秋列国疆域表后叙》，北京：中华书局，1993年，第548-549页。

② （南朝宋）范晔：《后汉书》志19《郡国一》，北京：中华书局，1965年，第3401-3402页。

③ （宋）王应麟：《玉海》卷25《地理》，南京：江苏古籍出版社、上海：上海书店，1987年，第497页。

④ 杨宽：《西周中央政权机构剖析》，《历史研究》1984年第1期，第78-92页。

治的考虑，但一旦东西两京结构形成，便会对当时的政治、军事、经济、文化等诸方面产生广泛而深远的影响，因而也不可能不引起交通的联动效应，尤其是沟通和连接东西两大都城之间的王畿通道。因为两京制作用的发挥，一方面取决于两京自身的政治、军事、经济、文化实力和地理优势；另一方面，也取决于两京之间的通道是否畅通，通道越畅通，两京的内聚力与对外辐射力也越强，反之，则越弱。如前文所述，这就如一个哑铃，东西两京分处哑铃两端，两京之间的王畿通道即是连接两铃的铃杆，由此将两京及其各自的都城圈连为一体，彼此相互呼应，相互补充，相互配合，一同构成范围更大、力量更强的都城圈，并一同发挥轴心作用。如此，既强化了两端哑铃的轴心功能，也强化了哑铃之间铃杆的连接与运动力量。而对全国交通版图来说，亦因此形成向天下四方伸展的交通格局：以连接丰镐、洛邑两京的道路为枢纽，自此轴心向四方辐射，构成一个巨大的交通网络。如果把这个巨大网络比喻为密布人体的血管，那么两京之间的王畿通道——两京道就好比联通心脏的那条最粗壮的管道，在整个交通体系中居于关键位置，成为沟通和连接东西两大都城之间声息相通的脉络，不可有一日阻塞。

根据文献和金文记载，这条连接东西两京的王畿通道，称为“周道”“周行”。朱熹《诗集传》释“周道”为“大道”“大路”，并明确指出，是“适周之路也”[①]。杨升南说：“道路而冠以‘周’，无疑是与周王室有关。所以‘周道’应是指由周王室修筑，通向王室各地（各类诸侯国境内）的一种道路的专称。”[②]顾颉刚则将诸侯国境内的道路与王畿大道加以区分，认为“当时诸侯之国亦皆有其境内之大道，各以其国名或邑名冠之，用以示其下于‘周道’之级别者也”。而“‘周道’者，周王畿之大道，殆自岐山至丰、镐，又东行至成周者”[③]。可知“周道”就是当时由周王室主持修筑的连接东西两京的国家级交通干道。它不仅通过较为平坦、坚固的道路将宗周、成周结为一体，一条路，肩挑两京，快捷地协调王朝政令，而且在两端又分别形成以宗周为西核心、成周为东核心的双核心放射状交通格局，通向诸侯国都和战略要地。《墨子·兼爱》曾细致描绘了周道的宏壮场面：“王道荡荡，不偏不党；王道平平，不党不偏。其直如矢，其易若底。君子之所履，小人之所视。”《诗·小雅·大东》亦有诗云：“维北有斗，西柄之揭!”周道正是一把朝着西方的柄，让周王朝握在手上，随时向东方各国酌取琼浆，不仅成为友善时期最重要的“朝觐”“贡纳”之路和“驿传”之路，也是征战时期重要的军用公路。周王朝的政令资讯、财税贡赋、军事征伐和礼仪祭典等攸关王朝命脉的交通需求，均是经由周道完成的，有学者称“它既是西周王室的生命线，也是甸服交通的中轴线”[④]，毫不为过。

在以宗周、成周为核心的周道交通地理格局中，崤函古道不仅在里程上占两京道路的1/2强，而且因地势险要，有“崤函之固”，也是最为崎岖的一段，在贯通两京的周道道路系统的地位十分重要。如果没有周道及相应的交通体系，则宗周、成周两京难以连接在一起，更不可能驾驭东方广大地区内分散的诸侯和淮夷诸邦。而如果没有崤函古道，

① （宋）朱熹注：《诗集传》，长沙：岳麓书社，1989年，第97页。
② 杨升南：《说“周行”“周道”——西周时期的交通初探》，《西周史研究》人文杂志丛刊第2辑，1984年，第53页。
③ 顾颉刚：《“周道”与“周行”》，《史林杂识初编》，北京：中华书局，1963年，第122页。
④ 郑若葵：《中国古代交通图典》，昆明：云南人民出版社，2007年，第199页。

则宗周、成周两京同样也难以连接在一起，同样也不可能驾驭东方广大地区内分散的诸侯和淮夷诸邦。可以说，如果没有崤函古道，就不可能形成西周宗周、成周这种两京体系。崤函古道在西周所创造的两京体系的交通作用，由此可以得知。

三　周道对崤函古道的开辟与改进及其意义

周道建设始于古公亶父经营周原时期，随着周人的兴起及其向东发展，周道也步步东进。孙作云曾称周道为周人的“军用公路”①，既道出了周道的重要功能，也表明了周道随着周人的扩张而逐步形成的历史轨迹。在文王实施翦商大业、东进崤函的进程中，崤函古道也得到逐步的开辟或整治。商末以来，马车被周人广泛运用于战争之中，客观上推动了这一过程。

据《尚书·甘誓》《史记·夏本纪》等记载，夏商时期已经使用车战。夏商时期的一些考古遗址中也发现了车痕和车马坑。但直到商代晚期，战车的使用仅是辅助，始终未被大规模地使用于战争中。车战正式登上历史舞台，成为主要的作战方式，是周人在军事史上的一大贡献②。《诗·大雅·皇矣》描写了在文王伐崇之战中，已经使用“临冲”这种攻城的战车：“帝谓文王，询尔仇方，同尔弟兄，以尔钩援，与尔临冲，以伐崇墉。临冲闲闲，崇墉言言。执讯连连，攸馘安安。是类是祃，是致是附，四方以无侮。临冲茀茀，崇墉仡仡，是伐是肆，是绝是忽，四方以无拂。”在牧野之战中，周人首次投入了“戎车三百乘”这样较大数量的战车，并在战斗中发挥了巨大的威力。马车的成功利用，不仅是人类对马力利用的一个具有划时代意义的进步和重要发明，而且对道路建设也提出了更高的要求，它需要有一定的良好的道路建设水平来提供保障。对以车战为主要形式的西周大军来说，道路与军事相互依存，利于高速运兵和运载辎重粮草的车马大道，不仅是极为重要的硬件设施之一，同时也可以说是军队的生命之道和胜利之路。因此，为军事行动开辟道路，或战前开辟、疏通道路便成为当时一项重要工作。西周金文称之为“省道”“贯行”。

西周昭王时期中甗铭载：“王令中先省南国，贯行，埶（设）应在曾。”中方鼎：“隹（惟）王令南宫伐反虎方之年，王令中先省南或（国），贯行，埶（设）应王在夒真山”。与此二器同时的静方鼎铭文曰：“唯十月甲子，王在宗周，令师中眔静省南或（国）相，埶（设）应。”③上述三器所载，反映了昭王南征江汉之前，委派中、静等臣属先行“省道”“贯行”“设应”，开辟周道的完整过程。根据唐兰、黄盛璋、朱凤瀚的考证④，所谓

① 孙作云：《〈小雅·大东〉篇释义》，《孙作云文集》第2卷《〈诗经〉研究》，开封：河南大学出版社，2003年，第410-412页。

② 杨英杰：《论车战的兴衰》，《辽宁师范大学学报》（社会科学版）1983年第5期，第43-48页；杨英杰：《先秦战车编制探讨》，《辽宁师范大学学报》（社会科学版）1986年第3期，第66-68页；杨泓：《战车与车战二论》，《故宫博物院院刊》2000年第3期，第36-52页；郭物：《国之大事——中国古代战车战马》，成都：四川人民出版社，2004年，第50页；郭妍利：《夏商时期的作战方式蠡测》，《人文杂志》2008年第4期，第151-158页。

③ 徐天进：《日本出光美术馆收藏的静方鼎》，《文物》1998年第5期，第85-87页。

④ 唐兰：《西周青铜器铭文分代史征》，北京：中华书局，1986年，第285、283页；黄盛璋：《关于柞伯鼎关键问题质疑解难》，《中原文物》2011年第5期，第46-58页；朱凤瀚：《湖北随州叶家山西周墓地笔谈》第三部分，《文物》2011年第11期，第64-77页。

"省道"，即巡视、视察道路状况；"贯行"即据所勘路况，分别进行开路、拓宽或夷平等工作，以便战车通行；"设应"则是为王在其所要经过的地方设立行宫。此外，昭王时期的史强盘[①]、穆王时期的师雍父鼎[②]也有"省道""贯行"的记载。可见，除"设应"在周王亲征时才有外，"省道""贯行"是西周重大军事行动之前一种较为普遍的交通道路开辟和拓展行为。昭王南征时，"南国"西部区域尚未完全在周人的有效控制之下，故无论交通、安全性均要通过"先省""贯行"才能保障。则文王占领崤函，东征邘、崇，很可能也带有疏通和拓展进军道路的目的，以保障大部队进军商都的交通基础。杨向奎分析历史上所谓"崤函之固"的地理形势，指出在"三千年前，挟带重兵而度险关，按常规行程绝不可能，地方是'车不方轨'，而当时的主要武器已是战车"，欲以重车度险途，唯有"筚路蓝缕，以启山林"[③]。可见，文王占领崤函不仅取得了政治和军事上的重大胜利，也取得了重新开通与拓展崤函历史通道和新建大道的重大成果。

随着东西两京制的建立，对两京间的交通需求骤增，西周王朝又对这条道路进行了系统的规度和修治。《逸周书·大聚解》："武王胜殷，抚国绥民，乃观于殷政"，周公告之以"相土地之宜，水土之便，营邑制，命之曰大聚……劈开修道"。所谓"观于殷政"，当包括效法殷商的路政，而"劈开修道"，则主要是指成周地区交通道路的规度和修治。崤函古道作为连接两京交通"周道"的重要路段自然包括在内。从道路的走向判断，周王朝对崤函古道的规度和修治，基本上应是在夏商原有道路基础上改筑或整治而成，以适应两京繁忙的交通及车马行驶的需要。

文献和金文中有周道的诸多记载，从中可以窥见周道的一些形态和要素：一是路面平、路身直。《诗·小雅·小弁》说："踧踧周道。"毛传："踧踧，平易也。"《左传·襄公五年》所引逸诗，赞扬说"周道挺挺"。杜注："挺挺，正直也。"《诗·小雅·大东》说得更为明白："周道如砥，其直如矢"，形容它像磨刀石一样平坦和牢固，像箭杆一样挺直。二是路幅较宽，四马战车可以通行无阻。《诗·小雅·四牡》说："四牡騑騑，周道倭迟。"行者乘着用四马驾的车不停地奔驰在一望无垠的大道上；《诗·小雅·何草不黄》还记有辎重车行驶于周道的情况，说"有栈之车，行彼周道"。三是周道的利用还有一定的等级规定。一般平民除了出征打仗或服劳役外，平日很少行走。《诗·小雅·大东》在言"周道如砥，其直如矢"后说："君子所履，小人所视。"只有"君子"即贵族才能在"周道"上通行，"小人"只可遥望而已。但是，一般商旅往来也是可以从"周道"上行走的。四是周道两侧往往种有树木。《国语·周语》："周制有之曰：列树以表道。"《诗·大雅·绵》："柞棫拔矣，行道兑矣。"孔疏："柞棫生柯叶拔然。"道旁植树，不仅可起遮阴、标识作用，也起遮蔽、障碍作用。五是周道沿路还有供应食宿一类的设施。《周礼·遗人》："凡国野之道，十里有庐，庐有饮食。三十里有宿，宿有路室，路室有委。五十里有市，市有候馆，候馆有积。"此外，周王朝还设有专门"掌达国道路"的官员"野庐氏"，"掌修城郭沟池树渠之固"的官员"掌固"和管理各种障碍设施的"司

① 《史墙盘》记昭王"广能楚荆，惟寏南行"。裘锡圭指出"寏"应读为"贯"，"贯南行"实际上指金道锡行。参见裘锡圭：《古文字论集》，北京：中华书局，1992年，第374、375页。

② 《师雍父鼎》载："隹十又一月，师雍父省道之于胡。"

③ 杨向奎：《宗周社会与礼乐文明》，北京：人民出版社，1992年，第75页。

险”等官员。

周道的这些特点，反映了周道建设已经达到了相当的水准。这些特点虽然并不局限或针对崤函古道，而在周道范围具有普遍意义，文献和金文也没有明确说明崤函古道的具体形态，且受地形限制，崤函古道可能还会与平原河谷有所差别，但其作为周道的主要路段，崤函古道同样也建立了一套具有上述形态和要素的道路系统。

此外，在崤函地区黄河两岸，西周王朝还先后建立了一批封国：黄河南岸有焦国（今三门峡）、虢国（今三门峡、平陆），北岸有虞国（平陆）、魏国（芮城东北）、韩（芮城西）等。封建亲戚，以蕃屏周的过程，事实上也是西周时期开拓新道路和激活老道路的重要过程①。这些封国沿着黄河两岸，呈明显的带状分布，其位置与崤函古道、晋南通道交通线路相重叠。南岸的焦国、虢国，足以把守住崤函古道险关隘道，保障两京交通的畅通，防止敌人向东西两面偷袭。北岸的虞、魏、韩三国分别可把守豫晋间的茅津渡口、晋陕间的风陵渡口等，越过黄河可与焦、虢联合。这种分布态势，说明是周王室为确保崤函古道交通要冲而有意识地做出的安排，不仅为崤函古道交通线路畅通起到保障作用，也为建立王朝政治秩序和屏藩周王室方面起到了支撑作用。

崤函古道的重新规度和修治，为西周两京制的实施提供了很大的便利条件。金文中经常见到周王施政于洛邑，或周王派使臣到成周会见诸侯的记载。梁晓景曾历举 57 件西周铜器铭文，说明西周诸王（除康王外）都曾施政于洛邑②。不过，这 57 件铜器中有一些涉及“周”“康宫”所在，新近研究证明西周金文中的“周”“康宫”，并非全部指洛邑成周③，因此有必要对此问题进行一番梳理。这里重新统计西周金文中明确言及“成周”地名的铜器，如成王时期的何尊、鸣士卿尊、圉鼎、司鼎、小臣易鼎、史兽鼎、小臣单觯、叔夨方鼎等器铭皆言“王在成周”或新邑。昭王时期的静方鼎、鲜钟、德方鼎、厚趠方鼎、伯寛父盨、令方尊、鸿叔簋、作册申卣、士上卣等器铭皆言“王在成周”。穆王时期的丰卣、录卣、競卣等器铭言“王在成周”或令大臣率“成周师”“成师”出征。恭王时期的应侯视工钟铭言“王归自成周”，询簋言“成周走亚”。厉王时期的颂鼎、敔簋、十三年㾓壶、曶壶盖、晋侯苏编钟、史颂鼎、小克鼎、颂鼎、齼簋、颂簋、虢仲盨等器铭言“王在成周”或令大臣“司成周贾”等。宣王时期的叔专父盨铭载“王在成周”，兮甲盘铭言“王令甲政司成周四方积”。以上计有 35 件铜器，属成王时有 8 件，昭王时 9 件，穆王时 3 件，恭王时 2 件，厉王时 11 件，宣王时 2 件。此外，还有西周早期的小臣夌鼎、盂爵和西周中期的格伯簋铭载“王在成周”等。以上各器，涉及周王在洛邑进行册命、赏赐、征伐、祼祭、土地交换等重大政治、军事活动，或令大臣管理成周事宜，或自此征伐等内容，说明周王及贵族大臣经常奔走于两京之间。而周王每次往返于两京之间，自然还会有大批贵族大臣、军队及随从人员和物资相随。前引三年壶铭云：“唯三年九月丁已，王在奠（郑），飨醴，呼虢叔召，……己丑，王在句陵。”④不

① 郑若葵：《中国古代交通图典》，昆明：云南人民出版社，2007 年，第 197 页。

② 梁晓景：《西周建都洛邑浅论》，《中国古都研究》（第四辑），杭州：浙江人民出版社，1989 年，第 198-213 页。

③ 李学勤：《柞伯簋铭考释》，《文物》1998 年第 11 期，第 67-70 页；刘士莪、尹盛平：《微氏家族青铜器研究》，《西周微氏家族青铜器群研究》，北京：文物出版社，1992 年，第 93-108 页。

④ 陕西周原考古队：《陕西扶风庄白一号西周青铜器窖藏发掘简报》，《文物》1978 年第 3 期，第 1-19 页。

仅证明了周夷王亦曾往来于两京，还说明了当时周王往返两京的道路是取道崤函古道的。

频繁的军事与政治活动也是西周崤函古道上人员往复的主要交通现象。西周主要军事力量是分别驻扎在丰镐和洛邑的西六师和成周八师，他们除分别拱卫两京外，遇有战事，还需随王出征。从武王伐纣灭商到周公东征平叛，以及对西戎的进攻和对淮夷、荆楚的征伐，西六师和成周八师都是主要征战部队，西六师东调与成周八师配合作战，崤函古道是其东出西归的主要交通道路。而被分封于各地建国的诸侯，按制要定期朝拜周天子述职，向周王缴纳贡赋，还要听从周王室的召唤派兵随从周王作战。遇到王室的重大祭祀，诸侯要亲自前往助祭。遇到周王有死丧、嫁娶和出巡，各国都有特定的义务。周天子不时到诸侯国进行巡狩、赏罚活动，约见诸侯进行会盟。《左传·昭公四年》载有西周时期几次著名的会盟："周武有孟津之誓，成有岐阳之蒐，康有酆宫之朝，穆有涂山之会。"孟津即盟津，在今河南孟津县南。岐阳即今陕西岐山县治。酆宫即丰宫，在今陕西户县东。涂山即三涂山，在今伊洛二水之间。此外，成王还有成周之会，《逸周书·王会解》记录了诸多诸侯及周边民族前来成周朝见周天子的盛况。幽王有"太室之盟"，在今河南登封嵩山。由这几次会盟的地点可见，参加上述政治活动的部分诸侯当是取道崤函古道往返的。

此外，洛邑还是东方诸侯、诸淮夷贡赋输往丰镐的中转站。前引宣王时期兮甲盘铭载："王令甲政司成周四方积，至于南淮夷。"征收的贡赋包括帑帛、冠服、奴隶等。这些贡赋在洛邑集中后，又经崤函古道转运至丰镐。史载，武王在牧野之战胜利后离开商都时将一部分殷遗民上层分子迁居关中王畿地区，周公东征胜利后，这一迁徙达到了高潮。史墙盘铭文即记载了微氏归顺周武王迁居宗周的史事。它如微子之子、箕子及孟氏、戈氏、庚氏、散氏等，是殷商世家大族被周王从原殷商王畿强迁到关中地区聚族而居的史例[①]。同样，在洛邑附近，也居住有大量的从关中盆地迁徙过来的周族人。无论是殷商遗臣由东向西迁徙到关中，还是周族人由西向东迁至洛邑，崤函古道都是必经之途，这些可以理解为崤函古道交通功能的体现。

以上交通行为和设置，为我们呈现了崤函古道日渐发达的交通状况，既反映了当时崤函古道的主要交通功能，也说明两京之间周道上的交通流量比灭商以前大为增加，间接说明了两京之间道路交通条件比前代大为改观，否则无法承担如此繁重的交通流量，更不可能有效地发挥两京制的作用。

在中华文明的早期发展历程中，西周是一个重要时期。许倬云指出："西周以蕞尔小国取代商崛起渭上，开八百年基业，肇华夏意识端倪，创华夏文化本体，成华夏社会基石，是中国古代史上一个重要的历史阶段。"[②]就交通史而言，西周亦代表着一个重要的历史时期。李约瑟在《中国之科学与文明》一书指出："我们可以追溯公路的起源至史前时代的小径，铜器时代的山蹊等，直至强大而集权政府的兴起，才发展出一种留有印象而复杂的系统。"[③]周道就是最早由"强大而集权政府"修建的"留有印象而复杂"

① 许倬云：《西周史》（增补本），北京：生活·读书·新知三联书店，2001 年，第 113-121 页；张怀通：《武王伐纣史实补考》，《中国史研究》2010 年第 4 期，第 59-74 页。

② 许倬云：《西周史》（增补本），北京：生活·读书·新知三联书店，2001 年，封底。

③ [英]李约瑟著：《中国之科学与文明》第 10 册，陈立夫主译，张一麟、沈百先译，段品莊、刘拓校，台北：台湾商务印书馆，1980 年，第 4 页。

的道路体系。西周统治者不仅建立了影响深远的两京制度，掌控驾驭着西周礼乐文明的稳定和迅速的发展，而且高速度、高质量地建立和开拓出可以有效连接东西两京，并辐射全国的庞大而复杂的道路交通网。西周时期最高级、最快速的交通工具——马车，与当时最高水平的交通设施——“周道”相配合，使宗周、成周间的交通往来较为便捷，解决了两京相距较远而交通联系又十分迫切的问题，从而在西周时期保证了宗周与成周之间的密切联系。在这一过程中，西周统治者在政治文化上表现为对崤函地区重视有加，不仅在崤函地区分封重要宗亲建立诸侯国，还将崤函古道作为连接两京交通周道的重要路段进行规度和整治，使之更加适宜于两京间的交通。由此，也形成了崤函古道交通道路的基本格局。从那时起直到民国时期近代公路兴起以前，崤函古道一直在沿用，后世在此基础上不断丰富和发展，改进了道路的通行状况和交通工具。但是，崤函古道交通路线所在的地理位置，却在自然环境和人文背景制约下呈现出显著的历史继承性，而不再随时局的变化而轻易改移，总的趋向一直没有从根本上被改变。

从交通的兴起到道路的形成，是道路发展的第一步，而由偶然踩踏形成的小径到固定而成熟的道路，并受制度化的管理，则是道路发展的又一大进步。崤函古道的起源和早期开发可以追溯到史前时代和夏商时期，但是没有哪一个时代（朝代）完成了横贯东西的道路建设，西周东、西两京制度的创立，使两京间交通需求骤增，导致了由西周中央政府直接介入，有计划、有组织地按一定规格、布局在两京间开辟修建宽阔平直的道路，开始表现出成熟的固定性的道路特质，并确立了国家主干交通道路的地位。包括崤函古道在内的周道，既是西周王室的生命线，也是国家交通的中轴线。“因此，它的修整与否，也就象征着周人政治势力的消长”①。周道成为政府统治力和社会秩序稳定与否的关键，路政完善象征政治清明、国力强盛与社会和谐；当其衰败荒残，则为衰世的征兆。“不仅如此，由于这条周道具有独特的历史地理和人文环境的优越性，西周而后的东周、秦、汉和大唐等朝的政治经济文化重心，都特别刻意地置放在这条轴线上，乃至到了宋、元、明、清时期，这条交通线路仍然是受时人注重青睐的横贯东西的大动脉。周道可谓是中国古代一条最负盛名且最富政治、军事魅力和经济价值的东西大干道。它对中国古代东西道路干线的发展和完善无疑具有重要开山作用和影响意义”②。正是在这个意义上，我们说，西周是崤函古道开拓和形成的重要建设时期，而这一时期正与西周两京制的形成基本同时。

① 孙作云：《〈小雅·大东〉篇释义》，《孙作云文集》第 2 卷《〈诗经〉研究》，开封：河南大学出版社，2003 年，第 411 页。

② 郑若葵：《中国古代交通图典》，昆明：云南人民出版社，2007 年，第 199、200 页。

虢国墓地车马坑出土的车及其相关问题

自20世纪50年代迄今，考古工作者在三门峡上村岭虢国墓地及其周围地区发现和发掘虢国车马坑40余座，并对其中9座成功地实施了剔剥和清理，发掘出来50余辆车。毋庸置疑，尽管目前我国西周春秋时期的车马坑发现和发掘数量有100余座，但西周及春秋之际的车马坑并不多见。因此，虢国车马坑的发现和发掘十分重要，它为研究西周及春秋时期的车马制度、马车形制及车马葬制等问题，提供了充分的依据，具有十分重要的意义。本文依据上述发掘资料，就有关虢国车的形制结构、制造技术及相关问题谈些看法，以求教于方家。

一 虢国墓地车马坑出土车的情况

虢国车遗迹的发现最早是从20世纪50年代上村岭虢国墓地考古发掘开始的，当时共发现车马坑3座。

M1727号车马坑位于墓地东南部，是M1706号五鼎墓的随葬车马坑。坑呈长方形，南北长15.1米、东西宽3.82米、深4.1米，坑口深1.1～1.3米，坑内有车5辆、马10匹，其中第3号车保存最好，考古学家对此进行了剖开和复原，首次将一辆虢国车完整地揭露出来。同时在主墓内还发现随葬车器铜辖6件①。

M1811号车马坑位于墓地的西北部，为M1810号五鼎墓的随葬车马坑，坑呈长方形，南北长15米、东西宽3米、深3.3米，坑口深1.2米。坑内有车5辆、马10匹。车上附有铜车饰。在主墓内出土有车器铜轴头2件、铜辖4件及大量铜马器②。

M1051号车马坑位于墓地西北部，是虢太子元的随葬车马坑，坑呈长方形，南北长29米、东西宽3.3～3.5米、深3.05米，坑口深0.6～0.75米。内有车10辆、马20匹，由北而南排成一纵列。各车结构与M1727车大致相同，唯7号车较为特殊，车的轴木和軏木上附有青铜制的车器，如铜軎、辖、軝、軏首、軏脚等。此外，在主墓M1052中还出土车马器524件，其中铜车器计有轴头、辖、銮、軏等4种25件③。

继20世纪50年代发掘之后，1987～1989年，又在墓地东部发现车马坑2座。

八七峡医M14号车马坑位于墓地东北部，坐西向东，坑长4.02米、宽2.92～2.84米、深1.9米。内埋1辆车、2匹马。但墓主尚未找到④。另一座车马坑为M1721号三鼎墓的随葬车马坑，位于墓地东南部。坑呈长方形，南北长7.7米、东西宽3.06～2.7米、深2.55～2.11米。坑内有车3辆、马6匹，其结构除1号、2号车与20世纪50年

① 中国科学院考古研究所：《上村岭虢国墓地》，北京：科学出版社，1959年，第33、34页。

② 中国科学院考古研究所：《上村岭虢国墓地》，北京：科学出版社，1959年，第36、37页。

③ 中国科学院考古研究所：《上村岭虢国墓地》，北京：科学出版社，1959年，第28、29页。

④ 胡小龙：《浅谈三门峡上村岭虢国墓地车马坑》，《华夏考古》1993年第4期，第96、97页。

代发掘的大致相同外，3 号车舆极为简单，虽仍为横长方形，但仅有车舆的框架，而没有横竖木条构成的栜格，拐角处也无立柱，车舆底仅用 0.01 米宽的窄细木条平铺而成。因三辆车的形制较小，发掘者认为，该坑内的车子为非实用车①。20 世纪 50 年代发掘其主墓时，也未发现车器，仅出土马器铜衔五件，骨镳一件②。

20 世纪 90 年代在墓地北部国君兆域发现车马坑 30 多座，已发掘 4 座。

M2001CHMK1 车马坑位于墓地西北部，系虢国君虢季的随葬车马坑。坑呈长方形，南北长 47.6 米、东西宽 3.78～3.7 米、中部宽 4.16 米、坑深 1.1～1.4 米。除被近代墓和现代沟所损毁的车辆与马匹外，整个坑内共清理出车 13 辆、马 64 匹、狗 6 只。其中北部的 7 辆车保存较好，南部 6 辆车因被近代墓和现代沟破坏而残缺不全。除第 9 号、11 号、13 号车外，在其他 10 辆车上均发现有铜车马器，主要有衡末饰、軎、辖、轭饰、毂饰、辋饰和络饰等 7 种 52 件。由于坑内车下部分未作清理，相信还会有部分铜车马器尚未清出。此外，在主墓 M2001 中还出土铜车马器 1509 件，其中铜车器 74 件，总重 21 千克，计有辖、銮铃、轭三种。銮铃与轭常相伴出土，有的銮铃尚套在轭首上端的木胎上③。

M2012CHMK2 车马坑在墓地西北部，是 M2012 虢季夫人梁姬墓的随葬车马坑，坑呈长方形，南北长 10.3 米、东西残宽 5.02～5.36 米、坑深 1.6 米、坑口深 0.6 米，坑内埋有 19 辆车，由西向东分三排按一定顺序规律摆放，西边一排放置车 8 辆，中间一排放置 7 辆车，东边一排仅有残车 4 辆，坑内每辆车下都压有马匹。发掘者按一车配二马推算，认为此坑内 19 辆车应配有 38 匹马。除第 15 车和被 M2001MKl 打破的第 16 号、17 号、18 号、19 号车外，其余 14 辆车上均发现有铜车马器，计有铜车軎、毂饰、车轭、柱帽和环等 51 件，所有车的下半部因故均未作清理，所以应还会有不少的铜车马器尚未清出。另外，在主墓还出土车马器 321 件，车器只有銮铃 1 种，共 4 件，总重 1.5 千克。M2012CHMK2 车马坑，是目前虢国墓地发掘埋葬车辆最多的一座车马坑，其中第 15 号车保存最好，考古学家对此进行了复原④。

M2013CHMK4 车马坑位于墓地西北部，系其北侧 M2013 虢姜墓的随葬车马坑。坑内呈正方形，南北长 4.2 米、东西宽 3.5 米、深 1.9 米。坑内葬 1 车 6 马⑤。在主墓内出土车马器一套，计有軎、辖、衡、镳、饕餮首、细腰、节约、络饰等 9 种 47 件⑥。

M2011CHMK3 车马坑系另一虢太子的随葬车马坑，也位于墓地西北部，坑南北长 21.08 米、东西宽 3.51 米、深 1.5～1.6 米。在清理坑内东侧部分车轮遗迹后，即作保护性回填，有待今后进一步发掘⑦。

---

① 三门峡市文物工作队：《三门峡市机械厂车马坑的发掘》，《华夏考古》1993 年第 4 期，第 8-11 页。

② 中国科学院考古研究所：《上村岭虢国墓地》，北京：科学出版社，1959 年，第 35-37 页。

③ 河南省文物考古研究所、三门峡市文物工作队：《三门峡虢国墓》第 1 卷（上），北京：文物出版社，1999 年，第 94-101 页。

④ 河南省文物考古研究所、三门峡市文物工作队：《三门峡虢国墓》第 1 卷（上），北京：文物出版社，1999 年，第 296-306 页。

⑤ 胡小龙：《浅谈三门峡上村岭虢国墓地车马坑》，《华夏考古》1993 年第 4 期，第 86、96、97 页。

⑥ 杨育彬、袁广阔：《20 世纪河南考古发现与研究》，郑州：中州古籍出版社，1997 年，第 416 页。

⑦ 河南省文物考古研究所、三门峡市文物工作队：《三门峡虢国墓》第 1 卷（上），北京：文物出版社，1999 年，第 378 页。

综上所述，自20世纪50年代虢国墓地发掘以来，先后清理车马坑9座，内出土车子57辆。数量最多者为M2012CHMK2车马坑，有车19辆。最少者为八七峡医M14号车马坑，有车1辆。据勘探，虢国墓地的北中部还有大小车马坑30多座，究竟有多少车、有多少马，因发掘工作尚未结束而无法准确统计，但就已发现的车马数量来讲，它是西周春秋时期最大的车马坑之一，应是肯定无疑的。

二　虢国墓地车马坑出土车的复原

由表1得知，虢国车的形制结构基本相同，均为独辀双轮，由一舆、一轴、一辀、一衡、两轮等主要部分构成。

表1　虢国墓地出土车尺寸表　　　　单位：厘米

编号和车号	轮径	辐数	轨宽	牙		舆			辀		轴		衡	
				高	厚	广	进深	高	长	径	长	径	长	径
M1051号车马坑1号车	124～107	25	166	6	6	100	100		300	6～8	200	6	100	5
M1051号车马坑7号车	142～127		200	6	6				300	6～8	248	7		
M1727号车马坑2号车	125	28	180	6	6	123	90	33	296+	5.5～8	236	6.5	140	3.8
M1727号车马坑3号车	126	25	184	6	6	130	86	30	250+	5.5～8.2	222	6.7		
M1811号车马坑1号车	117～119	26	164	6	6	130	32		282	6～8	200+	8		
M1811号车马坑4号车	128～125	27	178	6	7	130	82				222			
M2001CHMK1车马坑1号车	147～105	22	172	8	5.5	120	98	19+	290+	9	225	8	88+	5.5
M2001CHMK1车马坑7号车	122～70	28	184	6	5	130	88	22	290+	6～8	250	8	72+	5
M2012CHMK2车马坑1号车	148～89	24	174	7	5	36+	94	46	120+	6～8	250	8	120	6
M2012CHMK2车马坑15号车	144～64	20	192	7	5	140	104	25	324	8	236+	8	88+	4.5

注：1. 各栏数字后有“+”号的，系遭破坏后的长度。

2. M2013CHMK4车马坑、M2011CHMK3车马坑、八七峡医M14号车马坑的资料尚未发表，M1721号墓随葬车马坑中的车，发掘者认为是非实用车，故均未作统计。

车舆安装在两轮间呈十字形交叉的辀与轴的上面。虢国车舆可分为大小两种。装小型舆的车，如M1051号车马坑1号车，箱广100厘米，进深100厘米。M2012CHMK车马坑11号车，箱广108厘米，进深82厘米，高20厘米。这类车只能容乘员2人。装大型舆的车占多数，如M2012CHMK2第15号车，箱广140厘米，进深104厘米，高25厘米。M2001CHMK1车马坑7号车，箱广130厘米，进深88厘米，高22厘米，这类车能容乘员3人。舆身平面多为圆角横长方形，只有M2012CHMK2第15号车舆呈圆角纵长方形。舆底车轸由四根轸木组成，上面铺有车席。舆上周围有围阑，阑高大多在30厘米左右，由轸木、横木条和竖木条组成方格形结构，横置的木条称为轵，与轵竖直相交的木条叫轛，轵轛相交曰軨。在舆后围阑中部有0.3米左右的缺口，为上下车的通道。舆前围阑外侧，即车舆的前1/3处，横置1根微微隆起的拱形圆木，称轼，供人凭伏，其形制与《考工记》的记载基本一致。轼前左、中、右车舆沿栏称为軓，为御者所居，其执绥驾车，軓直接保护着他的安全。轼以后的两侧车舆，为车左、车右所居，与轼前御者成品字形立乘，他们二手扶轼，身各倚一侧车舆，故曰輢。为了防止倾侧，在左右两旁的輢上各按一横把手，名较。M1727 号车马坑 3 号车，较高 30 厘米，轼高 55 厘米，较低于轼，与后代明显不同。《上村岭虢国墓地》将车舆的前沿称为“前轼”，把轼称为“横轼”，显然混淆了軓与轼的关系，是不正确的。

轴横贯舆底，自辀下穿两毂而出，中心处略向下弯曲，断面作圆形，长 1.5～2.5 米。在舆底两侧有屐形或长方形垫木，状如伏兔，上联舆底，下有凹处衔轴，使舆与轴轮连接成一个整体，以增加稳定性。伏兔的外侧有铜轴饰。軎装在轴通过毂后露出来的末端，用以括约和保护轴头。车軎较短，一般在 0.09 米左右。軎的内端有键孔，贯孔装铜辖。

辀位于轴上正中部，与轴交叉成十字形，基本是用一根长 3 米左右的圆木或方木制作而成，剖面呈圆形，直径 5.5～8 厘米，辀后端压在车舆下边和车轴上面，与车舆底座平行，伸出车舆底座前端，在出了车舆之后逐渐向上呈弧线弯曲，在距后端 2.3 米左右的地方渐趋水平，变为平直，不复上昂，但也有像 M2012CHMK2 第 4 号、15 号、17 号车，辀端即轴上正中，又向上弯曲成钩形。《上村岭虢国墓地》一书释辀曰辕，是不正确的。辀与辕不同，马车称辀，牛车称辕，单根称辀，两根称辕，辀形弯曲，辕形平直。《三门峡虢国墓地》一书已改之。

衡安装在辀颈上，用小径圆木制成，一般长 1.4 米左右，剖面呈圆形，衡末端装有铜饰，如 M2001CHMK 第 2 号、3 号车衡的衡末饰呈管锥状曲柄式，一端较粗，一端较细，通长 18 厘米。衡主要用以缚軛。軛装在衡左右两侧，用它夹住两服马之颈，御驾服马。车軛均为铜木结构，内为人字形木胎，外上端套一铜軛首，表面饰有人龙合纹或兽面纹，中部軛肢上包一层薄铜皮，下端向外向上弯曲，并各安装一个底端封闭的铜軛足。軛首上端的木胎上还有一种仪饰性的铜部件銮铃，其下部为方形銎座，上部为铃体，状如椭圆形，铃腔呈辐射状镂孔，中含弹丸，行车时振动作响。

车的两轮置于舆的两端，由牙、毂、辐三个重要部分组成。车轮较大，最大者轮径在 1.48～0.86 米，一般为 1.67～1.48 米，两车轮的间距在 1.55～2.15 米。牙均是合二木而成，其高度和厚度以 0.06 米为常，着地一面平齐，容辐一面成弧形。这个尺寸比较适宜当时载重量有限的车轮和坎坷不平的土质路面。因轮径较大，车辐较多，每个车轮的辐条多为 25 根左右，最多者达 28 根，辐条呈扁平状，断面呈梯形，内辏于毂，外入于牙，入牙一端粗，辏毂一端细。M1727 车马坑 3 号车，辏毂端为 1 厘米×3.7 厘米，入开端为 1.7 厘米×2.5 厘米。轮辐的装法，有的车已采用轮绠装置方法。这种方法比较符合力学原理，可以加宽车的底基，而且行车时辐有内倾的分力，使轮不易外脱，当道路起伏不平时，纵使车身向外倾斜，由于轮绠所起的调剂作用，车仍不易倾倒。轮外侧的车毂部分，通体长 0.35 米左右，比西周早期平均短 15～20 厘米，外形如削去尖端的橄核。毂上承车舆的重量，又受到车辐转动时的张力，还要抵抗车轴的摩擦，是受力很大的一个部件。为防止磨损和毂口开裂，虢国人用铜輨、铜軝等将毂整个地包起来。

虢国车马坑中的车以一辆车配两匹马为多，即以骈制为常，采用軛靷法牵引驾驶。但由于战争的范围和规模不断扩大，长途奔袭作战，战场上的迅猛冲击，越来越依赖于强大的马力，因而，这时已出现使用三马或四马牵引的骖制和驷制，甚至出现了六马之制。究竟用几匹马拉车，需视具体情况而定。

三　虢国墓地车马坑出土车的制造技术

虢国车是两周之际车的代表。它与殷商和西周早期的车相比，有哪些方面的改进和提高呢？商代的车见于安阳殷墟西区和大司空村车马坑等，西周早期的车主要见于张家坡车马坑，战国的车则见于洛阳中州路车马坑和辉县琉璃阁墓。根据这些地方出土车的遗迹，测量出商周和战国时代车子各部分尺寸如表2所示①。

表2　商周车子尺寸简表

时代	墓号及车号	轮径	辐数	轨宽	舆			辀		轴		衡长	出处
					广	进深	高			长	径	长	径
商	安阳大司空村175号	146	18	215	94	75		280	11	300	7	120	《考古学报》第9期
商	安阳孝民屯1号车	122	7	240	134	83	49	268	7～8×5～6	310	5～8		《考古》1977年第1期
商	安阳孝民屯2号车	122	26		100		41	260+	前76、后95	190	5～8		《考古》1977年第1期
商	安阳孝民屯南地车马坑	133～144	22	217	129～133	74	45	256	9～15	306	13～15	110	《考古》1972年第4期
西周	西安张家坡一号车马坑	129	22		107	86	25	281	6.5	292		240	《沣西发掘报告》
西周	西安张家坡二号车马坑①号车	136	21	225	138	68	45+	298		307		137	《沣西发掘报告》
西周	西安张家坡二号车马坑②号车	135	21		135	70	20	295		294	7.8	210	《沣西发掘报告》
西周	西安张家坡三号车马坑	140	22		125	80	44						《沣西发掘报告》
西周	房山琉璃河一号车马坑	140	24	244	150	90		66+	14	308	8		《考古》1974年第5期
西周	山东胶县西庵车马坑	140	18	224	164	97	29+	284	8～10	304		138	《文物》1977年第4期
战国	洛阳中州路车马坑	169	18	200	160	150		340+	12	277	10	141	《考古》1974年第3期
战国	辉县琉璃阁墓1号车	140	26	190	130	104	26～36	170+	8	242	10～12	170	《辉县发掘报告》
战国	辉县琉璃阁墓5号车	95	26	140	95	93	22+～27+	120+	4	178	7	140	《辉县发掘报告》
战国	辉县琉璃阁墓6号车	105	26	185	120	98	30～42	205	8	242	14	140	《辉县发掘报告》
战国	辉县琉璃阁墓16号车	130	26+4	182	140	105	40	210	10	236+	9～12	140	《辉县发掘报告》
战国	辉县琉璃阁墓17号车	140	26+4	180	150	110	30～40	215	10	242	14	150	《辉县发掘报告》

注：各栏数字有“+”的，是遭破坏后的现存长度。

① 杨泓：《文物丛谈战车与车战——中国古代军事装备札记之一》，《文物》1977年第5期，第82-91页。本文有删改。

参见虢国前后的车制，不难看出虢国制车技术进步的痕迹。

1）适应历史发展，虢国车制呈现车同轨趋势。

虢国车虽承商周形制，但从虢国墓地出土大量车实例看，其总体形制结构基本一致，然而各部的尺寸并没有硬性的统一规定，如车轮大小不等、轨距宽窄有别，只是在制造和使用的实践中逐步形成了一个大致的数据。具体部件尺寸有差别，但又不是太大，这一点和车的总体结构的一致性已经显示了一个逐渐向车同轨方向发展的趋势。

2）车的整体设计、部件加工配置更加趋向完善合理。

首先，车的动力部分设计、制作技术提高。车轮是动力部分的关键技术。虢国车轮轨宽明显缩小，安阳殷墟出土商后期的车，轨宽一般在 215～240 厘米，西安张家坡出土西周早期的车，在 225～235 厘米。而虢国车的轨宽，最宽为 200 厘米，最窄者仅为 164 厘米。轨宽缩小，可以提高车辆对路面的适应能力；与此相应，车的辐条由商后期的 18 根、西周早中期的 21～22 根最大增到 28 根，最少者也有 22 根，从而进一步提高车轮的抗震强度和支撑力，减轻因轨宽缩小可能产生的车辆失衡问题；辀，也是动力部分的关键部位，与前期相比，虢国车辀明显加长，弯曲度趋于合理。安阳殷墟商后期车辀，最长者为 280 厘米，西安张家坡西周早期车辀最长 298 厘米。虢国车辀则进一步加长至 300 厘米。这样就加大了车衡与车舆间的距离，扩大了服马的活动空间，方便马的行进，进而提高车速。辀的弧线弯曲也是很重要的，它既不能太大也不能太小，否则行驶费力、不稳，上下坡也无法保持车的平衡。虢国车的车辀很像草书的“之”字，辀的前端比后端高 0.17 米左右，距地面高 1.15 米左右，这种距地面的高度很适宜车的驾驶，行驶起来省力平稳。其次，车的荷载部分效能提高。与商后期和西周早期车相比，虢国车舆增大，从而增强了战车的荷载重量，保证乘员有充分的活动余地，便于战场厮杀；支撑车舆的毂长缩短，方便战场选择，布置车阵，还可防止毂击轴折；而车轴变短，则使驾驶更趋于灵活；车马器軎、軝联用，起到了更好地保护车毂的作用。总之，与殷商和西周早期相比较，虢国车的作战能力、适应能力、抗震能力、耐用性、安稳性和灵活性，远远超过了前代。

3）讲究外观的华丽，青铜部件的制作和装饰更加趋于美观坚固。

青铜车马部件虽非车的关键部件，但使用得当，则可以增强车的牢固性和灵活性，提高人对车的控制能力。目前，在虢国墓地已发现青铜车饰件达十几种，主要有铜軎、铜辖、铜毂饰、铜轭饰、铜轴头、铜辋饰、铜銮、铜輨、铜軝等，数量和种类之多，远远超过了商代和西周早期。虢国人非常重视这些铜质构件的制作和外观效果，加工讲究并施饰华丽美观的造型和纹样。如铜辖，其造型和花纹都趋于复杂，造型有方形、马蹄形、等腰梯形，纹样分兽首纹、龙首纹、素面纹和人首纹。用人像饰辖兴起于西周中期以后，M2001 墓出土人首辖 2 件，高 4.1～4.2 厘米，底边长 2.3 厘米，正面作人蹲坐形，人形头部为圆雕，戴圆形穹隆顶小帽，面部轮廓清晰，身子呈三角锥体，眼睛和嘴巴清晰可见，耳朵像半环形的穿钮，下垂的双臂与身体之间有两个纵条形穿孔，手形虽被省略，但依其姿态当前扶于膝部①。这对于人物造像非常稀见的两周之际，显得颇为特别。

① 河南省文物考古研究所、三门峡市文物工作队：《三门峡虢国墓》第 1 卷（上），北京：文物出版社，1999 年，第 96 页。

青铜部件和饰件的大量使用，使虢国车更加坚固、美观、耐用，同时也使制车技术更加复杂化、专业化。

虢国车的进步，反映了虢国制车技术的提高。《考工记》说："周人上舆。故一器而工聚焉者，车为多。"①制车是当时一种内部分工最多最细的综合性手工业。仅《考工记》中记载的制车工匠就有专门制造车轮的轮人，专门制作车舆的舆人和专门制造车辆的轴人，而且还需要木工、漆工、革工、青铜工等其他多种熟练工匠的同心协力才能制成。车的辀、轮、舆等全是木质结构，各部位全靠胶、筋、革、凿、柄牢固地结合在一起，不用或很少用金属。由于制车技术复杂，车的设计者和制造者必须具有一定的数学、力学、几何等知识，只有这样才能保证车的整体设计合理，轴的角度适中，车前后左右平衡，车幅均匀，车轮足圆，行驶灵活，安稳舒适。虢国墓地出土的大量车，以实物形式表明，虢国人已经掌握和运用了这些知识和技术。

虢国制车技术的进步，是由多方面的原因促成的。

纵览虢国的历史，从虢仲始封于西虢，领有三门峡封地起，经历宣之际虢公长父正式迁都上阳，到春秋早期虢公丑亡国丧社稷②，奉周天子命，外助其征战，内协其平乱，始终是一根贯穿于虢国历史的主线。虢国人崇勇尚武，军队能征善战。早在西虢东迁前，其军队西征犬戎、东征淮夷，对西周王朝的巩固与发展有很大的贡献。东迁后，依赖于新的环境和广袤疆域，继续以军队助天子征战，平息王室内乱，干涉晋国内政，阻止郑国图霸，抵抗犬戎东进，其军事活动之频繁，令人咋舌。西周、春秋时期，战车已是军队的核心装备，车战不仅成为最重要的作战方式，而且规模不断扩大，参战车辆动辄百计，甚至千计。战车的多寡优劣成为一个国家、家族军事实力的重要标志。虢国要切实执行周天子下达的征伐任务，赢得战争的胜利，战车是重要的物质条件。虢国实际拥有多少战车，已无法深究，但是据随葬数量完全可以想到其实际拥有车子的恢宏规模。因此，虢国的历史主线是促使其制车技术发达的直接动力。

从虢国墓地族葬的情况来看，家族在虢国还颇有活力，以战车为核心的军队编制和以车战为特色的战争，则是与家族制度的军队编制和战争形式相适应的。西周、春秋时期，家族不仅共同生产、共同消费、聚族而居、聚族而葬，还是一个军事单位，各级贵族都有其家族成员和私属人员组成的族军。随着宗族势力的发展，自西周晚期，族军日益强大，成为军队中的核心力量。族军成员亦农亦兵，利用农闲季节举行以狩猎为形式的军事训练，"春振旅以搜，夏拔舍以苗，秋治兵以狝，冬大阅以狩，皆以农隙以讲事焉"③。若遇战争便是现成的武装人员，家族长就是当然的军事首领，家族长和其他身份较高的家族成员分乘不同的战车，一般成员和其他人员则作为徒兵跟随在车的后面。各个家族的车实际上是一车多用，平时乘坐、运输，战时就是战车。作为虢国社会的基本组织单位的家族的存在与活力，事实上成为其制车技术发达的社会原因之一。

西周、春秋时期的贵族，特别是一些观念保守的贵族，很注重礼法，即使在敌对双

① 闻人军译注：《考工记译注》，上海：上海古籍出版社，1993年，第118页。

② 李久昌、张彦修：《二千年前的神秘古国——虢国的历史与文化》，西安：陕西人民出版社，1995年。

③（汉）班固：《汉书》卷23《刑法志》，北京：中华书局，1962年，第1082页。

方生死决战时也不敢忽略。作战时，双方军队先列好战车阵，然后致师，以勇士向对方挑战。随后以战车为主体展开冲锋，在运动中杀伤对方。从各个方面考察，虢国贵族素有恪守礼法、崇武尚勇的传统，因而他们在军事方面也就着意于车阵战。为了能在车阵战中立于不败之地，大数量、高质量的战车是他们追求的重要战争工具之一。在奴隶社会，贵族作为社会生产的组织者和消费者，其对文化素质的嗜好与需求，也是决定经济发展特别是手工业生产发展方向的重要因素。以虢国贵族集团为主导的恪守礼法、崇武尚勇世风及由此对战车的追求，也无形中成为其制车技术发达的重要动力。

虢国制车技术的进步，还直接受到当时战争方式和战场条件变化的影响。车战，商代已有，但规模较小。人少地阔的战场，允许用加宽轨距的方式来保持战车的平衡，有限的战区也不迫切要求战车非常坚固，因此，殷商战车轨宽、辐少、舆小，毂也不特别加固。进入西周，车战成为战争的重要形式，平阔的中原大地又为车战提供了较为理想的战场，战争规模和战争区域随之不断扩大。长途奔袭，战场厮杀，首先要求车轮必须坚固，因此，车辐增多，加强轮的支撑力。车上厮杀，挥戈拉弓要有充分的活动余地，所以，虢国的车舆逐渐增大。战争规模扩大，投入战车数量增加，原来宽轨长毂的战车易滞阻拥挤，不利行军作战，甚至造成毂击轴折，因此，虢国车的轴、毂、轨较之以前明显变短。战争的需要和变化，直接推动了作为战争主要工具的战车的制造技术的不断改进和完善。

然而，虢国的制车技术绝不是畸形发展的，它是虢国生产力特别是手工业生产技术发展的结晶。在商代，受当时生产力水平的影响，商车上只有少量铜车器，用在很关键的部位，如踵、軎等。而虢国车上的铜车器明显增多，车的相关部位都配置了青铜部件。如果没有相应的青铜生产规模和技术提高作保证，这是难以做到的。大量的考古材料表明，西周春秋时期，虢国生产力有了很大的提高，物质文明取得巨大成就，在某些行业和领域甚至取得了代表当时生产力顶巅的成就，如人工冶铁技术的掌握和使用，青铜铸造、琢玉、制陶、漆器制作等手工业生产的庞大规模和精湛的工艺水平。以冶铁技术为标志的虢国手工业，在客观上奠定了虢国制车技术的物质基础。换句话说，虢国生产力的进一步发展，新的制车材料的出现和新工艺的发明，为虢国战车的不断完善提供了前提。

四　虢国墓地出土车的性质及社会意义

西周春秋时期，随着制车技术的进步，车的使用达到空前的程度。前引《考工记》说，“周人尚舆”。由文献记载可知，这一时期，贵族的许多重要活动如祭祀、田猎、出访等都与车有关。生命仪礼如婚嫁、丧礼等也与车有关。由于盛行车战，且规模愈演愈烈，车的多寡也就成为衡量一国经济、军事实力的重要标准。本是代步的交通工具的车，承载了丰富的社会功能，折射出当时的家族制度、社会结构和军事组织等方面的内容。从虢国墓地出土车来看，即反映出当时虢国军队编制、行军方式及礼制和社会尊卑等级等多方面的特点。

关于虢国墓地车马坑中车的性质，长期以来学术界有所争论，一说它是战车，另一说则认为是狩猎用车。《周礼·考工记》载，兵车宽六尺六寸，折合今尺为127厘米。以M1727号车马坑3号车为例，宽130厘米，与《考工记》所载兵车基本相符。从虢国墓地出土车实物看，车舆面积大多在1平方米左右，仅可容纳2～3人，应是御者和车左、车右。车上围阑一般高在30厘米左右，较矮，便于士兵在上面作战和活动。《左传·宣公四年》杜预注："兵车无盖。"[①]因为张盖后空气阻力大，影响车速，不利行军作战。如以有盖之车参战，则需去掉其盖。虢国墓地出土的车上或车附近的地方都没有发现车盖或车伞一类的遗物。此外，尽管虢国墓地车马坑未像西安张家坡或殷墟出土车马坑那样，坑内埋有武器，但从20世纪50年代发掘清理的3座车马坑来看，在其陪葬的大墓中则都有随葬武器，一类为远射兵器，如铜镞之类，一类为格斗武器，如铜戈等。表明西周晚期，武器已不随葬在车马坑内，而改葬在墓主人身边。因此，如果没有确凿的证据，还是应当承认除M1721号三鼎墓的随葬车马坑葬车外，其余虢国墓地车马坑中的葬车均应为战车。而当时战车和狩猎车在形制和结构上也无本质的差别和巨大的差异，许多种类的车也是一车多用的。

由于战车机动性高、冲击性强，战车已成为当时军队的核心装备，并构成军队编制的基本单位——"乘"。"乘"既指一辆战车，也包括配属于这辆战车上的乘员和跟随在战车之后的徒兵。一辆战车，除车上基本固定的3名乘员外，还要视情况，配备若干徒兵。西周早期，一辆战车配徒兵10人，后来发展到甲士3人在车上、7人在车下、加上步卒20人跟随车后，再后来又变化为车上甲士3人，车下步卒72人，一辆战车共有75人。乘之上为"两"，"两"之中分为大小两"偏"，"大偏"25乘，"小偏"9乘。西周金文中分别称之为"西偏""东偏"，在春秋各国则多称为"左偏""右偏"。每乘、两、偏单位战车数量及车与徒兵的比例可以根据实战需要及装备和人员的情况灵活组织，以形成机动灵活、多种形式的车阵。虢国墓地车马坑中战车的数量编排有3、5、10、19等数种组合，并与墓主人身份等级地位相对应，说明这几种组合很可能就是当时战车编制的常数。而这种以战车为中心，以乘为基本单位的军事编制，又是与其家族组织和制度非常吻合的编制形式。

战车不仅决定着军队的基本编制，还直接影响到当时军队行军方式、机动性和战争形式及结局。由于战车占有空间大，一辆用4匹马拉的战车，约需占地9平方米，而当时交通道路宽度有限，因此，行军的时候必须排成单列纵队，战车一辆辆前后相连，每辆战车后面跟随着配置的若干徒兵。虢国车马坑中战车排列的形式，便是这种单列纵队，显示出一种向北行进时的姿态。单列纵队排列是机动性很强的队形，纵队可以随主人行军征战，在当时空旷之处又可即刻变为横列队形作战。但横列的战车战斗队形虽然冲击力非常大，但在受到强烈冲击时易发生溃乱，而溃乱的战车队形又很难重新排列继续作战。因此，西周春秋时期的战争往往是速决的、短暂的。鲁桓公五年（公元前707年）周郑长葛之战中，虢国作为主力加入周天子一方，战斗中采用的即是这种横列阵势。"王为中军；虢公林父将右军，蔡人、卫人属焉；周公黑肩将左军，陈人属焉。"而郑国则

① （晋）杜预集解，（唐）孔颖达疏：《春秋左传正义》卷21"宣公四年"，《十三经注疏》，北京：北京大学出版社，2000年，第701页。

采“鱼丽之陈”[①]，前列战车以横列队形摆开，又以后列战车分别排列在前列战车的缝隙处，若鱼之相丽而进。结果，虢公林父统帅的右军在郑军猛烈的冲击下首先溃乱奔逃，继而周军全线大乱而战败。

西周春秋时期，流行“事死如事生”的理念。诸侯贵族死后，作为葬礼的一部分，一般要将本人生前所用的礼器等物随葬，以为阴间所用。作为礼器的车，是当时诸侯贵族的王子随葬品之一，且按贵族身份等级来决定随葬数目。在虢国墓地已发掘清理的250多座墓葬中，陪葬车的仅见于具有国君、国君夫人、大夫、贵族夫人和士身份的，亦即士以上等级的墓葬中。庶人墓不仅无陪葬车，墓中也无车马器随葬。这说明车的陪葬具有特殊意义，显然是墓主身份等级的象征。墓主的身份等级越高，陪葬车的数量也就越多；反之，等级越低，陪葬车的数量也越少。但这绝不意味着陪葬车的数量可以随心所欲。事实上，周代对此有较严格的规定。《周礼正义》载：“上公贰车九乘，侯伯七乘，子男五乘。”《公羊传•桓公二年》何休注：“礼，祭，天子九鼎，诸侯七，卿大夫五，元士三也。”从虢国墓地发掘的车马坑看，从七鼎的诸侯级墓到三鼎的元士墓，其随葬车数目，构成了较完整的等级序列，七鼎的虢太子元的祔葬车马坑M1051出土了10车，五鼎的1706号墓和M1810号墓祔葬车马坑Ml727和M1811坑，分别出土了5车，三鼎的M1721号祔葬车马坑出土了3车，一鼎墓八七峡医M14则随葬1车。这样就构成了与列鼎制相对应的随葬车的等级序列，并且从五鼎墓以下，随葬的车数与列鼎数完全一致，即五鼎墓用5辆车陪葬，三鼎墓用3辆车陪葬，一鼎墓用1辆车陪葬。鼎制相同的墓其所葬的车辆数也相同，如M1706和M1810墓都是五鼎墓，于是两墓祔葬的车数相同，都是分别祔葬5车。这种殉葬车的等级差别，恰好是对墓主人的身份地位、爵位等级的最好诠释，基本反映了西周时期的用车制度和墓主人生前享有的车配置规格。除以上正常的情况外，也存在一些变例。例如，虢国墓地的M2001墓主为虢季，七鼎墓，属国君一级，按周代礼制应随葬10车；M2012的墓主为梁姬，五鼎墓，属大夫一级的女性贵族，按周代礼制应随葬5车。但虢季墓的车马坑内随葬13车，梁姬墓的车马坑内殉19车，均严重超越了周代的礼制。这种情况的出现除了说明两墓主人的身份非同寻常和非常富有外，也不乏炫耀僭越之嫌，以及墓主人对车的格外偏好。

---

①（晋）杜预集解，（唐）孔颖达疏：《春秋左传正义》卷6“桓公五年”，《十三经注疏》，北京：北京大学出版社，2000年，第190页。

春秋秦晋河西之争中的崤函古道战事

春秋初期的战略形势版图，在司马迁笔下有过精彩的描绘："晋阻三河，齐负东海，楚介江淮，秦因雍州之固，四海迭兴，更为伯主。"[①]四强中，秦、晋是相邻的两个西部强国，都想向东发展。晋国灭虢吞虞，占领和控制崤函后，形成了"西向足以制秦，东向足以争霸"的战略优势，这使以东进图霸中原为基本国策的秦国犹骨鲠在喉，必欲取之。双方因争霸使战略冲突演变成军事战争，黄河之滨的河西地区因是秦、晋两国利益的会合点，"河西之争"著于史册，崤之战则是这场旷日持久战争中最著名、影响也最深远的战役。崤函古道在秦晋河西之争中的作用，值得关注。

一 "秦晋七十年之战伐，以争崤函"

河西又称西河，春秋战国时的河西，包括今陕西的渭北地区和渭南的河曲地带，相当于今陕西华阴以北、黄龙以南、洛河以东、黄河以西的地区，还包括崤函地区在内[②]，即《左传·僖公十五年》所说"河外"之地。从地理区位上分析，秦晋两国东西接壤，对两国来说，连接秦晋边界的河西之地，是两国称霸的关键地理因素。有学者谓："河西之地本来就与关中秦地相连，蔚为一体，晋据河西犹如在秦国心脏插入一把尖刀，晋可以此作为进攻秦国的军事基地或者说是桥头堡；而崤函则是秦东进的主要通道，它的归晋，犹如秦之肘腋之患。……春秋战国时代此地扼山陕水陆通道，陆路有潼关天堑控制东西进出要道；河上有蒲津关（即临晋关，后又名大庆关）、茅津关等水路关津沟通两岸，地理位置非常重要。加之河西地区山河表里险阻可恃，自古就是兵家必争之地。"[③]"苟秦能得之，则晋之地险尽失。"[④]

河西之争的焦点是争夺对战略要地桃林、崤山的控制。清人顾栋高撰《春秋大事表·春秋秦晋交兵表》中统计春秋时期秦晋两国交兵情况，写道："考春秋之世，秦、晋七十年之战伐，以争崤、函。而秦之所以终不得逞者，以不得崤、函。"《春秋大事表·春秋列国地形险要表》又写道："桃林、二殽、茅津之为西北险也，以秦、晋七十年之战争著也。"[⑤]梁启超在《春秋载纪·纪晋霸消长章》分析春秋秦晋交兵情况："晋之与秦，世

---

①（汉）司马迁：《史记》卷14《十二诸侯年表》，北京：中华书局，1959年，第509页。

② 蔡锋：《春秋战国时的秦晋河西之争》，《青海师专学报》1988年第4期，第39-48页。该文称河西"还包括华阴至河南邓县的崤函地带"。又说，"我们认为河西由河内和河外两部分组成：河内即从位于今洛河流域的蒲城、高陵向东至黄河的渭河南北地带，河外即包括桃林、崤函在内的河南地界，今为河南省的灵宝、陕县一带，古为秦内史界的一部分"。可知"邓县"当为"陕县"之讹。

③ 郭淑珍、王关成：《秦军事史》，西安：陕西人民教育出版社，2000年，第26、223页。

④ 马非百：《秦集史》，北京：中华书局，1982年，第22页。

⑤（清）顾栋高辑，吴树平、李解民点校：《春秋大事表》，北京：中华书局，1993年，第969、2039页。

婚也，然六十九年间十五战，晋伐秦者七，秦伐晋者八，而韩原之役尚不与焉……秦所亟欲得者殽函也，而又晋之所必争也。秦晋之所以兵连祸结者以此。”① “七十年”“六十九年”都是指自鲁僖公三十三年（公元前 627 年）崤之战至鲁襄公十四年（公元前 559 年）棫林之战这段时间，是秦晋河西之争战事激烈频发时期。“秦晋七十年之战伐”“六十九年间十五战”所指就是秦晋河西之争。研究者谓：“这些战争的根本症结，是秦要克服东进争霸的障碍，将自己的势力延伸到中原腹心地区；而晋国则千方百计要挫败秦的战略企图，维护自己在中原的根本利益。双方作战的焦点，是争夺对战略要地桃林、崤山的控制。”②

最早注意到这一地区的是秦穆公，他继位第一年（公元前 659 年），即带兵东伐茅津戎。《史记·秦本纪》载：“缪公任好元年，自将伐茅津，胜之。”茅津在今山西平陆县西南、橐水入黄河的交汇处，自古便是山西高原南渡黄河的主要渡口，对岸数十里便是桃林函谷天险。从进军路线看，秦穆公此次东伐茅津戎，应当是借道茅津西面的虢国，从崤函古道东来而至的。秦穆公在其登基之年就亲征茅津，显然这是一次重大的战略决策，目标指向是茅津和桃林函谷天险。但从穆公随后撤军来看，这次战争的意图可能在于以伐茅津戎为借口，检阅秦军的作战能力和实力，为打通中原地区通道，东进中原作战略试探，同时也在试探正在勃兴的晋对其战争的反应。

果然，秦穆公此举迅速引起了晋国君臣的震动和戒备，第二年，晋献公即发起“假虞灭虢”之战，灭虢吞虞后，又命詹嘉、吕甥建城邑于原虢都之地，筑“河外列城五”，使公子重耳守与秦相邻的蒲城（今陕西蒲城平路庙乡蒲石村），“备蒲城守秦”③。这些举措很明显是针对秦国的，伐虢目的就是堵塞秦军的东出之路。《史记·晋世家》云：“当此时，晋强，西有河西，与秦接境，北边翟，东至河内。”所以，论及晋灭虢之原因，晋国之所以如此高效率抢先占领这里，或说如此急于夺取崤函和茅津渡控制权，秦东伐茅津戎的因素是不能忽视的。

晋灭虢吞虞，先于秦取得了河西的优势和崤函天险的控制权，这等于断了秦国东出的咽喉要道，“秦之门户，在晋之肘腋中矣”④。由此也揭开了秦、晋两国争夺河西这一战略要地战争的序幕。战争旷日持久，一直打到鲁襄公十四年（公元前 559 年），晋军在棫林之战中战败，此后晋由于“公室卑而六卿疆，欲内相攻，是以久秦晋不相攻”⑤。可以说，春秋时期“秦晋两国历史上的重要事件几乎都与河西之争有关，它也成为两国历史发展的主要线索”⑥。

二　秦穆公进兵河西初占崤函

秦晋河西之争以崤之战为界。在崤之战爆发之前，秦采取“和晋”政策，秦晋两国

① 梁启超：《春秋载记》，《梁启超全集》第 6 册，北京：北京出版社，1999 年，第 3501、3502 页。
② 黄朴民：《兵要地理与春秋列国的战略格局》，《先秦史与巴蜀文化论集》，天津：历史教学社，1995 年，第 141 页。
③（汉）司马迁：《史记》卷 39《晋世家》，北京：中华书局，1959 年，第 1656 页。
④ 马非百：《秦集史》，北京：中华书局，1982 年，第 21 页。
⑤（汉）司马迁：《史记》卷 5《秦本纪》，北京：中华书局，1959 年，第 197 页。
⑥ 蔡锋：《春秋战国时的秦晋河西之争》，《青海师专学报》1988 年第 4 期，第 39-48 页。

曾拥有过一段和好亲善的时光。《左传·成公十三年》："昔逮我献公，及穆公相好，戮力同心，申之以盟誓，重之以昏姻。"讲的是晋献公时期的秦晋关系。清华简《系年》："秦、晋焉始会好，戮力同心。"这是晋文公时期秦晋关系的概括。所谓"秦晋之好"即缘于秦穆公"四年，迎妇于晋"，娶晋献公女儿，其后又有晋怀公与怀嬴、晋文公与秦五个宗室女的联姻。但这些是秦穆公的东进战略步骤，是要通过联姻和扶持晋君来控制晋国以获得进入中原的通道。有学者说"名为秦晋联姻，实为东进序曲"[①]。两国相邻的地缘关系和向东发展战略图谋重叠在一起，使秦、晋两国既想处理好关系，又无法避免剧烈冲突。崤之战前，两国在和好亲善的日子里，秦穆公已经有过进兵河西的插曲，而每次战争都指向了崤函。

《史记·秦本纪》载，穆公五年"秋，缪公自将伐晋，战于河曲"[②]。穆公五年即公元前 655 年。河曲，《集解》引服虔曰"河曲，晋地"。杜预曰："河曲在蒲阪南。"《正义》按："河曲在华阴县界也。"其说互异，但其应不出豫晋陕交界的黄河拐弯处附近，有学者指河曲即今风陵渡一带[③]，是有道理的，其地正处在崤函古道西端，控扼古道东进口。由于史文简缺，河曲之战的具体原因和战况不明。但从"缪公自将"看，应事关两国大局之战，《史记》称为"伐晋"，说明此战是大张旗鼓地进攻。"凡师，有钟鼓曰伐，无曰侵，轻曰袭"[④]。战争发起的时间，又正值晋灭虢吞虞之战激烈进行之时，显然有应对晋灭虢吞虞、控制崤函通道的不利局势，从东南方向另辟黄河西岸通道的战略意图。在以后的秦晋河西之争中，两国屡屡在此一带争夺，也说明该地战略位置的重要。对秦人来说，如能占领风陵渡一带，既可以北上进入晋国腹地运城盆地，也可以顺着中条山南麓东行，到达茅津渡，然后南渡黄河，沿崤函古道东段，进入中原。同时，渡过风陵渡，占据中条山与黄河之间的这条狭长通道，还可以切断晋人与崤函古道的联系，进而在秦晋争霸中占据地缘优势。河曲之战是春秋中叶，秦晋间为争夺河西而发生的第一场较大规模的战争，也是秦国为打破晋灭虢吞虞，占领崤函的先发优势而做出的首次努力[⑤]。战争结局，史文没有详言，但显然秦没有达到战争发起之目的。

河曲之战后仅 10 年，又有秦晋韩原之战，战争导火索源于晋惠公背信毁约，战争目标则直接指向"河外列城五"及其所控制的崤函天险和通道。在晋献公死后，诸子争夺君位时，公子夷吾以"赂秦伯以河外列城五"为条件，争取到秦穆公支持，回国继位，是为晋惠公，但旋即反悔背约不与地于秦。《史记·秦本纪》："夷吾谓曰：'诚得立，请割晋之河西八城与秦。'及至，已立，而使丕郑谢秦，背约不与河西城。"接着，又在逢饥年时求粮于秦，而转年秦逢饥年却又不与秦粮，甚至要乘秦国饥荒"因其饥伐之，可

① 莫秀瑺：《大秦帝国》，上海：上海人民出版社，1997 年，第 36 页。

② （汉）司马迁：《史记》卷 5《秦本纪》，北京：中华书局，1959 年，第 186 页。

③ 靳生禾、谢鸿喜：《春秋战略重镇羁马遗址考》，《中国史研究》1994 年第 1 期，第 122-125 页。

④ 杨伯峻：《春秋左传注·庄公二十九年》，北京：中华书局，1990 年，第 244 页。

⑤ 秦晋河西之争自春秋早期已见端倪。《左传·庄公二十八年》："晋伐骊戎，骊戎男女以骊姬。"杜注："骊戎在京兆新丰县。"《史记·秦本纪》："（宣公）四年，作密畤。与晋战河阳，胜之。"《史记·封禅书》："秦宣公作密畤于渭南。"《后汉书·西羌传》："渭南有骊戎。"可知，晋伐骊戎，秦与晋战河阳，都是双方争夺河渭之地的行为，则此时秦晋即已濒临相争之势。

有大功……十五年，兴兵将攻秦”[①]。于是，“秦大怒，亦发兵伐晋”[②]。《史记·秦本纪》：“缪公发兵……九月壬戌，与晋惠公夷吾合战于韩地……于是岐下食善马者三百人驰冒晋军，晋军解围，遂脱缪公而反生得晋君。”晋惠公弃信背邻的行径终于导致韩原之败。秦穆公六年即公元前 645 年，韩原，或说在今山西芮城，或说在今河津，当以《括地志》所说韩原“在同州韩城县西南十八里”为是[③]。韩原之战后的是年十一月，秦释放了被俘的晋惠公，作为回报，晋也献出了河西之地，“归晋君夷吾，夷吾献其河西地……是时秦地东至河”[④]。由此，秦第一次占据了河西地区，领土扩展到了黄河西岸，并“于是秦始征晋河东，置官司焉”[⑤]。长期为晋所占据的桃林之塞也一度为秦所有。然而 2 年后，“晋大子圉为质于秦，秦归河东”[⑥]，退守河西，河东及崤函天险重回晋人手中。马非百评价此事说：“此时晋兵力尚强。穆公自知力不能有（河东）。故索质子于晋，因而归之以为名耳。然秦之不得志已可见矣!”[⑦]也有学者认为，这是因晋大夫吕甥“作州兵”，组织民兵奋力抵抗，秦无法顺利接收而被迫放弃[⑧]。这都可以理解为秦仍缺乏长期占有这一位于晋国腹心战略要地的足够力量。

崤之战前，秦国对晋国崛起与称霸给予帮助和支持，秦穆公也希望通过联姻和扶持晋君来控制晋国以获得进入中原的通道。但秦穆公三置晋君（惠公、怀公、文公）而不成功，与晋协同作战，无役不从，反倒是晋文公在僖公二十八年（公元前 632 年）城濮之战“一战而霸”[⑨]，秦国却仍僻居于关中，处处受到晋国巧妙的遏制与防范，一直没有时机染指中原。晋国霸权的确立改变了秦晋之间的战略态势，强大的晋国已成为秦国安全与扩张的巨大威胁与障碍。有学者指出，“秦国要染指中原，争夺霸权，必定要越过黄河，锐意东进。而晋国要独霸中原，号令天下，也必定要竭力扼阻秦国的东进，将秦国的活动范围限制在西方一隅。两强相遇，双方都以维护各自的国家利益为自己行动的准则，发生激烈的冲突遂不可避免，双方的关系也就自然而然由同盟互助而转化为尖锐敌对状态，且不存在任何调和缓解的可能”[⑩]。秦晋的亲善关系因随后的崤之战而彻底破裂。

三　秦晋崤之战

崤之战的直接起因是秦晋两国争夺郑国。《左传·僖公三十年》：“九月甲午，晋侯、

①（汉）司马迁：《史记》卷 5《秦本纪》，北京：中华书局，1959 年，第 188 页。

②（汉）司马迁：《史记》卷 39《晋世家》，北京：中华书局，1959 年，第 1653 页。

③《史记·秦本纪》正义引《括地志》：“韩原在同州韩城县西南十八里。”又参王重九：《古韩原地理位置考辨：兼论〈左传〉“秦始征河东”的问题所在》，《中国史研究》1984 年第 4 期，第 81-87 页。

④ 司马迁：《史记》卷 5《秦本纪》，北京：中华书局，1959 年，第 189 页。

⑤ 杨伯峻：《春秋左传注·僖公十五年》，北京：中华书局，1990 年，第 367 页。

⑥ 杨伯峻：《春秋左传注·僖公十五年》，北京：中华书局，1990 年，第 372 页。

⑦ 马非百：《秦集史》，北京：中华书局，1982 年，第 22 页。

⑧ 台湾三军大学编著：《中国历代战争史》第 1 册，北京：中信出版社，2012 年，第 188 页。

⑨ 杨伯峻：《春秋左传注·僖公二十七年》，北京：中华书局，1990 年，第 447 页。

⑩ 黄朴民：《兵要地理与春秋列国的战略格局》，《先秦史与巴蜀文化论集》，天津：历史教学社，1995 年，第 141 页。

秦伯围郑，以其无礼于晋，且贰于楚也。”此战秦仍是作为晋国的伙伴出征的。大兵压境，郑文公急遣烛之武缒城而出，夜见秦穆公游说：“越国以鄙远，君知其难也，焉用亡郑以陪邻？邻之厚，君之薄也。若舍郑以为东道主，行李之往来，共其乏困，君亦无所害。且君尝为晋君赐矣，许君焦、瑕，朝济而夕设版焉，君之所知也。夫晋，何厌之有？既东封郑，又欲肆其西封。不阙秦，将焉取之？阙秦以利晋，唯君图之。”[①]“亡郑厚晋，于晋而得矣，而秦未有利。晋之疆，秦之忧也”[②]。烛之武所言甚辩而动听，抓住了秦晋两国图霸战略的利害冲突所在，使秦穆公如梦初醒，于是与郑结盟，然后不告而别撤军回国，留下杞子等三将留戍郑都，以便监视郑国。这就是著名的“烛之武退秦师”故事。清华简《系年》载：“晋文公立七年，秦晋围郑，郑降秦不降晋，晋人以不憖。”整理者言“不憖，不悦”[③]。虽然“不憖”，但面对新结盟的秦郑，晋文公也只得撤军。著名的《吕相绝秦书》从晋人角度写道“我文公帅诸侯及秦围郑。秦大夫不询于我寡君，擅及郑盟。诸侯疾之，将致命于秦。文公恐惧，绥靖诸侯，秦师克还无害，则是我有大造于西也”[④]。看来，“不憖”的，还不只是晋国君臣。晋国主导的围郑之役，由原来的秦晋联合伐郑变成了秦助郑守国而防晋，为秦、晋决裂埋下了伏笔。

鲁僖公三十二年（公元前628年），郑文公与晋文公相继去世。此时一个偶然事件，推动了秦晋决裂的到来。两年前被秦穆公留在郑国戍守的秦将“杞子自郑使告于秦曰：‘郑人使我掌其北门之管，若潜师以来，国可得也’”。清华简《系年》记载相同：“秦人豫戍于郑，郑人属北门之管于秦之戍人，秦之戍人使人归告曰：‘我既得郑之门管已，来袭之。’”在是否出兵问题上，上大夫（一说右庶长）蹇叔与秦穆公发生了争论，并有“蹇叔哭师”之事。《左传·僖公三十二年》：“穆公访诸蹇叔，蹇叔曰：‘劳师以袭远，非所闻也。师劳力竭，远主备之，无乃不可乎？师之所为，郑必知之，勤而无所，必有悖心。且行千里，其谁不知？’”秦穆公不听，坚持出兵袭郑。同年冬，“召孟明、西乞、白乙，使出师于东门之外……蹇叔之子与师，哭而送之曰：‘晋人御师必于崤。崤有二陵焉：其南陵，夏后皋之墓也；其北陵，文王之所辟风雨也。必死是间，余收尔骨焉。’秦师遂东”。另一说法，与蹇叔一同“哭师”的还有百里奚[⑤]。“蹇叔哭师”，我们以为尤其应当关注的是蹇叔、百里奚以为秦军“劳师以袭远”时“晋人御师必于崤”的预见。有学者谓，蹇叔通晓天下山川地理和各国政治态势[⑥]。而百里奚原为虞国大夫，晋灭虞后，作为媵臣陪嫁到秦，后得到穆公赏识，官至上大夫，与蹇叔并称“二老”。对崤山的险要地形和通行条件的了解影响着“二老”的战略思维和秦伐郑之役胜负的分析，是

① 杨伯峻：《春秋左传注·僖公三十年》，北京：中华书局，1990年，第480、481页。

②（汉）司马迁：《史记》卷5《秦本纪》，北京：中华书局，1959年，第190页。

③ 清华大学出土文献研究与保护中心：《清华大学藏战国竹简》贰，上海：中西书局，2011年，第155页。

④ 杨伯峻：《春秋左传注·成公十三年》，北京：中华书局，1990年，第862页。

⑤《史记·秦本纪》：“郑人有卖郑于秦曰：‘我主其城门，郑可袭也。’缪公问蹇叔、百里傒，对曰：‘径数国千里而袭人，希有得利者。且人卖郑，庸知我国人不有以我情告郑者乎？不可。’缪公曰：‘子不知也，吾已决矣。’遂发兵，使百里傒子孟明视，蹇叔子西乞术及白乙丙将兵。行日，百里傒、蹇叔二人哭之。缪公闻，怒曰：‘孤发兵而子沮哭吾军，何也？’二老曰：‘臣非敢沮君军。军行，臣子与往；臣老，迟还恐不相见，故哭耳。’二老退，谓其子曰：‘汝军即败，必于殽阨矣。’”

⑥ 张子侠：《蹇叔考论》，《淮北职业技术学院学报》2003年第2期，第58、59页。

他们“晋人御师必于崤……崤有二陵……必死是间”两个“必”字的地理根据。此后，战争的进程和结局，完全是按照“二老”的预料发展。

《史记•秦本纪》记载袭郑秦军行军路线：“秦兵遂东，更晋地，过周北门。”顾栋高说：“秦人袭郑，道自华阴出函谷关，经历二崤及周之轘辕、伊阙，而后至河南之偃师，行嵚岩深谷中二千余里。”[①]秦军从雍都（今陕西凤翔）出发后，是沿渭水而下，越桃林塞，沿崤函古道东进，出函谷，经上阳，东入崤山。这里是晋国南疆要地。秦军行军速度似乎十分缓慢，“三十三年春，秦师过周北门……及滑”。这时一个商人的偶然出现，改变了整个战局的进程。“郑商人弦高将市于周，遇之，以乘韦先，牛十二犒师……且使遽告于郑……孟明曰：‘郑有备矣，不可冀也。攻之不克，围之不继，吾其还也。’灭滑而还”。滑，晋之边邑，在今河南偃师西南府店村北。此时晋文公死而未葬，襄公尚在缞绖之中，他采纳了先轸“必伐秦师”“一日纵敌，数世之患也”的意见，“遂发命，遽兴姜戎。子墨衰绖，梁弘御戎，莱驹为右。夏四月辛巳，败秦师于殽，获百里孟明视、西乞术、白乙丙以归”[②]。清华简《系年》云：“晋文公卒，未葬，襄公亲率师御秦师于崤，大败之。”可见晋襄公指挥了这场战争。《左传•襄公十四年》：“晋御其上，戎亢其下，秦师不复，我诸戎实然。譬如捕鹿，晋人角之，诸戎掎之，与晋踣之。”可知崤之战中晋军与姜戎的战法，是封住崤山狭窄山谷的两头，把秦军装在口袋里，阻绝道路，前后夹击，秦军三百辆战车身陷隘道，进退不能，被歼于谷中。《公羊传•僖公三十三年》：“晋人与姜戎要之殽而击之，匹马只轮无反者。”说明秦军败得很惨。崤函古道为晋国大败秦军的军事行动提供了条件。

崤之战中，秦军与晋军都必然通行崤函古道路线进军，晋“败秦师于崤”战场也必然在崤函古道上，但究竟是在北道还是南道上，有学者认为秦伐郑走的是南道，崤之战战场也在南道上，即自今陕州区菜园乡南县村以下经南陵（夏后皋墓，南临雁翎关）至今宫前村，这 15 千米长的峡谷绝地之中[③]。不过，多数有关崤之战战场地望的记忆，则是在北道上。

《左传•僖公三十二年》载：“秦师过周北门，左右免胄而下，超乘者三百乘。”“周北门”，即周都城洛邑的北门。既然秦军东进途经洛邑从北门通过，那么秦军走北道的可能性也就最大。《左传•僖公三十二年》杜注：“殽在弘农渑池县西。”《吕氏春秋•悔过》高诱注：“殽，渑池县西崤塞是也。”两注皆称殽在渑池县西。年代更早的文献，也取这一倾向。《谷梁传•僖公三十三年》：“秦伯将袭郑……师行，百里子与蹇叔子送其子而戒之，曰：‘女死，必于崤之岩唫之下。我将尸女于是。’”《公羊传•僖公三十三年》：“秦伯将袭郑……师出，百里子与蹇叔子送其子而戒之曰：‘尔即死，必于殽之嵚岩，是文王之所辟风雨者也，吾将尸尔焉。’”所谓“崤之嵚岩”“崤之岩唫之下”“文王之所辟风雨者也”，这些崤之战战场地望的标志性地标在北道，北陵硖石（今陕州区硖石乡）一带。杨向奎考证，《公羊传》之“嵚岩”即“嵚岑山”，在今文王山及硖石南。“而文

① （清）顾栋高辑，吴树平、李解民点校：《春秋大事表》卷 9《春秋列国不守关塞论》，北京：中华书局，1993 年，第 996 页。

② 杨伯峻：《春秋左传注•僖公三十三年》，北京：中华书局，1990 年，第 498 页。

③ 蒋若是：《春秋“殽之战”战地考实》，《史学月刊》1987 年第 1 期，第 3-7 页。

王辟风雨处，更可以说明两地为一，即文王山由此而得名”。并且“它不是后人的伪造，因为《公羊传》早出，非伪造。至少在战国时代已有秦晋之战在嵚岑的理解，而嵚岑即文王辟风雨处，文王驱驰于此，说明这是殷周之间的古通道”①。辛德勇亦指出：“南北二陵中崤山北陵侧临大道，为周文王所曾经历，也是《左传·僖公三十三年》，秦军千里奔袭郑国，在中途全军覆没的地方。《水经注》关于崤山南北二陵这一段记述是兼采《左传》及杜预注写成的。《公羊传》记蹇叔送子时曰：‘尔必死于崤之嵚岩，是文王之所避风雨者也。’《谷梁传》作‘女死必于崤之岩唫之下’。汉高诱注《淮南子·地形训》崤坂云：‘钦吟是也。’《说文解字》山部有‘岑崟’，乃形容山貌之词。除《谷梁传》‘岩唫’疑当为‘嵚唫’之讹外，余几处读音均相近，当是同音讹转。崤山北陵当由山貌‘岑崟’而得其名。今陕县硖石镇东南有‘金银山’，北侧古道，山势险峻，疑即‘钦吟’音转，可将其比定为崤山北陵。”②综合文献和诸家考证，崤之战战场地望的地标嵚岑山（今称金银山）和文王避雨处都在崤山北道上，具体地望在后世所称陕州区硖石乡北陵硖石一带，而不是在南陵雁翎关一带，崤之战与南道无关。

崤之战是发生在崤函古道上最著名的战争之一，也是中国古代战争史上一次著名的战争。有学者从军事角度论曰：“秦、晋崤之战，是春秋时期一次彻底的大歼灭战，是役晋国大获全胜，对于扼制秦国东出争霸中原，保持自己的霸主地位，具有重要的战略意义。同时，它也是中国古代利用山地复杂地形伏击车兵部队而取胜的著名战例，对于春秋时期军队装备和兵种的发展变化，具有深远的影响。”③

崤之战的意义远不止于此，崤之战对秦晋两国和整个春秋战略格局改变有重大的战略意义。

崤之战后，从公元前625年至公元前623年，秦晋两国接连发生四次战争，即汪（今陕西澄城县西）之战、彭衙（今陕西白水县东北）之战、王官（今山西闻喜县西）之战、新城（今陕西澄城县东北）之战。战争年限间隔短、次数多，战争的借口虽是为报崤之战之败的大仇，但根本战略意图仍在于打开东进通道，兵临中原，取代晋国的霸主地位，是崤之战的余波。战争结果秦仅有王官之役获胜。王官之战，秦穆公“将兵伐晋，渡河焚船，大败晋人，取王官及鄗，以报殽之役”。随后便从茅津渡河南下，进抵崤山，“封殽中尸，为发丧，哭之三日”④，在三年前战败的地方积土为标志并发布《秦誓》文告后，循崤函古道班师返秦。秦穆公多年处心积虑东进，然而这是最后一次利用崤函古道这条战略通道奋力进行的东征。可见，由于晋的阻隔，秦无力越过崤函天险，无法东霸中原，秦穆公遂转而西进图戎。《史记·秦本纪》载：“三十七年，秦用由余谋伐戎王，益国十二，开地千里，遂霸西戎。天子使召公过贺缪公以金鼓。”秦取得了西北地区的实际控制权。后世对秦穆公调整战略主攻方向评价甚高，认为是“知时之变”，审时度势的“善谋”之举，并多将调整的原因归诸崤函地理因素，认为这是受阻于晋国防守崤函之地、桃林之塞的缘故。刘向《新序·善谋》说：“秦穆公都雍郊，地方三百里，知

① 杨向奎：《宗周社会与礼乐文明》，北京：人民出版社，1992年，第69页。

② 辛德勇：《崤山古道琐证》，《中国历史地理论丛》1989年第4卷第4期，第37-67页。

③ 黄朴民：《中国军事通史》第2卷《春秋军事史》，北京：军事科学出版社，1998年，第221、222页。

④（汉）司马迁：《史记》卷5《秦本纪》，北京：中华书局，1959年，第193、194页。

时之变，攻取西戎，辟地千里，并国十二，陇西北地是也。”《汉书·韩安国传》则作“知时宜之变”，语义更为完整。翦伯赞《中国史纲要》也有精辟的见解：“在晋称霸之时，秦也很想向东扩展自己的势力……但秦的国力终究不如晋，特别是秦东进的道路被晋所牢牢地扼住，所以秦无法向东迈出一步。出于这种原因，秦只能致力于征服邻近的戎人，史称穆公‘益国十二，遂霸西戎’。”[①]历史证明秦穆公的战略调整是正确的，秦“霸西戎”，扩大巩固了秦国的后方基地，为战国时代秦的东进和统一奠定了基础。

崤之战后秦国彻底放弃“和晋”政策，转而联合晋国的敌手楚国对抗晋国。清华简《系年》云：“秦焉始与晋执乱，与楚为好。”春秋战略格局由此重新分化、重组，此前以齐晋为首的中原华夏联盟与荆楚集团之间的对抗，转变为秦楚联盟与晋齐联盟的长期对峙。秦、楚两国配合默契，楚伐郑与秦伐晋轮番进行，而晋国因救郑则为秦所攻，伐秦则难以安郑，终于首尾难顾，霸业难继。春秋整个战略格局因崤之战发生了巨大的改观。

四　“晋侯使詹嘉处瑕，以守桃林之塞”

崤之战后，秦晋河西之争进入了长达半个多世纪的对峙和战争时期。顾栋高谓：“秦、晋兵争始此，嗣后报复无已，秦之伐晋八，晋之伐秦七，直至襄十四年十三国之伐然后止，首尾历七十年。”[②]马骕《绎史·秦晋为成》记录秦晋争夺河西的战役：“秦、晋兵争六十九年，始于殽而终于十三国之伐。其在秦穆之世，与晋襄交兵者五，而殽与彭衙书败；秦康之世，与晋灵交兵者三，而令狐、河曲书战；秦共之世，与晋灵交兵者一；秦桓之世，与晋成交兵者一，与晋景交兵者二，与晋厉交兵者一；秦景之世，与晋悼交兵者三。秦历五君，晋历六君，干戈日寻，疆场暴骨，兵连祸结，未有如二国者也。”[③]所谓“秦历五君，晋历六君”，可知秦穆公之后，继位之秦诸君继续穆公的东进战略，战争进行得十分持久、十分艰苦，次数上总体超过穆公，但战争年限间隔较长，规模均不大，双方各有胜负，而且这一系列的战事，战场主要在秦晋交界的今陕西渭北地区和渭南的河曲地带进行，基本回到了秦穆公时秦晋两国争夺河西地区控制权的格局，由此亦不难看出，崤之战对秦国东进战略的重大挫折。但其中仅有的一次直接对崤函瑕地的争夺意义重大，几乎决定了春秋时期秦国整个东进战略的挫败。

在秦晋争夺瑕地前，有秦晋河曲之战发生。《史记·秦本纪》载：秦康公六年（公元前 615 年）“秦伐晋，取羁马。战于河曲，大败晋军”。随后又主动撤军。《左传·文公十二年》在详细记述河曲之战经过后，云“秦师夜遁。复侵晋，入瑕”。而在河曲之战前，还记有这年秋天，秦康公派西乞术到鲁国进聘礼，以取得鲁国的声援之事：“秦伯使西乞术来聘，且言将伐晋。”可见秦为发动河曲之战，是做了多方面准备的。而秦

① 翦伯赞：《中国史纲要》上册，北京：人民出版社，1983 年，第 59 页。

②（清）顾栋高辑，吴树平、李解民点校：《春秋大事表》卷 31《春秋秦晋交兵表》，北京：中华书局，1993 年，第 2043 页。

③（清）马骕撰、王利器整理：《绎史》卷 60《秦晋为成》，北京：中华书局，2002 年，第 1389 页。

军“入瑕”在河曲撤军之后，则应是秦对晋精心组织的又一次战役。于是晋国震动，很快派军将此夺回，并使詹嘉驻守。《左传•文公十三年》（公元前 614 年）载：“春，晋侯使詹嘉处瑕，以守桃林之塞。”这是桃林塞首见于春秋，也是史书明确记载桃林塞设戍驻军之始。

瑕与桃林之塞均在今河南灵宝境，春秋时属晋国。瑕即晋惠公“赂秦伯以河外列城五”之一邑，其地在今灵宝市阳平镇王家岭北南寨子村附近阳平河（即古湖水）西岸崤函古道之中，汉武帝时设胡县（湖县）于此。桃林塞与此后建立的函谷关关系极为密切，以致有学者径称“弘农故秦函谷关，烛水出。有桔枞山。有桃丘聚，故桃林”[①]。而据考证，桃林塞是指崤函古道自秦函谷关以西至阳平河西岸湖县旧址之间，因桃树成林而得名，而瑕正处在桃林塞的西口上[②]，既属交通要道，亦是控扼桃林塞的战略要地。秦在河曲之战取胜后，又精心组织“侵晋入瑕”之役，不仅对晋构成一大威胁，也大大提升秦的防御能力。这正是河曲之战后，晋侯急命“詹嘉处瑕”的背景，可见“詹嘉处瑕”的根本目的在于控扼桃林塞。晋相吕相在《绝秦书》谓：秦“翦我羁马，我是以有河曲之战。东道之不通，则是康公绝我好也”[③]。所谓“东道”即崤函古道西段的函谷道。可见因为秦国利用函谷道侵晋，交通东方诸侯，晋因此断绝道路，据险以守。

《左传•文公十三年》杜注：“詹嘉，晋大夫。赐其瑕邑令，率众守桃林以备秦。”孔疏：“桃林之塞在南河之南，远处晋之南竟。从秦适周，乃由此路。使詹嘉守此塞者，以秦与东方诸侯远结恩好，及西乞聘鲁，亦应更交馀国，虑其要结外援，东西图己，故使守此阨塞，欲断其来往也。”[④]“晋侯使詹嘉处瑕”，不仅是防秦军乘胜东进，还有断绝秦与东方诸侯联系，不使秦人“结外援，东西图己”的意图。日本学者竹添光鸿评论道：“秦与晋接壤，东南皆晋境，惟潼关一路，在晋南境。从秦适周，乃由此道。秦与东诸侯交通，其命使往来之所必经也。始则聘列国，以离盟主之交；后且图诸侯，以肆东封之略，大为中国患。乃自有此戍，秦使不能出关，转从巴、蜀通楚，而东诸侯不受其毒。”据说詹嘉处瑕系晋大夫赵盾等所谋。竹添光鸿接着称赞：“赵盾此一著为晋百年来绝大之功，想亦臾骈之谋也……然则赵盾之功，不独在晋，而且在天下，不独在一时，而终春秋之世也。”[⑤]从以后历史发展的动向看，由于“詹嘉处瑕”设防，晋更加牢固地控制了桃林与崤山等战略要地，秦国向东前行的道路被彻底阻隔了，因此终于使秦国终春秋之世未能得志于中原。可见崤函天险、崤函古道的战略意义。

对“詹嘉处瑕”守桃林塞史实，清人顾栋高发表有著名的《春秋列国不守关塞论》，谓：“春秋时列国用兵相斗争，天下骚然。然其时禁防疏阔，凡一切关隘阨塞之处，多不遣兵设守，敌国之兵平行往来如入空虚之境。”崤之战中，秦军千里袭郑，“道自华阴

---

① （南朝宋）范晔：《后汉书》志 19《郡国一》，北京：中华书局，1965 年，第 3401 页。

② 李久昌：《崤函古道历史地理调查与研究》，周俭主编：《丝绸之路交通线路（中国段）历史地理研究》，南京：江苏人民出版社，2012 年，第 28-71 页；张慎亮：《桃林塞位置考辨》，《兰州大学学报》（社会科学版）2001 年第 5 期，第 71-78 页。

③ 杨伯峻：《春秋左传注•成公十三年》，北京：中华书局，1990 年，第 863 页。

④ （晋）杜预集解、（唐）孔颖达疏：《春秋左传正义》，《十三经注疏》，北京：北京大学出版社，2000 年，第 625 页。

⑤ [日]竹添光鸿注：《左氏会笺》，成都：巴蜀书社，2008 年，第 759 页。

出函谷关，经历二崤及周之轘辕、伊阙，而后至河南之偃师，行嵚岩深谷中二千余里，商人弦高遇诸途而始觉，而周人、晋人不之诘也”，即是一例。而“詹嘉处瑕”之举，则是“必待纷纭有事而后遣将设守”。因为这改变了以往平日交通要道上关塞不设防的传统，所以《左传》才要大大地“重书于册”①。“詹嘉处瑕”守桃林塞为此后历代统治者在函谷关，乃至潼关设关筑城开了先河，成为古代中国著名的战略要地。

秦晋以争夺崤函为焦点的河西之争，其时间之长、战争之激烈、战争地区之广，在先秦战争史上都是罕见的，并一直持续到战国中期。这场长期对峙或争夺的战争，也使崤函地区开始真正体现出“枢纽锁钥区域”②的性质和作用，也就是“兵学之祖”孙武所说的“诸侯之地三属”的“衢地”③。而所谓崤函“枢纽锁钥区域”，崤函“衢地”的形成，其主要原因就在于崤函地当要冲，扼制了东西方交通干道，能够阻塞大规模军队、给养运输调动的必经之路。所谓“枢纽锁钥区域”或“衢地”也都可以理解为崤函古道交通功能的体现。

① （清）顾栋高辑，吴树平、李解民点校：《春秋大事表》卷 9，北京：中华书局，1993 年，第 995 页。

② 所谓“枢纽锁钥区域”，即军事地理学上的“兵家必争之地”，它是交战双方对峙争夺的热点，其得失对战争结局影响甚大，不仅关系着对峙双方强弱转变，甚至很大程度上决定着双方的存亡。参见宋杰：《古代中国战争的地理枢纽》，北京：中国社会科学出版社，2009 年，第 1-16 页。

③ （春秋）孙武撰，（三国）曹操注，杨丙安校理：《十一家注孙子校理》，北京：中华书局，1999 年，第 236、237 页。

战国时期秦国的崤函古道攻略

进入战国，从春秋开始的秦晋河西之争，演变为秦国、魏国之争，战争十分激烈，且绵延了百年之久，最后以秦国的胜利而告终。河西之地的取得和崤函古道的占据，改变了秦数百年来被阻河西而难以向东发展的不利局面，从此，奏响了秦国大规模东进的序曲，走上了“车通三川，窥周室”①的统一之路。笔者重新审视战国时期秦国的崤函古道攻略，以补以往学界对这一攻略及其经过研究的不足。

一　秦魏之间的河西较量及军事形势的变化

魏国是战国时期首先强大起来的国家。三家分晋后，魏国占有今山西西南部，与秦毗邻。魏文侯重用李悝、吴起等，变法图强，一跃成为战国初年诸强之首。从公元前419年魏军越过黄河，筑城少梁（今陕西韩城南），至公元前408年，魏仅用十余年的时间，即全部占据了秦河西之地，并设立河西郡，以吴起为郡守，筑城护守。秦国被迫退守洛水，沿河修长城以拒魏军。

河西郡又称西河郡，北界在今陕西黄龙、宜川一带，南界在今陕西洛南、河南卢氏一带，包括上洛、卢氏等城邑。东界范围，据钱穆《史记地名考》研究：“自战国魏文侯时已有河西郡，魏之西河，自焦、虢、桃林之塞至抵关、洛，其界最广。”吴良宝亦考证说，魏西河郡“至少应包括临近黄河的蒲阪、汾阴、封陵、魏、奇氏等，以及位于晋、豫两省交界处黄河南岸的焦、曲沃、陕等城邑”②。考古学者在陕县后川村和李家窑村发现了上百座魏国墓地和两座车马坑，年代从战国早期到战国中期，既有不同层级的贵族，大部分则属于一般平民③。考古发现佐证了文献记载。魏据西河，一举控制了崤函西部和黄河两道天险，既保护了崤函古道西出口，切断了秦国向东发展的通道，又能威胁无险可守的泾渭平原，在战略上占据了十分有利的位置。《史记·吴起列传》记载，魏武侯曾与群臣浮西河而下，盛赞西河的险固：“武侯浮西河而下，中流，顾而谓吴起曰：‘美哉乎山河之固，此魏国之宝也！’”随侍王钟则将西河看成“此晋国之所以强也。若善修之，则霸王之业具矣。”④吴起任西河守，使“秦兵不敢东乡，韩赵宾从”⑤而受人敬佩。于此可见，战国初年魏国河西郡的设置及其对崤函古道等要枢的控制，对于魏国率先崛起具有重要的战略意义。

秦丢失河西，根本原因在于自穆公以来内乱频仍，政局不稳。随着公元前384年秦

① （汉）司马迁：《史记》卷5《秦本纪》，北京：中华书局，1959年，第209页。

② 吴良宝：《战国时期魏国西河与上郡考》，《中国史研究》2006年第4期，第9-18页。

③ 中国社会科学院考古研究所：《中国考古学》两周卷，北京：中国社会科学出版社，2004年，第278页。

④ （汉）刘向集录，范祥雍笺证：《战国策笺证》卷22《魏策一》，上海：上海古籍出版社，2006年，第1252页。

⑤ （汉）司马迁：《史记》卷65《吴起列传》，北京：中华书局，1959年，第2167页。

献公继位，实行改革，将国都从泾阳迁至关中东部的栎阳（今陕西临潼武家屯附近），秦国国势开始上升，在河西之争中逐渐占据上风，至秦孝公继位，“商鞅变法”取得成功后，形势发生逆转，秦军开始由守转攻，接连攻伐魏黄河以西、渭水和洛水南北各城，取得一系列胜利。为避开秦的威胁，魏将都城由安邑（今山西夏县西北）迁至大梁（今河南开封），又连筑河西、河南、硖石三道长城，以阻御秦军。

河西长城长约 200 千米，南段以今华山为起始地点，由此向北，直达渭水之滨[①]，界于魏、秦两国之间，处在崤函古道西出口之侧的位置；河南长城，亦称卷长城，北起黄河边的卷（今河南原阳西），东到阳武（今河南原阳东南），折而向西南至密（今新密东北），为魏都大梁的西边门户；硖石长城则在崤函腹地。

《元和郡县图志·河南道二》陕州硖石县：“魏长城，在县北二十二里。魏惠王十九年所筑，东南起崤山，西北至河，三十七里。”魏惠王十九年即公元前 352 年。“硖石县”即后世所称北硖石县，在今陕州区硖石乡硖石村，距三门峡市区东南约 70 里。1956 年，陕县刘家渠出土的两方唐开元年间墓志也对此长城有所提及。《张琐墓志》曰：张琐与其夫人陆氏，“以开元十五年十月十六日合葬于信义乡长城北原”。《尚君墓志》曰：“开元廿四年十一月廿七日葬于长城北原。”叶小燕据此指出：“陕县唐开元年间以前的长城，以从前各代的政治形势和领域度之，似当属于战国魏。而且此地正是魏和韩的争夺地区，并曾与秦交界，在此筑长城符合魏的军事防御要求。墓志证实了《元和郡县志》的记载不妄，魏应在此筑有长城。”[②]但《元和郡县图志》将硖石长城作为魏河西长城的起始地点，程恩泽《国策地名考》则指硖石长城与河南长城相连，自卷筑起，直至崤山大河为止。张维华、景爱等已辩其说之非[③]。硖石长城当为一独立的军事防御工程，与河西长城、河南长城均无涉。其大致位置和走向，应是自今陕州区观音堂镇西南向西北经硖石乡东，至王家后乡之黄河南岸，扼守崤山北路的东端和这一段黄河南岸。这一段距离不止“三十七里”。度其形势，魏修硖石长城主要还是防范秦军越过崤山进攻大梁。魏迁都大梁后，实际面临着如何保持“河内”与“河东”东西两大区域的联系问题。《淮南子·说林训》云：“秦通崤塞而魏筑城也。”高诱注：“魏徙都于大梁，闻秦通治崤关，知欲来东兼之，故筑城设守备也。”李晓杰据此推断魏其时“河东”与“河内”沟通是由南过河经韩国南部而与河内的魏国领土相连，而不是如杨宽以为的走上党[④]。既由南过河经韩南部来沟通联系，则必经由崤山北路部分路段。而秦攻魏，按李氏所言，亦当是从崤塞（关）沿黄河进军，即沿崤山道路东进。河西之争中，秦攻魏主要有两条道路：一是从阴晋（宁秦）沿黄河入崤函古道；二是以黄河龙门以南渡口为突破口，渡河进入河东魏国腹地，由此前行，由茅津渡河即可入陕县进崤山。陕县及其以东崤山一带直至公元前 314 年以前为魏国领土，也是秦魏必争之地。无论是为保持“河内”与“河东”的联系，还是为备秦，魏国都需要在崤山一带加强防御措施，筑城设守备。前引《淮南

① 中国社会科学院考古研究所陕西工作队：《陕西华阴、大荔魏长城勘查记》，《考古》1980 年第 6 期，第 481 页；史党社：《陕西渭南地区的秦魏长城及城址考察》，《秦文化论丛》第 10 辑，西安：三秦出版社，2003 年，第 226-251 页。

② 叶小燕：《中国早期长城的探索与存疑》，《文物》1987 年第 7 期。

③ 张维华：《中国长城建置考》上编，北京：中华书局，1979 年，第 68、69 页。

④ 李晓杰：《中国行政区划通史》先秦卷，上海：复旦大学出版社，2009 年，第 301 页。

子》及高注中已经看到魏“筑城设守备”与“秦通崤塞”“秦通治崤关”相联系的信息。论者多以为它讲述的是魏筑河南长城之事，其实该文只是说修长城在魏徙都大梁之后，并未说明在何地修。辛德勇认为：“魏国随着其军事退缩而屡次修筑长城，也就可能在同一方向上有不止一重长城。”[①]沿着这一思路，从当时魏之防御、交通需要和秦攻魏路线看，魏“筑城设守备”应当包括筑硖石长城。硖石长城是魏为御秦和保持“河内”与“河东”区域之间联系的门户，与崤山形成拱卫的屏障。

然而，魏修长城并没能阻止秦的进攻。秦惠文王继位后，凭借强盛国力继续对魏用兵，连取大捷，八年（公元前330年）在雕阴（今陕西甘泉南）大败魏军，俘魏将龙贾，至此魏防卫河西、上郡主力全军覆没，不得不将河西拱手献秦。《史记·魏世家》：魏襄王“五年，秦败我龙贾军四万五千于雕阴……予秦河西地”。《正义》：“自华州北至同州，并魏河北之地，尽入秦也。”《史记·秦本纪》：惠文君“七年，公子卬与魏战，虏其将龙贾，斩首八万。八年，魏纳河西地”。从此魏国退出了一流强国的行列，被迫充当齐、秦的附庸，走上了江河日下的衰亡之路。

二　秦对崤函古道西段的攻略

雕阴之战后，魏丧失的河西之地，主要是今陕西的渭北地区和渭南的河曲地带，在河外沿黄河南岸仍然控制着陕、焦和曲沃等城邑，其归属不仅直接关系到河西之争最终战役目标的实现，也与秦东进中原统一天下战略目标休戚相关。

陕、焦和曲沃地理位置非常重要。陕位于崤函古道的核心位置，西临桃林函谷，东面崤山，南靠秦岭，北望黄河。早在西周时陕即为天下之中，王畿以此划分东西，战略地位历来为人称道。焦、曲沃与陕相邻相近。焦即西周虢国所灭之焦，也是晋“河外列城五”之一，在今三门峡经济开发区内。曲沃在陕之西南，今陕州区大营镇菑阳河东岸，黄村和南曲村一带。三地的共同特点，就是都处在崤函古道交通线上的中间位置，占领或控制其地，不仅能够占有崤函古道西段，控制与东段的联系，进而可以沿崤山南北两路向东推进，而且可以控制黄河上的茅津、太阳等重要渡口，掌握黄河天险及南北交通要道。春秋前期晋献公假途灭虢，占领陕、焦和曲沃等地后，便堵住了秦东进中原的门户。三家分晋后，陕、焦和曲沃归魏，魏于焦城置焦县[②]。与焦城近在咫尺的陕县后川墓地即是这一时期魏人墓地，“上百座东周墓启示了其附近一个繁荣城市的存在”[③]。同样亦成为秦人东进的羁绊。

对陕、焦和曲沃与东进的利害关系，秦统治集团早有共识。史载马陵之战后商鞅为秦孝公规划帝王之业，核心目标便是“秦据河山之固，东乡以制诸侯”[④]。所谓“据河山之固”，即一方面将魏国势力逐过黄河，控制黄河这道天然防线，以保证关中的完整

① 辛德勇：《论魏长城的走向》，《历史的空间与空间的历史》，北京：北京师范大学出版社，2005年，第56页。

② 后晓荣：《战国兵器铭文所见魏国置县考》，《首都师范大学学报》（社会科学版）2011年第6期，第35-39页；吴良宝：《战国文字所见三晋置县辑考》，《中国史研究》2002年第4期，第11-21页。

③ 中国社会科学院考古研究所：《陕县东周秦汉墓》，北京：科学出版社，1994年，第201页。

④（汉）司马迁：《史记》卷68《商君列传》，北京：中华书局，1959年，第2232页。

与稳定；另一方面就是要在河外陕城所傍的崤山建立东进据点[①]。商鞅把据“河山之固”作为“东向以制诸侯”的前提，看重的便是崤函的战略枢纽地位。因此，对秦来讲，无论是河西之争，还是成就“帝王之业”，陕、焦和曲沃都是志在必得的战略核心目标，而非如一些学者所说的占领陕、焦和曲沃是河西之争的“余绪”。

秦国对陕、焦和曲沃的占领大体可以分为两个时期。第一个时期为秦惠公至秦孝公初的军事试探期。《史记·六国年表》云：秦惠公十年（公元前390年）秦军东进，“与晋战武城，县陕”。此役情况，因史文简缺不能详悉，然秦“县陕”同时，又“战武城”。武城在今华县东，已近崤函古道西入口。战国时代的“县”与“城”往往通用，“城”某地与“县”某地为同义[②]。秦惠公十年“县陕”为秦筑城置陕县之始。此战秦虽得以在陕置县筑城，但因是越境突击进攻，秦只是短暂占领，并未能久据，“县陕”也仅以陕部分之地而设，魏国不久即重新夺回。因为30年后秦又有“东围陕城”之战。《史记·秦本纪》载，孝公元年（公元前361年）秦“乃出兵东围陕城”。《史记》将此战系于孝公元年求贤令下达之后，并用连词“于是”，表示二者的因果联系。说明孝公“出兵东围陕城”，旨在体现和张扬其东进扩张的精神，为其刚刚发布的求贤令，征聘“宾客群臣有能出奇计疆秦者”[③]服务。因而此战规模可能不是很大，也未能占领陕城。

秦两次攻陕，旋得旋失，关键在于此时河外之地还为魏国所据，将秦与陕隔断，给秦军大兵团快速运动带来极大困难。因此，此后秦将用兵重点放在渭河南北地带，以打通关中与河外之地的隔断。秦孝公十二年（公元前350年），秦将国都从栎阳迁至咸阳（今陕西咸阳东窑店镇一带）。以咸阳为起点，东行沿渭水、黄河南岸至函谷关的道路，《史记》称之为“华阴平舒道”。魏在沿线建有武城和阴晋（今华阴东南）二邑。秦孝公十九年（公元前343年），秦攻取武城。秦惠文王六年（公元前332年），取阴晋，更名为宁秦，至此秦打通了渭河南岸东趋崤函古道的交通线。于是，在收复河西大部之后，秦惠文王下决心实施崤函古道攻略，即将军队主力南调，重点攻击魏在河外之地的最后几个据点——陕、焦和曲沃城邑，以全力打通崤函古道西段。秦国对陕、焦和曲沃的攻取进入了第二个时期，即军事占领和经营期。

进入第二个时期，由于秦国的收复河西，锐意东进，已引起关东六国的忧虑，遂开始组织联盟，以“合纵”对抗秦国。秦则积极推行“连横”，以“横”破“纵”，目标不仅是魏国，还要面对整个东方来谋划自己的战略方案，不再拘于一城一池的得失和眼前的利益，而是着眼于全局，将军事进攻与“连横”“散纵”外交相配合，将一时一地的取舍服从于最高战略利益，或者说把一时土地的取舍当做达到战略目标的一种筹码，从而分化、孤立敌人，达到各个击破的目的。对陕、焦和曲沃城邑的军事占领和经营的策略即是如此。而且即便是对这三地，也根据不同的情况，分别采取不同的军事和外交手段，体现了高超的政治军事谋略，最终获得了成功。

① 邢义田：《试释汉代的关东、关西与山东、山西》，《天下一家——皇帝、官僚与社会》，北京：中华书局，2011年，第180-210页。

② 李晓杰：《战国秦县新考》，《历史地理》第22辑，上海：上海人民出版社，2007年，第58-82页；杜正胜：《古代社会与国家》，台湾：允晨文化实业股份有限公司，1992年，第712页。

③（汉）司马迁：《史记》卷5《秦本纪》，北京：中华书局，1959年，第202页。

《史记·樗里子列传》载，秦惠文王八年（公元前 330 年）“爵樗里子右更，使将而伐曲沃，尽出其人，取其城，地入秦”。《史记·魏世家》：魏襄王“五年，秦败我龙贾军四万五千于雕阴，围我焦、曲沃”。《史记·六国年表》：“与秦河西地少梁，秦围我焦、曲沃。”三文相较，《史记·樗里子列传》“曲沃”前当失书“焦”一字。是为秦的第一次焦、曲沃之役，前后历时两年，攻取了焦与曲沃。此役与雕阴之战为秦在河西南北两个方向同时发动的两场战役。杨宽分析当时军事形势：“是年秦分南北两路向魏进攻，南路以樗里疾为主将，出函谷关进围焦与曲沃……北路以公孙衍为主将，大举进攻魏上郡之雕阴，在今陕西甘泉南。结果焦与曲沃为秦所攻取，魏之主将龙贾在雕阴大败。”[①]但三年之后，秦惠文王十一年（公元前 327 年），秦又“归魏焦、曲沃”[②]。《资治通鉴》胡注评价说：“既取而复归之。秦之于魏，若玩弄婴儿于掌股之上耳。”[③]事情远非如此。公元前 329 年，魏国乘楚国国丧伐楚，占领陉山。次年张仪入秦任相，积极推行助魏攻楚及“连横”策略，秦则以战争相配合。杨宽分析说：“盖张仪‘欲以秦、韩与魏之势伐齐、荆’之连横策略，达到对外兼并之目的，又欲于下年召开秦惠称王并与韩、魏相王之会，以此拉拢魏、韩之君。”又说：“张仪尝为秦攻取魏之曲沃等地，旋而以曲沃等地归还于魏，迫使魏与秦连横，并为魏相而逐走惠施。”[④]可见，此时秦“归魏焦、曲沃”，实为“连横”外交的进一步展开。

对陕城，秦则采取了一次性直接军事占领的方式。《史记·秦本纪》载：秦惠文王十三年（公元前 325 年）“使张仪伐取陕，出其人与魏”。《史记·六国年表》置其事于秦惠文王后元年（公元前 324），曰：“相张仪将兵取陕。”《史记·张仪列传》：“仪相秦四岁，立惠王为王。居一岁，为秦将，取陕。”惠文王称王为公元前 325 年，“居一岁”为公元前 324 年，当以公元前 324 年为是。从地理上看，焦和曲沃虽也是交通要枢，但其战略位置稍逊于陕。占陕后，等于在焦与曲沃之间插进一个楔子，监视并断绝两地的联系，这也当是秦对陕城采取不同于焦、曲沃“既取而复归之”方式的地理原因。从秦惠公十年（公元前 390 年）“县陕”，到孝公元年（公元前 361 年）秦“东围陕城”，直到此次“张仪将兵取陕”，秦历时 66 年终将陕城纳入秦土。杨宽评论道：“是时秦已占有河西、上郡，并在河东占有汾阴、皮氏等邑，更在河南占有陕，从此黄河天险全为秦所掌握，对东方六国压力甚大。”[⑤]陕城从此成为秦国东进中原的战略基地。

占陕的第三年，秦惠文王后三年（公元前 322 年），秦第二次占领了曲沃，并重演了“既取而复归之”。《史记·张仪列传》记载秦伐取魏之曲沃的来龙去脉：“（仪）使与齐、楚之相会啮桑。东，还而免相，相魏以为秦。欲令魏先事秦而诸侯效之。魏王不肯听仪。秦王怒，伐取魏之曲沃、平周。”为拉拢魏国，打破出任魏将号称“犀首”的公孙衍发起的“五国相王”合纵抗秦军事外交活动，秦派张仪到魏国，兼为秦、魏之相，推行“令魏先事秦而诸侯效之”，遭到魏国拒绝，于是秦于河东、河南分两路同时出击，

---

① 杨宽：《战国史料编年辑证》，上海：上海人民出版社，2001 年，第 418 页。
②（宋）司马迁：《史记》卷 5《秦本纪》，北京：中华书局，1959 年，第 206 页。
③（宋）司马光：《资治通鉴》卷 2《周纪二》“周显王四十二年”条，北京：中华书局，1956 年，第 74 页。
④ 杨宽：《战国史料编年辑证》，上海：上海人民出版社，2001 年，第 552 页。
⑤ 杨宽：《战国史料编年辑证》，上海：上海人民出版社，2001 年，第 437 页。

攻占曲沃、平周（今山西介休西），以威胁魏国，迫使魏与秦“连横”，并以张仪为魏相而逐走主张“合纵”的惠施。秦在达到目的后，再次采取灵活策略，所攻占的曲沃不久即归还于魏国。此战未涉及焦，很可能与此前秦占领了与之毗邻的陕城有关。

不久，魏又“复背秦为从”[①]，魏相公孙衍发动声势浩大的第一次五国合纵伐秦之战，失败后，韩、魏再谋合纵。秦惠文王后十一年（公元前314年）樗里疾遂率军第三次攻取焦、曲沃。《史记•六国年表》：魏襄王五年“秦拔我曲沃，归其人。走犀首岸门”。《魏世家》作“五年，秦使樗里子伐取我曲沃，走犀首岸门”。《史记•张仪列传》：“张仪归，复相秦。三岁而魏复背秦为从。秦攻魏，取曲沃。明年，魏复事秦。”《史记•秦本纪》则载：“十一年，樗里疾攻魏焦，降之。败韩岸门，斩首万，其将犀首走。”《路史•国名纪戊》注引《纪年》：“魏襄王六年秦取我焦。”岸门有魏岸门（今山西河津市南）和韩岸门（今河南许昌西北）。其时“犀首”为魏相，秦所伐岸门当为靠近曲沃、焦的魏岸门[②]。此战秦军进攻路线是先攻取魏的曲沃，接着进攻距曲沃不远的焦，守军投降，此后即乘胜追击，大败“犀首”于岸门，斩首万人。此战，秦不仅最终完全占据了魏之焦、曲沃、岸门，而且迫使魏、韩与秦再度连横，造成秦、魏、韩三国与楚、齐两国对峙之形势。

以公元前314年秦最终占领焦和曲沃为标志，历时数百年的秦晋、秦魏河西争夺战终以秦国的全面胜利画上圆满句号。秦不仅再度占领黄河南岸地带，完全占有了河西之地，疆域东展至今陕县，而且完全控制了崤函古道西段，据桃林塞，获得进可攻、退可守的有利战略地位，奠定了“东向以制诸侯”的基础，这在秦国发展史上具有重大转折意义。至此，秦结束了战略防御阶段，而进入了以蚕食、削弱关东诸侯为主要目标的战略相持阶段。

三　秦对崤函古道东段的攻略

秦占有陕、焦和曲沃，完全控制崤函古道西段之后，即挥师东向，开始攻取崤函古道东段。

崤函古道出陕城，即进入崤山，道路分为南北两路，南路沿崤山南麓经洛宁、宜阳入洛阳，北路经渑池、新安往洛阳。战国中叶，韩国都郑（今河南新郑郑韩故城），“北有巩、洛、成皋之固，西有宜阳、常阪之塞”[③]。在秦控制崤函古道西段之后，控扼崤山南北两路的韩国，就成为秦东出中原的最大障碍。正如范睢对昭王的分析：“秦、韩之地形相错如绣，秦之有韩，若木之有蠹，人之病心腹。天下有变，为秦害者莫大于韩。”[④]赵、齐等关东国家也把韩国作为屏障，用来抵抗秦的侵略，诸国“合纵”攻秦的进军路线也主要经由韩国控制的崤函古道。因此，“秦非得之，则无以尽骰函之险，而

---

① （汉）司马迁：《史记》卷70《张仪列传》，北京：中华书局，1959年，第2287页。
② 李晓杰：《中国行政区划通史》先秦卷，上海：复旦大学出版社，2009年，第301页。
③ （汉）刘向集录，范祥雍笺证：《战国策笺证》卷26《韩策一》，上海：上海古籍出版社，2006年，第1479页。
④ （汉）刘向集录，范祥雍笺证：《战国策笺证》卷5《秦策三》，上海：上海古籍出版社，2006年，第314页。

通三川之道”[①]。出于攻防两个方面的需要，秦对崤函古道东段的攻取基本上是以韩国为目标进行的。

崤山南路是秦伐韩的主攻方向，宜阳是韩与秦接壤的最大城池，包括渑池、新安的崤山山地及其以东的伊洛地区皆在宜阳境内。“名曰县，其实郡也。”[②]宜阳在战国时曾一度为韩武子所都，故城在今宜阳县城西约25千米的韩城镇东侧。《战国策·东周》云：“宜阳城方八里，材士十万，粟支数年。”宜阳又是战国时期著名的商业城市，其繁华程度甚至被称为“天下之朝市”[③]，可以和东周洛邑及齐都临淄、秦都咸阳相媲美。宜阳还是通往上党、南阳道路的发轫之所。对秦国来说，若攻取宜阳，可谓一举两得，既可控制崤山南路，削弱韩国，“秦下甲据宜阳，断韩之上地，东取成皋、荥阳，则鸿台之宫、桑林之苑非王之有也。夫塞成皋，绝上地，则王之国分矣”[④]。又能顺势“临二周之郊”，控制周室，“据九鼎，案图籍，挟天子以令于天下，天下莫敢不听，此王业也”[③]。时机一旦成熟则取而代之，名正言顺地易鼎登极。这正是秦国国君为之日思夜梦、终生奋斗的目标。秦武王说：“寡人欲车通三川，以窥周室，而寡人死不朽乎。”[⑤]可见宜阳对于整个中原地区的战争形势有着关系全局的意义。

秦国在早期东进中，曾数番出兵伐韩。韩列侯九年（公元前391年），“秦伐我宜阳，取六邑”。韩昭侯元年（公元前362年）“秦取我西山”。西山指今宜阳、鲁山一带山岭。韩列侯二十四年（公元前335年），“秦来拔我宜阳”[⑥]。但不久均被韩军夺回。梁启超分析当时形势：“盖有魏之阴晋焦瑕为之屏蔽，秦未有越境而据也。”[①]在西得巴蜀，东控陕、焦和曲沃以后，秦攻取宜阳的条件随之成熟。

《史记·秦本纪》载：秦武王三年（公元前308年）“武王谓甘茂曰：‘寡人欲容车通三川，窥周室，死不恨矣。’其秋，使甘茂、庶长封伐宜阳”。秦军的进攻，遭到韩守军的顽强抵抗，“秦死伤者众”，围攻“五月而不能拔”[⑦]，后因武王增兵进攻，甘茂出私钱奖赏攻城将士，终于在“四年，拔宜阳，斩首六万”。秦军拔宜阳的进军路线，蒋若是据洛宁东境之东王村、南洞村和红崖村一线南侧山地多处出土秦半两钱，推测秦军是由卢氏，沿洛河东下宜阳[⑧]，并不确切。《史记·甘茂列传》载，甘茂谓此行“王倍数险，行千里攻之，难”。《正义》：“谓函谷及三崤、五谷。”《资治通鉴》胡注：“数险，谓函谷及三崤之险。”[⑨]三崤即石崤（西崤）、千崤（东崤）和土崤，在今陕州区硖石乡一带，从西到东一字并排，是崤山北道上的险段[⑩]。五谷地不详，估计当与三崤侧近。

---

① 梁启超：《梁启超全集》第6册《战国载记》，北京：北京出版社，1999年，第3544页。

②（汉）司马迁：《史记》卷71《樗里子甘茂列传》，北京：中华书局，1959年，第2311页。

③（汉）司马迁：《史记》卷70《张仪列传》，北京：中华书局，1959年，第2282页。

④（汉）司马迁：《史记》卷70《张仪列传》，北京：中华书局，1959年，第2294页。

⑤（汉）刘向集录，范祥雍笺证：《战国策笺证》卷4《秦策二》，上海：上海古籍出版社，2006年，第251页。

⑥（汉）司马迁：《史记》卷45《韩世家》，北京：中华书局，1959年，第1869页。

⑦（汉）刘向集录，范祥雍笺证：《战国策笺证》卷4《秦策二》，上海：上海古籍出版社，2006年，第253页。

⑧ 蒋若是：《秦汉货币论》，北京：中华书局，1997年，第49页。

⑨（宋）司马光：《资治通鉴》卷3《周纪三》“周赧王七年”条，北京：中华书局，1956年，第102页。

⑩ 辛德勇：《崤山古道琐证》，《中国历史地理论丛》1989年第4卷第4期，第37-67页。

是则甘茂所率秦军是经函谷，循崤函古道东段，过陕县，入崤山北路，至渑池附近，转趋崤山南路，兵临宜阳城下。这场战争的胜利开创了秦国占领伊洛地区的先河，实现了“通三川”“窥周室”的战略目标。宜阳之战一结束，秦即兴师临周，“令樗里疾以车百乘入周，周君迎之以卒，甚敬”①。失去了宜阳屏障的东周王室已如惊弓之鸟。八月，秦武王也威风凛凛地亲往周都洛阳，“窥周室”，观周鼎。结果在与力士孟说比武举鼎时，两目出血、绝膑而死。秦武王、樗里疾都应是循崤山南路入洛阳的。秦国控制了崤山南路，中原门户豁然洞开。

秦拔宜阳，设河外郡。《史记·甘茂列传》载：“向寿为秦守宜阳。”马非百说：“宜阳拔后，以向寿守之，足证当时曾立为郡。后地土东展，另设三川郡，始将宜阳并入耳。”“此时宜阳甫入秦，而边于韩，又为秦人东出之主要通道。事急为郡，实有必要。”②新出秦封泥“河外府丞”，亦证明秦确曾在此设郡，且以河外为郡名③。又秦封泥有“宜阳丞印”，证明秦还曾在宜阳设县。《水经注·洛水》云：“洛水又东迳宜阳县故城南，秦武王以甘茂为左丞相……茂请约魏以攻韩，斩首六万，遂拔宜阳城，故韩地也，后乃县之。”秦对宜阳社会经济发展十分注重。《史记·甘茂列传》：“秦使向寿平宜阳。”《资治通鉴》胡注：“平，正也，和也。正宜阳之疆界而和其民人也。”④正疆界、和民人旨在迅速恢复正常的生产秩序，促进生产发展。秦在宜阳置“宜阳工”官，冶铸铜器。设“宜阳津”官，管理宜阳关津及物资中转。秦昭襄王也曾几度前往宜阳，居此以处理关东六国事务。秦昭襄王十七年（公元前290年），韩国城阳君与东周君朝秦，“王之宜阳”⑤。秦昭襄王十九年（公元前288年），“秦王立帝，宜阳令许绾诞魏王”⑥，自称西帝。秦昭襄王二十三年（公元前284年），“王与魏王会宜阳，与韩王会新城”。秦昭襄王二十五年（公元前282年），“与韩王会新城，与魏王会新明邑”⑦。新城在今伊川城关镇一带，新明邑当也在河洛之地。秦王屡次赴宜阳及其附近与韩、魏国君相会，说明宜阳应已建有行宫。宜阳成为函谷关外秦国又一个向东扩张极其重要的战略基地。

在控制崤山南路前后，秦对崤山北路的攻取也在激烈进行之中，其最早的努力当在秦惠文王九年（公元前329年）。《战国策·韩策二》载：“楚威王攻梁，张仪谓秦王曰：‘与楚攻梁，魏折而入于楚，韩固其与国也，是秦孤也，故不如出兵以劲魏。’于是攻皮氏，魏氏劲，威王怒，楚与魏大战，秦取西河之外以归。”《战国策·秦策一》记载此事有所不同：“楚攻魏，张仪谓秦王曰：‘不如与魏以劲之。魏战胜，复听于秦，必入西河以外；不胜，魏不能守，王必取之。’王用仪言，取皮氏卒万人、车百乘以与魏。犀首战胜威王，魏兵罢弊，恐。畏秦，果献西河之外。”杨宽分析当时军事形势说：“是年秦

---

①（汉）刘向集录，范祥雍笺证：《战国策笺证》卷2《西周》，上海：上海古籍出版社，2006年，第89页。

② 马非百：《秦集史》，北京：中华书局，1982年，第592、589页。

③ 晏昌贵：《秦简“十二郡“考》，《舆地、考古与史学新说——李孝聪教授荣休纪念论文集》，北京：中华书局，2012年，第122、123页。

④（宋）司马光：《资治通鉴》卷3《周纪三》“周赧王八年”条，北京：中华书局，1956年，第105页。

⑤（汉）司马迁：《史记》卷5《秦本纪》，北京：中华书局，1959年，第212页。

⑥（战国）吕不韦著，陈奇猷校释：《吕氏春秋新校释》卷18《审应览·应言》，上海：上海古籍出版社，2002年，第1222页。

⑦（汉）司马迁：《史记》卷5《秦本纪》，北京：中华书局，1959年，第213页。

渡河取得汾阴皮氏，旋又以皮氏卒万人、车百乘以与魏，助魏伐楚，败之陉山，秦因而迫使魏献西河，于是西河之外全为秦有。”学者多将“西河之外”解释为“河西郡”[①]。“河西”与“西河”确是同地异名，“西河之外”却有另指。“西河之外”亦称“西河外”。《史记·赵世家》载：赵惠文王二十年（公元前279年），“王与秦昭王遇西河外”。《史记·蔺相如列传》作“会于西河外渑池”。索隐：“在西河之南，故云‘外’。”《史记·六国年表》“与秦会渑池，蔺相如从”。战国时渑池在黄河以南，今渑池县西，把这一带称作“西河外”，正是以秦人的地理方位观而言[②]。渑池地处崤山北路，北与宜阳相邻，西靠陕县，东接洛阳。《史记·留侯世家》：“洛阳东有成皋，西有殽黾。”崤函古道东段最险之处就在崤山北路上的渑池、陕县间，史称“崤塞”“渑崤阨狭间”“渑隘之塞”，是控扼崤山北路的战略要地。韩国铸有“土爻（崤）”方足布货币，说明由于“土爻（崤）”一带商业交通的繁荣，当地已有金属铸币流通。从公元前330年秦攻取曲沃与焦，控制崤函古道西段的军事态势和秦人向东发展的战略看，秦占西河之外即渑池当是乘取曲沃与焦胜利之势，一鼓作气而取之。《史记·张仪列传》记张仪说赵王：“今秦有敝甲凋兵，军于渑池……今秦发三将军，其一军塞午道……一军军成皋……一军军于渑池。”午道在魏东、齐西和赵国之南。可知，秦占渑池后，已将该地建设成为重要的军事基地，并与成皋、午道形成有利于军事行动的交通线。

秦第二次占领渑池在拔宜阳之后。公元前307年，秦攻克宜阳后，即挥师北上渡黄河占领韩之武遂。《史记·秦本纪》：武王“四年，拔宜阳，斩首六万。涉河，城武遂”。杨宽考定，武遂在今山西垣曲县东南、黄河北岸，正当宜阳以北，为韩国重要之关塞，并为重要之通道。武遂通道系利用黄河与山岭穿凿而成，是贯通韩国南北的重要交通要道，由此南下渡河可达宜阳，北上可直达韩之旧都平阳（今山西临汾西南）。秦拔韩宜阳之后，即渡河占武遂而筑城防守，就是为了断绝韩国贯通黄河南北的武遂通道，并控制韩之重要关塞，以此作为要挟韩国屈服之手段。而由武遂渡河南下至宜阳，有百里之遥，必经由渑池。据此而论，在此过程中，秦亦必占领宜阳—渑池—武遂沿线，进而再度控制了崤山北路。

秦最终控制崤山北路，当在秦昭襄王十三至十四年（公元前294～前293年）伊阙之战中。公元前307年秦占武遂后，秦韩围绕武遂争夺激烈，十几年间几次易手，秦对崤山北路的控制呈不稳定状态，影响其东出中原。秦昭襄王十三年，秦将白起以宜阳为根据地，进攻韩之要塞新城，次年在新城附近的伊阙（今洛阳龙门附近）之战中大破韩魏联军，斩杀24万人，攻拔伊洛五座城池，趁势将秦边境推进到东至今孟津，南至伊阳，北至济源的广大地区。韩、魏精锐尽失，自此一蹶不振。伊阙之战中，白起曾在新安筑城屯兵。《读史方舆纪要·河南三》河南府新安县：“白起城，在县西三十里。相传白起尝屯兵于此，因名。”乾隆《新安县志》：“白起城，县西三十里，凤凰山北，故址尚存，秦白起屯兵于此。”白起城在今新安西铁门镇西北30里凤凰山，北依邙山，南临

① （汉）刘向集录，范祥雍笺证：《战国策笺证》卷3《秦策一》，上海：上海古籍出版社，2006年，第216页。

② 晏昌贵：《秦简“十二郡“考》，《舆地、考古与史学新说——李孝聪教授荣休纪念论文集》，北京：中华书局，2012年，第122、123页。

涧水，地扼崤函古道。今登上凤凰山顶，城石墙还依稀可辩。可见渑池、新安所在的崤函东部亦在伊阙战役中为秦占据。

以伊阙之战秦占渑池、新安为标志，秦国完全控制了崤山北路，这一道路随后成为秦与关东诸国攻守的主要交通线路。从秦昭襄王二十八年（公元前 279 年）的秦赵“渑池会盟”可以看到相关情形。《史记·蔺相如列传》：“秦王使使者告赵王，欲与王为好会于西河外渑池。赵王畏秦，欲毋行。廉颇、蔺相如计曰：‘王不行，示赵弱且怯也。’赵王遂行，相如从。廉颇送至境，与王诀曰：‘王行，度道里会遇之礼毕，还，不过三十日。三十日不还，则请立太子为王，以绝秦望。’王许之。遂与秦王会渑池。”渑池会上，秦王请赵王鼓瑟，相如按剑怒发而前，请秦王为赵王击缻。双方在折冲樽俎之际明争暗斗，最后实现了修好讲和。《元和郡县图志·河南道一》渑池县：“谷水，南去县二百步，东经秦、赵二城，俗谓之俱利城，东城在县西十三里，西城在县西十四里，昔秦赵会于渑池之处。”今渑池县西池底乡朱城村尚存东城和西城二遗址。渑池县城西南约 1 千米的渑水与羊河之间，有“秦赵会盟台”。赵王从邯郸远赴渑池，应是由邯郸往南，经当时太行山东麓的交通要道南北大道，经邺（今河北临漳西南）、安阳（今河南安阳西南）、朝歌（今河南淇县）、温（今河南温县西南），往西南到达洛阳，由洛阳往西，循崤山北路到达渑池。所谓“王行，度道里会遇之礼毕，还，不过三十日”，说明赵王从邯郸到渑池，是一次远距离的行程，这显然不是赵国的意愿，而是秦国的外交心理战术，秦国在实施军事打击的同时，也积极进行外交上的心理震慑。此次秦赵会盟之所以会发生在渑池，主要是因为它是崤山北路交通要道的重要节点，可作为会盟依托之所，秦强化政治威慑之地。史念海认为，这显示了崤山北路的重要意义①，其说甚是。从通行状况看，崤山北路虽较南路险隘，却直接联系陕县和洛阳，路程较短，在秦国势力已经深入汾水流域的形势下，还可与河北岸同样沿黄河而行的晋南通道形成跨河连通和隔河响应的效应，因此，秦与关东诸国攻守，多以崤山北路为主要交通线。

秦占领渑池、新安，控制了崤山北路，打通了东进的又一条东西通道，在东下三晋，直取中原的军事交通路线上又多了一种选择，这又是一个重大胜利。至此，秦国彻底完成了对崤函古道的攻略。这一重大胜利，开始了秦人凯歌东进的历程，也宣告历史进入秦逐步实现统一的阶段。从此，秦军出函谷关东进，或走南路，或走北路，两条线路相互呼应，战略态势十分主动。从历史进程看，在秦对六国近百年的战争中，也正是以崤函古道为主要的进军路线和作战方向的。

① 史念海：《战国时期的交通道路》，《河山集》七集，西安：陕西师范大学出版社，1999 年，第 135 页。

秦函谷关创建年代与背景考

函谷关是中国古代史上著名的雄关要塞之一，故址在今河南省灵宝市函谷关镇王垛村，后世统称“秦函谷关”，以别于汉武帝迁至今河南新安县的“汉函谷关”。以往学界对秦函谷关的历史地位及其与汉函谷关、潼关的关系研究颇多[①]，然对秦函谷关设置年代及相关问题，却很少有人展开深入的论述。秦函谷关之名最早见于《史记·楚世家》：怀王“十一年，苏秦约从山东六国共攻秦，楚怀王为从长。至函谷关，秦出兵击六国”。楚怀王十一年即秦惠文王后七年，相当于公元前318年。一般认为，这是秦函谷关置关年代的下限。而其始置年代，学界长期存在周时和秦时两种不同的见解，每一种见解中又有若干不同的说法。孰是孰非，莫衷一是。有鉴于此，本文试就秦函谷关设置年代及其历史地理背景作一粗浅探讨，不当之处，祈请方家同好批评指正。

一 “桃林之野”并非“关”，而是西周一个官营畜牧区

讨论秦函谷关的设立，势必涉及“桃林之野”“桃林塞”的名实演变，以及其与秦函谷关的关系。在一些学者和地方志的记述中，都说函谷关始建于周[②]，西周的桃林之野就是秦函谷关或其前身。具体又有周康王、周昭王、周敬王时建关等不同说法，也有的笼统称建于春秋战国时期。

“桃林之野”首见于西周时期，最早它是与周武王克商休牛放马紧密联系在一起的。《尚书·武成》记云：武王灭商，“至于丰，乃偃武修文，归马于华山之阳，放牛于桃林之野，示天下弗服”。《史记·周本纪》改“野”为“虚”，云武王“纵马于华山之阳，放牛于桃林之虚”。《史记·乐书》又作：“牛散桃林之野。”《史记·留侯世家》载张良谏刘邦谓：“放牛桃林之阴。”《汉书·张良传》又作“息牛桃林之野”。上述用例，说明“桃林之野”“桃林之虚”“桃林之阴”语殊意同，均系指同一地。

推本溯源，“桃林之野”的“桃林”源于《山海经》记载的“夸父逐日”神话。《海外北经》记云：“夸父与日逐走，入日，渴欲得饮，饮于河、渭。河、渭不足，北饮大泽，未至，道渴而死。弃其杖，化为邓林。”《中次六经》亦云：“又西九十里，曰夸父

① 如史念海：《函谷关和新函谷关》，《河山集》四集，西安：陕西师范大学出版社，1991年，第381-401页；宋杰：《秦对六国战争中的函谷关和豫西通道》，《先秦战略地理研究》，北京：首都师范大学出版社，1999年，第203-215页；李健超：《函谷关与潼关》，《汉唐两京及丝绸之路历史地理论集》，西安：三秦出版社，2007年，第595-605页；辛德勇：《汉武帝“广关”与西汉前期地域控制的变迁》，《旧史舆地文录》，北京：中华书局，2013年，第152-164页。

② 如光绪《灵宝县志》卷1《沿革志·统辖》；汤漳平：《何处古函关》，《文史知识》1983年第10期，第125-128页；安介生：《沧桑河山：天下雄关》，长春：长春出版社，2007年，第85页；罗哲文、窦忠如：《中国名关——中华古建名胜》，北京：百花文艺出版社，2010年，第92页；贾同然：《函谷关考略》，《河南史志论丛》第2辑，郑州：河南人民出版社，1990年，第621-626页；赵来坤：《老子与函谷关》，郑州：中州古籍出版社，1993年，第2页。

之山，……其北有林焉，名曰桃林，是广员三百里，其中多马，湖水出焉，而北流注于河也。”据清人毕沅考证：“邓林即桃林也，邓、桃音相近。盖即《中山经》所云夸父之山，北有桃林矣。”[①]这就是说，桃林既是一片森林名，“是神话中夸父弃杖所化而成林者”[②]，又是一地名，在夸父山北。

桃林和夸父山的地望，历代基本没有争议。东晋时期郭璞注解《山海经》，最早明确记录了桃林的具体地理位置和景观特征：“桃林今弘农湖县阌乡南谷中是也。饶野马、山羊、山牛也。”[③]著有《汉书音义》的晋尚书郎晋灼及不署撰名氏的《晋太康地记》也都持有同样的说法[④]。《水经注·河水》亦云：“河水又东径阌乡城北，东与全鸠涧水合，水出南山，北径皇天原东。《述征记》曰：‘全节，地名也。其西名桃园，古之桃林，周武王克殷，休牛之地矣。’《西征赋》曰：‘咸征名于桃原者也。’”《元和郡县图志·河南道二》虢州阌乡县：“桃源，在县东北十里。古之桃林，周武王放牛之地也。”“桃原”“桃源”“桃园”，盖系东晋以后，受陶渊明《桃花源记》的影响而出现的“桃林”地名的别称。

夸父山地望，毕沅《山海经新校正》云：“山一名秦山，在今河南灵宝市东南。《水经注》云：盘涧水出湖县夸父山。《元和郡县图志》云：湖城县，夸父山在县南三十五里。”顾祖禹《读史方舆纪要·河南三》引《太平寰宇记》云：“夸父山一名秦山。谚曰：‘秦为头，虢为尾。’与太华相连，中有大谷关。”顺治《阌乡县志·山川》：“秦山，县南三十里，起自秦陇，谚云：秦头虢尾，太华相连。”光绪《灵宝县志·山川》：“秦山，在县南五十里，接连关中诸山，故名。谚曰：秦为头，虢为尾。”今灵宝西南阳平镇东南 20 余里有山名夸父，北临黄河、渭水，属小秦岭山脉，山势与《山海经》所记“夸父之山”大致相同。文献中提到的弘农置于西汉元鼎四年（公元前 113 年），汉武帝徙秦函谷关于新安县，以故关为弘农郡弘农县治。隋开皇十六年（公元 596 年）县治向北移 10 余里至灵宝老城（今大王镇老城村黄河滩地），称桃林县，唐天宝元年（公元 742 年）改称灵宝县。1959 年，南迁 40 余里至今址。湖县本秦之胡县，西汉建元元年（公元前 140 年）改作湖县，至南朝宋改为湖城县，隋开皇十六年改称阌乡县。其间县治虽有变化，但一直在今灵宝市西北。1954 年并入灵宝县。湖水即今灵宝阳平河，发源于夸父山，向北流，经阳平镇，再向北经阌乡县旧址入黄河。桃林地望既在胡县（湖城县、阌乡县）境，又在灵宝（桃林）县境，而胡县与灵宝毗邻，故桃林在灵宝、胡县东西逶迤相连，约合今灵宝市西北一带，历史上是一个桃树成林，草地开阔，可以栖息牛马羊，面积较为广阔的区域。

弄清楚桃林的由来，便很容易理解，周武王克商休牛放马的所谓“桃林之野”指代的同样也是这个区域，这从后世讨论“桃林之野”的位置多征引《山海经》和郭璞等晋人注疏为证中颇易推知。《史记·周本纪》裴骃《集解》引孔安国曰：“桃林在华山东。”张守节《正义》：“《括地志》云：‘桃林在陕州桃林县西。’《山海经》云：‘夸父之山，

① （晋）郭璞注，（清）毕沅校：《山海经》，上海：上海古籍出版社，1989 年，第 86 页。

② 袁珂：《山海经校注》，上海：上海古籍出版社，1980 年，第 140 页。

③ （晋）郭璞注，（清）毕沅校：《山海经》，上海：上海古籍出版社，1989 年，第 62 页。

④ 分别见《史记·留侯世家》索隐引、《水经注·河水》引。

其北有林焉，名曰桃林，广员三百里，中多马，湖水出焉，北流入河也。'"《史记·留侯世家》司马贞《索隐》引"晋灼云：'在弘农阌乡南谷中。'"又引"《十三州记》：'弘农有桃丘聚，古桃林也。'《山海经》云'夸父之山，北有桃林，广三百里'也"。《汉书·张良传》颜师古注曰："《山海经》云'夸父之山，北有林焉，名曰桃林，广圉三百里'，即谓此也。其山谷今在阌乡县东南，湖城县西北，去湖城三十五里。"《吕氏春秋·求人》甚至径称这一区域为"夸父之野"。

此外，从有关地名中也可以看到这一带与周武王克商休牛放马的联系。《后汉书·郡国一》弘农县："有桃丘聚，故桃林。"刘昭注引《博物记》曰："桃林在湖县休与之山。"[①]休与之山即《中次七经》苦山之第一山"休与之山"。郭璞注："与或作舆。"毕沅说："山在今河南灵宝县。"[②]《初学记》卷5引张华《博物志》："桃林在弘农湖县休马之山。"《艺文类聚》卷6作"休牛之山"。光绪《阌乡县志·山川》云："休马山在弘农湖城，周武王归马处。"马、与声韵相近，牛、与声之转，故休与、休马、休牛应为一山异名[③]，在今灵宝阳平镇东南。又《魏延昌地形志》记恒农县有牧马（马牧）泽[④]。《资治通鉴》梁武帝大同三年（公元537年）作马牧泽，胡注盖即桃林塞之地[⑤]。灵宝豫灵北原村出土《唐故银光禄大夫前汝南郡太守杨公（仲嗣）墓志》及《唐故吏部郎中杨公（仲昌）墓志》则作"牧马原"[⑥]，即今灵宝豫灵镇东北鸡子岭。由此可见，桃林之野与《山海经》桃林为同一区域地名，也是周武王克商休牛放马之地。

秦函谷关也在桃林之野中。光绪《灵宝县志·山川》云："牧㹍岭，在县西南十五里，即桃林之野也。㹍牛名出岷山，肉重千觔。武王克殷归放牛于此，故名。"牧㹍岭又称西原、衡岭。民国《灵宝县志·疆域》："西原，即秦岭。南接女郎山北麓，北抵黄河南岸；南北四十里，东西十余里，高五里。秦函谷关、汉函谷关皆在此岭东麓。旧志所谓衡岭、牧㹍岭均指西原而言。"牧㹍岭即今灵宝弘农涧河西岸焦村原，俗称稠桑原、衡岭原。由此向东越过弘农涧河，进入崤山北坡，地势平缓。秦函谷关就建在衡岭原东麓，桃林塞东端入口处。光绪《灵宝县志·山川》云："衡岭，在县南十二里。文颖曰：函谷关在宏农县衡岭。其平如衡，故名。"考古调查亦证明，秦函谷关西城墙即沿衡岭原而筑。但这只能理解为秦函谷关所在属于桃林之野（桃林）区域范围，并不能证明周武王时已在此设关。

据文献载述，桃林在西周时是周王室的一个著名官营畜牧区。《尚书·武成》："武王伐殷，往伐归兽。"孔安国传："往诛纣克定，偃武修文，归马牛于华山桃林之牧地。"《礼记·乐记》："武王克殷……济河而西，马散之华山之阳而弗复乘，牛散之桃林之野而弗复服，车甲衅而藏之府库而弗复用，倒载干戈，包之以虎皮，将帅之士使为诸侯，名之曰'建櫜'。"《史记·乐书》记载此事仅在个别字词上有所调整。又《史记·留侯

① （南朝宋）范晔：《后汉书》志19《郡国一》，北京：中华书局，1965年，第3401页。
② （晋）郭璞注，（清）毕沅校：《山海经》，上海：上海古籍出版社，1989年，第63页。
③ 郭郛：《山海经注证》，北京：中国社会科学出版社，2004年，第457页。
④ （清）张穆原著，安介生辑校：《〈魏延昌地形志〉存稿辑校》卷之3，济南：齐鲁书社，2011年，第283页。
⑤ （宋）司马光：《资治通鉴》卷157《梁纪十三》"武帝大同三年"条，北京：中华书局，1956年，第4876页。
⑥ 张焕良：《函谷关碑碣选读》，香港：银河出版社，出版时间不详，第98-100、111-113页。

世家》记楚汉战争关键时刻，张良谏说刘邦：武王“放牛桃林之阴，以示不复输积，今陛下能放牛不复输积乎？”张守节《正义》：“桃林在华山之旁，此二处并是牛马放生地，初伐就此取之，今事竟归之前处，故《尚书·武成篇》序云‘武王伐殷，往伐归兽’是也。”[①]《尚书正义》孔颖达疏：“此是战时牛马，故放之，示天下不复乘用。”[②]这些牛马既是“战时牛马”，说明绝非野生。以武王伐纣时取之于华山之南和桃林地区，胜利返程时又归马放牛于此来看，桃林在商末周初已是周人主要的官营畜牧区。这里马多成群，又杂少许野马，因而西周时屡出良马。《史记·赵世家》记云：“造父幸于周缪王。造父取骥之乘匹，与桃林盗骊、骅骝、绿耳，献之缪王。缪王使造父御，西巡狩，见西王母，乐之忘归。而徐偃王反，缪王日驰千里马，攻徐偃王，大破之。”《水经注·河水》：“湖水出桃林塞之夸父山，武王伐纣，天下既定，王巡狱渎，放马华阳，散牛桃林，即此处也。其中多野马，造父于此得骅骝、绿耳、盗骊之乘，以献周穆王，使之驭，以见西王母。”这就是说，至西周中期，桃林已发展成为一个具有相当规模、盛产优良马种的著名牧场，深受周天子青睐。

当然，桃林是西周时期关中通往中原的重要交通隘道，牛是当时主要的交通运输工具。作为周武王克殷休牛之地，桃林自当具有一定的军事后勤乃至防御性质。郭璞《山海经图赞》“桃林”诗赞曰：“桃林之谷，实惟塞野。武王克商，休牛归马。阨越三涂，作险西夏。”[③]郭璞在这里指出了桃林固有的“塞野”“隘道”特点，但同样没有说武王克殷休牛归马在此建函谷关。

至于以老子“至关”之事来证明函谷关为周关，实是一种误读。《史记·老子列传》记云：老子“居周久之，见周之衰，乃遂去。至关，关令尹喜曰：‘子将隐矣，强为我著书’”。司马迁未记老子“至关”是哪一年，也未说明是何关，《索隐》及《正义》解“至关”为函谷关或散关。散关远在关中西端宝鸡域内，为自秦入蜀要隘。函谷关在关中东端灵宝域内，正当由周至秦之路，故现今学者基本同意此关应为函谷关。“至关”时间，《太平经》《郡斋读书志》说是在平王四十二年（公元前 729）或四十三年（公元前 728），《混元圣纪》《太上老君年谱》等道书则称是在昭王二十三年或二十五年。函谷关内现存《元大德四年重修太初宫碑》云在昭王二十五年[④]。西周昭王在位只有 19 年，没有二十三年或二十五年，此昭王当以楚昭王而论，则分别是公元前 493 年或公元前 491 年。樊光春则将老子至关入秦年份推定在周敬王三十二年（公元前 488 年）[⑤]。老子是春秋时人，与孔子同时代，已为学界共识。当老子之世，尚未置函谷关。清代学者汪中说：“函谷之置，书无明文。当孔子之世，二崤犹为晋地，桃林之塞，詹瑕实守之。”[⑥]蒋伯潜亦说：“函谷关不知置于何年。但孔子之时，二崤固尚属晋也。老子如与孔子同时，

① （汉）司马迁：《史记》卷 24《乐书》，北京：中华书局，1959 年，第 1233 页。

② （汉）孔安国传，（唐）孔颖达疏：《尚书正义》卷 11《武成》，《十三经注疏》，北京：北京大学出版社，2000 年，第 343 页。

③ （晋）郭璞著，张宗祥校录：《足本山海经图赞》，上海：古典文学出版社，1958 年，第 23 页。

④ 张焕良：《函谷关碑碣选读》，香港：银河出版社，出版时间不详，第 3 页。

⑤ 樊光春：《老子入秦年份考》，《世界宗教研究》2012 年第 1 期，第 68-72 页。

⑥ （清）汪中撰，田汉云点校：《老子考异》，《新编汪中集》，扬州：广陵书社，2005 年，第 407 页。

固尚无函谷关也。”[①]既无函谷关，何言老子“至关”？不过，函谷关所在自古就是一个重要的交通险隘，司马迁泛指为关，也不为过，但要因此认为老子之世已设置函谷关，就当别论了。

二　“桃林塞”是春秋晋国建立的一道绵延的防御体系

桃林塞之名，最早见于《左传·文公十三年》（公元前 614 年）：“春，晋侯使詹嘉处瑕，以守桃林之塞。”杜注：“詹嘉，晋大夫，赐其瑕邑。令帅众守桃林以备秦。”这是桃林设塞驻兵戍守的最早记载。

桃林塞既因桃林名塞，不言而喻自在桃林范围。而桃林面积较为广阔，桃林塞又究竟指何处？古今学者对此大体有两种认识：一是点的解释。清代学者高士奇[②]、顾栋高[③]谓桃林塞即函谷。晋代杜预和唐代孔颖达[④]、杜佑[⑤]等则认为桃林塞是古潼关。二是面的解释。唐代李泰[⑥]、李吉甫[⑦]、宋代王应麟[⑧]及现代史念海、谭其骧等主张桃林塞指今灵宝以西至潼关以东地区。

中国古代关、塞往往并称，在表示险要地方，往来必经要道这一语义上，二者等同。但关、塞的具体形式，亦即基本含义不大一样。“关”者，《说文·门部》：“关，以木横持门户也。从门，𢇍声。”本义是指门闩，又引申为关口、要塞，“关，往来必由之要处”[⑨]。古时设关以司启闭，控扼交通咽喉，管制人员、物资出入，故关是点状防御设施。“塞”，《说文·土部》：“塞，隔也”。本义为屏蔽，引申为绵延修筑的一条或一段用以阻塞、壁障的防御设施。《汉书·匈奴传上》：“赵武灵王……自代并阴山下至高阙为塞。”又指可据守的险要之处。《尚书·秦誓序》注云：“筑城守道谓之塞。”《吕氏春秋·有始》：“山有九塞，泽有九薮。”高诱注：“险阻曰塞。”因古代许多险关要隘多为边界防守的重点，故“塞”又指边境、边塞。可见，塞的基本功能是凭据险要之地以绵延的防御设施阻隔内外往来通过[⑩]，属于线状防御。塞的出现，似早于关。崤、崤阪是《吕氏春秋》等史籍记载中国最早的“九塞”之一。公元前 627 年秦晋崤之战，晋利用崤山险阨败秦。《尚书·秦誓》：“秦穆公伐郑，晋襄公帅师败诸崤，还归作秦誓。”孔颖达《左传正义》云：“崤，晋要塞也。杜预云：‘殽在弘农渑池县西。’筑城守道谓之‘塞’，言其要塞盗贼之

① 蒋伯潜：《诸子通考》，杭州：浙江古籍出版社，1985 年，第 179 页。

②（清）高士奇：《春秋地名考略》卷 4《桃林之塞》，影印清康熙间钱塘高氏刊本，《春秋战国史研究文献丛刊》第 3 册，北京：国家图书馆出版社，2009 年，第 210 页。

③（清）顾栋高撰，吴树平、李解民点校：《春秋大事表》，北京：中华书局，1993 年，第 1009 页。

④（晋）杜预集解，（唐）孔颖达疏：《春秋左传正义》卷 19 下“文公十三年”，《十三经注疏》，北京：北京大学出版社，2000 年，第 625 页。

⑤（唐）杜佑：《通典》卷 173《州郡三》，北京：中华书局，1988 年，第 4513 页。

⑥（唐）李泰等著，贺次君辑校：《括地志》卷 4《陕州》，北京：中华书局，1980 年，第 113 页。

⑦（唐）李吉甫撰，贺次君点校：《元和郡县图志》卷 6《河南道二》，北京：中华书局，1983 年，第 159 页。

⑧（宋）王应麟撰，傅林祥点校：《通鉴地理通释》卷 11《潼关》，北京：中华书局，2013 年，第 328 页。

⑨（宋）司马光：《资治通鉴》卷 266《后梁纪一》“太祖开平元年”条，北京：中华书局，1956 年，第 8687 页。

⑩ 杨建：《西汉初期津关制度研究》，上海：上海古籍出版社，2010 年，第 66 页。

路也。崤山险阨，是晋之要道关塞也。从秦向郑，路经晋之南境，于南河之南崤关而东适郑。”桃林名“塞”，与崤山之险称“要塞”，“要道关塞”，其意相同。桃林地势险峻，森林密布，是易守难攻的山险、道险之地，故以塞名之。《水经注·河水》引《三秦记》曰：“桃林塞在长安东四百里，若有军马经过，好行则牧华山休息林下，恶行则决河漫延，人马不得过矣。”《雍录·桃林》：“塞以阨塞为义，……函、关之间，凡数百里，其中行路，皆扼束河、山，状皆数函，故名之为塞。”[①]《类编长安志·关塞》桃林塞条载：“春秋时晋詹嘉处桃林之塞。《三秦记》：‘塞在长安东四百里。’虢之阌乡矣。县东南十里有桃源，古之桃林，周武王放牛之地。函谷间皆扼束河、山，故云塞尔。”[②]可见，《左传》所言桃林塞非指某一具体关隘，而是晋国在桃林范围内凭险据要，建立的一道绵延的防御体系。史念海说：“桃林在今陕西潼关，迤东且至于河南灵宝。这个桃林曾长期成为要塞，面积是不小的。”[③]谭其骧《中国历史地图集》第1册《西周时期中心分区图》、《西周·宗周、成周附近》、《春秋·晋秦》图，也将桃林塞地望标注在今灵宝以西至潼关以东地区[④]。这是中肯之见。

由原来的桃林、桃林之野发展为军事防御性质的桃林塞，历来被认为是中国关塞建设史上一件大事。顾栋高曾据此提出著名的“春秋列国不守关塞论”，认为春秋时代列国虽设有关塞，“然其时禁防疏阔，凡一切关隘厄塞之处，多不遣兵设守，敌国之兵平行往来如入空虚之境”。而“詹嘉处瑕”守桃林塞，则是“天下之险，必待纷纭有事而后遣将设守”的典型史例，故《左传》要“重书于册”[⑤]，标志着古代从“不守关塞”向“守塞”设防的转变。究其原因，主要是由春秋时期晋国、秦国长期矛盾引起的。春秋中期以降，晋国灭虢吞虞，占领桃林、崤山后，与矢志东进的秦国矛盾激化。秦康公六年（公元前615年），为雪令狐战败之耻，秦军渡河伐晋，夺取晋边邑羁马（今山西芮城风陵渡西北），与晋军对阵于河曲（今风陵渡黄河拐弯处），稍事交锋后，各自撤退。秦军出境后，再次南渡黄河，“复侵晋，入瑕”[⑥]。晋国高度警惕，遂派军将此夺回，并使詹嘉驻扎瑕地，防守桃林之塞。

据顾炎武考证，瑕、胡音同，瑕、胡是同地异名，瑕即《汉书·地理志》之湖[⑦]，在今灵宝阳平镇王家岭北的南寨子村[⑧]，北依黄河，东临古湖水（今阳平河），西、南两面紧靠高达百余米的王家岭断崖。从地理位置上看，此地正处在桃林塞西口上，由此向西约40千米有依傍绝涧的黄巷阪和形势险峻的古潼关，构成瑕地东端的保护和屏障。向东约10千米，就是道路“劣通”东西15里的函谷谷道，成为瑕地西端的依托与支持。

---

① （宋）程大昌撰，黄永年点校：《雍录》卷6《桃林》，北京：中华书局，2002年，第114页。

② （元）骆天骧撰，黄永年点校：《类编长安志》，北京：中华书局，1990年，第211页。

③ 史念海：《西周春秋战国时代的森林》，《河山集》二集，北京：生活·读书·新知三联书店，1981年，第244页。

④ 谭其骧：《中国历史地图集》第1册，北京：中国地图出版社，1982年，第17-19、22、23页。

⑤ （清）顾栋高辑，吴树平、李解民点校：《春秋大事表》，北京：中华书局，1993年，第995页。

⑥ （晋）杜预集解，（唐）孔颖达疏：《春秋左传正义》卷19下“文公十二年”，《十三经注疏》，北京：北京大学出版社，2000年，第624页。

⑦ （清）顾炎武著，（清）黄汝成集释：《日知录集释》卷31“瑕”，长沙：岳麓书社，1994年，第1114、1115页。

⑧ 李久昌：《崤函古道历史地理调查与研究》，《丝绸之路交通线路（中国段）历史地理研究》，南京：江苏人民出版社，2012年，第37、38页。

古代要想东去洛阳和西去关中，都须通过此地。瑕地所在大体居于二者之间靠西的位置，可以方便地控制灵宝至潼关纵深的黄河南岸之狭长谷地，在交通上具有绾毂东西大道的价值。孔颖达《左传正义》说："桃林之塞在南河之南，远处晋之南竟。从秦适周，乃由此路。使詹嘉守此塞者，以秦与东方诸侯远结恩好。及西乞聘鲁，亦应更交余国，虑其要结外援，东西图己，故使守此阨塞，欲断其来往也。"①在南寨子村北150米处，至今还存在一条宽约10米、高100米，两壁峭立的壕沟，当地老人称为周秦古道，亦称老洛潼公路。古代东西交通，即循此壕沟而行，经久不衰。依托瑕地为据点，再借助桃林塞本身绵延的险要，可达到据险与扼要的军事防守首要原则，形成点线结合、互为依托的整体防御体系。

由于瑕地交通和防御地位十分重要，晋献公灭虢国后，为守卫新辟疆域，曾在此筑城置县，属晋惠公"赂秦伯以河外列城五"之一②。"列城，犹列国，言是城之大者。"③春秋中后期，随着秦国国势的日趋兴盛，以及由此触发的晋秦矛盾的激化，为防止秦国东进，晋国利用原有的瑕邑，很可能还作了必要的补苴和坚固，作为戍守和控扼桃林塞防御体系的中心和前沿要地，派军驻防守卫，自当是一种很合理的选择。顾炎武《左传杜解补正》谓："瑕邑即桃林之塞。"④正道出了瑕地在整个桃林塞防御体系中的中心地位。而具体的防御形式，则是利用桃林"扼束河、山，状皆数函"的天然隘道和人工城邑，共同组成了一道绵延的"城""道"结合的边境防御体系。其结果诚如顾栋高所说："盖有桃林以塞秦之门户，而河西之地复犬牙于秦之境内，秦之声息，晋无不知。二百年来秦人屏息而不敢出气者，以此故也。"⑤"詹嘉处瑕"设防桃林塞，秦国向东前行的道路被彻底阻隔，终春秋之世，秦国未能得志于中原。

三　战国时期秦国东进与函谷关的设立

战国以前有"桃林之野""桃林塞"，却无函谷关，周时置关说与史实有诸多抵牾之处，因此，秦时置关便成为学术界的主流看法，具体来说，又有三种不同观点：一是秦献公时，即公元前384～前362年。清人汪中《老子考异》说："函谷之置，书无明文，……惟贾谊《新书·过秦篇》云：'秦孝公据崤、函之固。'则是旧有其地也。秦自躁、怀以后，数世中衰，至献公而始大。……然则是关之置，实在献公之世矣。"⑥史念海说："孝公之父献公时，曾与晋战于石门，斩首六万，又与魏晋战于少梁，虏其将共孙痤。战争获得胜利，疆土也会随之扩展。"这样"函谷关的建立，可能就在献公之时。其时正当

① （晋）杜预集解，（唐）孔颖达疏：《春秋左传正义》卷19下"文公十二年"，《十三经注疏》，北京：北京大学出版社，2000年，第625页。

② 李久昌：《春秋秦晋河西之争中的崤函古道战事》，《三门峡职业技术学院学报》2014年第4期，第1-7页。

③ （晋）杜预集解，（唐）孔颖达疏：《春秋左传正义》卷14"僖公十五年"，《十三经注疏》，北京：北京大学出版社，2000年，第428页。

④ （清）顾炎武：《左传杜解补正》卷中，《顾炎武全集》（1），上海：上海古籍出版社，2012年，第46页。

⑤ （清）顾栋高辑，吴树平、李解民点校：《春秋大事表》，北京：中华书局，1993年，第541页。

⑥ （清）汪中著，田汉云点校：《新编汪中集》，扬州：广陵书社，2005年，第407页。

战国的初期”。二是秦孝公时，即公元前 361～前 338 年。清人顾栋高说：“文（公）十三年晋使詹嘉处瑕以守桃林之塞。桃林即秦函谷关，……自秦孝公始置关，以前则但谓之桃林。”[①]梁启超亦主张函谷关入秦，“宜在孝公之世”[②]。三是秦惠文王时，王文楚说，秦置函谷关，当在开始攻取曲沃和焦占领桃林塞以后[③]。李健超说，秦惠文君九年（公元前 329 年）秦攻占了魏国的焦，至此，秦国已打通了从咸阳通往中原的交通大道桃林塞，并且在桃林塞的隘口上设置了函谷关[④]。宋杰也说，商鞅变法后秦国势力强盛，于公元前 329～前 314 年逐步攻占了这里的曲沃、焦和陕城。函谷关就是秦在此期间建立起来的[⑤]。公元前 329～前 314 年秦国正是秦惠文王在位。

在以上三种观点中，第一、二种观点虽有不同，但其共同的重要立论基础都是贾谊在《新书·过秦篇》中说的“秦孝公据殽函之固，拥雍州之地”。类似的话也见于《战国策》秦策 1《苏秦始将连横说秦惠王》。但贾谊所言“殽函之固”，究竟是以西汉时期说明秦国所处之地理形势，还是指秦孝公当时的地理形势，未免令人疑虑，难以确定。史念海也说：“如贾谊所说不是以当时之地论古事，则秦孝公时已有函谷关了。”由此等条件性词语可知这只是一种臆测，缺乏充分的史实依据。秦孝公时，崤函尚属魏国，而非秦所有。清人张琦《战国策释地》对此辩之甚明：“惠文六年，魏纳阴晋。九年，围焦。十一年归魏焦、曲沃。十三年，张仪取陕，出其人与魏。后十一年，樗里疾攻魏焦，拔之。……阴晋东至陕，正崤、函之道。自惠文六年至后十一年，始克有之。”他认为，贾谊所言，本意是“秦之强，始自孝公，所不暇详耳。孝公元年出兵东围陕，殆出武关，由卢氏以北，实欲取崤、函而未能也”。而“苏秦说时，在惠王元年，巴蜀、汉中、崤、函皆未入秦”[⑥]。

笔者赞同第三种观点，并将秦函谷关创建推定在秦惠文王八年至更元元年（公元前 330～前 324 年），以下试申证之。

第一，从秦占据函谷关时间看。函谷关处在桃林塞东端，战国初期，这一地区连同渭河下游的阴晋（今陕西华阴东南）等地皆属魏国，为魏国河西之地。清人全祖望曰：“魏之西河自焦、虢、桃林之塞，西抵关洛，其界最广。”[⑦]魏河西长城及所控制的河西之地把秦与函谷关隔断。秦要东进中原，必须首先占有函谷关及其以东地区，才能打通东进道路。这一努力持续了数十年，历经两个阶段[⑧]。第一个阶段为秦惠公至秦孝公初的军事试探期。《史记·六国年表》载，秦惠公十年（公元前 390 年），秦军东进，“与晋战武城。县陕”。武城在今陕西渭南华州区东，陕在今三门峡市区。此战秦虽得以在陕城置县筑城，但因是越境突击进攻，秦只是短暂占领，魏国不久即重新夺回。秦献公

① （清）顾栋高辑，吴树平、李解民点校：《春秋大事表》，北京：中华书局，1993 年，第 1009 页。

② 梁启超：《战国载记》，《梁启超全集》第 6 册，北京：北京出版社，1999 年，第 3542 页。

③ 王文楚：《西安洛阳间陆路交通的历史发展》，《古代交通地理丛考》，北京：中华书局，1996 年，第 100 页。

④ 李健超：《函谷关与潼关》，《汉唐两京及丝绸之路历史地理论集》，西安：三秦出版社，2007 年，第 598 页。

⑤ 宋杰：《秦对六国战争中的函谷关和豫西通道》，《先秦战略地理研究》，北京：首都师范大学出版社，1999 年，第 203 页。

⑥ （清）张琦：《战国策释地》卷上，北京：中华书局，1986 年，第 9、10 页。

⑦ （清）王先谦：《汉书补注》（陆），上海：上海古籍出版社，2008 年，第 2677 页。

⑧ 李久昌：《战国时期秦国的崤函古道攻略》，《三门峡职业技术学院学报》2016 年第 1 期，第 5-12 页。

在与魏国的河西之争中，除二十三年（公元前362年）史载明确收复位于少梁（今陕西韩城西南）东北的庞城外，几乎没有成功占有什么地方，对函谷关地区也未能稍加染指，自然也就不可能有函谷建关之事。同样，秦孝公除在即位之初（公元前361年）“出兵东围陕城”[①]外，其对魏国河西之地的攻击，主要在今陕西渭北地区和渭南河曲地带，相当于今陕西华阴以东、黄龙以南，洛河以东、黄河以西地区。其“东围陕城”，属军事试探，旨在体现和张扬其东进扩张的精神，为其刚刚发布的求贤令，征聘“宾客群臣能出奇计疆秦者”[①]服务。因而此战规模可能不是很大，也未能占领陕城。随着战争的进程，秦魏河西之争战场可能涉及函谷关地区，但未有证据说明秦疆域也扩展到此。秦惠文王六年（公元前332年），秦始向东越过魏河西长城，占领魏之重镇阴晋，更名为宁秦。阴晋在函谷关之西，是东去函谷关的东西交通干道必经之地，可知在未取阴晋之前，秦不可能越过阴晋而据函谷关。秦取阴晋后，打通了自咸阳沿渭河南岸东趋崤函的交通线，以此为标志，秦对函谷关及其以东的攻取明显加速，进入第二个阶段，即军事占领和经营期。秦惠文王八年（公元前330年），秦在北路攻取魏雕阴同时，以樗里疾为主将，率南路军，首尾历经两年先后攻取曲沃、焦。曲沃在今三门峡陕州区大营镇苗阳河东岸，黄村和南曲村一带。焦在三门峡市区，二地均在函谷关以东，西距函谷关40～50千米。秦军进军路线应是从函谷关沿黄河东岸向东出击。从秦军进军路线和战后魏被迫“予秦河西地”的结果看，函谷关等地当是在此时由魏改属秦。而“函谷关”“函谷”之名，在《史记》等文献中也最早出现在秦惠文王时期，客观上印证了这一史实。随着秦惠文王八年秦占有函谷关地区，秦国始具备了建立函谷关的地理基础。而在此之前，秦国既无可能、也无必要到敌对的魏国控制区去建筑函谷关。

第二，从秦占函谷关地区后的军事攻守态势看。秦占函谷关后，魏国仍然占据着函谷关以东的陕城。秦惠文王十一年（公元前327年），秦“归魏焦、曲沃”[②]，三地又重新连成一片，与秦对峙。如此，秦占函谷关虽控制了东西交通的咽喉要地，但秦东部关防仍存在重大缺陷，表现如下：陕、焦和曲沃皆是崤函古道上重要的战略要地，中原与关中的交通必经于此。尤其是陕城，是崤函古道交通的枢纽，东段的崤山南北两路在此合为一道，与西段交汇，由此向西经曲沃，可直通秦函谷关；向东去新安，或东南赴宜阳，越崤山而抵伊洛平原。陕城之北有太阳、茅津渡口，可通河北。魏国占据陕、焦和曲沃，既可以随时堵塞崤函古道西段交通，控制与东段的联系，阻止秦军出关东进，又可以很方便地沿古道西进威胁函谷关。还可以控制黄河上的茅津、太阳等重要渡口，掌握黄河天险及南北交通要道。对东进势头正炽的秦国而言，如不夺取陕、焦和曲沃，即便拥有函谷关，也无法完全控制崤函古道西段，向东方推进。关是掌控交通线路的军事设施，秦函谷关虽扼守东西交通咽喉，但在函谷关以东、陕城以西，还有几条岔路，可以转入它途，如在陕、焦附近，可由太阳渡、茅津渡，北渡黄河，越中条山而至河东。太阳、茅津两渡皆为连接豫西与晋南的要津。春秋崤之战，晋军由太阳渡南渡黄河伏击秦军。三年后，秦雪耻伐晋，亦于此南渡，至崤陵封尸而还。往西，在灵宝可溯秦函谷

①（汉）司马迁：《史记》卷5《秦本纪》，北京：中华书局，1959年，第202页。

②（汉）司马迁：《史记》卷5《秦本纪》，北京：中华书局，1959年，第206页。

关所傍的弘农涧河，越崤山而至洛河上游。这几条岔路，距函谷关都不很远，虽不适于使用较大的兵力，但可以不经过秦函谷关，而迂回进攻关中，从而分散秦对关东诸侯防御力量，减弱秦函谷关对东西交通的控御程度。

秦函谷关防御战略的最大特点是将交通隘道控御与山地要塞防御连为一体，秦函谷关和陕、焦、曲沃，基本沿黄河处于一条直线上，从东方而来必须经过陕、焦和曲沃这些道路沿线的重要城邑。早在西周时陕即为天下之中，王畿以此划分东西，战略地位历来为人称道。顾祖禹说其“内屏关中，外维河、洛，履崤阪而戴华山，负大河而肘函谷”，“据关、河之肘腋，扼四方之噤要，先得者强，后者至散，自古及今不能易也。”[①]焦、曲沃与陕相邻相近，形势亦大体相仿。崤函古道交通将陕、焦和曲沃三地与函谷关纳入同一战略区域，相互依存关系紧密。这可从楚、齐联军北围曲沃、于中之战中得到印证。秦惠文王更元十一年（公元前 314 年）秦第三次攻取曲沃，次年楚怀王命三大夫张九军，北围曲沃、于中，齐国也派兵助楚攻秦，攻克曲沃。杨宽分析此事，说：“曲沃在今河南三门峡市西南，正当函谷关东北。于中在今河南西峡县东，正当武关以东。”秦相继占领后，两地“成为秦从函谷关与武关伸向关东之左右矛头，对楚造成严重威胁”。“楚发大军围攻曲沃、于中，目的在于解除秦从函谷关与武关向外进攻之威胁”[②]。秦惠文王因此“患之”。《史记·楚世家》记云：“秦欲伐齐，而楚与齐从亲，秦惠王患之，乃宣言张仪免相，使张仪南见楚王”。张仪以齐、楚绝交为交换条件，进献商于之地，造成楚齐反目。秦反攻楚军得胜，夺回曲沃。正因如此，一些史家将战国时期的崤山、函谷关一带的军事防线通称为函谷关。《水经注·河水》：“河水自潼关东北流，历北出东崤，通谓之函谷关也。”《读史方舆纪要·河南三》：“崔浩曰：‘东自崤山，西至潼津，通名函谷，号为天险。’所谓秦得百二者，此地是也。”就攻守战略而言，关东欲入关中者，只有越过崤山，攻破陕、焦和曲沃，才可立马函谷关下，而秦得陕、焦和曲沃，不仅可以在函谷关以东形成一道外围防御，与函谷关防线一起共同构成一个庞大而完整的战略防御区，又可因事乘便从函谷关东出，以陕、焦和曲沃为基地和跳板，进取中原。而后者，对于东进势头正炽的秦国而言，其意义尤为重要和迫切。所以，秦国在占有函谷关地区的同时，即开始对陕、焦和曲沃三地全力攻取，但不能简单地理解为东进拓土，对秦而言，是为了使函谷关控御和陕、焦及曲沃城邑防御有机联系起来，形成交通隘道控御与山地要塞防御的共同体，并营建向东进取中原的基地和跳板，这两件大事相辅相成，函谷关的设置也如影随形，成为综合其事的集中反映。

第三，从秦占有陕、焦和曲沃时间看。秦惠文王八年至更元十一年（公元前 330～前 314 年），秦曾先后三次攻取焦和曲沃，第一次在公元前 330～前 329 年，时隔三年秦又归还了二地；第二次公元前 322 年秦攻取曲沃，不久即又归还于魏；第三次于公元前 314 年最终攻占了焦和曲沃。函谷关之名最早见诸记载在公元前 318 年，《史记·楚世家》：楚怀王“十一年，苏秦约从山东六国共攻秦，楚怀王为从长。至函谷关，秦出兵击六国。”是年即秦惠文王更元七年，则秦第三次攻占焦和曲沃已超出函谷关置关下限，当与此无

---

① （清）顾祖禹撰，贺次君、施和金点校：《读史方舆纪要》卷 48《河南三》，北京：中华书局，2005 年，第 2271 页。

② 杨宽：《战国史》（增订本），上海：上海人民出版社，1998 年，第 525、415 页。

关。只有第一次和第二次与之相关，秦置函谷关当在这一时间内。蔡坤伦将此推定在秦惠文王更元三年（公元前 322）至七年（公元前 318）[①]，即秦第二次攻取曲沃至公元前 318 年五国合纵攻秦间，似有不妥。因为这一见解只注意到了秦占焦和曲沃与秦置函谷关的关系，而忽视了秦“伐取陕”的意义，而这恰可成为秦置函谷关的重要时间坐标。《史记·秦本纪》将其事记于秦惠文王十三年（公元前 325 年）：“使张仪伐取陕，出其人与魏。”《史记·六国年表》则置其事于秦惠文王更元元年（公元前 324 年）：“相张仪将兵取陕。”《史记·张仪列传》云：“仪相秦四岁，立惠王为王。居一岁，为秦将，取陕。”惠文王称王为公元前 325 年，“居一岁”为公元前 324 年，当以公元前 324 年为是。“是时秦已占有河西、上郡，并在河东占有汾阴、皮氏等邑，更在河南占有陕，从此黄河天险全为秦所掌握，对东方六国压力甚大。”[②]与焦和曲沃相比，陕城的战略位置显然更高一些，这从秦对陕、焦和曲沃三地不同的占领和控制方式可以看出。对陕城，秦是争而必得，得而必据，采取的是一次性直接军事占领的方式。对焦和曲沃后者则是取而复归，归而再占，前后三次，历时 26 年，取与归既取决于秦“连横”“散纵”外交考虑与需要，也与秦占陕所获得的巨大战略优势有关。秦占陕之举，可谓一箭双雕。既在函谷关以东建立一个楔入中原的桥头堡，陕城成为秦人东进中原战略基地，又在焦和曲沃之间插进一个楔子，截断并监视两地联系，使之不敢轻举妄动，也为尔后秦以焦和曲沃为诱饵，拉拢魏国，破坏合纵联盟提供了现实条件。秦自公元前 330 年占函谷关后，即便是在公元前 327 年采纳张仪连横策略，将第一次攻取的焦、曲沃归还魏国，但函谷关仍一直掌握在秦国手中。秦“伐取陕”在第二次攻取曲沃前两年，其进击当以函谷关为重要基地。即以此为根据地，揆度情理，秦占函谷关后，当已有建关计划和行动，而不会不设关以守，秦在将焦和曲沃归还魏国不久，即“伐取陕”，并得而据之，即当与建函谷关、构筑关城有关，故建关时间下限只能与秦“伐取陕”有关，即秦惠文王更元元年（公元前 324 年）。因此，将秦建函谷关的时间推定在秦惠文王八年至更元元年（公元前 330～前 324 年），是合乎情理的。

第四，从秦建函谷关的目的看。古人设关，首要目的在于凭险阻以求固国安邦。春秋时，晋国主要对手是秦国，双方争夺焦点是对战略要地桃林、崤山的控制[③]。晋为防秦，断其东西通道，故将防御重心置于桃林塞西端，瑕城成为其戍守和控御桃林塞的中心和前沿要地。战国后期，秦经过商鞅变法，国力强盛，积极东进扩张，最大的敌人初是毗邻的魏国，后是山东六国。秦惠文王时秦占领函谷关及陕城、焦和曲沃地区后，疆域向东拓展，防护地域也大大向东延伸，桃林塞西端的旧瑕城已然成为内地，失去了边防隘口的作用，自然需要在更靠近东方的地方新建关防。贾谊说：“所为建武关、函谷关、临晋关者，大抵为备山东诸侯也。”[④]因而秦将关址选择在靠近桃林塞东入口的函谷建关，实为必为之策。当地险山夹河，历史上原本有“函谷”“函谷山”等地名。《水经注·河水》：“烛水又北入门水，水之左右，即函谷山也。……《地理志》曰：烛水出

① 蔡坤伦：《汉代函谷关研究》，台湾中兴大学硕士学位论文，2009 年，第 26 页。

② 杨宽：《战国史料编年辑证》，上海：上海人民出版社，2001 年，第 437 页。

③ 李久昌：《春秋秦晋河西之争中的崤函古道战事》，《三门峡职业技术学院学报》2014 年第 4 期，第 1-7 页。

④（汉）贾谊撰，阎振益、钟夏校注：《新书校注》，北京：中华书局，2000 年，第 113 页。

衙岭下谷。《开山图》曰：衙山在函谷山西南。”《太平御览·药部六》引《本草经》：“麦门冬，味甘，平。……生函谷山。”《后汉书·光武帝纪上》李贤注：“函谷，谷名，因谷以名关。”此后秦与山东六国的攻守连横一直围绕着函谷关一线展开，关中防御的重心也在函谷关。函谷关的设置为秦的巨大成功奠定了基础。

秦函谷关建关后，桃林塞及瑕仍然存在。秦封泥有“桃林丞印”，有研究者称，此当为桃林塞之丞，为秦内史属县①。战国后期，秦占瑕之后，更名为胡，置县。秦封泥有“胡印”②、“胡丞之印”③。《史记·范睢列传》载：秦昭王二十八年（公元前 279 年），“王稽辞魏去，过载范睢入秦。至湖”。《索隐》：“按：地理志京兆有湖县，本名胡，武帝更名湖，即今湖城县也。”胡又称“湖关”。前引《史记·范睢列传》殿本作“范睢入秦。至湖关”。《水经注·河水》：“河水又东径湖县故城北。昔范叔入关，遇穰侯于此矣。”《汉书补注》：“《范睢传》王稽载睢入秦，过湖关。《索隐》云：‘湖，京兆县。’先谦按：秦时，因其地有鼎胡，以名关耳。初县名胡，《索隐》语未晰。”④《读史方舆纪要·河南三》灵宝县湖城“县东四十里。秦曰湖关。王稽载范睢入秦，至湖关，即此”。秦之胡县由晋之瑕邑发展而来，其设置时间当在秦惠文王六年（公元前 332 年）秦取魏阴晋之际或稍后，最晚不迟于秦惠文王八年（公元前 330 年）秦取焦与曲沃。灵宝阳平镇王家岭秦人墓地，东距秦函谷关约 30 千米，西距秦胡县东南 2～3 千米。墓地规模庞大，东达阳平河西岸，西至故县镇高柏村，面积 15 平方千米，已发掘战国墓 763 座，分四区，其中，一、二区为战国晚期，系驻守的秦军将士墓，三区为秦末至西汉初年，出土有“胡市”印记的战国陶釜，四区为西汉早期。在南寨子村附近还发现部分夯土城墙遗迹及大量战国和秦汉时期的筒瓦及板瓦残片⑤。从瑕、胡关系和王家岭秦人墓地考古发现看，秦当置有湖关，至少胡县又称湖关，仍为秦之关塞亭障⑥。只不过它原本桃林塞防御中心的地位，随着秦函谷关建立，已被取而代之。大约在公元前 249 年秦置三川郡之后，胡县（湖关）已然发展成为一座相当繁荣的城邑。

四　结　　论

综上所述，笔者认为“桃林之野”是西周著名的官营畜牧区，“桃林塞”是春秋晋国为防秦而建立的一道绵延的防御体系，它们与秦函谷关关系密切，但既不是函谷关，也不是其前身。秦函谷关是秦为控制这一战略要地，初为备魏，后为防山东六国，于秦惠文王八年至更元元年（公元前 330～前 324 年）在桃林塞东入口设置的新关隘。

---

① 周晓陆、陈晓捷、汤超等：《于京新见秦封泥中的地理内容》，《西北大学学报》（哲学社会科学版）2005 年第 4 期，第 116-125 页。

② 陈晓捷、周晓陆：《新见秦封泥五十例考略》，《碑林集刊》（11），西安：陕西人民美术出版社，2005 年，第 318 页。

③ 王伟：《秦玺印封泥职官地理研究》，北京：中国社会科学出版社，2014 年，第 560 页。

④（清）王先谦：《汉书补注》（伍），上海：上海古籍出版社，2008 年，第 2184 页。

⑤ 李久昌：《崤函古道历史地理调查与研究》，《丝绸之路交通线路（中国段）历史地理研究》，南京：江苏人民出版社，2012 年，第 38 页。

⑥ 杨宽、吴浩坤：《战国会要》，上海：上海古籍出版社，2005 年，第 1441 页。

秦函谷关始建年代，直接关系到如何评价秦函谷关的作用及战国秦的军事战略，是秦史及中国交通史、军事史的重要课题。以上对秦置函谷关时间的推断，只是从现存的数据中找出的比较可信的说法，同时也期待能有新的相关文献和考古资料的出现来最终解决这个问题。

战国诸子名士的求功成名与学术传播之路

战国时期，出于争雄称霸的需要，各诸侯国纷纷重视用人，所谓“夫争天下者，必先争人”[①]，争夺的对象主要是士人。士人是春秋战国时期崛起的一个特殊阶层，以有特定知识技能为特征，他们为出仕从政建功立业，穿梭于路，奔走列国，或“羸縢履蹻，负书担橐”，或“伏轼撙衔，横历天下，廷说诸侯之王”[②]，成为这一时期特殊的交通现象，推动了战国政治的发展和学术的传播与进步。秦国以其求士任贤历史之长、规模之大、效果之显著，为同一时期其他各国所不可比拟，堪称大规模吸引和使用人才最为成功的范例。这样的成功，相当部分是通过崤函古道实现的。

秦国求士任贤，渊源已久，最早始于春秋时期的秦穆公。清人洪亮吉说：“春秋时，列国皆用同姓，惟秦不然，见于经传者，亦不过数人……至好用异国人，则亦自穆公启之。”[③]李斯《谏逐客疏》说：“昔穆公求士，西取由余于戎，东得百里奚于宛，迎蹇叔于宋，来丕豹、公孙支于晋。此五子者，不产于秦，而缪公用之，并国二十，遂霸西戎。”在穆公所用“五子”中，百里奚是一个有代表性的人物，曾为虞国大夫，国灭后，作为媵臣陪嫁至秦，后逃至楚鄙地宛，沦为贩牛奴隶，被秦穆公用五张羊皮赎回，当是时，百里奚年已70余。穆公向百里奚询问治国之道，“语三日，缪公大说，授之国政，号曰五羖大夫”[④]。百里奚“相秦六七年，而东伐郑，三置晋国之君，一救荆国之祸。发教封内，而巴人致贡。施德诸侯，而八戎来服。”[⑤]在其由虞至秦和由宛至秦的曲折传奇的经历中，百里奚至少两次经行崤函古道。后来他与蹇叔哭谏秦穆公伐郑，表现出他对崤函古道的熟知。被认为是秦穆公人才思想成熟标志的《秦誓》，也是秦穆公在“申思不用蹇叔之谋”而致崤之战战败的教训之后所作的人才宏论专篇。而“五子”中的蹇叔来自宋，丕豹、公孙支来自晋，按照当时的东西交通，他们也很可能是经崤函古道赴秦的。秦穆公“好用异国人”，正式确立了秦国的人才强国谋略，使秦初步改变了长期以来屈辱、落后面貌，奠定了秦国发展基业。崤函古道作为秦求士任贤的人才引进之路，从秦人才强国谋略一开始实施就显现出重要的交通作用。

进入战国，秦求士任贤大幅提速。公元前361年，甫继秦君的秦孝公决定奋发图强，下令求贤：“宾客群臣有能出奇计疆秦者，吾且尊官，与之分土。”[⑥]这对士人的吸引力无疑是巨大的，入秦而为宾客，进而图谋发展，成为一时风尚。正如李斯所言：“今秦

---

① 黎翔凤撰，梁运华整理：《管子校注》卷9《霸言》，北京：中华书局，2004年，第465页。

②（汉）刘向集录，范祥雍笺证：《战国策笺证》卷3《秦策一》，上海：上海古籍出版社，2006年，第143页。

③（清）洪亮吉：《春秋惟秦不同用姓而喜用别国人论》，《洪亮吉集》，北京：中华书局，2001年，第985页。

④（汉）司马迁：《史记》卷5《秦本纪》，北京：中华书局，1959年，第186页。

⑤（汉）司马迁：《史记》卷68《商君列传》，北京：中华书局，1959年，第2234页。

⑥（汉）司马迁：《史记》卷5《秦本纪》，北京：中华书局，1959年，第202页。

王欲吞天下，称帝而治，此布衣弛骛之时而游说者之秋也。”[①]宋人洪迈对此也曾有一段精彩的论述：“七国虎争天下，莫不招致四方游士。然六国所用相，皆其宗族及国人……独秦不然，其始与之谋国以开霸业者，魏人公孙鞅也。其他若楼缓为赵人，张仪、魏冉、范睢[②]皆魏人，蔡泽燕人，吕不韦韩人，李斯楚人，皆委国而听之不疑，卒之所以兼天下者，诸人之力也。”[③]洪迈所列举诸人，都是对秦国历史发生重大影响、帮助秦国最终成就帝业的人物。其中除魏冉为宣太后母弟，思想倾向无从考知之外，商鞅、李斯属法家，张仪、范睢、蔡泽专于纵横，吕不韦为杂家代表。在史籍的记载中都有他们由崤函古道入秦的经历，他们的人生由此也伸展到成功的境界。

法家是对秦政治思想影响最大的思想派别。商鞅是西向入秦的法家士人中最早也是著名的一位。他本是魏相公叔痤的家臣，不受重用。公元前 361 年，商鞅“闻秦孝公下令国中求贤者，将修缪公之业，东复侵地，乃遂西入秦”，游说秦孝公以霸道，得其重用，两次主持变法，使“秦人富强”，一跃成为综合国力最强盛的国家，为秦统一六国奠定了基础，其本人也达到了事业巅峰。“秦封之於、商十五邑，号为商君。”[④]商鞅的巨大成功是在离魏入秦以后，时魏都在安邑，由魏入秦，必然有崤函古道之行。商鞅借助崤函古道，实现了人生的重大转折，也改变了整个秦国，乃至整个战国史。但孝公一死，商鞅的命运逆转直下，其个人最后走向无善而终的悲惨结局，也发生在崤函古道上。秦孝公二十四年（公元前 338 年），孝公死，惠文王立，商鞅被诬谋反，被迫开始了逃亡之路。据文献记载，商鞅为避害曾有两次由秦归魏的落魄逃亡之旅。《战国策·秦策一》载：“孝公已死，惠王代后，莅政有倾，商君告归。”《吕氏春秋·慎行论·无义》所记，则稍详一些：“公孙鞅因伏卒与车骑以取公子卬。秦孝公薨，惠王立，以此疑公孙鞅之行，欲加罪焉。公孙鞅以其私属与母归魏，襄疵不受，曰：‘以君之反公子卬也，吾无道知君。’”襄疵是魏惠王时期的邺令，邺地在今河北临漳县西南。商鞅的第一次避害归魏之旅，因魏邺令襄疵的坚拒，不得已返归了秦国。由其行程看，商鞅此次无疑应当两次穿越了崤函古道。《史记·商君列传》所云“公子虔之徒告商君欲反，发吏捕商君”，则发生在商鞅第一次从魏归秦后。“商君亡至关下，欲舍客舍。客人不知其是商君也，曰：‘商君之法，舍人无验者坐之。’商君喟然叹曰：‘嗟乎，为法之敝一至此哉！’”“验”，即身份的文书证明。“关”即函谷关。商鞅作法自毙，因无“验”而不能住宿函谷关下。无奈又企图“去之魏。魏人怨其欺公子卬而破魏师，弗受。商君欲之他国。魏人曰：‘商君，秦之贼。秦彊而贼入魏，弗归，不可。’遂内秦”。商鞅甫一入魏即被拒，而且被魏人强制遣返归秦。于是商鞅发兵造反。“商君既复入秦，走商邑，与其徒属发邑兵北出击郑。秦发兵攻商君，杀之于郑黾池”。商鞅“北出击郑”之“郑”，《集解》引徐广曰：“京兆郑县也。”《索隐》：“地理志京兆有郑县。”在今华县西南，商鞅的商於十五邑的正北。黾池即渑池，在今渑池县西。《索隐》：“郑黾池者，时黾池属郑故也。”

---

①（汉）司马迁：《史记》卷 87《李斯列传》，北京：中华书局，1959 年，第 2539 页。

② 范睢、范雎，至今未有定论。据中华书局版《史记》《资治通鉴》均作“范睢”，本书全书统一采用“范睢”。

③（宋）洪迈撰，穆公校点：《容斋随笔》，上海：上海古籍出版社，2015 年，第 16、17 页。

④（汉）司马迁：《史记》卷 68《商君列传》，北京：中华书局，1959 年，第 2233 页。

《正义》："黾池去郑三百里，盖秦兵至郑破商邑兵，而商君东走至黾，乃擒杀之。"可知商鞅逃亡的路线，是咸阳—关（函谷关）—魏边境—秦—商邑—郑—黾池[①]，除商邑外，大致是以崤函古道为轴线，其被擒杀地渑池在崤山北路上。商鞅的成名、成功之路，与日后逃亡及被诛杀于同一条道路上。

商鞅虽死，商法未变。法家名士纷纷入秦，登场亮相，李斯是其中最有成就的一位。《史记·李斯列传》说，"李斯者，楚上蔡人也……从荀卿学帝王之术。学已成，度楚王不足事，而六国皆弱，无可为建功者，欲西入秦。辞于荀卿"。这一年为公元前 247 年，其时荀子正在楚兰陵令任上，聚徒讲学。兰陵在今山东枣庄市东南。从兰陵到秦都咸阳，千里迢迢，沿途要经过彭城（今江苏徐州）、砀山（今河南商丘）、大梁（今河南开封）、荥阳（虎牢）、洛阳，由此进入崤函古道，过函谷关，历华阴道，沿渭水方到咸阳。入秦后的李斯很快便进入了秦国政治权力中心，由长史一直升到丞相，最终帮助秦始皇完成了统一的伟业。《李斯列传》称"明法度，定律令，皆以始皇起。同文书，治离宫别馆，周遍天下，明年，又巡狩，外攘四夷，斯皆有力"。李斯经崤函古道入秦，实现了人生的重大转折。在秦始皇显赫一世的历史功绩中，李斯功不可没。

韩非作为法家集大成者，也是因行历崤函古道入秦而人生获得改变的。韩非作为"韩之诸公子"，曾与李斯同拜师于荀子门下，且"斯自以为不如非"。在李斯叱咤于秦政治舞台中心之时，韩非以在野身份靠著书、献策为业，完成了法家理论的系统化，成为先秦法家集大成的人物。当韩非的《孤愤》《五蠹》等著作辗转流传到秦国，并最终摆上秦始皇嬴政案头的时候，秦始皇不无遗憾而又惊喜地说："嗟呼，寡人得见此人与之游，死不恨矣。"秦始皇因此发兵猛攻韩国，必致韩非于秦而后快。"韩王始不用非，及急，乃遣非使秦。"[②]时为公元前 234 年。文献没有记载韩非入秦线路，但作为韩国使臣，韩非自韩都新郑出发至咸阳，行经崤函古道是无疑的。韩非入秦之后，"秦王悦之"，但"未信用"，不久即因李斯、姚贾等的谗毁而遭毒杀。韩非虽死，其法治学说则被秦国付诸实践，成为秦国君臣人人必读的治国宝典。

战国中后期，最为人称道的外交策略是所谓"合纵连横"，或称"纵横"，这一战略持续到秦灭六国，一统天下。张仪是连横策的首创者，也是战国中期最早行经崤函古道入秦的著名纵横家。张仪受东周君资助，由洛阳经崤函古道入秦的情形，见于《吕氏春秋·慎大览·报更》："张仪，魏氏余子也，将西游于秦，过东周。客有语之于昭文君者曰：'魏氏人张仪，材士也，将西游于秦，愿君之礼貌之也。'昭文君见而谓之曰：'闻客之秦。寡人之国小，不足以留客。虽游，然岂必遇哉？客或不遇，请为寡人而一归也。国虽小，请与客共之。'张仪还走，北面再拜。张仪行，昭文君送而资之。至于秦，留

① 商鞅被诛之地，《史记·六国年表》谓"商君反，死彤地"。《集解》引徐广曰"黾，或作彭"，《索隐》引《盐铁论》云"商君困于彭池"，故又有"彭池"一说。按"彭池"实为"彤池"之讹。彤在西周时期为彤伯封邑，后属秦，其地在今华县境内，其时辖于郑。晁福林以为商鞅"北出击郑"之"郑"不是今华县之郑，而是当时称为"郑"的韩国。他分析其时韩国势力较弱，商鞅很可能是想在其西部图谋发展。秦发兵攻之，商鞅兵败，被诛于黾池（《商鞅史事考》，《中国史研究》1994 年第 3 期，第 123-133 页）。不过这对确定商鞅逃亡的路线不具有决定性的影响，同样亦可以证明商鞅被诛于黾池之说不误。

②（汉）司马迁：《史记》卷 63《韩非列传》，北京：中华书局，1959 年，第 2155 页。

有间，惠王说而相之。”张仪于秦惠王五年（公元前333）入秦，10年为相[①]，为秦国制定了“事一强以攻众弱”的连横策略，正式开启了秦国扩张之路，为秦吞并六国、统一全国立下不朽功勋。李斯《谏逐客书》评价张仪功绩说：“惠王用张仪之计，拔三川之地，西并巴、蜀，北收上郡，南取汉中，包九夷，制鄢、郢，东据成皋之险，割膏腴之壤，遂散六国之从，使之西面事秦，功施到今。”《战国策·刘向书录》亦云：“张仪连横，诸侯听之，西向事秦。是故始皇因四塞之固，据崤、函之阻，跨陇、蜀之饶，听众人之策，乘六世之烈，以蚕食六国，兼诸侯，并有天下。”[②]

继张仪之后入秦为相的另一位纵横家范雎同样经历了崤函古道，其过程更为艰辛曲折。范雎原本是魏国大夫须贾的客卿，因触怒须贾而遭迫害，隐姓埋名，藏匿于友人家中。公元前271年，在秦国谒者王稽帮助下，得以逃往秦国。当王稽车驾行驶到秦国边境湖关（今灵宝阳平镇附近），恰遇穰侯魏冉东巡。《史记·范雎列传》记其情形说：“王稽辞魏去，过载范雎入秦。至湖，望见车骑从西来。范雎曰：‘彼来者为谁？’王稽曰：‘秦相穰侯东行县邑。’范雎曰：‘吾闻穰侯专秦权，恶内诸侯客，此恐辱我，我宁且匿车中。’有顷，穰侯果至，劳王稽，因立车而语曰：‘关东有何变？’曰：‘无有。’又谓王稽曰：‘谒君得无与诸侯客子俱来乎？无益，徒乱人国耳。’王稽曰：‘不敢。’即别去。范雎曰：‘吾闻穰侯智士也，其见事迟，乡者疑车中有人，忘索之。’于是范雎下车走，曰：‘此必悔之。’行十余里，果使骑还索车中，无客，乃已。王稽遂与范雎入咸阳。”范雎的机智，躲过了魏冉的盘查搜索，最终平安到达咸阳。又经过一番曲折后，终获秦昭襄王的赏识。“乃拜范雎为客卿，谋兵事”。自公元前266～前255年，范雎任秦相11年，其最大的贡献是提出了“远交近攻”的战略，加速了秦统一的进程。南宋林少颖指出：“秦之所以得天下，不外远交近攻之策。是策出于司马错，成于范雎。秦取六国，谓之蚕食。蚕之所食，由近及远。”元人吴师道亦云：“远交近攻，秦卒用此术破诸侯，并天下。”[③]

范雎之后，蔡泽接任秦相。《史记·范雎列传》云：“蔡泽者，燕人也。游学干诸侯小大甚众，不遇……闻应侯任郑安平、王稽皆负重罪于秦，应侯内惭，蔡泽乃西入秦。”蔡泽也是行历崤函古道入秦的秦昭王时代的著名纵横家，与范雎、李斯并称秦国三相。

战国中后期是纵横家在秦最为活跃的时期。除前述张仪、范雎、蔡泽之外，见诸史册的主要纵横家还有三晋人陈轸、魏国人公孙衍（犀首）、姚贾、赵国人楼缓、楚国人甘茂等。他们具体入秦路线未详，但从其原居地和致仕情况看，则应有由崤函古道入秦的经历。而合纵策略的炮制者苏秦早期也曾有西向入秦“始将连横”的经历。《史记·苏秦列传》：“苏秦者，东周雒阳人也……习之于鬼谷先生。”初出道游说，曾“求说周显王。显王左右素习知苏秦，皆少之。弗信。乃西至秦”。“始将连横说秦惠王。”因知识浅，浮说“多不中当世”而不为惠王所用。苏秦又“说秦王书十上，而说不行。黑貂之

① 晁福林：《张仪史事辨》，《江海学刊》1994年第3期，第121-127页。
② （汉）刘向集录，范祥雍笺证：《战国策笺证》，上海：上海古籍出版社，2006年，第2页。
③ 诸祖耿：《战国策集注汇考》（增补本），南京：凤凰出版社，2008年，第300页。

裘弊，黄金百斤尽，资用乏绝，去秦而归。羸縢履蹻，负书担橐，形容枯槁，面目犂黑，状有归色。归至家，妻不下纴，嫂不为炊，父母不与言”①。苏秦由洛阳前往咸阳，又由咸阳返回洛阳家中，两次行经崤函古道。这次行旅经历，彻底改变了苏秦的政治主张，“连横”说秦不成的苏秦开始转向“合纵”说六国，人生轨迹因此伸展到成功的境界。

同样得到秦统治者青睐和乐用，并对秦国社会、政治产生重大影响的，还有军事思想突出、善于军事技术的墨家和兵家士人。他们西向入秦的崤函古道交通实践也是这一时期重要的社会文化现象。据《吕氏春秋》记载，秦惠王之世，墨家学者在秦国已经备受礼遇。《吕氏春秋·去私》载有墨家钜子腹䵍居秦的事迹。钜子，是墨者集团的领袖，所属数十人或数百人不等。腹䵍以钜子居秦，说明门徒数量不会少。《吕氏春秋·去宥》载有墨者谢子将见惠王，秦之墨者唐姑果害怕谢子贤于己而向秦王进谗之事；《吕氏春秋·首时》载有墨者田鸠留秦3年，不能见惠王而去秦之楚之事。可知秦国墨者之活跃和数量之多，说明“墨学的中心已转入秦国”，以至形成学术史上著名的“秦墨”，是战国中后期墨家学派最活跃的群体。“大抵墨者纪律严明，锐于济世，而尚功利，与法家为近；而节俭薄丧，亦与秦俗较相契合也。”因而墨家学人“与秦之关系，除法家外，似为他家所不及。”②他们在秦主要从事兵法的应用研究，提供军事技术服务，或从事官营手工业的生产管理或技术支持等③，对秦国产生了重要的影响。现存《墨子·备城门》以下各篇即为秦国墨者所作④。内中反映了墨学与秦的政治、军事、法律活动相互渗透的情况。秦墨来自关东，虽然不能一一明确数量众多的秦墨的原居地，但是不能排除其中经由当时主要的东西通道崤函古道西行的可能。兵家是先秦诸子之一家，兵家学者西渐对秦国政治、军事影响颇大。《史记·秦始皇本纪》云：秦始皇十年（公元前237年）“大梁人尉缭来，说秦王曰……秦王从其计，见尉缭亢礼，衣服食饮与缭同……以为秦国尉，卒用其计策，而李斯用事”。尉缭入秦前曾积极献策于魏，却没有任何回应，因而离魏入秦，这样的经历必然要通过崤函古道西行。尉缭对秦国的贡献，有研究者评价说：“除了向秦王所献的离间计策之外，还在于他所著的《尉缭子》一书。该书既是对秦国军事经验和法制建设经验的总结，对秦国的军事实践曾起过指导作用；同时，它又是时代的产物，是吸收前辈和当时其他军事理论成果而写成的，因此是中国军事理论宝库中的一枝奇葩。”⑤

入秦士人在学派上主要来自法、纵横、墨、兵学派。秦国国力的迅速增强、优厚的人才政策，吸引其他学派士人长途跋涉，不避艰险叩关入秦。“士不产于秦，而愿忠者

---

①（汉）刘向集录，范祥雍笺证：《战国策笺证》卷5《秦策三》，上海：上海古籍出版社，2006年，第142页。

② 严耕望：《战国学术地理与人才分布》，《严耕望史学论文集》（中），上海：上海古籍出版社，2009年，第538页。

③ 臧知非：《〈墨子〉、墨家与秦国政治》，《人文杂志》2002年第2期，第126-132页；何炳棣：《国史上的“大事因缘”解说——从重建秦墨史实入手》，《光明日报》2016年6月3日，第010版；徐立新：《先秦墨学：从中原到南方到秦的历史进程》，《浙江社会科学》2007年第3期，第114-119页；王宏：《变法的前夜：秦国墨学与商鞅变法的社会史考察》，《学术探索》2011年第5期，第79-83页。

④ 李学勤：《秦简与〈墨子〉城守各篇》，《云梦秦简研究》，北京：中华书局，1981年，第324-335页。

⑤ 郭志坤：《秦始皇大传》，上海：上海人民出版社，2013年，第67页。

众。”[①]儒、道、名、杂等主要学派的许多重要人物前往或曾经到过秦国，或找寻实现自己政治理想的乐土，或从事文化活动和学术著述。他们的西向入秦也是崤函古道重要的交通现象。

儒家是春秋战国百家中的显学。荀子，或称荀卿、孙卿，是先秦儒学的集大成者。荀子入秦表明了东方士人对秦看法的改变，是战国后期儒学西渐中具有特殊意义的大事。刘向《孙卿书录》云：“孙卿之应聘于诸侯，见秦昭王，昭王方喜战伐，而孙卿以三王之法说之，及秦相应侯，皆不能用也。”[②]荀子在秦国曾谒见秦昭襄王和相国范雎，讨论如何治理国家；又考察过秦的政治、军事、民情习俗及自然形势，对秦国的成功发出了由衷的赞叹，流露出他把统一中国的希望寄托在秦国身上。《荀子》之《儒效篇》和《强国篇》分别记载的秦昭王、范雎与荀卿的问答之语，就是这次入秦的言论记述。他提出的以儒治国的思想，因与秦国实行法治相抵牾，故未见用于秦国。荀子入秦时间，学者较普遍的看法，是在公元前266年，前后在秦逗留约3年。有研究者考证，荀子入秦是因“魏齐事件”，随赵国平原君一起入秦又一起出秦的[③]。这样的旅程，自然以崤函古道最为捷径。秦函谷关被称为“松柏之塞”，即出自荀子的《强国篇》[④]，讲的都是具体的历史事实。可见，荀子入秦和出秦，都有行经崤函古道的经历。正是这番经历，荀子思想得到丰富，能够礼法并重，用礼补充法的不足。而荀子的入秦，对儒学在秦国的传播产生了重大作用。孔安国《孔子家语后序》云：“当秦昭王时，孙卿入秦，昭王从之问儒术。孙卿即以孔子之语及诸国事、七十二弟子之言凡百余篇与之，由此秦悉有焉。”[⑤]自此以后，为数众多的儒士相继入秦，到吕不韦执政时，已达到相当数量，这从《吕氏春秋》一书多采儒学即可看出。

名家是专门研究“名实”问题的哲学流派。名家学派的重要创始人公孙龙在函谷关前纵论“白马非马”的故事是名家学者入秦行历崤函古道的典型史例。《初学记·七略》曰：“公孙龙持白马之论以度关。”此“关”即函谷关。罗振玉辑《鸣沙石室古籍丛残》“唐写本古类书三种”之一“白马”下云：“公孙度关，关司禁曰：‘马不得过!’公孙曰：‘我马白，非马。’遂过。”顾实《重考古今伪书考·子类·公孙龙子》云：“战国兵争，马至贵重，故各国设关而守，禁马出关。公孙龙乃唱白马非马之说，遂得乘白马而度关，此其所以驰名一世也。”公孙龙以其辩才折服关司而得驾着白马通过函谷关[⑥]，他也因发展了“白马非马”这一先秦哲学命题而著称于世。

道家入秦，早在春秋之世，由其创始人老子率其先。《史记·老子列传》载：“老子修道德，其学以自隐无名为务。居周久之，见周之衰，乃遂去。至关，关令尹喜曰：‘子

① （汉）司马迁：《史记》卷87《李斯列传》，北京：中华书局，1959年，第2545页。

② （战国）荀况著，王天海校释：《荀子校释》，上海：上海古籍出版社，2016年，第1185页。

③ 刘全志：《荀子“居赵入秦”考》，《管子学刊》2014年第1期，第27-31页。

④ 《太平御览》卷159《州郡部五》引戴延之《西征记》曰：“函者，道形如函也。孙卿子曰：秦有松柏之塞是也。”

⑤ 杨朝明、宋丘林：《孔子家语通解》，济南：齐鲁出版社，2009年，第578页。

⑥ 《太平御览》卷646引桓谭《新论》的记载不同：“公孙龙常争论曰‘白马非马’。人不能屈。后乘白马，无符传，欲出关，关吏不听。此虚言难以夺实也。”《吕氏春秋·淫辞》高诱注说：“若乘白马，禁不得度关，因言马白非马。”有人折中两种说法，如《韩非子·外储说左上》云“顾（白）马之赋”，即仍然付了马税才得以过关。三国刘邵《人物志》凉刘昞注也说：“至关禁锢，直而后过”，即交了相当的赋税才过了的。无论怎样，都说明公孙龙曾行经函谷关。

将隐矣，强为我著书。’于是老子乃著书上下篇，言道德之意五千余言而去，莫知其所终。”老子至关留著《道德经》一事，正是发生在后世所称的函谷关，老子出关后的去向，《庄子 · 寓言》称“老聃西游于秦”。《庄子 · 养生主》云：“老聃死，秦失吊之，三号而出。”是说老子西游于秦并老死于秦。请留老子著书的“关令尹喜”，史称关尹子。《集解》引《列仙传》云：“关令尹喜者，周大夫也。善内学星宿，服精华，隐德行仁，时人莫知。老子西游，喜先见其气，知真人当过，候物色而迹之，果得老子。老子亦知其奇，为著书。与老子俱之流沙之西，服巨胜实，莫知其所终。亦著书九篇，名《关令子》。”《索隐》：“老子西游，关令尹喜望见有紫气浮关，而老子果乘青牛而过也。”老子西入函谷关，进入秦地，目的是远离中原纷争寻一个适合隐居之处，并无任何政治目的。而《老子列传》所记周太史儋西向入秦则明显怀有政治目的：“自孔子死之后百二十九年，而史记周太史儋见秦献公曰：‘始秦与周合，合五百岁而离，离七十岁而霸王者出焉。’或曰儋即老子，或曰非也，世莫知其然否。”无论太史儋是否是老子，其后道家代表人物入秦者亦史无明载，但道家学说在函谷关诞生，又经崤函古道传入秦国，并且对秦政治思想造成了显著的影响确是史实。秦官吏必读的守则睡虎地秦简《为吏之道》中不仅直接引用了《道德经》之句，还包含诸多道家思想的内容，是代表官方所要求于各级官吏的守则，同样也是如何做官为吏的一些准则①。

诸子百家源源不断入秦，战国末年的文化中心从齐国稷下学宫转移到秦国，这为诸子学说在秦地的融合创造了条件。而其中身居秦国相位的吕不韦居中倡导，厥功甚伟。

吕不韦是濮阳人，在列国间经商，后在阳翟发家，“以阳翟大贾”蜚声列国。他以雄厚的钱财将在赵国邯郸作人质的秦国贵族异人（子楚）运作成了王位继承人，为秦庄襄王。在此过程中，吕不韦曾数次入秦，游说昭王及华阳夫人等，经历了由邯郸经洛阳入咸阳的远途艰苦，必然有崤函古道之行。吕不韦依靠成功的政治投资出任丞相，封为文信侯，食洛阳十万户。秦王嬴政继位后，又以“仲父”身份为丞相，辅佐幼主，摄政监国。在吕不韦显赫的文治武功中，编纂《吕氏春秋》，实施了秦文化对东方六国文化一次目的明确的整合，是最为人称道的标志性贡献。这一工作由他招徕、组织士人门客集体完成。《史记 · 吕不韦列传》载：“当是时，魏有信陵君，楚有春申君，赵有平原君，齐有孟尝君，皆下士喜宾客以相倾。吕不韦以秦之强，羞不如，亦招致士，厚遇之，至食客三千人。是时诸侯多辩士，如荀卿之徒，著书布天下。吕不韦乃使其客人人著所闻，集论以为八览、六论、十二纪，二十余万言。以为备天地万物古今之事，号曰《吕氏春秋》。”《吕氏春秋》是杂家的代表作，“兼儒、墨，合名、法”②，汇集了当时诸子各家学派思想的精华，为秦国的统一大业及其后长治久安的统治提供了一套包容百家的理论体系，“更标榜着先秦诸子思想学说交融的完成，对于当时及日后中国学术思想的发展，所带来的影响更是既深且巨”③。参与《吕氏春秋》编纂的这群数量庞大的门客主要由

① 刘家齐：《黄老政治的初次实践——从秦简“为吏之道”看秦国的黄老政治》，《唐都学刊》1994年第5期，第28-32页；余宗发：《先秦诸子学说在秦地之发展》，台北：台湾文津出版社，1998年，第270-273页。

② 班固：《汉书》卷30《艺文志》，北京：中华书局，1962年，第1742页。

③ 余宗发：《先秦诸子学说在秦地之发展》，台北：台湾文津出版社，1998年，第287页。

秦晋之士和齐鲁之士构成，其中来自齐鲁之地的门客与稷下学宫有着密切的关联，在《吕氏春秋》编撰队伍中占了较大比重。有学者考定："在《吕氏春秋》的一百六十篇文章中，至少三分之一篇与稷下学有关。"①由齐入秦，由东至西，虽不能确定必然经行崤函古道，但由秦经崤函古道东达成皋，东北经卫都濮阳达于齐都临淄，是战国时期秦齐之间最主要的交通道路。齐湣王亡国之后稷下学士四散各国，由齐入秦的大批稷下学士中相当部分经崤函古道来到秦国是完全可能的。

以上讲的都是诸子名士个体入秦经行崤函古道，士人群体经行崤函古道入秦的当以"战国四君子"之一的齐国孟尝君相秦为典型。孟尝君田文是战国中期一位叱咤风云的人物，豢养食客三千人，一时有倾天下士的美名。公元前299年，他受邀入秦为相，不久又被秦废黜且囚禁欲杀之，幸因孟尝君重用鸡鸣狗盗之徒才得以脱离险境。《史记·孟尝君列传》："孟尝君使人抵昭王幸姬求解。幸姬曰：'妾原得君狐白裘。'此时孟尝君有一狐白裘，直千金，天下无双，入秦献之昭王，更无他裘。孟尝君患之，遍问客，莫能对。最下坐有能为狗盗者，曰：'臣能得狐白裘。'乃夜为狗，以入秦宫臧中，取所献狐白裘至，以献秦王幸姬。幸姬为言昭王，昭王释孟尝君。孟尝君得出，即驰去，更封传，变名姓以出关。夜半至函谷关。秦昭王后悔出孟尝君，求之已去，即使人驰传逐之。孟尝君至关，关法鸡鸣而出客，孟尝君恐追至，客之居下坐者有能为鸡鸣，而鸡齐鸣，遂发传出。出如食顷，秦追果至关，已后孟尝君出，乃还。"孟尝君逃离秦国，《战国策·燕策二》中的说法则是"外孙之难，薛公释戴，逃出于关，三晋称以为士"（"薛公"即孟尝君；"戴"鲍本作"载"，注"不乘车也"），于鬯《战国策注》中记载："'载''戴'通。依'戴'字义，盖谓不冠。""外孙"当为秦函谷关守将之名号②。可见，孟尝君逃关之狼狈。但无论怎样，其出逃时所遇之难在函谷关，其入秦和离秦行程都经由崤函古道。孟尝君从秦逃归后，于公元前298年联络齐、魏、韩三国合纵伐秦，攻破函谷关，算是报了前年函谷关遇险之仇。孟尝君重用鸡鸣狗盗之徒脱离险境故事，不仅极富戏剧色彩，也富含崤函古道重要的交通信息。其一，所谓"孟尝君使人""最下坐有能为狗盗者""客之居下坐者"，都说明随之入秦的食客数量颇多。史载，孟尝君有"食客数千人"。这支数量庞大的士人群体，追随其主人"入秦"与"出关"离秦，都是崤函古道交通过程。这是一个典型的士人群体性往复崤函古道的史例。在交通史上，又可以看作一个有助于考察崤函古道通行条件的史例。如此庞大的队伍行动，没有良好的道路状况是不可想象的。这一数量庞大的士人群体在崤函古道的往复现象，于孟尝君在秦昭王捕捉他以前，得以"驰去"，与《史记·穰侯列传》载秦相魏冉就藩出函谷关时，拥有各种车辆"一千余乘"，都证明这一时期的崤函古道道路宽敞、行进速度快的通行条件，这为士人入秦提供了很大的便利，是士人竞相入秦的交通基础。其二，鸡鸣狗盗，脱险出关的故事，还可与《燕丹子》卷上记载的燕丹子鸡鸣诈关故事对照理解："燕太子丹质于秦，秦王遇之无礼，不得意，欲求归……秦王不得已而遣之……夜到关，关门未开，丹为鸡鸣，众鸡皆鸣，遂得逃归。"因而，《史记》所谓"更封传，变名姓以出关""关法鸡鸣而出

① 刘蔚华、苗润田：《稷下学史》，北京：中国广播电视出版社，1992年，第398页。

② 晁福林：《孟尝君考》，《学习与探索》1997年第4期，第131-137页。

客”，可以看作秦函谷关严格管理制度的历史真实的反映。《索隐》云：“更者，改也。改前封传而易姓名，不言是孟尝之名。封传犹今之驿券。”

大批士人长途跋涉，不避艰险经崤函古道入秦求功传播学说，是了解和全面认识春秋战国时期崤函古道交通形态和作用的不可忽视的重要社会文化现象。崤函古道交通发展为诸子百家访学交流提供了便利条件。有学者说：“传播学研究表明，道路对一个地方的经济文化发展起着十分重要的作用。只有拥有安全、通达的道路，人们才能远距离外出交往，学子才能更多地拜访名师，学者之间才能有更多的交流，各学派之间才有更多的通融机会。这对学术的发展有着重要影响。”[①]众多士人叩关入秦，获得重用，成为秦由西部的一个落后小诸侯国发展成七雄之一并最终统一的重要人才和思想支撑，同时也使诸子百家学说得以传播秦国，并最终在秦地实现了交融，实现了传播各家学说和秦国迅速强盛的互赢。而崤函古道也因为他们长期的、艰苦的交通实践和学术实践，具有了传播文化、磨砺人才的光荣。

① 陈荣庆：《荀子与战国学术思潮》，北京：中国社会科学出版社，2012 年，第 25 页。

崤函古道交通线路调查与研究

崤函古道是我国古代“襟带两京”长安、洛阳的锁钥，中原通关中、达西域的东西干道上的咽喉，它在连接长安、洛阳两大都城，沟通中原与关中和西域等方面起过关键性的作用。历史文献对崤函古道有许多记载，但对其线路及沿线经地都比较笼统，唯西晋潘岳《西征赋》和《旧五代史》、《资治通鉴》卷279述后唐潞王起兵凤翔，经长安入洛阳即位行程，以及南宋初年郑刚中《西征道里记》中有较详细的记载，但所记均是当时的崤山北路和函谷道，行程大略相同。因此，对整个崤函古道的具体走向，学界一直不甚清楚。20世纪80年代以来，严耕望、王文楚、胡德经等学者对崤函古道的路径及其变迁作了许多研究[①]，提出了比较具体的复原方案，对于阐明这条古道的历史面貌起到了重大作用，读后令人景慕不已。但就崤函古道的总体状况而言，其复原方案仍有待细化和深化之处。

近年来，笔者多次对崤函古道沿线及若干支道作系统的实地调查，发现了一些新的古代遗迹和资料。这些遗迹和资料，或与崤函古道有直接关系，或可间接证实崤函古道的运行状况，或可作为理解崤函古道的背景资料，从而使我们对这一古道有更加全面的了解和认识，对其交通线路、发展脉络和沿线所经及其历史地位与价值也有了新认识。现结合文献记载和实地调查，对崤函古道交通线路及变化情况试作综合考述，以就教于方家。

一　崤函古道西段函谷道交通线路及其变化

崤函古道以古陕州（陕县）城为枢纽，分为东、西两段，即“函谷道”和“崤山道”。适应2000多年社会经济的发展和政治、经济与军事等方面的需要，崤函古道线路曾有变化、改易、更替，相互间出现过诸多横向联系，并因此形成一些新的线路。为叙述方便，本文仍按东、西两段分述。先说西段函谷道。

函谷道，因其主要路段行进于黄河长廊谷地，战国时秦国在谷地隘口设函谷关，控扼东西交通而得名。又因其道路主要沿黄河南侧而行，亦称“黄河南岸道”。函谷道西起自潼关，东至陕州（县）。历史时期，函谷道受黄河南岸河川地形限制，道路变化不甚复杂。

---

① 严耕望：《唐代交通图考》，上海：上海古籍出版社，2007年；王文楚：《唐代两京驿路考》，《历史研究》1983年第6期，第62-75页；王文楚：《西安洛阳间陆路交通的历史发展》，复旦大学中国历史地理研究所编：《历史地理研究》第1辑，上海：复旦大学出版社，1986年，第12-32页；胡德经：《两京古道考辨》，《史学月刊》1986年第2期，第3-9页；辛德勇：《崤山古道琐证》，《中国历史地理论丛》1989年第4卷第4辑，第37-67页。

（一）西段起点——潼关

自长安东出，沿渭河南岸及秦岭北侧平缓地带前行300里，经灞桥、昭应（今陕西西安市临潼区）、新丰（今临潼新丰街道）、渭南、郑县（今华县）、华阴，至潼关。

潼关故城在今陕西潼关县北港口镇，始建年代史无记载。东汉献帝建安十六年（公元211年）曹操西征关中，潼关始见于史册①，其筑成自然应在此前。《通典·州郡三》华阴郡："至后汉献帝初平二年，董卓胁帝西幸，出函谷关。自此以前，其关并在新安。其后二十年，至建安十六年，曹公破马超于潼关，即是中间徙于今所。国之巨防，不为细事，史官阙载，斯亦失之。"献帝平初二年（公元191年），董卓胁迫献帝西幸长安，出函谷关，自此以前关在新安县，20年后曹操破马超于潼关，则潼关设置时间当在东汉献帝年间（公元191～211年）。此后，潼关关城几经变迁，先后有三座关城，其原因皆与控制通往关中腹地的东西大道有关。

据史念海的研究②，潼关初置时的关城，在今港口镇东南原上的陶家庄至杨家庄之间。据郦道元《水经注》，自函谷关东来大道到潼关城东，由于黄河紧切塬下，河边无路可通，只能经过黄巷坂漫上，才能至潼关城③。可见关城位于高埠之上。1972年以前，潼关城墙还相当完整，城墙高出旧黄河岸边260米。因东汉潼关城东临原望沟，西临禁沟及潼谷，两沟深堑壁立，东西两侧以深堑为墙，故未筑东、西城墙，仅建南、北城墙。由于长年水土流失，南、北城墙两端局部崩塌于沟内，两端可见崩塌残迹。北城墙在陶家庄北侧，东西长约1000米，高约7米，黄土夯筑，城门约略偏东，与潼关老城上南门南北相对。南城墙在杨家庄南侧、城根北侧，与原望沟和禁沟间的函谷古道交叉。南、北城墙形态相同，相距约15千米，可见此时潼关城规模之大。

隋大业七年（公元611年），关城又南移至4里的"坑兽槛谷"④。嘉庆《续潼关县志》卷上《山川》："坑兽槛谷在城南四里，南北镇城间，隋大业七年，徙潼于南北镇城间即此。"隋关城今已荡然无存。旧址在今杨家庄南1里的城北村，位于汉潼关城南城墙西南坡下，禁沟与潼水河谷交汇处。古代此段黄河紧靠南原脚下，根本无它路可行，东来行旅经过黄巷坂，需折南循远望沟而上至南原。从汉潼关城西行下坡也必经这里。隋在此筑关设城，置关都尉据守，既可有效地控制东西大道，又可控制禁沟和潼水南北通道，避免了汉潼关城不能控制南北的弊端。这应是隋亡后，唐仍在此设关防约80年的原因。今隋关城内尚存烽火台一座，在隋城南侧中咀坡下，居高临下。

唐天授二年（公元619年），因黄河不断下切，河床水面日渐下落，原麓河畔显露，东西行旅可以经此通过，不必再绕道南塬上，因此，又将关城北移，"近河为路"。唐关

---

①（晋）陈寿撰，（宋）裴松之注：《三国志》卷1《魏书·武帝纪》，北京：中华书局，1959年，第34页。

② 史念海：《历史时期黄河在中游的下切》，《河山集》二集，北京：生活·读书·新知三联书店，1981年，第175-179页。

③ 郦道元《水经注》卷4《河水》云："河水自潼关东北流，水侧有长坂，谓之黄巷坂。坂傍绝涧，陟此坂以升潼关，所谓溯黄巷以济潼矣。"

④（唐）杜佑：《通典》卷173《州郡三》，北京：中华书局，1988年，第4513页。

城今已不存。据《元和郡县图志》云："关西一里有潼水。"[①]据此，唐潼关城西门距潼水1里，北墙紧挨黄河岸边，南墙应在南塬半坡，东门即远望沟口东侧黄巷坡内的金陡关。如此，唐潼关城既可控制东西大道，又可控制绕道原上道路，还能控制黄河水道。唐时城内设潼关驿。开元时列潼关为上关。此时，隋关城的防卫作用仍然存在，唐末黄巢起义军攻打潼关，因唐军忘守禁沟，义军踏破禁沟，进而攻陷潼关。唐潼关城为后代宋元明清沿用，其位置没有多大的变化，都是在唐城基础上的维修、拓展、加固。现存关城建于明代初年，北临黄河，东南跨麒麟山，西南跨凤象二山，周长17里。西门紧靠黄河，北墙立于黄河岸边，东门接近原望沟口，南墙蜿蜒于南塬半腰，潼水穿城而过注入黄河，既可控制崤函古道，又能控制南北通道，比汉城和隋城更为科学适用。关城平面略呈东西长方形，长约2.5千米，宽约1.5千米。城墙夯筑或堑山成障，现存夯筑部分高3～6米，城墙外砖壁已不存。堑山部分外部高30米。关城外设东西南北四门和南北两水关，南水关跨潼河而建，砌体结构，券洞3孔，高6米，进深12米。东西门瓮城有高约15米的夯土台座。关城东侧的南北一线，分布有烽火台16座，俗称"十二连城"。抗日战争期间，潼关城遭日军炮击、空袭以及驻军拆毁，破坏严重。1959年因修建三门峡水库，潼关县城搬迁至南原上的吴村，老潼关城被拆，后改为港口镇。

历史上潼关与函谷关曾同为桃林塞，构成一个险要共同体。《元和郡县图志·河南道二》灵宝："东自崤山，西至潼津，通名函谷，号曰天险，所谓'秦得百二'也。""桃林塞，自县（灵宝县）以西至潼关，皆是也。"函谷关的西迁打破了这一共同体。东汉末潼关的兴起，正是对汉武帝以来被打破的这一传统险要共同体的重拾和修葺。东汉末年，关陇董卓等起兵，威胁洛阳安全。这时从汉函谷关向西，河山之险，迤逦相接，险狭蹊径有百里之遥。潼关往西是沃野千里的关中平原，西望川途旷然，无险可据，所以就在平原进入豫西山地的险要位置设置了潼关。这里"上跻高隅，俯视洪流，盘迂峻极，实为天险。河之北岸则风陵津，北之蒲关六十余里"[①]，控扼着河山之间的黄河长廊谷地通道。潼关所在的麟趾原，高出旧潼关200多米，东有望远沟、西有禁沟，属于控制这条通道的关键地点。由东方西来，经黄河岸旁的黄巷坂，再缘依傍绝涧的山路，才能到达潼关。穿过潼关西行，既是渭河南岸的平坦大道，可方便地直达长安，所谓"河山之险，逦迤相接，至此西望，川土旷然，盖神明之奥区，帝宅之户牖，百二之固"[②]。这是潼关兴起，成为关中东部门户的地理因素。而其关城从东汉到唐代两次迁徙，三地设防，城址也由麟趾原上移至原下，直接原因就在于通过城址地点的调整，实现更有效地控制通往关中腹地的东西大道的目的。从地图上看，潼关布防构成了一个完整防御体系。潼关之南，有秦岭雄峙，分布着深达数十米乃至上百米、宽数十米的禁沟，同时为增强禁沟的防御功能，设十二连城关，以防秦岭诸谷之险，旧时各关均驻重兵把守；附近有渭水汇入黄河东下，是天然屏障；西侧有太华山，重峦叠嶂，高耸入云；城东的金陡关，依托绝壁筑关，用以抵御东来的侵扰。此种形势，确是"三秦锁钥，四镇咽喉"之地。李商隐《写意》云"人间路止潼关险"，陆元铉《在潼关行》云"细路险与猿猱

①（唐）李吉甫撰，贺次君点校：《元和郡县图志》卷2《关内道二》，北京：中华书局，1983年，第35页。

②（唐）李吉甫撰，贺次君点校：《元和郡县图志》卷2《关内道二》，北京：中华书局，1983年，第35、36页。

争”，比拟潼关形势的险要。险要的地形、重要的战略地位使潼关自曹操西征马超起，就成为历代兵家必争之地。据顾祖禹《读史方舆纪要》，在其周围发生的重大战事，有史可稽考的达 40 余次，其间得失颇关战争双方的存亡安危。

潼关也是历史上黄河漕运的重要中转站。潼关附近的漕运在春秋战国时期已初现端倪。晋惠公四年（公元前 647 年）秦穆公粟于晋，便是从今陕西凤翔南近渭水东下入黄河，再从潼关黄河河道拐弯北上沿汾河入浍水到晋都绛（今山西侯马西）。《左传》僖公十三年：“秦于是乎输粟于晋，自雍及绛，相继。命之曰：泛舟之役。”西汉武帝时在潼关西建大型粮仓京师仓，隋置永丰仓，运往关中地区的粮食均要在此集中，然后通过漕运运往长安等地。

（二）金陡关与黄巷坂

由潼关出发，东行 3 里至金陡关，5 里至黄巷坂。金陡关在明清潼关城东门外，北临黄河，南依牛头原，原为东晋秦将姚赞所建。关城当险而立，砖砌高墙，高原夹道，仅容单车，是守卫潼关的第一道关口。杜甫《潼关吏》用“丈人视要处，窄狭容单车。艰难奋长戟，万古用一夫”赞其险。乾隆帝曾亲书“第一关”“金陡关”门额。今关门已毁，但关口内尚可看到“绝岸壁立”的古道概貌。

黄巷坂坂道长约 15 里。光绪《阌乡县志 · 山川》：“黄巷坂在城西四十五里，杨震影堂之侧。”据此，黄巷坂当在今潼关东、风陵渡与灵宝豫灵镇交界一带。其北与黄河隔着一道高崖，其南便是潼关南塬。坂道处于崖塬之间，车不方轨，是东西往来必由之途，故又名潼关路。《水经注 · 河水》云：“河水自潼关东北流，水侧有长坂，谓之黄巷坂 · 坂傍绝涧，……历北出东崤，通谓之函谷关也。邃岸天高，空谷幽深，涧道之峡，车不方轨，号曰天险。”[①]《太平寰宇记 · 河南道六》阌乡县：“黄巷坂，即潼关路。《述征记》云：‘河自关东北流，水侧有长坂，谓之黄巷坂’是也。按坂在县西北二十五里。潘岳《西征赋》云‘溯黄巷以济潼’，谓此古道为车辙所碾成。”

（三）阌乡县故城

自黄巷坂又东南行约 25 里至阌乡县故城。

阌乡县是函谷道东出潼关第一县。西周时为胡地，有周天子祠二所。《元和郡县图志 · 河南道二》虢州阌乡县：“本汉湖县地，属京兆尹，自汉至宋不改。周明帝二年，置阌乡郡。按：阌乡，本湖县乡名。阌，古文‘闻’字也，《说文》从门受声。隋开皇三年，废阌乡郡，十六年移湖城县于今所，改名阌乡县，属陕州。”唐武德元年（公元 618 年）改凤林郡为鼎州，移治阌乡。贞观八年（公元 634 年）废为县，改属虢州。县设阌乡驿，规制甚壮，与华州普德驿并称为“邮亭之甲”[②]。元至元二年（1265 年），省湖城入阌乡。明洪武元年（1368 年），阌乡县移治于唐湖城县旧址。《水经注 · 河水》：“河水又东北，玉涧水注之，……又北迳阌乡城西。《郡国志》曰：宏农湖县有阌乡，世

① （北魏）郦道元著，陈桥驿校证：《水经注校证》卷 4《河水》，北京：中华书局，2007 年，第 109 页。

② （唐）崔祐甫：《滑亭新驿碑阴记》，《全唐文》卷 409，北京：中华书局，1983 年，第 4193 页。

谓之阌乡水也。……其水北流注于河。河水又东迳阌乡城北，东与全鸠涧水合。”[①]玉涧水即今双桥河，又名阌底河，发源于小秦岭北麓，由潼关入灵宝，经豫灵镇西双桥北注入黄河。全鸠涧水即今十二里河，又名太子涧，源于灵宝全峪，流经故县、豫灵，过底董，北至北湾村注入黄河。嘉庆《重修一统志·陕州一》：“阌乡故城在今阌乡县西。……县志：故城在县西四十里。”民国《阌乡县志·城池》：“旧治在县西阌底镇，明洪武初移今治。”于此可知，隋唐至明初，阌乡县在原阌底镇，即今灵宝豫灵镇文底南原村以北河滩中。1954 年 6 月，阌乡县与灵宝县合并，原阌乡县城改置阌底镇。1959 年，因修建三门峡水库，也全部被拆迁，居民迁至东 3 里的文底村。现阌乡县故城遗址上原城内东南角的一座城隍庙基址。遗址内建筑用残砖、瓦等随处可见，有的厚达数 10 厘米。

调查发现，潼关至阌乡县故城间尚存部分古道遗迹。潼关沙坡村附近路槽遗迹明显，高 3～10 米，槽底最宽处 45 米，一般在 20 米左右。沙坡村南路土层向西一直延续到潼关十里铺，路基宽达 40 米左右。灵宝豫灵镇西杨家村北有一烽火台，台高 3 米，周长 4 米，夯土筑成。台旁有东汉杨震玄孙杨修之墓。文底以东古道转入一深 50 米的沟壑之中，直通金鸡岭，沿途可见部分路土层。金鸡岭以东王家村南至杜家村南，路槽明显，深 25 米。自庙上村北至城东村北古道槽深 8 米，路基宽 12 米。在盘西村北也发现有路土层。阌乡县城东门至文东村路槽一边已被黄河冲刷，残留路槽宽 5 米，高 2.5 米。

（四）全鸠里

全鸠里，又名泉鸠里、鸠里，因全鸠水（今十二里河）而得名。《元和郡县图志·河南道二》：“全鸠水，一名全节水，汉戾太子亡匿之处。”《读史方舆纪要·河南三》阌乡县：“泉鸠里在县东南十二里。汉戾太子亡匿处。有泉鸠涧，一名全节水，亦曰全鸠水，北流入河，戾太子冢在涧东。又有归来、望思台址，皆汉武所作。”光绪《阌乡县志·古迹》：“泉鸠里，在城西三十里，即今底董村。”今为灵宝市豫灵镇底董村。底董村在皇天塬东，西汉属湖县。征和二年（公元前 91 年），汉武帝听信江充谗言，派兵捕杀戾太子刘据，“太子之亡也，东至湖，藏匿泉鸠里。……吏围捕太子，太子自度不能脱，即入室距户自经。皇孙二人皆并遇害”。史称“巫蛊之祸”。后武帝“怜太子无辜，乃作思子宫，为归来望斯之台于湖”[②]。《元和郡县图志》称其为“思子宫故城”[③]，当有较大规模。今底董村东南约 500 米有太子冢，即“戾园”，全鸠水由西向北流过，后人改称失儿河，附近还有太子山、太子湾、太子河等地名，当与戾太子有关。太子冢高 50 米，周长 480 米，占地 2 公顷。太子冢西北相接处又有皇孙冢两座。汉唐以来，东西往来行旅常于此驻足，感慨万千。如白居易《思子台有感二首》、权德舆《盘豆驿》、吴师道《望思台》等。

---

①（北魏）郦道元著，陈桥驿校证：《水经注校证》卷 4《河水》，北京：中华书局，2007 年，第 109 页。

②（汉）班固：《汉书》卷 63《武五子传》，北京：中华书局，1962 年，第 2746 页。

③（唐）李吉甫撰，贺次君点校：《元和郡县图志》卷 6《河南道二》，北京：中华书局，1983 年，第 163 页。

（五）曹公垒、平吴台

《水经注·河水》云："郭缘生《记》曰：汉末之乱，魏武征韩遂、马超，连兵此地；今际河之西，有曹公垒，道东原上，云李典营。义熙十三年，王师曾据此垒。"《元和郡县图志·河南道二》虢州阌乡县："曹公故垒，在县西二十五里。魏武征韩遂、马超，此地置垒。又宋武之入长安，檀道济、王镇恶滨河带险，大小七营。皆此处。"据此，三国曹操征韩遂、马超时在黄河以西筑曹公垒，东晋时为刘裕北伐军所利用。曹公垒又称曹操垒。光绪《阌乡县志·古迹》："曹操垒在城西二十里。"唐阌乡县城在今灵宝市豫灵镇文底南原村，清阌乡县城在今灵宝市阳平镇文乡村，按其方位和里距，曹公垒当在今灵宝故县镇西北神树村一带，地当崤函古道旁。据学者的研究，曹公垒属因险筑垒的坞堡，是两汉时期流行的在边塞地区建立的一种防御及瞭望的工事①。

神树村一带又有平吴台。前揭《元和郡县图志》云："赫连氏京观，俗号平吴台，在县西二十二里。赫连勃勃使太原公昌攻刘裕将朱龄石于潼关，克之，筑台以表武功。"光绪《阌乡县志·古迹》："平吴台在城西二十三里。"据此，平吴台亦当在神树村附近。

（六）盘豆

由阌乡县故城向东南行 20 里，至盘豆。

盘豆一名盘豆镇、盘豆馆。光绪《阌乡县志·古迹》："世传汉孝光微时经过湖城，遇仙翁以盘飧豆，羹而进之。后因名其地为盘豆，今盘豆镇是也。"可见，盘豆很早就处交通要道。因与皇天原相近，"地从桃塞接蒲城"②，形势高险，历来为兵家所重。梁武帝大同元年（公元 537 年）八月，"（宇文）泰帅李弼等十二将伐东魏，以北雍州刺史于谨为前锋，攻盘豆，拔之"③。隋大业元年（公元 605 年）九月，杨玄感出洛阳西图长安，"玄感西至阌乡，上盘豆，布阵亘五十里，与官军且战且行，一日三败"④。《甘棠志》云："盘豆馆在湖城县西二十里。"⑤《读史方舆纪要·河南三》阌乡县："盘豆城，在县西南二十里。"盘豆故址在今灵宝故县镇娄店下黄河滩地上，1959 年因三门峡大坝蓄水，盘豆镇东半部居民迁于娄店之东，称盘东村，镇西半部居民迁于娄店之西，称盘西村。盘豆镇沦为农田，一无所存。

自文底至盘豆，古道遗迹依稀可识。文底以东古道转入一深 50 米的沟壑之中，直通金鸡岭，沿途可见部分路土层。金鸡岭以东王家村南至杜家村南，路槽明显，深 25 米。自庙上村北至城东村北古道槽深 8 米，路基宽 12 米。盘西村北也发现有路土层。

---

① 徐扬杰：《中国家族制度史》，武汉：武汉大学出版社，2012 年，第 215 页。

②（唐）韦庄：《题盘豆驿水馆后轩》，《全唐诗》（增订本）卷 695，北京：中华书局，2008 年，第 8069 页。

③（宋）司马光：《资治通鉴》卷 157《梁纪一三》"武帝大同元年"条，北京：中华书局，1956 年，第 4879 页。

④（唐）魏徵等：《隋书》卷 70《杨玄感传》，北京：中华书局，1970 年，第 1619 页。

⑤ 转引自刘学锴、余恕诚《李商隐诗歌集解》，北京：中华书局，1988 年，第 328 页。

（七）湖城县故城

自盘豆，经高柏，约 28 里抵湖城县。

湖城县历史最早可追溯到春秋时晋侯使詹嘉处瑕。《左传·文公十三年》："春，晋侯使詹嘉处瑕，以守桃林之塞。"文公十三年即晋灵公六年，公元前 614 年。这是函谷道上也是整个崤函古道上最早驻兵戍守的记录。桃林塞源于西周桃林之野。《尚书·武成》载：周武王灭商，"王来自商，至于丰，乃偃武修文，归马于华山之阳，放牛于桃林之野。"《史记·周本纪》中也有类似记载，但将"桃林之野"改为"桃林之虚"。按"野"和"虚"都有"大丘、土山"的意思。《山海经·中山次经》："夸父之山，其北有林焉，名曰桃林，广员三百里。"西周桃林之野曾是一个著名的官营畜牧区，以盛产名马闻名。

"瑕"在何处？顾炎武考证"瑕"地即西汉湖县。《左传杜解补正》卷中："上年，晋人、秦人战于河曲，注云在河东蒲坂县南。秦师夜遁，复侵晋，入瑕，则瑕必在河外。僖三十年注曰：'焦、瑕，晋河外五城之二邑。'《水经》'河水又东径湖县故城北'，注云：《晋书地道记》《太康记》并言胡县，汉武帝改作湖。其北有林焉，名曰桃林。古瑕、胡二字通用。《礼记》引《诗》'心乎爱矣，瑕不谓矣'，郑注云：'瑕之言胡也。'瑕、胡音同，故《记》用其字，瑕转为胡，又改为湖。今为阌乡县治，瑕邑即桃林之塞，而道元以为郇瑕之地，误矣。"[①]汉之湖县，本秦置胡县。"有周天子祠二所。故曰胡，武帝建元年更名湖。"[②]《太平寰宇记·河南道六》陕州湖城县："汉县，属京兆尹。旧曰胡，建元元年更为湖，即今县西北二里古胡城也。后魏改为湖城县。隋开皇十六年废，义宁元年于古上阳宫再立。乾元三年二月改为天平县，八年移于上阳宫东南一里，即今理。大历四年复为湖城县。"《水经注·河水》："河水右会盘涧水。水出湖县夸父山，……河水又东，迳湖县故城北，……湖水出桃林塞之夸父山，……湖水又北迳湖县东，而北流入于河。"湖水即今阳平河，发源于今灵宝阳平镇南 10 里的夸父山，北经阳平镇，然后北流入黄河。胡县、湖城县，皆是因湖水绕县城境而得名[③]。按上文所说，湖城县有古胡城、湖县故城、古上阳宫的湖城县城和乾元八年后的湖城县故城。《元和郡县图志·河南二》虢州："湖城县，……东南至州五十二里。"[④]州即虢州，治在今灵宝弘农涧河西岸，即湖城县城在今灵宝城关镇西北 52 里。按此方位和距离，湖城县城当在今灵宝阳平镇文乡村，湖水东岸。嘉庆《重修一统志·陕州一》城池条云：阌乡县城"周四里，门三，池广一丈。明万历十八年筑石堤护城。本朝顺治七年修，十一年、乾隆十二年、十七年重修"。由此可知，明初移阌乡县治于唐湖城县旧址，是利用了唐乾元元年以后的湖城县故城。而义宁元年至乾元元年前设立在古上阳宫的湖城县城，在唐湖城县故城

---

①（清）顾炎武撰：《左传杜解补正》，《顾炎武全集》第 1 册，上海：上海古籍出版社，2011 年，第 46 页。

②（汉）班固：《汉书》卷 28 上《地理志上》颜注，北京：中华书局，1962 年，第 1544 页。

③《汉书》卷 28《地理志上》京兆尹湖县："有周天子祠二所，故曰胡。"武铁成认为：按传统礼仪，祠名必与祠主姓名有联系。胡祠祠主必为周天子名胡的人。而周天子名胡者仅有周厉王和周禧王，二人之中若对社会发展影响而言，首推厉王姬胡。也就是周天子祠，必为厉王姬胡之祠。而胡祠之地则遂称为胡（见武铁成：《胡县二题》，《三门峡史志》1997 年第 4 期）。

④（唐）李吉甫撰，贺次君点校：《元和郡县图志》卷 6《河南二》，北京：中华书局，1983 年，第 164 页。

西北 1 里，湖水西岸。隋开皇十六年（公元 596 年）废的北周、隋湖县城亦在湖水西岸，在唐湖城县故城西南 2 里。汉胡县城即古胡城，在唐湖城县故城西北 2 里，湖水西岸。

1999 年，考古学者在今灵宝阳平镇阌西村东北约 3 里的黄河南岸，阳平河（湖水）西岸王家岭北的南寨子村南发现一处秦汉大型公共墓地，经初步调查，墓地面积约 125 万平方米。在随后试掘的 5 万平方米范围内，发现秦汉墓葬 700 余座。墓葬排列有序，形制规整，分为明显的四期，其中三、四期与一、二期无论葬制及随葬品数量和形制均有较大变化。在三区一座墓葬中发现带有“胡市”印记的战国陶釜。发掘者认为，一、二期墓主人应为守关之兵士①。据文献记载，自秦惠文王九年（公元前 329 年）秦使樗里疾攻魏降焦起，今灵宝、陕州区一带已被纳入秦之版图。战国时期，各诸侯国的重要边境关塞，都有常备军队驻守，并设官吏管理，缘关逐步形成较大的居民点，人口滋息日盛，形成城邑。《史记·范睢蔡泽列传》：“王稽辞魏去，过载范睢入秦。至胡，望见车骑从西来”②，范睢入秦在秦昭襄王三十六年（公元前 271 年），此时战国群雄已争战二百多年。于此可知，原来春秋“瑕”地，业已更名“胡”，又称胡关，并出现了专门用于货物交易的“胡市”。原来单纯作为战争防御工事的胡，已逐渐演变为一座城邑。秦封泥有“胡印”。结合文献，证明胡县为秦所置，汉承秦制，仍以此为胡县治城。

南寨子村北依黄河，东临阳平河，西南两面紧靠高达百余米的王家岭断崖。其西部距南寨子村北 150 米处，仅有一条宽约 10 米、高约 100 米，两壁峭立的壕沟通往岭西。当地老人将此壕沟称为周秦古道，亦叫老洛潼公路。在壕沟南、北两侧断壁及地而上，曾发现大量战国和秦汉时期的筒瓦及板瓦残片，与南塬上王家岭秦汉墓出土的陶器，无论质地或纹饰都相同。另外，在老洛潼公路附近还发现了部分夯土城墙遗迹。考古发现证实了文献记载，湖县旧址即“古胡城”当在南寨子村附近。

元至元二年（1265 年），湖城省入阌乡县。明洪武元年（1368 年），阌乡县移治于唐湖城县旧址，历清及民国不改。1959 年，因修建三门峡水库，阌乡县城被淹，城西部及城郊居民迁于距旧县城 4 里的黄河南岸高台地上，称阌乡村，别称阌西村。城东部居民迁至距旧县城 5 里处，称阌东村。旧县城沦为农田，稍有残垣可寻。

（八）稠桑附近东行诸古道

湖城以东，崤函道分南北两条路，其中南路下虢州，北路出湖城，沿黄河南岸东北行，约 30 里至稠桑。

稠桑是灵宝境内一大黄土塬，地处沙河口东侧，西倚衡岭，距函谷关约 20 里，因曾生长着茂密的桑树而得名。附近有仰韶时代的文化遗存，属荆山黄帝铸鼎塬聚落群的一部分。春秋时属虢国桑田地。《元和郡县图志·河南道二》灵宝县“稠桑泽，在县西十里。虢公败戎于桑田，即是也”。民国《灵宝县志·古迹》载：“稠桑，在县西二十里，春秋虢公败戎于桑田，唐屈突通与刘文静相拒皆于此地也。”隋唐置稠桑驿，后发展为

① 张怀银、何耀鹏：《灵宝王家岭秦汉墓地的发现及其意义》，《中原文物考古研究》，郑州：大象出版社，2003 年，第 236-238 页。

②（汉）司马迁：《史记》卷 79《范睢蔡泽列传》，北京：中华书局，1959 年，第 2402 页。

著名的城镇，称稠桑镇。宋以后著名的稠桑砚（亦称虢砚）和澄泥砚便是从这里远销全国。

秦汉以来，函谷道从函谷关往西，是通过稠桑塬沿滨河道路西去潼关。隋开皇九年（公元589年），晋王杨广灭南陈后自扬州班师回长安，中途至稠桑塬，因滨河道路年久失修坍塌受阻，遂重加整修。有研究者认为，晋王斜路是一条新开道路，恐不确。晋王斜路即秦汉函谷关路。《太平寰宇记·河南道六》陕州灵宝县："晋王斜路，即《汉书·地理志》函谷关路也，西接湖城县，东至此县界六十一里，已废。开皇九年，晋王自扬州回，复此路，因名晋王斜路。"可见所谓"晋王斜路"是修复了秦汉函谷关路，只是修复起点在桃林县西61里处，即东自桃林县和湖城县交界处开始，西至湖城县，全长约60里。唐天宝八年（公元749年），因滨河道路无井汲水，河岸高陡取水不便，人吃马喂极端困难，致驿马多渴死，馆驿使、御史中丞宋浑新开道路，自稠桑开始，向西和晋王斜路相衔接。《新唐书·地理二》虢州湖城县："县东故道滨河，不井汲，马多渴死。天宝八载，馆驿使御史中丞宋浑开新路，自稠桑西由晋王斜。"《南部新书》卷戊亦云："天宝八年，馆驿使宋浑奏移稠桑路向晋王斜。王斜者，隋炀帝在藩邸，扬州往来经此路，盖避沙路费马力也。"[①]光绪《灵宝县志·古迹》："晋王斜，在稠桑西原，先是行旅遇暑，人畜多渴死。馆驿使中丞宋浑开新路，自稠桑西由晋王斜，人皆便之。"据调查，宋浑新开路是自稠桑西斜向而去，经西坡、肖家营、桃花营、杨家村、呼沱营、大字营、吕家营，在阌乡东10里的双坟头与原秦汉道合轨，然后斜插阌乡城，全长约30里，不仅较滨河道路稍南移5～10里，而且路程也较原路缩短近三四里。从此，此道成为函谷道主道。唐在稠桑村西5里置稠桑驿。今西阎乡黄河岸边的东、西古驿村，据说就是从稠桑驿搬迁来的。这条道路延续至清末仍为行旅和商贩要道，大批驼队和牲口队往返络绎不绝，直到陇海铁路通车，民国三年（1914年）后始废。

宋浑所开新路部分路段遗迹尚存。20世纪80年代，"自稠桑西至阌乡东的双坟三十华里，现有二十五华里仍然存在，道槽平均高5米左右，最高达30余米，底宽4～10米不等，槽下仍可行人"[②]。现今该段路槽有所破坏，但基本面貌未改。双坟以西杨家湾老村至梁贞庙间仍保留着2米深、8米宽的路槽。梁贞庙即唐代孝子梁文贞祠庙，在杨家湾村东北不远处。西闫乡大字营村东的古道门洞，是原灵宝县与阌乡县交通必经的唯一道洞。门洞始建年代不详，东西走向，洞长12米，宽5米，高5米。南北两端有高10米的寨墙。洞为砖石建筑，拱券顶，下为石头垒砌，中上部为大砖券砌。在东西两端门洞上部各镶嵌一石匾，东门石匾上刻"中土首镇"，下有"天启四年（1624年）冬季立"；西门上刻"三藩要地"。洞上原有重檐悬山顶楼阁，已毁。洞上北侧原有一座关帝庙，亦毁，仅留有明崇祯七年（1634年）所立石碑两通。大字营原名"达紫营"，"谓老子入关，紫气由此而达"[③]。康熙四十二年（1703年），康熙帝西来回銮经过，敕

① （宋）钱易撰，黄寿成点校：《南部新书》，北京：中华书局，2002年，第70页。

② 胡德经：《两京古道考辨》，《史学月刊》1986年第2期，第3-9页。

③ （清）刘思恕、汪鼎臣修，王维国、王守恭纂：光绪《阌乡县志》卷1《古迹》，《中国地方志集成·河南府县志辑》（66），上海：上海书店，2013年，第37页。

改大字营。

宋浑新开路虽成函谷道主道，但稠桑以东的旧函谷关路并未废弃，只是沦为一般道路。《元和郡县图志》记述这一段道路变化说："秦函谷关在汉弘农县，即今灵宝县西南十一里故关是也。今大路在北，本非钤束之要。"[①]唐开元二十三年（公元735年），岑参在秦函谷关与刘评事相遇，其《函谷关歌送刘评事使关西》云："君不见函谷关，崩城毁壁至今在。树根草蔓遮古道，空谷千年长不改。寂寞无人空旧山，圣朝无外不须关。"可见稠桑以东驿路是沿黄河南岸直至灵宝县城。

北宋建隆三年（公元962年）正月，宋太祖准备收复北汉之地，"东自洛之巩，西抵陕之湖城，悉命治之，以为坦路"[②]。大体在此之前，宋廷已将唐时隶属虢州的沿河阌乡、湖城诸县改隶虢州东百里之遥的陕州，就唐天宝时新开的稠桑路重加整治，正见稠桑路较虢州道更为重要[③]。大中祥符三年（1010年），"复以稠桑旧路，缘崖西南有峭壁，或霖潦多摧圮，乃徙路自灵宝县南入虢州路，至函谷关，与汉武庙前旧路相合"[④]，即改从灵宝县（今灵宝老城）向南沿弘农涧河经函谷关至虢州（今灵宝）。但实际上，灵宝至湖城段北宋时仍以稠桑路为主路，较少取虢州。因为次年正月，宋真宗西祀汾阴，从东京出发，陕州至潼关段是经灵宝、湖城、阌乡至潼关，返程亦如此。真宗西祀两次都不经虢州，可见灵宝至湖城一段仍经行稠桑路。此后一直到明清，仍然如此。

清康熙四十二年（1703年），康熙西巡，又在"晋王斜路"和秦汉故道之间修了一条新路，自阌乡杨家湾起，向东经北营村，南至东、西古驿村之间的古驿岭斜入黄河岸边，再沿函谷关路至稠桑，全长15里。民国《灵宝县志·古迹》："清康熙四十二年十一月二十七日，圣祖西巡回銮，至灵宝西三十里铺，忽白兔起田间，圣祖挽强跃马应弦而得，遂由东古驿过沙河桥，出函关。土人呼其为'龙路'。"光绪二十七年（1901年）八月，慈禧和光绪帝由西安回銮北京，命跸路大臣黄履中先行至陕州，征集民夫平治东西通道成坦途。因恶古道槽深，车马难行，又在灵宝西阎杨家湾至稠桑间另辟新路，经雷家营双坟、小北地、东古驿，至稠桑，长15里，宽12米，黄土铺垫，每6米左右，支银50两。当地称皇差路，俗称老官路。

（九）虢州故城

自湖城向东南，沿华山山脉北麓行50余里，经今阌东、西闫、焦村，抵虢州（隋弘农县、郡），是为湖城向东而行的南路。

隋大业三年（公元607年），复置弘农县，并将弘农郡由陕州迁回，一并移治鸿胪川（虢略），即今灵宝城关镇，义宁元年（公元617年）改郡名凤林。唐贞观八年（公元634年），虢州自卢氏移治于此，更名虢郡。天宝元年（公元742年）改称虢州。元至元八年（1271年）省虢州入虢略，十年（1273年）又改虢略为镇。1959年灵宝县城迁治于此。

---

①（唐）李林甫撰，贺次君点校：《元和郡县图志》卷2《关内道二》华州华阴县，北京：中华书局，1983年，第35页。
②（清）徐松辑，刘琳、刁忠民、舒大刚等校点：《宋会要辑稿》方舆10，上海：上海古籍出版社，2014年，第9463页。
③ 严耕望：《唐代交通图考》第1卷《京都关内区》，上海：上海古籍出版社，2007年，第43、44页。
④（宋）李焘：《续资治通鉴长编》卷74《真宗大中祥符三年》，北京：中华书局，1980年，第1688页。

虢州地处华州、陕州之间，唐设柏仁驿。贞元年间时任虢州刺史崔衍奏曰：“州部多岩田，又邮传剧道。”[①]意谓虢州是东通陕州、西通华州、南通卢氏的三岔路口。《新唐书·韩休传》：“虢州东、西京为近州，乘舆所至。”白居易《东归》：“前夕宿三堂，今旦游申湖，残春三百里，送我归东都。”本注：“三堂在虢”，“申湖在陕”。韩愈《赠张童子序》：“岁八月，自京师道陕，南至虢，东及洛师。”[②]足见虢州城为要道，驿传要冲。不过，如前所述，由陕州至潼关的函谷道，一般行旅并非皆须绕道弘农，也可以沿黄河南岸直接西行。就重要性而言，弘农通向阌乡的道路不能与前者相比。

虢州故城遗址在今灵宝市西区、弘农涧河西岸，包括今城关镇的解放村、建设村、西华村和东关村部分。唐虢州长史岑参曾用“原驿西路挂城头，客散红亭雨未收”诗句赞美虢州城。近年在灵宝新市区建设中，在老水厂自涧河西侧向西发现有400余米长的古城墙基，宽5米、深3米的夯土层。在黄河路南段至黄金局办公楼区域内，发现约500米长的西城墙基、西城门墙基及建筑物遗迹。在市医院周边，也发现大面积的城墙墙基及建筑物遗迹。

（十）邑阳故城

自虢州折而东北，沿弘农涧河而上，10里至邑阳故城，又20里至灵宝老城，与黄河南岸驿路合。

邑阳故城遗址在今灵宝函谷关镇西留村、岸底村之间。北周武帝保定二年（公元562年）废恒农、朱阳郡及玉城县，置邑阳县。隋开皇二十年（公元600年）改称邑川县。大业初，废邑川入朱阳县。《水经注·河水》：门水“又东北迳邑川城南，即汉封窦门之故邑，川受其名，亦曰窦门；城在函谷关南七里。”据此，北周应是以邑川城为邑阳县，因城在川之北得名。经调查，在西留村与岸底村中间黄脸沟南端，沟的南北两侧，多处发现明显的城墙夯土层，遗址面积南北约1500米，东西约1000米。岸底村南2里处的墙底村取名，也与此城有关。邑阳故城东临弘农涧河，正处在虢州和函谷关之间，是两处交通的必经之地。

（十一）函谷关与弘农郡（县）故城

自稠桑出发，向东北15里，便是著名的函谷关。这里的函谷关有两处，一是秦函谷关，二是魏函谷关。其关址和设置原因、时间均有所不同，由此也引起古道走向发生变化。

1. 秦函谷关

战国时期，桃林塞连同渭河下游的华阴等地属魏国。随着秦国势日张，极力向东发展。秦孝公十九年（公元前350年）秦都由栎阳（今临潼）迁至咸阳，利于交通，水路可浮渭水、黄河东下，陆路直指桃林塞和崤函道。秦惠文王六年（公元前332年），秦

---

① （宋）欧阳修、宋祁撰：《新唐书》卷164《崔衍传》，北京：中华书局，1975年，第5042页。

② （唐）韩愈：《赠张童子序》，《全唐文》卷555，北京：中华书局，1983年，第5617页。

向东越过魏国西河长城，占领阴晋，更名宁秦（今华阴东北），秦国再次打通了渭河南岸向东发展的路。九年（公元前 329 年）秦攻占魏国焦（今陕县老城）。至此，秦国打通了从咸阳通往中原的交通大道。随着战局向东部发展，原设置在桃林塞西口的胡关，已不能适应需要，于是，秦于秦惠文王八年至后元年（公元前 330～前 324 年）在桃林塞东口，建函谷关。《元和郡县图志》："秦函谷关在汉弘农县，即今灵宝县西南十一里故关是也。"又引《西征记》云"函谷关城，路在谷中，深险如函，故以为名"①。顾炎武则认为，"小则岗阜，大则山原，皆中通一径以行，如舌在口中然。《说文》云：函，舌也。函谷之名，盖本诸此"②。具体位置在今灵宝函谷关镇王垛村的梁家沟口，地处弘农涧河西岸、稠桑塬东坡下。

秦函谷关的最初形态不得而知。《水经注·河水》："门水又北径弘农县故城东，城即故函谷关校尉旧治处也。"门水即今弘农涧河，关校尉治所当处关城之所在。据此，关城夹在衡岭与弘农涧河之间的函谷东口。唐宋时，秦函谷关尚有旧关遗址。唐人颜师古称："今桃林县南有洪溜涧水，即古所谓函谷也。其水北流入河，夹河之岸尚有旧关余迹焉。"③宋乐史《太平寰宇记》载："其城北带河，南倚山，周回五里余四十步，高二丈。"④其位置与《水经注》说同。据近年考古勘探，函谷关城位于函谷关古道南侧，东至弘农涧河西岸，西至王垛上院和南头自然村，南至上院与北店头交界大沟油瓶沟。城内地势西高东低，呈半陡坡状。除城址北边临古道沟边，可能以沟代墙未设城墙外，东、西、南三面分别筑有夯土城墙。城墙多是依地形地势而筑，北宽南窄，呈楔形。东城墙沿弘农涧河的西岸蜿蜒起伏，长 1800 余米。西城墙沿衡岭（当地人称西原）下顺势而筑，长约 1300 米。南城墙长约 900 米。北为与孟村交界的深沟，沟深 300 余米陡峭壁立。关城总面积约 270 万平方米，与文献记载基本相同。

函谷关关楼早已荡然无存，仅可从四川青羊宫出土画像砖中窥见汉代函谷关东城门图案。而关城城墙也坍塌已久，尚存有少量遗迹。其中，西城墙墙基全部被湮没在地下，南城墙墙基则暴露在地面之上，保存较好的有东西两段，东段长 15 米、宽 5 米、高 2.6 米，夯土总厚度 1.4 米，共 4 层。西段长 65 米、宽 6～9 米、高 4.4 米，夯土有 17 层。东城墙墙基的北端被埋在地下，南端暴露在地面之上，在关楼东南部的断崖上，有残存墙基长 20 米、宽 6 米，夯土层厚 1.5 米，夯层明显，有平夯和竖夯两种，夯层间夹杂有粗绳纹灰陶大瓦和蓝砖块，应为战国时期的城墙遗址。城垣内，东侧和中部，特别是靠近关楼附近地层中，发现有 1～3 米的文化层，含有大量砖瓦碎片，以汉代和唐宋时期的数量为多，也有部分战国时期陶片。而在西城墙北段地表的断面上，发现有上下两层的路土，东西长 15 米，土层厚 0.2～0.3 米，从路土中采集到的陶片观察，路土年代应为汉唐时期。从路土厚度推测，这里应是古代守城将士巡逻或人们活动较为频繁的地方。

近年来，在函谷关城内还发现了其他有关的遗迹。在东城门楼南侧发现一个战国时

①（唐）李吉甫撰，贺次君点校：《元和郡县图志》卷 2《关内道二》、卷 6《河南道二》，北京：中华书局，2007 年，第 35、158 页。

②（清）顾炎武：《肇域志》，《顾炎武全集》第 8 册，上海：上海古籍出版社，2004 年，第 2007、2008 页。

③（汉）班固：《汉书》卷 1《高祖纪》，北京：中华书局，1962 年，第 25、183 页。

④（宋）乐史撰，王文楚点校：《太平寰宇记》卷 6《河南道六》，北京：中华书局，2007 年，第 102 页。

期守关士兵储存兵器的竖井式箭窖遗址，东城门楼北侧城内发现一座古冶遗址，东城门楼南侧和西关楼附近发现战国地下陶制排水管道等。此外，在城垣范围内，还出土有汉代瓦当、汉封泥，以及汉代胡人红陶仅俑灯、弘农灰陶筒瓦、唐代牵驼三彩俑、三彩女俑等。说明当年函谷关范围和规模相当大，附近军事和民用建筑亦相当多，东西人员往来相当频繁。

从关楼向西行，进入函谷关道。《读史方舆纪要》引《西征记》云："函谷左右绝岸高十丈，中容一车。沿路逶迤入函道六里有旧城。"[①]这个函道专指"其中劣通，东西十五里，绝岸壁立，崖上柏林荫谷中，殆不见日"[②]的函谷关道。东南低，西北高，沿关城下西北行漫上，经西寨村到达岭巅。从地形上观察，这实际上是一处沟深坡陡且距离较长的大峡谷，东西长 2800 余米，两侧多为悬崖峭壁。以今天所见论，峡谷中部的沟面宽有 95～130 米，底宽 2～5 米，垂直深度 50～70 米。峡谷东端出口处沟面较中部宽，两壁的坡度有所减缓。由于这里水土流失非常严重，古道路已被湮没在淤土下，或被洪水冲毁，仅在沟口的西端南侧，距西寨村东 170 米的两道断崖处，发现有厚达 1.6 米的路基，距地表 5.4 米左右，长约 130 米。路土中有两条明显的车辙碾轧轨迹，东西走向，间隔 1.6～1.8 米，两车辙之间有坚硬的踩踏面，应为人畜踩压所致，已清理出不同层次和时代的车辙印痕近 40 段。车辙凹槽宽 7～35 厘米，深 7～10 厘米。根据路土中出土的筒瓦、板瓦和绿釉陶片等遗物和地层推测年代，这些车辙主要是汉代和唐宋时期的。1926 年，洛潼公路修通后，这段古道才被废弃。

自函谷关西至稠桑西沙河边，全长 15 里的函谷关古道旁残存有三座烽火台。第一座在关城内古道北侧，尚存一四方锥体土台，高 5 米，上部边长 7 米，夯筑而成，其时代应为春秋战国。第二座位于函谷关西寨村，东为村舍，西临断崖，北至大沟，南临古道。台高 5 米，周长 19.7 米，夯土筑成，夯土中夹杂有战国陶片和汉代瓦片，判断应为西汉时所筑。由该台向南 400 米，折西，距新寨村 500 米处的古道旁，第三座烽火台，台高 8 米，周长 21 米，夯土筑成。由新寨烽火台向西下坡，坡底即是著名的稠桑驿。三座烽火台形制相仿，建筑时代相近，且东西连成一线，遥遥相望，从其建筑和所处位置看，应是古道上用于传递军情的设施，其中，新寨和西寨烽火台还分别是古稠桑驿和函谷关的制高点。

函谷关位居崤函古道之咽喉，以关为城，南依崤山，北濒黄河，号称天险。"小则岗阜，大则山原，皆中通一径以行，如舌在口中然。《说文》云：函，舌也。函谷之名，盖本诸此。矧东束以甾水、好阳二河，中阻以弘农之涧，西环以稠桑之水，凭高为城，临水为池，一夫荷戈，千万之乘，未易过也。若夫据朱阳之险，则襄、邓之门户一塞；守王城之隘，则卢、永之险道莫入，诚古今之要害也"[③]。其初设时，"它所倚靠的稠桑原向北一直伸延到黄河岸边，黄河由原畔流过，两相连接，无有若何隙地。所以东西大道只能横过稠桑原，别无其他选择"。而"稠桑原上到处都是森林，仅有一条函谷关路，

---

①（清）顾祖禹撰，贺次君，施和金点校：《读史方舆纪要》卷 52《陕西一》，北京：中华书局，2005 年，第 2490 页。
②（唐）李吉甫撰，贺次君点校：《元和郡县图志》卷 6《河南二》，北京：中华书局，1983 年，第 158 页。
③（清）顾炎武：《肇域志》，《顾炎武全集》第 8 册，上海：上海古籍出版社，2004 年，第 2007、2008 页。

又是相当的窄狭，而关前还横着一条弘农河。就是千军万马在此确是难以得逞的。这样多的人马部队在弘农河东是不易驻扎得下的。又等闲不能渡过弘农河。即令过了弘农河，打不开关门，也只能徒唤奈何”[①]。战国时，秦于此置函谷关，正是利用了这里“一人当关，万夫莫克”的地理形势，关东、关西（或关中）即以此关得名。秦国凭着函谷关，屡退东方诸侯联军，最后兼并六国，一统天下。

古代由关东入关中虽有函谷关道、武关道、临晋关道三条道路可行，唯有函谷关道较为便捷。由于这条通道甚为险要、易守难攻，扼守函谷天险，可据建瓴之势制驭东方。西汉贾谊《新书》云：“所为建武关、函谷、临晋关者，大抵为备山东诸侯也。”[②]因此，函谷关在政治斗争和军事冲突中，对于加强军事防御，维护社会治安，保护关中地区的安全，发挥着举足轻重的作用。学者们普遍认为，唐朝以前历代王朝往往在关中长安建都，其中一个很重要的原因，就是关中以东有函谷关、潼关之险可以防守。先秦时期秦国有“百二河山”之称，是指函谷关以西的秦国地势险要，秦 2 万足以敌东方诸侯百万之众。函谷关在秦汉时一直实行着“日入则闭，鸡鸣则开”的制度。西汉设关都尉在此驻守。

函谷关不仅以险峻著称，还是古代凝聚着物质文明和精神文化的景观大道。传春秋时老子西游至函谷关，令尹喜迎老子于此，著《道德经》五千言。这使函谷关成为道家之源，对道教文化也有重要的影响。今函谷关内保留有始建于唐的纪念老子著经处的太初宫。围绕着这座重关名城流传有“紫气东来”“老子过关”“鸡鸣狗盗”“公孙白马”“唐玄宗改元”等历史故事和传说，唐太宗、唐玄宗、李白、杜甫、白居易、司马光等历史名人临关吟诗作赋，流传至今的有 100 余篇，或歌颂函谷关的雄伟壮观，或缅怀函谷关的历史，或通过发生在函谷关的史事来感叹人生，成为函谷关宝贵的文化遗产。

2. 弘农郡（县）故城

汉元鼎三年（公元前 114 年）冬，汉武帝“徙函谷关于新安，以故关为弘农县”[③]。汉函谷关位于今新安县城关镇东关村附近，是崤函古道东端入口。徙关理由，据说是原籍新安的楼船将军杨仆“耻为关外民”，其实是汉武帝为加强中央集权，扩展关中范围，强化京畿地区的防卫能力。因此，在徙关当年，汉武帝又在故关设弘农县，次年，割河南、南阳二郡之西境置弘农郡，与弘农县合治。此后，直到北魏太和十一年（公元 487 年），弘农郡、县治一直设在秦函谷关故地。汉武帝“广关置郡”，目的是增强控制关东的能力，进而保障以长安为中心的关中绝对安全。弘农郡的设置，正是为弥补“广关”后对崤函古道控制的不足，构建弘农、新安、宜阳新的防御体系，达到护卫关中、控制洛阳的双重目的。因此，弘农郡辖区十分辽阔，辖卢氏、陕县、渑池、新安、宜阳等 11 县，面积 4 万平方千米，包括今河南西部的三门峡市、南阳市西部，以及陕西东南部的商洛市部分，崤函古道全数尽归弘农地界。如此，函谷关虽东迁至新安，但其地理优势

① 史念海：《函谷关和新函谷关》，《河山集》四集，西安：陕西师范大学出版社，1991 年，第 396、397 页。
②（汉）贾谊撰，阎振益、钟夏校注：《新书校注》卷 3《壹通》，北京：中华书局，2000 年，第 113 页。
③（汉）班固：《汉书》卷 6《武帝纪》，北京：中华书局，1962 年，第 183 页。

被弘农继承，并于此设立郡治，在行政、军事方面保障着关中京畿的安全。所以，徙关后的秦函谷关故地并没有因此荒废，函谷关古道仍是当时人们进出关中的重要道路。

弘农郡（县）城以秦函谷关城为治。《元和郡县图志·河南道二》函谷故城："秦函谷关城，汉弘农县也。"①前述西晋潘岳西去长安途中，途经此地，看到"其城北带河，南依山，周回五里余四十步，高二丈"。这也应是汉弘农郡（县）治城的大致规模。在位于函谷关城楼东南方150米的土崖下，近年相继出土一批汉代封泥，主要为弘农郡及治下各县的官印封泥，如"弘农都尉章""弘农太守章""弘农左尉""弘农铁丞""弘农狱丞""湖令之印""卢氏丞印""陕令之印""宜阳令印""黾池令印""丹水丞印""新安置丞""陆浑丞印""商长之印""上雒长印"等，以及中央和其他各郡高级别的官印封泥，如"太常之印章""河南太守章""析侯国丞""东平内史章"等。这些封泥当为弘农郡守的治所在日常公务中简牍公文往来拆阅后所遗弃或集中填埋。据此，封泥出土地即应是弘农郡郡守的官署遗址。

3. 魏函谷关

魏函谷关是继秦函谷关、汉函谷关后的第三座函谷关，其始置年代，《通典》等皆指在东汉建安中。《通典·州郡三》："后汉献帝初平二年，董卓胁帝西幸，出函谷关。自此以前，其关并在新安。其后二十年，至建安十六年。曹公破马超于潼关，即是中间徙于今所。国之巨防，不为细事，史官阙载，斯亦失之。"《元和郡县图志》记载与之相同。其所谓"今所"，未详所指，但后世所称魏函谷关，这已为学者指明。

揆度史实，魏函谷关的设置，当有一个过程，是先有道路改移，后建关塞，这可以从后代记载中看出。乾隆《重修灵宝县志·古迹》："函谷关在邑西南。曹操征张鲁时开粮道于此，后遂置关，基址久湮，前令江蘩重建，去周置旧关十有余里。"《重修灵宝县志·艺文》载清杜斡《秦汉函谷关考》亦云："……曹操尝以铁骑数十万，西讨马超，命许褚凿道于函谷旧关之北十里，滨大河以转运。"①东汉末，占领黄河下游的曹操与占据陇西、关中的马超、韩遂形成对峙。汉献帝建安十六年（公元211年）七月，曹操率军西进关中准备征战马超、韩遂，因秦函谷关路在谷中，崎岖艰险，行军不便，为解决粮草转运问题，遂于函谷关道之北10余里的黄河南岸边，命大将许褚别开新道，"滨大河以转运"。新道从衡岭北端迤逦西上，直至西塬顶上，西行至今西寨新村，与秦函谷关道的西北口相投后，经西寨村的西北，下狼皮沟沿黄河南岸西行，至潼关。此即是曹操"别开新道"，但并没有记载建安中汉函谷关"徙于今所"。有记载显示，魏明帝时朝臣还在为汉函谷关东迁何处而争论，可证建安中断无徙关之事。《通典·州郡三》云："魏明帝景初元年，河南尹卢延上言，成皋、函谷二里六十步，宜却函谷关于崤下。弘农太守杜恕议，以东徙潼关著郡下，省函谷关，徙蒯关卢氏县下。"崤下即秦函谷关所在。直到魏正始元年（公元240年），弘农太守孟康始将汉函谷关移至曹操"别开新道"的入口处，以控制此道，扩大京畿地区（洛阳）的控制范围。《通典·州郡七》载："正始

① （清）周庆增修，敖启潜、许宰纂：《乾隆重修灵宝县志》，《中国地方志集成·河南府县志辑》（65），上海：上海书店出版社，2013年，第337、408、409页。

元年，弘农太守孟康上言，移函谷关，更号大崤关，又为金关。地理志云，今按此关，正始元年废也。”这就是后世所称的魏函谷关。随着魏函谷关的建立，汉函谷关作为关塞的历史结束。

魏函谷关位于今灵宝函谷关镇孟村北，原陇海铁路隧道南侧，北距黄河 1 里，南距秦函谷关 12 里，东南距灵宝老城 4 里，西距函谷关镇西寨村 14 里。北移后的古道从关城门楼通过。这条大道及函谷关城，自东汉末以后直到因建三门峡大坝，洛潼公路南迁以前，一直未变。《元和郡县图志》云：“今历二处而至河潼”[①]，言自东而来经秦函谷关和魏函谷关两条路均可达于潼关。可见，魏函谷关仍然是军事要地，其险要之势与秦函谷关相仿。汉末曹操西征韩遂、马超，由此入关中。隋将弘农县治自秦函谷关北移 14 里至弘农涧河入黄河口的东侧，改名桃林县，唐天宝时改为灵宝县。唐安史之乱中，叛军进出长安经过这里，朝廷平乱大军也经此东进。哥舒翰军与安史叛军西原之战的主战场在这一带。李自成军从北京返回，途经这里进关中。清康熙十八年（1679 年），灵宝县令江蘩因魏函谷关基址久湮而重修，历两月而落成。“崇宏壮丽，巍然竦立于两崖之中者。……涧水潜其下，城廓在几案间，洪河绕流于外。左之有翠微之色者，中条也；右之苍茫出于云霞之表者，其嵩高乎。背负太华，面拱神京，为秦豫扼要之地。洵堪舆之伟观。”[②]同治十二年（1873 年），县令周淦创修函谷关门卡。“添置关门一重。关东北辟地三弓，建官厅三楹，兵房两间。关上旧有犹龙阁，奉老子像，阁前雉堞残缺不齐，旁则废窑数孔，渐就坍塌，概命修理完善，缭以墙垣。……选派丁壮，随同营兵驻关稽查。规模宏整，防范谨严，自西来者始难飞渡”[③]。其后，民国初年亦有修建。抗日战争时，魏函谷关关楼毁于兵火。1959 年后，由于修建三门峡水库，魏函谷关遗址被淹没。

（十二）桃林县故城（灵宝老城）

函谷关以东，沿黄河南岸而上，通往陕州故城的道路，有南北两条。其一，由魏函谷关出发，渡弘农涧河，经桃林县（灵宝老城），偏东北，经北营、小北村、五原崤，在曲沃与偏南一股汇合，70 余里至陕州。其二，偏东南至陕州。

桃林县一名如同桃林塞，出自夸父追日的古代传说。桃林县始置于隋开皇十六年（公元 596 年），后改弘农县，又复为桃林县。唐天宝元年（公元 742 年），因于函谷关尹喜故宅掘得灵符，遂改桃林为灵宝县。《元和郡县图志 · 河南道二》陕州灵宝县：“东北至州七十五里。”民国《河南省志》灵宝县：“东距陕县、西距阌乡皆六十里，……北濒黄河，城周三里为门四。建于黄河南岸，与古函谷关隔弘农河东西相望，……夏秋水涨时临时架小桥以通行人车马。”由此可知，桃林县（灵宝老城）位于今大王镇老城村西北，东南距函谷关 12 千米。

①（唐）李吉甫撰，贺次君点校：《元和郡县图志》卷 2《关内道二》，北京：中华书局，1983 年，第 35 页。

②（清）王宏：《重修函谷关记》，民国《灵宝县志》附卷古文，《中国地方志集成 · 河南府县志辑》（65），上海：上海书店出版社，2013 年，第 730 页。

③（清）周淦：《剏建函谷关门卡记》，民国《灵宝县志》附卷古文，《中国地方志集成 · 河南府县志辑》（65），上海：上海书店出版社，2013 年，第 714 页。

桃林（灵宝）县城“面山背河，右控函，左控崤，为河南一府之锁钥，而实中州一省之藩垣也”①。史念海分析隋徙弘农县于此置桃林的原因，与黄河河道有关。“函谷关设置时，它所倚靠的稠桑原向北一直伸延到黄河岸边，黄河由原畔流过，两相连接，无有若何隙地。所以东西大道只能横过稠桑原，别无其他选择”。隋时，由于“黄河的下切，稠桑原北端近河处已有滩地露出，逐渐成为行人往来的大道，这样，桃林县就不得不向北移动，新址也就只能在稠桑原尽头处的黄河涯畔”②。作为佐证，隋修“晋王斜”和唐宋浑开新路均未涉及稠桑东到桃林县 10 多里道路，而另从稠桑西开始，也证明由桃林县经稠桑原下黄河岸边西到稠桑的道路，是隋时才形成的。此外，桃林县的设置，还应与魏函谷关建立有关。正是由于魏函谷关的设置，并逐步取代了秦关，成为东西交通的孔道，其关前地面也逐渐繁荣，为后来在关前设县奠定了基础。在灵宝老城至今还流传着一句俗谚：先有三清殿，后有灵宝县。意思是说有了魏函谷关，关前地面较开阔，邻近水陆码头，交通便利，久而久之，这里就有了居民商旅，发展为居民镇点，并建有祭祀老子的三清殿。后在建桃林县城时，即将原三清殿圈入城内，置于重要位置，其殿后即北城墙，殿门直对南城门。

隋唐时的桃林（灵宝）县城建筑布局已不可知。后来的灵宝城池建于明代宗景泰元年（1450 年），城池方正，城周 3 里，高 2 丈 5 尺，厚 1 丈 7 尺。有东、西、南三座城门，当时为避阴气，故意不修北门。城池东南西 3 个方向各设有集市，其中南关外集市最为繁华，集市两头各建一楼作为出入口，形成开合有序的商业街。南大门外大街的山陕会馆，建筑雄伟，大门外有戏台，坐南朝北，当街而坐，人称“过路台子”。城内寺庙成群，有文庙、大佛殿、财神庙、城隍庙、禹王庙、关帝庙等。文庙即孔庙，在城内东南角，但文庙的泮池建在城外，这种布局全国独一无二。秦函谷关内的尹喜故宅是老子著《道德经》之处。明代建灵宝县城时，又在县北里许黄河之滨的高岗上，建老子故宅，其三面环河，入口处有玄门，向南正对北城楼，且与尹喜故宅遥相呼应。1959 年前，灵宝老城城墙基本完好。1959 年后因建三门峡大坝，这里成为淹没区，灵宝县城南迁至虢镇，古城被拆。今仅存西城墙与南城墙部分城砖。

桃林（灵宝）城西北 3 里有洹津，一作郖津、窦津，由此北渡黄河至山西芮城。其名称来源，《水经注 · 河水》云：“河水于此，有洹津之名。说者咸云，汉武微行柏谷，遇辱窦门，又感其妻深识之馈，既返玉阶，厚赏赉焉，赐以河津，令其罾渡，今窦津是也。故潘岳《西征赋》云：酬匹妇其已泰，胡厥夫之谬官，袁豹之徒，并以为然。余按河之南畔，夹侧水濆有津，谓之洹津。河北县有洹水，南入于河，河水故有洹津之名，不从门始，盖事类名同，故作者疑之。竹书《穆天子传》曰：天子自窴軨，乃次于洹水之阳，丁亥，入于南郑。考其沿历所踵，路直斯津，以是推之，知非因门矣。”可见洹津的历史最早可追溯到周穆王时期，至迟汉代已形成津渡。《说文 · 邑部》：“郖，弘农

① （清）江蘩：《创立西关集市序》，民国《灵宝县志》卷 8《艺文上》，《中国地方志集成 · 河南府县志辑》（65），上海：上海书店，2013 年，第 616 页。

② 史念海：《函谷关和新函谷关》，《河山集》四集，西安：陕西师范大学出版社，1991 年，第 394 页。

县庾地。”灵宝函谷关新近出土有汉“弘农郖庾丞印”封泥[①]。《说文 · 广部》：“庾，水漕仓也。”段注：“谓水转谷至而仓之。”郖庾即设于黄河郖津附近之漕仓。从其位置看，它的设置也有军事功能。郖庾处于函谷关内。一旦战事爆发，关内将士可就郖庾食，粮草既有保障，也提高了函谷关乃至整个关中的守御能力。《三国志 · 魏志 · 杜畿传》载，建安十年（公元 205 年），河东郡掾卫固等反，使兵数千人绝陕津，杜畿前往镇抚，“不得渡”，“遂诡道从沍津渡”。北魏正平二年（公元 452 年），刘宋侵弘农，将军封李赴救，“率骑两千从沍津南渡赴弘农”，以击宋军[②]。隋唐时期，沍津处在由陕州太原仓溯河入渭水的中间位置，是隋唐漕运体系的组成部分。隋义宁元年（公元 617 年）置关，贞观元年（公元 627 年）废关留津。今北岸芮城陌南镇柳湾村南“柳湾古城”，疑为沍津关城。沍津渡还是河东潞盐运销中原的必经要津。《宋史 · 司马池传》：“时议者以蒲坂、窦津、大阳路官运盐回远闻，乃开崤口道，自闻喜逾山而抵垣曲，咸以为便。池谓人曰：‘昔人何为舍迳而就迂，殆必有未便者。’众不以为然。未几，山水暴至，盐车人牛尽没入河，众乃服。”明清时期，芮城北岸设巡检司、厘金局等。1960 年，三门峡水库蓄水前，灵宝县城及陇海铁路南移，渡口逐渐冷落。

（十三）曲沃、温塘石窟、新店、七里铺

函谷关至陕州故城偏东南的道路，是自秦函谷关出发东行，渡弘农涧河，经沙坡村。沙坡村坡根东北有一段深 1.5 米、宽 5 米的路槽，路土层厚 72 厘米，距崖顶 1 米，槽长 200 米，槽底和槽顶均较平坦，已栽上树木。古道继续向东北，经西王村、好阳河、五帝村龙王庙。龙王庙亦有一段古路槽，槽深约 10 米、宽 5 米、长 72 米，路槽两壁陡峭。古道继续东去，从东南朝、西南朝两村庄中间通过，经上官村后入陕县境，至曲沃，与偏北的道路会合，经原店、温塘、吕家崖、辛（新）店、七里铺，至陕州城。这条道路主要形成于周秦，至魏函谷关形成前一直是当时东西交通的干道。

曲沃城在春秋时期有二，一在今山西曲沃县西南 2 里，初为晋国武公封地，后为晋国别都，亦称北曲沃；二在今陕州区大营镇菑阳河东岸，亦称南曲沃，最早见于《史记 · 秦本纪》：惠文君“十一年，县义渠。归魏焦、曲沃”。《正义》中有“《括地志》云：‘曲沃在陕州县西南三十二里，因曲沃水为名。’按：焦、曲沃二城相近，本魏地，适属秦，今还魏，故言归也。”据此，曲沃当为战国魏国所建西部重镇。《水经注 · 河水》：“河水又东，菑水注之，水出常烝之山。西北迳曲沃城南，又屈迳其城西，西北入河。”[③]菑水，即今菑阳河，发源于陕县张汴乡卢庄一带，北流经南曲沃、黄村入黄河。菑水转弯处恰在今黄村南天门之南不远处。据此，曲沃城当在今陕州区大营镇黄村、南曲村一带。黄村南天门东侧约 300 余米处有一夯土台基，高约 3 米，面积 400 余平方米。其北有没云台，残高约 4 米、长约 50 米、宽 30 米，采用集束木棍夯筑而成，历年发现有大型丛葬

① 熊长云：《新见汉代漕仓郖庾考——兼〈说文〉段注辨误一则》，《文史》2016 年第 2 期，第 273-277 页。
②（北齐）魏收：《魏书》卷 4《世祖纪》，北京：中华书局，1974 年，第 106 页。
③（北魏）郦道元著，陈桥驿校证：《水经注校证》卷 4《河水》，北京：中华书局，2007 年，第 113 页。

坑，附近的文化堆积物以隋唐时期居多，早的可上溯到春秋时期。据当地群众讲，修宅院时，常发现有春秋时期的灰坑和鼎、豆、壶等陶片。曲沃城西距函谷关遗址约 30 里，东南距陕州故城约 32 里。战国时，秦国东进中原，为打通东进道路，与魏国等多次激战，几经反复，终于秦惠文王后十一年（公元前 314 年）夺取曲沃。施之勉说："陕、曲沃及安邑，为出大河南北要地，……皆是形胜要害之区，则其蚕食六国，机虑之深，于此可见。"[①]1990 年以来，这一带发现战国秦汉墓 2000 余座，其中秦人墓 1700 余座，主要为战国晚期秦军人墓地及秦代和西汉初的秦人墓[②]。唐至德二年（公元 757 年），广平王李俶与郭子仪率兵出潼关收东京洛阳至曲沃城，在附近的新店歼灭安史叛军 10 余万人，乘胜收复东京。

温塘石窟位于陕州区大营镇温塘村南，又名温塘摩崖造像。石窟雕凿在俗称王莽寨的山阴石壁上，原有东、西两处，有造像 55 尊，现东窟已毁，仅余西窟，长约 7 米，有佛龛 6 个，分上下两部分，造像 36 尊，较大的 4 个龛东西一线排列，龛内造像有佛、菩萨、弟子和供养人等。龛内及侧旁分别有武则天大周长安二年（公元 702 年）、唐大历九年（公元 774 年）及宋宣和、政和年间的题刻。关于温塘石窟，有两点值得注意，一是该石窟造像规模虽然较小，但盛唐时期的雕刻风格均有所体现，堪与洛阳龙门石窟的部分作品相媲美；二是石窟附近有温塘温泉，可除污消困治病，故唐宋时期香火不断，游人甚多，并多刻石纪念。大历九年（公元 774 年），陕、虢观察防御转运使皇甫温的题刻，亦颇为引人注意。凡此疑其与崤函古道运营有关。

新店有二，一为今陕州区大营乡，今称辛店村；一为灵宝大王镇新店村。新店因"安史之乱"中新店之战著名。《资治通鉴》卷 22："肃宗至德二载（公元 757 年），张通儒等收余众走保陕，安庆绪悉发洛阳兵，使其御史大夫严庄将之，就通儒以拒官军，并旧兵步骑犹十五万。己未，广平王俶至曲沃。回纥叶护使其将军鼻施吐拨裴罗等引军旁南山搜伏，因驻军岭北。郭子仪等与贼遇于新店，贼依山而陈，子仪等初与之战，不利，贼逐之下山。回纥自南山袭其背，于黄埃中发十余矢。贼惊顾曰：'回纥至矣！'遂溃。官军与回纥夹击之，贼大败，僵尸蔽野。严庄、张通儒等弃陕东走，广平王俶、郭子仪入陕城。"是役官军歼叛军 10 余万人，并乘胜收复东京，大大震慑了叛军。《资治通鉴》胡注："据旧书，新店在陕城西。"民国《陕县志·古迹》云："新店在陕城西二十里。……广平王至曲沃，即曲沃镇也。回纥兵旁南山搜伏，即由原店镇谷中绕出张汴村或五佰梨村之东也。因驻军岭北，即驻军西川或五佰梨山内也。贼依山而陈，即依温塘村之山或石桥镇高阜，比新店为得形胜也。回纥自南山袭其背，即绕出南山之东，由土桥罐煮等村袭击其后也。"是说，新店之战当在今陕州区大营乡曲沃、辛店村一带。崤函古道原沿黄河边东西走向，因唐代以来黄河塌岸，古道及新店村塌入黄河之中。村庄及古道随

---

① 施之勉：《秦人迁人说》，（清）孙楷著，徐复订补：《秦会要订补》（修订本）附录，北京：中华书局，1959 年，第 454、455 页。

② 三门峡市文物工作队：《三门峡市火电厂秦人墓发掘简报》，《华夏考古》1993 年第 4 期，第 54-67 页；马俊才、史智民：《河南三门峡火电厂工地发现大规模秦人墓地》，《中国文物报》2015 年 4 月 24 日，第 8 版。

之南迁。古道路从南辛店沟东穿过，绕行至辛店南院沟边向西，经辛店周家沟过大桥沟向曲沃通函谷关。今辛店沟东村至沟边仍存有一段路槽，深约 5 米。沟边拐弯处右侧，原有一烽火台建筑遗迹，四方梯形，黄土筑成，高约 10 米，底边宽约 6 米，推测当建于北宋崇宁以前，1928 年后被村民毁。又有云新店之战在灵宝大王镇新店村。其实，今陕州区之曲沃、新店与灵宝新店紧邻，当属同一战役的发生地。

七里铺又名曹阳墟，俗名七里涧。《元和郡县图志·河南道二》陕州陕县："曹阳墟，俗名七里涧，在县西南七里。献帝东迁，李傕、郭汜追战于弘农东涧，天子遂露次于曹阳之墟，谓此地也。"《水经注·河水》："河水又东得七里涧，涧在陕城西七里，故因名焉。其水自南山通河，亦谓之曹阳坑。是以潘岳《西征赋》曰：行于漫渎之口，憩于曹阳之墟。"民国《陕县志·山川》云："七里涧在县西南七里，今名石桥沟。汉献帝东迁，李傕追乘与战于东涧即此。按石桥沟即石桥镇，俗称桥头沟，在县西南十里许，非止七里也。"七里铺西临黄河，北环涧河，西北为涧河与黄河的汇合处。太原仓在七里铺之西，张湾乡七里村东，黄河南岸，是隋唐两京水陆运枢纽，关东租粟集中地，遗址今已无存。有研究者误将曹阳墟与曹阳亭视为一地。前揭《元和郡县图志》陕州灵宝县："曹阳亭，在县东南十四里。陈涉使周文西入秦，秦使章邯击破之，杀文于曹阳，即此地也。后曹公改为好阳。"曹阳墟与曹阳亭同列《元和郡县图志》同卷中，足见曹阳墟与曹阳亭并非一地。《史记·陈涉世家》正义引《括地志》云："曹阳故亭亦名好阳亭，在陕州桃林县东南十四里。"索隐引晋灼云："亭名也，在弘农东十二里。"据此，曹阳亭当在今灵宝大王镇西五帝村附近，好阳河东。

综上所述，崤函古道西段——函谷道，自新石器时代晚期最早被开发并相互形成组合关系后，相继经过 7 次大的线路建设和调整，其中 3 次关隘建设属于交通线路控制工程，4 次属于交通线路调整，形成了一条西起自潼关，东终于陕州故城的东西交通干道。函谷道西端起自潼关，往东经过黄巷坂、阌底（阌乡旧城）、盘豆、湖县故城（阌乡老城）、双垯、杨家湾、东西吕店、东西古驿、稠桑、函谷关，渡过弘农涧河后，分为南北两股，其中偏南的经过沙坡、西南朝、曲沃、新店、桥头沟、太原仓，至陕州故城。偏北的经过桃林县（灵宝老城）故城，在曲沃与偏南一股汇合，至陕州故城。函谷道作为东西交通干道直到民国初期仍在发挥着作用。

二　崤函古道交通枢纽陕州城

陕州是崤函古道的交通枢纽，东西两段均在陕州城交汇。历史上无论崤函古道交通线路（图 1）如何变化，陕州城始终是这一古道陆路和水路的必经之地。

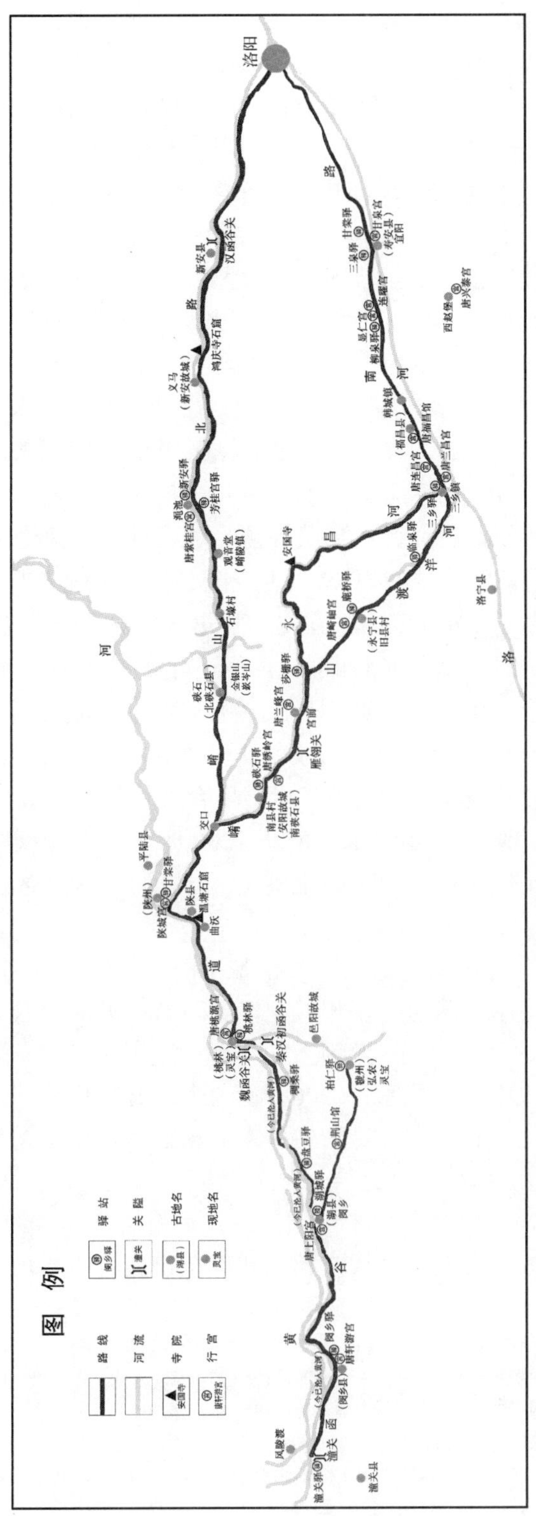

图1　崤函古道交通线路（陆路）示意图

陕州历史十分悠久。远在5000多年前，陕州城附近就出现了庙底沟文化、三里桥文化这样大型且时代延续长、影响广的古人类聚落遗址。西周初年，周召分治，“自陕以西，召公主之；自陕以东，周公主之”①。分陕之地，即今陕州故城西南25里的陕原。周武王“追思先圣王，褒封神农之后于焦”，建立焦国。《集解》引《汉书·地理志》：“弘农陕县有焦城，故焦国也。”②考古发现证实，焦都焦城在今陕州故城东北一带。焦国存在300余年，周幽王七年（公元前775年）为虢国所灭。虢国在焦城东南建立上阳城，以为虢都。公元前655年虢国灭亡后，晋国、魏国先后在这里置焦城、焦县。《史记·六国年表》：秦惠公十年（公元前390年）“与晋战武城。县陕”。此为秦经营设置陕县之始。后几经争夺，秦惠文王后十一年（公元前314年）秦相樗里疾“攻魏焦，降之”③，自此陕县成为秦国东进中原的战略基地。汉承秦制。文献中有西汉景帝前元年（公元前156年）和汉武帝元鼎四年（公元前113年）始筑陕县城的不同记载。揆度情势，应是景帝年间始夯土筑城，至武帝元鼎四年，历经15年最终筑成。北魏孝文帝太和十一年（公元487年）改陕县为陕州，约在此前后又在陕县城西建城。郦道元《水经注》分别称之为“陕县故城”“陕城”。新陕城的规模，《古今图书集成·职方典》“河南府城池考”载：“城十三里一百二十步，东南有壕，深五丈，西北近河，高十余丈。”秦汉时的陕县故城也包括在内。《元和郡县图志》引《西征记》描述陕州城形势：“南倚山原，北临黄河，悬水百余仞，临之者皆为悚慄。”④此后历代多有修缮，但城址再无迁徙，只是明洪武年间，城址分割为一大一小两城，规模缩减为9里130步。考古实测，陕州故城遗址东西长1496米，南北宽1200米，周长5392米，残存城墙高8米，宽8米，基本保持了明朝的规模。东边古城，东西约400米，南北1200米，残存城墙厚约5米，最厚处10.5米，高约11米，三面长约2000米，东西两城合计周长7392米，与文献记载基本相同⑤。

陕州是东西南北水陆交通漕挽之枢纽⑥，“郡带洪河侧，宫临大道边”⑦。东有崤山道通洛阳，西有函谷道通关中，两道在陕州城交汇。隋唐在城内设甘棠驿。城西黄河上有太阳渡，东北有茅津渡，可通晋南。春秋初期，晋“假虞灭虢”，即由太阳渡渡河。开元年间，唐在太阳渡建大阳桥，置水手200人，《唐六典》将其列入京都最为冲要的11座官桥之一。东北的黄河三门峡谷，是漕转关东粟米西入关中的最艰险河段。隋唐两代皆于三门峡谷东、西置仓，以陆路转运绕过峡谷险阻的方法，以保关中漕粮供给。“州西太原仓控两京水陆二运，常自仓车载米至河际，然后登舟”⑧。盛唐之时，每年城下过漕船数千艘，所运漕粮数百万石。其战略和交通地位自古为人称道。张九龄《奉和圣

①（汉）司马迁：《史记》卷34《燕召公世家》，北京：中华书局，1959年，第1549页。
②（汉）司马迁：《史记》卷4《周本纪》，北京：中华书局，1959年，第127页。
③（汉）司马迁：《史记》卷5《秦本纪》，北京：中华书局，1959年，第207页。
④（唐）李吉甫撰，贺次君点校：《元和郡县图志》卷6《河南道二》，北京：中华书局，1983年，第156、157页。
⑤ 湖滨区地方史志编纂委员会：《三门峡市湖滨区志》，郑州：河南人民出版社，2000年，第511页。
⑥ 严耕望：《唐代交通图考》第1卷《京都关东区》，上海：上海古籍出版社，2007年，第50页。
⑦（唐）张说：《全唐诗》（增订本）卷87《奉和圣制途次陕州应制》，北京：中华书局，2008年，第940页。
⑧（后晋）刘昫等撰：《旧唐书》卷185《姜师度传》，北京：中华书局，1975年，第4816页。

制途次陕州作》："驰道当河陕，陈诗问国风。川原三晋别，襟带两京同。后殿函关尽，前旌关塞通。行看洛阳陌，光景丽天中。"顾祖禹《读史方舆纪要》评价陕州："内屏关中，外维河、洛，履崤坂而戴华山，负大河而肘函谷，贾生所云：'崤函之国也。'戴延之云：其地'南倚山原，北临大河，良为形胜。'崔浩曰：'东自崤山，西至潼津，通名函谷，号为天险。'所谓秦得百二者，此地是也。""唐之中叶，陕州尤为重地……'三面险绝，攻之未可岁月下也'……。盖据关、河之肘腋，扼四方之噤要，先得者强，后至者败，自古及今不能易也"[①]。

也正因为如此，自西汉建城，北魏置陕州以来，历隋、唐、宋、金、元、明、清及民国均为陕州（县）治所在，是历代统治豫晋陕交界地区的政治经济中心。北周和唐时甚至作为控制河南西部地区的中枢，在此设陕州总管府（唐一度改称都督府），以陕州为唐前期六大"雄州"之首。先天二年（公元 713 年），因漕运任务日趋繁重，设陕州水陆发运使，以陕州刺史兼任，自此开始设立专门管理黄河漕运转输的固定官职，负责将各地上贡的钱物转输京师长安，其后或称水运使、陆运使、转运使，前后存在百年。北宋以后，陕州政治地位逐步下降，但仍是"中州门户，名藩大郡"[②]。清雍正二年（1724年），升陕州为直隶州。1959 年，因三门峡水库建成蓄水，陕州城被废弃，改建为城市园林陕州风景区。

三　崤函古道东段崤山道交通线路及其变化

崤函古道东段崤山道，因其主要线路穿行于崤山山脉之中，而被称为崤山道。崤山道起自陕州城，终于洛阳，但因道路不同，故而分为崤山南路（又称南崤道）和崤山北路（又称北崤道）两路。

（一）崤山道南北两路分合点交口

自陕州故城东行约 20 里，至湖滨区交口乡交口村。

交口，即《水经注》渎谷口，因橐水与渎谷水交汇于村南而得名。橐水即今青龙涧河，发源于今陕州区店子乡盘陀山，在交口汇合上游四条支流安阳溪水（今雁翎关河）、渎谷水（今交口河）及崖水（今香油河）、干山水，西流经陕州城南入黄河。渎谷水东自张茅，西至交口入于青龙涧河，山地受渎谷水的切割，裂开了一道隘路。渎谷水以东，自张茅东至观音堂山地豁开，成一谷道，沿涧河河谷而东可至洛阳。自交口循青龙涧河支流雁翎关河、洛河支流连昌河（又名永昌河）谷道东南行，复循洛河而东亦可至洛阳。由此可知，交口位处崤山山区西部，地当崤山南北两路路口，故而成为南北两路的分合点。新石器时代后期，这里就形成了规模庞大的小交口、南交口、杨家湾等古人类聚落遗址。元至正十六年（1356 年），"贼西陷陕州，断殽、函，势欲趋秦、晋。……察罕帖

---

① （清）顾祖禹撰，贺次君、施和金点校：《读史方舆纪要》卷 48《河南三》，北京：中华书局，2005 年，第 2270、2271 页。

② （清）龚崧林修，杨建章纂：乾隆《重修陕州直隶州志》卷 2《建置》，《中国地方志集成·河南府县志辑》（69），上海：上海书店出版社，2013 年，第 57 页。

木儿即鼓行而西，夜拔殽陵，立栅交口”①。

《太平寰宇记 · 陕州》硖石县：“后魏太和十一年分陕县东界于冶垆置崤县，在治之郊，属宏农，取崤山为名。”崤县即后来硖石县前身。一般认为其在古安阳城所在的今陕州区菜园乡南县村。然《太平寰宇记》强调崤县“在治之郊”，即在陕州治所之郊，或可说崤县当紧挨着陕州治所，而古安阳城所在的今南县村距陕州有 50 里左右，显然是不宜称之为陕州之“郊”的。辛德勇认为，陕州城东南、交口以西的“野鹿”，傍古之橐水，与“冶垆”音似，地望与《寰宇记》陕州之“郊”亦合，当即北魏崤县所治②。据该村出土清同治九年（1871 年）墓志载，此地古为冶炼场地，故名“冶垆”。后冶炼业渐衰，而村外常有野鹿出没，遂易名野鹿。崤山南北两路在交口交汇，进入陕州城之前，必经冶垆，表明其治所的选择，显然与强化对崤函古道枢纽陕州和崤山南北两路分合点交口的控制有一定关系。

（二）崤山南路交通线路及其变化

1. 南硖石县故城

自交口向东南，溯雁翎关河，约 30 里至南硖石县。南硖石县故城位于今陕州区菜园乡南县村、寺坡村。南县村本名安阳，即西晋潘岳《西征赋》中的“我徂安阳，言陟陕郛”，又称安昌③。《水经注 · 河水》：“橐水北流出谷，谓之漫涧矣，与安阳溪水合，水出石崤南，西迳安阳城南。”橐水即今青龙涧河。安阳溪水今称雁翎关河。石崤，接近于今雁翎关。安阳城，因傍安阳溪水得名，始建年代不详。西汉武帝时为安阳侯上官桀侯封之地。《太平寰宇记 · 河南道六》陕州硖石县：“安阳城，在县西四十里。《汉书》：‘上官桀，侯封之国。’……唐贞观八年移崤县在此城内置，十四年移治向南，改名硖石县。城今废。”④按北魏崤县治在交口以西野鹿村，隋恭帝义宁元年（公元 617 年）移县治于今石门之古硖石坞，即今距南县村东南六七里的石门，亦即民国《陕县志 · 古迹》中的所谓“石坞”，现已没入龙脖水库之中。武德元年（公元 618 年）崤县复置，武德三年（公元 620 年）向东北移治今陕州区硖石乡西侧之古鸭桥，贞观八年（公元 625 年）复向西南移至今南县村之古安阳城，十四年（公元 640 年）又向东南移至今石门之古硖石坞，并改名硖石县，直至北宋乾德五年（公元 967 年）移治石壕镇②。从贞观八年到十四年，复置后的唐崤县县治在安阳城。据《水经注》，安阳城当在安阳溪水北岸，今安阳溪水之北为寺坡村，水之南即今南县村。《唐故巂州都督赠吏部尚书姚公玄堂记》载：“玄堂在陕州东硖石县东北廿里崇孝乡南陔里安阳公之原。”⑤所言硖石县地望也与今南县村相吻合。南县应为后人所称，是相对于北硖石县而言。

---

①（明）宋濂：《元史》卷 141《察罕帖木儿传》，北京：中华书局，1976 年，第 3385 页。

② 辛德勇：《崤山古道琐证》，《中国历史地理论丛》1989 年第 4 卷第 4 期，第 37-67 页。

③ 泰和七年《金重修陕州故硖石县大通寺碑记》，欧阳珍修，韩嘉会撰：（民国）《陕县志》卷 21《金石》，《中国地方志集成 · 河南府县志辑》(69)，上海：上海书店出版社，2013 年，第 690、691 页。

④（宋）乐史撰，王文楚点校：《太平寰宇记》卷 6《河南道六》，北京：中华书局，2007 年，第 104 页。

⑤ 吴钢：《全唐文补遗》第 5 辑，西安：三秦出版社，1998 年，第 318 页。

南硖石县城位居崤山南路，县设硖石驿。崤函道从县城穿过，将县城分为南北两个部分。天宝中，刘长卿往来两京，路经此地，作《硖石遇雨，宴前主薄从兄子英宅》诗云："县城苍翠里，客路两崖开"。因河道长年冲刷，南硖石城地表城垣今已不存，平面形制不能详。据观察，南县村的隋唐文化层沿今三洛公路长度约800米、宽500余米，断崖处偶可见夯土墙基，城内面积约25万平方米，地表散存有布纹大瓦、黄釉瓷片等。

南硖石县城北部即今寺坡村，在一处废弃的窑洞顶部暴露有一层铺地方砖，疑为当时县衙所在。村后山坡上调查发现一通唐碑，通高1.5米，宽约0.45米，厚0.2米，螭首，龟趺，碑阳额刻一座佛，下部雕刻一供养人夫妻像，文13行，行20字，文刻般若波罗蜜多心经，楷书，字体清晰规整，疏朗大气，为唐散大夫行陕州县令上柱国敬仁玄及其妻樊氏"大周长寿元年（公元692年）九月廿三日"造立。碑阴是后人为纪念敬仁玄而镌刻的"新修大通寺阁下故硖石县令敬公真形之碣并叙"，立碑时间为"大唐开元元年（公元713年）七月廿三日"。碑额双龙缠绕，碑文16行，行约40字，"长城陈用海字明道撰"。字稍有漫溢，但仍可达句不失其意。大通寺始建于后周圣历年间，唐玄宗东巡驻跸于此，其幼女三生公主喑而能言，遂加扩充，敕赐大通寺额。金以降迄清都有修葺。原寺院建筑规模较大，有佛殿三重，当地传称为坐佛殿、立佛殿和正殿。坐佛殿为一坐佛和护法四金刚塑像，立佛殿塑站佛及十八罗汉像，寺后为圣母、关帝、财神庙。寺中钟鼓楼、道房、壁画砖雕等皆相恃而立。1958～1965年被毁。

由寺坡东南行约6里至石门村南绣岭坡，唐显庆三年（公元658年）在此置有行宫绣岭宫，《明皇杂录》："上幸东都，至绣岭宫。"绣岭宫依山带水，为一形胜之地。现场考察虽然未发现任何遗迹，但史籍记载与地理形势完全相符。

2. 雁翎关和夏后皋墓

从南硖石县出发，东南行，穿行于群山峡谷之中，约20里，至雁翎关。

顾炎武《肇域志》"河南府陕州"条云："雁翎关，在州东南朱家原社，通永宁。"①关址雁翎关位于陕州区菜园乡与宫前乡交界处。当地人称其为崤陵关，后因口语有讹，讹传至今，通称雁翎关。关口海拔851米，最宽处200米，最窄处仅30米，状如马鞍，关口东西均为陡坡，东坡陡峻，西坡较缓。关口东坡自关顶到关底不足300米，高度下降约60米。石崖高耸，灌木丛生。雁翎关西为青龙涧河源头，向西沿崤谷西段直至菜园汇入漫涧。关东为连昌河（永昌河）支流源头，沿河谷东段流至宜阳三乡入洛河。关东、关西之河谷为春秋至汉末和隋唐时期东西交通干道。唐时在今南县村置硖石县，管理守护关口及附近地区。明代分兵戍守雁翎关。关口所处山岭，春秋时称为南陵。关西北附近山巅上有一古冢，墓呈圆丘形，高约1.5米，土石冢、墓旁有栎树数棵，附近草木茂盛。《左传》僖公三十二年载："崤有二陵焉，其南陵夏后皋之墓也……"，即谓此。相传夏朝第十四代帝王夏后皋在此关附近与敌对部落战死后葬于此。

雁翎关设于何时，已不可考。但据《水经注·河水注》和夏后皋墓位置，则置关时间应是比较早的，初步推断当在夏末。

---

①（清）顾炎武：《肇域志》，《顾炎武全集》第8册，上海：上海古籍出版社，2004年，第1884页。

3. 莎栅城与莎栅道

唐杜宝《大业杂记》载："大业元年，敕有司于洛阳故王城东营建东京，以越国公杨素为营东京大监，安德公宇文恺为副。废三崤旧道，令开葼栅道。"《资治通鉴·炀帝大业元年》条载："三月，丁未，诏杨素与纳言杨达、将作大将宇文恺营建东京。……废二崤道，开葼册道。"开葼栅道，是隋炀帝在营建东京洛阳新都之前所做的三件大事之一，其他两件事是即日车驾往洛阳，改洛州为豫州和自豫州至京师置一十四顿[①]，可见开葼栅道是直接为隋炀帝营建新都服务的，可视为营建东京，提高新都效能规划的基础工程。文中所说"葼栅道""葼册道"即后世所称的莎栅道。《唐会要·道路》："贞观十四年七月三十日，移五崤道于莎栅，复旧路。"《通典·州郡七》永宁县："隋炀帝大业三年废。武德初，又通此道，贞观十四年又废。"[②]所谓"二崤道""五崤道"均指三崤道，亦即崤山北路[③]，开莎栅道即废崤山北路，辟用崤山南路新路。莎栅即经过拓展或改线的崤山南路的东段。莎栅道自大业元年（公元605年）开辟后，崤山南北二路在相当一段时间，呈现互为更替的现象，概括起来，便是大业三年（公元607年）废南路，复走北路。唐武德初重复南路，贞观十四年（公元640年）又废，复以北路为主道，同年七月又改移南路，此后至唐代后期未变。此一时期崤山南北二路互为更替的历史，究其原因，王文楚、胡德经认为，与唐永宁县、崤县、硖石县等的置废和迁徙有关[④]。辛德勇则认为，县的置废及县治的选定会受到诸多因素的影响，往往并不呈现机械的对应关系。但他同时认为，贞观十四年以后硖石县一直设在南道上的硖石坞（今石门），迄唐末再未曾移徙，与贞观十四年以后一直以南路为主道有所关联[⑤]。一般来说，政区建置的变化，往往反映了朝廷对该地区行政控制力的变化，也反映出区域交通和经济开发的拓展与深入。按照中国封建社会的传统，中央与地方之间、各政区治地城市之间都有要道与官道相通。因此，综合分析，莎栅道开辟最初的起因，当是隋炀帝新都建设的一部分，此后，沿线永宁、崤、硖石等县的置废迁徙，也在很大程度上影响了交通线路的走向，致使崤山南北二路呈现互为更替的复杂现象。随着贞观十四年硖石县稳定在南路

---

① 辛德勇辑校：《两京新记辑校·大业杂记辑校》，西安：三秦出版社，2006年，第2页。

②（唐）杜佑撰，王文锦等点校：《通典》卷177《州郡七》，北京：中华书局，1988年，第4655页。又严耕望《唐代交通图考》以为《通典》大业三年疑为元年之讹，而贞观十四年事亦与《唐会要》所云为一事。其说有一定道理，但仍需进一步论证。

③ 隋代时称崤山北路为三崤道，而不称二崤道。"五崤"当为"三崤"之讹。参见辛德勇《崤山古道琐证》一文中的考证。

④ 王文楚《唐代两京驿路考》："崤县、硖石县的置废和迁徙，与崤山南北二路互为更替的历史有关，北魏设崤县于安阳城，故北周初移崤山主道于南路；隋大业二年废硖石县，故三年移崤山道于北路；唐武德初再置崤县于石坞，此时又恢复南路；此后又二度移治，贞观十四年曾改经北路，同年再迁县治硖石坞，改名硖石县，固定不徙，崤山主道再次改经南路，直至唐末。"胡德经《两京古道考辨》："唐武德初再置崤县于石隝（今雁翎关西石门），武德三年移永宁县治于同轨城（今三乡北城头村），主道又随之移至南线。唐贞观十四年又移永宁县治于莎册（同轨东北三十里，今河底镇），同年又移崤县于硖石隝（今硖石镇），改为硖石县，故又废南走北。同年七月以后，又移硖石县或于安阳（今雁翎关西之南县村），随之又移主道于南线。贞观十七年又移永宁县治于鹿桥（今洛宁县北五十华里左右之旧县村）。自此以后，唐代的东西主道一直放在南线。"

⑤ 辛德勇：《崤山古道琐证》，《中国历史地理论丛》1989年第4卷第4期，第37-67页。

上，迄唐末一直以南路为主道。

莎栅道的开辟是崤山南路交通线路的一次重大变迁。但因史籍记载语焉不详，历来对其线路起止及经点等说法不一。《资治通鉴》胡注："洛州永宁县，本熊耳，西五里有崎岫宫，南（引注：应为西）三十三里有兰峰宫。此皆东、西二京往来缘道离宫，杂出于隋、唐所置，不载所谓葼册道，不知此道起于何所，入于何所。《山海经》曰：'夸父之山，在湖县西九里，其山多葼枬，其北曰桃林，或者葼枬字后讹为葼册，遂为葼册道欤？'"[①]民国《陕县志》以为："《河南志》：莎栅谷水在永宁县西三十里，出莎岭入昌谷。按莎与葼字相类，栅或省作册。然则葼册道或为今自陕原东南乾山东橐山西之斜庙幽谷，而东南行至莎栅谷达永宁宜阳之路，以避二崤之险欤？抑为湖城（即阌乡有隋上阳宫）卢氏直达永宁之道，今洛潼汽车路线欤？但此说亦无证然，然较胡注为近是。"[②]

要理清莎栅道，必先清楚莎栅城所在。嘉庆《重修一统志·河南府一》山川："莎栅谷在永宁县县西三十里，唐有莎栅城，韩愈、孟郊有莎栅联句诗。"中唐诗人权德舆《发硖石路上却寄内》诗亦有"莎栅东行五谷深，千峰万壑雨沈沈"之句[③]。《资治通鉴》卷221肃宗乾元二载云，唐将李忠臣追击史思明部将李归仁"战于永宁、莎栅间，屡破之"。胡注："永宁县……武德三年移理同轨，贞观十四年移理莎栅，十七年又移理鹿桥。"《旧唐书·地理一》："永宁，隋熊耳县所治。义宁二年，置永宁县，治永固城，……武德……三年移治同轨城，……贞观……十四年移于今所，十七年移治鹿桥。"据此，贞观十四年复开莎栅道时曾移永宁县治于莎栅。同轨在今洛宁杨坡乡城头村，鹿桥已确定在今洛宁县南、北旧县村。莎栅所在，王文楚等指在今宜阳河底镇[④]，恐不确。《新唐书·地理二》：永宁县"西五里有崎岫宫，西三十三里有兰峰宫，皆显庆三年置"。据此莎栅城在永宁县西30里，兰峰宫在永宁县西33里，即今陕州区宫前乡宫前村北，则莎栅城应在兰峰宫东3里处。

崤山南路线路历来是从陕州城向东南沿青龙河谷，过交口，经唐南硖石县，溯雁翎关水越雁翎关，沿源于雁翎关的连昌河（永昌河）东而下至三乡驿（今宜阳县三乡镇），即连昌河线，再顺洛河平原东去直达洛阳。但连昌河从兰峰宫向东大致是沿纬度线方向约40里至龙脖水库，又东南沿连昌河至今宜阳县三乡入洛河，其流向大体是西北东南向弯曲的"弓背形"，其间从柳树沟至龙脖水库间曲流发育，弯道颇多。新开莎栅道东起永宁县城西30里莎栅城，即兰峰宫东3里，东南行经今陕州区宫前乡池头、头峪村后入洛宁县境，至唐永宁县城（今洛宁中河乡南北旧县村）。又东南经今东宋镇照册村，沿渡洋河谷北岸东经今东宋镇大宋村直抵三乡驿，里程约为40里。如此，新开莎栅道不再绕行连昌河谷，而是改行渡洋河线，由宫前、头峪、旧县、照册、大宋一线下三乡，

---

① （宋）司马光：《资治通鉴》卷180《隋纪四》"炀帝大业元年"条，北京：中华书局，1956年，第5617页。

② 欧阳珍修，韩嘉会撰：民国《陕县志》卷19《古迹》，《中国地方志集成·河南府县志辑》（69），上海：上海书店出版社，2013年，第678页。

③ （唐）权德舆：《发硖石路上却寄内》，《全唐诗》（增订本）卷329，北京：中华书局，2008年，第3686页。

④ 王文楚：《西安洛阳间陆路交通的历史发展》，《历史地理研究》（第1辑），上海：复旦大学出版社，1986年；胡德经：《两京古道考辨》，《史学月刊》，1986年第2期，第3-9页。

大体是沿黄土丘陵原面或小分水岭，向东南斜行近乎直线走向为“弓弦”，高差不大，道路比较平直、便捷，又避免曲流，减少路程，长度约为 70 里，量算比崤山南路（莎栅至三乡段）减少路程约 20 里。由此可见，莎栅道的开辟，从交通地理上讲，当为解决崤山南路“弓背形”线路，避免曲流，减少路程的有益尝试。因此自唐贞观十七年（公元 643 年）之后，从陕州东南至洛阳的大道便改走莎栅道。唐高宗显庆三年（公元 658 年），又于莎栅城西 3 里置兰峰宫，鹿桥驿西 5 里置崎岫宫。两宫距离约为 30 里，即当时在山区行走的一日里程[①]。原崤山南路连昌河线则沦为一般线路。

4. 安国寺

从雁翎关出发，向东，过宫前，沿连昌河谷，约 60 里至安国寺。此为莎栅道开通前主道。

安国寺，又名琉璃寺，在今陕州区西李乡东南元上村西，北依瑞云山，南临连昌河。莎栅道开通以前，这里是崤山南路的必经之地。在其周围，有不少隋末瓦岗军领袖李密等的活动踪迹。据安国寺正殿廊下承檐石柱上雕刻的《安国寺小序》载，寺院始建于隋，自唐迄清历代多次敕封，屡经修葺。当年为修建安国寺，方圆附近之良木、精料全部用完。现存建筑多为明清时翻修改建。现存面积 5000 余平方米，寺内有房屋 33 间，寺外东侧还有僧房 27 间。其主体建筑坐北朝南，为五进院，中轴线上有山门、前殿、三佛殿、二佛殿、火墙门楼、后大殿，其中被火墙门楼界为前、后院。另外，还有东西掖门、钟楼、西配殿、东西廊房、莲花池等。

5. 同轨城

经安国寺继续沿连昌河谷东下，入洛宁，约 25 里至同轨城，由此继续南下，至三乡。

同轨城，西魏置同轨防。《读史方舆纪要 • 河南三》永宁县：“同轨城，在县东。西魏置同轨防于此。”《通典 • 州郡七》“永宁”条：“后周置黄栌、同轨、永昌三城以备齐也。”北周同轨防当在同轨城中。北周又有同轨郡，治熊耳县。《隋书 • 地理中》：“熊耳，后周置同轨郡。开皇初郡废。”《资治通鉴》胡注：“《五代志》：河南宜阳县，后周分置熊耳县、同轨郡。周、齐以宜阳为界；以同轨名郡者，言将自此出兵以混一东西，使天下车同轨也。”[②]可见，西魏、北周时同轨城实为东西交兵的前沿阵地。隋开皇二年（公元 582 年）永宁县治移此。唐武德三年（公元 620 年）移永宁县于同轨城，贞观十四年（公元 640 年）又移至莎栅城。同轨城地当崤山南路要道。唐宝应元年（公元 762 年），唐军兵发陕州，征伐史朝义，前锋仆固怀恩率军至同轨，后至洛阳。贞元二十年（公元 804 年）九月，元稹自长安到洛阳，途中宿同轨店，作《雪后宿同轨店上法护寺钟楼望月》。据乾隆《永宁县志 • 古迹》：同轨城，“今县东北有城头村”，即今洛宁东北杨坡乡城头村。

---

① 李健超：《崤山南道考察记》，《三门峡职业技术学院学报》2008 年第 7 卷第 4 期，第 45-48 页。

②（宋）司马光：《资治通鉴》卷 160《梁纪一六》“武帝太清元年”条，北京：中华书局，1956 年，第 4954 页。

6. 唐永宁县故城

从莎栅城出发，东南经今宫前乡池头、头峪后入洛宁县境，约 30 里至唐永宁县。

头峪村西有乾隆年间重修的一座石桥，桥体由砖、木、石三部分组成，长 10 米，宽 4.75 米，桥东宽 8.83 米。据乾隆二十三年《重修桥路碑记》云：头峪“镇之东有石桥，昔人创建，规模颇狭，往来者苦其不便。佚程永惠徙居此镇，乃邀人募化与本镇斋氏商人，叠石架木以利行人，由是桥之西南宽于旧者丈余，东南阔于昔者过半”。可知，该桥修建甚早，经乾隆年间重修，面貌一新。

《旧唐书·地理二》：“义宁二年，置永宁县，治永固城，属宜阳郡。……武德……三年移治通轨城，……。贞观……十四年，移于今所。十七年，移治鹿桥。”所谓“今所”，即莎栅。《资治通鉴》卷 221“肃宗乾元二年”胡注引宋白曰：“贞观十四年移理莎栅，十七年移鹿桥。”据此，永宁县自义宁三年（公元 618 年）置于永固城后，又先后移至同轨城、莎栅，贞观十七年（公元 643 年）再迁至鹿桥，至唐末再无变动。《资治通鉴·肃宗上元二年》条载，安史之乱时，史思明“使朝义将兵为前锋，自北道袭陕城，思明自南道将大军继之。……思明退屯永宁，……思明在鹿桥驿”。胡注：“鹿桥驿，永宁传舍也。”日本和尚圆仁《入唐求法巡礼行记》卷 4 载，会昌五年（公元 845 年），圆仁从长安经华阴、潼关，过永宁县，至东都洛阳[①]。文献对唐永宁县城所在，记载多记其与其他府县、山川里数，而不言其确址，今人也多以今洛宁县东北为说。李健超师考诸文献，考订唐永宁县城在今洛宁县北大约 50 里处的中河乡南北旧县村[②]。《元和郡县图志》记唐永宁东至河南府 200 里[③]，又云陕州东至东都 350 里[④]，则永宁县城当在陕州东 150 里。《太平寰宇记·河南道六》谓陕州“东至河南府永宁县一百一十六里，……东南至河南府永宁县界一百六十里”。学者疑“界”字乃衍文，即上条“县”字下应有“界”字，而下条“县”字下之“界”字当误[⑤]，据此，陕州东南至河南府永宁县界为 116 里，东南至永宁县城实为 160 里。按其里距，恰在今洛宁县北部旧县村附近。金正隆六年（1160 年）永宁县城始由鹿桥南迁至洛河河畔今址，民国三年（1914 年）改称洛宁县。顾祖禹《读史方舆纪要》记载，清永宁县在河南府西南 200 里，北至渑池县 120 里，西北至陕州二百里[⑥]，这也说明唐永宁县城无疑在今洛宁县北的旧县村，即唐贞观十七年（公元 643 年）永宁县城治所鹿桥驿。旧县村南今有鹿山、鹿山寨，村东有上鹿河、下鹿河等地名，当与鹿桥有关。实地观察，距南旧县村北约 1 里的原面上尚有大量瓦片碎砖，当地群众指为原永宁县城址。在北旧县村东还发现有夯土城墙、房基遗迹及唐瓷

---

① [日]释圆仁原著，白化文、李鼎霞、许德楠校注：《入唐求法巡礼行记校注》，石家庄：花山文艺出版社，2007 年，第 466、467 页。

② 李健超：《崤山南道考察记》，《三门峡职业技术学院学报》2008 年第 7 卷第 4 期，第 45-48 页。

③（唐）李吉甫撰，贺次君点校：《元和郡县图志》卷 5《河南道一》，北京：中华书局，1983 年，第 141 页。

④（唐）李吉甫撰，贺次君点校：《元和郡县图志》卷 6《河南道二》，北京：中华书局，1983 年，第 156 页。

⑤ 严耕望：《唐代交通图考》第 1 卷《京都关东区》，上海：上海古籍出版社，2007 年，第 68 页。

⑥（清）顾祖禹撰，贺次君、施和金点校：《读史方舆纪要》卷 48《河南三》，北京：中华书局，2005 年，第 2256 页。

片砖瓦等[①]。

7. 宜阳三乡、光武庙和女几山

由唐永宁县城出发，东南行约六十里，中经今东宋镇照册村，沿渡洋河谷北岸东经今东宋镇大宋村直抵宜阳三乡镇。莎栅道开通前，则是越雁翎关后，沿连昌河谷东下，经同轨城至三乡。

三乡于唐时属福昌县，崤山南路无论是旧路还是新开莎栅道，均经于此。据严耕望的考证，三乡既是永宁县至福昌县的中点，又是崤山南路由东北走向转入西北走向的拐角点，还是洛水与其支流昌河的交汇点。崤山南路在此转向，沿着昌河河谷向西北进入永宁县境[②]。崤山南路自陕州东来，基本穿行在百里山路之中，抵三乡，进入洛河川，道路豁然开朗，直达洛阳。在今三乡镇政府后面有一条长辙道，当地人俗称蹓马道，据说就是隋唐古驿道。唐在此设三乡驿，是崤山南路上一座重要的驿站，为唐代诸帝东巡必经之地，附近建有连昌宫、兰昌宫等行宫。唐玄宗、武则天等都曾在此驻跸。三乡昌谷为中唐诗人李贺的故里，其一生大部分时间在昌谷度过，许多著名的诗篇在这里创作。昌谷在连昌河与洛河交汇处，是一块两山间的谷地，因连昌河谷得名，在唐代是一个水陆交汇、山川形胜之地，北有凤翼山、汉山，南有女几山、梅鹿山，连昌河从凤翼山和汉山间缓缓穿过昌谷向东南流注洛水。唐代诗人张九龄、岑参、韩愈、皇甫湜、裴度、刘禹锡、白居易往返两京，都曾驻足昌谷游览赋诗。

三乡北汉山之巅有光武庙，背依土岭，三面临坡，俗称“大庙坡”。东汉建武三年（公元 27 年），刘秀大破赤眉军于崤底，永平元年（公元 58 年），明帝即位降诏于此立庙，此后历代均有续建和修缮。鼎盛时占地一百多亩，殿宇 80 余间。现存庙宇为清代重修，占地 4000 余平方米，建筑 31 间，包括山门、厢房、子陵殿、皇姑殿等。

三乡南有富有神话色彩的女几山，今名花果山，为洛水发源地，也是道藏中的 72 福地之一，山上有兰香神女庙，景色优美。唐玄宗在三乡时，写有《望女几山》诗。元和十二年（公元 817 年），裴度出讨淮西叛军吴元济，专程到女几山兰香女神祠，祝祷平叛胜利，并刻石题诗。随军的韩愈有和诗《奉和裴相公东征途径女几山》。其后白居易游历女几山也赋有二百言的古风《题裴晋公女几山刻石诗后有感》感慨抒怀。可见，唐时的三乡，不仅是交通要地，也是著名的游览胜地。

8. 唐福昌县故城

自三乡始，南路循洛河北岸东进，约二十里至唐福昌县。

福昌县因隋时在此建福昌宫而得名，遗址在今韩城镇福昌村北土原上。《元和郡县图志 • 河南道一》：“福昌县东至府一百五十里。古宜阳地，春秋时属晋，七国时属韩。汉以为县，属弘农郡……隋义宁二年，于此置宜阳郡。武德元年改为熊州，改宜阳县为

---

① 严辉：《洛阳地区隋唐离宫遗址调查与考证》，《河南科技大学学报》（社会科学版）2004 年第 22 卷第 4 期，第 26-29 页。

② 严耕望：《唐代交通图考》第 1 卷《京都关东区》，上海：上海古籍出版社，2007 年，第 72、73 页。

福昌县，取县西隋宫为名。贞观元年州废，以县隶谷州。显庆二年废谷州，以县属河南府，今县城即魏一全坞，城东南北三面天险峭绝，后周置重兵于此，以备高齐。”元顺帝至元三年（1337年），废福昌县入宜阳县，县治遂废。现残存北城墙1～3米，城内北部有一土墩，传为点将台，东南角为衙署和牢房，西南高岗上有福昌阁，今为道观。西临土沟是原城西门的大道，即今之城门沟。

9. 宜阳故城

从唐福昌县城向东，沿洛河北岸，行十四里至宜阳故城。

宜阳故城，即战国韩国韩城，遗址在今宜阳洛河北岸韩城镇东关村与城角村之间。《括地志·谷州》“福昌县”条云：“故韩城一名宜阳城，在谷州福昌县东十四里，即韩宜阳城也。”《后汉书·光武帝纪上》：“冯异与赤眉战于崤底，大败之，余众南向宜阳。”李贤注：“宜阳，县名，属弘农郡，韩国都也。故城在今洛州福昌县东韩城也。”《资治通鉴》卷1周安王十一年载：“秦伐韩宜阳，取六邑。”胡注引《史记正义》：“宜阳县故城在河南府福昌县东十四里，故韩城是也。”自公元前424年韩武子迁都宜阳，至韩景侯元年（公元前408年），韩国立都宜阳16年，是战国韩国立国后的第一座都城，也是当时著名的商业城市和军事重地，其繁华程度甚至被称为“天下之市朝”[①]，可以与东周洛邑及齐都临淄、秦都咸阳相媲美。《战国策·东周》：“宜阳城城方八里，材士十万，粟支数年。”《史记·甘茂列传》：“宜阳，大县也，上党、南阳积之久矣。”索隐：“谓上党、南阳并积贮日久矣。”正义：“韩之北三郡积贮在河南宜阳县之日久矣。”宜阳故城背山面水，东瞰广袤的伊洛河平原，东可窥周室，西可扼崤山南路。《资治通鉴》卷2周显王三六年胡注：“韩之宜阳，西接境于秦，当函谷出兵之路。”《史记正义》：“此韩之大郡，伐取之，三川路乃通也。”宜阳故城也是通往上党、南阳道路的发轫之所。“秦下甲据宜阳，断韩之上地，东取成皋、荥阳，则鸿台之宫、桑林之苑，非王之有已。夫塞成皋，绝上地，则王之国分矣”[②]。可见，宜阳故城是从崤山谷地到伊洛平原的第一站，也是战国时秦国出函谷关后入中原的第一道屏障。秦为“车通三川”“以窥周室”[③]，多次攻打宜阳，终于秦武王四年（公元前307年）夺取宜阳，从而完全控制了崤山南道，为秦国挺进中原，并吞六合，统一全国打开了局面。东汉建武三年（公元27年），刘秀在崤底大败赤眉军，收降8万人，余部10多万人夺路向东，退入宜阳三乡，刘盆子及丞相徐宣以下30余将章军向刘秀投降，“积兵甲宜阳城西，与熊耳山齐”[④]。秦汉至唐宋900余年间，这里也一直是郡县建制所在。至北齐承光元年（公元577年），北周平齐，宜阳故城遂废。

考古勘察，宜阳故城平面略呈长方形，南北长1510～2150米，东西长1630～1843

---

①（西汉）刘向集录，范祥雍笺证：《战国策笺证》卷3《秦策一》：张仪对秦惠文王曰：“臣闻争名者于朝，争利者于市。今三川、周室，天下之市朝也。”高诱注：“三川，宜阳也。”“周室，洛邑，王城也。”上海：上海古籍出版社，2006年，第202页。

②（汉）司马迁：《史记》卷70《张仪列传》，北京：中华书局，1959年，第2294页。

③（西汉）刘向集录，范祥雍笺证：《战国策笺证》卷4《秦二》，上海：上海古籍出版社，2006年，第251页。

④（南朝宋）范晔：《后汉书》卷11《刘盆子传》，北京：中华书局，1965年，第485页。

米，分为宫城和郭城两部分，面积约 310 万平方米。其中宫城位于故城西北角，北部向外突出，坐落在山坡上，南部与郭城相连。郭城位于故城东南部，城内西北高，东南低，正中有一条东西走向的断崖将郭城分为南北两个部分。城墙均系夯筑而成，其中东墙与北墙保存较好。东墙长 1515 米、宽 18～36 米，存高 3～6 米；北墙长 1843 米、宽 18～38 米，存高 1.5～8 米。西墙长约 2150 米、南墙长约 1630 米。在北、东城墙大致中间的位置各有一个豁口，当地群众分别称其为“北门口”和“东门口”，应为当时的北门和东门，两面城墙外发现有明显的护城壕遗迹。壕宽 4～17 米，深 7.8～10.5 米，系引宜水入城壕，绕城墙注入洛水。在北墙外侧还发现有 5 个马面遗迹，这也是中国目前发现的最早的马面遗迹。南门和西门，因城墙已被洛河和韩城河冲毁而不见踪迹。在郭城西北部，考古人员发现大型建筑基址 3 处，烧窑群 1 处，东西、南北方向的大道各 1 条。郭城周围还分布着许多与之相关的墓葬、烽火台等遗迹。城内历年出土的遗物多属战国时期，其中有铜戈、矛、镞等兵器及板瓦、筒瓦、瓦当等建筑材料[①]。根据城墙的墙筑形制和夯土内的遗存，宜阳城并非同期筑成，而是在原来规模甚小的旧城东边，又扩建了规模较大、筑造规整的新城区，二者相互衔接并沟通，使之成为一个规模更大的城廓。

10. 永济桥

从宜阳故城向东 17 里，过柳泉，经永济桥，南渡洛水。

永济桥始建于隋大业三年（公元 607 年），连接洛河南北两岸。隋末因兵乱毁弃。唐贞观八年（公元 634 年），在原桥处重建。《元和郡县图志·河南道一》寿安县：“永济桥，在县西十七里。炀帝大业三年置，架洛水。隋乱，毁废。贞观八年修造舟为梁，长四十丈三尺，广二丈六尺。”开元四年（公元 716 年），“中丞王怡以纠获赃钱，叠石重造永济桥，以代舟船，行人颇济焉”[②]。这次重建，一改此前的“造舟为梁”为“叠石”，即以石柱为梁。《唐六典》卷 7《尚书工部》水部郎中：“凡天下造舟之梁四，……石柱之梁四，洛三，灞一。洛者，天津、永济、中桥；灞者，灞桥也。”开元十八年（公元 730 年），因洛水暴涨，永济桥被冲毁。是否又获重建，也未可知。但晚唐时，这里已为渡口，人马来往要靠扁舟渡河。许浑《早发寿安次永津渡》作于唐太和六年（公元 832 年），诗云：“东西车马尘，巩洛与咸秦。山月夜行客，水烟朝渡人。树凉风皓皓，滩浅石磷磷。会待功名就，扁舟寄此身。”其后不知何时，永济桥又获重建。治平四年（1067 年）仲秋，北宋理学家邵雍自洛阳西游寿安、福昌，从永济桥过，并写有《十日西过永济桥》诗，题自注：“唐桥名”。至元丰年间（1078～1085 年）永济桥坍塌消失。曾任寿安尉的诗人张耒《永济桥》诗云：“墟庙无人吊毁垣，故桥遗址至今存。侵波野岸生新草，啮石老沙留旧痕。金殿有基藏兔穴，玉舆无路半樵村。甘棠古道轮蹄断，落日空山暮雨昏。”

永济桥遗址，《元和郡县图志·河南道一》寿安县云：“永济桥，在县西十七里。”

① 蔡运章：《韩都宜阳及其相关问题》，《甲骨金文与古史研究》，郑州：中州古籍出版社，1993 年，第 290-312 页；赵安杰：《战国宜阳故城调查简报》，《中原文物》1988 年第 3 期，第 10-14 页。

②（宋）钱易撰，黄寿成点校：《南部新书》戊，北京：中华书局，2002 年，第 65 页。

钱易《南部新书》记开元四年（公元716年），王怡叠石重造永济桥事，亦强调说："在寿安之西"。而晚出的嘉靖《河南通志》及光绪《宜阳县志》则提出在宜阳县东17里，即今香鹿山镇东南李营村东，南通锦屏镇周村，北对八关城。前述邵雍西游寿安、福昌，据《伊川击壤集》记载其行程，是"六日晚出洛城西门，宿奉亲僧舍"，"七日溯洛夜宿延秋庄上"，"八日渡洛"赴寿安城，"登南山观喷玉泉"，"九日登寿安县锦屏山宿邑中"，"十日西过永济桥"，"十一日福昌县会雨"，此后几日均在福昌游览。十五日起经寿安、伊河川、龙门返回①。按其行程，永济桥在寿安城西，而非城东，否则，邵雍八日赴寿安城便不会是"渡洛"，而应是过桥。十日过桥时，又明确说是"西行"。从时间顺序上看，"县西说"比县东见于史籍要早，且有宋人具体行程记述可证。据此，永济桥当在县西17里处，即今锦屏镇灵山东桥头村与柳泉镇水兑南湾村之间的洛河上。据说，2011年，锦屏镇灵山东桥头村洛河河床中曾出土一批圆形木桩和青色花岗岩石墩，木桩直径约40厘米，一头为圆锥形。石墩厚度约45厘米，最长者约120厘米，短者约90厘米，宽度在95～65厘米。这批遗物和桥头村地名本身，当与永济桥有关。

永济桥前后断断续续存在了470余年。隋唐以崤山南路为主线，交通十分繁忙。永济桥是当时重要的交通咽喉。从其建造时间看，此桥当为配合隋东都建设而造。因皇家禁苑西苑的范围已至今宜阳境，崤山南路不可能自城西经西苑入城，而要向南或向北绕道，向北绕道途险路远，只能向南绕道，南渡洛河。永济桥位置正好在西苑东南，由此过河，即可沿洛河南岸向东，绕过西苑，越龙门西山，由龙门口北上进入洛阳城。正因永济桥是崤山南路绕行西苑的必经之桥，故被《唐六典》列为唐代四大石柱梁桥之一，纳入国家交通管理。《开元水部式》残卷载："京兆府灞桥、河南府永济桥，差应上勋官并兵部散官，季别一人，折番检校。仍取当县残疾及中男，分番守当。灞桥番别五人，永济桥番别二人。"②

11. 寿安故城

自永济桥南渡洛河后，向东行14里至寿安故城。寿安县是崤山南路东行最后一县，故城在洛河南岸的锦屏山下，即今宜阳县老城区，建于隋文帝仁寿四年（公元604年）。大业元年（公元605年），隋炀帝于此建显仁宫，遂移寿安于九曲。唐贞观四年（公元630年）复还治寿安，设甘棠驿。至金兴定元年（1217年）改寿安为宜阳。寿安故城原为土城，城垣周长仅4里多，北临洛河，南抵翠屏山麓。东西较长，南北偏狭，西北角因藻水河床所限，城角呈圆形，城形如船，故称船城。至明正德年间，知县司牧将土城修为砖城，城设五门。现城墙仅存西南角2段，最长者47米，短者12米。

又寿安故城西北5里有九曲城，又名九阿，遗址在今宜阳香鹿山镇甘棠村。《水经注·洛水》："洛水东径九曲南，其地十里有坂九曲。《穆天子传》所谓'天子西征，升于九阿'，此是也。"北齐于此置城，以备北周。隋义宁元年（公元617年）曾移寿安县

---

①（宋）邵雍著，陈明点校：《伊川击壤集》卷5，上海：学林出版社，2003年，第50-55页。

② 霍存福编著：《唐式辑佚》，北京：社会科学文献出版社，2009年，第523页。

治于此。唐武德二年（公元 619 年），王世充与唐兵战于此，程咬金、秦叔宝倒戈投唐。九曲城虽为要地，但地处洛水北岸，隋唐时已非崤山南路所必经之地。

距寿安故城东南约 30 里又有汉八关城，遗址在今宜阳香鹿山镇邵窑村西高地上。西汉时曾为汉函谷关的南塞。《水经注 • 洛水》："洛水自枝渎又东出关，惠水右注之，世谓之八关水。戴延之《西征记》谓之八关泽，即《经》所谓散关，鄣自南山，横洛水，北属于河，皆关塞也，即杨仆家僮所筑矣。"东汉中平元年（公元 184 年）为阻止黄巾起义军的进攻，置八关都尉治此，统函谷、广城、伊阙、太谷、轩辕、旋门、小平津、孟津等八关。八关城"西阻塞垣，东枕惠水"[①]，与八关共同构成洛阳东部的重要屏障。城西北的长野岭高 40 余米，穿越长野岭的山谷，当地人称大封口，是散关的唯一通道，也是崤山南路进入洛阳的必经之地。隋唐时八关城划入西苑。显庆五年（公元 660 年），高宗在西苑之最西端建八关宫，旋改名合璧宫。有学者认为，此当与八关城有关，或即以八关城改建。恐不确。合璧宫遗址已在今洛阳西南高新区辛店镇龙池沟村东北山阜被发现，遗迹尚保留有明显的门阙、前殿后殿夯土殿基，并采集到一些唐代建筑构件[②]。今八关城遗址所在仅存唐代寺院遗址，人称八关寺。

宜阳是东行入洛阳的南入口，历史上崤山南路线路在此虽有变迁，但基本上都是沿洛河谷道而行，出寿安故城后，道路转入坦途，经三泉（今宜阳香鹿山镇苗村）30 里至甘水驿（今宜阳丰李镇）北上，抵达洛阳。

（三）崤山北路交通线路及其变化

1. 董达桥遗址

由陕州城出发，过交口，沿涧河东行，约 40 里至今陕州区张茅镇。镇东香油河（《水经注》之崖水）上原有董达桥。据《董达桥刻石》记载，桥为五代董达建筑之石桥，宋元明清多有修葺[③]。20 世纪 60 年代公路改建时被毁，前后使用 1000 余年。民国《陕县志》刊有该桥照片。

董达桥以砖砌成券洞式，左右两侧石柱用 20 根间隔，中设石栏板，石柱上分别题刻有恒农郡、董达桥、东距玤、西邻焦、南排漫、北距茅、连二陕、数三崤、韩魏境、豫冀交、仙话李、相传姚、神门著、客舍标、道转峡、水如膏、藩篱固、锁钥昭等，既传递了董达桥所在位置及其交通的重要性，也概括了附近地区发生的历史事件和典故。石栏板上所刻题咏，内容也均为附近名胜。董达桥西的张茅西崖村，是唐相姚崇故里，其父姚懿祖居并受封于此。今存故居遗址、旌贤寺遗址、姚公祠等。光绪二十七年（1901 年），慈禧和光绪帝自西安回銮北京，路过张茅，在张茅街路北修建行宫。次年，改为棠荫书院。后作为车马店，故俗称"行宫店"。

---

① （北魏）郦道元著，陈桥驿校证：《水经注校证》卷 15《洛水》，北京：中华书局，2007 年，第 368 页。

② 严辉：《洛阳西郊龙池沟唐代西苑宫殿遗址调查》，《文物》2000 年第 10 期，第 35-42 页。

③ 欧阳珍修，韩嘉会撰：民国《陕县志》卷 21《金石》，《中国地方志集成 • 河南府县志辑》（69），上海书店，2013 年，第 695 页。

2. 北硖石县故城

从张茅出发，向东行约 20 里，至北硖石县。遗址在今陕州区硖石乡硖石村。该村东西狭长，四面皆为崤山环绕，一条道路从村中通过，当地群众称其为老路。唐武德三年（公元 620 年）迁崤县县治于附近的鸭桥，其后又回迁南硖石，北宋乾德五年（公元 967 年）复迁至石壕镇，即今硖石村。受地理形势制约，北硖石城池规模较小，北宋时甚至衙署还是“正门低小，街衢窄隘”①。大中祥符三年（1010 年），宋真宗西祀汾阴，欲驻跸硖石，陈尧叟奏云：“陕州峡石县湫隘，不足以驻銮驾，兼卫兵无停止之处，其行宫望特遣使臣检视。”②硖石县地势低洼狭小，庞大的仪仗在此难以驻足，因此，下诏在当地选宽阔之地建行宫。宋熙宁元年（1068 年）省为石壕镇，后又在此设硖石关及驿站，建为关寨。明设巡检司。顾炎武《肇域志》：“硖石关，在州东七十里旧硖石县，即古崤陵路。东通渑池，西通函谷。有巡检司。”③民国时期，寨门上有楹联：“天险崤山，千岩万壑；地居石壕，三晋二陵。”西寨门上横批“硖石旧县”。北硖石遗址面积约 20 万平方米，地表城垣已不存。据当地人讲，早些年地表上还散存有板瓦及黄釉、黑釉、白釉瓷瓶、壶、罐、碗等。断壁处偶见夯土层。城外崤水两侧岸边发现有唐宋文化遗物，附近石料场和采石场一带发现有唐宋墓群。硖石北面的三嘴寨等处为北宋晚期石壕尉李彦仙与金兵对垒处，东 5 里处即北崤道石壕段遗存。

硖石是五代南平国国王高季兴的故乡，还是“诗圣”杜甫《石壕吏》的诞生地。唐乾元二年（公元 759 年），杜甫因“安史之乱”由洛阳逃难回长安，途中投宿石壕一民户家，目睹“有吏夜捉人”迫民充丁之事，写下千古绝唱《石壕吏》。《全唐诗·石壕吏》本注：“陕县有石壕镇。”北宋以来都认为《石壕吏》作于今石壕，但县下大量设镇是在宋代以后，北硖石废县设镇也在熙宁元年（1068 年），唐时这里尚未设镇。所以，唐乾元二年杜甫经过此地时，石壕还只是单称石壕，或石壕村，而不称镇。今石壕村原名干壕、甘壕或兴隆镇，后人指《石壕吏》作于今石壕村，实误。

3. 文王避雨台

文王避雨台位于硖石村东街北，即《左传》所谓“北陵”。《左传·僖公三十二年》：“崤有二陵焉……其北陵，文王之所避风雨也。”文王避雨台面临古淆水，为一长约 50 米，高约 8 米的石坎，原有柏树、庙宇、八卦琉璃井、石刻碑碣等，1965 年前后被毁，现已辟为耕地。据考古调查，避风雨台发现有南、北两组建筑基址，基址之下仍有白灰颗粒、板瓦等与建筑相关的遗物遗迹现象，其建筑时代最晚应到清代。遗址南部还发现瓷片、三彩片、板瓦、筒瓦、瓦当及大量的建筑构件及古井等④。周文王在商为西伯，屡受召入觐，过此地躲避风雨。西周以来，文王避雨台极负盛名，后代屡在此建祠以祀

① （宋）李焘：《续资治通鉴长编》卷 74“真宗大中祥符三年”，中华书局，1980 年，第 1687 页。

② （宋）陈尧叟：《请遣使臣检视行宫奏》，曾枣庄、刘琳：《全宋文》第 5 册，巴蜀书社，1989 年，第 143 页。

③ （清）顾炎武：《肇域志》，《顾炎武全集》第 8 册，上海：上海古籍出版社，2004 年，第 1884 页。

④ 洛阳市文物考古研究院、陕县崤函古道文物保护管理所：《陕县崤函古道遗址考古调查与试掘的初步收获》，《洛阳考古》2016 年第 1 期，第 3-5 页。

文王。《括地志·谷州》永宁县："二崤山又名嵚岑山，在谷州永宁县西北二十八里，即古崤道也。……按文王所避风雨即东崤山也，俗亦号文王山。有夏后皋墓，北可十里许。"嵚岑山即今陇海铁路东南侧，俗呼之为金银山者。杨向奎指出，文王避风雨"即文王山由此而得名，它不是后人的伪造，因为《公羊》早出，非伪造。至少在战国时代已有秦晋之战在嵚岑的理解，而嵚岑即文王避风雨处。文王驱驰于此，说明这是殷周之间的古通道"①。此地何以能"避风雨"？《公羊传·僖公三十三年》，何休注："其处险阻溢势，一人可要百，故文王过之，驱驰常若避风雨。"《左传》杜注："此道在二崤之间，南谷中谷深委曲，两山相嵚，故可以辟风雨。"孔疏："其阨道在两崤之间，山高而曲，两山参差，相映其下，雨所不及，故可以辟风雨也。"②《水经注·河水》："北陵，文王所避风雨矣。言山径委深，峰阜交荫，故可以避风雨也。"鲁僖公三十二年（公元前628年）著名的秦晋崤之战，秦军沿崤函古道千里奔袭郑国，中途在崤山北陵，遭晋军伏击，全军覆没，即今硖石附近。

4. *石壕段道路遗址*

崤函古道石壕段遗址位于硖石乡石壕村西南山坡上，西距硖石村5里，东北距石壕村4里，是崤山北路东段的一部分。由于金银山北坡向北逐渐延伸，自然山体阻断了东西向通道，为贯通这一障碍，古人依据自然山势，由东向西翻越该山北坡修筑道路。路面为石灰岩质，因车轮长期辗轧，在路面上形成两条较深的车辙壕沟而得名。2014年6月，作为"丝绸之路：起始段和天山廊道的路网"33个申遗项目中唯一的道路遗址，被第38届世界遗产大会批准为"世界文化遗产"。

石壕段东端接一山沟，北端与1920年前后修筑的洛潼公路相重合，一部分被洛潼公路或破坏或叠压。最高处海拔676.8米，北坡下最低处海拔669米。现存古道遗迹位于山坡中部，保存较好，系借助山坡中部自然形成岩石修筑，大致呈西北—东南走向，南部高北部低，中部偏南最高。现存地表遗迹长约230米，宽窄不等，最宽处达8.8米，最窄处5.2米。根据遗留车辙印痕，可区分出一车道（二条车辙印痕）、二车道（四条车辙印痕）和三车道（六条车辙印痕），其中，一车道是主车道，二、三车道为会车辅道。车辙痕迹深浅不一，最浅处仅有数厘米，最深可达0.41米，两道车辙印迹外沿相距一般在1.32米，最宽可达1.56米，两道车辙印迹中心线相距1.15米（两车轮间距即轨距）。依据古道走向从北到南分为三段。

第一段，北段，大致呈东西走向。西端与老洛潼公路相连，东至北坡下蓄水池（当地人称坡池），长约30米、宽约5米，较为平坦。该段碾压于石灰岩上，两条宽窄不一、深浅不等车辙印迹十分明显，该段为一车道。

第二段，中段，大致呈西北—东南走向。北端从蓄水池处起，向东南逐渐上坡，越过山顶至南坡下坡处，长约170米。其中北坡150米为上坡，坡度较陡，坡顶（南坡）

---

① 杨向奎：《宗周社会与礼乐文明》，北京：人民出版社，1992年，第69页。

②（晋）杜预集解，（唐）孔颖达疏：《春秋左传正义》卷17"僖公三十三年"，《十三经注疏》，北京：北京大学出版社，2000年，第542页。

20 米，坡度略平缓。此段道路宽窄变化较大，北边坡池以南约 20 米长为古道最宽处，宽 8.8 米，车道有一车道和二车道，最窄处为一车道。北坡中部古道东西两侧，各有一处人工刻凿的痕迹，西侧有三个不同时期刻凿的台阶形断壁，以求道路两边与中间相平，每个台阶高 0.5 米。古道东侧有人工使用钢钎刻凿的痕迹。在中段北坡上两车辙中部突出的岩石路面上，残留有因马蹄或牛蹄等多次踏踩而形成的蹄形石印。坡顶一般是两车道，中间一条主车道，道侧间有会车道。在山坡顶部南段有一段为三车道，中间有一主车道，主车道两侧各有一条会车道。山坡顶部古道，修筑在一条长约 40 米、深 2～3 米的壕沟内。壕沟是古人以自然形成的山坡为基础，加之人工刻凿、自然风化和长期的车轮碾压而形成的。壕沟上部最宽处约 13 米，一般在 8 米左右。壕沟下部宽窄是依据道路宽窄而定的，最窄处 1.65 米（一车道），一般宽度 3.9 米（二车道），最宽处 5.7 米（三车道）。

第三段，南段，走向由南北转为偏东西方向。从山顶向东转折下坡处起，直到东西向山沟西边，长 30 米。山沟的东边，半坡村山路两侧也发现有古道遗迹。由于被山路叠压，呈两段，其中，一段长约 4 米。据当地人讲，该段古道与山顶古道原是接连的。这说明，石壕段南段是由西经山沟向东一直延伸，过半坡村后与老洛潼公路相接。

此外，在古道北坡下和坡顶路两侧发现有 2 处蓄水池（坡池），是人们利用自然形成的坑凹地形并在此基础上，略加整修而成的蓄水设施。石壕古道因地势较高缺乏水源，加之坡陡路险，人、畜劳累流汗，为解决饮水，人们便用这种蓄水设施蓄存自然雨水，以供来往行人及驾车、驮货的牲畜饮水之用。北坡下蓄水池位于北坡下东北角，古道北段与中段交接点的拐角处，距古道距离为 4.5 米，水池近圆形，口大底小，坑口直径约 5 米、深 1.4 米。坑壁规整，底部较平。坑内淤土为红褐色，土质纯净、坚硬。据当地村民讲，该水池从人们记事起就已存在，是一个古池。坡顶蓄水池有二：一个位于南坡古道西侧，为自然石坑加人工刻凿而成。水池呈椭圆形，四壁较直，底部东高西低。池口南北长 2.45 米，东西宽 1.55 米，池底长 2.2 米，宽 1.5 米，坑深 0.5～1 米。池内填土为黑褐色，系一次性堆积而成。另一个位于坡顶古道壕沟东侧 3.78 米处，亦为自然石坑加人工刻凿而成，由池体与排水沟两个部分组成。池体为一座口略大于底部，近似椭圆形袋状。坑壁及坑底均为石灰岩质，底部较平。池口东西长 2.65 米，南北宽 1.2 米；池底长 3.05 米，宽 1.4 米，深 1.2 米。排水沟口设于蓄水池西壁口部向下 0.6 米处，再由排水沟口向下延伸至路壕底部古道东侧一个近长方形的接水池内。排水沟长 4.36 米，宽 0.40 米，深 0.90 米。接水池东西长 2 米，南北宽 1.5 米，池深 0.20 米。排水道的作用是，当天降大雨时，为蓄存更多的水，就通过排水道将溢出的水，借助高差排入古道东侧接水池内，这样不仅可有效蓄水，且便于行人及牲畜饮用。

据考古资料，战国韩国境内的车轮轮距为 1.06 米，秦代车轮轮距 1.5 米，汉代车距轮距则为 1.32 米。石壕段现存车辙印痕的外宽一般在 1.32 米，最窄处 1.06 米，最宽处 1.56 米。据此，可以断定石壕段在战国时期及以后都在长期使用。

此外，在崤函古道石壕段遗址园区还发掘出土了中晚唐时期的土质道路遗迹，走向可与上述石质道路相接。

在古道及其附近还发现大小铁马掌、圆帽铁栓、蘑菇状残铁钉、铁质长方体车轴配件、残铜铃，以及湖南省造光绪当十铜元、褐釉瓷碗残片、青花瓷片等遗物 40 余件。此外，在坡顶路壕东侧有一个清代石灰岩质龟形碑座，座近圆形，直径 1.10 米、厚 0.40 米，碑身已失。按其所在位置，碑文内容当与古道修凿有关。从出土遗物看，除坡顶蓄水池内出土的褐釉瓷碗残片及一块青花瓷片为清代遗物外，绝大多数为民国中、晚期遗物，有的则晚至 20 世纪 50～70 年代。初步可以断定，这段古道废弃年代当在民国初期以后。

5. 石壕村

从石壕段向东北约 4 里，抵石壕村。古道原本从村中通过，俗传称老路壕、古路壕，村东道路上原有车轮碾轧石板形成的车辙印迹，后修路拓宽时被毁。据该村老年村民讲，村中道旁原设有茶亭，亭旁有碑数幢，今已失散无存，记述内容当与道路有关。该村本称干壕或甘壕、兴隆镇，即《西征道里记》中的乾壕，也是后唐潞王清泰元年（公元 934 年）东入洛阳所经之地。后因《石壕吏》一诗，该村村委会将村名改为石壕村。

6. 观音堂镇

从石壕村出发，东行 8 里，至观音堂镇。据清嘉庆二十年（1815 年）重修观音大寺和关帝圣庙碑载，观音堂古称崤陵镇，因西依崤陵而得名。明嘉靖年间，又因灵宝书生徐阶在此建造观音大寺，改名观音堂。光绪二十七年（1901 年），慈禧和光绪帝自西安回銮北京，途中曾在观音堂连住两晚，也是其在陕州境内唯一居住的乡镇。观音大寺寺门朝西，门口有石狮两尊，院里钟楼、鼓楼分立南北两侧，互相对称，顶部斗拱重叠，飞檐雕栋，为三层六面带斗拱的砖木结构，各竖 10 米高的铁斗旗杆，上铸二龙戏珠图案。庙内供奉观音菩萨和关帝君、火神、财神、牛王、马王等神像，大殿两侧排列十八罗汉。1949 年后寺院改为学校，鼓楼毁于 1968 年，现仅存钟楼。

7. 硖石至观音堂道路遗址

崤山北路硖石至观音堂段长约 6000 米，却最为险峻。《元和郡县图志》云："《西征记》：'崤山上不得鸣鼓角，鸣则风雨总至。'自东崤至西崤三十五里。东崤长坂数里，峻阜绝涧，车不得方轨。西崤全是石坂十二里，绝险不异东崤。"①明杨思盛《硖石》诗描绘此段古道险要和交通艰难曰："凌晨过硖石，土立如深壁。昏旦亏阴晴，天光窥一隙。积雨泥淖滑，行人苦逼窄。牵扶强登陟，仆马颇极立。凭高眼初放，万壑明历历。合沓远近青，负势各争出。岭顶泻飞泉，崩奔若雷激。蒙茸草树丰，鸣高听不一，峭绝千仞崖，户牖当垒辟。嵌空加数椽，束缚远相汲。稚子类猿猱，见人满岩集。当时避寇乱，久因托家室。吁嗟呼鲜民，何年脱险厄。近闻多虎患，白昼恣吞食。天使人兽争，安敢不战慄。跂予望前途，只有空愁疾。"至今硖石乡东侧岭上尚有车壕、驾马岭、车马岭、歇车坪等地名。在近些年的古道遗址考古调查中，新发现烽火台遗迹及古代道路

① （唐）李吉甫撰，贺次君点校：《元和郡县图志》卷 5《河南道一》，北京：中华书局，1983 年，第 142 页。

遗址等多处。其中烽火台遗迹6处。车壕村东烽火台位于车壕村东约300米，底部东西长15、南北宽14.5米，顶部南北长4.5、东西残宽3.2米，残高约6米。半坡村东南烽火台位于半坡村东南约500米，底部东西长10.5米、南北宽10米，顶部东西残长6.9米、南北宽5.9米，残高约4米。其他烽火台也建于山丘顶部或古道两旁视野开阔的地带，其底部多略呈圆形，顶部基本上是平顶，个别顶部稍尖，横剖面基本上呈正梯形，保存较差。其兴建年代，最早可能在汉代，至明清时期仍在使用。道路遗址主要在歇车坪，其中石质道路长140米，呈西北—东南走向，有很深的车辙痕迹，辙痕12厘米，轮距约1.2米，部分路段保留有并排两组车辙痕迹。土质道路，位于石质道路之西并与石质道路相接，保存较好的一段长度约150米。乱石爬石质道路车辙痕迹明显，道路时断时续，部分石头残存有人工刻槽痕迹。在歇车坪遗址约3000平方米范围内，还发现有绳纹板瓦、布纹板瓦、白瓷片、酱釉瓷片等，其时代最早可追溯到汉代，最晚到近现代。根据硖石至观音堂道路遗址和烽火台发现情况，崤山北路从陕州故城方向进入硖石后的走向是，经周文王避风雨台南部，向东至歇车坪。道路分为三路，其中两路向东行经石壕段，再向东过观音堂往洛阳方向；另一路则从歇车坪经乱石爬石质古道抵硖石驿，然后南下向雁翎关方向①。

8. 空相寺

空相寺在观音堂镇西南40里的陕州区西李乡陡沟村北的熊耳山下，又称熊耳山寺。始建于东汉明帝永平年间，原名西山寺、定林寺，是内地最早建造的佛寺之一。后因达摩大师弘法和圆寂后葬身于此，遂成佛教禅宗圣地，与白马寺、相国寺、少林寺并称为中州四大名寺。北魏孝明帝和唐太宗曾到寺参拜。安史之乱中空相寺遭破坏。时任关内河东副元帅郭子仪长年在陕、洛地区平叛。《汾阳王置寺表》云："臣往年曾到塔院，亲礼圣迹，及收东京，身虽不往，心发至愿，倘禅师福佑，俾祓氛殄灭，国步再安，必当上闻，特加崇饰。"②大历七年（公元722年），唐代宗应郭子仪奏请，敕赐寺名"空相寺"，寺院得以恢复。其时，空相寺"东至（峪）口为界，南至令春沟南（岭）为界，西至西白福土门为界，北至天河北（岭）为界，内水磨两盘，四至以裹，尽属空相寺常住地土，方园□亩，数百余顷，并无净（争）议"。元明时代依然"规模宏大，观者夺目"，号称繁盛。有僧众800多名，僧房400余间，土地120多公顷，水磨两盘。晚清民国时期，空相寺逐渐衰败。近年来逐渐得到复建。寺中现存有达摩塔、达摩造像碑和菩提达摩碑等，文物和历史价值高，堪称瑰宝。

9. 北山高道

《水经注·河水》千崤水下载："汉建安中曹公西讨巴汉，恶南路之险，故更开北山

① 洛阳市文物考古研究院、陕县崤函古道文物保护管理所：《陕县崤函古道遗址考古调查与试掘的初步收获》，《洛阳考古》2016年第1期，第3-5、86页。

② 许永生：《陕县空相寺出土唐代碑刻〈汾阳王置寺表〉》，河南省文物考古学会编：《河南文物考古论集》（四），郑州：河南教育出版社，2006年，第258页。

高道，自后行旅率多从之。今山侧附路有石铭云：‘晋太康三年，宏农太守梁柳修复旧道。太崤以东，西崤以西。’明非一崤也。”曹操“更开北山高道”事，又见于《左传》僖公三十二年，杜注：“魏武帝西讨巴、汉，恶其险而更开北山高道。”北山高道是崤山道一次重要的线路变化，以至有人把它与崤山北路和南路并列为自古以来崤山的东西三通道[①]，足见其重要。

北山高道是指在崤山北道之北别开山路，其所谓南路，实指通常所说的北道。但由于历史资料的缺乏，一直没有人能准确做出复原路线。胡德经《两京古道考辨》考证说：这条道路自今新安县铁门西北，经辞主坡（柿树坡）、坻坞、韶山南坡、大小扣门、大蛇湾、舜王庙、辛家湾（硖石北）、牛坡，然后经张茅北平顶山、大小历山，而进入陕县老城，后又经新店、曲沃、灵宝老城，过弘农河，登稠桑原，与秦汉旧路合，全长293华里[②]。这一复原影响相当大，至今仍被许多人引用。但具体也有疑问。曹操“更开北山高道”的原因是“恶南路之险”，而原来道路的险仄，主要是在东、西二崤之间的地段，因此，新开北山高道只要能避开这一段便是，而东、西二崤，按戴延之《西征记》的说法，只有“三十里”，何必去开辟一条长达293华里的新路呢？更何况，曹操开辟北山高道的背景是为西征马超、韩遂的军事需要，在战事紧张环境中，又有多少充裕时间可以等待甚至今天看来都相当费时的筑路工程的贯通呢？在当时情形下，又有多少人力、物力可骤然调集到人烟荒芜的崤山北路去筑路呢？可见胡德经的考证还有诸多商榷之处。辛德勇《崤山古道琐证》根据历史文献，将北山高道走向复原为，从盘崤山西侧即今硖石西开始离开旧路，向东则至千崤水，沿千崤水谷地上溯南行，至千崤山下与旧路合。因为《水经注·河水》千崤水下云“其水北流，缠络二道”，说明新旧两路都有一段是与千崤河谷并行的。而晋泰康三年（公元281年）宏农太守梁柳修复的“旧路”是原崤山北路，不是北山高道，起讫地段在太崤以东，东、西崤以西，千崤山是其东界[③]。可见，辛德勇的复原有其合理处。北山高道只是曹操为避开“南路之险”而在崤山北道上另开的一段短距离道路。严耕望亦认为：“曹操恶南道之险，更开北山高道，仅指崤坂山区道路而言，非长距离之南北二道也。”[④]否则，无法解释曹操的“更开北山高道”的目的。只是北山高的行经路线，还有待进一步复原。

今观音堂煤矿（矿务局）傍兴隆涧河（清水河）。从观音堂煤矿沿兴隆涧河北上，行十二三里，河面豁然开朗，硖石河自西南而来汇入兴隆涧河，前行，河面开阔，约12里，至弥陀寺，该寺位于柴洼乡柏树村北，始建年代不详，原寺建筑规模较大，现存建筑均为清代重修，有中殿、正殿等共9间，东西廊房8间，戏楼1座，建筑面积600余平方米。据当地群众讲，当年这里较为繁华，从兴隆涧河北上的行人在此停留。弥陀寺

---

① 杨向奎：《宗周社会与礼乐文明》，北京：人民出版社，1992年，第70页。

② 胡德经：《两京古道考辨》，《史学月刊》1986年第2期，第3-9页。又胡氏所复原北山高道前段，又见民国《渑池县志》卷2《古迹》附“崤渑南道北道辩”：“曹公所开北山高道，更在渑北：其道由铁门北上，径辞主坡、坻坞。西过韶山、大口门、大蛇湾，循崤山北麓，至两道合一，今辙迹犹存，父老能言之。盖当汉时，铁门以西，积水成池，渑池古碑多记其事。故曹操更开北山高道。”

③ 辛德勇：《崤山古道琐证》，《中国历史地理论丛》1989年第4卷第4期，第37-67页。

④ 严耕望：《唐代交通图考》第1卷《京都关东区》，上海：上海古籍出版社，2007年，第55页。

北面便是柏树山、刘家山，山北侧有道路通支建煤矿、庙沟。兴隆涧河至张上村注入黄河。在硖石西一带似只有兴隆涧河一带的地理环境与辛德勇复原的北山高道线路地理环境相似。那么，推测当年北山高道是否为沿今兴隆涧河河谷北上欤？对此还有待进一步调查。

民国《陕县志·南北二崤道》，称曹操所开北道“当自宫前以西，北通硖石至陕州”。这也是一些地方史志中称崤山南路至宫前蔡家湾一分为二，其中一条沿太子沟北上至硖石的所谓高道之所本。雁翎关是崤山南路最为险峻的一段，硖石、石壕则是北路最为险峻的地段，雁翎关虽然险峻，但通过后即进入了青龙涧河河谷，地势较缓，道路易行，且距陕州约 32 里，比硖石距陕州的距离少四五里，加上北上的路段，则更长。既然已经好不容易通过了雁翎关，又有什么理由再折而北上走更为险仄的硖石路呢？如此既险仄而又迂远，是违背常理的。实地调查，从蔡家湾北上，经太子沟，的确有路可通，但道路设计总是选择易行而不费力的地方，古今如此，不会自找麻烦在通过一段险峻道路又有路可走的情形下，再折而选择走另一段险峻且距离更长的路。故民国《陕县志》所云宫前至硖石至陕州路，并非曹操所开北山高道，而另有因缘。

10. 俱利城（秦渑池县城）

从观音堂出发，东行经甘壕、英豪，约 30 里至俱利城（秦渑池县城）。

俱利城本为周赧王三十六年（公元前 279 年）秦赵会盟之地。《太平寰宇记·河南道五》渑池县载：“俱利城，秦、赵二君会处。今县西有俱利城，一名秦赵城，东城在县西十三里，西城在县西十四里。《水经注》：‘谷水东经秦、赵二城南。《续汉书》云赤眉从渑池自利阳南欲赴宜阳’是此地。今俗谓之俱利城，以秦、赵各据一城，秦王击缶，赵王鼓瑟，俱称有利名之。”民国《渑池县志·古迹》：“县西十余里有村名郏城，即古俱利城。”今渑池县西 14 里的陈村乡朱城村尚有东、西二城遗址，面积约 37 800 平方米。秦建渑池县，以此为治。秦兵马俑博物馆藏秦宜阳鼎，铭曰：“宜阳，咸一斗四升一口，黾。”[①]“黾”即渑池之省文，为该鼎第二次置用地。《史记·商君列传》：“秦发兵攻商君，杀之于郑渑池。”《史记·陈涉世家》：“周文败，走出关，止次曹阳二三月。章邯追败之，复走次渑池十余日。”《汉书·地理志上》黾池：“高帝八年复黾池中乡民。景帝中二年初城，徙万家为县。”王先谦《汉书补注》：“高帝先复中乡民，至景帝乃城而县之也。《谷水注》：‘谷水历黾池川，本中乡地也。景帝中二年初城，徙万户为县’。即用志文。案，志云：‘复黾池中乡民’，则中乡元属黾池可知，而黾池旧为县更可知。‘宜阳’下引《雒水注》云：‘蠡城西山’上原高二十五丈，故黾池县治’。此旧治也，中乡城，景帝时改治也。”[②]据此，渑池本秦旧县，汉承秦制，县属弘农郡，县内设弘农郡铁官。灵宝函谷关发现有“黾池令印”封泥。《太平寰宇记·河南道五》渑池县：“今县西十三里即秦赵会盟之地。汉为县理于此城西三里，今无基迹。”是说汉渑池县城在俱利城西 3 里处，即今张村镇寨子村。北魏曾在俱利城置渑池郡，辖俱利和北渑池、西新安

① 史党社：《宜阳鼎跋》，《文博》2007 年第 3 期，第 16、17 页。

② （清）王先谦：《汉书补注》（五），北京：中华书局，2000 年，第 2219 页。

三县。后周在此置河南郡，大象中废郡，以渑池县属洛州。今俱利城地表城垣已不存，经调查，当地群众反映，城址内常可以发现战国时期的筒瓦、板瓦等建筑构件残片，时常也可捡到铜镞等遗物。

11. 渑池县城

从俱利城（秦渑池县城）东行约 15 里，至渑池县城。

自秦置渑池县以来，其县治屡有迁徙。汉末贾奎为渑池令时，县寄治于蠡城（今洛宁西北）。北魏复在俱利城置渑池郡。隋大业元年（公元 605 年），又移治于县东 25 里的新安驿，十二年（公元 616 年）复移理大坞城（今渑池西阳乡崤村沟）。唐贞观三年（公元 629 年）县治西移至双桥，即今渑池城关镇，一直沿用至今。明洪武五年（1372 年），县城重筑，城方 8 里许，东西二门，南三门，北二门，共七门。崇祯十年（1637 年），因其地阔人稀，创守艰难，而截去西城，另建新城，设四门。新城仅为原来的 1/3，规模有所缩小，但更易于防守。其后，又用砖包砌西北两面，建东西两门楼，东曰宾旸，西曰重关。清时多次修葺，顺治七年（1650 年），建角楼，东曰瞻函，西曰控崤。同治二年（1863 年），建小南门。从此城池确定下来。民国《渑池县志 • 古迹》云："渑池西据崤函，东阻铁门，韶山峙其北，熊耳扼其南，谷渑贯串而入洛，畛水合流以注河，西北以黄流为包罗，东南以天池为襟带，诚东西之要冲、关陕之门户也。"

12. 冯异故城

冯异故城位于渑池县城北 14 里的仰韶乡礼庄寨村西部回溪河北岸。西汉末，冯异会同大将邓禹、邓弘镇压赤眉起义军，因兵败退守于此，连夜筑城坚守，约期再战，终大败赤眉于崤底。因传说该城一夜之间筑成，当地百姓以为是鬼助冯异，故又讹传为"鬼修城"。故城只有南、北、西三面，呈"匚"形，其西城墙长 119 米，南城墙长 33.5 米，北城墙长 39 米；城墙基底宽 9 米，顶宽 2.5 米；城墙残高最低约 15 米，最高约 20 米；夯土层厚 10～20 厘米，夯窝 8～10 厘米，城墙周长约 220 米，采用黄土分层版筑而成，层次不规整，坚硬程度不同，夯层厚度不匀，夯窝疏密不均。今垣址犹存。

13. 新安故城、楚坑

由渑池县城向东，约 32 里至新安故城。

新安故城当形成于战国时期，秦置新安县。秦封泥有"新安丞印"，灵宝函谷关发现有"右新安府""新安置丞"封泥。《史记 • 项羽本纪》载：秦二世三年（公元前 207 年），项羽西进入关伐秦，"使长史欣为上将军，将秦军为前行，到新安。……楚军夜击，坑秦卒二十余万人新安城南"。正义引《括地志》云："新安故城在洛州渑池县东二十三里，汉新安县城也。即阬秦卒处。"故城遗址在今义马千秋路办事处二十里铺村下石河一带，南临涧河，北靠 310 国道，陇海铁路东西贯穿而过，东部边缘已被涧水吞淹。平面呈长方形，南北长 600 米，东西宽 400 米，城基宽 9 米，面积 30 万平方米。文化层厚 1.5～2.5 米。地表城垣已毁，北城壕南侧局部可见夯土遗迹，地面有古道遗迹。城内曾发现铺路石、铁簇、陶鼎、罐、豆、壶残片及秦汉时期筒瓦、板瓦和陶制排水管道等建筑构件。距城东约 2 里处的马岭村，传说因秦赵会盟时，赵惠文王在此驻军放马而得名。北魏孝昌三年（公元 527 年），于此置西新安县，属宜阳郡。隋大业元年（公元 535 年）渑池县移治新安故城，十二年（公元 616 年）移治大坞城。

新安故城西南二十里铺村西李杏湾村有“楚军坑杀秦卒处”，即楚坑，俗称万人坑。遗址略呈坑形，东西走向，长 400 米，宽 250 米，面积约 10 万平方米。坑内深浅不一，最深处可达 30 余米，浅处不过 20 米。据当地人讲，遗址上夜晚偶尔可看到“鬼火”。唐乾元二年（公元 759 年），杜甫途经此地，作《楚坑》诗云：“项氏何残忍，秦兵此处坑。愁云终古在，鬼灿至今明。”民国初年，修建陇海铁路时，施工者在坑内土层下发现有累累白骨。1973 年村民在坑内平整土地时，再次发现累累白骨。《史记》有关项羽新安坑杀降卒一事的记载基本可信[①]。这次坑杀是继战国长平之战后中国历史上又一次大规模残忍的杀戮，影响甚广。有学者评价此事，认为“新安坑杀降卒，使项羽失去了秦国，断绝了项羽入关以后在关中立足的可能”。“是项羽一生中最大的政治失误，是项羽由盛而衰的转折、失败点。”[②]

光绪二十七年（1901 年），慈禧和光绪从西安返回北京，东出潼关，路经秦新安故城，修建行宫，俗称慈禧行宫，分前院后宫，前院为内侍近臣所居，后宫为慈禧和光绪住所，原有上房 9 间，东西各有厢房两间。前后院中间有影壁墙，两侧各有月亮门一个。慈禧和光绪在此午餐及小憩后，即离此东行，夜宿铁门。2000 年行宫遭遇火焚。

14. 鸿庆寺石窟

从新安故城出发，向东经千秋，约 18 里至鸿庆寺石窟。

鸿庆寺石窟位于义马东区办事处石佛村。石窟开凿在村西北白鹿山东端的岩石壁上。据镶嵌在该寺一号石窟中心柱上的明嘉靖四十二年（1563 年）《重修白鹿山鸿庆寺古佛龛碑序》，石窟原名三圣庙。盛唐时官员频繁往返东西两京，常莅临拜佛。当地重修寺院，更名为大德寺。武则天大周圣历元年（公元 698 年），武则天携同孙女安乐公主来此，遇无数只大雁云集白鹿山峰，栖息在寺院中，武则天欣然赐名“鸿庆寺”。石窟开凿年代，史无确切记载，但从窟龛形制、造像题材、艺术风格等方面所展现的面貌，推断其开创时代不晚于北魏景明年间，除第 4 窟为唐代作品外，其余 3 窟均为北魏时期作品，以后历代多有修缮。石窟依山势高下而凿，坐西朝东，原有洞窟 6 个，现存 4 个，有佛龛 46 个，大小佛像 120 余尊，浮雕佛传故事 4 幅，碑碣 8 通。石窟类型有中心柱式、三壁三龛式和禅窟等多种。造像题材以一佛二弟子二菩萨五尊像为主，还有坐佛、西方三圣、释迦多宝等。其中，第 1 窟是整座石窟精华所在，其北壁、西壁和南壁分别雕刻的是释迦牟尼生活、修道及出行的故事。鸿庆寺石窟总体规制严整。无论是单窟还

① 对项羽新安坑杀秦军降卒一事，有学者质疑其真实性。参见张山：《项羽坑秦军二十余万质疑》，《社会科学辑刊》1989 年第 1 期，第 89 页；李振宏：《项羽“击坑秦卒二十余万人”献疑》，《湖南行政学院学报》2010 年第 6 期，第 87-89 页；阎盛国：《项羽被“妖魔化”的历史学考察》，《河南师范大学学报》（哲学社会科学版）2013 年第 40 卷第 4 期，第 86-90 页。

② 李开元：《秦崩——从秦始皇到刘邦》，北京：生活 • 读书 • 新知三联书店，2015 年，第 330-331 页。

是窟群，其总体布置都很规则，互相连接，紧凑严密。显见它为经总体规划，一次性施工完成，其营造者应系官方或权贵。与龙门石窟相比，龙门石窟规模庞大，但 1000 多尊佛像中，基本没有故事关联。而鸿庆寺石窟在它 4 组佛教传说故事浮雕中，雕刻家们用形象、表情和场景表达了极具吸引力的故事情节。西壁的大型浮雕“降魔变”佛传故事图是国内发现同类作品中最大的一幅，极具石刻艺术价值和历史文化价值。与巩义石窟相比，鸿庆寺石窟从形象到技艺与巩义石窟极其相似，如出一人之手。可以说，继龙门宾阳洞之后，在洛阳东、西出现了巩县石窟和鸿庆寺石窟两颗佛教艺术的明珠，是中原地区北魏中小型石窟的杰出代表。在我国古代史上，特别是东晋至唐代末年，凡丝绸之路所经诸地，皆有石窟寺或千佛洞，这已经成为常识。石佛村地当崤函古道北路，出现石窟寺是不足为奇的。

15. 铁门、白超垒

由鸿庆寺石窟向东，30 里至铁门，又东 15 里至白超垒。

铁门即缺门，即今新安县铁门镇，镇东青龙、凤凰两山隔河对峙，如天然门阙，把住东西通道，故称“阙门”，宋时称延禧镇，见载于《元丰九域志》。清改称“铁门”。《水经注·谷水》：“谷水又东径缺门山，山阜之不接者里余，故得是名矣。二壁争高，斗耸相乱，西瞻双阜，右望如砥。谷水自门而东。”嘉庆《重修一统志·河南府一》山川：“缺门山，在新安县西三十里。……旧志，东曰青龙，西曰凤凰，两山相对如阙，谓之阙门，俗亦曰铁门。”因其险要，历为兵家所重。《晋书·皇甫重传》载，晋末八王之乱，长沙王司马乂以皇甫商为左将军，领万余人于铁门拒河间王司马颙部将张方，为张方所破。《新唐书·五行志三》：开元八年（公元 720 年）“夏，契丹寇营州，发关中卒援之，宿渑池之缺门，营谷水上，夜半，山水暴至，万余人皆溺死”。乾元二年（公元 759 年），郭子仪自相州溃败，退回河阳（今孟津），军中相惊，又奔铁门。明末清初，因新安县城惨遭战火损毁，县衙署曾一度迁至铁门，至康熙年间始迁回。

白超垒在今新安县城西 15 里，系东汉末白超在此修建的防御黄巾起义军的工事。《水经注·谷水》：“谷水又径白超垒南，戴延之《西征记》云：次至白超垒，去函谷十五里，筑垒当大道，左右有山夹立，相去百余步，从中出北，乃故关城，非所谓白超垒也。是垒在缺门东十五里。”《元和郡县图志·河南道一》：“白超故城，一名白超垒，一名白超坞，在县西北十五里。垒当大道，左右有山，道从中出，汉末黄巾贼起，白超筑此垒以自固。东魏修筑为城，因名白超城。”又据前揭《水经注》云：白超“垒侧旧有坞，故冶官所在。魏、晋之日，引谷水为水冶，以经国用，遗迹尚存”。是白超垒南侧，曾为魏晋时的冶官所在。据杨宽的研究，魏国监冶谒者（官名）韩暨在这里创设“水冶”，推广“水排”，为后来冶铁业长期沿用[①]。

16. 新安县城

出铁门，向东南 30 里至新安县城。

---

① 杨宽：《中国古代冶铁技术发展史》，上海：上海人民出版社，2004 年，第 104-106 页。

新安县设置虽早，但秦汉魏晋时期县治一直在今渑池或义马境内。盖从北周武帝时，始得以改变。《元和郡县图志·河南道一》新安县："本汉旧县，属弘农郡。晋改属河南郡，后魏属新安郡。周武帝保定三年，省新安郡，又于今县理置中州。建德六年省中州，又置新安郡。"唐"今县理"即今新安县城。又云新安"县城本名通洛城，周武帝将东讨，令陕州总管尉迟纲筑此城，以临齐境"①。《北史·周本纪下》：北周武帝保定五年（公元565年）"冬十月辛亥，改函谷关城为通洛防"。《读史方舆纪要·河南三》："周主邕保定五年，以函谷关城为通洛防，置中州，镇函谷。"②据此，新安县城原名通洛城（防），北周武帝保定三年（公元563年）以函关城为中州州治，保定五年又在函关城基础上改建为通洛城（防），镇守函谷，建德六年（公元577年）省中州，置新安郡。隋开皇十六年（公元596年）改置谷州，义宁二年（公元617年），复置新安郡。武德元年（公元618年），再改谷州，领新安、渑池、东垣三县。"贞观元年，移谷州治渑池，新安移入废州城，改属洛州。"③"废州城"，即北周中州城、隋开皇间谷州城，今新安县城所在，一直相沿至今。新安县地当洛阳西出口。顾炎武谓其"崤、函要卫之地，东连洛邑，西锁潼关，涧水带其南，荆山环其北"④。也是崤函道上最繁忙的交通节点之一。"郭抱连麓，门开故关，当洛阳西偏之境，接长安东狩之区，日候万乘，岁贡百役。"⑤唐诗中也多见新安。如孟浩然《送新安张少府归秦中》、皇甫冉《送顾苌（一作中史，又作长史）往新安（一作刘长卿诗）》、朱鹄《新安官舍闲坐》、罗邺《新安城》、罗隐《新安投所知》《早登新安县楼》《人日新安道中见梅花》、吴融《新安道中玩流水》、杜荀鹤《送李镡游新安》、徐夤《东京次新安道中》等。较著名的便是杜甫的《新安吏》，又作《新安道》。

17. 汉函谷关

汉函谷关位于今新安县城关镇东关村，距县东2里。《汉书·武帝纪》：元鼎"三年冬，徙函谷关于新安"。迁关原因，东汉应劭注："时楼船将军杨仆数有大功，耻为关外民，上书乞徙东关，以家财给其用度。武帝意亦好广阔，于是徙关于新安，去弘农三百里。"⑥《元和郡县图志》的记载基本相同。"汉武帝元鼎三年，杨仆为楼船将军，本宜阳人（今福昌县也），耻居关外，上疏请以家僮七百人徙关于新安，武帝从之，即今新安县东一里函谷故关是也。"⑦而据辛德勇的研究，函谷关的东迁并非杨仆的个人行为，而是汉武帝时期推行的"广关"政治、军事的需要。移关是为了扩大京畿地区（长安）的控制范围，实施大关中布防方略，实现制约关东诸侯这一战略⑧。杨仆上书徙关，也许正是为迎合汉武帝的需要而作。"耻为关外民"更多的只是一个借口或表面原因。近

---

①（唐）李吉甫撰，贺次君点校：《元和郡县图志》卷5《河南道一》，北京：中华书局，1983年，第142页。

②（清）顾祖禹撰，贺次君、施和金点校：《读史方舆纪要》卷48《河南三》，北京：中华书局，2005年，第2260页。

③（后晋）刘昫等撰：《旧唐书》卷38《地理志一》，北京：中华书局，1975年，第1424页。

④（清）顾炎武：《肇域志》，《顾炎武全集》第8册，上海：上海古籍出版社，2004年，第1897页。

⑤（唐）王筠：《新安令元瓘颂德碑记》，《全唐文》卷952，北京：中华书局，1983年，第9892页。

⑥（汉）班固：《汉书》卷6《武帝纪》，北京：中华书局，1962年，第183页。

⑦（唐）李吉甫撰，贺次君点校：《元和郡县图志》卷2《关内道二》，北京：中华书局，1983年，第35页。

⑧ 辛德勇：《汉武帝"广关"与西汉前期地域控制的变迁》，《中国历史地理论丛》2008年第23卷第2期，第76-82页。

年对汉函谷关的考古发掘也表明，汉函谷关防线的建设工程浩大，应是朝廷行为，绝非仅依靠杨仆 700 家僮和家财供给所能完成[①]。而之所以仍以“函谷关”命名，当时因为此地仍处在崤函古道上，从新安到潼关间，北有黄河之险，南接崤山之阻，中为深山大谷，崎岖迤逦，均统称为函谷，号称天险，即戴延之《西征记》所说“东自崤山，西至潼津，通名函谷，号曰天险”[②]。

汉函谷关城地处崤山峡谷之中，洛阳盆地和豫西山区的交界处，南临青龙山，北依凤凰山，皂涧河水半环绕遗址，由遗址西侧流经南侧，在关城东侧与涧河交汇后折向东流，形成三水环绕之势，犹如天然护城河。崤山北路自豫西山地东来，从两山之间穿谷而过，在关城处道路陡然变窄，难以通行。穿过关城，涧河河谷变得开阔，向东 8 里过八陡山，即进入宽阔的洛阳盆地，再无险可守。西汉时即利用这一有利地形，因势建关。关城南北两侧有高厚的夯土城墙延伸山间，与山上的长墙连接，依山体河流走向弯曲，形成坚实的封堵屏障。城墙厚度远超一般城址，关城东墙墙体厚度达 22 米，底部夯土台基厚度 32 米，军事防御意味浓厚。如此一来，东来西往者唯有通过城门，才能出入关内。

中国古代关隘往往不是一座孤立的单体关卡，而是一个严密的防御体系。秦函谷关便是由山、河、塞共同组成的一座交通隘道控御与山地要塞防御一体的严密防御体系[③]。汉函谷关同样也是一个由关塞、长墙和烽燧等附属设施组成的严密防御体系。考古发现的关塞有 3 处，分别设置在南北 3 条路径上，相应控制崤山南北两路和黄河漕运。北线关塞位于新安县仓头乡盐东村，考古学者在此发掘仓储遗址一处及附属建筑、烧窑、墓葬、水井等遗迹。仓储遗址呈长方形，四周围以宽 6 米左右夯土墙，形制与汉长安城中的武库和渭河南岸的京师仓十分相近，军事防御色彩浓厚。出土遗物中有数十件汉函谷关代表性的遗物——“关”字瓦当[④]。盐东仓储遗址地处黄河南岸的二级阶地上，是一处地势开阔的小盆地，北距黄河约 600 米，应是为控制黄河漕运设置的兼具仓储和军事防御功能的关塞。南线关塞即《水经注》所说的散关城，曾为八关都尉的治所，用以控制洛河河谷崤山南道。散关城又称八关城，一说在今宜阳香鹿山镇邵窑村西的高地上，即今八关寺所在。也有研究者推测其应在洛水、惠水和洛水枝渎围绕的三角地带内，即今宜阳县夏街村、李营村和锁营村一带。迄今考古尚未发现其遗迹[⑤]。中线关塞即汉函谷关关城，是一座东西狭长的小型城邑，与南北两侧山体上的长墙和烽燧等附属设施连接，形成一条狭长的“H”形通道，关楼横亘在东西向的通道之上，关楼是明清和民国时期多次重修的遗迹，原为汉函谷关城的东门，上下共 3 层，第 1 层为砌体结构的门洞，洞宽 4.1 米、长 18 米、高 6.1 米，是唯一的通关道路，可通行牛马车辆。勘探发现长约 370 米的通关古道，东西向贯穿关城，路面最宽达 15 米，路土堆积有 2.3 米之厚，自汉

---

① 王咸秋：《汉函谷关遗址相关问题的初步研究》，《洛阳考古》2016 年第 3 期，第 64-71 页。

②（唐）李吉甫撰，贺次君点校：《元和郡县图志》卷 6《河南道二》，北京：中华书局，1983 年，第 158 页。

③ 李久昌：《桃林之野 · 桃林塞 · 秦函谷关：秦函谷关创建年代与背景考》，见《中国历史地理论丛》2019 年第 1 辑，第 54-64 页。

④ 洛阳市第二文物工作队：《黄河小浪底盐东村汉函谷关仓库建筑遗址发掘简报》，《文物》2002 年第 10 期，第 12-25 页。

⑤ 王咸秋：《汉函谷关遗址相关问题的初步研究》，《洛阳考古》2016 年第 3 期，第 64-71 页。

代一直延续使用到现代。在遗址南侧，紧邻皂涧河古河道上，还勘探发现一条长约 360 米、宽度 10～15.7 米的东西东路，形成年代约在东周，在汉代修建关城时被关城东墙阻断而废弃。关城东门外的两座汉代夯土阙台建筑南北对峙，北为鸡鸣台，南为望气台，间距 50 米。望气台以南的皂涧河南侧为烽燧遗址。关城西南部、靠近皂涧河的平缓台地为居住区；关城东南部有大面积的踩踏面，可能为活动广场，属于居住区之一部分。由此判断，经过东汉时的扩建，汉函谷关有可能形成内外二重城垣。关城是汉函谷关防御体系的核心。这个体系北起黄河岸边，南至洛河河谷，长度 120 里，中间连以散关障，纵贯南北，控制着黄河漕运和崤山南北两路。

汉函谷关兴建于西汉武帝时期，为西汉东关，它与扜关、郧关、武关、临晋关一起，构筑起一道自南而北的防线，执行着严苛的关禁制度，起着屏障关中、控制关中地区与关东地区的物资流通和人员往来的作用。东汉定都洛阳，对汉函谷关加以改建，以此为洛阳第一要塞，拱卫京师。两汉置关都尉管辖汉函谷关，其人选一般由近臣或者外戚担任，以示重视。汉函谷关也是两京商贸和文化的重要交汇点。东汉李尤《函谷关赋》描绘了当时函谷关作为东西方交往重要驿站的喧嚣与繁华："会万国之玉帛，徕百蛮贡琛。冠盖纷其云合，车马动而雷奔……"曹魏正始元年（公元 240 年），弘农太守孟康，移关于弘农郡，汉函谷关被废弃，前后存在了约 126 年。其后许多朝代仍然非常重视对汉函谷关所在区域的经营。北周保定五年（公元 565 年）冬十月，武帝宇文邕改新安县汉函谷关关城为通洛防，置中州，大将贺若敦为中州刺史镇守此地对抗北齐政权。隋置谷州刺史，镇函谷关。至宋元明清，因新安县城的设立，汉函谷关同新安县城一起，作为崤函古道上的重要驿站，以政治、经济职能为主，持续发挥着重要的作用。

18. *磁涧*

过汉函谷关，继续向东南，过八陡山，循谷水，20 里至磁涧。

磁涧本名慈涧，开元初年，郑繇途径慈涧，赋《经慈涧题》释其含义："岸与恩同广，波将慈共深。涓涓劳日夜，长似下流心。"《元和郡县图志·河南道一》新安县："慈涧故镇，在县东南二十里。周武帝保定六年置。"时北齐据洛阳，北周武帝欲东征，改函谷关为通洛防，置中州，遂在前沿置慈涧镇，以为攻守之计。隋末，杨玄感起兵反隋，围东都，曾分兵守慈涧。武德三年（公元 620 年）六月，李世民征讨王世充，"至新安。……罗士信将前军围慈涧，世充自将兵三万救之"。李世民以轻骑击破之，"帅步骑五万进军慈涧；世充拔慈涧之戍，归于洛阳"①。李世民遂围东都。北宋，慈涧为新安县下辖两镇之一，并设递运所。大中祥符十年（1100 年）正月，宋真宗西幸祀汾阴，"至慈涧顿，赐道傍耕民茶荈"②。出磁涧，继续向东，经金谷，46 里抵洛阳。

综上所述，崤函古道出陕州城后，便进入了其东段——崤山道。崤山道因其主要线路穿行于崤山山脉之中而得名。崤山道起点在陕州城故址，虽然目的地是洛阳，但在进入交口后，在具体走向上变化较大，因其所经地点不同，而分为两道，即"崤山南路"

① （宋）司马光：《资治通鉴》卷 188《唐纪四》"高祖武德三年"条，北京：中华书局，1956 年，第 5885-5887 页。
② （元）脱脱：《宋史》卷 8《真宗本纪》，北京：中华书局，1977 年，第 147 页。

或“南崤道”和“崤山北路”或“北崤道”。崤山南路是自陕州城故址沿青龙涧河东南行，经今交口、菜园、雁翎关、宫前、宜阳三乡、韩城，北上入洛阳。崤山北路则是由陕州城故址，沿涧河河谷东行，经今交口、张茅、硖石、石壕、渑池、义马、新安，至洛阳。崤山道的开通略晚于西段的函谷道。由于各个历史时期政治背景有所变异，南北两路的使用情况亦有所不同，然而，无论是南路还是北路，它们都曾发挥过重要的作用，直到民国初期陇海铁路和洛潼公路修通，该道逐渐不复存在。

四　崤函古道的线路距离

崤函古道全程的距离，史籍无明载。唐宋文献记载有陕州的四至八到，其中《元和郡县图志·河南道二》记陕州西至潼关 200 里。《太平寰宇记·河南道六》记陕州西至华州华阴界 225 里，界在潼关东，两说略异。据严耕望分析，此因所取之路线而异。陕州以西经虢州，共 225 里（严说 235 里），不经虢州则 200 里（严说约 218 里）[①]。陕州东至洛阳里程，《元和郡县图志》《太平寰宇记》皆记 350 里，《旧唐书·地理一》记 300 里。前者是指经宜阳之南路里程，后者是指经渑池之北路里程。《古今图书集成·职方典》记洛阳西南至陕州 340 里，西至陕州 300 里，其中，西南至宜阳 70 里，西至新安 70 里，与唐宋史籍所记里程大致相合。如此，《元和郡县图志》等所记崤函古道里程，西段函谷道，经虢州里程为 225 里，不经者为 200 里。东段崤山道，陕州至洛阳取南路者，里程为 350 里，取北路者为 300 里。如此，诸书所记崤函古道里程，以五百五六十里最为标准。

唐代里与现今通用里数不尽相同。唐里有大小之分，大里 1 里为 531 米，合今 1.06 里。小里 1 里为 442.5 米，合今 0.88 里[②]。依此来换算：

潼关至陕州，经虢州里程为 225 里。

大里 1.06×225=238.5 里=119.25（千米）

小里 0.88×225=198 里=99（千米）

潼关至陕州，不经虢州里程 200 里。

大里 1.06×200=212 里=106（千米）

小里 0.88×200=176 里=88（千米）

陕州至洛阳，南路为 350 里。

大里 1.06×350=371 里=185.8（千米）

小里 0.88×350=308 里=154（千米）

陕州至洛阳，北路为 300 里。

大里 1.06×300=318 里=159（千米）

小里 0.88×300=264 里=132（千米）

---

① 严耕望：《唐代交通图考》第 1 卷《京都关内区》，上海：上海古籍出版社，2007 年，第 87、88 页。

② 胡戟：《唐代度量衡与亩里制度》，河南省计量局主编：《中国古代度量衡论文集》，郑州：中州古籍出版社，1990 年，第 304-321 页。

按此计算，崤函古道里程，不经虢州，走崤山北路，大里为500里，即265千米；小里为440里，220千米；经虢州，大里为525里，即278.25千米；小里为462里，231千米。取崤山南路，不经虢州，大里为550里，即291.5千米；小里为484里，242千米。经虢州，大里为575里，即304.75千米；小里为506里，253千米。今310国道从潼关至三门峡里程是134千米，三门峡至洛阳是152千米，合计286千米。陇海铁路是257千米。310国道三门峡至洛阳段前身是崤山北路。三门峡至潼关段虽为新道路，但大致在函谷道左近。由此可见，以大里来换算是较符合实际里程的。严耕望考证，长安洛阳间里距，以八百五十六里最为标准①，此说可从。长安至潼关里程，大里292.56里，即146.28千米；小里为242.88里，即121.44千米②。若此，崤函古道以走南路计，其全程约291.5千米，约占长安洛阳两京道全程的64.7%，即约占2/3。

① 严耕望：《唐代交通图考》第1卷《京都关内区》，上海：上海古籍出版社，2007年，第20页。

② 孙福喜：《西安至潼关古道考证》，周俭主编：《丝绸之路交通线路（中国段）历史地理研究》，南京：江苏人民出版社，2012年，第23页。

崤函古道隋唐行宫调查与研究

行宫亦称离宫别馆，是为方便帝王巡幸、游玩、避暑和处理政务而建造的暂住性宫室。中国古代行宫建筑史研究表明，历代帝王大多在重要交通沿线大兴土木建行宫。崤函古道形成时间早，特别是在长安和洛阳两大政治、经济中心之间，行宫建设自然不会缺少。文献记载秦代行宫，关中有 300 多座，关外达 400 多座①。秦代的行宫被汉代沿用，即“秦宫汉葺”。崤函古道是秦汉两代最重要的东西大道，以常理而论，自然也会建有行宫②。但由于年代久远，秦汉至隋唐以前的行宫资料缺乏。这里主要讨论隋唐时期崤函古道上的行宫。

一　隋唐时期崤函古道上的行宫

对隋唐时期长安与洛阳两京道上行宫的数量、地点、置废及分类等方面，学界已有研究，但崤函古道上又究竟有多少座行宫，其位置、置废，则说法不一，这些行宫的文化内涵也涉及不多③。考诸文献和实地调查，隋唐在该道沿线设置的行宫应为 16 所，兹以东西为序考述如次。

（一）轩游宫

《新唐书·地理二》虢州阌乡县：“有轩游宫，故隋别院宫，咸亨五年更名。”咸亨五年即公元 674 年。嘉庆《重修一统志·陕州》：“轩游宫，在阌乡县城内。”按唐阌乡县在今灵宝豫灵镇文底南原村附近，轩游宫亦当在此。出潼关，首先至唐阌乡县，故轩游宫可称是崤函古道第一宫。唐玄宗《轩游宫十五夜》云：“行迈离秦国，巡方赴洛师。路逢三五夜，春色暗中期。关外长河转，宫中淑气迟。歌钟对明月，不减旧游时。”从诗中说于轩游宫殿堂之乐，扬尘舞蹈中仰看春夜满月的月色如“旧游”时景，可知玄宗“巡方”洛阳，曾多次驻跸轩游宫。入宋后该宫改做道观承天观。《宋史·柴通玄传》：“柴通玄，字

---

①（汉）司马迁：《史记》卷 6《秦始皇本纪》：“关中计宫三百，关外四百余。”北京：中华书局，1959 年，第 256 页；（汉）班固：《汉书》卷 51《贾山传》：“秦起咸阳，西至雍，离宫三百。”北京：中华书局，1962 年，第 2328 页。

② 西汉在弘农县（治所在今灵宝函谷关城内）建有弘农宫。陕西历史博物馆藏弘农宫方炉，铭曰：“上林荣宫初元三年受弘农宫方卢（炉），广尺，长二尺，下有承灰，重卌六斤。甘露三年工常絧造，守属顺临，第二。”（秦波：《西汉皇后玉玺和甘露二年铜方炉的发现》，《文物》1973 年第 5 期，第 26-29 页）。又在黾池县境内建有黾池宫。西安市文物商店藏黾池宫铜升，铭曰：“黾池宫铜升，重一斤二两，五凤元年工常㬙造，守属顺临，第六。”“上林共府初元三年受弘农郡”（国家计量总局主编：《中国古代度量衡图集》，北京：文物出版社，1984 年，第 73 页）上述两器，原均为在弘农宫、黾池宫使用之物，初元三年（公元前 46 年），被调送至上林苑，并加刻铭文。

③ 严耕望《唐代交通图考》考证唐代设置在洛阳与长安两京道上有行宫 15 座；介永强考证也是 15 座行宫（《唐代行宫考逸》，《中国历史地理论丛》2001 年第 16 卷第 2 期，第 78-83 页）；吴宏岐列出隋两京道上有行宫 11 座，唐时增至 18 所（《隋唐帝王行宫的地域分布》，《中国历史地理论丛》1994 年第 9 卷，第 71-86 页）；严辉就两京道上和嵩山及附近地区进行调查，考证隋唐在两京大道上设立的行宫约共有 17 座（《洛阳地区隋唐离宫遗址调查与考证》，《河南科技大学学报》（社会科学版）2004 年第 22 卷第 4 期，第 26-29 页）。诸学者所考行宫名称等也所不同。

又玄，陕州阌乡人。为道士于承天观。……所居观即唐轩游宫，有明皇诗石及所书《道德经》二碑。上作二韵诗以赐，并赉茶、药、束帛。诏为修道院。"

（二）上阳宫

《新唐书·地理二》虢州湖城县："有故隋上阳宫，贞观初置，咸亨元年废。"咸亨元年即公元 670 年。《读史方舆纪要·河南三》："上阳宫，隋初置于桃林县。唐贞观中移置于湖城县，高宗又改置于东都禁苑。《一统志》云：上阳宫，在废湖城县西北一里。"[①]嘉庆《重修一统志》云："上阳盖沿虢都旧名。"[②]按隋唐湖城县治在今灵宝阳平镇文乡村一带，上阳宫亦当在此。前揭《新唐书》云上阳宫"咸亨元年废"。显有错误。《太平寰宇记·河南道六》陕州湖城县云："义宁元年于古上阳宫再立，乾元三年二月改为天平县，八年移于上阳宫东南一里，即今理。大历四年复为湖城县。"乾元三年即公元 760 年，大历四年为公元 769 年。唐肃宗乾元年号仅用 3 年 4 个月，并无 8 年，所谓"八年""恐误，或脱文也"[③]。但云湖城县"移于上阳宫东南一里"，则在乾元"八年"时，上阳宫似仍存在。

（三）桃源宫

《新唐书·地理二》陕州灵宝县："有桃源宫，武德元年置。"武德元年即公元 618 年。嘉庆《重修一统志·陕州》："桃源宫，在灵宝县城内。"桃源宫名当与桃林县名有关。唐灵宝县原称桃林县，位于今灵宝大王镇老城村西北黄河南岸。《肇域志》云："沙城，在县西北五里许，三面距河，南有深堑，乃唐武后东幸洛阳而渠也。其内有翠微宫。"又云："翠微宫，在县北黄河南岸店，则天东幸驻跸之所。今城址犹存，俗为沙城。"[④]乾隆《重修灵宝县志》所记同。据调查，今灵宝大王镇后地村西南有一城址遗迹，尚存南城墙长约 300 米，中部已被居民建房破坏，西段保存基本完好，高 1～3 米，多为风沙掩埋。城墙墙基呈梯形，上宽 7 米，下宽 10 米，黄土夯筑，夯层 6～8 厘米，夯窝明显。当地人称为武则天行宫，亦称翠微宫，言该宫仅修建了一半便中途而废。揆度形势，所谓"翠微宫""武则天行宫"当为武德元年所置桃源宫。

（四）陕城宫

《隋书·地理中》河南郡陕县："大业初（陕）州废，置弘农宫。"唐因袭沿用，改名陕城宫。《新唐书·地理二》陕州陕县："有陕城宫。"《隋书·李密传》载：隋末杨玄感、李密围东都，不克，乃西趣潼关，"至陕县，欲围弘农宫，密谏之……玄感不从，遂围之，三日攻不能拔，方引而西"。可知隋弘农宫在陕县城内。嘉庆《重修一统志·陕州》："宏农宫，在州城内，隋建，唐改为陕城宫。"州城即陕州城。顾祖禹《读史方舆纪要》亦有类似说法。唐开成五年（公元 840 年），陕州籍诗人姚合时任陕虢观察使，有《酬光禄田卿六韵见寄》云："雪晴嵩岳顶，树老陕城宫……名卿诗句峭，诮我在关东"。可证唐陕城宫确在陕城内。但顾祖禹又以为陕城宫"调露二年改曰避暑宫，永淳

①（清）顾祖禹撰，贺次君、施和金点校：《读史方舆纪要》卷 48《河南三》，北京：中华书局，2005 年，第 2277、2278 页。
②（清）穆彰阿等撰：《嘉庆重修一统志》，北京：中华书局，1986 年影印本，第 696 页。
③（宋）乐史撰，王文楚点校：《太平寰宇记》卷 6《河南道六》，北京：中华书局，2007 年，第 121 页。
④（清）顾炎武：《肇域志》，《顾炎武全集》第 8 册，上海：上海古籍出版社，2004 年，第 2007 页。

元年又改曰芳桂宫，弘道元年废”[①]，是将渑池紫桂宫之事误指为陕城宫。

（五）绣岭宫

《新唐书·地理二》陕州硖石县：“有绣岭宫，显庆三年置。”显庆三年即公元 658 年。《南部新书》卷庚：“绣岭宫，显庆三年置，在硖石县西三里。”[②]民国《陕县志·古迹》：“绣岭宫在陕州城东南六十五里，安阳东南之高阜上，为唐帝如洛道间之行宫。其地广平，旁无峰障，前临山涧，与莘原南北对峙。莘原之南半岭有广平处，冈陵环亘，与行宫正对为唐大通寺。”据调查，绣岭宫遗址在今陕州区菜园乡石门村南绣岭坡，曾出土有唐代布纹大瓦等遗物。现场考察虽未发现任何遗迹，但地理形势与史籍记载完全相符。绣岭坡北约 200 米，有一扁平圆丘状墓，俗称“公主坟”，面积约 50 平方米，冢高 3 米，当地群众指其为唐玄宗幼女墓。前揭民国《陕县志》又云：“（大通寺）寺内有三生公主祠，其阶下有金大定年间碑，且载公主为玄宗幼女，其生也口喑，左手拳而不能开，洎帝驻跸绣岭宫，谒大通寺，公主遂能言，左手亦能开，内有三生字，旋即夭殂，遂葬东凡社宫地，今名绣岭坡。”

绣岭宫规模不大，但因居高临下，靠近崤函古道，南有橐山，北有溪涧，依山傍水，环境幽邃，“绣岭云横”是古“陕州八景”之一。此外，据《南部新书》卷庚，绣岭宫还有温泉“御汤”，故成为唐代著名的行宫之一。杜牧《洛阳长句二首》曾特别提到它：“连昌绣岭行宫在，玉辇何时父老迎。”《明皇杂录》载，唐玄宗东巡洛阳，曾驻跸于此，并得姚崇“木阴避暑”之法[③]。杨贵妃驻跸绣岭宫时，尝令侍女张云容独舞《霓裳羽衣舞》，并作《赠张云容舞》诗曰：“罗袖动香香不已，红蕖袅袅秋烟里。轻云岭上乍摇风，嫩柳池边初拂水。”这也是《全唐诗》收录的唯一一首杨贵妃诗。“诗成，皇帝吟讽久之，亦有继和，但不记耳。遂赐双金扼臂，因兹宠幸愈于群辈。”[④]可见绣岭宫曾盛极一时，极尽天子风流。

唐中后期，绣岭宫衰落残败。唐代诗人往返两京，途经绣岭宫，频频凭吊，由眼前行宫废后残败模样追忆绣岭宫人声充斥的时节光景。晚唐诗人陆龟蒙《绣岭宫》：“绣岭花残翠依空，碧窗瑶砌旧行宫。闲乘小驷浓荫下，时举金鞭半袖风。”李洞《绣岭宫词》：“春日迟迟春草绿，野棠开尽飘香玉。绣岭宫前鹤发翁，犹唱开元太平曲。”最为人称道的当属崔涂《过绣岭宫》：“古殿春残绿野阴，上皇曾此驻泥金。三城帐属升平梦，一曲铃关怅望心。苑路暗迷香辇绝，缭垣秋断草烟深。前朝旧物东流在，犹为年年下翠岑。”

（六）兰峰宫

陕州区宫前乡宫前村北有一建筑遗址，《中国文物地图集·河南分册》标记为“武

① （清）顾祖禹撰，贺次君、施和金点校：《读史方舆纪要》卷 48《河南三》，北京：中华书局，2005 年，第 2274 页。

② （宋）钱易撰，黄寿成点校：《南部新书》卷庚，北京：中华书局，2002 年，第 104 页。

③ 郑处海撰，田廷柱点校：《明皇杂录》：“上幸东都，至绣岭宫，当时炎酷，上以行宫狭隘，谓左右曰：‘此有佛寺乎？吾将避暑于广厦。’或云：‘六军填委于其中，不可速行。’上谓高力士曰：‘姚崇多计，第往觇之。’力士回奏云：‘姚崇衿絺络乘小驷按辔于木阴下。’上悦曰：‘吾得之矣。’遽命小驷，而顿消暑溽，乃叹曰：‘小事尚如此，触类而长之，天下固受其惠矣。’”北京：中华书局，1994 年，第 63-64 页。

④ （宋）李昉：《太平广记》卷 69《张云容》，北京：中华书局，1961 年，第 429 页。

则天行宫”[①]。民国《陕县志》指为武则天“避暑宫”，并云：“今陕县宫前镇北岭内有小平原，即唐避暑宫旧址。唐以后名为朱家原。……入清，朱家原旧宫址遂垦成平地，无复人烟。今之宫前镇即以斯宫得名。居民尚不断从该处掘得砖石，以砌墙壁。”[②]“武则天行宫”“避暑宫”皆非该宫专有宫名。亦有研究者认为它应称为兰昌宫，后称崎岫宫。宫前村街上一清乾隆年间残碑则称之为“紫薇宫”。据《新唐书·地理二》记载，兰昌宫在唐福昌县，即今宜阳县境，崎岫宫在唐永宁县西5里，在今洛宁县境。而所谓“紫薇宫”，史无记载，清乾隆年间的残碑不足为据。根据史籍记载与现场实地考察，宫前村北的“武则天行宫”应是唐兰峰宫。

《新唐书·地理二》河南府河南郡永宁县：“西三十三里有兰峰宫，皆显庆三年置。”唐永宁县城在今洛宁县中河乡旧县村。旧县村西33里正是今宫前村所在。从地理位置及其环境观察，旧县村西或西北30余里为崤山山区，沟壑纵横，唯连昌河谷地形平坦、开阔，又系交通必经之孔道，因此，兰峰宫非此地莫属。分析兰峰宫名，实含有以高耸林木茂密的山峰为特征之义。今宫前村海拔高约360米，高差500余米，南有南唐山，海拔948.9米。从宫前村抬头南望，山巅如锥，直插云端，加以植被茂密，青翠如黛绿复兰，这一枝独秀的特有景色是沿路的绣岭宫、崎岫宫景观所不具备的。兰峰宫东去33里，是永宁县城鹿桥驿，县西5里有崎岫宫。兰峰宫西北穿过雁翎关是陕县的绣岭宫，相间约30里，正符合《新唐书·地理二》所记载唐代崤山南道上行宫的布局。

兰峰宫遗址位于宫前村北高岗上，面积百余亩，今为耕地。宫室坐北面南，北依万寿山（系人工堆砌，高数米），南对南唐山，东西两侧各为一条南北向沟壑所限。遗址地下曾出土有圆形、方形的石柱础，铺地素面方砖等，方砖边长50厘米、厚2厘米。这些柱础石及方砖分散存放在宫前村民家中，是他们在遗址上耕作时采集到的。至今遗址地面上残留的唐代筒瓦残片、长砖等在田间地头仍俯拾皆是。据村民反映，每年初夏小麦将要成熟时，站在万寿山上，发现长在宫殿室宇地基上的小麦因地下基础土质坚硬，水分少，小麦长势浅而廋；宫殿室宇之外地方，土层深厚，含水量充足，小麦长势好，颜色浓绿。由此大体能辨识出当年宫室的建筑轮廓，依稀可见兰峰宫之规模宏大，结构复杂，错落有致，能够遐想到兰峰宫巍峨壮观的形势。宫前村也因此而得名。

据《南部新书》卷戊载，开元六年（公元718年），唐玄宗“西幸至兰峰宫，乘舆每出，所宿侍臣皆从。既而驰逐原野，然从官分散，宰相即先于前顿朝堂列位，乘舆至，必鞭揖之方入。是日，上垂鞭盛气不顾而入，苏、宋惧。盖怒河南尹李朝隐桥顿不备也，解之方息”。

（七）莎册宫

莎册（栅）宫不见于史籍记载，唯见《全唐诗·侍宴莎册宫应制得情字》诗：“三星希曙景，万骑翊天行，葆羽翻风队，腾吹掩山楹。暖日晨光浅，飞烟旦彩轻。塞寒桃变色，冰断箭流声。渐奏长安道，神皋动睿情。”许敬宗是高宗、武后时人，莎册宫亦

① 国家文物局：《中国文物地图集·河南分册》，北京：中国地图出版社，1998年，第346页。

② 欧阳珍修，韩嘉会撰：民国《陕县志》卷19《古迹》，《中国地方志集成·河南府县志辑》(69)，上海：上海书店，2013年，第676页。

当兴于此际。但莎册宫在何处？有学者认为，唐河南府永宁县（今洛宁）境内洛水上游有“莎栅”一地，疑是莎册宫所在地①。前已说明，莎栅道起自永宁县城西30里莎栅城，莎栅城在永宁县西30里，那么莎栅城应在兰峰宫东3里，即当在莎栅城附近。莎册宫或作莎栅宫。具体地点待进一步考证。

（八）崎岫宫

《新唐书·地理二》河南府河南郡永宁县：“西五里有崎岫宫”，它与兰峰宫一起“皆显庆三年置”。中唐诗人王建有《过绮岫宫》，本注：“东都永宁县西五里。”唐永宁县治自贞观十七年（公元643年）移治鹿桥以后，至宋咸平四年（1001年）一直在鹿桥，即今洛宁县北约25千米的中河乡南、北旧县村。显庆三年（公元658年）置崎岫宫时，永宁县治正在此地。经调查，旧县村西5里屹塔庙有一处唐代建筑遗址，地面上至今还存留有大量的唐代板瓦、筒瓦、绳文砖、石块等遗物，其地望与文献记载的崎岫宫相同，当为崎岫宫遗址②。安史之乱后，崎岫宫陷入衰败。王建《过绮岫宫》作于建中四年（公元783年），所见崎岫宫已是“玉楼倾倒粉墙空，重叠青山绕故宫。武帝去来罗袖尽，野花黄蝶领春风”的景象。

（九）兰昌宫

顾祖禹《读史方舆纪要》指出兰昌宫与福昌宫同属一宫，福昌宫后改名为兰昌宫③。杨鸿年《隋唐宫廷建筑考》也疑兰昌、福昌同指一宫④。而据《新唐书·地理二》载，福昌县“西十七里有兰昌宫；有故隋福昌宫，显庆三年复置”。二宫名称同时并列于《新唐书》所记福昌县行宫之中，足见兰昌宫与福昌宫应是不同的行宫。

兰昌宫所在，《古今图书集成·河南府》“古迹”条载：“兰昌宫，在（宜阳）县西上庄保。”⑤光绪《宜阳县志·古迹》：“玉阳宫。（在）上庄保，又名兰昌宫。”“上庄”，即今宜阳三乡镇东上庄村。宜阳三乡镇南寨村西出土有至元二十二年（1285年）《玉阳宫铭并序碑》，碑石底座尚埋于地下1米深处。据碑文载，玉阳宫大小建筑众多且十分精致，占地40余亩，“西邻竹阁（寺），东有凤翼（山），南挹女几（山），北倚连昌（河）”。严辉据此推定唐兰昌宫当在此地②。实际上这两种说法并不矛盾，一个是讲唐兰昌宫在清代的位置，一个是讲唐兰昌宫当时的位置。南寨村上庄、下庄在明代以前同属一村，后逐渐形成三个村落，同处连昌河和洛河夹角，呈三角之势。南寨村在上庄南1里，因处上庄村南而得名。南寨村与唐福昌县治（今韩城镇福昌村）直线距离为15里，与唐17里基本相符。因南寨村近距洛河，河水淤积严重，兰昌宫遗址已无迹可寻。

唐人笔下的兰昌宫还是一座容纳神异爱情传奇的建筑景观。张云容《与薛昭合婚诗》

① 介永强：《唐代行宫考逸》，《中国历史地理论丛》2001年第16卷第2期，第78-83页。

② 严辉：《洛阳地区隋唐离宫遗址调查与考证》，《河南科技大学学报》（社会科学版）2004年第22卷第4期，第26-29页。

③（清）顾祖禹撰，贺次君、施和金点校：《读史方舆纪要》卷48《河南三》，北京：中华书局，2005年，第2255页。

④ 杨鸿年：《隋唐宫廷建筑考》，西安：三秦出版社，1992年，第24页。

⑤（清）陈梦雷等原辑：《古今图书集成》卷436《职方典》，北京：中华书局、成都：巴蜀书社，1986年，第11670页。

和中唐诗人孟迟《兰昌宫》诗描写的是，发生在这里的平陆尉薛昭与曾于绣岭宫中起舞《霓裳羽衣曲》得蒙贵妃明皇青睐的张云容之间的人鬼恋情，以及与枉死于宫中的宫人萧凤台、刘兰翘鬼魂合作的隐秘情事。《全唐诗·张云容小传》云："张云容，杨贵妃侍儿也。申天师与绛雪丹服之，教其死后为大棺通穴，百年后遇生人交精气再生可为地仙。后死，如法葬兰昌宫。至元和末，有平陆尉金陵薛昭，以义气逸县囚，谪赴海东，至三乡，夜遁去，匿兰昌宫古殿。"李昉《太平广记》和冯梦龙《情天宝鉴》对此有记述。它也成为后来汤显祖《牡丹亭》故事和理念的原型之一。中唐以后，兰昌宫衰落，成为唐代诗人频频驻足凭吊，感叹时事变迁之地。中唐诗人刘驾《兰昌宫》云："宫兰非瑶草，安得春长在。回首春又归，翠华不能待。悲风生辇路，山川寂已晦。边恨在行人，行人无尽岁。"

还有学者认为兰昌宫又名玉阳宫。但据《玉阳宫铭并序碑》记述，玉阳宫原名奉真观，元太宗十一年（1239年）建，次年改名"玉阳观"，至元二十二年（1285年）全真教掌门大宗师洞明真人祁志诚撰《玉阳宫铭并序碑》时，观前匾额改称"玉阳宫"。元秦志安《重修玉阳道院记》云，金末著名道士于道显最初在上庄南寨建庵修道①。但无论如何，玉阳宫是元代一道观名，绝非唐兰昌宫的又名。盖因后来的玉阳宫址建在唐兰昌宫遗址上，二者在位置上具有承袭关系，后人误以为玉阳宫又名兰昌宫，致以讹传讹。

（十）连昌宫

《新唐书·地理二》河南府河南郡寿安县："西二十九里有连昌宫，显庆三年置。"

连昌宫所在，宋张耒《福昌书事言怀一百韵上运判唐通直》"昌水行宫废"句下注："连昌宫，三乡东。"顾炎武《肇域志》河南府宜阳县："连昌宫在三乡。"②乾隆《宜阳县志·艺文》："考昌水在三乡镇东、柏坡村西，其宫在三乡之滨，故曰连昌。邵雍《连昌故宫》诗曰：'昌水来西北'，又曰'正对三乡驿'，则三乡寺为连昌宫无疑也。"三乡寺当指五花寺，遗址在今宜阳三乡镇三乡村北连昌河西岸汉山脚下。光绪《宜阳县志·建制》："五花寺，三乡镇北，后有塔，相传为唐连昌宫故址。"民国《宜阳县志·古迹》："唐塔，在三乡五花寺，共起九级，高十丈，相传唐时建。"又载："五花寺，三乡镇北。寺后有塔，相传为唐连昌宫故址。"③五花寺早已夷为耕地，旧址上仅存宋代密檐式砖塔一座，俗称五花寺塔，塔身九级，高39.97米，青砖结构，八角密檐。五花寺遗址内历年发现有唐代板瓦、筒瓦、条形砖、砖雕等遗物，存在着大量的砖瓦堆积。唐寿安县治即今宜阳县城，与今三乡镇相距约40千米。三乡于唐时属福昌县，距唐福昌县（今韩城镇福昌村）约8.2千米，大体与唐19里相符。前揭《新唐书》云连昌宫在寿安西29里，当为福昌县西19里之误。据此，五花寺所在有可能就是唐连昌宫遗址。

连昌宫是崤函古道上唐代最大的行宫之一，地处连昌河入洛河夹角地带，三川环绕，有南北二园，桑竹丛生，景色优美，唐高宗、武则天及唐玄宗等都曾到此游玩。据说著

① 王宗昱：《金元全真教石刻新编》，北京：北京大学出版社，2005年，第149页。
②（清）顾炎武：《肇域志》，《顾炎武全集》第8册，上海：上海古籍出版社，2004年，第1101页。
③ 民国《宜阳县志》，《中国地方志集成河南府志县辑》(67)，上海：上海书店，2013年，第477、479页。

名的《霓裳羽衣曲》，就是唐玄宗来到连昌宫，眺望女几山时，灵感突发而作[①]。连昌宫更因元稹的《连昌宫词》闻名于世。《旧唐书·元稹传》："长庆初，潭峻归朝，出稹《连昌宫辞》等百余篇奏御。穆宗大悦，问稹安在。对曰：'今为南宫散郎。'即日转祠部郎中、知制诰……由是极承恩顾。"《连昌宫辞》描述唐玄宗和杨贵妃来此游玩时的盛况及安史之乱后连昌宫的荒凉败落，是行宫见证唐王朝变迁的典型之作。东西往来的唐代诗人也往往驻足于此，发出帝国没落之时对盛世不再的委婉怅然。韩愈《和李司勋过连昌宫》云："夹道疏槐出老根，高甍巨桷压山原。宫前遗老来相问，今是开元几叶孙？"张祜《连昌宫》云："龙虎旌旗雨露飘，玉楼歌断碧山遥。玄宗上马太真去，红树满园香自销。"陆龟蒙《连昌宫词二首》云："金铺零落兽环空，斜掩双扉细草中。日暮鸟归宫树绿，不闻鸦轧闭春风。草没苔封叠翠斜，坠红千叶拥残霞。年年直为秋霖苦，滴陷青珉隐起花。"诗中所描述的连昌宫"红树满园"的环境，"金铺""兽环"，美如青玉，水滴生纹的台阶及元稹《连昌宫辞》的"连昌宫竹"、"墙头千叶桃花"、宫中的"临砌花"和"舞榭台基"、"文窗"上覆的碧窗纱、"粉壁"、檐下垂玉、"菌生香案"、帘下"珊瑚钩"等细节元素，为我们认识这座著名行宫的环境及建筑装饰提供了难得的材料。

（十一）福昌宫

《隋书·地理中》河南郡宜阳县："有福昌宫。"唐武德二年（公元 619 年），宜阳县治由今韩城镇东关村移至今镇西 8 里的福昌村，县署占用隋福昌宫宫址，故"更宜阳曰福昌，因隋宫为名"。《资治通鉴》胡注："福昌县属东都，本宜阳县，武德二年更名，因隋福昌宫以名县也。"[②]显庆三年（公元 658 年），唐"复置"福昌宫[③]。开元末又有整修："福昌宫，隋置，开元末重修。其中什物毕备，驾幸供顿，以百余瓮贮水。"[④]

福昌宫所在，嘉庆《重修一统志·河南府二》古迹："福昌宫在宜阳县西。"李贺《昌谷诗》写昌谷雨后所见情景，自注"福昌宫在谷之东"。"谷"即昌谷，为李贺的故里。连昌河（又名永昌河）源于今陕州区崤山山脉，经洛宁东北入宜阳三乡，穿过宜阳北山和三乡西南汉山之间，东南向注入洛河，形成天然河谷。昌谷即因连昌河谷而得名，在连昌河与洛河交汇处。据此，今三乡镇在连昌河之西，福昌宫在连昌河之东，具体位置待考。今福昌村北唐福昌县城西南角有明代始建的道观福昌阁，坐北朝南。当地人有谓，隋朝曾在此建福昌宫，但不知所据。

麟德二年（公元 665 年）二月，唐高宗与武则天"如福昌宫"[⑤]。圣历二年（公元 699 年）冬十月，武则天幸福昌县，亦当驻福昌宫。李贺《昌谷诗》中的"纡缓玉真路"，自注"近武后巡幸路"。巡幸路即昌谷南面的崤山南路。李贺诗有多处写到福昌宫的景

① 刘禹锡《三乡驿楼伏睹玄宗望女几山诗，小臣斐然有感》："开元天子万事足，唯惜当时光景促。三乡陌上望仙山，归作霓裳羽衣曲。仙心从此在瑶池，三清八景相追随。天上忽乘白云去，世间空有秋风词。"

②（宋）司马光：《资治通鉴》卷 206《唐纪》22"则天后圣历二年"条，北京：中华书局，1956 年，第 6542 页。

③（宋）欧阳修、宋祁撰：《新唐书》卷 38《地理二》，北京：中华书局，1975 年，第 983 页。

④（宋）钱易撰，黄寿成点校：《南部新书》，北京：中华书局，2002 年，第 82 页。

⑤（宋）欧阳修、宋祁撰：《新唐书》卷 3《高宗纪》，北京：中华书局，1975 年，第 63 页。

色与人文。《南园十三首》其二："宫北田塍晓气酣，黄桑饮露窣宫帘。长腰健妇偷攀折，将喂吴王八茧蚕。"清人王琦注曰："宫北谓福昌宫之北。"《昌谷诗》："待驾栖鸾老，故宫椒壁圮。鸿珑数铃响，羁臣发凉思。阴藤束朱键，龙帐著魈魅。碧锦帖花柽，香衾事残贵。歌尘蠹木在，舞彩长云似。"王琦注曰：此"五联皆指福昌宫而言"[①]。福昌宫"内人"还利用"百余瓮贮水"，发明了一种"斗瓮"的游艺："驾将起，所宿内人尽倾出水，以空瓮两两相比，数人共推一瓮，初且摇之，然后齐呼扣击，谓之'瓮'，以为笑乐。"另有宫人以口脂取乐传情。"又宫人浓注口，以口印幕竿上。发后，好事者乃敛唇正口印而取之。"[②]

（十二）兴泰宫

《新唐书•地理二》河南府河南郡寿安县："西南四十里万安山有兴泰宫，长安四年置，并析置兴泰县，神龙元年省。"长安四年即公元704年。兴泰宫建造原因，《旧唐书•武三思传》云："三思又以则天厌居深宫，又欲与张易之、昌宗等扈从驰骋，以弄其权。乃请创造三阳宫于嵩高山，兴泰宫于万寿山，请则天每岁临幸，前后工役甚众，百姓怨之。"拾遗卢藏用为此上疏谏止，不从。宫成后，夏四月丙子，武则天幸兴泰宫，居住3个月，至秋七月甲午始还洛阳。《旧唐书•韦安石传》云："则天尝幸兴泰宫，欲就捷路，安石奏曰：'千金之子，且有垂堂之戒；万乘之尊，不宜轻乘危险。此路板筑初成，无自然之固，銮驾经之，臣等敢不请罪。'则天登时为之回辇。"次年（神龙元年），武则天退位后，兴泰宫逐渐冷落。开元十年（公元722年）冬十月甲寅，唐玄宗"幸寿安之故兴泰宫，畋猎于上宜川。庚申，至自兴泰宫"[③]。此后再无唐帝行幸。

兴泰宫是利用原三阳宫建筑材料修建的。《资治通鉴》"长安四年（公元704年）正月"条载："丁未，毁三阳宫，以其材作兴泰宫于万安山。"三阳宫在今河南登封大冶镇西刘碑村西南石淙河畔，建于久视元年（公元700年），"造设奇巧，诱掖上心，凿山疏观，竭流涨海，俯穷地脉，仰出云端……御苑东西二十里"[④]。以三阳宫之材，再造兴泰宫，足见兴泰宫亦当是一座规模宏大、建筑精巧的行宫。据宋之问《三月三日奉使凉宫雨中禊饮序》，兴泰宫因"境连伊塞，岸隔河都。清暑必在于三伏，殊寒不逾于十里"，又称"凉宫"，[⑤]是风光秀丽，布宴欢聚之处。

兴泰宫的位置，光绪《宜阳县志•舆地》云："万安山，在赵保南，山下有唐武后兴泰宫故址。"兴泰宫遗址业已发现，在今宜阳赵保乡西赵保村的上沟村与下沟村之间的山凹里，坐北面南，平面呈方形。南门平面呈长方形，夯土门阙残高2米，南垣西段、东垣地面上可见残垣遗迹。其中，东垣筑在岭脊上，依山势而修，略显曲折，随山势呈高低起伏状。行宫正中为一处水池，尚有泉水涌出。南北两侧各有一处宫殿基址，面积

① 王琦等注：《李贺诗歌集注》，上海：上海人民出版社，1977年，第86、236页。
②（宋）钱易撰，黄寿成点校：《南部新书》，北京：中华书局，2002年，第82页。
③（后晋）刘昫等撰：《旧唐书》卷8《玄宗纪上》，北京：中华书局，1975年，第184页。
④（唐）张说：《谏避暑三阳宫疏》，《全唐文》223，北京：中华书局，1983年，第2256页。
⑤（唐）宋之问：《三月三日奉使凉宫雨中禊饮序》，《全唐文》卷241，北京：中华书局，1983年，第2435页。

50～1000 平方米，夯土筑成，断崖处可见夯层。近年在遗址内还不断发现板瓦、筒瓦、陶水管、莲花纹方砖等唐代建筑材料。遗址的南面有村，名后宫村，当与兴泰宫有关[①]。

（十三）显仁宫

显仁宫是隋炀帝营建东都洛阳以来建造的首座行宫。《资治通鉴》“大业元年三月”条载：隋炀帝“敕宇文恺与内史舍人封德彝等营显仁宫，南接阜涧，北跨洛滨。《隋志》：河南郡寿安县有显仁宫。”《隋书·炀帝纪上》：大业元年“三月丁未，诏尚书令杨素、纳言杨达、将作大匠宇文恺营建东京，……又于皂涧营显仁宫，采海内奇禽异兽草木之类，以实园苑”。可见显仁宫的建造在东京洛阳营建之前即已进行，并由负责东都营建的宇文恺和封德彝主持监造，足见其作为东都营建整体工程的一部分，其建造也十分快速。同年八月，东京城尚未建成，显仁宫已在使用，隋炀帝第一次巡幸江都，即由此乘船出发。

显仁宫与隋皇家禁苑西苑的关系，自古有两种说法。一种是说显仁宫包含在西苑范围内。《隋书·食货志》：“又于皂涧营显仁宫，苑囿连接，北至新安，南及飞山，西至渑池，周围数百里。”此“周围数百里”非单指显仁宫，而是指代包含显仁宫在内的整个西苑。《河南志》《唐两京城坊考》采其说。另一种说法，如前揭《资治通鉴》认为营显仁宫和筑西苑是两个不同的事件。时间上，显仁宫和西苑并非同时营建，西苑营建于大业元年（公元 605 年）夏五月，略晚于显仁宫。建筑顺序上，是先建造了显仁宫，然后在此基础上构筑了西苑。空间上，显仁宫在西苑南面，“南逼南山，北临洛水”[②]，不在西苑苑内。《资治通鉴》胡注：“显仁宫在河南寿安县，幸东都则为中顿。”[③]《读史方舆纪要》亦谓显仁宫“隋置。自西京幸东都以此为中顿”[④]。可见显仁宫属于两京道上一座独立的行宫。

隋显仁宫在唐代被承袭沿用，并更名为明德宫，又名昭仁宫。《新唐书·魏徵传》：唐太宗“幸洛阳，次昭仁宫，多所谴责”。《贞观政要·行幸》作：“太宗东巡狩，将入洛，次于显仁宫，宫苑官司多被责罚。侍中魏徵进言曰：……”杨鸿年分析，盖因显、昭义皆为明，故通用[⑤]。《唐两京城坊考》“明德宫”条，徐松自注：“按《唐书·魏徵传》：太宗幸洛，次昭仁宫。《贞观政要》及《魏郑公谏录》皆作显仁宫，是昭仁宫即明德宫矣。”[⑥]贞观十一年（公元 637 年）六月，唐太宗自长安至洛阳，避暑于明德宫。七月，暴雨致谷水、洛水泛滥，毁坏洛阳城内宫寺民居，太宗自明德宫还洛阳，下诏废明德宫及飞山宫之玄圃院，用其材木救济城中遭灾百姓。唐高宗时期，随着洛阳成为唐王朝的实际都城，明德宫盖又得到修缮。显庆二年（公元 657 年）“夏五月丙申”，高宗“幸明

① 宜阳县地方史志办公室：《宜阳县文物志》，郑州：中州古籍出版社，2001 年，第 27、28 页。

②（清）徐松辑，高敏点校：《河南志》，北京：中华书局，1994 年，第 114 页。

③（宋）司马光：《资治通鉴》卷 197《唐纪一三》“太宗贞观十八年”，北京：中华书局，1956 年，第 6209 页。

④（清）顾祖禹撰，贺次君、施和金点校：《读史方舆纪要》卷 48《河南三》，北京：中华书局，2005 年，第 2255 页。

⑤ 杨鸿年：《隋唐宫廷建筑考》，西安：三秦出版社，1992 年，第 68 页。

⑥（清）徐松撰，张穆校补：《唐两京城坊考》卷 5，北京：中华书局，1985 年，第 144 页。

德宫”避暑，至“秋七月丁亥，还洛阳宫”①。

据《隋书·地理中》，显仁宫在河南寿安县，“南接皁（皂）涧，北跨洛滨”。《河南志》谓明德宫在唐西苑中心离宫合璧宫的东南，“南逼南山，北临洛水”。合璧宫遗址业已发现，在今洛阳高新区辛店镇龙池沟村东北②。考明德宫地望，当在今宜阳县周村、苗村一带。

（十四）甘泉宫

甘泉宫也是隋代建造较早的一座两京道行宫。据《大业杂记》载：甘泉宫，“大业元年春，迁都未成，敕内史舍人封德彝于此置宫”③。又说甘泉宫“一名皂涧宫”。《河南志》采其说，云“皁（皂）涧宫，别名甘泉宫”④。辛德勇亦认为封德彝营显仁宫与置甘泉（皂涧）宫为一事⑤。

甘泉宫、皂涧宫和显仁宫都是隋炀帝建设较早的行宫，皆在西苑南侧、洛水南岸，相互间距离较近，但三者并非一宫。前揭《隋书》云隋炀帝“又于皂涧营显仁宫”，《河南志》将皂涧宫和显仁宫同时并列于隋西苑离宫中，显见二者是两处不同的行宫。甘泉宫和皂涧宫当分别以皂涧、甘水命名，位置当分别近皂涧或甘水。皂涧，《资治通鉴》胡注谓，即《水经注》黑涧水。《读史方舆纪要·河南三》：“黑涧在寿安县南。《水经注》：‘黑涧水出陆浑县西山，历黑涧西北入洛。洛水迳宜阳故城南，又东与黑涧水合，亦曰皂涧。’”黑涧水即今陈宅河，源自赵保南墨山之麓，于城关镇灵山、陈宅间，北注入洛。甘水，《水经注·甘水》载：“甘水出宏农宜阳县鹿蹄山。山在河南陆浑县故城西北，俗谓之纵山。”甘水即今宜阳东甘水河，源自今宜阳樊村乡西杨家岭附近鹿蹄山（一名纵山），于今洛阳洛龙区丰李镇小作村附近北入洛河。皂涧、甘水都是洛河南岸的支流，皂涧在上游，甘水在下游，两水相距有一段距离，说明甘泉宫与皂涧宫绝非一宫。

甘泉宫规模颇大，环境秀美，号称游赏之最。《大业杂记》云：甘泉宫“周十余里，宫北通西苑，其内多山阜，崇峰曲涧，秀丽标奇。其中有阆风亭、丽日亭、栖霞观、行雨台、清暑殿，南有通仙桥、百尺涧，青莲峰，峰上有翠微亭，游览之美，以此为最”。此宫具体位置，史无明载。但据《大业杂记》：“建国门西南十二里，有景华宫。……十余里有甘泉宫”，是甘泉宫与景华宫紧邻。建国门为隋东都外郭城正南门，亦即唐定鼎门，由此向西南 12 里，即今洛阳李屯一带。又“十余里”，则甘泉宫当在今宜阳甘泉上游一带，具体位置有待进一步考证。

---

①（后晋）刘昫等撰：《旧唐书》卷 4《高宗本纪上》，北京：中华书局，1975 年，第 77 页。

② 严辉：《洛阳西郊龙池沟唐代西苑宫殿遗址调查》，《文物》2000 年第 10 期，第 35-42 页；严辉、郑卫：《洛阳西郊龙池沟唐代西苑宫殿遗址及其相关问题》，洛阳市文物局编：《耕耘论丛》第 2 辑，北京：科学出版社，2003 年，第 178-188 页；严辉：《唐东都西苑合璧宫遗址辨》，《中国文物报》2000 年 5 月 17 日，第 3 版。

③ 辛德勇辑校：《两京新记辑校·大业杂记辑校》，西安：三秦出版社，2006 年，第 16 页。

④（清）徐松辑，高敏点校：《河南志》卷 3，北京：中华书局，1994 年，第 115 页。

⑤ 辛德勇辑校：《两京新记辑校·大业杂记辑校》，西安：三秦出版社，2006 年，第 18 页。

（十五）连曜宫

《南部新书》卷戊载：唐玄宗“开元二十五年西幸，驻跸寿安连曜宫。宫侧有精舍，庭内刹柱高五丈，有立于承露盘者”。连曜宫仅见该书该卷。钱易生活的年代，主要在北宋真宗朝，所撰《南部新书》，依据的是前人或时人的现成著作，故连曜宫记载，虽为孤载，亦应有所本。据此，连曜宫乃崤函古道上一行宫，在今宜阳县。开元二十五年（公元 737 年）（按：当为二十四年），唐玄宗自洛阳返回长安时，曾驻跸于此。其具体位置待考。

（十六）紫桂宫

紫桂宫是唐在崤函古道北路上设置的唯一行宫。其建宫年代，诸书记载颇有不同。《唐会要·诸宫》云：“仪凤四年五月十九日，造紫桂宫于渑池县西。”《资治通鉴》卷 202“调露元年五月戊戌”条亦谓：“作紫桂宫于渑池之西。”按唐高宗仪凤四年六月改为调露元年，故二者为一年，即公元 679 年。而《新唐书·地理二》河南府河南郡渑池县：“西五里有紫桂宫，仪凤二年置。”仪凤二年即公元 677 年。如此一来，紫桂宫建造时间就出现了 2 年的差距。那么，到底哪一个记载是真实情况的反映呢？《旧唐书·高宗本纪下》载：上元四年五月戊戌“造紫桂宫于沔池之西”。按唐高宗上元三年十一月改曰仪凤元年，这里的四年实为仪凤二年。两唐书关于此事的记载完全一致，足以证明紫桂宫建造时间确实是在仪凤二年。另据《资治通鉴》“弘道元年五月”条载，“庚寅，上幸芳桂宫”。胡注：“仪凤二年，营紫桂宫于渑池县西五里。”足以证明《唐会要》关于紫桂宫建造时间的记载有误。紫桂宫建成后，宫名屡改。“调露二年曰避暑宫，永淳元年曰芳桂宫。”[①]至弘道元年（公元 683 年），高宗卒，遗诏废芳桂宫。文明元年（公元 684 年），武则天临朝称制，诏芳桂宫“置僧寺，以旧宫为名”[②]。唐武宗会昌年间（公元 840～846 年），打击佛教，芳桂寺被废毁[③]。

关于紫桂宫的建造，洛阳龙门北市丝行像龛北侧造像题记留下了珍贵的史料。题记云：“李君瓒修紫桂宫□□，平安至家，敬造观音菩萨。调露二年六月卅日。”[④]李君瓒是唐代杰出的雕塑艺术家，曾参加奉先寺大卢舍那像龛雕凿，工程竣工后，又参加了紫桂宫的修建。调露二年（公元 680 年），他回到家，在大像龛南约 20 米处造观世音菩萨像一躯，并留下题记。李君瓒能在参加大像龛工程后又被选去修建紫桂宫，说明他当时已是杰出的雕塑艺人和精明的施工管理人员（支料匠）。而他参与建造的紫桂宫势必也有相当之规模和水准。唐在此设有芳桂宫驿。唐制 30 里一驿。芳桂宫驿与渑池县城驿南馆相距仅 5 里，当为特设之驿，唐高宗在紫桂宫下达的政令，通过附近的芳桂宫驿驿

---

① （宋）欧阳修、宋祁撰：《新唐书》卷 38《地理二》，北京：中华书局，1975 年，第 983 页。

② （宋）宋敏求、（元）李好文撰，辛德勇、郎洁点校：《长安志·长安志图》，西安：三秦出版社，2013 年，第 489 页。

③ 马蓉、陈抗、钟文等点校：《永乐大典方志辑佚》第 2 册，中华书局，2004 年，第 2079 页。

④ 刘景龙、李玉昆主编：《龙门石窟碑刻题记汇录》，北京：中国大百科全书出版社，1998 年，第 549 页。

骑传达到全国各地，这也从侧面证明了紫桂宫对于唐廷的重要性，紫桂宫往日的繁荣景象自不必说。据明《河南府志》载，紫桂宫“有九玄殿”①。调露二年（公元 680 年）四月乙丑，唐高宗行幸紫桂宫，四月癸酉，即“广招百官”至紫桂宫，在九玄殿大会文武百僚，庆贺裴行俭讨伐突厥大捷。《册府元龟》卷 110 录唐高宗《九玄殿会文武百僚口谕》，云“故广招百官以申谶喜，王公卿士想同兹庆”②。八月丁未始还洛阳。永淳元年（公元 682 年），唐高宗自长安行幸洛阳，再次驻跸紫桂宫，并在芳桂宫驿召见了被免职的韦机，令其以平民身份管理园林园囿。二年（即弘道元年），高宗欲第三次行幸紫桂宫，行至合璧宫，因大雨返回。

紫桂宫所在，康熙《渑池县志·古迹》谓：“紫桂宫遗址在治西五里许黄花村。”即今渑池陈村乡黄花村（原名紫桂村），现遗址无存。当地人谓，紫桂宫或芳桂宫宫名，是因当时这里桂树较多，缘“桂花味芳香”“桂花色紫墨”得名，意谓此地环境馨香美丽。黄花村名亦因“桂花色黄”而来。

综上所述，隋唐时崤函古道上有明确记载的行宫至少有 16 座。有关这些行宫的位置、建设和使用年代如表 1 所示。

表 1 崤函古道隋唐行宫一览表

行宫名称	位置	建宫年代	使用年代
轩游宫（别院宫）	虢州阌乡县（今灵宝豫灵镇文底南原村附近）	隋	隋—唐
上阳宫	虢州湖城县（今灵宝阳平镇文乡村附近）	隋初	隋—唐
桃源宫	陕州灵宝县（今灵宝大王镇后地村西南）	唐武德元年（公元 618 年）	唐
陕城宫（弘农宫）	陕州陕县（今三门峡市区陕州故城内）	隋大业初	隋—唐
绣岭宫	陕州硖石县（今陕州区菜园乡绣岭村）	唐显庆三年（公元 658 年）	唐
兰峰宫	河南府永宁县（今陕州区宫前乡宫前村北）	唐显庆三年（公元 658 年）	唐
莎册宫	河南府永宁县莎栅城（今陕州区宫前乡宫前村兰峰宫东 3 里）	唐	唐
崎岫宫	河南府永宁县西(今洛宁县中河乡南、北旧县村)	唐显庆三年（公元 658 年）	唐
福昌宫	河南府福昌县（今宜阳三乡镇连昌河之东）	隋	隋—唐
兰昌宫	河南府福昌县西（今宜阳县三乡镇南寨村）	唐	唐
连昌宫	河南府寿安县西（今宜阳三乡镇三乡村北）	唐显庆三年（公元 658 年）	唐
兴泰宫（凉宫）	河南府寿安县西南 （今宜阳赵保乡赵保村）	大周长安四年（公元 704 年）	唐
显仁宫（明德宫、昭仁宫）	河南府寿安县（今宜阳县周村、苗村一带）	隋大业元年（公元 605 年）	隋—唐
甘泉宫	河南府寿安县东（今宜阳甘泉上游一带）	隋大业元年（公元 605 年）	隋—唐
连曜宫	河南府寿安县（今河南宜阳）	唐	唐
紫桂宫（避暑宫、芳桂宫）	河南府渑池县（今渑池陈村乡黄花村）	唐仪凤二年（公元 677 年）	唐

① 马蓉、陈抗、钟文等点校：《永乐大典方志辑佚》第 2 册，北京：中华书局，2004 年，第 2079 页。

②（宋）王钦若等编纂：《册府元龟》（校订本）卷 110《帝王部》宴享二，北京：中华书局，1960 年，第 1307、1308 页。

二　崤函古道隋唐行宫的特征

隋唐以长安、洛阳为东西二京，崤函古道是连接长安、洛阳两京最重要的东西交通干道，自隋文帝携百官到东都行政开始，至安史之乱止，一个半世纪以来，隋文帝、隋炀帝、唐太宗、唐高宗、武则天、唐中宗、唐玄宗常携百官往来于两京，正如高宗所说："两京，朕东西二宅，来去不恒。"[①]而长安至洛阳相距 800 余里。据严耕望的研究，唐时除诏令急宣，军书急邮外，通常盖日行三驿，共需 10 日。缓或日行两驿，共需 16 日。而君主行幸，则首尾要多耗 20 日[②]。为沿途驻跸和临时理政方便，沿途密集布设行宫。"自长安历华、陕至洛，沿道皆有行宫。"[③]这是崤函古道隋唐行宫密集的客观原因。

崤函古道上行宫多是隋炀帝建造的，如唐太宗所说，"隋炀帝广造宫室，以肆形幸，自西京至东都，离宫别馆，相望道次"[④]。隋炀帝在两京道所置行宫数量，《大业杂记》谓："自豫州至京师八百余里，置一十四顿，顿别有宫，宫有正殿。"[⑤]隋代行宫在唐代被承袭沿用或废弃，同时也新建了一批行宫。《资治通鉴》卷 412 载，开元二十六年（公元 738 年），"是岁，于西京、东都往来之路，作行宫千余间"[⑥]。《唐会要》则作"两京路行宫，各造殿宇，及屋千间"[⑦]。白居易《西行》诗："寿安流水馆，硖石青山郭。官道柳阴阴，行宫花漠漠。"描写的就是安史之乱后崤函古道上行宫仍在，楼宇相望，连绵相接的实况。根据笔者考证，崤函古道上有明确记载的隋唐行宫约有 16 座，除轩游宫（别院宫）、上阳宫、陕城宫（弘农宫）、福昌宫、显仁宫（明德宫、昭仁宫）、甘泉宫绍继隋代外，唐代新建行宫 10 座。前揭《大业杂记》云隋代两京道行宫"置一十四顿"。唐初诸帝臣工曾对此颇有批评。而实际情况是，唐朝仅在崤函古道上便新建行宫 11 座，数量远超隋代[⑧]。这一方面说明自唐太宗晚年以来唐皇已渐趋奢纵游乐，"宫室台榭屡有兴作"[⑨]；另一方面也显示了唐皇对东都洛阳的青睐。

隋唐崤函古道行宫分布呈南（路）多北（路）寡特点。16 座行宫中，南路有绣岭宫、兰峰宫、莎册（栅）宫、崎岫宫、福昌宫、兰昌宫、连昌宫、兴泰宫、显仁宫、甘泉宫、连曜宫 11 座，北路仅有一个渑池紫桂宫。学者们认为，这是隋唐时行旅以南路为主、北路为辅，帝王巡幸两京亦多走南道的交通状况的真实反映。这自然不错。但这同南路

---

① （宋）李昉：《太平御览》卷 156《州郡部二》引《两京记》，北京：中华书局，1960 年，第 760 页。

② 严耕望：《唐代交通图考》第 1 卷《长安洛阳驿道》，上海：上海古籍出版社，2007 年，第 88 页。

③ （宋）司马光：《资治通鉴》卷 243《唐纪》59"敬宗宝历二年"条，北京：中华书局，1956 年，第 7849 页。

④ （唐）吴兢撰，谢保成集校：《贞观政要集校》卷 10《论巡幸》，北京：中华书局，2003 年，第 511 页。

⑤ 辛德勇辑校：《两京新记辑校 · 大业杂记辑校》，西安：三秦出版社，2006 年，第 2 页。

⑥ （宋）司马光：《资治通鉴》卷 214《唐纪》30"玄宗开元二十六年"条，北京：中华书局，1956 年，第 6836 页。

⑦ （宋）王溥：《唐会要》卷 30《杂记》，北京：中华书局，1955 年，第 561 页。

⑧ 据吴宏岐《隋唐帝王行宫的地域分布》考证，隋唐在两京道渭南至华阴段还建有行宫 7 座，即步寿宫（隋宫，今陕西渭南临渭区）、崇业宫（隋宫，今陕西渭南临渭区）、游龙宫（唐宫，今陕西渭南临渭区）、太华宫（隋宫，今陕西华县）、普德宫（隋唐宫，今陕西华县）、华阴宫（隋唐宫，今陕西华阴市）、金城宫（隋唐宫，今陕西华阴市）。

⑨ （宋）司马光：《资治通鉴》卷 198《唐纪》14"太宗贞观二十二年"条，北京：中华书局，1956 年，第 6251 页。

交通特色也有直接关系。隋唐崤函古道南路行宫分布以永宁至寿安段最为密集，11 座行宫中有 8 座分布于此。行宫建置离不开一定的地理环境。崤山南路自永宁越过崤山，经洛水与昌水交汇处三乡，进入寿安、福昌，道路便沿洛水东行，一路坦途，水木清华的景致迥异于险峻难行的往途，给人以耳目一新的感觉。这在唐诗中多有反映。刘禹锡《题寿安甘棠馆二首》之二诗曰："门前洛阳道，门里桃花路。尘土与烟霞，其间十余步。"许浑《早发寿安次永济渡》诗云："东西车马尘，巩洛与咸秦。山月夜行客，水烟朝渡人。树凉风浩浩，滩浅石磷磷。会待功名就，扁舟寄此身。"古代交通条件落后，受其影响，行宫距都城不能太远。而寿安、福昌分别是崤函古道洛阳西行的第一、二县，距离东都不远，因为与洛阳的地缘关系，历来属于洛阳都畿之地。行宫密集于此，既可享受这一带水木清华的景致，又可避免因行宫距离过远而可能生出的不测。

对隋唐崤函古道的 16 座行宫，有学者认为，其中的兴泰宫、紫桂宫是避暑宫，其他 14 座属于两京道行宫。其实，绣岭宫、兰峰宫也可以划入避暑宫的行列。为了追求悠闲雅逸的生活，这些行宫借助当地优美自然景色，因山借水，因地制宜。例如，绣岭宫南有橐山，北有溪涧，与大通寺隔河相望，依山傍水，草木苍翠，环境幽邃，又有温泉"御汤"；兰峰宫高岗上，南对南唐山，北面有人工堆砌出的万寿山。南望山巅如锥，直插云端，加以植被茂密，青翠如黛绿复兰。连昌宫地处连昌河入洛夹角地带，北依女几山，南临洛河水，阁楼巍峨，宫阙壮丽，远望如玉皇仙阁；甘泉宫北通西苑，其内多山阜，崇峰曲涧，秀丽标奇，游览之美，以此为最。其他行宫也无不使行宫建筑与地理形势紧密结合，虽由人作，宛自天开。由于年代久远，崤函古道上的隋唐行宫的建筑布局已难寻踪影。但从唐诗等文献的描述来看，它们具有完整壮丽的建筑，规模宏大，雄浑壮丽，"顿别有宫，宫有正殿"[①]。地理空间相对独立，具有非同一般的建筑艺术，堪称隋唐建筑艺术瑰宝。以行宫为依托而造就的形形色色的绘画、乐舞、杂耍、佛教、旅游等文化活动，洋溢着宫廷风致，呈现出皇家气魄，成为唐文化的一个缩影[②]。

行宫离不开驿道。隋唐诸皇每次行幸，规模都十分庞大，有时随行人员竟数以万计。"羽卫森森西向秦，山川历历在清晨。晴云稍卷寒岩树，宿雨能销御路尘。"[③]为便利皇帝行幸，沿线地区十分注重道路修治，对原有道路进行相应的加宽和修缮，以保证道路通畅。王建《行宫词》生动地描绘了两京道沿线州县为便利皇帝往来两京而年年修路的情景："上阳宫到蓬莱殿，行宫岩岩遥相见。向前天子行幸多，马蹄车辙山川遍。当时州县每年修，皆留内人看玉案。"唐前期帝王行幸颇多，道路修治也相对频繁，沿线州县不胜其扰。显庆二年（公元 657 年）闰正月，唐高宗东幸洛阳，"敕每事检约，道路不许修理"[④]。咸亨元年（公元 670 年）九月，高宗诏云："来年正月幸东都……所经道

① 辛德勇辑校：《两京新记辑校·大业杂记辑校》，西安：三秦出版社，2006 年，第 2 页。

② 介永强曾对唐行宫文化作过研究，其所举史例，虽主要是唐关中行宫，但仍可概见唐行宫文化之一斑。详见《唐代行宫文化透视》，《陕西师范大学学报》（哲学社会科学版）2001 年第 30 卷第 1 期，第 123-130 页；《唐代建筑风貌一瞥——以行宫遗存为中心的文化考察》，《陕西师范大学继续教育学报》2003 年第 20 卷第 1 期，第 44-47 页。

③（唐）张九龄：《奉和圣制早发三乡山行》，《全唐诗》（增订本）卷 48，北京：中华书局，2008 年，第 596 页。

④（唐）（宋）王溥：《唐会要》卷 27《行幸》，北京：中华书局，1955 年，第 515 页。

路修理开拓水可涉渡，不烦造桥筑宫。又拟置御营之驿，并不敢擅加修补，在路不得妄有进献。”[①]唐高宗不厌其烦地多次声明提倡简约，“道路不许修理”，其本身正说明存在着各州县为便利其行幸而大肆铺张修路的事实。当然，唐前期，唐皇经常往来于两京之间，从某种角度说，相当频繁的道路修治，也起到了改善交通的作用。

隋唐崤函古道行宫的建造，以唐高宗时期最多，其中又以显庆年间（公元656～660年）为最，玄宗时期主要是增建。这一时期也正是唐皇往来于两京之间最频繁的年代。“安史之乱”后，由于战乱或国库空虚，唐皇基本上不再两京间往返，崤函古道上的行宫被锁闭后渐渐凋坯、荒残。《读史方舆纪要》谓：“及天宝倦勤，渔阳作乱，车驾不复东巡，宫室渐废。”[②]唐敬宗曾欲再次东巡，被裴度陈述的洛阳宫需“假岁月完新”而打消。《新唐书·裴度传》载其事：“先是，帝将幸东都，大臣切谏，不纳。帝恚曰：朕意决矣！虽从官宫人自挟糗，无扰百姓。’趣有司检料行宫，中外莫敢言。度从容奏：‘国家建别都，本备巡幸。自艰难以来，宫阙、署屯、百司之区，荒圮弗治，假岁月完新，然后可行。仓卒无备，有司且得罪。’帝悦曰：‘群臣谏朕不及此。如卿言，诚有未便，安用往邪？’因止行。”安史之乱后，崤函古道行宫的凋坯、荒残，与这一时期崤函古道交通发展及功能演变存在着耦合关系。

曾经的喧嚣浮华与满目的荒圮废垣，行宫成为唐人感受盛世变迁的一个标志和咏史抒怀的建筑景观。唐诗中就有许多写到行宫。洪迈《容斋随笔》卷2“古行宫诗”条云：“白乐天《长恨歌》《上阳人歌》，元微之《连昌宫词》，道开元间宫禁事，最为深切矣。然微之有《行宫》一绝句云：‘寥落古行宫，宫花寂寞红。白头宫女在，闲坐说玄宗。’”[③]诗人在残破的行宫之外看着大唐的光辉渐渐黯淡下去，追忆的是在当下大唐没落之时对盛世不再的委婉怅然。可见行宫的兴衰确实与唐王朝的命运息息相关。行宫的兴衰也折射出崤函古道交通在隋唐的变迁。

---

① （北宋）王钦若等编：《册府元龟》卷113《帝王部·巡幸二》，北京：中华书局，1960年影印本，第1350页。

② （清）顾祖禹撰，贺次君、施和金点校：《读史方舆纪要》卷48《河南三》，北京：中华书局，2005年，第2235页。

③ （宋）洪迈：《容斋随笔》，上海：上海古籍出版社，2015年，第19页。

崤函古道驿站通考

古代道路交通系统包括驿站设置。道路如血脉，日夜为国家运送人员和物资，须臾不可阻塞。驿站是保证人员定点补给、政令有效传达、情报递送的重要道路设施。崤函古道是古代东西交通大动脉和联结长安洛阳的咽喉，因此历代尤为重视其驿站的建设。对崤函古道驿站的考察和研究，有助于深化对崤函古道交通史的认识。自严耕望、王文楚等以来，学界已取得了重要研究成果①。但相关研究主要偏重于对隋唐驿站的考订，对此前及之后的内容关注不够，其在各个朝代的演变情况，缺少系统研究。随着新的史料不断涌现，野外考察资料、考古资料不断丰富，对崤函古道隋唐驿站的考察也需要进一步的补正、完善，以期推进崤函古道驿站的进一步研究。

一 隋唐以前的驿站

古代驿站设置是随着交往的深入和道路建设的进步而出现的。至迟在商代就已经有了比较明确的驿路和驿站②，以后代代相承，并不断加以改进和完善。崤函古道是古代东西交通大动脉和联结长安洛阳的咽喉，其形成时间甚早，以常理而论，驿站设置自然不会缺少。但由于年代久远，隋唐以前很多驿站的资料已经失载。文献中有明确记载的仅有柏谷亭、桑田亭、函谷关客舍、曹阳亭、逆旅亭、千秋亭等少数。

柏谷亭。《水经注·河水》载："河水又东合柏谷水，水出弘农县南石堤山。山下有《石堤铭祠》，云……。其水北流，迳其亭下。"柏谷本春秋虢国之地，虢亡后属晋。晋献公二十二年（公元前655年），"晋公子重耳出亡，及柏谷，卜适齐、楚。狐偃曰：不如之翟。"③建元三年（公元前138年），汉武帝微行夜至柏谷，"尝微行此亭，见馈亭长妻。故潘岳《西征赋》：'长征客于柏谷，妻睹貌而献餐'，谓此亭也"③。由此可知，柏谷亭置于西汉。乾隆《重修灵宝县志·古迹》云："在县西南一百里中有亭。"④《嘉庆重修一统志·陕州直隶州二》古迹云："古柏谷亭，在灵宝县西南朱阳镇。"⑤恐不确。柏谷水今称沙河（又名稠桑河），源出灵宝阳平镇南娘娘山东南麓，上游支流密布，数条小河流东北流至西阎乡北贾村附近汇入一流，经小常、水泉头、肖家湾等，至西阎乡

---

① 严耕望：《唐代交通图考》第1卷《京都关内区》，上海：上海古籍出版社，2007年，第17-91页；王文楚：《唐代两京驿路考》，《历史研究》1983年第6期，第62-75页；李久昌：《崤函古道历史地理调查与研究》，周俭主编：《丝绸之路交通线路（中国段）历史地理研究》，南京：江苏人民出版社，2012年，第59-62页。

② 于省吾：《殷代的交通工具和驲传制度》，《东北人民大学人文科学学报》1955年第2期，第78-115页。

③（北魏）郦道元著，陈桥驿校证：《水经注校证》卷4《河水》，北京：中华书局，2007年，第111页。

④（清）周庆增修，敖启潜、许宰纂：乾隆《重修灵宝县志》，《中国地方志集成·河南府县志辑》（65），上海：上海书店，2013年，第671页。

⑤（清）穆彰阿等撰：《嘉庆重修一统志》，北京：中华书局，1986年，第697、698页。

西坡村附近注入黄河。《水经注》云："其水北流，迳其亭下"，则亭当在柏谷水（沙河）下游一带，因处柏谷水畔得名。今西阎乡大字营北岭古称柏谷岭，柏谷亭当在今沙河西岸柏谷岭下东古驿村一带。

桑田亭。《后汉书·郡国一》弘农郡："故函谷关……陕本虢仲国。有焦城。有陕陌。"刘昭注："《左传》曰'虢公败戎于桑田'，杜预曰在县东北桑田亭。"王先谦《汉书集解》云："齐召南曰：此注错简，当在下陕'有陕陌'之下。杜预《左传注》云：桑田，虢地。在弘农陕县东北。盖旧志陕有桑田亭，而刘昭引此文为注也。"至迟汉晋时陕县东北有桑田亭。按桑田在今灵宝函谷关镇稠桑村沙河口东侧，是崤函道上重要的交通节点。

函谷关客舍。《史记·商君列传》载："商君亡至关下，欲舍客舍。客人不知其是商君也，曰：'商君之法，舍人无验者坐之。'商君喟然叹曰：'嗟乎，为法之敝一至此哉！'去之魏。"由此可知，秦国函谷关下有客舍，当为官家所设。既云"关下"，则当在函谷关附近，惟具体名称缺载。

曹阳亭。《史记·陈涉世家》云："周文败，走出关，止次曹阳二三月。章邯追败之，复走次渑池。"《水经注·河水》："河之右，曹水注之。水出南山，北迳曹阳亭西。陈涉遣周章入秦，少府章邯斩之于此。魏氏以为好阳。……其水西北流，入于河。"由此可知，秦代置曹阳亭，曹魏改名为好阳亭。《史记》正义："括地志云：'曹阳故亭亦名好阳亭，在陕州桃林县东南十四里。崔浩云'曹阳，坑名，自南出，北通于河'。按：魏武帝改曰好阳也。"《元和郡县图志·河南道二》陕州灵宝县："曹阳亭，在县东南十四里。陈涉使周文西入秦，秦使章邯击破之，杀文于曹阳，即此地也。后曹公改为好阳。"乾隆《重修灵宝县志·古迹》："曹阳亭，今好阳铺也。汉献帝尝露次于此。曹操改曰好阳，又有曹阳台。"曹水即曹阳河，因有曹阳亭故名，曹操西征改曰好阳亭，以亭名水，曰好阳河。好阳河源出崤山东南陕州区后马沟，北流折向东北流，经灵宝阳店、神窝等，至大王镇冯佐村附近注入黄河。据此，曹阳亭当在今好阳河东，灵宝大王镇五帝村西北的神窝村附近。明清在此置好阳铺。光绪二十七年（1901 年），慈禧和光绪帝自西安回銮北京，曾在此停歇后进入陕州城。乾隆《重修灵宝县志》"汉献帝尝露次于此"云云，当误。兴平二年（公元 195 年）七月，汉献帝自洛阳西去长安途中"露次"的是陕县西南 7 里的曹阳墟，俗名七里涧，与曹阳亭并非一地。据严耕望的分析，曹阳亭，秦世虽当大道。然唐世，县西南之函关故址已不当道。县东大道向东北行，故疑此曹阳亭亦已不当道[①]。

逆旅亭，即漫口客舍，又称漫谷客舍。《水经注·河水》："橐水出橐山，……北流出谷，谓之漫涧矣。与安阳溪水合，水出石崤南，西迳安阳城南，汉昭帝封上官桀为侯国，潘岳所谓我徂安阳也。东合漫涧水，水北有逆旅亭，谓之漫口客舍也。又西迳陕县故城南。"李善注潘岳《西征赋》引《水经注》云："漫涧水北有逆旅亭，谓之漫口客

① 严耕望：《唐代交通图考》第 1 卷《京都关内区》，上海：上海古籍出版社，2007 年，第 49 页。

舍。”[①]安阳城在今陕州区菜园乡南县村。橐水即今青龙涧河，发源于陕州区店子乡盘陀山。其上源有四支，一支源于西张乡摩云岭，即《水经注》之崖水，今香油河；一支源于西张村窑店，即《水经注》之干山水；一支源于雁翎关，即《水经注》之安阳溪水，今雁翎关河；一支源于张茅乡庙坡，即《水经注》之渎谷水，今交口河。四水西至交口汇为一水。漫涧，民国《陕县志·山川》云：“即今之过村涧，在县城东南六十里。橐水至此下伏流迟缓如不能进然，故谓之漫涧。”又云“潘安仁《西征赋》‘行乎漫渎之口’，漫口即漫涧水之口，今之菜园镇渎口即渎谷水之口，今之交口村也”。据此，逆旅亭（漫口客舍）当在漫涧水下游，即今交口村[②]。

千秋亭。《水经注·河水》：“谷水又东迳千秋亭南，其亭累石为垣，世谓之千秋城也。”西晋潘岳《伤弱子辞》云：“惟元康二年（公元292年）春三月壬寅，弱子生。夏五月，余之长安。壬寅，次于新安之千秋亭。”其《西征赋》云：“夭赤子于新安，坎路侧而瘗之。亭有千秋之号，子无七旬之期。”千秋亭至唐宋时尚存。《太平寰宇记·河南道五》西京渑池县：“千秋亭在县东二十里，潘岳丧子之处。”郑刚中《西征道里记》记其由新安县西经“缺门、千秋店，宿渑池县”[③]。嘉庆《重修一统志·河南府二》古迹：“千秋亭在渑池县东，……旧志，今为千秋铺。”由此可知，魏晋有千秋亭，又称千秋城，处崤函道侧，唐宋时仍存，明清时又在此置千秋铺，其地在今义马千秋镇附近。

秦汉时期的亭属于国家驿传系统的一部分，其职责一者捕劾盗贼，维持治安；二者传递文书，停留官员、行旅，提供宿食[④]。汉制10里一亭，广泛分布于交通干线。史载西汉平帝时，全国有亭29 635所[⑤]，东汉恒帝永兴元年，全国有亭12 442所[⑥]。崤函古道作为秦汉东西交通的大动脉，使命往来频繁，行旅众多，沿途所置亭等驿传设施，数量自然不会少。亭作为邮亭、驿亭，相当有效，故一直保持到魏晋南北朝时期，前揭千秋亭便是典型一例。还有的为后代沿袭建设为驿站，如唐稠桑驿即源于汉晋桑田亭。

除亭这类官办设施外，春秋以来，还有私人开设的逆旅，作为过往客人寄宿的客舍、旅店。《左传》僖公二年：“今虢为不道，保于逆旅，以侵敝邑之南鄙。”杜注：“逆旅，客舍也。虢稍遣人分依客舍以聚众，抄晋鄙邑。”孔疏：“逆旅是客舍也。逆，迎也；旅，客也，迎止宾客之处也。保者，固守之语。知其分依客舍，侍候抄晋边邑，既又人而保之。”[⑦]杨伯峻《春秋左传注》释“保”为“堡”，即碉楼固守之意[⑧]。既然能作“抄晋边邑”的碉楼，又构成晋国攻打虢国的出师理由之一，说明虢国设在边界地区的逆旅当有

---

① （梁）萧统编，（唐）李善注：《文选》卷10《赋戊·记行下》，上海：上海古籍出版社，1986年，第449页。

② 辛德勇：《崤山古道琐证》，《中国历史地理论丛》1989年第4卷第4期，第37-67页。

③ （宋）郑刚中：《西征道里记》，《全宋笔记》（第三编·七），郑州：大象出版社，2008年，第102页。

④ 高敏：《秦汉邮传制度考略》，《历史研究》1985年第3期，第69-86页；吴荣曾：《汉代的亭与邮》，《内蒙古师范大学学报》（哲学社会科学汉文版）2002年第4期，第54-57页。

⑤ （汉）班固：《汉书》卷19上《百官公卿表上》，北京：中华书局，1962年，第743页。

⑥ （南朝宋）范晔：《后汉书·郡国五》引《东观记》：“永兴元年，乡三千六百八十二，亭万二千四百四十二。”北京：中华书局，1965年，第3533页。

⑦ （晋）杜预集解，（唐）孔颖达疏：《春秋左传正义》卷12“僖公二年”，《十三经注疏》，北京：北京大学出版社，2000年，第371页。

⑧ 杨伯峻：《春秋左传注》（修订本），北京：中华书局，1990年，第282页。

一定的数量，且建筑规模不会太小，否则难以分众兵藏于其中。由此可见，虢国私人客舍旅店业之兴旺。为便利经营，逆旅往往设置于通衢大道上，距驿、亭等官营设施不远。前揭建元三年（公元138年）汉武帝微行至柏谷，欲宿柏谷亭，因天色已晚遭亭长拒绝，而转投附近的逆旅。《汉武故事》记载："上微行至于柏谷，夜投亭长宿，亭长不内，及宿于逆旅。"①柏谷亭，《水经注》作"亭"，《资治通鉴》作"逆旅"，胡注作"柏谷亭"②。漫口客舍又称逆旅亭。这反映出当时逆旅与邮亭、驿间的复杂关系，也是这一时期崤函古道沿途交通服务业发达的真实反映。

二　隋唐时期的崤函古道驿站

隋唐时期，在社会繁荣的基础上，驿道驿站建设取得了空前的成就，驿传系统的使用，也成为隋唐成就盛世的重要条件之一。唐代驿站，合称馆驿。唐制30里置驿，有陆驿、水驿、水陆兼驿三种，驿设驿长，建有驿舍，负责传文书、待行旅、供车马。长安至洛阳两京道驿站为帝王和官员们频繁往来的大道，因此，也是驿站设置最密集的地区。白居易诗云："从陕至东京，山低路渐平。风光四百里，车马十三程"，描写的便是从陕州至洛阳驿站密布的景况。严耕望、王文楚已分别考证了两京道沿途驿站设置，基本反映了隋唐两京道驿站史实，但涉及崤函古道的有些方面仍有值得商榷之处。笔者据史籍记载，在前人研究的基础上，考得崤函古道隋唐馆驿25所，分述如下，并对其文化内涵略述一二。

自长安东行约300里，至潼关，设潼关驿，又称潼关逆旅。白行简《三梦记》："贞元中，扶风窦质为京兆，韦荀同自亳入秦宿潼关逆旅。"③潼关驿是关中入崤函道的第一驿，屡见于唐诗中，其中以"潼关驿"为题的，有许浑《行次潼关题驿后轩》《秋日赴阙题潼关驿楼》《秋霁潼关驿亭》、薛逢《潼关驿亭》等，由此可窥潼关驿繁忙之一斑。《旧唐书 · 封常清传》："（边）令诚至潼关，引常清于驿南西街，宣敕示之。"按此，潼关驿建于潼关城内，属在关驿，驿址在今潼关港口镇黄河边。严耕望谓潼关驿又名关西驿④。王文楚认为关西驿在潼关之西，与潼关驿是两个不同的驿站。《资治通鉴》卷218"肃宗至德元年"条载："（崔）乾祐进攻潼关，克之。（哥舒）翰至关西驿，揭牓收散卒，欲复守潼关。"由此可见，关西驿不在潼关城内。《元丰九域志 · 陕西路》中，华州华阴县同列有潼关、关西镇两地。绍兴九年（1139年），郑刚中往长安，中经关东店、潼关、关西店。可证潼关、关西非一地，"北宋关西镇，南宋称为关西店，就是唐代关西驿，以地在潼关之西而名"⑤。两相比较，王说较为合理。

自潼关向东，行约30里至阌乡县，设阌乡驿，又称阌乡逆旅。《因话录 · 商部下》：

① （汉）刘歆撰，（晋）葛洪集，王根林校点：《西京杂记（外五种）》，上海：上海古籍出版社，2012年，第95页。
② （宋）司马光：《资治通鉴》卷17《汉纪九》"武帝建元三年"条，北京：中华书局，1956年，第563页。
③ （唐）白行简：《全唐文》卷692《三梦记》，北京：中华书局，1983年，第7102页。
④ 严耕望：《唐代交通图考》第1卷《京都关内区》，上海：上海古籍出版社，2007年，第37页。
⑤ 王文楚：《唐代两京驿路考》，《历史研究》1983年第6期，第62-75页。

"相国令狐公楚，自河阳，征入至阌乡，暴风，有裨将饲，官马在逆旅，屋毁，马毙。"[①]阌乡是两京道也是崤函古道进入河南的第一县，其驿规制甚壮，与华州普德驿并称"邮亭之甲"[②]。唐时阌乡县治在今灵宝豫灵镇文底南原村，阌乡驿属在城驿，其地亦当在此。

出阌乡，东行约 25 里，设盘豆驿，亦称盘豆馆。因临近玉涧水（又名阌乡水，今双桥河），又称盘豆驿水馆，是崤函古道上少有的水陆相兼之驿。驿所在盘豆历史久远。光绪《阌乡县志·古迹》："世传汉孝光微时经过湖城，遇仙翁以盘飧豆，羹而进之。后因名其地为盘豆，今盘豆镇是也。"因与皇天原相近，地势高险，亦为兵家所重。梁武帝大同元年（公元 537 年）八月，"（宇文）泰帅李弼等十二将伐东魏，以北雍州刺史于谨为前锋，攻盘豆，拔之。"[③]隋大业元年（公元 605 年）九月，杨玄感出洛阳西图长安，"玄感西至阌乡，上盘豆，布阵亘五十里，与官军且战且行，一日三败。"[④]盘豆驿因其历史久远、环境怡人，成为两京道上唐代诗人常吟唱的馆驿之一，如武元衡《使次盘豆驿望永乐县》、权德舆《盘豆驿》、李商隐《出关宿盘豆驿对丛芦有感》等。韦庄《题盘豆驿水馆后轩》云："极目晴川展画屏，地从桃塞接蒲城。滩头鹭占清波立，原上人侵落照耕。去雁数行天际没，孤云一点净中生。凭轩尽日不回首，楚水吴山无限情。"盘豆驿水馆后轩面临大川，开窗远眺，清波之上，白鹭顾影卓立，悠闲自在；平川之上，农民躬耕田亩，直至融入如火的晚霞。诗人于此不仅欣赏到盘豆驿晴川明净、清新浑朴的美景，而且睹物生情，怀念故乡江南的景色与故人。驿东大槐树，耸入云天，人称"两京道上槐王"[⑤]。权德舆《盘豆驿》："盘豆绿云上古驿"，喻为"绿云"，其高大茂密可以想见。《甘棠志》云："盘豆馆在湖城县西二十里。"[⑥]《读史方舆纪要·河南三》阌乡县："盘豆城，在县西南二十里。"盘豆故址在今灵宝故县镇娄店下黄河滩地上，1959 年因三门峡大坝蓄水，盘豆镇东半部居民迁于娄店之东，称盘东村，镇西半部居民迁于娄店之西，称盘西村。

盘豆驿向东约 28 里，至湖城县，设湖城驿，又名湖城逆旅。《酉阳杂俎·诺皋记下》："工部员外郎张周封言，今年春拜扫假回，至湖城逆旅。"[⑦]刘禹锡《秋晚题湖城驿上池亭》云："秋次池上馆，林塘照南荣。尘衣纷未解，幽思浩已盈。风莲坠故萼，露菊含晚英。"可见湖城驿有亭子、池塘、竹林，有佳胜的景致。考唐湖城县在今灵宝阳平镇文乡村附近，湖城驿为湖城县在城驿，其地亦当在此。

荆山馆，又称荆馆，见载于《太平广记·江叟》。唐代驿站有馆、驿之分。杜佑解释说："三十里置一驿，其非通途大路则曰馆。"[⑧]可见，馆也是驿的一种形式。但馆并非如杜祐所说只设在僻陋小道，一些通衢大道上的驿站，也称为馆。且唐代的馆有公私

① （唐）赵璘：《因话录》，北京：中华书局，1985 年，第 15 页。
② （唐）崔祐甫：《全唐文》卷 409《滑亭新驿碑阴记》，北京：中华书局，1983 年，第 4193 页。
③ （宋）司马光：《资治通鉴》卷 157《梁纪一三》"武帝大同元年"，北京：中华书局，1956 年，第 4879 页。
④ （唐）魏徵等：《隋书》卷 70《杨玄感传》，北京：中华书局，1970 年，第 1619 页。
⑤ （宋）李昉：《太平广记》卷 416《江叟》，北京：中华书局，1961 年，第 3389、3390 页。
⑥ 转引自刘学锴、余恕诚：《李商隐诗歌集解》，北京：中华书局，1988 年，第 328 页。
⑦ （唐）段成式撰，方南生点校：《酉阳杂俎》，北京：中华书局，1981 年，第 122 页。
⑧ （唐）杜佑撰，王文锦、王永兴、刘俊文等点校：《通典》卷 33《职官》，北京：中华书局，1988 年，第 924 页。

之分[①]，荆山馆属于官办馆中置于驿道之侧专门接待官方客人及举子、进士的馆，与驿的区别在于，它一般不提供交通工具，只提供食宿。这种馆主要是因驿道官方客人众多而驿站容量有限而专门设置的。据严耕望考证，除荆山馆外，两京道上的罗敷馆、福昌馆、寿安山馆、甘棠馆等属于此类馆[②]。荆山馆有大槐树，人称荆山槐，前揭《太平广记》云：江叟"至阌乡荆山中，见庭槐森耸，枝干扶疏，近欲十围"，树势堪与盘豆驿"槐王"匹敌。荆山馆位于湖城至虢州驿道上，其地不详，一说在今灵宝阳平镇张村黄河南岸。

柏仁（人）驿。《太平寰宇记•河南道六》记虢州弘农县有柏仁驿，"校勘记"疑"仁"为"人"字之误，可从。岑参《虢州郡斋南池幽兴因与阎二侍御道别》云："闻君欲朝天，驷马临到嘶。……夜眠驿楼月，晓发关城鸡。"可知，柏仁（人）驿当为虢州驿名，又称虢州公馆。《北梦琐言》卷 9：唐监察李航，"扶侍圣善，归东都别墅，与御史穆延晦同行，宿于虢州公馆"。前揭岑参诗云："夜眠驿楼月，晓发关城鸡"，记载了驿与州城的关系。人在柏仁（人）驿中能与虢州城内鸡犬相闻，说明柏仁（人）驿与虢州城相邻。唐虢州与弘农县同治，皆在今灵宝涧西区，则柏仁（人）驿亦当在此。

又有人云虢州有红亭驿，其所本当源于清灵宝知县卯显极《西楼考》云："虢州故城西出不半里许，即西原，即西坡，坡半置红亭驿。"[③]然红亭驿不见唐宋史籍。岑参虢州诗中屡见红亭，以"西原驿路挂城头，客散红亭雨未收"诗句最为著名。红亭故址在今灵宝涧西区城关镇西华村九柏台附近，即今新华西路正对土原半崖处。明灵宝籍进士贺贲《九柏台碑记》云："九柏台者以九柏而名者。台在邑南四十里虢略镇。……西山之原有红亭，山之半乃九柏台。摩崖遗记创于唐之王维，岑嘉州客散红亭之句，盖其时也。"[④]李春荣《九柏台碑文》："虢之西，耸然高峙者为原，原埠东豁，其上宽平，盘曲可登眺。故老相传为九柏台，在李唐盛时为郡刺史宾客往来游寓饮饯之所。客散红亭之诗盖谓此也。"[⑤]虢州为近州，又处东西两京间，交通便利，故公私来往多，在红亭等请讌之事自然也多。《新唐书•韩休传》："出为虢州刺史，虢州于东西京为近州，乘舆所至，常税厨刍。"据考证，岑参在虢州长史两年的任上，参与的公私宴请尤多，其虢州诗中有据可查的就有 10 首之多[⑥]（还不包括未标明的），内容涉及送人、游赏、聚会等。地点除红亭外，还有"东亭""西亭""西山亭子""后亭""水亭子"等，此类"亭"皆为游人请讌之所。

---

① 黄正建：《隋唐五代社会生活史》，北京：中国社会科学出版社，1988 年，第 175 页。黄正建还认为，官办的馆有三种，一是驿中的关馆舍，有时也称馆，叫驿馆；二是州县建立的招待宾客的宾馆；三是官办的列置于驿道侧用以待官客的馆。杜佑所谓"其非通途大路则曰馆"之说并不太准确。

② 严耕望：《唐代两京交通图考》第 1 卷《京都关内区》，上海：上海古籍出版社，2007 年，第 91 页。

③（清）卯显极：《西楼考》，乾隆《重修灵宝县志》卷 5《艺文上》，《中国地方志集成•河南府县志辑》(65)，上海：上海书店，2013 年，第 409 页。

④（明）贺贲：《九柏台碑记》，乾隆《重修灵宝县志》卷 5《艺文上》，《中国地方志集成•河南府县志辑》(65)，上海：上海书店，2013 年，第 432 页。

⑤（清）李春荣：《九柏台碑文》，乾隆《重修灵宝县志》卷 5《艺文上》，《中国地方志集成•河南府县志辑》(65)，上海：上海书店，2013 年，第 433 页。

⑥（唐）岑参撰，廖立笺注：《岑嘉州诗笺注》，北京：中华书局，2004 年，第 922-925 页。

自唐湖城县向东北，继续沿黄河南岸行约30里，至稠桑，有稠桑驿。《新唐书·李密传》："高祖诏密以本兵就黎阳招抚故部曲，经略东都，……驰驿东至稠桑驿，有诏复召密。"可知，隋时已有稠桑驿，唐时稠桑驿更加繁忙，也是两京道上唐人题诗最多的驿站之一[①]。岑参、白居易等都在此留有诗篇[②]。唐人小说中亦载有发生在稠桑驿的种种传奇。《元和郡县图志·河南道二》灵宝县，"稠桑泽，在县西十里"。民国《灵宝县志·古迹》载："稠桑，在县西二十里。"按稠桑原址在今距灵宝函谷关镇稠桑村1千米的沙河口西侧，1959年被三门峡水库淹没，村庄移至沙河东岸1千米处的台地斜坡上，仍称稠桑。

出稠桑，向东北行约20里，至灵宝（桃林）县城，设桃林驿。韩愈《桃林夜贺晋公》云："西来骑火照山红，夜宿桃林腊月中。"又称桃林传舍。《新唐书·李密传》："高祖诏密……经略东都。驰驿东至稠桑驿，有诏复召密，密大惧，谋叛。……乃简骁勇数十人，……入桃林传舍，须臾变服出，据其城。"可见隋代已设驿。桃林县置于隋开皇十六年（公元596年），唐天宝元年（公元742年）改称灵宝，县治在今灵宝大王镇老城村一带，桃林驿属在城驿，故桃林驿也在此地。

自灵宝向东行约70里，至陕州，设甘棠驿。刘禹锡《送王司马之陕州》云："暂辍清斋出太常，空携诗卷赴甘棠。"《北梦琐言》卷9云：唐王祝给事，"黄寇前尝典常州，京国乱离，盘旋江湖，……急诏征回，归装极厚，水陆分载，行至甘棠"。后晋时改名通津驿。《旧五代史·晋少帝纪》载：天福八年（公元943年）七月，"改陕州甘棠驿为通津驿，避庙讳也。"甘棠一名，源自西周召公治陕，在甘棠树下决狱政事，后人为纪念他，作《甘棠》诗，见《诗经·召南》，并在陕城内建召公祠，陕州也因召公而有"甘棠"别名。韩翃《送客水路归陕》云："春桥杨柳应齐叶，古县甘棠也作花。"甘棠驿为州设驿，建筑规模较大。孟郊《寄陕府邓给事》云："陕城临大道，馆宇屹几鲜"，可见甘棠驿驿楼建筑之高巍雄立。陕州治在今三门峡市区陕州故城，甘棠驿亦在此，严耕望考证，驿在治所之南[③]。

出陕州，约30里至交口，崤函古道分为南北两路，南路向东南，溯雁翎关河，约20里至南硖石县，县设硖石驿。唐李翱撰《赠左仆射傅公（良弼）神道碑》云：大和三年，"旌旗及于陕而得疾，疾愈即路，以十月晦薨于硖石驿。"[④]《资治通鉴》卷249"宣宗大中八年"条载，"有敕使过硖石，怒饼黑，鞭驿吏见血"。唐硖石县有南北之分。自贞观八年（公元634年）至北宋乾德五年（公元967年），南硖石县治在今陕州区南县村东石门，硖石驿即硖石县驿，硖石驿亦当在此。硖石驿也是唐代诗人关注之地，《全唐诗》收录以"硖石"为题的诗就有8首之多，如刘长卿《硖石遇雨，宴前主薄从兄子英宅》、萧颖士《早春过七岭，寄题硖石裴丞厅壁》、权德舆《发硖石路上却寄内》、韩

---

① 李德辉：《唐代交通与文学》，长沙：湖南人民出版社，2003年，第57页。

② 岑参《稠桑驿喜逢严河南中丞便别得时字》（《全唐诗》卷200）；白居易《有小白马乘驭多时奉使东行至稠桑驿溘然而毙足可惊伤不能忘情题二十韵》（《全唐诗》卷448，北京：中华书局，2008年），《往年稠桑曾丧白马题诗厅壁今来尚存又复感怀更题绝句》（《全唐诗》卷455，北京：中华书局，2008年）。

③ 严耕望：《唐代交通图考》第1卷《京都关内区》，上海：上海古籍出版社，2007年，第51页。

④（唐）李翱：《李文公集》卷13《赠左仆射傅公神道碑》，上海：上海古籍出版社，1993年，第68页。

偓《出官经硖石县》、杜荀鹤《伤硖石县病叟》等还是佳作，从中亦可窥硖石驿交通的繁忙与变迁。

硖石驿向东，有嘉祥驿。嘉祥驿也是两京道上唐人题诗较多的驿站。晚唐诗人孟迟和卢渥均写有同名《题嘉祥驿》诗。但嘉祥驿在何处，史载不详。胡德经以为在同轨城，即今洛宁杨坡乡城头村[①]。严耕望考在陕州以南、三乡之北[②]。刘广生等云在今宜阳三乡镇西北[③]。王文楚谓在近河南界，北接陕州界，确址难考[④]。唐武德三年（公元620年）曾移永宁县于同轨城，贞观十四年（公元640年）又移至莎栅城。随着莎栅道的开辟，崤山南路东段改行莎栅道。同轨城所在的连昌河线已非主线，唐在此设同轨店，元稹《雪后宿同轨店上法护寺钟楼望月》可证。故胡德经云嘉祥驿在同轨城，难以成立。刘广生、王文楚等所云主要依据唐人卢言《卢氏杂说》[⑤]和《唐诗纪事》[⑥]相关记载，虽大致正确，但不具体。据《唐阙史》卷下，唐僖宗乾符初，卢渥为陕虢观察使，赴任之日，百官饯送，洛城为之一空。卢渥至嘉祥驿，作《题嘉祥驿》，记其盛况[⑦]，史称“卢左丞赴陕郊诗”。又《唐诗纪事·王柷》云：会昌时，若耶溪女子出长安，“东迈，涉浐水，历渭川，背终南，陟太华，经虢略，抵陕郊。揖嘉祥之清流，面女几之苍翠。凡经过之所，皆曩昔燕笑之地，绸缪之所”。两则皆云“赴陕郊诗”“抵陕郊”，则嘉祥驿当距陕州并非十分悬远，否则不宜称为陕州之“郊”。严耕望曾指出：“按玄宗西幸，置顿兰峰宫，在永宁西三十里，莎栅即在宫东三里，东去永宁为一驿之地，且曾为县治，料必置驿，惟不见于史耳。”[⑧]按三乡驿之西北30里为鹿桥驿，鹿桥驿西北30里为莎栅城，莎栅城西北30里为硖石驿，又西北50里至陕州。唐代大致30里一驿，按此则嘉祥驿似当在莎栅城，为莎栅在城驿。莎栅城在唐兰峰宫东3里之处，即今陕州区宫前乡宫前村东。从唐诗描写的嘉祥驿风光看，嘉祥驿泉水木清。孟迟《题嘉祥驿》：“树顶烟微绿，山根菊暗香。”薛能《符亭二首》：“山如巫峡烟云好，路似嘉祥水木清。大抵游人总应爱，就中难说是诗情。”如此风光形势，在三乡驿西北至陕州间，似只有今宫前一带地理环境相似。故嘉祥驿当在莎栅城，即今陕州区宫前乡宫前村东。

出嘉祥驿，东行30里，至唐永宁县城，设鹿桥驿，又名永宁传舍。《资治通鉴》卷222“肃宗上元二年”条载，史思明“既破李光弼，欲乘胜西入关，使朝义将兵为前锋，自北道袭陕城，思明自南道将大军继之。……朝义数进兵，皆为陕兵所败。思明退屯永宁，……思明在鹿桥驿。”胡注：“鹿桥驿，永宁传舍也。”永宁县自义宁三年（公元618年）置于永固城后，曾先后移治同轨城、莎栅，贞观十七年（公元643年）再迁至鹿桥，至唐末再无变动。考永宁县城在今洛宁县北略偏西50里，今名中河乡旧县村[⑨]，则鹿桥

① 胡德经：《两京古道考辨》，《史学月刊》1986年第2期，第3-9页。

② 严耕望：《唐代交通图考》第1卷《京都关内区》，上海：上海古籍出版社，2007年，第71页。

③ 刘广生、赵梅庄：《中国古代邮驿史》（修订版），北京：人民邮电出版社，1999年，第281页。

④ 王文楚：《唐代两京驿路考》，《历史研究》1983年第6期，第62-75页。

⑤（唐）卢言：《卢氏杂说》，陶敏主编《全唐五代笔记》，西安：三秦出版社，2012年，第2407页。

⑥（唐）计有功撰，王仲镛校笺：《唐诗纪事校笺》卷67《王柷》，成都：巴蜀书社，1989年，第1807页。

⑦（唐）高彦休：《唐阙史》，陶敏主编《全唐五代笔记》，西安：三秦出版社，2012年，第2359页。

⑧ 严耕望：《唐代交通图考》第1卷《京都关内区》，上海：上海古籍出版社，2007年，第72页。

⑨ 李健超：《崤山南道考察记》，《三门峡职业技术学院学报》2008年第7卷第4期，第45-48页。

驿亦在此。因史思明在该驿被其子史朝义部将擒捉而闻名于世。

以往研究皆指鹿桥驿下接驿站为三乡驿。2010 年 9 月，洛宁东宋乡官庄村西气东输工程洛宁气站施工现场唐临泉驿碑刻的发现，填补了史籍对临泉驿记载的缺失，证明鹿桥驿与三乡驿间为临泉驿。该碑长 58 厘米，宽 46 厘米，厚 8 厘米，碑文曰："赴东都知选，覩裴阁老曹长旧题，率然纪列：寥落御亭秋树中，晓霜寒吹转朦胧。前山灵药讴可问，马迹悠悠西复东。元和五年九月二十七日吏部侍郎杨。""先祖司空元和中题诗在临泉驿梁上，岁月浸远，文字湮闇，难于披寻。乾符五年十月二日赴镇平卢，命仲弟河南尹授刻石，致于垣墙，传于永久。平卢军节度使检校左散骑常侍兼御史大夫赐紫金鱼袋杨损记"。碑文记载了唐僖宗乾符五年（公元 878 年），平卢节度使杨损赴任途中经临泉驿，见裴垍及先祖杨於陵在临泉驿梁上的题诗。因岁月久远，诗文湮闇难于辨认，杨损到洛阳后，让二弟河南尹杨授刻石，置于临泉驿垣墙上。唐制 30 里置一驿，由鹿桥驿向东南沿岭脊行约 30 里即今洛宁县东宋乡官庄所在，唐临泉驿碑刻的发现证明这里正是唐代临泉驿所在。《资治通鉴》胡注谓"柳泉驿又当在鹿桥驿东三十里"，是将临泉驿误作"柳泉驿"。史籍皆谓史思明被杀于柳泉驿。其实，柳泉驿在今宜阳柳桥镇，与鹿桥驿间距离超过百里之遥，中间又隔着史思明部大军驻地福昌县城，史朝义部将在鹿桥驿活捉史思明后，很难一夜之间越过史部大营将史思明囚送到柳泉驿，故史思明被杀之地不在柳泉驿而在临泉驿①。

自临泉驿东南行约 25 里至三乡，设三乡驿。刘禹锡有《三乡驿楼伏睹玄宗望女几山诗小臣斐然有感》。陆贞洞《和三乡诗》本注："会昌时有女子题诗三乡驿，和者十人。"王太霄《元珠录序》云：先师于则天神功元年戊戌岁，"乘驿入都，闰十月九日至洛州三乡驿羽化"②。唐时三乡属福昌县，在今宜阳三乡镇，位于连昌河与洛河交汇处附近。三乡驿是唐于山川交汇交通枢纽设置馆驿的典型。据严耕望的考证，三乡既是永宁县至福昌县的中点，又是崤山南路由东北走向转入西北走向的拐角点，还是洛水与其支流昌河的交汇点。崤山南路在此转向，沿着昌河河谷向西北进入永宁县境③。崤山南路自陕州东来，基本穿行在百里山路之中，抵三乡，进入洛河川，道路豁然开朗，直达洛阳。三乡驿因此成为崤山南路上重要的驿站，唐于此附近建有连昌、兰昌等行宫。刘谷《和三乡诗》描述三乡环境："兰蕙芬香见玉姿，路傍花笑景迟迟。苎萝山下无穷意，并在三乡惜别时。"当年到过三乡的名人权贵，见于志书记载的就有唐玄宗、武则天、张九龄、岑参、皇甫冉、裴度、韩愈、白居易、元稹、皇甫缇、杜牧等，并留下了大量文采飞扬的诗作和种种逸闻趣事，见于《全唐诗》的三乡驿诗就有 18 首，还不包括诗已亡但可以考知的唐玄宗、元稹等的诗作，是唐代诗人题诗较多的馆驿之一。其中如张九龄《奉和圣制早发三乡山》、羊士谔《过三乡望女几山，早岁有卜筑之志》、白居易《和微之任校书郎日过三乡》及前揭刘禹锡诗等都是典型的佳作。

---

① 李健超：《唐代交通史研究的重要发现：崤山南道临泉驿》，《三门峡职业技术学院学报》2012 年第 11 卷第 3 期，第 1-3 页。

②（唐）王太霄：《全唐文》卷 923《元珠录序》，北京：中华书局，1983 年，第 9624 页。

③ 严耕望：《唐代交通图考》第 1 卷《京都关内区》，上海：上海古籍出版社，2007 年，第 72、73 页。

自三乡驿，又东约 25 里至福昌县，设福昌馆。《全唐诗逸》收录有绍伯《题福昌馆》，诗云："远声历历风和水，近色青青竹映松。"考福昌县在今宜阳韩城镇福昌村北土原上，福昌馆为县设驿，其地亦当在此。

又中唐诗人李约有《病中宿宜阳馆闻雨》。宜阳本秦汉县名，治在今宜阳韩城镇东关村韩都宜阳城。唐武德元年（公元 618 年）改宜阳县为福昌县，县治西迁至今韩城镇福昌村，与旧治相距 14 里。严耕望推测宜阳馆盖在韩宜阳城[①]，可从。

自宜阳馆向东约 25 里至柳泉，有柳泉驿。《南部新书》卷乙载，"郑滑卢宏正尚书题柳泉驿云：'余自歙州刺史除度支郎中，八月十七日午时过永济渡却。自度支郎中除郑州刺史，亦以八月十七日午时过永济渡。……事虽偶然，亦冥数也。'"按永济渡在寿安县西 17 里，即今宜阳锦屏镇灵山东桥头村与柳泉镇水兑南湾村间洛河处。据《元丰九域志》载，柳泉是寿安县三大镇之一[②]，柳泉驿当在今宜阳县西北柳泉镇。

出柳泉驿，东行约 30 里，至寿安县，设甘棠馆。刘禹锡有《题寿安甘棠馆二首》《酣仆射牛祖公晋国池上别后，至甘棠馆，忽梦同游，因成口号见寄》，杜牧、储嗣宗、司马扎等亦写有寿安甘棠馆诗[③]。甘棠馆又称寿安南馆、寿安水馆，如王建《题寿安南馆》、薛能《寿安水馆》，可见其是一座水陆相兼之驿。甘棠馆占地甚大，桃花成蹊，山水林石成为这里的主要元素，风景幽胜，清幽绝俗。刘禹锡《题寿安甘棠馆二首》云："公馆似仙家，池清竹迳斜。山禽忽惊起，冲落半岩花。""门前洛阳道，门里桃源客。尘土无烟霞，其间十余步。"薛能《寿安水馆》："地接山林兼有石，天悬星月更无云。惊鸥上树满池水，瀺灂一声中夜闻。"王建《题寿安南馆》描写南馆："明蒙竹间亭，天暖幽桂碧。云生四面山，水接当阶石。湿树浴鸟痕，破苔卧鹿迹。"诗中描写的甘棠馆有竹林、水亭、小径、池塘、岩石，接引瀑布，喷金吐玉，山石青苔、颜色深暗的桂树、四面环绕的四壁，构成一幅水木清佳的景观。司马扎《宿寿安甘棠馆》谓"行人方倦役，到此似还乡"。甘棠馆是两京道馆驿题名最多者，据唐寿安尉萧昕《甘棠馆记》和欧阳修《唐甘棠馆题名》，自贞元至大中（公元 785～859 年）年间，出入甘棠馆题名者，"自司勋员外郎薛存诚至东都留守韦夏卿凡数十人"[④]。于此亦可见甘棠馆在崤函道上的重要性。甘棠馆名来历，嘉庆《重修一统志·河南府二》古迹释云："寿安故城，今宜阳县治。相传为周时召伯听政之所。《水经注》：甘水发于鹿蹄山山曲中，世人目其所为甘棠。《隋书·地理志》：河南郡寿安，后魏置县曰甘棠，仁寿四年改旧。"光绪《宜阳县志·建置》："胜因寺在城内，即甘棠驿故址。"明王邦瑞《题甘棠驿》云："旧驿今为寺，红尘已入空。甘棠思召伯，双树定禅宗。"据此，甘棠馆属寿安县在城驿，在寿安县城南，即今宜阳县城内。

又据罗邺《春日过寿安山馆》及崔橹《宿寿安山阴馆闻泉》，寿安县又有寿安山馆、

① 严耕望：《唐代交通图考》第 1 卷《京都关内区》，上海：上海古籍出版社，2007 年，第 74 页。

②（宋）王存撰，王文楚、魏嵩山点校：《元丰九域志》卷 1《西京》，北京：中华书局，1984 年，第 5 页。

③ 见杜牧《题寿安县甘棠馆御沟》（《全唐诗》卷 523），储嗣宗《宿甘棠馆》（《全唐诗》卷 594），司马扎《宿寿安甘棠馆》（《全唐诗》卷 596，又卷 848《尚颜集》重收此诗）。

④（南宋）陈思：《宝刻丛编》，杭州：浙江古籍出版社，2012 年，第 228 页。按《集古录跋尾》卷 8《唐甘棠馆题名》无"唐人题名始终"这段话。

寿安山阴馆。嘉庆《重修一统志·河南府一》山川云："寿安山在宜阳县东十三里，隋置寿安县以此。"据此，寿安山馆、寿安山阴馆当为一馆，在寿安山北。严耕望说："三泉至甘水驿约四十里，畿郊驿密，其间固当有一驿也。"[①]

自寿安山馆东行约 12 里，有三泉驿。元稹《三泉驿》云："三泉驿内逢上巳，新叶趋尘花落地。劝君满盏君莫辞，别后无人共君醉。洛阳城中无限人，贵人自贵贫自贫。"《太平广记》卷 348 云：李全质"开成初，衔命入关，回宿寿安县，夜未央而情迫，时复昏晦，不得已而出逆旅。三数里而大雨，回亦不可。……久而至三泉驿，憩焉"[②]。两则都说明寿安县有三泉驿。寿安为西出洛阳第一县，三泉在北朝已当十三防御要冲之一[③]，地当崤函道，形势险要，唐在此置驿，亦属必要。对行旅而言，自洛阳西行，进入寿安，水木清华的景致迥异于一马平川的往途，给人轻快愉悦、耳目一新的感觉。苏颋《经三泉路作》云："三月松作花，春行日渐赊。竹障山鸟路，藤蔓野人家。透石飞梁下，寻云绝磴斜。此中谁与乐，挥涕语年华。"三泉驿东有符亭，薛能《符亭二首》序云："东三泉 15 里，以飞瀑结茅，虽小，甚胜。"《古今图书集成·职方典》卷 428"宜阳县"条："三泉，在县治，一曰大龙泉，一曰龙尾泉，一曰虎乳泉。东有三泉寺。"光绪《宜阳县志·建置》："三泉寺，千佛寺东。"又云："千佛寺，城东二十五里，其地为苑里，即今苗马村。"据此，三泉驿当在寿安县东苗马村，即今宜阳县城关镇苗村。

过三泉驿，东行约 18 里至甘水口，设甘水驿。《旧唐书·吕元膺传》：贞元十年，郓州李师道留邸伏甲谋乱，"留守防御将二人，都亭驿卒五人，甘水驿卒三人，皆潜受其职署而为之耳目"。按甘水即今宜阳东甘水河，源自今宜阳樊村乡西杨家岭附近鹿蹄山，于今宜阳丰李镇小作村附近北入洛河，则甘水驿当设在甘水与洛河会合处，即今丰李镇小作村附近。

自甘水驿东北行约 20 里，有临都驿。临都驿为西出洛阳第一驿，洛阳迎送多在此处。唐诗中亦多见临都驿送别唱和之作，如刘禹锡《答乐天临都驿见赠》、白居易《临都驿答梦得六言二首》、《临都驿送崔十八》、《酬别微之》（本注：临都驿醉后作）等。最著名的临都驿饯送，发生在唐僖宗乾符初。《唐阙史》卷下《卢左丞赴陕郊诗》云：卢渥自前中书舍人拜陕府观察使，"及赴任陕郊，洛城自保厘、尹正已下，更设祖筵，以鲜华相尚。分秩故相，及朝容恶日、两邑县官，卑秩麻衣，倾都出郭，洛城为之一空。食器酒具，罗列道路，盛于清明簪洁松槚之日。填咽临都驿前后十五里，车马不绝。左辖始舍辔，居首筵，则为川尹邀去，乃大合乐于旧相之座，而诸朝容客已携酒馔出城者，散于田野，选胜聚饮。歌乐四起，飘飘然若澧州上巳、会稽禊事也。无贵无贱，及暮醉归。有白髯驿吏声指曰：'某自拥篲清邮五十载，未尝睹祖送之盛有如此者。'"[④]作为洛阳城外的一次饯送活动，参与人数之多，场面之大，有唐一代，罕有其比，显示了临都驿的特殊地位。白居易《临都驿送崔十八》云："勿言临都五六里，扶病出城相送来。"

① 严耕望：《唐代交通图考》第 1 卷《京都关内区》，上海：上海古籍出版社，2007 年，第 78 页。

②（宋）李昉编：《太平广记》卷 348《李全质》，北京：中华书局，1963 年，第 2756、2757 页。

③（后周）庾信：《周大将军崔说神道碑》，（清）严可均辑、史建桥审订上海：《全后周文》卷 13，北京：商务印书馆，1999 年，第 230 页。

④（唐）高彦休：《大唐新语》，陶敏主编《全唐五代笔记》，西安：三秦出版社，2012 年，第 2359 页。

据此，临都驿在今洛阳城西五六里处。出临都驿不远即入洛阳城。

以上为崤函道西段函谷道和东段崤山南路隋唐馆驿。崤山北路沿涧河河谷东至洛阳，沿途所设馆驿可考者有芳桂宫驿、渑池南馆和新安驿。

芳桂宫驿，见载于《旧唐书·韦机传》："永淳中，高宗幸东都，至芳桂宫驿，召机，令白衣检校园苑。"芳桂宫一名紫桂宫，仪凤二年（公元677年）建造，宫址在今渑池陈村乡黄花村，是唐代在崤山北路上建造的唯一行宫，唐高宗曾三次到该宫。武则天临朝称制后，废宫为寺。康熙《渑池县志·古迹》："紫桂宫遗址在治西五里许黄花村。"芳桂宫驿既以宫名命名，驿址亦当在芳桂宫附近，即今渑池陈村乡黄花村。

渑池南馆，元纳新《河朔访古记》卷下录有唐卢元卿八分书《渑池县南馆记碑》①。韦应物《送渑池崔主薄》："邑带洛阳道，年年应此行。"渑池自秦代设县以来，县治多次迁徙，唐贞观三年（公元629年），渑池县治移至双桥，即今城关镇，一直沿用至今。渑池南馆亦当在此，因在城南而得名。渑池南馆既称"馆"，且距芳桂宫驿仅5里左右，当是因崤函道官方客人众多而芳桂宫驿容量有限，官府又开办的接待官方客人及举子、进士的馆驿。

自渑池南馆西行，有新安驿。《太平寰宇记·河南道五》渑池县云："隋大业元年又移于今县东二十五里新安驿置。"隋代已有新安驿，并曾一度为渑池县治。严耕望考唐新安驿在渑池县东十二三里的秦汉新安故城②，王文楚谓在今渑池县东塔泥街③，二者说法并不矛盾。前者指向一个具体地点，后者则是说一个大体范围。嘉庆《重修一统志》载："新安故城，在渑池县东，今改为塔泥镇。"④乾隆《渑池县志》云，塔泥村"在治东十五里"⑤，即今渑池县城关镇塔泥村，与秦汉新安故城直线距离约8里。可见，嘉庆《重修一统志》所云是以主要聚落为指标而言的。但唐代的渑池县治并不在秦汉新安故城，而在双桥即今渑池城关镇。《太平寰宇记·河南道五》渑池县："唐贞观三年自大坞城移于今理，兼立谷州。"而在此前，"贞观元年，移谷州治渑池，新安移入废州城，改属洛州"⑥。嘉庆《重修一统志》"新安故城"条："隋仁寿四年，废入东垣，其后改东垣为新安，故城遂废。"④又"东垣故城"条云："在新安县东。……《宋书》州郡志……河南郡有东垣西东垣二县。《魏书》地形志，惟东垣县属新安郡。隋大业初，改东垣为新安。唐贞观初，移县入谷州故城，而此城废。"⑦据此，唐贞观元年（公元627年），移谷州治于渑池，又将原渑池境内的新安县治（城），移入废谷州治所，即今新安县城，新安故城遭废弃。何况唐在渑池县已置故芳桂宫驿、渑池南馆两驿，若新安驿在秦汉新安故城，与上述两驿相距仅十几里，似过于密集。因此，颇疑新安驿在今新安县城。

---

①（元）纳新：《河朔访古记》，北京：中华书局，1991年，第49页。

② 严耕望：《唐代交通图考》第1卷《京都关内区》，上海：上海古籍出版社，2007年，第78页。

③ 王文楚：《唐代两京驿路考》，《历史研究》1983年第6期，第62-75页。

④（清）穆彰阿等撰：《嘉庆重修一统志》卷206《河南府二》，北京：中华书局，1986年，第99页。

⑤ 乾隆《渑池县志》卷上《建置志》，郭树身、杜建成点校：《清·乾隆十一年 清·嘉庆十五年 渑池县志》，郑州：中州古籍出版社，1995年，第43页。

⑥（后晋）刘昫：《旧唐书》卷38《地理志一》，北京：中华书局，1975年，第1424页。

⑦（清）穆彰阿等撰：《嘉庆重修一统志》卷206《河南府二》，北京：中华书局，1986年，第95页。

综上所述，隋唐崤函古道沿线可考馆驿计 25 所，其中，沿袭隋代的有 3 所，唐时设 22 所。有关这些馆驿的位置、建驿年代及间距归纳于表 1。

表 1　崤函古道隋唐馆驿一览表

馆驿名称	位置	建驿年代	间距/里
潼关驿（潼关逆旅）	今潼关港口镇黄河边	唐	
阌乡驿（阌乡逆旅）	今灵宝豫灵镇文底南原村	唐	30
盘豆驿（盘豆馆、盘豆驿水馆）	今灵宝故县镇娄店下黄河滩地	唐	25
湖城驿（湖城逆旅）	今灵宝阳平镇文乡村附近	唐	28
荆山馆（荆馆）	唐湖城至虢州驿道上。一说在今灵宝阳平镇张村黄河南岸	唐	
柏仁（人）驿（虢州公馆）	今灵宝涧西区	唐	52
稠桑驿	今灵宝函谷关镇稠桑村沙河口西侧	隋	30[1)]
桃林驿（桃林传舍）	今灵宝大王镇老城村	隋	20[2)]
甘棠驿	今三门峡市区陕州故城内	唐	70
硖石驿	今陕州区南县村东石门	唐	50
嘉祥驿	今陕州区宫前乡宫前村东	唐	30
鹿桥驿（永宁传舍）	今洛宁中河乡旧县村	唐	30
临泉驿	今洛宁东宋乡官庄村	唐	30
三乡驿	今宜阳三乡镇	唐	25
福昌馆	今宜阳韩城镇福昌村北	唐	25
宜阳馆	今宜阳韩城镇东关村韩宜阳城	唐	14
柳泉驿	今宜阳柳泉镇	唐	25
甘棠馆（寿安南馆、寿安水馆）	今宜阳县城内	唐	30
寿安山馆（寿安山阴馆）	今宜阳寿安山北	唐	13
三泉驿	今宜阳城关镇苗村	唐	12
甘水驿	今宜阳丰李镇小作村附近，甘水与洛河会合处	唐	40
临都驿	今洛阳城西五六里处	唐	20
芳桂宫驿	今渑池陈村乡黄花村	唐	
渑池南馆	今渑池城关镇	唐	5
新安驿	今新安县城内	唐	60

注：1．此为湖城驿至稠桑驿里距。
2．自柏仁（人）驿（虢州公馆）至桃林驿（桃林传舍）为 30 里。

当然，上述 25 所驿馆肯定不是隋唐崤函古道馆驿的全部。例如，崤山北路 300 里，按制当有 10 驿，而今能考者仅有 3 驿。又如，灵宝、陕州间 70 里，史籍无载馆驿。但据《括地志》载："曲沃故城在陕县西三十二里。"①而郭子仪大战安史乱军的新店更稍

①（唐）李泰等著，贺次君辑校：《括地志辑校》卷 3《陕州》，北京：中华书局，1980 年，第 112 页。

西些。“就地望言之，曲沃、新店必有置驿者。”惜因缺载，不得而知。但严耕望推测陕州、硖石间相距 50 里，亦当有一驿[①]，不确。《太平广记 · 潇湘录》云：“陕州东三十里，本无旅舍，行客或薄暮至此，即有人远迎安泊。及晓前进，往往有死者。”可见陕州硖石间，甚至连旅店亦难觅，遑论驿站设置。从 25 所馆驿的分布来看，有以下两个特点：一是沿线诸州县均设有驿，是馆驿设置的首选，但关隘津梁和山川交汇的交通枢纽也是馆驿设置的理想之地，前者如潼关驿，后者如稠桑驿、三乡驿、柳泉驿等。二是崤函南路馆驿分布最为密集，可考者有 22 所，北路仅 3 所，而且非常设。南（路）多北（路）寡的分布，无疑是这一时期崤函道交通“邮传所驰，出于南路”[②]运营状况的真实反映。

三 宋元明清时期崤函古道的驿站

宋代驿传体制实现了驿递分离的重大改革，馆驿成为专门供过往宾客食宿之所。由于北宋以崤山北道为主道，唐在崤山南路所设馆驿尽废，仅在崤山北路和函谷道沿线主要州县设置馆驿。据南宋郑刚中《西征道里记》记载，南宋绍兴九年（1139 年），其自洛阳至潼关行程，依次经过榆林铺、磁涧、新安县、缺门镇、千秋店，渑池县、东西土壕、乾壕、石壕镇、魏店、横渠、陕府、新店、曲屋、灵宝县、黑曲、稠桑、静远镇、湖城县、乾伯铺、盘豆、攒节店、阌乡县、关东店、潼关，并相继宿于其中的新安县、沔池县、石壕镇、陕府、灵宝县、湖城县、阌乡县、潼关[③]。此八处宿地，当为宋驿之所，设驿密度远不及唐代。但北宋在馆驿建立递铺系统，专门负责信息传递、官物运输和为过往官员提供相应服务等，并有军卒充任递夫。宋制 60 里一驿，递铺 20 里一铺，递铺实际上成为宋代的主要驿传系统。据《续资治通鉴长编》卷 126“仁宗康定元年”条载，北宋自东京至陕府有马递铺 44 处，平均约 16 里一铺[④]。北宋陕州漏泽园墓志出土各类递铺兵墓志砖 22 块，其中涉及崤函古道沿线递铺有步递铺 5 处：南新店（今陕州区大营镇辛店村）、陕州东门、磁钟（今湖滨区磁钟乡）和新安县牛张（今新安磁涧乡牛张村）、崛山（今新安城关乡崛山村）；马铺 1 处：横渠（今湖滨区崖底乡上、下横渠村）；急脚铺 1 处：横渠[⑤]，涵盖了宋代三大递铺种类。其中，南新店、陕州东门、磁钟相邻，新安县牛张与嶡山相邻，相互距离大体在 20 里左右。递铺与馆驿并行，驿、铺相间，弥补了馆驿设置过稀的不足，提高了驿传的效率。

元代驿传设施习惯称为站赤，即蒙语驿传的译音。崤函古道在元代属大都去往陕西行省的干线驿道，设 7 站，具体站赤及站马配置如下：由洛阳向西 70 里至新安（今新安城关镇西），站马 40 匹；又 90 里至渑池（今渑池城关镇），站马 40 匹；又 70 里至峡石（今陕州区硖石乡），站马 30 匹；又 70 里至陕州（今三门峡陕州故城内），站马 40

---

① 严耕望：《唐代交通图考》第 1 卷《京都关内区》，上海：上海古籍出版社，2007 年，第 49、78 页。

② （唐）李吉甫撰，贺次君点校：《元和郡县图志》卷 2《关内道二》，北京：中华书局，1983 年，第 35 页。

③ （宋）郑刚中：《西征道里记》，朱易安、傅璇琮、周常林等主编：《全宋笔记》（第三编 · 七），郑州：大象出版社，2008 年，第 102 页。

④ （宋）李焘：《续资治通鉴长编》卷 126“仁宗康定元年”，北京：中华书局，1980 年，第 2971 页。

⑤ 三门峡市文物工作队编著：《北宋陕州漏泽园》，北京：文物出版社，1999 年。

匹；又90里至灵宝（今灵宝大王镇老城村），站马30匹；又70里至湖城（今灵宝阳平镇文乡村附近），站马30匹；又50里至阌乡（今灵宝豫灵镇文底南原村），站马30匹；再西70里至华县入陕西境①。除驿站之外，在交通线上还设有负责传递令旨的急递铺，每铺一般相距10里，大者15里或25里一铺。从元代站赤的设置来看，其与宋代一样，以崤山北路为主道，所设站赤基本继承唐宋馆驿，只是名字有所变化，其道路走向并没有发生变化。

由于崤函道上的客货运量很大，站马往往不能满足需要，只能雇用民户搬运货物，扰民为甚，故元大德年间（1297～1307年）开始根据需要加以调整，增置站车。先是大德四年（1300年），从保定至阌乡县置立车站16处，每站配车15辆。但“河南府新安县车站至峡石一百八十余里，山路险恶，如值泥潦，一去十日不还”。因此，大德六年（1302年），中书省又批准地方官申请，在渑池增设一站，置车15辆，所用车辆站户由外地停闲站户迁置②。元代自大都出发西南行驿道，沿太行山东麓南行至卫辉路出现分支，一路南行经延津站至汴梁，另一路西南行至怀庆路（今河南沁阳），南行由孟州渡黄河至洛阳的河南府路。此次崤函古道增置的站车，主要来自从汴梁出发南行的两条驿道裁撤的站车，说明崤函古道在元代河南行省通往西南的交通网络中，尤其是在物资运输方面发挥着更大的作用③。

明洪武元年（1368年）正月，明太祖朱元璋诏令在各地普遍设置水、马站及递运所、急递铺，构建驿传系统，九月改站为驿。驿是明代最重要的驿递机构。崤函道属于明代两京通往陕西、四川的驿路干线，明代在元代站赤的基础上，略作调整，在新安与渑池之间新增义昌驿，沿途设驿站8所。清代的崤函道仍是京师经直隶、河南至陕西及西北、西南的大路，驿站设置一如明代，仍设驿8所。

函关驿，又作函城马驿④、函谷关驿⑤，属河南府新安县驿，为自洛阳东行入崤函道第一驿，西距河南府驿周南驿70里。康熙《新安县志·建置》：“函关驿，县治西。又浴涧门西有函关驿小厅，即驿丞廨，今废。”乾隆《新安县志·武备志》则云：“驿丞廨二。一在县治西，一在旧浴涧门内。宜阳马厂中有小厅。”浴涧门，即明清新安县城正南门。据此，函关驿驿址在县城内，驿丞廨分两处，一在县治西，一在县南门内宜阳马场中，便于管理该马场。乾隆《新安县志·秩官志》载有明代至清顺治年间函谷关驿丞22人。时函关驿“现设驿塘马四十九匹，现驿塘扛递等夫九十四名”⑥。函关驿“原以备西来供献及驻陕大兵家口往来之需，所关亦綦重矣”。因新安经济困难，“供应不敷，

---

① 李之勤：《〈析津志·天下站名〉校正——大都通往河南、陕西行省部分》，《中国古都研究》（第三辑），杭州：浙江人民出版社，1987年，第149页。

②（明）解缙等辑：《永乐大典》卷19419《站赤四》大德六年正月，中华书局，1986年，第7220页。

③ 默书民：《元代河南行省的站道研究》，《历史地理》（第27辑），上海：上海人民出版社，2010年，第271、272页。

④（明）申时行：《明会典》卷145，万历朝重修本，北京：中华书局，1989年，第744页。

⑤（清）顾祖禹撰，贺次君、施和金点校：《读史方舆纪要》卷48《河南三》，北京：中华书局，2005年，第2260页；民国《新安县志》卷2《古迹》，《中国地方志集成·河南府县志辑》（70），上海：上海书店，2013年，第341页。

⑥（清）施诚修，童钰、裴希纯纂：乾隆《河南府志》卷6《建置志》，《中国地方志集成·河南府县志辑》（61），上海：上海书店，2013年，第98页。

于是有外县之协济”。协济之地涉及宜阳、汝州、嵩县、卢氏及洛阳、浙江等。这种情况在崤函道上其他驿站中也相当普遍，反映出当地经济欠发达，却因地当交通要道承担的交通运输任务又十分繁重的史实。

义昌驿，又称义昌马驿，西距函关驿 50 里，属河南府渑池县，据陶承庆《新刻京本华夷风物商程一览》载，为明代新增驿站。嘉庆《渑池县志·建置》：“义昌驿，在治东四十里义昌镇。”即今义马洪阳乡义昌村。因秦末三老董公在此谏汉王刘邦为义帝发丧而得名。义昌驿规模不大，属“腰站”[①]性质。驿内建有君子亭，“周围植竹，垒石为山，鲜妍清雅。行人驻节，多题咏焉”[②]。明人郑岳《过义昌驿》云：“义昌小驿舍，忽见好池台。竹笋虚檐出，山峰乱石堆。苍烟团午净，碧树带秋回。坐久浑忘去，西崦日已催。”明末义昌驿毁于战火，清康熙年间复建。乾隆时“设驿塘马四十九匹，驿塘扛递等夫八十九名”[①]。嘉庆时，略有调整，“额设驿马四十七匹，塘马二匹。滑县拨增马六匹。驿马夫二十三名，塘马夫二名，递送公文夫一名，探马夫一名，马牌子一名，驿夫一名”。驿舍建筑有差房、草房、厨房、卷棚、舞楼及马王庙等十余间[③]。

蠡城驿，又称蠡城马驿，西距义昌驿 40 里，属河南府渑池县驿。嘉庆《渑池县志·建置》云：“在县署东。”即今渑池东关解放大街县文化馆址。顾祖禹谓蠡城在“县西四十里，……今为蠡城驿”[④]，是不正确的。渑池旧理蠡城，即魏蠡城，在今洛宁西北。乾隆年间，蠡城驿“设驿塘马五十匹，驿塘扛递等夫八十八名”[①]。嘉庆时调整为“额设驿马四十八匹，塘马二匹。浚县拨增马五匹。驿马夫二十三名，塘马夫二名，递送公文夫一名，探马夫一名，马牌子一名”。有差房、前后过厅、书役房、草房、厨房、马棚、舞楼及马王庙等驿舍建筑十余间[③]。

硖石驿，又称硖石马驿，西距蠡城驿 70 里，明代属河南府陕州，清属陕州直隶州。乾隆《重修陕州直隶州志·建置》：“硖石驿在州东七十里。”即今陕州区硖石乡所在。明代硖石驿丞兼管巡检司务。万历年间，硖石驿与甘棠驿合计额马 50 匹，额驴 50 头。明末硖石驿毁于战乱，清康熙年间重建，有驿马 53 匹，驿马夫 24 名，塘马 2 匹，塘马夫 2 名，马轿夫 60 名，递送公文马夫 1 名，探马夫 1 名，马牌子 1 名，驿卒 1 名，馆夫 3 名。雍正时裁员，留马轿夫 36 名[⑤]。

甘棠驿，又称甘棠马驿，西距硖石驿 70 里，属陕州州驿。乾隆《重修陕州直隶州志·建置》：“甘棠驿在州治东。”即今三门峡市区陕州故城东门外。明代甘棠驿丞亦兼管巡检司务。甘棠驿于明末毁于战火，清康熙年间在原址重建。后经调整，乾隆时设驿

---

①（清）施诚修，童钰、裴希纯纂：乾隆《河南府志》卷 6《建置志》，《中国地方志集成·河南府县志辑》(61)，上海：上海书店，2013 年，第 98 页。

② 乾隆《渑池县志》卷上《地理志》，郭树身、杜建成点校：《清·乾隆十一年 清·嘉庆十五年 渑池县志》，郑州：中州古籍出版社，1995 年，第 32 页。

③ 嘉庆《渑池县志》卷 2《建置》，郭树身、杜建成点校：《清·乾隆十一年 清·嘉庆十五年 渑池县志》，郑州：中州古籍出版社，1995 年，第 269 页。

④（清）顾祖禹撰，贺次君、施和金点校：《读史方舆纪要》卷 48《河南三》，北京：中华书局，2005 年，第 2261 页。

⑤（清）龚崧林修，杨建章纂：乾隆《重修陕州直隶州志》卷 2《建置》，《中国地方志集成·河南府县志辑》(69)，上海：上海书店，2013 年，第 75 页。

马 53 匹，驿马夫 26 名，塘马 2 匹，塘马夫 2 名，扛轿夫 73 名，递送公文马夫 1 名，探马夫 1 名，马牌子 1 名，驿卒 1 名，馆夫 3 名①。

桃林驿，又称桃林马驿，西距甘棠驿 60 里，明属河南府灵宝县，清属陕州灵宝县。明清灵宝县在今灵宝大王镇老城村一带。乾隆《重修灵宝县志·建置》云："桃林驿在西门外，今移城内。"民国《灵宝县志》云："桃林驿在县治东，原有房二十六间。自民国初年驿站裁废，房屋残塌，今其地址改为平民运动场矣。"②据此，桃林驿在乾隆十二年（1747 年）前，其址当在灵宝县西门外，其后迁至城东。乾隆《重修陕州直隶州志·建置》："桃林驿原有额马四十四匹半，奉文添设一十四匹半，现今行差号马并塘采马共五十五匹，塘役马夫二十八名，后增塘夫一名。"

鼎湖驿，又称鼎湖马驿，西距桃林驿 70 里，明属河南府阌乡县，清属陕州阌乡县。乾隆《重修陕州直隶州志·建置》："鼎湖驿在县治东。"光绪《阌乡县志》："鼎湖驿在县治东即马号。"③按明清阌乡县治在今灵宝阳平镇文乡村附近。康熙《阌乡县志·邮传》云："鼎湖驿传马，按旧志，原额二十一匹，……原额驴四十五头。……国朝定额马一十九匹半，……驴一十七头半。牛按旧志原额一百八十八只，国朝定额一十只半，……走递马驴三十六匹，……递夫九十名。""原额"即明代定额。光绪年间，有驿马 59 匹，马夫 27 名，递送公文马夫 1 名，探马夫 1 名，马牌子 1 名，塘马 2 匹，塘马夫 2 名，扛轿夫 36 名④。

潼关驿，西距鼎湖驿 75 里，属潼关厅。嘉庆《续潼关县志·城池》云："潼关驿旧在县治东，驿丞管理。乾隆十三年裁驿丞归厅管理。"《隆庆华州志》卷 8："潼关驿额编中下马驴六十二匹头，中马十一匹，……下马十一匹，……驴四十头，递运所……牛头二百名。"清咸丰《同州府志》卷 2："潼关县潼关驿递运所所夫一百八十名，……雍正十年裁夫二十名，……厅册现所役夫一百六十名。"

除传统驿站外，明代又新创递运所，负责运送军需物资及贡物。这一制度后为清代所继承。自明至清，崤函古道沿线设 11 个递运所：新安递运所（在县西七里站，额牛 47 只）、磁涧递运所（又名石斧涧递运所，在县东 30 里今磁涧镇，额牛 47 只）、义昌递运所（在渑池城东 40 里，今义马洪阳乡义昌村，额牛 127 只）、渑池递运所（在渑池县城牛王庙，额牛 130 只）、七里递运所（即七里店递运所，在陕州东 100 里七里镇）、硖石递运所（在陕州东 70 里今硖石乡）、张茅递运所（在陕州东 50 里今张茅镇）、横渠递运所（在陕州东 10 里湖滨区崖底乡横渠村，以上陕州四所额牛 510 只）、灵宝递运所（在今灵宝老城）、阌乡递运所（在阌乡县城今灵宝阳平镇文乡村）、潼关递运所（在潼关今

① （清）龚菘林修，杨建章纂：乾隆《重修陕州直隶州志》卷 2《建置》，《中国地方志集成·河南府县志辑》（69），上海：上海书店，2013 年，第 74 页。

② 孙椿荣修，张象明纂：民国《灵宝县志》附卷前下《古建设》，《中国地方志集成·河南府县志辑》（65），上海：上海书店，2013 年，第 748、749 页。

③ （清）刘思恕、汪鼎臣修，王维国、王守恭纂：光绪《阌乡县志》卷 2《建置》，《中国地方志集成·河南府县志辑》（66），上海：上海书店，2013 年，第 44 页。

④ （清）刘思恕、汪鼎臣修，王维国、王守恭纂：光绪《阌乡县志》卷 4《田赋》，《中国地方志集成·河南府县志辑》（66），上海：上海书店，2013 年，第 72、73 页。

港口镇，额牛 200 只）。从明清崤函道递运所的分布看，递运所皆设于运输繁重之处，与驿路分布走向一致，所运物资也主要通过驿道，因此，明清崤函道递运所实际上是一种专门运递货物的特殊驿站，在货物运输上发挥着重要的作用。

急递铺作为与水马驿、递运所并称的明代三大邮驿机构之一，在明代得到大发展，并在清代发展成为与其职能相似的铺司制度，主要承担递送寻常公文。明代凡 10 里一铺，清改为 15 里一铺，各县设总铺或在城铺，形成以州县治为中心沟通各州县之间的铺路交通网。崤函道沿线州县的递铺基本是在康熙十四年（1675 年）建立的，其后皆是在此基础上进行的调整，具有较强的稳定性。其中，新安县设 8 铺，渑池县 9 铺，陕县 13 铺，灵宝县 10 铺，阌乡县 9 铺，潼关 1 总铺，合计 50 铺。依据方志[①]所载递铺资料，可将清代新安至潼关境内的递铺路线复原如下。

由洛阳谷水铺出发，东行 10 里至孝水铺，入新安县界，又 10 里磁涧铺，又 10 里湾子铺（旧在尤漳），又 10 里火虫驿铺（曾名渡北铺），又 10 里至新安县总铺（在城内）。以上为新安县东向铺路。出新安县总铺，进入西向铺路。10 里嶻山铺，又 10 里克昌铺（即新庄铺），又 10 里阙门铺，10 里递至渑池崤店铺，又 10 里义昌铺，入渑池县界。又 10 里和村铺，又 10 里千秋铺，又 10 里塔泥铺，又 10 里至渑池县总铺，由此向西，10 里新埠铺，又 10 里诞子铺，又 10 里土壕铺。又 10 里东一百里铺，入陕州界，该铺西距渑池县 50 里，东距陕州城 100 里，故名。又 10 里甘壕铺，又 10 里驾车岭铺，又 10 里硖石铺，又 10 里分水岭铺，又 10 里张茅铺，又 10 里卫店岭铺，又 10 里磁钟铺，又 10 里东十里铺，又 10 里至陕州总铺（在城内）。由此继续向西，10 里西十里铺，又 10 里西二十里铺，又 10 里西三十里铺，又 10 里至甾水（曲沃）铺，入灵宝县界，又 10 里好阳铺，又 10 里至灵宝总铺（在城内）。继续向西，10 里望河铺，又 10 里稠桑铺，又 10 里靖远铺。这是灵宝西向铺路。由灵宝县总铺南行，10 里王垛铺，40 里虢略铺，70 里畨底铺，100 里固（故）水铺。这是陕州及属县与卢氏等地之间传送公文的道路。自靖远铺继续向西，20 里大字营铺，入阌乡县界，又 10 里祝家营铺，又 10 里至阌乡总铺（在城内），由此继续向西，又 10 里高柏铺，又 10 里盘豆铺，又 10 里十二里河铺，又 10 里文底镇铺，又 17 里关东店铺，继续向西，经 7 里至潼关总铺，入潼关界。

由上述复原可以看出，清代新安至潼关境内的递铺路线与崤函道驿路高度重合，这一分布特征也决定了这一区域递铺路线具有较稳定的特点。例如，灵宝县，光绪时递铺虽调整为县前铺、曲沃铺、十里铺、稠桑铺、三十里铺、南布张铺、南朝铺、窑店岭铺、魏家磨铺[②]，但除部分递铺名称有所变化外，铺递数量、铺路走向，均与乾隆时保持一致。而乾隆时所设南行铺路四递铺，则在调整中被取消。又如，阌乡县，顺治时阌乡县设递铺 8 个，即在城铺、水泉铺（县东 10 里）、东王铺（县东二 20 里）、高柏铺（县西 10 里）、盘豆铺（县西 20 里）、泉井铺（县西 30 里）、文底铺（县西 40 里）、七里铺（县

---

① 乾隆《新安县志》、嘉庆《渑池县志》、乾隆《重修陕州直隶州志》、乾隆《重修灵宝县志》、光绪《阌乡县志》、嘉庆《续潼关县志》。

②（清）周淦修，高锦荣纂：光绪《灵宝县志》卷 3《赋税》，台湾：成文出版社，1976 年，第 337-340 页。

西 50 里）[①]，共 8 个，光绪时除数量增至 9 个外，铺路走向亦没有改变，仍与康熙时相一致。递铺的特点在于设置密集，遍布县镇，接力传递，消息迅达，在传递信息方面补足驿站空档，同时也进一步带动了沿线城镇的发展。

清末，随着近代交通工具的进入，驿站等旧式交通设施的作用逐渐消失。宣统三年（1911 年）裁驿归邮，延续了数千年的崤函道驿传制度随之废止。

①（清）张三省、杨遵、杜允中等纂修，杨遵续修：顺治《阌乡县志》卷 1《铺递》，顺治十六年增刻本。

崤函古道研究的回顾与展望

崤函古道介于长安和洛阳两大古都之间的特殊地理位置，以及与周围地理环境的特定关系，使其成为历史上长安与洛阳东西两京之间沟通和交往的主要通道，在中国历史上曾经发挥过非常重要的作用，因此长期受到中外学界和社会的广泛兴趣和关注，也取得了较丰厚的研究成果。认真回顾和总结以往研究的主要成就，分析其不足，对进一步推动和提高崤函古道研究水平，促进和丰富历史交通地理乃至中国古代历史文化的研究，都具有重要的学术和现实意义。

一　研究回顾

有关崤函古道交通问题的研究，其渊源可以追溯到古代史籍中有关崤函古道的记载。不过，由于在中国古代传统史学中长期以来并没有交通史的地位。因此，有关崤函古道交通的内容虽然丰富，却多未能令人惬意。就官修正史来看，其相关记述相对分散于各类历史事例中，不能整体反映出崤函古道的真实面貌，其勾画的崤函古道交通地理也是片段不完整的，令今人扼腕喟叹，唯从历史事例中略识之。北魏郦道元《水经注》、唐李泰《括地志》、李吉甫《元和郡县图志》、北宋乐史《太平寰宇记》、王存《元丰九域志》、明顾祖禹《读史方舆纪要》等地理志书虽不为研究交通之专门著述，但其中的某些章节记载了崤函古道线路及所经的古城、关隘、河道、景观等方面的一些状况，史料价值颇高，并提出了若干有价值的见解。《水经注·河水注》对函谷关的地形是这样介绍和评价的："历北出东崤，通谓之函谷关也。邃岸天高，空谷幽深，涧道之狭，车不方轨，号曰天险。……是以王元说隗嚣曰：请以一丸泥，东封函谷关，图王不成，其弊足霸矣。"语言生动，比喻妙至毫颠，函谷关的险要地形和军事地位一目了然。类似这样的描写，注文中还可见到许多。但总体而言，它们对崤函古道线路及沿线经地的记述比较笼统。古代文献中，对崤函古道线路驿程有详细记载的当属《新唐书·艺文志》史部地理类著录的唐韦述《两京道里记》三卷，惜其书早已佚失。

现存历史文献中，比较早的只有西晋潘岳《西征赋》和《旧五代史》、《资治通鉴》及南宋郑刚中《西征道里记》对此有较详细的记载。《西征赋》记述了潘岳在晋惠帝元康二年（公元 292 年）为长安令，由洛阳至长安的行历及所经人物山水；《旧五代史》卷 46《末帝纪上》及《资治通鉴·后唐纪八》记载了后唐末帝清泰元年（公元 934 年）潞王起兵凤翔，经长安入洛阳即位之行程；《西征道里记》则是郑刚中于绍兴九年（1139 年）沿汴路西去陕西凤翔，"所过道里，集而记之"的沿途见闻录。这三份文献所记线路均是当时的崤山北路和函谷道，行程大略相同。其后，明代明官《寰宇通衢》、黄汴

《一统路程图记》、程春宇《士商类要》、杨一清《西征日录》，以及清代憺漪子《天下路程图引》、佚名《河南陕州属东至渑池西至潼关路图》等，则为研究明清时代崤函古道交通史提供了完备的第一手资料，具有极高的史料价值。现存的 20 余部明清时期纂修的崤函地区方志中也保存了部分史料。然而，它们无论从理论体系上、内容上还是编排体例上，都不能与现代意义上的历史地理著作相提并论，其所勾画的崤函古道交通史，包括交通发展的历史及历史上的交通状况和交通的作用，也是片段不完整的。

对于崤函古道系统、科学的研究发轫于 20 世纪中后期。其成果主要表现在以下五个方面[①]。

（一）陆路交通线路研究

崤函古道的线路研究是历史交通地理最基础的课题。对崤函古道陆路交通线路系统、科学的研究，当首推严耕望、王文楚、辛德勇和胡德经。严耕望《唐代交通图考》[②]是规模与价值均堪称有空前意义的交通史巨著，其第 1 卷《京都关内区》中的“两京馆驿”“长安洛阳驿道”，详细考论唐代长安洛阳间道路交通沿途所经州府军镇、馆驿津梁、山川形势、道里远近，并引用古籍诗篇以说明相关问题，上溯魏晋，下及宋代，史料丰富，考论精详，且将考订结论绘成地图附于篇末，对交通与政治、经济、军事、文化的关系亦有透彻的论述，被誉为 20 世纪中国交通史研究领域最值得称羡的学术成就。王文楚《唐代两京驿路考》[③]将散见于史籍、地志及唐人诗文中的两京间馆驿予以辑集，详细考证了各驿馆的地点，论述了驿路经行路线及其变迁，考述了崤山南北路的变迁情况。他的另一篇论文《西安洛阳间陆路交通的历史发展》[④]同样是广征博引历史文献资料，运用实证的方法，排比梳理，对先秦至民国时期长安洛阳间的交通线路做了周密的考证，其中尤以汉唐时期最为详尽。崤函古道线路构成了两篇论文论述之重点。胡德经不避风尘，出入山川，对两京古道进行了长达 11 个月的徒步考察，行程 6000 余里，所作《两京古道考辨》[⑤]考证了两京古道上的 8 条有重要历史影响和价值的古道走向和演变情况。辛德勇《崤山古道琐证》[⑥]针对王文楚、胡德经文章中的若干观点，分别就“东西二崤

① 崤函古道学术简史，笔者《崤函古道研究的回顾与展望》（《三门峡职业技术学院学报》2008 年第 7 卷第 4 期，第 58-63 页）曾作梳理。因受篇幅字数，时多有删削。本次发表时恢复原文，并多有增益，又笔者主编的《崤函古道研究》（西安：三秦出版社，2009 年），收录了历年来有关崤函古道研究论文 66 篇，分为崤函古道线路研究、崤函古道关隘研究、三门峡黄河漕运研究、崤函古道的历史地位与作用研究四编，对 20 世纪 80 年代以来学界对崤函古道研究的成果有较为系统的展示。

② 严耕望：《唐代交通图考》，台北台湾“中央研究院”历史语言研究所，1985 年；上海：上海古籍出版社，2007 年。

③ 王文楚：《唐代两京驿路考》，《历史研究》1983 年第 6 期，第 62-75 页。收入氏著《古代交通地理丛考》，北京：中华书局，1996 年，第 46-81 页。

④ 王文楚：《西安洛阳间陆路交通的历史发展》，复旦大学中国历史地理研究所编：《历史地理研究》第 1 辑，上海：复旦大学出版社，1986 年。收入氏著《古代交通地理丛考》，北京：中华书局，1996 年，第 82-103 页。

⑤ 胡德经：《两京古道考辨》，《史学月刊》1986 年第 2 期，第 3-9 页。又有《洛阳——长安两京古道考察》，洛阳市史志编纂委员会办公室编：《洛阳——丝绸之路的起点》，郑州：中州古籍出版社，1992 年，第 455-463 页。

⑥ 辛德勇：《崤山古道琐证》，《中国历史地理论丛》1989 年第 4 卷第 4 期，第 37-67 页；《三崤山补证》，《中国历史地理论丛》1991 年第 6 卷第 1 期，第 58-59 页。收入氏著《古代交通与地理文献研究》，北京：中华书局，1996 年，第 17-45 页。

和南北二陵”“崤山与崤水”“东崤、西崤和北山高道”“二崤山与三崤山”“五崤与三壕”“崤县与崤山道”“崤底与回溪”等问题进行了深入的研究，史料详赡，分析精细，得出了一些不同于前人的结论。他的汉唐长安交通地理研究系列论文[①]详尽考证了西汉至隋唐时期长安通往洛阳方向的陆路交通路线。李健超《崤山南道考察记》通过实地考察，结合历史文献记载，从宏观地理形势和微观地理特征，基本理清崤山南道的走向、路况[②]。史家珍和吴业恒调查了崤山南道与北道自然地理形势和历史人文景观[③]。曾谦论述了隋唐时期崤山南道的发展情况[④]。李久昌依据历史文献与考古发掘资料，结合实地考察，发表了一系列的相关文章，集中探讨了崤函古道交通线路的形成、演变及其历史作用等问题[⑤]。其他还有如王子今对崤函古道交通安全的研究[⑥]、李德辉和袁书会对隋唐两京驿道绿化问题的研究[⑦]、李健超、陈昌远、徐日辉对崤函古道交通地位与作用的研究[⑧]等。

崤函古道交通线路的专门研究成果，虽然数量不是很多，但由于古代两京交通的重要，因此在中国古代交通史的综合研究中，涉及崤函古道交通的也有不少，具有重要的参考价值。史念海利用文献和考古资料发表了一系列文章[⑨]，对石器时代至隋唐时代的交通进行了全面深入的探讨，崤函古道交通地理也是其中研究对象之一，考论精详，高屋建瓴，予人启发甚多。王毓瑚《秦汉帝国之经济及交通地理》[⑩]、章巽《秦帝国的主

① 辛德勇：《西汉至北周时期长安附近的陆路交通——汉唐长安交通地理研究之一》，《中国历史地理论丛》1988 年第 3 辑，第 85-113 页；《隋唐时期长安附近的陆路交通——汉唐长安交通地理研究之二》，《中国历史地理论丛》1988 年第 4 辑，第 145-171 页；《汉唐期间长安附近的水路交通——汉唐长安交通地理研究之三》，《中国历史地理论丛》1989 年第 1 辑，第 33-44 页；《长安城兴起与发展的交通基础——汉唐长安交通地理研究之四》，《中国历史地理论丛》1989 年第 2 辑，第 131-140 页。收入氏著《古代交通与地理文献研究》，北京：中华书局，1996 年，第 117-185 页。

② 李健超：《崤山南道考察记》，《三门峡职业技术学院学报》2008 年第 7 卷第 4 期，第 45-48 页。

③ 史家珍、吴业恒：《丝绸之路洛阳段历史地理调查：崤山南道与北道》，《三门峡职业技术学院学报》2008 年第 7 卷第 4 期，第 52-57 页。

④ 曾谦：《隋唐时期的崤山南道》，《河南科技大学学报》（社会科学版）2010 年第 28 卷第 4 期，第 5-9 页。

⑤ 李久昌：《崤函古道历史地理与文化内涵》，《三门峡职业技术学院学报》2008 年第 7 卷第 1 期，第 48-53 页；《崤函古道开通的历史地理基础》，《三门峡职业技术学院学报》2009 年第 8 卷第 3 期，第 45-50 页；《崤函古道交通线路的形成与变迁》，《丝绸之路》2009 年第 6 期，第 7-21 页；《崤函古道历史地理调查与研究》，周俭主编：《丝绸之路交通线路（中国段）历史地理研究》，南京：江苏人民出版社，2012 年，第 28-61 页；《崤函古道的起源与早期形态研究》，《三门峡职业技术学院学报》2012 年第 1 期，第 1-8 页。

⑥ 王子今：《秦汉驿道虎灾——兼质疑几种旧题田猎图像的命名》，《中国历史文物》2004 年第 6 期，第 20-27 页。

⑦ 李德辉、袁书会：《论隋唐时期两京驿道的绿化问题》，《西藏民族学院学报》（哲学社会科学版）2005 年第 26 卷第 3 期，第 36-39 页。

⑧ 李健超：《三门峡地区在中国历史上的地位》，李久昌主编：《三门峡旅游开发文集》，西安：陕西人民出版社，1995 年，第 1-12 页；陈昌远：《谈崤函古道的研究及其意见》，《三门峡职业技术学院学报》2008 年第 7 卷第 4 期，第 48-52 页；徐日辉：《破解秦汉帝国之谜的〈崤函古道研究〉》，《三门峡职业技术学院学报》2011 年第 3 期，第 48-52 页。

⑨ 史念海：《石器时代人们的居地及其聚落分布》，《人文杂志》1959 年第 3 期，第 41-52 页；《春秋时代的交通道路》，《人文杂志》1960 年第 3 期，第 59-66 页；《春秋以前的交通道路》，《中国历史地理论丛》1990 年第 3 辑，第 5-37 页；《战国时代的交通道路》，《中国历史地理论丛》1991 年第 1 辑，第 19-57 页；《秦汉时期国内之交通路线》，《河山集》（4 集），西安：陕西师范大学出版社，1991 年，第 536-600 页；《隋唐时期的交通与都会》，《唐史论丛》（第 6 辑），西安：陕西人民出版社，1995 年，第 1-57 页。

⑩ 王毓瑚：《秦汉帝国之经济及交通地理》，《文史杂志》1942 年第 9～10 期，第 23-43 页。

要交通线》[①]、陈槃《春秋列国的交通》[②]、卢云《战国时期主要陆路交通线初探》[③]、曹尔琴《中国古都与交通》[④]、孙毓棠《汉代的交通》[⑤]等也是这方面有代表性的论文。作为通论性或断代性的古代交通史研究著作，白寿彝《中国交通史》[⑥]、陶希圣《唐代之交通》[⑦]、谭宗义《汉代国内陆路交通考》[⑧]、刘希为《隋唐交通》[⑨]、王子今《秦汉交通史稿》[⑩]、中国公路交通史编审委员会编《中国古代道路交通史》[⑪]、马晓峰《魏晋南北朝交通研究》[⑫]、郑若葵《中国古代交通图典》[⑬]等，融入了学者对古代交通问题的通盘性的思考和认识，也有细致的考论，其中对崤函古道也有或详或略的考论和叙述，其解说不乏独到见解。日本学者青山定雄《唐宋时代的交通和地志图研究》[⑭]是有关唐宋交通及相关问题的代表性著述，其中也涉及崤函古道交通的内容。李德辉《唐代交通与文学》[⑮]选取交通行旅来考察唐代文学的变迁，两京交通与文学发展是其重要的研究对象，具有一定的参考价值。洛阳市地方史志办公室《洛阳——丝绸之路的起点》和《图说洛阳丝绸之路》[⑯]、张乃翥和张成渝《洛阳与丝绸之路》[⑰]、郭引强《丝绸之路洛阳考》[⑱]考证了丝绸之路形成、发展和演变的过程，论述了丝绸之路同洛阳的联系及洛阳在丝绸之路形成、发展繁荣过程中的重要作用，其中也兼及崤函古道，给人以宏观或微观上的启发。

一些经济史著作，如李剑农的《魏晋南北朝隋唐经济史稿》[⑲]、傅筑夫的《中国封

① 章巽：《秦帝国的主要交通线》，《学术月刊》1957年第2期，第11-20页。

② 陈槃：《春秋列国的交通》，《"中央研究院"历史语言研究所集刊》第37本下册，台北：台湾"中央研究所"历史语言研究所，1967年，第881-932页。

③ 卢云：《战国时期主要陆路交通线初探》，复旦大学中国历史地理研究所编：《历史地理研究》（一），上海：复旦大学出版社，1986年，第33-47页。

④ 曹尔琴：《中国古都与交通》，《唐都学刊》（社会科学学刊）1992年第4期，第1-7页。

⑤ 孙毓棠：《汉代的交通》，《孙毓棠学术论文集》，北京：中华书局，1995年，第356-372页。

⑥ 白寿彝：《中国交通史》，北京：商务印书馆，1937年。

⑦ 陶希圣：《唐代之交通》，台北：食货出版社，1969年。

⑧ 谭宗义：《汉代国内陆路交通考》，香港：新亚研究所，1967年。

⑨ 刘希为：《隋唐交通》，台湾：新文丰出版公司，1992年。

⑩ 王子今：《秦汉交通史稿》（增订本），北京：中国人民大学出版社，2012年。

⑪ 中国公路交通史编审委员会编：《中国古代道路交通史》，北京：人民交通出版社，1994年。

⑫ 马晓峰：《魏晋南北朝交通研究》，北京师范大学博士学位论文，2004年。

⑬ 郑若葵：《中国古代交通图典》，昆明：云南人民出版社，2007年。

⑭ [日]青山定雄：《唐宋时代的交通和地志图研究》，东京：吉川弘文馆，1963年。

⑮ 李德辉：《唐代交通与文学》，长沙：湖南人民出版社，2003年。

⑯ 洛阳市地方史志办公室编：《洛阳——丝绸之路的起点》，郑州：中州古籍出版社，1992；《图说洛阳丝绸之路》，郑州：大象出版社，2007年。

⑰ 张乃翥、张成渝：《洛阳与丝绸之路》，北京：北京图书馆出版社，2009年。

⑱ 郭引强：《丝绸之路洛阳考》，郑州：大象出版社，2009年。

⑲ 李剑农：《魏晋南北朝隋唐经济史稿》，北京：生活·读书·新知三联书店，1959年。

建社会经济史》[①]、张泽咸的《唐代工商业》[②]等，论述古代交通历史发展时，对崤函古道交通亦有论及，虽较简略但甚为扼要，且相对全面，不乏独到见解。

20 世纪 80～90 年代，一些地方交通行政部门组织编写了《洛阳市交通志》[③]、《三门峡市交通志》[④]、《洛阳地区交通志》[⑤]、《河南公路史》第 1 册[⑥]、《河南公路运输史》第 1 册[⑦]、《运城地区交通志》[⑧]、《陕西古代道路交通史》[⑨]、《西安古代交通志》[⑩]等地方交通史志。这些著作比较全面地总结了本地区交通事业的历史发展，为崤函古道交通地理的研究提供了直接的资料，具有一定的参考价值。但其内容详今略古，有关崤函古道的内容比较简单，也未完全察明其交通路线之变化。

（二）驿站、行宫及关塞和军事行动研究

历史上崤函古道地位重要，人员往来频繁，沿途设置了为数众多的驿站、行宫，以方便行旅。这些驿站、行宫是崤函古道上重要的交通设施，历代也多有兴盛和衰废的变化。前述崤函古道陆路交通研究成果中，一些作者如严耕望、王文楚、李久昌等即通过考察驿站、行宫的分布及数量，论证了其与交通线路走向及其运营之间的密切关系。专题研究成果，杨鸿年《隋唐宫殿建筑考》[⑪]考证了包括行宫在内的隋唐各类宫殿建筑所在，并将有关建筑的历史事件、传说、异闻附记于后。吴宏岐《隋唐帝王行宫的地域分布》[⑫]关注隋唐四类行宫，列出隋唐行宫 38 所，分析其分布、功用和兴废。吴宏岐和郝红暖《隋唐行宫制度与中央政治空间格局的变化》[⑬]，列出隋唐避暑宫 23 所，温泉宫 3 所，两京行道宫 21 所，其他行宫 26 所。介永强《唐代行宫考逸》[⑭]考察关中以外的唐代行宫 27 座。严辉《洛阳地区隋唐离宫遗址调查与考证》[⑮]主要调查考证了两京道和嵩山及其附近地区的隋唐离宫遗址。李健超《唐代交通史研究的重要发现——崤山南道临泉驿》[⑯]论证了洛宁县东宋乡官庄村新发现的临泉驿刻石，该刻石的发现填补了新旧《唐

---

① 傅筑夫：《中国封建社会经济史》（1-5 册），北京：人民出版社，1981—1989 年。

② 张泽咸：《唐代工商业》，北京：中国社会科学出版社，1995 年。

③ 洛阳市交通志编纂委员会：《洛阳市交通志》，郑州：河南人民出版社，1989 年。

④ 三门峡市交通志编纂委员会：《三门峡市交通志》，北京：人民交通出版社，1991 年。

⑤ 洛阳地区交通史志编纂委员会：《洛阳地区交通志》，北京：当代中国出版社，1995 年。

⑥ 河南省交通史志编委员会：《河南公路史》第 1 册，北京：人民交通出版社，1992 年。

⑦ 河南省交通史志编纂委员会编：《河南公路运输史》第 1 册，北京：人民交通出版社 1991 年 8 月版。

⑧ 运城地区行政公署交通局交通史志编纂委员会：《运城地区交通志》，太原：山西人民出版社，1992 年。

⑨ 王开主编：《陕西古代道路交通史》，北京：人民交通出版社，1989 年。

⑩ 西安市交通局史志编纂委员会编：《西安古代交通志》，西安：陕西人民出版社，1997 年。

⑪ 杨鸿年：《隋唐宫殿建筑考》，西安：陕西人民出版社，1992 年。

⑫ 吴宏岐：《隋唐帝王行宫的地域分布》，《中国历史地理论丛》1994 年第 9 卷第 2 期，第 71-86 页。

⑬ 吴宏岐、郝红暖：《隋唐行宫制度与中央政治空间格局的变化》，《暨南史学》2007 年第 5 辑，第 362-379 页。

⑭ 介永强：《唐代行宫考逸》，《中国历史地理论丛》2001 年第 16 卷第 2 期，第 78-83 页。

⑮ 严辉：《洛阳地区隋唐离宫遗址调查与考证》，《河南科技大学学报》（社会科学版）2004 年第 22 卷第 4 期，第 26-29 页。

⑯ 李健超：《唐代交通史研究的重要发现：崤山南道临泉驿》，《三门峡职业技术学院学报》2012 年第 11 卷第 3 期，第 1-3 页。

书》和《资治通鉴》等史籍对临泉驿记载的缺失。楼祖诒《中国邮驿发达史》[①]、刘广生和赵梅庄《中国古代邮驿史》（修订版）以通信为重点，探索和研究中国古代邮驿的起源和发展的演变过程及其特点和规律[②]。王子今《邮传万里：驿站与邮递》[③]也对中国古代邮驿发展史作了详尽的论述，讨论了中国古代邮驿系统的形制、特征及其文化作用。李德辉《唐宋时期馆驿制度及其与文学之关系研究》将历史研究与文学研究结合起来，研究唐宋馆驿制度，探讨馆驿制度和唐宋文学之间的关系[④]。杨为刚在《唐代“长安—洛阳”文学地理与文学空间研究》[⑤]中，以京洛交通区间为研究对象，选择洛阳至长安南道“寿安—福昌”路段为一个单元，研究东西交通、人员流动对文学创作的影响。杨正泰《明代驿站考》则是研究明代驿站配置和驿路分布的集大成之作，其中也对明代崤函地区驿站和驿路进行了考证[⑥]。

由于崤函古道的险峻，历史上形成了许多关塞而成为兵家必争之地，尤以函谷关、潼关最负盛名。史念海《函谷关与新函谷关》[⑦]以文献材料和实地考察互证，考证复原秦汉时函谷关的建置、地理形势及其在古代军事攻防中的战略意义。关治中《函谷关考证——关中要塞考证之二》[⑧]论述了函谷关、汉函谷关和东汉函谷关的建关时间、迁关原因、关城位置、关城状态及发生的重大军事活动等。蔡坤伦《汉代函谷关研究》[⑨]分别对函谷关的名称、设置时间、迁徙、形制、职官、交通线、通关文书等进行研究考证，并将其置于秦汉关中之大时空概念下，耙梳属关，突显其在关中之独特价值。相关的论文还有萧梅性《函谷关考》[⑩]、水田月《车战时代的天险——函谷关》[⑪]、郭化若《兵家必争之地——潼关、函谷关》[⑫]、陈江霞《中原古代关隘研究》[⑬]等。辛德勇《汉武帝“广关”与西汉前期地域控制的变迁》[⑭]从秦至西汉前期国家地域控制变迁角度，论述汉武帝时期向东推延函谷关这一事件的政治和军事意义，指出汉武帝东迁函谷关是对汉朝地域政策与大关中布防方略的大调整，其本质用意是增益拓广关中的范围，增强朝廷依托关中控制关东这一基本治国方略的效力。崔在容《西汉京畿制度的特征》[⑮]分析武帝东迁函谷关，实行广关政策，扩大了京畿范围，西汉京畿形成了主要向东扩展的态势，加强了对新函谷关以内、以南之三角地带统治。这些研究，将国家控制与关隘制度

---

① 楼祖诒：《中国邮驿发达史》，北京：中华书局，1940年。

② 刘广生、赵梅庄：《中国古代邮驿史》（修订版），北京：人民邮电出版社，1999年。

③ 王子今：《邮传万里：驿站与邮递》，长春：长春出版社，2004年。

④ 李德辉：《唐宋时期馆驿制度及其与文学之关系研究》，北京：人民文学出版社，2008年。

⑤ 杨为刚：《唐代“长安—洛阳”文学地理与文学空间研究》，复旦大学博士学位论文，2009年。

⑥ 杨正泰：《明代驿站考》（增订本），上海：上海古籍出版社，2006年。

⑦ 史念海：《函谷关和新函谷关》，《西北史地》1984年第3期，第1-9页。收入氏著《河山集》四集，西安：陕西师范大学出版社，1991年，第381-401页。

⑧ 关治中：《函谷关考证——关中要塞研究之二》，《渭南师专学报》（社会科学版）1998年第13卷第6期，第27-31页。

⑨ 蔡坤伦：《汉代函谷关研究》，台湾中兴大学硕士学位论文，2009年。

⑩ 萧梅性：《函谷关考》，《旅行杂志》1933年第7期，第43、44页。

⑪ 水田月：《车战时代的天险——函谷关》，《西安教育学院学报》2001年第16卷第4期，第30-34页。

⑫ 郭化若：《兵家必争之地——潼关、函谷关》，《文物天地》1981年第5期，第12-42页。

⑬ 陈江霞：《中原古代关隘研究》，郑州大学硕士学位论文，2009年。

⑭ 辛德勇：《汉武帝“广关”与西汉前期地域控制的变迁》，《中国历史地理论丛》2008年第23卷第2辑，第76-82页。

⑮ [韩]崔在容：《西汉京畿制度的特征》，《历史研究》1996年第4期，第24-36页。

的变化联系起来，结合当时独特的社会历史环境进行分析，在研究视角和方法上都具有重要的指导意义。与之相关的还有黄人二《张家山汉简奏谳书案例三试释兼论函谷关之地位》①、曾谦《论西汉时期的函谷关东迁》②等。劳榦《关于“关东”及“关西”讨论》③、邢义田《试释汉代的关东、关西和山东、山西》及其补正④、张荣芳《试论隋唐的山东与关东》⑤考察了作为历史上地域界线的关东、关西和山东、山西及关中的内涵，对了解函谷关的设置及其历史作用颇具启发。

潼关曾是关中的东大门。许正文《潼关沿革考》⑥、艾冲《潼关创建年代考辨》和《古代潼关城址的变迁》⑦、关治中《潼关天险考证——关中要塞考证之三》⑧、闫梦婕《潼关故城城防体系研究》⑨、谢立阳《潼关历史地理研究》⑩等对潼关的位置、地理形势、关城变迁和交通线路进行了较详尽的考证。史念海《历史时期黄河在中游的下切》和《历史时期黄土高原沟壑的演变》⑪通过野外勘察所获，结合文献和考古资料研究，研究黄土地貌变迁，内中涉及黄河下切、沟壑形成和演变对旧函谷关、潼关古城及陕县、阌乡、灵宝旧县城移动的影响。李健超《函谷关与潼关》⑫、穆渭生和侯养民《森林、道路与关隘——试说函谷关与潼关兴替》⑬从政治、军事和地理形势等分析了函谷关与潼关的兴替原因及过程。

崤函古道上其他关隘的研究，张维慎《“桃林塞”位置考辨》⑭，张怀银《桃林塞、胡关历史地名考略》⑮分别考证了桃林塞的地理位置所在，取得了一定的进展。陈隆文《崤函古道的“四关”》⑯介绍了潼关、雁翎关、新旧函谷四关。陈习刚《卢氏四面关及朱阳关考》⑰在简述卢氏县四面关的基础上，对仍存至今的朱阳关的时代、关名、置废易徙、地望及其历史地位等进行了系统而简要的梳理与考证。

---

① 黄人二：《张家山汉简奏谳书案例三试释兼论函谷关之地位》，《出土文献论文集》，台中：高文出版社，2005 年，第 101-113 页。

② 曾谦：《论西汉时期的函谷关东迁》，《洛阳师范学院学报》2009 年第 6 期，第 27-30 页。

③ 劳榦：《关于“关东”及“关西”讨论》，《古代中国的历史与文化》，北京：中华书局，2006 年，第 131-134 页。

④ 邢义田：《试释汉代的关东、关西和山东、山西》，《秦汉史论稿》，台北：台湾东大图书公司，1987 年，第 85-114 页。

⑤ 张荣芳：《试论隋唐的山东与关东》，中国唐代学会编、“国立”编译馆主编：《唐代研究论集》（第 3 辑），台北：台湾新文丰出版公司，1992 年，第 737-766 页。

⑥ 许正文：《潼关沿革考》，《人文杂志》1989 年第 5 期，第 93-97 页。

⑦ 艾冲：《潼关创建年代考辨》，《渭南师范学院学报》2000 年第 1 期，第 10-13 页；《古代潼关城址的变迁》，《历史地理》（第 18 辑），上海：上海人民出版社，2002 年，第 122-129 页。

⑧ 关治中：《潼关天险考证——关中要塞研究之三》，《渭南师范学院学报》1999 年第 3 期，第 35-39 页。

⑨ 闫梦婕：《潼关故城城防体系研究》，西安建筑科技大学硕士学位论文，2009 年。

⑩ 谢立阳：《潼关历史地理研究》，陕西师范大学硕士学位论文，2012 年。

⑪ 史念海：《历史时期黄河在中游的下切》，《河山集》2 集，北京：生活・读书・新知三联书店，1981 年，第 85-159 页；《历史时期黄土高原沟壑的演变》，《中国历史地理论丛》1987 年第 2 期，第 3-54 页。

⑫ 李健超：《函谷关与潼关》，河东两京历史考察队编：《晋秦豫访古》，太原：山西人民出版社，1986 年，第 114-127 页。收入氏著《汉唐两京及丝绸之路历史地理论集》，西安：三秦出版社，2007 年，第 595-605 页。

⑬ 穆渭生、侯养民：《森林、道路与关隘——试说函谷关与潼关兴替》，《黄土高原地区历史环境与治理对策会议文集》，《中国历史地理论丛》增刊，2001 年。

⑭ 张维慎：《“桃林塞”位置考辨》，《兰州大学学报》（社会科学版）2001 年第 5 期，第 71-78 页。

⑮ 张怀银：《桃林塞、胡关历史地名考略》，《三门峡职业技术学院学报》2003 年第 2 期，第 50、51 页。

⑯ 陈隆文：《崤函古道的“四关”》，《三门峡职业技术学院学报》2009 年第 2 期，第 39-42 页。

⑰ 陈习刚：《卢氏四面关及朱阳关考》，《三门峡职业技术学院学报》2014 年第 2 期，第 13-17 页。

关于关隘制度的研究，近些年的重要成果主要集中于以张家山汉简《津关令》为主体材料的秦汉，尤其是对西汉初关隘制度的研究。李均明《汉简所见出入符、传与出入名籍》[①]、董平均的《〈津关令〉与汉初关禁制度论考》[②]、曹旅宁《〈津关令〉考述》[③]、陈伟《张家山汉简〈津关令〉涉马诸令研究》[④]、龚留柱《论张家山汉简〈津关令〉之"禁马出关"——兼与陈伟先生商榷》[⑤]、臧知非《张家山汉简所见汉初马政及相关问题》[⑥]、王子今《说张家山汉简〈二年律令·津关令〉所见五关》[⑦]、孙兰《秦及西汉时期的关隘制度》[⑧]、朱翠翠《秦汉符信制度研究》[⑨]、张玲《秦汉关隘研究》[⑩]等。杨建《西汉初期津关制度研究》[⑪]是近年来以《津关令》为主体材料进行制度层面研究的集大成之作，对西汉初期的津关制度作了深入的研究，对了解西汉初期的津关制度的形成与演变、津关的主要功能、汉初中央政权与地方诸侯的关系及其政治形势有重要的价值。这些研究特别重视对文献和简牍材料的互证，注重将所探讨的问题与当时的社会历史背景相关联，函谷关、潼关等也是其中的研究对象之一。秦汉以降关隘研究的成果较少，主要有张邻和周殿杰《唐代的关津制度》[⑫]、陈习刚《论武则天时期关津的职能及其兴废》[⑬]、许益《汉唐关津问题研究》[⑭]及日本学者砺波护《唐代的畿内与京城四面关》[⑮]等。程喜霖《唐代过所研究》[⑯]广泛征引汉晋简牍、敦煌吐鲁番文书及域外资料，对唐代过所的渊源、嬗变、公验过所与关防及经济、社会的关系进行论述，是研究唐代公验、过所制度最为系统的专著。

崤函古道的战略地位十分重要，战争风云在这里展示过无比惊心动魄的场面，发生在这里的战争和事件往往牵动和影响着全国局势的发展。史念海《论我国历史上东西对立的局面和南北对立的局面》[⑰]深入讨论和分析了函谷关、潼关在隋唐以前的古代东西

① 李均明：《汉简所见出入符、传与出入名籍》，《文史》1983年第19辑，第33-35页。

② 董平均：《〈津关令〉与汉初关禁制度论考》，《中华文化论坛》2007年第3期，第62-68页。

③ 曹旅宁：《〈津关令〉考述》，《张家山汉律研究》，北京：中华书局，2005年，第249-266页。

④ 陈伟：《张家山汉简〈津关令〉涉马诸令研究》，《考古学报》2003年第1期，第31-46页。

⑤ 龚留柱：《论张家山汉简〈津关令〉之"禁马出关"——兼与陈伟先生商榷》，《史学月刊》2004年第11期，第20-25页。

⑥ 臧知非：《张家山汉简所见汉初马政及相关问题》，《史林》2004年第6期，第72-80页。

⑦ 王子今：《说张家山汉简〈二年律令·津关令〉所见五关》，《中国历史文物》2003年第1期，第46-54页。

⑧ 孙兰：《秦及西汉时期的关隘制度》，东北师范大学硕士学位论文，2008年。

⑨ 朱翠翠：《秦汉符信制度研究》，上海师范大学硕士学位论文，2009年。

⑩ 张玲：《秦汉关隘制度研究》，河南大学博士学位论文，2012年。

⑪ 杨建：《西汉初期津关制度研究》，上海：上海古籍出版社，2010年。

⑫ 张邻、周殿杰：《唐代的关津制度》，《中华文史论丛》1985年第3辑，第185-210页。

⑬ 陈习刚：《论武则天时期关津的职能及其兴废》，《中州学刊》2007年第5期，第168-171页。

⑭ 许益：《汉唐关津问题研究》，兰州大学硕士学位论文，2008年。

⑮ [日]砺波护：《唐代的畿内与京城四面关》，胡宝珍译，白子明校，《河北师院学报》（哲学社会科学版）1993年第4期，第31-38页。

⑯ 程喜霖：《唐代过所研究》，北京：中华书局，2000年。

⑰ 史念海：《论我国历史上东西对立的局面和南北对立的局面》，《中国历史地理论丛》1992年第1辑，第57-112页。

对立中的历史作用及其军事攻守情况。其《关中的历史军事地理》[①]则围绕历代对函谷关、潼关的军事攻防战，论述了函谷关和潼关在关中防卫战中的重要作用。王晖《论文王平虞芮之讼与商周战略形势之遽变》[②]、蒋若是《春秋“殽之战”战地考实》[③]、杨向奎《读〈水经注〉》和《宗周社会与礼乐文明》之《地理篇 · 三》[④]、蔡锋《春秋战国时的秦晋河西之争》[⑤]、姚双年《秦魏“河西”之争与当地的水陆交通》[⑥]分别论述了西周至春秋战国时期发生在这里的重要战事及其影响。宋杰《秦对六国战争中的函谷关和豫西通道》论述了战国时函谷关的重要性，重点论述了中国古代战争的地理枢纽[⑦]。其《先秦战略地理研究》和《中国古代战争的地理枢纽》[⑧]也有对崤函地区军事地理及其重要价值研究的内容。关治中《论曹操平定关陇的奠基战役——潼关之战》[⑨]对发生在汉献帝建安十六年（公元 211 年）的潼关之战，包括战前的形势、战争双方胜败的原因，以及这次战争结局对整个形势的影响进行了深入的分析。宋杰《两魏周齐战争中的河东》[⑩]虽是论述河东地区在经济、地形、水文、交通等方面的历史特点及对两魏周齐战争影响的著作，但内中也涉及崤函地区军事地理。任士英《潼关战局与天宝中枢政局之关系发覆》[⑪]、刘树友《“哥舒白谷两英雄，痛哭催军万年泪”——唐军与安史叛军的潼关、灵宝之战探析》[⑫]、贺润坤《安史之乱中潼关为何失守》[⑬]等论述了安史之乱中潼关之战唐军失利的原因、后果及其战争前后朝廷内外形势等。穆渭生《唐代关内道军事地理研究》[⑭]、史兵《唐代长安城军事防御体系研究》[⑮]，孙锋《唐两京之间的军事布防与政治关系演变研究》[⑯]、朱叶俊《两魏周齐河南之争》[⑰]等对崤函区域军事地理也进行了较深入的探讨。

---

① 史念海：《关中的历史军事地理》，《河山集》（四集），西安：陕西师范大学出版社，1991 年，第 145-244 页。

② 王晖：《论文王平虞芮之讼与商周战略形势之遽变》，《社会科学战线》2003 年第 1 期，第 153-160 页。

③ 蒋若是：《春秋“殽之战”战地考实》，《史学月刊》1987 年第 1 期，第 3-7 页。

④ 杨向奎：《读〈水经注〉》，《中国历史地理论丛》1993 年第 1 辑，第 201-210 页；《宗周社会与礼乐文明》之《地理篇 · 三》，北京：人民出版社，1992 年，第 60-80 页。

⑤ 蔡锋：《春秋战国时的秦晋河西之争》，《青海师范大学学报》（哲学社会科学版）1988 年第 4 期，第 39-48 页。

⑥ 姚双年：《秦魏“河西”之争与当地的水陆交通》，《文博》1989 年第 6 期，第 54-57 页。

⑦ 宋杰：《秦对六国战争中的函谷关和豫西通道》，《首都师范大学学报》（社会科学版）1997 年第 3 期，第 40-47 页。

⑧ 宋杰：《先秦战略地理研究》，北京：首都师范大学出版社，1999 年；《中国古代战争的地理枢纽》，北京：中国社会科学出版社，2009 年。

⑨ 关治中：《论曹操平定关陇的奠基战役——潼关之战》，《西北大学学报》（哲学社会科学版）1992 年第 1 期，第 27-31 页。

⑩ 宋杰：《两魏周齐战争中的河东》，北京：中国社会科学出版社，2006 年。

⑪ 任士英：《潼关战局与天宝中枢政局之关系发覆》，《烟台师范学院学报》（哲学社会科学版）1994 年第 4 期，第 38-44 页。

⑫ 刘树友：《“哥舒白谷两英雄，痛哭催军万年泪”——唐军与安史叛军的潼关、灵宝之战探析》，《渭南师范学院学报》1997 年第 1 期，第 27-34 页。

⑬ 贺润坤：《安史之乱中潼关为何失守》，《汉中师院学报》（哲学社会科学版）1989 年第 4 期，第 47-50 页。

⑭ 穆渭生：《唐代关内道军事地理研究》，西安：陕西人民出版社，2008 年。

⑮ 史兵：《唐代长安城军事防御体系研究》，陕西师范大学博士学位论文，2011 年。

⑯ 孙锋：《唐两京之间的军事布防与政治关系演变研究》，陕西师范大学硕士学位论文，2009 年。

⑰ 朱叶俊：《两魏周齐河南之争》，南京大学硕士学位论文，2011 年。

（三）黄河三门峡漕运研究

汉唐时期，长安一直是王朝的政治、军事、经济中心，随着官僚机构的扩大和人口的增长，需要不断向关中地区运送粮食。黄河漕运三门峡段，地处黄河中游，秦、晋、豫三省交界处，自秦汉到唐末，一直是古代东西漕粮运输的枢纽，黄河漕运三门峡段畅通与否至关重要，也一直是学界关注的重要课题。20世纪50年代中期和90年代中期，为配合三门峡水库和小浪底水库建设工程，考古工作者对三门峡一带、新安和济源黄河两岸及山西境内三门峡大坝以东黄河北岸的漕运遗迹等进行大规模考古调查，发现了三门峡漕运栈道及周边与漕运有关的遗存、新安盐东关防、仓储建筑遗址、八里胡同栈道、山西平陆、夏县、垣曲三县黄河北岸的漕运遗迹等丰富的黄河漕运遗迹，从而进一步证明了这一长达数百里的黄河漕运工程规模之巨大、影响之长远，不仅是一项伟大的水利工程，也是维系封建王朝统治的水上生命线。出版的考古报告主要有《三门峡漕运遗迹》[①]、《黄河小浪底水库文物考古报告集》[②]、《黄河漕运遗迹——山西段》[③]、《黄河小浪底盐东村汉函谷关仓库建筑遗址发掘简报》[④]、《黄河八里胡同栈道的勘测》[⑤]、《河南新安西沃石窟勘测报告》[⑥]等。俞伟超《三门峡漕运简史》[⑦]运用文献和考古资料第一次勾勒出了从西汉至北朝、隋唐时期和北宋以后各个阶段的三门峡黄河漕运历史概貌。史念海《三门峡与古代漕运》[⑧]从考察三门峡地理形势入手，考论了三门峡在黄河漕运中的枢纽地位、三门峡漕运对汉唐王朝维系统治的重要作用，并对秦汉至隋唐历代王朝对三门峡漕运航道的修凿经营进行了较详细的论述。何汝泉《唐代河南漕路续论》[⑨]稽征文献，考述了河南道段黄河漕路的整治和利用、陕州与黄河段漕路的关系，对深层次理解三门峡漕运在唐代的作用有很大帮助。朱亮《试论盐东建筑遗址及相关问题》[⑩]、段鹏琦《黄河三门峡邻近地区新发现汉魏漕运遗迹浅议》[⑪]、张庆捷和赵瑞民《黄河古栈道的新发现与初步研究》[⑫]、赵瑞民和张庆捷《关于黄河古栈道的若干问题》[⑬]、赵瑞民《山西的

① 中国科学院考古研究所：《三门峡漕运遗迹》，北京：科学出版社，1959年。

② 河南省文物管理局等编：《黄河小浪底水库文物考古报告集》，郑州：黄河水利出版社，1998年。

③ 山西省考古研究所、山西大学考古专业、运城市文物工作站：《黄河漕运遗迹——山西段》，北京：科学技术文献出版社，2004年。

④ 朱亮、史家珍：《黄河小浪底盐东村汉函谷关仓库建筑遗址发掘简报》，《文物》2000年第10期，第12-25页。

⑤ 洛阳市第二文物工作队：《黄河八里胡同栈道的勘测》，《文物》2002年第11期，第47-56页。

⑥ 河南省古代建筑保护研究所：《河南新安西沃石窟勘测报告》，《文物》1997年第10期，第64-74页。

⑦ 俞伟超：《三门峡漕运简史》，《三门峡漕运遗迹》附录一，北京：科学出版社，1959年，第62-75页。

⑧ 史念海：《三门峡与古代漕运》，《人文杂志》1960年第4期，第35-47页。收入氏著《河山集》，北京：生活·读书·新知三联书店，1963年，第232-252页。

⑨ 何汝泉：《唐代河南漕路续论》，《西南大学学报》（社会科学版）2010年第2期，第43-53页。

⑩ 朱亮：《试论盐东建筑遗址及相关问题》，《文物》2001年第6期，第72-75页。

⑪ 段鹏琦：《黄河三门峡邻近地区新发现汉魏漕运遗迹浅议》，《宿白先生八秩华诞纪念文集》（上），北京：文物出版社，2002年，第121-134页。

⑫ 张庆捷、赵瑞民：《黄河古栈道的新发现与初步研究》，《文物》1998年第8期，第48-58页。

⑬ 赵瑞民、张庆捷：《关于黄河古栈道的若干问题》，山西省考古学会、山西省考古研究所编：《山西省考古学会论文集》（三），太原：山西古籍出版社，2000年，第383-391页。

黄河古栈道遗迹与水运资源的开发利用》[①]、刘园园《西沃石窟及相关问题研究》[②]、孙丽娟《豫晋峡谷黄河漕运遗迹》[③]等，充分利用新发现的考古资料，结合历史文献记载和石刻题记，在栈道开凿年代、使用时间、形制及特点、漕运规模、航运价值及新近发现的盐东建筑遗址与黄河漕运及汉函谷关的关系研究等方面都取得了良好成果。姚汉源《黄河三门峡以下峡谷段两岸的堆台》研究了三门峡以东黄河峡谷中的堆台建筑遗迹，认为应是古代漕运导航设备的遗迹，其修筑年代可能是在唐代，丰富了对这一段黄河漕运航道的认识[④]。方楫《古代对三门峡的斗争》[⑤]、刘鸿喜《黄河三门峡对于古代漕运的影响》[⑥]、潘镛《两〈唐书〉三门运渠斠义》[⑦]、卫斯《唐代时期的三门漕运》[⑧]等也对三门峡黄河漕运沿革及其历史作用进行了论述。杨海民《裴耀卿粮食物流通道建设思想与实践研究》[⑨]、付志方《刘晏与唐代漕运》[⑩]、郭崇伦《试论唐朝刘晏的漕运改革（公元 760—780 年）》[⑪]等讨论了裴耀卿、刘晏等主持的唐代漕运改革的原因及其改革措施和影响，有不少涉及三门峡漕运的内容。

漕仓是指与漕运活动关系密切，甚至直接为漕运转运活动提供服务的仓储。为提高三门峡黄河漕运能力，历代王朝在这一带建设漕仓，形成转相灌注、逐级转运的漕仓系统。邹逸麟《从含嘉仓的发掘谈隋唐时期的漕运和粮仓》对唐代以含嘉仓为中心的漕运体系进行了深入、细致的研究，考证了隋唐时期的漕运线路及其沿路设置的大型官仓，并对这些官仓内储粮的来源地点和官仓布局与漕运路线的关系进行了深入的讨论[⑫]。方孝廉《洛阳附近的古代粮仓》[⑬]、薛瑞泽《先秦至北朝河洛地区的漕运与仓储》[⑭]等也对洛阳及其周边地区的漕运路线、漕仓分布及其作用进行了论述。此外，唐玄宗开元二十一年（公元 733 年），裴耀卿出任转运使，开始以专职差遣官主持漕事，反映了朝廷对漕运依赖日益加强。何汝泉《唐代转运使初探》和《唐代财政三司使研究》[⑮]对包括陕

---

① 赵瑞民：《山西的黄河古栈道遗迹与水运资源的开发利用》，山西省历史学会编：《山西区域社会史研讨会论文集》，2003 年，第 76-82 页。

② 刘园园：《西沃石窟及相关问题研究》，《许昌学院学报》2007 年第 4 期，第 106-109 页。

③ 孙丽娟：《豫晋峡谷黄河潜运遗迹》，河南省古代建筑保护研究所编：《文物建筑》第 3 辑，北京：科学出版社，2009 年，第 131-139 页。

④ 姚汉源：《黄河三门峡以下峡谷段两岸的堆台》，《人民黄河》1983 年第 4 期，第 50-52 页。

⑤ 方楫：《古代对三门峡的斗争》，《史学月刊》1957 年第 6 期，第 3-6 页。

⑥ 刘鸿喜：《黄河三门峡对于古代漕运的影响》，《大陆杂志》1968 年第 8 期。

⑦ 潘镛：《两〈唐书〉三门运渠斠义》，《文献》1981 年第 9 期，第 180-185 页。

⑧ 卫斯：《唐代时期的三门漕运》，《卫斯考古论文集》，太原：山西古籍出版社，1998 年，第 196-199 页。

⑨ 杨海民：《裴耀卿粮食物流通道建设思想与实践研究》，《长江大学学报》（自科版农学卷）2006 年第 3 期，第 201-204 页。

⑩ 付志方：《刘晏与唐代漕运》，《学术月刊》1982 年第 6 期，第 51-56 页。

⑪ 郭崇伦：《试论唐朝刘晏的漕运改革（公元 760—780 年）》，台湾“国立”成功大学硕士学位论文，2006 年。

⑫ 邹逸麟：《从含嘉仓的发掘谈隋唐时期的漕运和粮仓》，《文物》1974 年第 2 期，第 57-67 页。

⑬ 方孝廉：《洛阳附近的古代粮仓》，《中原文物》1984 年第 1 期，第 26-29 页。

⑭ 薛瑞泽：《先秦至北朝河洛地区的漕运与仓储》，《洛阳工学院学报》（社会科学版）2000 年第 3 期，第 26-33 页。

⑮ 何汝泉：《唐代转运使初探》，重庆：西南师范大学出版社，1987 年；《唐代财政三司使研究》，北京：中华书局，2013 年。

州在内的唐代转运使等进行了系统研究，所取用的资料涉及面广泛，考证翔实，并把使职的出现与相关历史人物联系起来探讨取得一定成果。

一些概括性或专论性著述，虽不以三门峡黄河漕运为主体，但直接涉及或与之密切相关的研究成果也有许多，如论著有全汉昇《唐宋帝国与运河》①、史念海《中国的运河》②、潘镛《隋唐时期的运河和漕运》③、张弓《唐朝仓廪制度初探》④、李治亭《中国漕运史》⑤、吴琦《漕运与中国社会》⑥、张晓东《汉唐漕运与军事》⑦等。主要论文有谭宗义《两汉漕运考》⑧、杨钧《隋唐时期黄河的河运》⑨、杨希义《略论唐代的漕运》⑩、潘镛《中晚唐漕运史略》⑪、曹尔琴《中国古都与漕运》⑫、潘京京《略论秦汉时代的运河和漕运》⑬、马晓峰《魏晋南北朝时期的漕运与管理》⑭、石云涛《唐前期关中灾荒、漕运与高宗玄宗东幸》⑮、吴宏岐《略论金代的漕运》⑯、陕西省考古研究所《西汉京师仓》⑰、艾冲《隋唐永丰仓考论》⑱等。一些水利史和航运史志著作也有涉及，如姚汉源《中国水利史纲要》⑲、水利部黄河水利委员会《黄河水利史述要》编写组的《黄河水利史述要》⑳、陈桥驿《中国运河开发史》㉑、河南省交通厅交通史志编审委员会主编的《河南航运史》㉒、王开《陕西航运史》㉓、吕荣民《山西航运史》㉔等。一些断代史著作中也有相关的论述，如岑仲勉《隋唐史》，其中“第

---

① 全汉昇：《唐宋帝国与运河》，北京：商务印书馆，1944年。收入《中国经济史研究》(1)，北京：中华书局，2011年，第206-329页。

② 史念海：《中国的运河》，重庆：史学书局，1944年；西安：陕西人民出版社，1988年。

③ 潘镛：《隋唐时期的运河和漕运》，西安：三秦出版社，1987年。

④ 张弓：《唐朝仓廪制度初探》，北京：中华书局，1986年。

⑤ 李治亭：《中国漕运史》，台北：台湾文津出版社，1997年。

⑥ 吴琦：《漕运与中国社会》，武汉：华中师范大学出版社，1999年。

⑦ 张晓东：《汉唐漕运与军事》，上海：上海书店出版社，2010年。

⑧ 谭宗义：《两汉漕运考》，《大陆杂志》1967年第35卷第3期。收入大陆杂志社：《秦汉中古史研究论集》，1970年，第56-64页。

⑨ 杨钧：《隋唐时期黄河的河运》，《杭州师范学院学报》(社会科学版) 1982年第1期，第23-28页。

⑩ 杨希义：《略论唐代的漕运》，《中国史研究》1984年第2期，第53-67页。

⑪ 潘镛：《中晚唐漕运史略》，《云南师范大学学报》(哲学社会科学版) 1986年第1期，第16-23页。

⑫ 曹尔琴：《中国古都与漕运》，《唐都学刊》1987年第2期，第1-12页。

⑬ 潘京京：《略论秦汉时代的运河和漕运》，《云南师范大学学报》(哲学社会科学版) 1993年第2期，第19-23页。

⑭ 马晓峰：《魏晋南北朝时期的漕运与管理》，《西北师大学报》(社会科学版) 2003年第5期，第59-63页。

⑮ 石云涛：《唐前期关中灾荒、漕运与高宗玄宗东幸》，《魏晋南北朝隋唐史资料》第13辑，武汉：武汉大学出版社，1994年，第102-111页。

⑯ 吴宏岐：《略论金代的漕运》，《中国历史地理论丛》1994年第3辑，第81-95页。

⑰ 陕西省考古研究所：《西汉京师仓》，北京：文物出版社，1990年。

⑱ 艾冲：《隋唐永丰仓考论》，《陕西师范大学学报》(哲学社会科学版) 1997年第2期，第139-176页。

⑲ 姚汉源：《中国水利史纲要》，北京：水利电力出版社，1987年。

⑳ 水利部黄河水利委员会《黄河水利史述要》编写组：《黄河水利史述要》，北京：水利电力出版社，1984年。

㉑ 陈桥驿主编：《中国运河开发史》，北京：中华书局，2008年。

㉒ 河南省交通厅交通史志编审委员会：《河南航运史》，北京：人民交通出版社，1989年。

㉓ 王开主编：《陕西航运史》，北京：人民交通出版社，1997年。

㉔ 吕荣民主编：《山西航运史》，北京：人民交通出版社，1998年。

十节　高、玄二宗频幸东都及武后长期留居之问题”“第十一节　隋、唐之漕运”，实际可视为相关问题的专题研究[①]。这些研究成果内容涉及三门峡漕运工程、漕运与国家经济生活、漕运与交通、在政治中心与经济重心连接中漕运的作用问题、漕运的军事功能等方面，这些对三门峡黄河漕运研究有借鉴作用。

关于三门峡黄河漕运与崤函古道关系的研究，以往直接讨论不多。李久昌认为崤函古道不仅是一条沟通长安与洛阳两京之间人、物流动的陆上交通要道，还是一条包括三门峡漕运航道的水陆“双轨”通道。原因之一当然是三门峡漕运航道与陆上之崤函古道南北平行并列紧密相邻；而更主要的原因则是从历史上之汉、隋、唐等代崤函古道实际所发挥的作用看，三门峡漕运航道与陆上崤函古道是密切组合在一起的，它们相互配合，使其所承担的运输功能大为增强，从而更好地满足了两京所需物资供应，保证了两京政治、军事、经济、文化功能的充分发挥。因此，历史时期的三门峡黄河漕运也应包括在崤函古道的范围。理解这一点，对科学认识崤函古道历史及其地位是十分重要的[②]。

（四）区域社会经济文化研究

对于崤函古道沿线区域社会经济文化的研究相对薄弱，时段上主要集中在先秦。崤函区域是学界公认的华夏文明起源的核心地区，刘庆柱曾明确提出“最早的中国从三门峡地区走出”[③]。有关考古工作不仅起步早，而且发现成果数量大、内容丰富，建立了明确的连续发展的考古学文化谱系，故致力于此项研究者硕果累累，内容涉及政治、经济、文化、聚落、社会生活等诸方面，除大量的论文外，还有数部有分量的专著问世，如许顺湛《豫晋陕史前聚落研究》[④]从旧石器时期聚落遗址开始，经仰韶文化时期到龙山文化时期，详细研究了豫、晋、陕大中原地区史前聚落遗址的分布、选址、演化及其文化内涵和相互关系。高江涛《中原地区文明化进程的考古学研究》[⑤]概述了中原地区从庙底沟文化到二里头文化的考古学文化谱系，从聚落形态、墓葬埋藏形态、经济形态等方面，全面研究考察了中原地区的文明化进程。魏兴涛《豫西晋南地区新石器时代文化与社会》[⑥]将考古学文化研究与社会研究相结合，对这一地区新石器时代文化和聚落形态所反映的社会变迁尤其是社会复杂化进程进行了深入探讨。魏继印《豫晋陕相邻地区与文明起源研究》[⑦]运用文化因素分析法，论证豫晋陕地区的文化谱系和其在文明起源中的核心地位及其对周围文化的影响力和辐射力。利用考古资料，对春秋战国之际虢国的研究是又一重点，但专门以虢国社会经济文化为研究对象的成果较少。李久昌和张

① 岑仲勉：《隋唐史》，石家庄：河北教育出版社，2000 年。

② 李久昌：《崤函古道历史地理与文化内涵》，《三门峡职业技术学院学报》2008 年第 1 期，第 48-53 页；《崤函古道交通线路的形成与变迁》，《丝绸之路》2009 年第 6 期，第 7-21 页。

③ 刘庆柱：《三门峡——中国考古学史上的“圣地”》，《三门峡职业技术学院学报》2010 年第 2 期，第 54、55 页。

④ 许顺湛：《豫晋陕史前聚落研究》，郑州：中州古籍出版社，2012 年。

⑤ 高江涛：《中原地区文明化进程的考古学研究》，北京：社会科学文献出版社，2009 年。

⑥ 魏兴涛：《豫西晋南地区新石器时代文化与社会》，北京大学博士学位论文，2010 年。

⑦ 魏继印：《豫晋陕相邻地区与文明起源研究》，郑州大学博士学位论文，2008 年。

彦修《二千年的神秘古国——虢国的历史与文化》[①]利用考古资料，结合文献记载分别考察了虢国墓葬制度、车文化、青铜文化、物质文明和社会习俗，对虢国历史与文化进行了总体性论述。张彦修《三门峡虢国文化研究》[②]探讨了三门峡虢国文化的生成机制，肯定了它对西周及西周王朝建立之前的历史继承性和其中所蕴含的历史价值，并重点研究了虢国文化的创造者——虢国人。

对秦汉以后历史时期崤函古道沿线区域社会经济文化的研究数量更少，其特点主要是利用考古资料，从考古学文化角度进行研究，如《陕县东周秦汉墓》[③]、《北宋陕州漏泽园》[④]、《三门峡庙底沟唐宋墓葬》[⑤]、《三门峡焦作钱币发现与研究》[⑥]、《三门峡向阳汉墓》[⑦]、《鸿庆寺石窟》[⑧]、《三门峡考古文集——庆祝三门峡文物工作队建队十五周年》[⑨]等，这些著作既是考古资料集，也涉及对崤函古道沿线区域社会经济文化的论述。

对明清时期崤函古道沿线区域集市的研究近年来有所增多。刘艳《明清豫西北小城镇时空特征研究》[⑩]考察了明清豫西北小城镇在时间上的发展、空间上的分布、内部空间结构的变化及影响本地区小城镇时空特征的历史地理背景。张萍《黄土高原村镇市场的发展及近代转型》[⑪]第五章“近代豫西北山地丘陵区的村镇市场与社会”论述了以专业市场为中心的乡镇市场发展及近代化过程。此外，曾磊《汉代两都交通沿线区域学术地理研究》[⑫]利用汉代博士的统计资料对两都交通沿线区域学术地理进行了研究。薛瑞泽《汉唐间河洛地区经济研究》[⑬]、程民生《河南经济简史》[⑭]、刘景纯《清代黄土高原城镇地理研究》和《城镇景观与文化：清代黄土高原地区城镇文化的地理学考察》[⑮]、刘影《皇权旁的山西——集权政治与地域文化》[⑯]、柴继光《运城盐池研究》及《运城盐池研究续篇》[⑰]等著作的部分章节对崤函古道沿线区域社会经济文化也兼有涉及，具有一定的参考价值。

对崤函文化的研究一直被包含在河洛文化研究之中，专题研究极少。李久昌明确提

① 李久昌、张彦修：《二千年的神秘古国——虢国的历史与文化》，西安：陕西人民出版社，1995 年。

② 张彦修：《三门峡虢国文化研究》，北京：中国社会科学出版社，2002 年。

③ 中国社会科学院考古研究所：《陕县东周秦汉墓》，北京：科学出版社，1994 年。

④ 三门峡市文物工作队：《北宋陕州漏泽园》，北京：文物出版社，1999 年。

⑤ 河南省文物考古研究所：《三门峡庙底沟唐宋墓葬》，郑州：大象出版社，2006 年。

⑥ 张怀银等：《三门峡焦作钱币发现与研究》，北京：中华书局，2006 年。

⑦ 三门峡市文物考古研究所：《三门峡向阳汉墓》，北京：北京燕山出版社，2006 年。

⑧ 河南省古代建筑保护研究所：《鸿庆寺石窟》，郑州：中州古籍出版社，2008 年。

⑨ 许海星、杨海青主编：《三门峡考古文集——庆祝三门峡文物工作队建队十五周年》，北京：中国档案出版社、时代（远东）出版社，2001 年。

⑩ 刘艳：《明清豫西北小城镇时空特征研究》，陕西师范大学硕士学位论文，2004 年。

⑪ 张萍：《黄土高原村镇市场的发展及近代转型》，北京：中国社会科学出版社，2013 年。

⑫ 曾磊：《汉代两都交通沿线区域学术地理研究》，北京师范大学硕士论文，2007 年。

⑬ 薛瑞泽：《汉唐间河洛地区经济研究》，西安：陕西人民出版社，2001 年。

⑭ 程民生：《河南经济简史》，北京：中国社会科学出版社，2005 年。

⑮ 刘景纯：《清代黄土高原城镇地理研究》，北京：中华书局，2006 年。《城镇景观与文化：清代黄土高原地区城镇文化的地理学考察》，北京：中国社会科学出版社，2008 年。

⑯ 刘影：《皇权旁的山西——集权政治与地域文化》，北京：新星出版社，2007 年。

⑰ 柴继光：《运城盐池研究》，太原：山西人民出版社，1991 年；《运城盐池研究续篇》，太原：山西人民出版社，2004 年。

出了崤函文化的概念，认为崤函文化是以三门峡地区为地域依托，在长期的历史发展中生长、发育及其衍变的种种文化事象的总和，是一种客观存在的地域性文化。它滥觞于新石器时代，形成于两周，兴盛于汉唐，北宋以后陷于缓慢发展。在崤函文化形成和发展的过程中，它始终受到来自长安与洛阳两京的两股外引力，并以古道交通和两京锁钥的形式，与它们保持密切的互动关系，这种格局直接促成了双方密切的经济文化联系。从整体上说，崤函文化的基本特征属于河洛文化，而从地域特色上来讲，则表现为一种复合型文化。崤函文化属于河洛文化亚文化区①。

（五）崤函古道考古发现与研究

考古工作的收获，是推动古代交通史研究取得进步的重要条件。中华人民共和国成立以来，崤函古道沿线地区相继发现了一批重要的遗址、遗物，其中有不少与交通有直接或间接的关系。除前述20世纪50～60年代和20世纪90年代三门峡黄河漕运遗迹考古发现外，与漕运有关的，还有在陕县峪李村发现的唐代渔淋城址②，新安县西村发现的唐初为漕运而设置的长泉县城址③等。20世纪50年代和90年代三门峡虢国墓地的发掘，出土一批车马遗迹和遗物，为研究两周时期崤函古道道路交通及车辆提供了重要实物④。此外，还有1988年灵宝秦函谷关遗址的初步勘定⑤，2007年陕县石壕古道的考古发现⑥，2008年函谷关古道遗迹的考古发现⑦，2010年洛宁官庄村唐临泉驿古碑的发现⑧等。2012 年进行的新安函谷关遗址考古调查发掘，发现了汉代关内外城址，出土了大量与函谷关相关的历史文物，为遗址年代和文化内涵的真实性提供了可靠依据；发现了贯穿关城遗址的汉代道路和叠压在关城遗址之下的早期道路；清理解剖了东城墙、南城墙、“望气台”、建筑基址等两汉时期的遗迹，确定了主要遗迹的年代、形制结构和文化内涵⑨。这些重要考古发现既为崤函古道研究提供了宝贵的资料，也直接推动了相关研究的深入。

---

① 李久昌：《崤函古道历史地理与文化内涵》，《三门峡职业技术学院学报》2007年第1期，第48-53页；《崤函文化的生成与发展：兼及崤函文化与河洛文化的关系》，《三门峡职业技术学院学报》2011年第1期，第66-74页；《崤函文化初论》，北京大学中国古代史研究中心编：《舆地、考古与史学新说——李孝聪教授荣休纪念论文集》，北京：中华书局，2012年，第98-108页。

② 任留政、赵小灿、曹铁刚：《陕县渔淋城遗址考古调查与试掘》，《三门峡地区考古集成》（下卷），郑州：大象出版社，2011年，第586-590页。

③ 杨育彬、孙广清：《黄河小浪底水库区古遗址古墓葬概述》，《河南考古探索》，郑州：中州古籍出版社，2002年，第129-132页。

④ 中国科学院考古研究所：《上村岭虢国墓地》，北京：科学出版社，1959年；河南省文物考古研究所、三门峡市文物工作队：《三门峡虢国墓》（第1卷），北京：文物出版社，1999年。

⑤ 夏麦陵：《秦函谷关遗址初步勘定》，《文物报》1987年1月30日，第1版；谢巍：《灵宝县秦汉函谷关及井式窖藏箭库遗址》，《中国考古学年鉴》（1987），北京：文物出版社，1988年，第188页。

⑥ 陕县文物管理局：《丝绸之路遗产崤函古道石壕段遗址考古调查勘探报告》，《河南文物工作》2013年第1期。

⑦ 胡小平、郭九行：《灵宝函谷关发现古道遗迹》，《三门峡职业技术学院学报》2009年第3期，第43、44页。

⑧ 常文征、冯合理：《丝绸之路过洛宁再添新物证》，《河南日报》2010年10月14日，第003版。

⑨ 洛阳市文物考古研究院：《新安函谷关遗址考古调查发掘获得重大收获》，《中国文物报》2013年10月25日，第006版。

二　以更广阔视野研究崤函古道

学界对崤函古道的研究已取得厚重的成果，但仍不乏有待丰富和深化的地方，在新的条件下进一步推进和深入研究任重道远。

首先，加强崤函古道的基础研究。交通线路是研究交通地理最基本之问题。历史交通地理是一个十分复杂的组合体，其内部具有丰富的内容和结构层次，举凡交通线路的发展、交通工具与交通设施的改进、交通技术的进步、交通通行条件与通过能力的变化、交通制度的变迁、交通功能的演变、交通地理与区域社会经济发展的开发互动关系等，无不与之相关。而这些问题又无不以交通线路为基础，此问题之研究最需确凿的证据。因此，线路考述也是历史交通地理研究中难度最大和最费时功之问题。崤函古道年代久远，变化也较频繁，情况相对复杂。现有的研究成果虽然已经可以勾勒出古道线路的大致轮廓，但要将之落实到大比例尺地图上还略欠完整、精细，而颇为困难。一些路段，如北山高道、莎栅道的方位和走向等问题至今没有得到很好的解决。沿线驿站和行宫的确切位置及散落在荒山蔓草中的珍贵历史文物尚待进行考察和研究。有关崤函古道通行条件与通过能力、交通功能等，这些重要而过去相对较少注意的较为内在的历史交通地理问题，也需从更多的层次、更新的角度进行总结和探讨。三门峡黄河漕运是崤函古道的重要组成部分，三门峡黄河漕运航道与崤函古道陆路交通相互配合，使其所承担的运输功能大为增强。目前此项研究大多锁定在漕运本身，对它在崤函古道交通系统中的作用及其与崤函古道陆路交通相互关系的研究则涉足极少。近年来，笔者多次前往崤函古道进行实地考察，发现了一些新的古代遗迹和资料，这些遗迹和资料，或与崤函古道有直接关系，或可间接证实崤函古道的运行状况，或可作为理解崤函古道的背景资料。一般来说，历史交通线路的研究主要包括三个方面的内容，即方向研究、线路研究和沿线所经研究[①]。方向研究主要解决古道是否存在、启用时间及起点和终点问题，是最基础的工作。线路研究除了包括方向研究的内容外，还需要解决古道沿线所经诸地的确切方位和时代问题，较方向研究内涵更为深刻。沿线所经研究包括三个基本要求和标准：一是研究古道的走向；二是研究古道的路线；三是研究古道沿线所经每个遗址的性质、位置、时代、历史、沿革、地理、海拔高度及相邻两个遗址的连线状况。历史交通线路研究所包含的三个方面，由易至难，由浅入深，彼此既有联系，相互又有区别，其中，沿线所经研究代表了一种较新的学术发展方向。鉴此，今后仍需更深入地开展有关崤函古道线路的研究复原工作，特别要理清崤函古道线路的历史沿革和现状，通过对崤函古道交通线路形成和发展演变的历史过程的分析和研究，进一步复原历史时期崤函古道沿线所经及其变化状况，阐明其中引起变化的原因，绘制准确的崤函古道历史地理地图，形成完整的崤函古道历史文献资料，探讨一些规律性的问题，亦为后续相关学科研究整理重要的基础资料。

其次，全面深化崤函古道的综合性研究。随着对交通地理在整个文明史中地位研究

① 陈良伟：《丝绸之路河南道》，北京：中国社会科学出版社，2002 年，第 21-23 页。

的深入，人们越来越认识到交通系统的完善不仅对国家和社会可以带来全局性的利益，就具体的交通道路建设来说，也足以影响相关沿线区域社会的发展；而且，交通品级不同，对区域社会发展影响的程度也有差别，不同类型的交通对区域社会发展的深度和广度有各不相同的影响。于是将交通事业的发展与区域社会发展结合，探讨它们之间双向互动关系的研究思路和方法成为学术研究发展的一大特点。学界也有进行交通社会科学研究的创制和实践。从学术史上看，有关崤函古道交通路线与交通节点考释的研究已获得厚重的成果，而有关崤函古道与沿线区域社会发展之间互动关系及规律的研究还较为薄弱。崤函古道是典型的古代交通地理现象，崤函古道交通线路的历史变迁不仅是自然地理环境变化的结果，也是社会经济发展的结果，二者之间存在着一种密切的双向互动关系，其通塞安危不仅足以影响古代两京乃至王朝的盛衰存亡，还直接影响沿线地区的发展进程。历代建设崤函古道，从来就是一项综合工程，不仅修筑了道路，还进行了保证这条道路畅通的其他工程，如政区设置、政权建设、水利建设、城镇建设等，两个方面的建设相互促进、相互影响。崤函古道道路建设与运输不仅直接对社会经济的各个领域发生作用，还对人们的思想观念、整个社会的风气等诸多领域产生或多或少的影响，而道路建设的筹划实施、道路运输作用的发挥也潜在地受到社会经济等多方面条件和因素的制约。显然，崤函古道不只是交通通道，它还有融合、加工、变化的角色。道路轴心所带来的多元文化碰撞与交融、互补和争辉，促进了崤函区域经济与文化生态的形成和不断发展。崤函古道在沿线地区足以影响整个地区的社会经济文化发展特征，是沿线地区社会经济文化发展的重要历史阶段与形式。而崤函古道的亘古、持久和特殊的地位，更给我们研究古道交通与沿线区域社会发展之间的双向互动关系提供了一条典型明确而清晰的线索。因此，将崤函古道研究与区域社会发展相结合，通过综合研究沿线地区的各种建设，可以从中揭示崤函古道沿革与区域社会发展之间的互动规律。这既能为历史交通地理研究提供典型范例和素材，有助于我们更加清晰地认知和理解历史交通地理这门学科，拓展历史交通地理的研究理论与方法，也能为探索现今区域社会发展道路与模式提供史鉴意义。

崤函古道石壕段和汉函谷关已被列入世界文化遗产。但沿线许多道路本体及其他线路遗产长期以来未受到足够的重视，甚至可以说还处在被遗忘的状态，以致一些弥足珍贵的道路遗存和文化遗产在逐渐消失，甚至遭到破坏。今天，如何保护好这些代表古代文化成就的遗产，已成为我们面临的一个日益迫切的问题。研究崤函古道绝不仅是为了重拾曾经繁荣一时的历史与文化，更重要的是与沿线地区经济社会发展结合起来，为此提供重要的资源、灵感与思路。崤函古道不只是一笔文化遗产，更重要的是应成为一条沿线区域发展、乡村振兴之道，未来需要持续加大活化利用力度，把研究、保护工作与乡村脱贫振兴、美丽乡村建设、文化旅游、体育休闲、农业发展等结合起来，整合沿线人文、自然等特色资源，以道兴乡，以路兴村，带动经济发展，助推乡村振兴，让它“活”起来。在此基础上，进一步提升崤函古道的知名度和影响力，将其打造成中原乃至全国的特色品牌，让古道在大众心间“火”起来。这才是崤函古道研究的价值所在，也才是崤函古道的真正价值所在。

最后，把崤函古道置于古都文化和丝绸之路文化大背景下进行研究。崤函古道是适应长安、洛阳东西两京“双都轴心”地域结构的需要而出现的，因而，从一开始，崤函古道本身即是两京发生联系的桥梁。在崤函古道的深层，还潜藏着一道文化的路基，它不仅直接串联起东西两京，对于两京文化交流具有交通走廊的意义。同时，它还是古代山东（关东）与关中文化相互发生作用与影响的交通走廊之一。这在以往基本上是被忽视的。在隋唐以前的中国历史上曾一再发生东西对立或分峙的局面，而在这些延续不绝的东西对峙中，地理上的崤山、函谷关、潼关之险又往往起着十分重要的作用。崤函古道在东西之间起到重要的沟通与交流作用，古代山东（关东）与关中文化沿着崤函古道西传东播，在现实中获得了接触、理解、对话，由地域攻讦走向文化融合。不仅如此，崤函古道还直接影响到古代中国与世界的外交往来及其路径，是一条中外文化交流的交通走廊。崤函古道又被称为丝绸之路崤函段。如果中国的古都是中华传统文化的一个缩影，不同时代的都城代表了中华各个时代的文明，作为贯通中西方文化商贸和文化交流之路的丝绸之路，则带来了世界先进的文化，为中华传统文化注入了新的活力。崤函古道直接和间接地连接起广阔的空间，对中华文化大格局的形成具有十分重要的作用。长期以来，人们对崤函古道的认识和研究，焦点主要是政治、经济与军事，目光停留在“物”上，致使其自身更重要、更具有现代性价值的文化功能长期被遮蔽起来。这不能不是一个缺憾。如何给崤函古道以准确的历史地位？如何评判崤函古道所产生的重要作用与深远影响？如何看待和理解崤函文化的内涵与价值？要回答这些问题，势必要把崤函古道提升到两京体制的制度安排和丝绸之路的重要一段来认识和理解，放在中华传统文化和世界先进文化的大背景下来审视和考察。

崤函文化初论
——兼及崤函文化与河洛文化的关系

改革开放以来，受各地区域经济开发和乡梓情怀的双重推动，以地域为特征的区域文化研究也蔚成风气，呈现缤纷多彩之景象，但此背景下的三门峡区域文化研究显薄弱。三门峡地区历史悠久、文化源远流长，对中国古代文明的起源和发展做出卓越贡献。尽管三门峡地区早已被一些学者划定在以洛阳为中心的河洛文化区，但三门峡地区独立的区域文化何时及如何形成，怎样给三门峡区域文化以确切、科学的称谓和命名，三门峡区域文化在河洛文化中究竟应处于什么样的地位，在河洛文化区完整性的表象背后，是否存在三门峡亚文化区，诸如此类的问题一直没有得到解决。上述问题的探讨，不仅对传承和发扬三门峡区域文化具有重要意义，而且对科学评价河洛文化亦有裨益。笔者拟就此作一探索，以求教于方家。

一　崤函区域的地理特征

区域文化是一定区域内人民在与特定的地理环境相互作用之下的卓越创造。地理环境对于一种文化早期的形成和塑造起着不可忽视的重要作用。要论述三门峡区域文化的形成就不能不涉及它所赖以产生的地理环境。

司马迁在《史记·货殖列传》中说："昔唐人都河东，殷人都河内，周人都河南。夫三河在天下之中。若鼎足，王者所更居也，建国各数百千岁。"太史公此处所言"三河"系指汉代的河东、河内、河南三郡及弘农郡的东北部分。从现代行政区划来说，其分布范围大致为河南中西部、山西南部及陕西东部部分。这一黄河三角地带今天虽处在豫晋陕三省边缘区，但显然司马迁是将这一三角地带视为天下之中的。中华远古文明正是在"三河"地区这方发达的原始文化圣地上孕育、发展，最终成长为位居中国古代文明发展史上的中心地位。

三门峡地区就位于"三河"地区的交汇点，其东与洛阳市为邻，西与古都长安相望，北隔黄河与三晋呼应。现辖湖滨区、陕州区、渑池、义马、灵宝和卢氏等县市，以崤山为界，分属三门峡盆地和洛河卢氏盆地、渑池盆地。崤山还是黄河和洛河的分水岭，也把三门峡地区与郑（州）洛（阳）地区分割成相对独立的两个地理单元。三门峡盆地南临秦岭支脉——小秦岭和崤山，北临中条山，东接渑池韶山，西连渭河谷地，黄河自西向东流过，整个形势看似一长廊状。它既是华北平原向黄土高原的过渡地带，又是我国东部湿润区和半湿润区的过渡地带。三门峡盆地内地势总体西南高、东北低，从南向北海拔高度由 2000 米以上递减到低于 200 米，高低悬殊明显。盆地内洪积、冲积和坡积黄土广泛分布。小秦岭、崤山以北地带，地势由南向北倾斜度逐渐降低，地貌类型依次为基岩山地—黄土丘陵、台塬—河谷平原阶地。盆地内河谷平原、塬地、黄土丘陵、山麓冲洪积平原呈与盆地一致的东西向延伸，南北排列。主要的分支山脉之间有独立的水系分布，山脉与水系相间排列。受黄河及其支流青龙涧河、苍龙涧河、弘农涧河、洛河等的切割，许多山体被切割冲蚀成隘口、深谷，并且有孔道与外界相连①。

三门峡地区自古就以地理环境优越险要著称。《战国策》苏秦说：秦“东有殽函之固”。“崤函”，即崤山与函谷关之合称，是对其山峰险陡、深谷如函地理形势的形象表达。后屡见于文献，并演变为区域地名。《读史方舆纪要》说：“今自新安以西，历渑池、硖石、陕州灵宝、阌乡而至于潼关，凡四百八十里。其地皆河流翼岸，巍峰插天，绝谷深委，峻坂纡回。崤、函之险，实甲于天下矣。”②虽然，从新安至潼关都可称“崤函之地”，但其主体在今三门峡地区，因此后世也用“崤函”来指代三门峡地区。

自新石器时代晚期直到北宋以前，我国政治舞台和军事活动的主要场所在黄河下游和黄河中游的泾渭平原，在这个区域内形成了长安（包括丰镐和咸阳）和洛阳两大中心城市和“关中”“关东”或“山东”“山西”两大经济区。这里的“关中”与“关东”和“山东”“山西”其实就是今三门峡地区崤山和函谷关两边，函谷关在崤山之上，是战国时秦国和山东诸国的分界处。这山东和山西也是关中盆地和洛阳盆地的分界之处。三门峡地区正处在两大经济区之间，两大区的交通往来，不论是陆路还是水运都是必经之地。因为从黄河、渭河交汇处向东至洛阳，有秦岭北坡、崤山、熊耳山、外方山东部和嵩山等山脉，山麓、丘陵与河谷广泛覆盖着黄土，受黄河、伊河、洛河、汝河、颍河等的切割，使从古时长安沿渭河南岸，经临潼过华阴至洛阳只能走三门峡黄河峡谷南岸的崤函古道。这种不乏与外部沟通通道又相对独立的地理单元，使这一区域的文化能够从容地孕育与形成，同时也使这一带的文化能与外部文化沟通互动，不至于停滞而能始终保持活力。

三门峡地区地理环境总体特征及其内部差异对本地区文化形成起了直接的影响作用，它设定了三门峡区域文化发展富有个性的方向，最终形成了有地域文化特征的区域文化系统。我们把这一文化系统称之为“崤函文化”。这应是三门峡区域文化的科学称谓与命名。

二　崤函文化的历史渊源与传承

一般说来，一种区域文化的确立除了应有一定的地域范围外，还必须具有独立的文化个性和持久稳定的文化传统，也就是该文化的历史渊源与传承。凭借历史记载和考古发现，我们可以勾画出崤函文化的形成和演化的脉络。

---

① 李久昌：《三门峡地区早期自然生态环境及其影响》，《西北大学学报》（自然科学版）2004年第4期，第489-493页。

②（清）顾祖禹撰，贺次君、施和金点校：《读史方舆纪要》卷46《河南一》，北京：中华书局，2005年，第2100页。

（一）史前时期：崤函原始文化的滥觞

崤函文化的渊源可以上溯到旧石器时代，考古发掘显示，三门峡地区是华夏最早的古人类故乡之一，旧石器文化遗存在这里有相当密集的分布。1979 年，在卢氏横涧乡发现了距今 10 万年的晚更新世后期的“卢氏人”的 4 块头骨残片和 2 枚牙齿化石[①]。1987 年在灵宝豫灵黄土塬上又发现了“豫灵人”的一具完整的头骨化石，属中更新世晚期，距今 15 万年左右[②]。这是继大荔人、蓝田人之后黄河流域古人类的又一次重要发现，说明当时的三门峡地区已有了人猿揖别之后的历史与文化。旧石器地点的发现比古人类化石更多，数量已超过 50 处，是目前河南省发现旧石器地点最多的地区，并且分布更为广泛，按年代从早更新世的西侯度文化到晚更新世之末的邢家庄石器类型，旧石器时代早、中、晚期都有。出土的打制石器、石核和石片等工具表明，当地的原始人群已普遍用火，结网捕鱼，狩猎野兽，采集野果和缝制衣服等。近期，在卢氏还发现一处 60 万年前古人类石器加工场，并发现了上百件有确切年代的成型古人类生产工具[③]。有关研究还显示，分布于三门峡地区的旧石器文化面貌具有明显的共同特征，是一脉相承、自成系统、土生土长和自行发展的一种文化形态；它不仅与晋陕豫交界地带旧石器文化有着密切的“亲缘”关系，同时因地处南北文化的交会地带，与南方汉水流域和洛南盆地旧石器文化也存在一定程度的交流与联系，南北文化的特点在此都能见到。这些考古成果表明，三门峡地区是中国早期人类的发祥地之一，崤函文化自此时开始萌芽。

进入新石器时代以来，先民更在这里点燃了人类黎明的熊熊火炬，掀起了三门峡区域开发的第一次浪潮，区域文化特征也在此过程中首次得到充分的展示。据考古学家研究，三门峡地区新石器时代文化序列与谱系具有很强的连续性和一脉相承的关系，且自成一体，裴李岗文化、仰韶文化（庙底沟类型）、庙底沟二期文化、河南龙山文化（三里桥类型），每一种新文化的出现，都是在原文化的基础上发展而来的，中间没有出现文化中断、突变的现象。不仅如此，属于新石器中晚期的仰韶文化因 1921 年首次发现于三门峡渑池县仰韶村而得名，也揭开了中国近代考古学的第一页。仰韶文化繁盛期的庙底沟类型文化，也因 1953 年在陕县庙底沟首先发现而命名。这一发现，最终确立了仰韶文化与龙山文化早晚关系，廓清了中华远古文化的发展脉络。分别从仰韶文化发展到龙山文化之间的庙底沟二期文化以及河南龙山文化三里桥类型，还是首先在陕县庙底沟和三里桥被识别出来。由此可见，三门峡地区新石器时代文化是有广泛代表意义的。它是一种深深地根植于三门峡本土的始源性文化，既存在着本土文化的长期传承与播化，又显示出对周边及更广大区域四方文化不断的涵化与接纳。

仰韶文化时代是我国新石器时代繁荣阶段与向文明时代转变的重要时期。三门峡地区仰韶文化在这一时期所显示的意义，除以“仰韶文化”命名而具有一整个时代意义外，

---

① 季楠、牛树森：《河南省卢氏县发现人类化石》，《人类学学报》1983 年第 4 期，第 399 页。

② 冯兴祥、周华山、巴志刚等：《“豫灵人”头骨化石的发现与研究》，《地域研究与开发》1993 年 A1 期，第 1-7 页。

③《东秦岭地区发现一处 60 万年前古人类石器加工场遗址》，http://news.xinhuanet.com/society/2011-03/06/c_13763574.htm，2011 年 3 月 6 日。

还是仰韶文化分布最为集中和当时中国文化发展程度最高之地。目前三门峡地区已发现的仰韶文化遗址有200多处，占河南全省总数的1/5，占全国总数的1/25。平均每52.5平方千米就有一处仰韶文化遗址。与中原其他地区相比，三门峡地区仰韶文化聚落所占地域最小，但仰韶文化遗址分布最密集，特大、大型、中型聚落所占比例最大，已发现面积在10万平方米以上的遗址比比皆是，超过50万平方米的特级聚落有6处，几占河南全省的一半，其分布密度之高，在全国也是罕见的，正因为如此，三门峡是仰韶文化的中心区域是不言而喻的。

已发现的三门峡地区仰韶文化遗址基本属于庙底沟文化类型。庙底沟文化的年代为距今5900～5600年，相当于文献所讲的黄帝时代。据文献记载，在中国上古时代的华夏、东夷、苗蛮三大部族中，炎帝和黄帝两支氏族部落是构成华夏部族的基础，这两支氏族沿着黄河流域向东发展，其早期主要活动区域就在豫秦晋交界地带。著名的铸鼎原聚落遗址群就位于晋陕豫交界处的灵宝市。“黄帝采首山铜，铸鼎于荆山下”①，司马迁《史记》记载的黄帝铸鼎升天的故事便发生在这里。以铸鼎原为核心，周围分布着30余处庙底沟文化遗址，其中，北阳平遗址和西坡遗址面积约近百万平方米，它们与周围中小聚落形成了不同的等级，其文明已发展到苏秉琦先生所说的“古国”阶段。西坡遗址揭露出的两座特大房址和三座大型墓葬，以及大型蓄水池、南北护城壕、贵族墓地，连同玉钺礼器、发达的制陶技术和刻划符号，显示了庙底沟文化聚落中心地位的特点。文献记载和传说中的黄帝庙、黄帝陵、荆山、夸父山、蚩尤山、三圣村、五帝村等，都是以铸鼎原为中心的，考古发现亦证明了庙底沟文化的核心在铸鼎原，而且它还有祖庙、祭坛的性质。根据以上信息，我们可以认为，庙底沟文化中心在晋陕豫交界三角地区，核心在铸鼎原。铸鼎原是黄帝族群早期活动的基地，到晚期黄帝一统中原后复归故土，在此铸鼎升天。以铸鼎原为中心，庙底沟文化以其绚丽多姿的彩绘“花”纹为旗帜，向四方播散，显示出强势的文化优势和主导作用。它所传播的不只是一些纹饰题材，更重要的是包含这些纹饰中的象征意义的认同，从而促成了各地文化趋同，形成了中国历史上的第一个文化“统一”的时代和中华民族的第一次大融合，同时也奠定了先秦中国的空间基础，我们有理由认为，最早“中国”的中心就在铸鼎原，最早的“中国”就是从三门峡地区走出的。

时代发展到新石器时代末期，三门峡地区在黄河中游地区最早进入了龙山时代。这里不仅出现了像三门峡小交口这样面积达240万平方米，居全省龙山时代聚落之首的遗址。而且，以该地区典型遗址命名的龙山时代早期的“庙底沟二期文化”、中晚期的“三里桥文化”（因1956年在陕县三里桥发现而得名，主要分布在豫西、晋西南和关中极东部地区）环环相接，特征突出，建构起了这一时期三门峡地区文明的大厦，孕育并最终发展成为以二里头文化为代表的中国早期青铜文明，率先步入文明时代。

（二）三代时期：崤函文化的形成

三门峡地区在夏属《禹贡》豫州之域。文献记载和考古发现都证实了三门峡地区是

① （汉）司马迁：《史记》卷28《封禅书》，北京：中华书局，1959年，第1394页。

夏文化两大区域豫西和晋南的中心地带。传夏禹在此凭鬼斧神工劈开拦阻洪水的三道河门，使黄河至此，分为三派，流出其间，三门峡因此而得名。夏王朝第十五代王皋死后葬在三门峡。《左传》僖公三十二年载，“崤有二陵焉，其南陵，夏后皋之墓也”。第十四代王孔甲墓葬所在地有两说：一说在北京延庆东北三崤山处，一说在今豫西崤山深处。古代陵墓与所居或不至于太远。从孔甲的活动范围与周边的部族关系，后者的可能性更大些。《容成氏》简文说夏桀在鸣条失败后，“桀乃逃之南巢氏”。按巢与焦音同相通，南巢即南焦，又称焦门，地在陕州故城南，即古焦国所在地。桀在南巢溃败后即过河逃亡晋南。

崤函文化的初步形成是与作为政治实体的西周焦、虢二国，尤其是后者的建立和逐步强盛密不可分的。西周分封制下的焦、虢的建立，使三门峡地区首次成为一个相对独立的行政区划，在制度上统一和巩固了本地区内人们的文化观。这是三门峡区域发展的第二个高峰阶段。周人对三门峡地区的经营始于灭商前文王对虞芮之讼的调停，由此控制了崤函要塞。武王灭商后，分神农之后于焦，建立姜姓焦国，不久又改封姬姓焦国。为加强周之统治，武王以境内陕塬为周、召二公“分陕而治”之界，“自陕以西，召公主之；自陕以东，周公主之”①。焦国的疆域在今陕州区、灵宝一带。周幽王七年（公元前 775 年），为虢国所灭。限于材料，焦国的史迹模糊不清。但近年来在三门峡李家窑及陕州故城附近已揭露出焦国墓葬及焦国都城的遗迹，所出文物与虢国有明显差异。在焦国废墟上建立的虢国以上阳为都城，疆域扩大包括今三门峡和山西平陆芮城、陕西潼关大荔一带。因是周王室嫡亲，虢国便时时防备并讨伐诸侯对王权的挑战，维护周王朝的权威，南征北战，盛极一时。又因虢国雄居大河两岸，扼守潼关至崤函一带天险，控制黄河渡口，具有中原、关中和山西交界地带这一地缘联系，自然成为进出中原和关中的战略屏障。虢国的子民们，充分发挥自身东西交接的区位优势和勤劳智慧，创造了灿烂的虢国文化。著名的上村岭虢国墓地，已发掘了 260 余座墓葬和车马坑，出土铜、玉、铁、陶、骨、石、木、皮、麻等 10 余类 3 万多件文物，其中青铜器和玉器为大宗。虢国青铜器造型独特、纹饰精美，多数器物上有铭文，记录着随葬者的姓名、器物的用途。虢国玉器质地良好、做工精巧、线条流畅、生动传神，为我国同期出土玉器中所罕见。特别是虢国墓出土的玉茎铜芯铁剑以块炼法锻制而成，是我国迄今发现的最早的人工冶铁制品，其铸造的工艺已达到了相当高的水平，堪称“中华第一剑”。尤其重要的是被湮灭了 2600 多年的虢都上阳城在今三门峡市中心李家窑的发现，以实物资料表现了虢国城市建设的水平与特点，也再次确认了玉柄铁剑等一大批稀世文物的准确归属。这些资料表明，从西周初年到春秋早期，在今三门峡地区活动的古焦国、虢国虽历经沧桑，但一直绵延不绝，生生不息，在这块地域上独立而顽强的存在和发展。直到公元前 655 年为晋国所灭，在这样长达三四百年的时间里，焦国、虢国分别作为一个强大的政治实体，在今三门峡地区有着稳定的疆域，居住在这片土地上的先人在这个漫长的历史过程中，逐步创造了统一而稳定的文化传统，这就是我们所讲的崤函文化。毫无疑问，焦国和虢国文化是崤函文化的最早形态，对后来三门峡地区的文化走势有着深远而持久

①（汉）司马迁：《史记》卷 34《燕召公世家》，北京：中华书局，1959 年，第 1549 页。

的影响。

及至风云跌宕的春秋战国时代，三门峡地处关东、关中的战略枢纽，不仅是关东诸国攻秦的前沿要地，还是秦国逐鹿中原的战略要地。先是晋国人、魏国人和韩国人由北向南进入三门峡地区，后是秦国军队由西向东推进入三门峡地区，设陕、湖、卢等县建置，建立函谷关，三门峡地区成为古代东西两大文化交流、融合的集散地。崤函文化注入了更多的关中文化（秦文化）的基因，同时又杂有晋文化因素，推演出假虞灭虢、唇亡齿寒、紫气东来、老子著经、秦晋崤之战、秦赵渑池会、合纵连横、函关激战、公孙白马、鸡鸣狗盗等历史典故。这些辉煌成就的源头活水，正是中原文化与关中文化、晋文化的交流碰撞而显现出的生生不息的精神律动。

（三）从汉魏到隋唐：崤函文化的兴盛

从汉魏到隋唐，是中国古代社会全面发展的时期。司马迁在《史记·货殖列传》中将汉代中国划分为四个经济区——山西、山东、江南和龙门碣石以北。三门峡地区正处在当时最发达的“山东”“山西”和“关中”“关东”经济区之间，自然成为这两个地区的交通纽带，据“关河之肘腋，扼四方之噤要”。《三辅黄图》上有秦始皇“表河以为秦东门，表汧以为秦西门”[①]的说法，这既是秦人博大气魄的海口，也反映了关中平原唯有函谷关是东界出口的实际。这一地缘关系，同样成为以后汉、唐定都长安都不可改变的现状。李健超师指出，“自殷周至隋唐三千年间，黄河中下游两岸既是全国经济最发达的地区，又接近各王朝版图的地理中心，一个政权若能牢固掌握这一片地区，也就足以控制全国，在这个经济区内形成了中心城市长安（包括丰镐和咸阳）和洛阳。西周都镐，又作雒邑，抚有东土，借以控制全国。西汉都长安，实以洛阳为陪都；东汉都洛阳，长安为西京；隋唐时期长安与洛阳为东西二都。而无论两大经济区之间或东西二都之间的交通往还，都必须通过三门峡地区”[②]。贯穿于两大经济区之间和洛阳长安东西两大都城之间的交通道路，便是“崤函古道”，研究表明，它是由陆路交通和水路黄河漕运共同构成的水陆“双轨”交通体系[③]。崤函古道作为连接古代洛阳和长安两大都城最重要的交通孔道之枢纽，滥觞于先人拓荒的新石器时期，形成于中华文明勃兴的西周时期，繁盛于汉唐时代，被古人称作万国朝天之路，东西辐辏之区，宾使川流，驲骑云至。在两千多年之历史进程中，崤函古道曾在支撑周、汉、隋、唐等重要王朝对内对外之政治控驭、军事攻防、商贸交易、文化交流等诸多方面都发挥过关键性的作用。正因为如此，三门峡地区在这一重要历史时段，便成为整个国家政治、经济、文化、军事和对外交往中最活跃的地区之一，帝国中心的重要经济命脉和黄金通道，在封建王朝“东制诸侯”“西给京师”“连接两京”上发挥着举足轻重的作用。

凭借襟带两京与两京锁钥的独特位置和地位，崤函文化得以大规模地与外来文化碰

① （汉）司马迁：《史记》卷6《秦始皇本纪》正义引《三辅旧事》，北京：中华书局，1959年，第241页。

② 李健超：《三门峡地区在中国历史上的地位》，《汉唐两京及丝绸之路历史地理论集》，西安：三秦出版社，2007年，第607、608页。

③ 李久昌：《崤函古道历史地理与文化内涵》，《三门峡职业技术学院学报》2008年第1期，第48-53页。

撞、整合，进一步发展成为以虢国文化为底本、以中原文化为主体的区域文化，形成了三门峡区域发展的第三个高潮阶段。在物质文化方面，三门峡区域经济得到进一步开发，人口持续增长，出现了像陕州、弘农郡（县）这样规模较大的中心城市和商贸集散地。陕州城向以江淮漕米入济关中的水陆转运站著称。灵宝张湾汉釉陶制作技术、渑池球墨铸铁工艺、黄河古栈道工程技术分别代表了当时各自领域的发展水平。在学术文化方面，这里是汉代"关西夫子"杨震授经讲学的地方，是北魏"禅宗初祖"菩提达摩禅学思想的重要滋生地，是早期道教天师道创立的地方。东汉"草圣"张芝的草书墨章，东汉魏晋北朝弘农杨氏家族文化，唐代诗人上官仪、上官婉儿（陕县人）、宋之问（灵宝人）、姚合（陕县人）的诗，岑参、韦庄、王勃、元稹寓居虢州的诗，"诗圣"杜甫途经三门峡地区时留下的不朽诗篇"三吏三别"等，都显示了崤函精神文化的精髓。在宗教文化方面，以陕州区空相寺、安国寺，义马鸿庆寺石窟，陕州区温塘石窟，渑池石佛寺石窟为代表的众多寺院、石窟的繁盛，不仅表明此地是中国佛学的圣地，也见证了东西方文化在此的融合。有人统计唐代河南人才的地理分布状况，三门峡有 48 人，仅次于洛阳而位居全省第二①。这也是崤函文化在汉唐成熟、兴盛的表现。此时的崤函文化以其融合四方、会纳百川、连通东西的兼容性而显得千姿百态，这既进一步展示出崤函文化所具有的"交通特征""移民特征""关隘特征""漕运特征""复合型特征"，又使崤函文化的内涵变得丰满起来，逐渐成为一种多元融会、兼收并蓄的开放性文化体系。唯其如此，崤函文化得以成为一种时代先进的地域文化，跻进全国文化先进地区之列。

（四）宋代以后：崤函文化的缓慢发展

宋代以降，中国政治经济中心南迁北移，原有的洛阳长安两京格局不复存在，崤函古道的功能发生根本性变化，黄河漕运基本停止，三门峡作为原两京交通枢纽地位也日渐式微。崤涵文化赖以存在的、发展的地区经济基础相对削弱，三门峡也与它周边的帝都洛阳、西安一样，日渐萧条、落寞，三门峡地区进入了缓慢发展时期。崤函文化自此也陷于停滞局面，仅能以一种古老的传统文化地位和景观出现在河南历史文化地图上。但即便如此，崤函古道仍然是受人青睐的横贯东西的大干道，凭着数千年丰厚的文化积淀和特殊的地理位置，凭借作为名州望郡的陕州这座行政地理平台，以陕州太阳渡、茅津渡、灵宝老城渡为代表的黄河码头的崛起，贯穿全境的崤函古道（官道）及其沿途商贸集镇的兴盛，仍使这片文化热土声名远播，出现了像草堂居士魏野（北宋陕州陕县人）、许氏父子四尚书（明灵宝梁里村人）、理学大师曹端（明渑池窟陀里人）、洛西儒宗王以悟（明陕州张茅镇人）、理学大师张信民（明渑池乔岭村人）等文化名人。

纵观三门峡区域文化的发展历程，我们知道，崤函文化的生成和发展是一个过程，它是生活在这个地区的古代居民充分利用本地环境条件和自然资源，不断扩大生存空间和提高生活质量的结果。崤函文化是以三门峡地区为地域依托，在长期的历史发展中生长、发育及衍变的种种文化事象的总和，是一种客观存在的地域性文化。

---

① 张卫东：《略论唐五代河南人才的地理分布》，《郑州大学学报》（哲学社会科学版）2004 年第 4 期，第 93-97 页。

三　崤函文化与河洛文化关系略说

河洛文化是以洛阳为中心的区域文化，也是中国传统文化的主体，博大精深，源远流长。一般认为，三门峡属于河洛文化区。但长期以来，学术界似乎并无三门峡地区拥有独立的区域文化的认识，也没有崤函文化的概念。事实上，河洛文化的构成并不是单一的，而是包含以洛阳帝都文化、郑州—新郑为主体的嵩岳文化、郑韩文化和以三门峡为主体的崤函文化等诸多文化亚区的多元文化系统。崤函文化与帝都文化、嵩岳文化、郑韩文化一起构成了河洛文化的主体。

首先，崤函作为一个区域整体的概念应该说早已形成，因为它的区域界线是历史上“山东”“山西”和“关东”“关中”的自然界限，也是中原文化圈与关中文化圈和晋文化圈的衔接地带。其次，崤函和河洛一样，虽然历代从未作为一个政区名称出现，但崤函名称的出现与当时秦国大规模东进有直接的关系，所谓“山东”“山西”和“关东”“关中”的划分，也是秦占据函谷关之后形成的区域地理概念。这一区域概念的巩固和强化与汉唐时期两京制度和崤函古道交通体系的建设及依托关中以控制关东这一基本政治和军事地域控制方略有直接的关系。我们知道，区域文化是以历史地理学为中心展开的文化探讨，其“区域”概念通常是古代沿袭或约定俗成的历史区域。崤函文化正是于各个历史时期崤函人民在崤函特定地理环境下的卓越创造。因此，忽视崤函文化的客观存在，或者以河洛文化代替崤函文化既不恰当也难概全。

还必须说明的是，一个文化区，不管等级高低，都有一个作为该区文化特质和风格的代表的核心，即文化中心。文化的发展并不是从一而终的，文化中心也会随之发生转移。就整体而言，河洛文化的中心在洛阳，但在河洛文化的早期阶段即滥觞阶段，其中心在三门峡是可以肯定的，以后则转移到了洛阳。仰韶文化被认为是黄帝族的文化遗址，它奠定了河洛文化的基础。苏秉琦根据仰韶文化的分布与内涵不同将其分为三个区系，即分布于宝鸡—陕县之间的仰韶文化为中心区系；宝鸡以西分布着以甘肃大地湾为中心的仰韶文化为“西支”区系；陕县以东分布着以洛阳王湾—郑州大河村为中心的仰韶文化为“东支”区系①。安金槐将河南境内仰韶文化遗址划为四个地区类型：一是分布在渑池县及其以西地区以庙底沟为代表的豫西类型；二是分布在嵩山为中心及其周围地区，以大河村为代表的豫中类型；三是分布在黄河以北的太行山东侧以晚期遗址大司空为代表的豫北类型；四是分布在伏牛山南的南阳和淅川等地，以下王岗为代表的豫西南类型②。两种区系划分略有不同，但从考古文化角度肯定了三门峡地区仰韶文化遗址具有明显的地域性特征，肯定了该地区在仰韶文化的中心地位。三门峡庙底沟遗址及灵宝西坡和北阳平遗址的发掘，也证实了仰韶文化时代的庙底沟文化中心在晋陕豫交界三角地区，核心在铸鼎原。刘庆柱指出：“在多元一体、‘满天星斗’的中华文明中，以三门峡陕县庙底沟遗址命名的仰韶文化庙底沟类型是‘满天星斗’中最为耀眼的‘恒星’，

① 苏秉琦：《纪念仰韶村遗址发现六十五周年》，《论仰韶文化》，《中原文物》1986年特刊，第1-6、12页。

② 安金槐：《对河南境内仰韶文化的浅见》，《论仰韶文化》，《中原文物》1986年特刊，第11、12页。

它与其他同时期古老中国大地上的其他考古学文化相比，不是‘半斤八两’关系，而是华夏文化的‘母体文化’或曰‘主体文化’，其考古学文化的社会历史‘权重’，在中华文明中占有着极为重要的学术地位。之所以这样说，是因为‘中华文明’的核心文化是‘中原龙山文化’，而‘中原龙山文化’是从仰韶文化庙底沟类型发展出来的。这里的‘中原’涵盖了豫西、晋中南和关中东部地区。三门峡地区位于这一考古学文化（‘中原龙山文化’）的中心地带。夏文化直接承袭于‘中原龙山文化’，最早的‘中国’应该说就是从三门峡地区走出的。”[①]河洛文化起源阶段，其中心在三门峡，更具体说，是在灵宝铸鼎原。夏代以后，洛阳成为河洛文化的中心，主导了整个区域文化的发展方向。河洛文化早期文化中心转移的事实，并不损伤洛阳河洛文化中心的地位，恰恰证明了河洛文化强大的文化主导和融合力，证明了夏商以降，洛阳作为众多王朝都城，河洛文化的国都文化特性使其以强劲的态势向四周辐射，由伊洛盆地一隅占据中原，派生出崤函文化等亚文化区。

其次，在崤函文化形成和发展的过程中，它始终受到来自长安和洛阳两京的两股外引力，并以古道交通和两京锁钥的形式，与它们保持密切的互动关系，这种格局直接促成了双方密切的经济文化联系。从整体上说，崤函文化的基本特征属于河洛文化；而从地域特色上来讲，这里在历史上是中国古代东西对峙和文化交汇的地带，也是中原文化、关中文化、晋文化三大文化碰撞、融合的中心地区，崤函文化表现为一种复合型文化，崤函文化区属河洛文化区的亚文化区。

在先秦时代就出现的河洛文化、关中文化、三晋文化，由于地域相邻，在各自向外扩展和延伸过程中，在晋陕豫三省交界地带相遇，进而形成所谓的文化接触区域。由于相异种类文化的叠压在这一地带形成了多种组合形态的复合文化。一般而言，复合文化可以区分为两类：一类为两种不同性质文化并存均质混合的中间文化，另一类为附属于其中一种文化而掺杂许多其他种类文化的亚文化。前者的发生一般是两种文化势力均等对峙时，文化扩散、交流和融合自然的平衡与过渡。这种平衡与过渡属动态性的不稳定组合，往往随着对峙双方文化势力的涨落、强弱对比向从属于一方的亚文化方向演化；后者的发生则是两种性质悬殊的文化势力在对峙过程中，文化碰撞、渗透及包容与融汇的结果。其从属性是在该地带文化生态条件及政治、经济、传统等诸多因素的作用下，由居民的文化选择而决定。亚文化发生地带在时间、空间方面均持续稳定时，即形成了可以区别和辨认的所谓亚文化区域[②]。

崤函文化即是前一种性质的亚文化。从文化传统上，三门峡处于河洛文化与关中文化、三晋文化的过渡地带，其史前文化就与关中、晋南地区联系密切，甚至在某种程度上超越了与郑洛地区的关系。早在旧石器时代，晋陕豫三省交界地带的远古居民便有了最初的交往。仰韶文化时期以降，晋陕豫三省交界地带文化面貌的一致性更加突出，至少在仰韶文化中晚期，晋陕豫三省交界地带即为庙底沟文化的发源地和中心分布区。仰韶文化晚期，三地又皆为西王村类型的分布区。庙底沟二期文化时期，三地文化面貌仍

① 刘庆柱：《三门峡——中国考古学史上的“圣地”》，《三门峡职业技术学院学报》2010 年第 2 期，第 54、55 页。
② 吕静：《陕北文化研究》，上海：学林出版社，2004 年，第 3 页。

有着惊人的相似，共同孕育和发展了这一文化。及至龙山文化时期，虽然三地分属河南龙山文化三里桥、客省庄二期文化东部类型、陶寺文化分布区，但三地之间的文化面貌仍有较大的一致性。这种文化面貌上的一致性，正是三门峡文化与关中、晋南文化交往与相互影响的结果。

在踏入文明门槛后，随着生产力的不断进步，人类活动的频率不断提高，文化对峙距离的缩短，文化扩张、文化渗透的张力与强度也日益增强，在三大文化区系的交汇地带文化的碰撞、挤压、渗透、融汇反应尤为突出、明显。由于政治、经济等因素的强烈干预和地理位置的影响，决定了三门峡地区往往随着对峙各方文化势力的涨落、强弱对比向从属于一方的亚文化方向演化。夏商时期，洛阳一带文化的高度发展居全国之首，其对中国文化的重要影响非其他地域文化所及。三门峡地区龙山时代考古学文化面貌的特点是既有河南龙山文化的典型陶器，又有陕西龙山文化的常见器形。而到二里头文化阶段，其考古学文化与洛阳一带二里头文化面貌几乎完全一致。周人灭商后，在三门峡地区相继建立了焦、虢两个封国，尔后，成为西周初两大统治区域的分界线。三门峡地区在本地文化之上又更多地叠压了关中文化的因素，并在相对独立的运行中逐渐形成了一种新的文化存在。春秋时期，先是晋献公假虞灭虢，虢地归晋所有；三家分晋，三门峡地区又成为韩、魏之域。三晋文化因素在这里占据了主导。随着秦大举东向扩张，三门峡地区成为秦的东方门户，秦文化强力辐射、渗透。所以，崤函文化在形成之初就是多方位、多层次的文化形态，它既有中原文化的特征，又有关中文化的色彩，还有晋文化的影子，形成了非常鲜明的区域性特征。

秦汉以降，全国实行郡县制，三门峡行政区划与洛阳政区建置更为密切，关联度加强，崤函文化随着政治、经济的发展而逐步走向成熟，其文化的区域特征也逐渐定形，最终成为河洛文化的一部分。但由于该地区一直居于长安洛阳两京之间，两京作为古代王朝政治文化经济中心所在，拥有高于其他地区发展水平实力的绝对优势，对三门峡影响至深。尤其是西京长安，自秦至唐，一直是全国政治、经济、文化的中心，对三门峡地区影响尤甚。战国时期最早出现的关中区域，严格来说，函谷关以西的三门峡地区也被包括在内。汉武帝元鼎三年（公元前114年）东迁函谷关于今新安县，关中的东界，由灵宝秦函谷关，向东推进至新安汉函谷关，同时，又割右内史东南及函谷关合南阳、河南二郡部分地，置弘农郡，领治十一县：弘农、陕、渑池、新安、宜阳、陆浑、卢氏、丹水、析、商、上雒，治所就设在秦函谷关所在的地方。这样今三门峡地区全部被划入关中区域。因此，崤函文化兼容性、渗透性和传导性的文化特征依然十分鲜明。20世纪50年代，考古学者在发掘陕县刘家渠汉墓时发现，陕县在汉代属弘农郡，处在长安和洛阳之间，近洛阳而远长安，但在墓葬风格上更接近长安而不同于洛阳，尤其是在西汉和东汉前期。对这一耐人寻味的现象，发掘者分析认为，这或许只有从长安、洛阳两地兴衰交迭的历史中找到答案。长安曾是西汉的国都，是当时全国的政治经济文化中心，各地人们向往和慕尚长安是可以理解的。弘农毗邻畿辅，交通发达，极力追随长安、追随关中的思想影响更深。这种思想当然也可能折射到丧葬方面来。到了东汉，首都虽东移洛阳，但思想意识的转变比较缓慢，致使这一风尚在弘农还延续了一个相当长的时期，迄至东汉后期以后才逐渐有所转变[①]。方言对文化区研究具有指标性意义。从总体上说，三门峡方言属汉语北方方言中原官话，但内部也有差别。方言中的关中东部话与洛阳话过渡特点明显。大体上从陕县观音堂以西、卢氏洛河以北到灵宝西境的广大西部地区，明显地受关中东部方言的影响，如不分尖团、不送气音读为送气音等。陕县观音堂以东，渑池、义马的东部地区则既有较多的洛阳话特点，如分尖团又有关中东部方言的影响，零声母字前加声母[ng]，更有它独有的特点，如前鼻音韵母的韵尾完全消失等[②]。三门峡方言内部的差别和构成关系，进一步说明了河洛文化、关中文化在三门峡地区的相互影响。

正是在上述历史条件及生产、自然环境变化等种种因素的作用下，三门峡地区在保持河洛文化传统基因的同时，产生、叠压关中文化、三晋文化，最终形成了以河洛文化为主体，融汇关中文化、三晋文化因素和特征的一种区域性亚文化——崤函文化。

① 黄河水库考古工作队：《河南陕县刘家渠汉墓》，《考古学报》1965 年第 1 期，第 107-168 页。

② 三门峡市地方史志编纂委员会：《三门峡市志》第 6 卷，郑州：中州古籍出版社，1999 年，第 382 页。

后　　记

本书是我多年来从事洛阳长安两京与两京之间历史交通地理研习的部分成果。

洛阳长安两京历史地理研究和两京之间历史交通地理研究是两个既独立又有关联的课题，两京体制的形成和发展与崤函古道交通密切相关，两京的政治经济文化和军事活动影响了崤函古道交通的发展演变，而崤函古道交通也为两京的形成和繁荣提供了交通基础。本书上篇收入 16 篇论文，针对建都理论与选址、都城制度与建置、都城模式与空间结构、里坊、市场、文化区及驿站等问题阐述了一孔之见，力图对研究的问题提出新的见解或对论题进行更深层次的分析考察。《20 世纪 50 年代以来的洛阳古都研究》一文则属于研究动态方面的文章。下篇收入 16 篇论文，就崤函古道形成、演变的历史过程、社会功用及沿线主要经地进行研究，展现历史上这条古道开辟、整治和利用的风云变幻的历史画卷。本部分在充分发掘有关文献、考古资料的同时，注重实地考察，并尝试从交通与两京兴衰相结合的视角，把传统上注重地方性知识深度描述的宏大叙事，与两京及中国历史发展过程中的相关场景和事件结合起来考察，以揭示崤函古道与洛阳长安两京的关系及两京兴衰的交通地理因素。《崤函文化初论——兼及崤函文化与河洛文化的关系》探讨的则是崤函古道与区域文化形成发展的内容。

本书除有几篇未正式发表外，大多见诸报刊。由于发表时间前后不一，且不同时段、不同刊物的论文格式、容量要求不尽一致，因此，汇集出版时，统一对文章的格式规范、注释标注等进行了修改，部分内容作了进一步改正、补充和完善。个别文章标题作了适当的调整，以起到画龙点睛的作用。同样需要特别说明的是，对于早先发表的几篇有关崤函古道的论文，我根据近年的实地调查和进一步研究进行了修改，同时增加了许多内容。如崤函古道交通线路调查与研究、崤函古道隋唐行宫调查与研究、崤函古道驿站通考及崤函古道的时空演变与历史文化价值等，与早先发表的论文相比，其实更可以看作新论文。这样做的目的，自然是试图使内容更加科学、准确。

我从事两京与两京之间历史交通地理的研习，曾得到多位专家学者的指导和帮助。西北大学教授李健超先生是我学习和研究历史地理和古都学的授业恩师，引领我走上学术之路，本书中的许多文章都曾得到他的赐教指迷。先生 70 岁高龄时亲自带我到洛阳、西安等地实地考察，80 多岁时又带我长驱近千里实地考察崤函古道和蜀道，其谆谆之诲、殷殷之情，使我铭记于心！陕西师范大学教授朱士光先生是我的博士生导师，我的有关洛阳空间结构的博士论文便是在朱先生的指导下完成的。在我开始崤函古道研究并主编出版《崤函古道研究》一书时，文蒙先生作序给我鼓励和支持，使我受益匪浅。中国社会科学院学部委员刘庆柱先生对我的学习和工作一直牵挂于心，并尽可能地给予我各种帮助和专业指导，近年我主编出版的《三门峡地区考古集成》《陕州文化》两书，先生都曾欣然赐序。尽管先生学术、社会工作繁忙，但仍抽暇为本书作序，其平易近人和奖掖后学的风范令人无比钦佩。陕西师范大学侯甬坚教授经常关心我的研究与工作，对于我的请教都给予了热心而又专业的指导。本书出版之际，又蒙先生赐序。我的同事樊莉娜副教授不仅对本书的内容编排提出了许多好的建议，还在繁忙的教学和研究工作中抽出时间对本书进行了校改。倪玲玲副教授则帮助我作了许多前期的具体工作，协调校改工作，马志强等同事也承担了部分书稿的初校工作。本书的出版还得到了三门峡职业技术学院、河南古都文化研究中心领导的鼓励和支持。科学出版社为本书的编辑出版提出了不少好的建议，付出了艰辛的劳动，使本书得以在短时间内顺利出版。在此，对各位老师、同事和朋友的支持、帮助，表示诚挚的感谢！

因作者水平有限，书中不足之处在所难免，恳请前贤时俊提出宝贵意见。

李久昌

馆藏